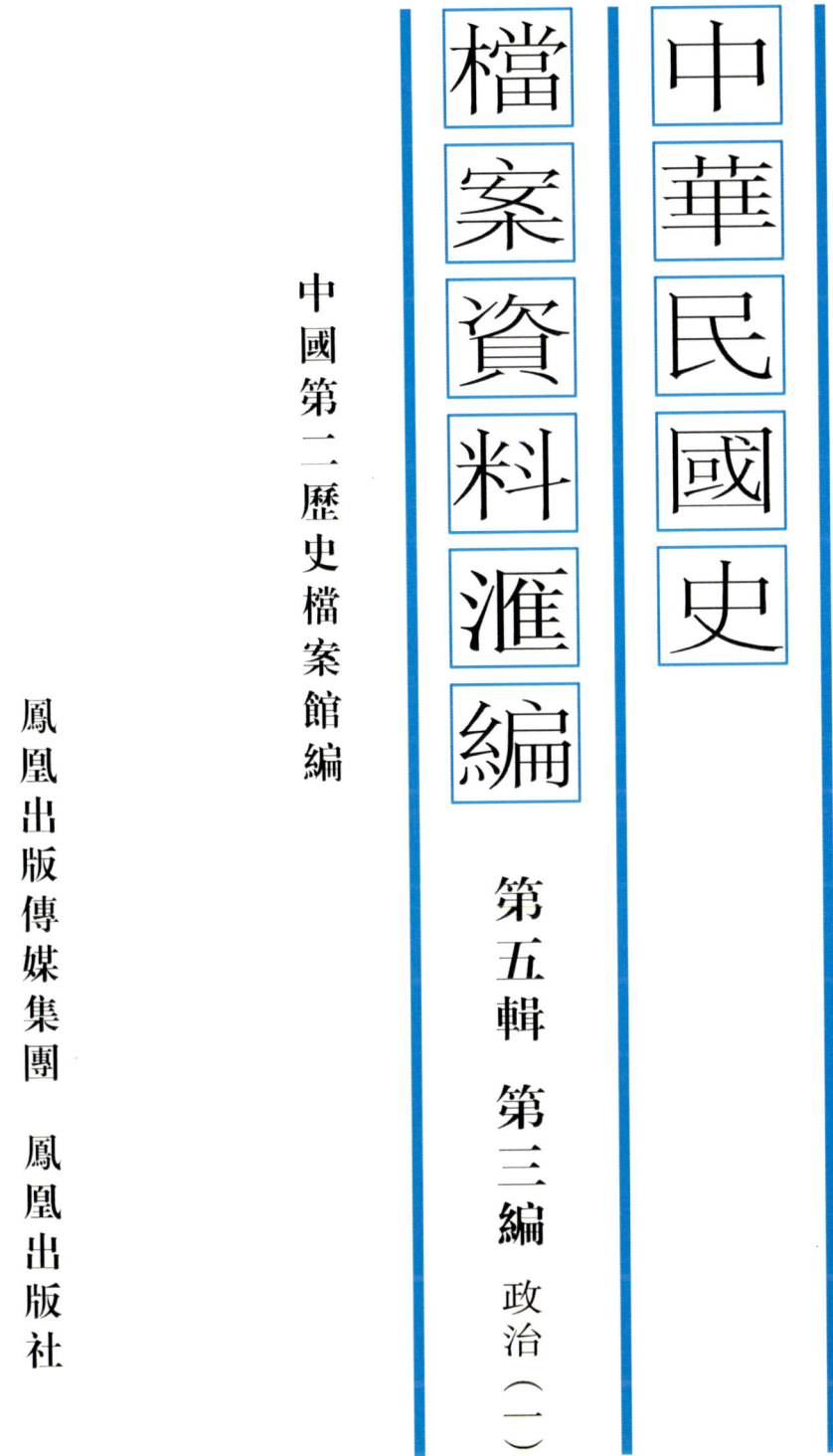

中華民國史檔案資料滙編

中國第二歷史檔案館編

第五輯 第三編 政治（一）

鳳凰出版傳媒集團
鳳凰出版社

图书在版编目（CIP）数据

中华民国史档案资料汇编. 第5辑. 第3编. 政治 / 中国第二历史档案馆编. -- 南京：凤凰出版社，1999.9
（2025.3重印）
ISBN 978-7-80643-227-3

Ⅰ. ①中… Ⅱ. ①中… Ⅲ. ①档案资料－汇编－中国－民国②政治－历史－档案资料－汇编－中国－民国 Ⅳ. ①K258.063

中国版本图书馆CIP数据核字(2010)第085837号

书　　　名	中华民国史档案资料汇编 第五辑　第三编　政治（共五册）
编　　　者	中国第二历史档案馆
责 任 编 辑	尹亚伟
责 任 监 制	程明娇
出 版 发 行	凤凰出版社（原江苏古籍出版社） 发行部电话 025-83223462
出版社地址	江苏省南京市中央路165号，邮编：210009
印　　　刷	上海世纪嘉晋数字信息技术有限公司 上海市汇金路899号，邮编：201700
开　　　本	850毫米×1168毫米　1/32
印　　　张	140.75
字　　　数	3531千字
版　　　次	1999年9月第1版
印　　　次	2025年3月第4次印刷
标 准 书 号	ISBN 978-7-80643-227-3
定　　　价	1130.00元

（本书凡印装错误可向承印厂调换，电话：021-69214197）

编辑说明

《中华民国史档案资料汇编》(1912—1949年),是为了适应中国近现代史的科学研究与教学需要,就馆藏历史档案中具有一定史料价值的资料编辑而成的一套综合性资料汇编。

本档案资料汇编,系以前副馆长王可风生前主持编辑的《中国现代政治史资料汇编》(1919—1949年)初稿为基础,进行修订补充的,全书扩编为五辑:第一辑《辛亥革命》(1911年);第二辑《南京临时政府》(1912年);第三辑《北洋政府》(1912—1927年);第四辑《从广州军政府至武汉国民政府》(1917—1927年);第五辑《南京国民政府》(1927—1949年)。

本档案资料汇编第五辑《南京国民政府》的主编为施宣岑、方庆秋。

第五辑全书分为三编:第一编为《南京国民政府的建立与十年内战》(1927.4—1937.7);第二编为《第二次国共合作与八年抗战》(1937.7—1945.8);第三编为《蒋介石发动全面内战与南京国民政府的覆灭》(1945.8—1949.9)。以上每编各按政治、军事、外交、财政经济、文化、教育等分为若干分册。

本分册为第五辑第三编政治分册,全书分为十一个部分:〔一〕国民政府还都南京;〔二〕国民政府施政方针与措施;〔三〕中国国民党第六届历次中央全会概况;〔四〕国民党和平攻势;〔五〕设立"绥靖区"与破坏"善后救济"物资运送解放区;〔六〕召开"制宪国大"与"行宪国大";〔七〕"宪政实施"与专制统治的加强;〔八〕政党社团;〔九〕工农学各界的爱国民主斗争;〔十〕台湾光复情况与"二.二八"

1

事件;〔十一〕蒙藏事务与新疆省政情及侨务。

本分册以蔡鸿源为责任编辑,负责初稿的编审工作。各部分档案资料的选辑、标点、校对者:〔一〕、〔二〕部分为曹必宏;〔三〕部分为蒋耘;〔四〕、〔五〕部分为蔡鸿源;〔六〕部分为谢国富、蔡鸿源、刘慕燕;〔七〕部分为蔡鸿源;〔八〕部分为胡震亚、方庆秋;〔九〕部分为胡震亚;〔十〕部分为蔡鸿源;〔十一〕部分为刘慕燕、蔡鸿源、谢国富。最后,全书由施宣岑、方庆秋审阅统编定稿。

本汇编在编辑过程中,承蒙唐彪等指导并分担部分审稿工作,在此特表谢意。

本档案资料汇编篇幅大,涉及面广,我们限于水平,在史料的选编等方面,难免有遗漏、不当和错误,谨希读者批评指正。

编　　例

　　一、本汇编所选资料，为保持档案文件原貌，全文照录。但对少数文件因内容重复及与主题无关者，则酌予删节。资料出处，于文件篇后注明之。

　　二、本汇编所选资料，按类项，并依文件形成时间先后为序。但属综合性或追述性的资料，则按其内容酌加调整。

　　三、本汇编所选资料，一般以一件为一题。但同属一事，彼此间又有直接联系者，则以一事为一题。

　　四、文件标题、标点，均为编者所加，沿用原标题、原标点者，则予篇目之后加注说明。

　　五、本汇编所选资料，一般用简体字，但遇有可能引起文义歧异者，则保留原来繁体字。

　　六、本汇编所选资料，凡有破损缺漏或字迹不清者，以□号代之；错字、别字和衍文的校勘以及简单注释，均加在正文之后，以〔　〕号标明之；较长的注释，在正文之后以①②等号标明之；增补的字，以【　】号标明之；文件内容删节者，以……符号标明之；待考的字，以〔?〕符号标明存疑。

南京国民政府时期

第 三 编

政 治

目 录

〔一〕国民政府还都南京

(一)国民政府"复员"南京

1. 行政院颁发《中央党政机关还都办法》训令
   (1946年2月21日) ……………………………………………… 1
2. 行政院颁发《中央党政机关还都办法解释及补充》训令
   (1946年3月12日) ……………………………………………… 5
3. 行政院颁发《中央党政机关还都办法解释及补充(第二次)》训令
   (1946年4月11日) ……………………………………………… 8
4. 国民政府公布"复员"南京令
   (1946年5月1日) ……………………………………………… 9
5. 蒋介石在国民政府还都之日向全国军民广播词
   (1946年5月5日) ……………………………………………… 10

(二)国民政府改组

1. 国民政府任命政府组成人员令
   (1947年4月18日) ……………………………………………… 12
2. 国民党六届第六十六次中常会关于修正国民政府组织法第一条及第十五条会议记录附修正全文
   (1947年4月21日) ……………………………………………… 12
3. 行政院长张群就职广播词
   (1947年4月23日) ……………………………………………… 19

4.国民政府公布修正国民政府委员会会议规程令
  (1947年4月24日) ································ 22
5.上海《正言报》刊载《张群谈行政院改组意义》一文消息
  (1947年4月29日) ································ 25
6.新华社转载香港《华侨报》所登李济深等发表反对国民政府改组之声明消息
  (1947年5月4日) ································· 26

(三)总统府组织概况

1.立法院公布《总统副总统选举罢免法》训令
  (1947年4月22日) ································ 27
2.国民政府修正公布《行政院组织法》
  (1947年12月25日) ······························· 29
3.国民政府修正公布《司法院组织法》
  (1947年12月25日) ······························· 32
4.国民政府修正公布《考试院组织法》
  (1947年12月25日) ······························· 34
5.国民政府修正公布《监察院组织法》
  (1948年4月3日) ································· 36
6.国民政府公布《中华民国总统府组织法》
  (1948年5月1日) ································· 38
7.国民政府修正公布《立法院组织法》
  (1948年6月26日) ································ 41

〔二〕国民政府施政方针与措施

(一)抗日战争胜利初期方针办法

一、对"收复区"措施

1.行政院为审查"收复区政治设施纲要草案"致中央设计局函

(1945年8月1日) ………………………………………… 47
2. 内政部为各陷区收复后迅即恢复各级行政机构及赶办紧急措施事项电
   (1945年8月 日) ………………………………………… 57
3. 内政部公布"收复区实施户口清查办法"
   (1945年10月17日) ……………………………………… 58
4. 陆军总司令部关于"限制收复区军事调动消息及军事情报发布办法"代电
   (1946年1月11日) ………………………………………… 59
5. 行政院办理收复地区国军酌留相当兵力掩护行政之推行并设法充实地方自卫力量一案呈
   (1947年6月6日) ………………………………………… 62

二、对解放区对策

1. 蒋介石令第十八集团军"原地驻防待命"致朱德等电
   (1945年8月11日) ………………………………………… 62
2. 国民党中执会对《新华日报》所载"延安总部发布命令"之研究与对策
   (1945年8月12日) ………………………………………… 63
3. 吴铁城抄录"日本投降后沦陷区奸伪可能动向之研究及对策"致何应钦函
   (1945年8月15日) ………………………………………… 65
4. 杜建时报告勾结美军及日伪部队阻挠八路军接收天津市区等情代电
   (1945年10月23日) ……………………………………… 67
5. 蒋介石为拟订"邻接匪区县以下各级机构对付奸匪办法"与内政部往来电
   (1945年10月—1946年1月) …………………………… 68
6. 河北省政府民政厅为适应全境早为中共根据地"接收"困难拟订应付特殊局势计划大纲电

  (1945年11月7日)……77
7. 行政院秘书处等研究"中共中央对东北地区工作指示"对策函
  (1945年12月)……80

(二)国民政府改组前后施政方针与措施

一、改组前施政方针与措施

1. 立法院关于检发"民国三十五年度国家施政方针"训令
  (1945年9月11日)……85
2. 陕西省政府主席兼保安司令祝绍周密拟防共办法致行政院代电
  (1945年12月15日)……88
3. 西康省政府主席刘文辉奉令拟订防共活动对策致行政院呈
  (1946年3月6日)……89
4. 立法院关于核办"民国三十六年度国家施政方针草案"训令
  (1946年6月18日)……90
5. 国防部抄送陆军总部关于迫害中共复员军人措施致行政院电
  (1946年6月28日)……94
6. 蒋介石转饬有关机关办理杜心如"推行民众组训建议书"电
  (1946年7月22日)……95
7. 陈诚抄陈国民党中央执行委员会所拟"保卫陕北意见书"致行政院函
  (1946年8月23日)……98
8. 国民政府文官处关于蒋介石国民政府主席任期延至当选总统就职之日止电
  (1946年10月11日)……99
9. 内政部为办理六届二中全会议决速以武力占领山东解放区一案与行政院往来函呈
  (1946年11—12月)……99
10. 行政院颁行"匪区交通经济封锁办法"及其修正补充办法
  (1947年1月)……104

二、改组后施政方针与措施

1. 立法院公布国民政府改组后施政方针训令
   （1947年4月25日）……………………………………… 108
2. 国民政府公布"维持社会秩序临时办法"令
   （1947年5月18日）……………………………………… 110
3. 《中央日报》刊载行政院院长张群在国民参政会四届三次会议上所作政治报告全文
   （1947年5月22日）……………………………………… 112
4. 行政院对施政报告口头书面询问案综合答复
   （1947年5月　日）……………………………………… 123
5. 行政院等关于全国总动员案及其办理情形令函
   （1947年7—11月）……………………………………… 132
6. 蒋介石有关动员"戡乱"言论
   （1947年7月—1948年2月）……………………………… 147
7. 行政院院长张群在行政座谈会上的总提示
   （1947年8月2日）………………………………………… 170
8. 国民政府公布及修改"后方共产党处置办法"训令
   （1947年9—11月）……………………………………… 178
9. 行政院院长张群向国民参政会驻会委员会作关于军事政治方面报告
   （1947年10月18日）……………………………………… 182
10. 行政院抄发"动员戡乱完成宪政国防军事实施办法"训令
    （1947年12月9日）……………………………………… 194
11. 国民政府公布"戡乱时期危害国家紧急治罪条例"
    （1947年12月25日）……………………………………… 198
12. 行政院三十六年度重大行政措施检讨报告
    （1948年2月）…………………………………………… 200
13. 行政院抄发"戡乱时期地方行政首长防匪保境奖惩条例"训令
    （1948年4月12日）……………………………………… 211

14. 国民政府公布"动员戡乱时期临时条款"令
    (1948年5月10日) 213
15. 国民政府修正公布"戒严法"
    (1948年5月19日) 213
16. 国防部政工局编《剿匪方策》政治部分
    (1948年5月) 216

(三)"人才内阁"施政方针与措施

1. 行政院院长翁文灏施政方针报告(记录稿)
    (1948年6月4日) 224
2. 行政院新闻局为转饬各地报纸禁称"共匪"为共产党或八路军等代电
    (1948年6月22日) 232
3. 江苏省政府实施"戡乱"时期施政纲领的政情通讯
    (1948年7月17日) 233
4. 黄旭初等关于"戡乱"期间各省急待解决及涉及政治根本问题条陈
    (1948年7月　日) 240
5. 蒋介石指示详加审核各省市施政纲要和抄发关于"政治清剿"致行政院电
    (1948年10月21日) 247
6. 蒋介石准予公布全国施行"戡乱时期危害国家紧急治罪条例"指令
    (1948年11月4日) 250
7. 蒋介石要求加紧反共宣传的代电
    (1948年11月10日) 250

(四)南京政府覆亡前后施政方针与应变措施

一、挽救残局方针办法

1. 三十八年度施政方针
    (1948年 月 日) ········· 252
2. 蒋介石饬国民党中央党部及有关部门切实核议顾祝同"澄清当前局势工作方案"及"工作计划表"签呈电
    (1948年12月24日) ········· 253
3. 南京市政府非常时期施政纲领
    (1949年1月20日) ········· 262
4. 行政院秘书处为会同审查修正湖北省政府应变方案致内政部函
    (1949年4月21日) ········· 265
5. 立法委员对于行政院长何应钦关于逃亡广州后各项对策报告质询记录
    (1949年5月10日) ········· 272
6. 各方面提供对于"戡乱"时期施政纲领的意见
    (1949年5月) ········· 282
7. 行政院抄发"国民反共公约暨实施办法"训令
    (1949年8月12日) ········· 293
8. 行政院颁发"反共保民动员委员会组织章程暨动员工作指示"训令
    (1949年8月25日) ········· 295
9. 1949年6月至9月行政院施政报告
    (1949年10月 日) ········· 301
10. 国民大会秘书处转送国大代表全国联谊会制订的"第一届国民大会代表反共救国工作团规则"函
    (1949年 月 日) ········· 316

二、假和谈

1. 北平市商会等呼吁前线停战静候调解的代电
    (1949年1月5日) ········· 319
2. 中华民国银行商业同业公会全国联合会呼吁早日实现和平代电
    (1949年1月17日) ········· 320

3. 行政院长孙科对立法院所作施政报告
   (1949年3月8日) ………………………………………… 322
4. 立法院有关和平意见之议决案及有关咨文
   (1949年3月15日) ………………………………………… 327
5. 立法委员杨不平等四十三人咨请政府速派代表与中共协商和谈提案
   (1949年3月22日) ………………………………………… 329
6. 留穗立法委员联谊会重申"和谈六项主张"电
   (1949年4月13日) ………………………………………… 329
7. 立法院检送行政院院长何应钦施政方针函
   (1949年4月 日) ………………………………………… 330
8. 行政院转发蒋介石继续抵抗训令
   (1949年5月27日) ………………………………………… 335

(五)惩治汉奸

1. 国民政府公布"处理汉奸案件条例"令
   (1945年11月23日) ………………………………………… 337
2. 国民政府公布《惩治汉奸条例》令
   (1945年12月6日) ………………………………………… 338
3. 司法院有关惩治汉奸法令解释
   (1946年2月12日—1947年5月30日) …………………… 341
4. 国民政府公布修正"惩治汉奸条例"第十五条条文令
   (1946年3月13日) ………………………………………… 354
5. 国防最高委员会秘书厅抄送监察院对于"处理汉奸案件条例"建议及有关公函
   (1946年11月20日—1947年2月7日) …………………… 354
6. 国民政府修正"惩治汉奸条例"第八条条文令
   (1947年4月29日) ………………………………………… 356
7. 司法机关办理惩治汉奸经过情形

(1947年 月 日) ………………………………………… 356

〔三〕中国国民党第六届历次中央全会概况

(一)中国国民党第六届中央执行委员会第二次全体会议

1. 中国国民党六届二中全会经过
    (1946年3月1—17日) …………………………………… 377
2. 蒋介石在六届二中全会上致开幕词
    (1946年3月1日) ………………………………………… 381
3. 中国国民党中央常务委员会在六届二中全会上作党务报告
    (1946年3月2日) ………………………………………… 385
4. 中国国民党中央各部会在六届二中全会上作党务报告
    (1946年3月2日) ………………………………………… 401
5. 蒋介石在中国国民党六届二中全会上作《认识环境与遵循政策的必要》演讲
    (1946年3月4日) ………………………………………… 448
6. 中国国民党六届二中全会通过重要决议案
    (1946年3月14—17日) ………………………………… 454
7. 中国国民党六届二中全会宣言
    (1946年3月17日) ……………………………………… 475
8. 中国国民党六届二中全会国防最高委员会工作报告
    (1946年3月) …………………………………………… 480

(二)中国国民党第六届中央执行委员会第三次全体会议

1. 中国国民党六届三中全会经过
    (1947年3月15—24日) ………………………………… 503
2. 蒋介石在中国国民党六届三中全会上致开会词
    (1947年3月15日) ……………………………………… 506
3. 中国国民党中央常务委员会在六届三中全会上作党务报告

9

(1947年3月20日) …………………………………… 510
4. 中国国民党中央各部会在六届三中全会上作党务报告
　　　(1947年3月20日) …………………………………… 534
5. 中国国民党六届三中全会通过重要决议案
　　　(1947年3月23—24日) ………………………………… 584
6. 中国国民党六届三中全会宣言
　　　(1947年3月24日) …………………………………… 596
7. 中国国民党六届三中全会行政院工作报告
　　　(1947年3月) ………………………………………… 602

(三)中国国民党第六届中央执行委员会第四次全体会议及中央党团联席会议

1. 中国国民党六届四中全会及党团联席会议经过
　　　(1947年9月9—13日) ………………………………… 687
2. 蒋介石在中国国民党六届四中全会及党团联席会议上致开幕词
　　　(1947年9月9日) …………………………………… 689
3. 行政院院长张群在中国国民党六届四中全会及党团联席会议上作政治报告
　　　(1947年9月9日) …………………………………… 694
4. 中国国民党六届四中全会及党团联席会议通过重要决议案
　　　(1947年9月12日) …………………………………… 704
5. 中国国民党六届四中全会及党团联席会议宣言
　　　(1947年9月13日) …………………………………… 707
6. 蒋介石在中国国民党六届四中全会及党团联席会议上致闭幕词
　　　(1947年9月13日) …………………………………… 709

(四)中国国民党第六届中央执行委员会临时全体会议

1. 中国国民党六届中央临时全会第一次会议概况
　　　(1948年4月4日) …………………………………… 719

2. 中国国民党六届中常会临时会议概况
   (1948年4月5日) ……………………………………… 720
3. 中国国民党六届中央临时全会第二次会议概况
   (1948年4月6日) ……………………………………… 721

(五)中国国民党非常委员会会议

1. 中国国民党非常委员会会议简况
   (1949年7—10月) …………………………………… 724
2. 中国国民党非常委员会会议通过的重要决议案
   (1949年7月18日) …………………………………… 730
3. 中国国民党非常委员会成立后发表的社论
   (1949年7月25日) …………………………………… 733

〔一〕国民政府还都南京

（一）国民政府"复员"南京

1. 行政院颁发《中央党政机关还都办法》训令
（1946年2月21日）

行政院训令　节拾字第五〇七七号
三十五年二月二十一日
令各部会

查中央党政机关还都办法业奉国防最高委员会核定，除分行外，合行抄同原办法，令仰遵照，并转饬遵照。此令。

抄发《中央党政机关还都办法》一份

中央党政机关还都办法

一、中央党政机关由重庆还都事宜，依本办法规定办理。

二、各机关还都人员规定如左：

1. 员工名额以在职人员为限，并不得超过本年度预算人数。

2. 员工眷属以配偶及直系亲属为限，但职员之旁系亲属，确由本人扶养者，经服务单位同事二人之联保及层级长官之保证，得呈报二级主管机关核准，随同还都。

3. 各机关员工眷属平均按每职员携带3人，每工役携带1人计列，预算总人数，其6岁至12岁者，以半口计，5岁以下者不计，仍由机关照各该员工原经登记有案之眷口，核实分配统筹。

4. 眷属有在他机关任职者，不得在两机关列报。

5. 各机关在渝死亡之公务员，其眷属未在他机关任职，须回都者,得由原服务机关核实统筹,列入名册之内运送。

三、公物规定如左:

1. 各机关公物之运送,由各机关自行负责办理,按每职员一百公斤计算。

2. 档案、图书、文具、纸张、机件均准运送,但档案之无须保存者,应依规定手续分别销毁,或送国史馆筹备委员会接收,木器及各种笨重物具,以不携带为原则,但各机关如愿自用木船运送者,听其费用在购置设备费项下匀支。

3. 各机关离渝后所留公产,依《中央党政机关留渝及迁建区公产处理办法》办理。

四、员工行李规定如左:

1. 职员暨眷属行李之运送,每人以一百公斤为限,工役暨眷属每人以五十公斤为限。

2. 员工暨眷属行李以箱箧、网篮、被包为限,凡笨重污秽及容易破损之器具,不准携带。

3. 员工暨眷属随身携带之行李,依所乘交通工具规定章程办理,其余额应由各机关统筹搬运。

五、各机关人员还都及公私物之运送秩序,由行政院排定,分别通知,其员工眷属应尽可能使之与本人同行。

六、各机关还都经费按左列标准编造预算(格式依附表一):

1. 员工及眷属自重庆机关至重庆码头、机场之车船费及由南京码头、机场至南京机关之车费,按实有人数,照附近公路之里程票价,计列预算,由机关统筹支用,轿费不给。

2. 员工暨眷属之机船票费连膳宿费在内,每人平均按12万元计列预算,仍由各机关按各级人员职位,统筹购票支用,如不随机关搬迁,自行购票还都者,准发给票价。

3. 公物包装费每百公斤按2万元计列预算。

4. 公私物品之搬运费应核实估列预算,私物自运之超过规定重量者不给。

5.公私物品由渝至京运费、起卸力资,连中途驳运费在内,每吨按十五万元计列预算。

6.各机关还都后之购置设备费,按每职员10万元、每工役3万元计列预算。

7.杂支按上列各项总数百分之十计列预算。

七、各项经费依事实需要,分期核发,由各机关统筹核实支用,所有节余,均应缴库。

八、首都各机关办公用房屋及宿舍之修缮或购置租赁费,由各机关另编预算,依法定程序,核定支用。

九、员工还都补助费,规定职员每人为:特任40万元,简任35万元,荐任30万元,委任25万元,雇员15万元(党务工作人员分别比支),工役每人8万元,由各机关另编支给表三份(格式依附表二),送由第二级主管机关分别核转审计财政两部,审核发款。

上项补助费由财政部依据各第二级主管机关核转之支给表,在三十五年度总预算复支出该项科目内支拨,以各机关"中央公务员工还都补助费"名称专户存库,由该机关依照支领生活补助费手续,向库支领,核实转发,在重庆出发时,一次发给,并应于本机关全部还都后一个月内专案报销,其剩余之款,不得移用,应即缴还国库,分报财政部及主管审计机关查核,如逾期不报者,即由该管审计机关通知财政部,分别催缴收回。

十、各机关在首都接收物具设备,应详细列表,送行政院会同审计部查验,其有多余部分,得由行政院统筹分配他机关匀用。

十一、各机关雇员、工役不随同机关还都者,应给资遣散,按遣散月份之生活补助费标准,发给三个月遣散费,即由总预算所列还都补助费项下支给。

十二、在重庆以外之中央机关迁还首都及由重庆迁驻首都以外各地之中央机关,均比照本办法之规定办理。

十三、武职机关及各学校之还都办法,由主管机关参照本办法,分别另订办法,呈请核定施行。

十四、本办法由国务最高委员会核定施行,如有疑义及未尽事宜,由行政院解释补充之。

附表一:

（机关名称）还都经费概算				三十五年　月　日		
地址		职员人数	工役人数	职员眷口 工役眷口	共计 人数	
		公物重量	私物重量	共计		
款	项	科　目	本机关概算数	行政院审定数	说　明	
1		还　都　费				
	1.	重庆车船费				
	2.	机船票费				
	3.	公物包装费				
	4.	公私物搬运费				
	5.	公私物船运费				
	6.	购置设备费				
	7.	什　　支				
备　　　考						

机关长官　　　会计

注意:各机关前已预领还都迁移等费并应专项注明。

附表二:

（机关名称）还都员工补助费支给表										三十五年　月　日
职位	姓名	年龄	省籍	到职年月	是否领取 机关遣散费	补助 费数	眷口	盖章	备考	

续上表

(机关名称)还都员工补助费支给表							三十五年 月 日		
职位	姓名	年龄	省籍	到职年月	是否领取机关遣散费	补助费数	眷口	盖章	备考
合　　　计									

　　　　　　　　　　　　　　机关长官　　　会计

说明：遣散费支给表适用本表格式，惟将科目"还都"二字改为"遣散"，"补助费数"改为"遣散费数"。

〔国民政府档案〕

2. 行政院颁发《中央党政机关还都办法解释及补充》训令

（1946年3月12日）

行政院训令　节拾字第〇七四五七号
　　　　　　三十五年三月十二日
　　　　　　令各部会署

　　查中央党政机关还都办法，业于本年二月二十一日以节拾字第五〇七七号函令分行在案。兹因关于人员经费及还都补助费部分尚有若干事项应加说明，经依照原办法第十四条之规定，由本院订定解释及补充。除送请国防最高委员会备案，并分行外，合行令仰遵照。此令。

　　抄发《中央党政机关还都办法解释及补充》一份

　　中央党政机关还都办法解释及补充（3月8日）

　　行政院依原办法第十四条之规定，对于疑义及未尽事宜加以解释及补充如下：

　　甲、人员及经费

　　一、原办法第二条第二项员工眷属还都人数，由各机关就核定经费预算统筹支配，不得超过，分配时以血亲及配偶在任所者为优先，余额就员工本人扶养之旁系亲属及姻亲分配，取具联保，由长官核定，眷属奉令疏散在重庆以外地区居住者，以在任所论。各机关预算不敷分配者，得由各机关自行斟酌，降低船位舱级。

二、还都眷口之学生，随学校复员者，应由员工向服务机关领取旅运费，交由学校统筹办理，如有在机关学校双方重领者，应由机关向员工追还。

三、原办法第二条第三项所称小孩6岁至12岁者以半口计，5岁以下者不计，系以乘船为准，其乘飞机者，应给票价，由机关统筹之。

四、各机关退休人员及其眷属，及参加青年从军之员工眷属还都者，由机关查明运送，其机关已裁撤者，由主管机关办理，概在机关预算内统筹。

五、原办法第二条第五项规定之已故员工之还都眷属，其人数应由各机关在预算内统筹。

六、原办法第六条第二项目自行购票还都者，乘船或乘机及船位等级由机关自行限制，得按官阶统筹支配，但最高不得超过12万元。

七、还都机关之员工，其眷属不还都者，不给旅费，如领费而不还都者，应由机关查明追缴。

八、兼职人员应自择在一机关请求还都，不得重领冒领，违者除依法惩处外，所领各费均应追缴。

九、原办法第七条所称分期核发，由国库先发核定数十分之二·五，以便各机关办理包装、搬运、购置、设备等事，其余于出发前发给，出发日期另定之。第一期还都人员机船费，得经第一级机关核准，按照人数，洽商财政部先发。

乙、还都补助费部分

一、员工补助费之发给，以三十四年九月三日以前到职到工者为限,其在此期以后者不发。但以前确曾为政府服务,有委派令或委派机关之证件者,亦得由服务机关长官负责核实发给(国防会二月二十五日一八四次常会决议)。

二、原办法第九条员工职级,概以九月三日铨定级别为准,其由他机关转职者,以所提是日以前之证明文件为准。未经铨定之聘任、派任及简、荐、委待遇人员,亦以是日薪额为准,其俸薪在430元以上者,照简任发给,俸薪在220元以上者,照荐任发给,在120元以上者,照委任发给。所有九月三日以后之级别薪额异动,概不补发,以期公平。各事业机关职员薪额,原低于官等官俸表者,得专案呈院核定。

三、凡上年九月三日以后新设之还都机关员工,不发给还都补助费,但其员工在是日以前曾在他机关服务者,由新设机关检证列表,转报原服务机关核领转发。

四、员工在机关还都时离职解雇,而非由于过失之原因者,以遣散论,不发给补助费,改按原办法第十一条规定,发给三个月薪津之遣散费,调任他机关不还都者不发。

五、凡请发还都补助费之机关,应检具三十四年九月份员工俸薪工饷表,加现时异动一栏,注明"在职"、"去职"、"退休",并附注两种人员共计数,分送审计部、财政部(国库署)各一份备查。

六、兼职人员应自择在一机关请领,不得重领冒领,违者除依法惩处外,取消其领费资格,所领各数全部追缴。

不支薪之兼任人员,概不发给。

七、各机关造送各表,应由长官切实负责审核,如查有逾领之款,应由主管人负责追还,缴还财政部。

八、不还都之机关及裁撤之机关员工,概不发给还都补助费。

九、各机关应尽速办理请领还都补助费手续,俟在重庆出发时,向财政部(国库署)一次领发,其业经还都有案之人员,得洽请先发。

〔国民政府档案〕

3. 行政院颁发《中央党政机关还都办法解释及补充(第二次)》训令

(1946年4月11日)

行政院训令 节拾字第一一二七六号
三十五年四月十一日
令各机关

查中央党政机关还都办法业经本院作第一次解释及补充在案。兹复据各机关提出若干疑义,爰经订定第二次解释及补充。除送请国防最高委员会备案并分行外,合行令仰遵照并转饬遵照。此令。

抄发《中央党政机关还都办法解释及补充(第二次)》一份

中央党政机关还都办法解释及补充(行政院第二次)

一、三十四年九月三日以后到差人员所提以前服务机关证件,服务日期无须衔接,惟任职期间必须在六个月以上方为合格,如所提证件并非铨定官等,而支给薪俸高于目前职级者,仍从目前职级支给。又九月三日以后领过遣散费转入还都机关服务之人员,领取还都补助费时,应扣除已领之遣散费数额,但失业月份准予免扣。

二、在地方政府或所设置之学校、医院或其他事业机关任职,与考试分发实习人员或在军事机关服务及充作译员等,均视同在政府机关服务,但在社会团体服务者不适用。

三、原办法第六条第四项"私物自运之超过规定重量者不给",所称规定系指本办法第四条第一项之规定而言,在此范围内得由机关核实支给。

四、原办法第六条第二项规定,"自行购票还都者准给票价",可由机关酌量情形及经费办理,无须依照国内出差旅费规则之等级发给,支取此项票价时,须取得员工本人领据。

五、解释及补充条文甲二员工眷口之学生随学校复员,由员工向服务机关所领之旅运费,按同释解甲六办理,最高不得超过 12 万元,由员工具领,缴交学校时,应由学校发给收据。

六、还都办法第十一条各机关遣散员工除发给三个月遣散费外,其本人及眷属还乡者,准由各机关按途程远近,酌定标准,发给还乡旅费,但最高不得超过十二万元,在各机关还都经费内统筹支给。

〔国民政府档案〕

4.国民政府公布"复员"南京令
(1946年5月1日)

国民政府前为持久抗战,于二十六年十一月移驻重庆。八年以来,幸赖我忠勇将士,前仆后继,壮烈牺牲,全国官民,含辛茹苦,坚韧奋斗,与夫同盟各国,海空齐进,比肩作战,卒使敌寇降伏,肤功克奏。兹者,国土重光,金瓯无缺,抗战之任虽终,建国之责加重。政府爰定于本年五月五日,凯旋南京,以慰众望。唯是大战之后,民生艰困,国力凋敝,亟宜与民休息,恢复元气,努力建设,保持战果,所望全国军民,同心一德,朝乾夕惕,庶不负抗战建国之初衷,实现三民主义之使命。回念在此八年中,敌寇深入,损失重大,若非倚恃我西部广大之民众,与凭藉其丰沃之地方,何以克奠今日胜利之弘基,而四川古称天府,尤为国力之根源,重庆襟带双江,控驭南北,占战略之形胜,故能安渡艰危,获致胜利,其对国家贡献之伟大,自将永光史册,奕叶不磨。当兹还都伊迩,钟陵在望,缅两京收复之艰难,更觉巴蜀关系之重要,政府前于二十九年九月,明令重庆为陪都,近更以四川为全国建设实验区,应即闳其体制,崇其名实。着由行政院督同各该省市政府妥为规划,积极推行,使全川永为安定国家之重心,而树全国建设之楷模,有厚望焉。此令。

〔国民政府档案〕

5. 蒋介石在国民政府还都之日向全国军民广播词

(1946年5月5日)

全国军民同胞们：

今天是我们国父二十五年前在广州成立革命政府的纪念日，而我们国民政府亦于今日还都南京了。我们对日八年抗战，赖我全国同胞始终一致拥护抗战国策，服从中央命令，百折不回，再接再厉，浴血牺牲，历久弥坚，卒能获得今日最后胜利，而且取消了一切不平等条约，涤除了我们中华民族百年来的国耻。今日中正与我们同胞仍能在首都相见，聚首一堂，这是何等欣慰！实在是我们中华民国最值得纪念的一天。但是回想到民国廿六年十二月十三日南京沦陷时，首都同胞惨遭大屠杀的悲剧，我们就应该痛定思痛，时时不忘我们八年来在敌人铁蹄之下所受的奴隶牛马暗无天日的生活，更不能不警惕黾勉、自立自强了。尤其是十四年前"九一八"东北沈阳被侵之时，整个民族的奇耻大辱，更应深切牢记，作为我中华民族世世代代永久的历史教训。同胞们！所以今日政府还都，我以为只能表示我们对日抗战的结束，就是我们国民政府抗战到底的国策，率领全体军民同胞，牺牲奋斗，得到一个胜利。但是我们今日沈阳虽已恢复，而东北整个的行政与主权的完整，还须要我们全国同胞为国家、为民族精诚合作，继续的努力奋勉，来保持我们最后胜利光荣的战果。惟有如此，方能安慰我们八年来为了抗战革命而牺牲的军民同胞在天之灵。国民政府今后仍秉持国父遗教和国民革命一贯的精神，始终领导着我们全国军民同胞，向前迈进，实现三民主义，完成抗战建国的使命。亦望我全国同胞仍能以已往抗战必胜的信心，来负起今后建国必成的大业。但是，我们全国同胞，应该彻底认识建国的工作，要比抗战更加艰苦，更加痛苦。然而我们建国的工作，固然艰难，而民族的意志，恰是完全自由了。所以我们建国的生活，虽苦犹乐。总之，我们在此胜利还都欢声沸腾之中，抚今思昔,更觉我们获得胜利之艰难,建国机会之可贵。务希我全体同胞,同心一德,实事求是,人人以刻苦耐劳,笃实践履自矢,以共同一致,互相合作相勉,务使我中华民族黄帝子孙,永永远远不再受过去八年间那样异族侵凌蹂躏的惨祸与耻辱。因之,我今日对我同胞特别提出几个要求,来作我们今后共同一致努力建国的方针。就是:一、要戒浪费;二、要尚节约;三、要明礼义;四、要知廉耻;五、要负责任;六、要守纪律。中正夫妇今日承受我们同胞这样热烈的欢迎和爱护,实在不胜惭愧之至,甚恐辜负了同胞的期望,只有以往日抗战的精神,朝乾夕惕,追随全体同胞,拥护国民政府,来建立三民主义统一独立平等自由富强康乐的新中国,拥戴我全国同胞爱护之至意。恭祝全国军民同胞抗战胜利万岁!

〔国民政府档案〕

（二）国民政府改组

1. 国民政府任命政府组成人员令①
（1947年4月18日）

选任张群为国民政府行政院院长。此令。
选任孙科为国民政府立法院院长。此令。
选任居正为国民政府司法院院长。此令。
选任戴传贤为国民政府考试院院长。此令。
选任于右任为国民政府监察院院长。此令。

选任张继、邹鲁、宋子文、翁文灏、王宠惠、章嘉、邵力子、王世杰、蒋梦麟、钮永键、吴忠信、陈布雷、曾琦、陈启天、余家菊、何鲁之、伍宪子、胡海门、戢翼翘、莫德惠、陈辉德、王云五、鲍尔汉为国民政府委员。此令。

〔国民政府档案〕

2. 国民党六届第六十六次中常会关于修正国民政府组织法第一条及第十五条会议记录附修正全文
（1947年4月21日）

中国国民党第六届中央执行委员会常务委员会第六十六次会议记录
时间：民国三十六年四月二十一日（星期一）上午十时
地点：南京中央党部会议厅
出席者：蒋总裁　于右任　陈诚　白崇禧　邹鲁　梁寒操　陈立夫　吴铁城　贺衷寒　谷正纲　张道藩　张群　张厉生　李文范　刘健群　潘公展　萧同兹　赖琏　陈布雷　田崑山　萧铮

---

① 国民政府主席、副主席由蒋介石、孙科分任。

白云梯　王启江　邓文仪　柳克述　范予遂　李宗黄　马超俊　康泽

列席者:张继　王宠惠　邵力子　张默君　张知本　姚大海　邵华　刘文岛　李永新　彭学沛　陈庆云　洪兰友

主　席:蒋总裁

秘书长:吴铁城

副秘书长:洪兰友　王启江

记　录:张寿贤

主席宣告开会　恭读总理遗嘱——全体肃立。

讨论事项

(一)总裁交议:修正国民政府组织法第一条及第十五条案。

决议:一、第一条修正为:"国民政府依据中华民国训政时期约法第七十七条之规定,为由训政达到宪政之过渡期间,特制定中华民国国民政府组织法。"

二、第十五条修正为:"国民政府五院院长副院长,由国民政府主席选任之。"

(全文附后)

中华民国国民政府组织法

二十年十二月二十六日第四届中央执行委员会第一次全体会议通过

二十一年三月五日第四届中央执行委员会第二次全体会议决议修正

二十一年十二月二十一日第四届中央执行委员会第三次全体会议决议修正

二十三年十月四日第四届中央执行委员会常务委员会第一四一次会议修正

三十一年十二月七日第五届中央执行委员会常务委员会第二

一五次会议修正

三十二年五月二十九日第五届中央执行委员会常务委员会第二二八次会议修正

三十二年九月十日第五届中央执行委员会第十一次全体会议决议修正

三十四年十月十五日第六届中央执行委员会常务委员会第十二次会议修正

三十五年四月一日第六届中央执行委员会常务委员会第二十六次会议修正

三十五年十一月二十日第六届中央执行委员会第四十六次会议修正

三十六年三月二十六日第六届中央常务委员会第六十二次会议修正

三十六年四月二十一日第六届中央常务委员会第六十六次会议修正

第一章 总 则

第一条 国民政府依据中华民国训政时期约法第七十七条之规定,为由训政达到宪政之过渡期间,特制定中华民国国民政府组织法。

第二章 国民政府

第二条 国民政府总揽中华民国之治权。

第三条 国民政府统率陆海空军。

第四条 国民政府行使宣战、媾和及缔结条约之权。

第五条 国民政府公布法律,发布命令。

第六条 国民政府行大赦、特赦及减刑复权。

第七条 授与荣典。

第八条 国民政府以左列五院分别行使行政、立法、司法、考试、监察五种治权:

一、行政院；

二、立法院；

三、司法院；

四、考试院；

五、监察院。

前项各院得依据法律发布命令。

第九条　国民政府于必要时得设置各直属机关,直隶于国民政府,其组织以法律定之。

第十条　国民政府设主席一人,副主席一人,由中国国民党中央执行委员会选任之。

国民政府设委员以四十人为限,由国民政府主席就中国国民党内外人士选任之,内五院院长为当然委员。

第十一条　国民政府主席为中华民国元首,对外代表中华民国。

第十二条　国民政府主席为陆海空军大元帅。

第十三条　国民政府主席、副主席任期三年,连选得连任,但于宪法实施后,依宪法当选之总统就任时,均应即行解职；国民政府委员任期同,但任五院院长之当然委员如院长因故解职时,其当然委员亦随同解任。

国民政府主席因事故不能视事时,由副主席代理之；主席、副主席均因事故不能视事时,由行政院院长代理之。

第十四条　国民政府公布法律、发布命令,由国民政府主席依法署名行之。

前项公布之法律、发布之命令,由关系院院长副署之。

第十五条　国民政府五院院长、副院长由国民政府主席选任之。

第三章　国民政府委员会

第十六条　国民政府委员会为国民政府之最高国务机关,以国民政府主席及委员组织之。

第十七条 国民政府委员会讨论及决议之事项如左：

(甲)立法原则；

(乙)施政方针；

(丙)军政大计；

(丁)财政计划及预算；

(戊)各部会长官及不管部会政务委员之任免暨立法委员、监察委员之任用事项；

(己)院与院间不能解决事项；

(庚)主席交议事项；

(辛)委员三人以上连署提出之建议事项。

第十八条 国民政府主席对于国民政府委员会之决议如认为执行有困难时，得提交复议；复议时，如有五分之三以上委员仍主张维持原案，该案应予执行。

第十九条 国民政府委员会之一般议案，以出席委员之过半数通过之。

国民政府委员会所研讨之议案，其性质涉及施政纲领之变更者，须有出席委员三分之二之赞成，始得议决某一议案，如其内容是否涉及施政纲领之变更发生疑义时，由出席委员之过半数解释之。

第廿条 国民政府委员会会议规程另定之。

第四章 行政院

第二一条 行政院为国民政府最高行政机关。

第二二条 行政院设各部分掌行政之职权。关于特定之行政事宜，得设委员会掌理之。

第二三条 行政院设政务委员，分任各部部长、各委员会委员长，必要时并得设不管部会之政务委员五人至七人。各政务委员由行政院院长提请国民政府主席提出国民政府会议决后依法任免之。

行政院各部设部长一人，政务次长、常务次长各一人；各委员会设委员长、副委员长各一人，委员若干人。

各部之政务次长、常务次长及各委员会之副委员长、委员由行政院院长提请国民政府主席依法任免之。

第二四条　行政院院长因事故不能执行职务时，由副院长代理之。

第二五条　行政院会议由行政院院长、副院长及政务委员组织之，以行政院院长为主席。

第二六条　左列事项应经行政院会议议决：

一、提出于立法院之法律案；

二、提出于立法院之预算案；

三、提出于立法院之大赦案；

四、提出于立法院之宣战媾和案；

五、简任行政、司法官吏及县市长之任免；

六、行政院各部及各委员会间不能解决之事项；

七、其他依法律或行政院院长认为应付行政院会议议决事项。

第二七条　行政院所有命令及处分，其有关各部行政者，须经各关系部部长之副署。

第二八条　行政院之组织以法律定之。

第五章　立法院

第二九条　立法院为国民政府最高立法机关。

立法院有议决法律案、预算案、大赦案、宣战案、媾和案其他重要国际事项之职权。

第卅条　立法院院长因事故不能执行职务时，由副院长代理之。

第三一条　立法院会议时，各院院长及行政院各部会长得列席说明。

第三二条　立法院设立法委员九十九人至一百四十九人,由立法院院长提请国民政府主席提出国民政府委员会议决后依法任用之。

第三三条　立法委员任期二年,得连任,但依宪法产生之立法委员集会时,原任立法委员即行解职。

第三四条　立法委员不得兼任其他官职。

第三五条　立法院会议以立法院院长为主席。

第三六条　立法院之组织以法律定之。

第六章　司法院

第三七条　司法院为国民政府最高司法机关。

关于特赦、减刑及复权事项,由司法院院长依法提请国民政府主席署名行之。

第三八条　司法院设最高法院、行政法院及公务员惩戒委员会。

第三九条　最高法院院长得由司法院院长兼任,公务员惩戒委员会委员长得由司法院副院长兼任。

第四〇条　司法院院长对于行政法院及公务员惩戒委员会之审判认为有必要时,得出庭审理之。

第四一条　司法院院长因事故不能执行职务时,由副院长代理之。

第四二条　司法院关于主管事项得提出议案于立法院。

第四三条　司法院之组织以法律定之。

第七章　考试院

第四四条　考试院为国民政府最高考试机关,依法行使考试铨叙之职权。

第四五条　考试院院长因事故不能执行职务时,由副院长代理之。

第四六条　考试院关于主管事项得提出议案于立法院。

第四七条　考试院之组织以法律定之。

第八章　监察院

第四八条　监察院为国民政府最高监察机关,依法行使弹劾、审计之职权。

第四九条　监察院院长因事故不能执行职务时,由副院长代理之。

第五〇条　监察院设监察委员五十四人至七十四人,由监察院院长提请国民政府主席提出国民政府委员会议决后依法任用之。

第五一条　监察委员之保障以法律定之。

第五二条　监察院会议以监察委员组织之,监察院院长为监察院会议之主席。

第五三条　监察委员不得兼任其他公职。

第五四条　监察院关于主管事项得提出议案于立法院。

第五五条　监察院之组织以法律定之。

第九章　附　则

第五六条　本法自公布日施行。

〔国民党中央执委会宣传部档案〕

3. 行政院长张群就职广播词

(1947年4月23日)

全国同胞:

中华民国宪法已经公布了将近四个月,中国国民党业已开始结束训政,扩大政府基础,并且根据宪法的精神,提前试行行政院责任制。在未来八个月之中,是训政到宪政的过渡阶段,政府一方面要完成宪政准备的工作,同时更急于要恢复国家的统一和安定,并解决目前严重的财政经济问题。任务万分艰巨,而她的成败得失,又关系国家百年的治乱安危,本人在这个时期,受任行政院长,自己审度才力,真是不胜其戒慎恐惧。所幸国父孙先生早已手订了建国大纲,为我们立国的最高指导原则。关于现阶段的政治经济重要措施,最近国民党三中全会的决议,也非常周详。至政府改组以后的施政方针,又先后与各党派和社会贤达获得了协议。本人唯有在主席领导之下,遵从公意,担负起这个沉重的责任。在这个严重的关头上,一切艰难阻碍,可以预想而知,但本人不敢辞劳怨,也不计个人的成败利害,当集中心力鞠躬尽瘁,为统一民主和平建设而奋斗,一切牺牲在所不避。今天就职之期,敬向我全国同胞陈述几点施政重点,并呼吁全国的团结与合作。

今天国人第一个需要是安定与统一,这是一切建设的前提。政府自从抗战结束以后,便一贯以最高的热忱与忍耐,寻求中共问题的政治解决。本人在过去一年多当中,也曾一再秉承主席的指示,参加和平统一的商谈,不幸局势演变到今天,中共竟以全面的军事行动,关闭了和平谈判的门,使过去一切努力,付之流水。为了恢复秩序,保障统一,政府不得已而采取有效的军事措施,这是当前国家的需要,人民的要求,政府不得不担起这个责任,但内心实在深感隐痛,希望这个迫切有效的措施,结果能够迅速达成用政治方法根本解决国内纠纷、恢复统一的目的。至于政府一贯追求和平的决心,自不因此而有所改变。

中国经过了八年的苦战,国家元气凋丧,人民生活困苦,再加上战后一年有余的国内动乱,国家财政与社会经济的危机,一天一天的深刻化。在治标方面,政府早已颁布经济紧急措施方案,自当继续切实执行。在治本方面,政府也要逐步实施既定方案。现在我必须在这里强调指出,目前国计民生既然是这样的紧迫,我们不能再犯错误,政府今后的措施必须特别审慎,着重于根本之图,少作枝节之计,凡是无关于预算平衡、币制整理,无关于国计民生的迫切重要事项,绝对不轻率行动,总期从安定中求进步。更当竭力扶植民营经济事业,使社会游资得以转用于生产。而政府立诚立信,尤其是一切进步与改革的基础。

关于政治改革,政府当切实负起振衰救敝的责任,严申法纪,肃清贪污,屏绝虚浮延宕的恶习,来提高行政效率。尤其希望各级主管,把握目标,以身作则,严以律己,公以处事,赏不徇私,罚不避亲,共同树立崇法务实的政治风气。至于人民自由权利的保障,这是准备行宪最重要的工作,政府当遵照宪法和改组后的施政方针,对于所有人民应享的自由,依法予以保障,同时更希望全国同胞认识法律的尊严,提高守法的精神,加强对于国家的责任感,使法治与自由相辅相成,纳入宪政的常轨。

在对外关系上中国所殷切想望的是一个和平正义友善合作的世界,中国的传统精神是这样,事实需要也是这样,因此中国政府决心本着一贯的立场,与并世各友邦和平相处,对于美苏英法各友邦,更要继续过去并肩作战的友谊,力谋增进彼此间的邦交。凡足以妨碍邦交的未决问题,都愿意遵循外交常轨寻求合理的解决,并且要努力促进盟国相互间的融洽关系,确保世界的和平。对于战后国际各项悬案的处理以及世界和平秩序与合作关系的建立,中国决不诿卸本身的责任,同时也不放弃自己的国际地位。我们维护联合国宪章,忠实履行条约义务,尊重友邦的合法权益,而对于自己国家独立主权与国际地位的保持也具有最坚定的决心。

今天国家的困难,已经到了最严重的关头,应兴应革的事,又是如此的经纬万端,但中国有雄厚的潜在力量,人民也同具望治的热诚。我们固然丝毫不轻视目前的艰难阻碍,但我们倘能集中全民的心力来发挥国家的潜在力量,我们对于中国复兴的前途绝对没有悲观怀疑的理由。政府自当于千头万绪之中,择定重点,集中力量,存实心,作实事,期于国事有所补益。全国同胞,也必须要屏除惰性,恪守法令,热烈勇敢,与政府共同努力于复兴的事业。倘如政府的法令或者没有得到忠实的执行,人民的痛苦与要求或者为政府耳目之心思所不及,更望能以集思广益的效能,弥补政府的缺点。如有积极有效而具体的主张,政府必乐于采纳。本人服务军政三十多年,自愧建树无多,只有一点可以自信的,就是生平不敢违法徇私,也从不计较个人的利害得失。现在艰难受命,本着委身国家休戚相共的大义,当竭尽忠诚力谋统一的恢复,行宪准备的完成,经济难关的突破,人民生活的改善,期望不辜负全国同胞本党同志对于本人的同情和期许。

〔行政院档案〕

4.国民政府公布修正国民政府委员会会议规程令

(1947年4月24日)

国民政府令

兹修正国民政府委员会会议规程,公布之。此令。

国民政府委员会会议规程

第一条 本规程依据中华民国国民政府组织法第二十条之规定制定之。

第二条 国民政府委员会会议称为国务会议,每两周举行一次,必要时,国民政府主席得召集临时会议。

国民政府委员三分之一如认为有开临时会议之必要时,亦得请国民政府主席召集之。

第三条 国务会议以国民政府主席为主席,国民政府主席因事不能出席时,由国民政府副主席代理主席,主席、副主席均因事不能出席时,由五院院长依次代理之。

第四条 国务会议以在任委员过半数之出席为法定人数。

第五条 依照中华民国国民政府组织法第十七条之规定,国务会议讨论及决议之事项如左:

(甲)立法原则;

(乙)施政方针;

(丙)军政大计;

(丁)财政计划及预算;

(戊)各部会长官及不管部会政务委员之任免暨立法委员、监察委员之任用事项;

(己)院与院间不能解决事项;

(庚)主席交议事项;

(辛)委员三人以上就上列(甲)至(丁)各款范围内连署提出之建议事项。

前项(辛)款之建议事事项,应由建议者于举行国务会议二日以前提出,方得列入该次会议议程,但主席特许者不在此限。

各院所属机关,就上列(甲)至(己)各款事项提出意见时,应经由其主管院提出。

第六条 依照中华民国国民政府组织法第十八条之规定,国民政府主席对于国务会议之决议,如认为执行有困难时,得提交复议,复议时如有五分之三以上在任委员仍主张维持原案,该案应予执行。

第七条 依照中华民国国民政府组织法第十九条之规定,国务会议对于议案之议决通过程序如左:

(甲)提出于国务会议之一般议案,以出席委员之过半数通过之;

(乙)国务会议所研讨之议案,其性质涉及施政纲领之变更者,须有出席委员三分之二之赞成,始得议决;

(丙)某一议案,如其内容是否涉及施政纲领之变更,发生疑义时,由出席委员之过半数解释之。

第八条 国务会议对于议案之表决,得由主席斟酌情形,于下列各种方式中择一行之:

(甲)投票;

(乙)起立;

(丙)举手；

(丁)无异议时宣告通过。

表决可否同数时,取决于主席。

第九条 国务会议记录,应载明左列各事项,并由主席签署：

(甲)会议地点；

(乙)会议时间；

(丙)出席委员、列席人员及主席之姓名；

(丁)报告事项之案由；

(戊)讨论事项之案由及决议。

第十条 国民政府五院副院长如不兼国民政府委员时,列席于国务会议。

五院所属部会长及其他直隶于国民政府之机关首长,必要时得随时通知列席于国务会议。

第十一条 在国务会议未开会期间,遇有特殊紧急事故,不及待开会解决时,国民政府主席得先予处理,于下一次国务会议说明理由,移请追认。

如本会议拒绝追认,国民政府主席得适用本规程第六条关于提交复议之规定。

第十二条 国务会议会议事项,由国民政府文官处办理之,文官长并应列席于会议,办理会议事务人员由文官长指定列席。

第十三条 国务会议讨论各种议案时,其初步审议工作,得依其性质交付法制局、主计处或其他主管机关为之,但国务会议认为有必要时,得交付分组审查委员会审议。

分组审查委员会之组织,由本会议另定之,其委员得不以国民政府委员为限。

第十四条 本规程经国务会议通过后,由国民政府公布施行。

〔国民政府档案〕

5. 上海《正言报》刊载《张群谈行政院改组意义》一文消息

(1947年4月29日)

张群谈政院改组意义

试行政院负责制度　并勉僚属提高行政效率

〔南京廿九日中央社电〕　行政院长张群于廿九日晨首次政务会议中,首表示此次政院改组之意义,即试行行政负责制,以后行政院应全体共同负责。此次行政院原任各部会长官全体总辞职,再加新任命,即为表现此种精神之一例。□即开始讨论政院会议规则,对于第六条应经政院会议决议事项一条,各委员纷纷发言,结果多数认为该规则系根据国民政府组织法第廿六条订定,无庸修改,但于决议案上,加以解释,经无异议通过。随即继续讨论各项提案。讨论完毕后,张氏复作简短谈话,要点如下:第一,希望各部会提高行政效率,并宣布以后接洽公务时间,上午九时至十时为与院内各高级职员会客时间,十时至十一时半为各部会接洽公务时间,下午二时至四时为各省市接洽公务时间,开会除外。其余时间批阅公文,概不会客,以节约时间,增加效率。第二,以后每星期另定时间,与各部会举行检行会,以会报方式,交换意见。第三,以后不重要之议案,不必提付院会讨论,院会应注重重要政策之决定。第四,以后国家预算案均应提院会讨论,使大家明了方可共同负责,以后颁发紧急命令,支付款项,虽院长有权处理,但应特别慎重,最好先完成法案。〔载上海《正言报》1947年4月30日〕

〔行政院档案〕

6. 新华社转载香港《华侨报》所登李济深等发表反对国民政府改组之声明消息

（1947年5月4日）

反对政府改组　李济深何香凝等发表声明

〔新华社陕北四日电〕　香港《华侨报》称：著名之国民党员李济深、何香凝、蔡廷锴等，民主同盟人士彭泽民等，救国会人士李章达等，顷发表联合声明，对于中国政府之改组表明态度。该声明称："这样的政府改组，不能解决中国任何问题，只能助长内战，增加人民之痛苦。这样的政府改组，丝毫不能引导中国走向民主。用外表掩盖国民党的一党专政，姑不论事实上国民党员在国民政府内仍占压倒多数，我们认为被邀请参加政府的中国青年党和民社党也不能代表中国真正的自由主义者。事实上，真正的自由主义者现在正遭受特务之逮捕、监禁和迫害。这样的政府改组是和政协决议显然极端背谬的。"该声明又说："建立这样的政府不能保证和平，首在获得美国贷款以继续内战，这样的新政府是不能解决当前严重的经济危机的。"该声明在结论里说："总而言之，现在改组的政府本质上仍是国民党一党专政的政府，青年党和民社党参加这个政府徒供作一党专政的烟幕而已。从今以后，一党专政、内战将如现在一样继续下去，一切均将毫无改善。我们对此改组的政府不存在任何幻想，益愿与我爱国同胞共同反对之。"

〔国民党中央执行委员会档案〕

(三) 总统府组织概况

1. 立法院公布《总统副总统选举罢免法》训令

(1947年4月22日)

立法院训令　京院文字第2425号
　　令军事委员会
　　奉国民政府公报刊载国民政府三十六年三月三十一日明令内开:"兹制定总统副总统选举罢免法,公布之。此令。"等因。奉此。除分令外,合行抄发该选举罢免法,令仰知照。此令。
　　附抄发《总统副总统选举罢免法》一份
中华民国三十六年四月廿二日

院长　孙科

总统副总统选举罢免法

第一条　国民大会依宪法及本法之规定,行使选举罢免总统、副总统之职权。

第二条　每届国民大会,应于前届总统、副总统任满前六十日,举行总统、副总统之选举。首届总统、副总统之选举日期,由国民大会定之。

第三条　总统、副总统之选举,应分别举行,先选举总统,再选举副总统。

第四条　总统之选举程序如左:

一、国民大会代表一百人以上,得于大会决定之期限内,连署提出总统候选人,但每一代表仅得提名或连署一次。

总统候选人之名单,应以连署提出之代表人数多寡为先后,开列各候选人姓名,并应于选举前三日公告之。

二、投票监察员与开票监察员,由国民大会代表担任之。

前项监察员之名额,由大会分别定之,其名单由主席团提请大会决定之。

三、国民大会代表,应就选举票上所列之各候选人中,以无记名投票法,圈选一名为总统,以得代表总额过半数之票数者为当选。

如无人得前项所规定之过半数票时,就得票比较多数之首三名重行投票,圈选一名,如无人当选时,举行第三次投票,圈选一名,如仍无人当选时,就第三次得票比较多数之首二名圈选一名,以得较多票数者为当选,票数相同时,重行圈选一名,以得较多票数者为当选。

选举结果,应由主席当场正式宣布。

第五条 关于副总统候选人之提名与选举程序,准用前条规定。

第六条 总统、副总统之当选证书,应由国民大会主席团分别致送。

第七条 当选之总统、副总统,于现任总统、副总统任满之日就任。

首届总统、副总统,于当选后二十日内就任。

第八条 国民大会代表,对就任未满十二个月之总统,不得声请罢免。

第九条 总统之罢免,依左列规定之程序:

一、罢免声请书应叙述理由,并须有国民大会代表总额六分之一以上之代表签名盖章,方得提出。

上述声请书,连同签署人姓名,应由国民大会秘书长于收到后,即行公告之。自公告之日起三十日内,如无人否认签署之事实,或虽有否认而签署人仍足六分之一时,应将声请书咨送立法院院长。

二、立法院院长接到罢免声请书后,应即将副本一份咨送总统,并召集国民大会于一个月内举行临时会。

三、总统得于收到上述副本后,向国民大会提出答辩书。

上述答辩书,应即由国民大会秘书处公告之。

四、罢免案之表决,用无记名投票法,以代表总额过半数之赞成票通过之。

罢免案通过后,国民大会主席团应即正式通知总统,总统应即解职。

第十条　监察院对于总统向国民大会提出弹劾案时,国民大会应就总统之罢免与否为决议。

前项决议,以出席国民大会代表三分之二之同意行之。

第十一条　罢免案如经否决,对于同一总统,原声请人不得再为罢免之声请。

第十二条　关于副总统之罢免,准用前四条之规定。

第十三条　总统经罢免而解职,由副总统继任,至前任总统原任期届满之日为止。

第十四条　关于选举罢免,如有触犯刑法行为时,依刑法处断。

〔立法院档案〕

2. 国民政府修正公布《行政院组织法》
（1947年12月25日）

行政院组织法　三十六年三月三十一日国民政府公布,同年十二月二十五日修正,三十七年五月二十五日起施行

第一条　本法依宪法第六十一条制定之。

第二条　行政院行使宪法所赋予之职权。

第三条　行政院设左列各部及各委员会:

一、内政部；

二、外交部；

三、国防部；

四、财政部；

五、教育部；

六、司法行政部；

七、农林部；

八、工商部；

九、交通部；

十、社会部；

十一、水利部；

十二、地政部；

十三、卫生部；

十四、粮食部；

十五、资源委员会；

十六、蒙藏委员会；

十七、侨务委员会；

十八、主计部。

各部及各委员会之组织，另以法律定之。

第四条　行政院各部会首长，均为政务委员。

行政院置不管部会之政务委员五人至七人。

第五条　行政院设新闻局，其组织另以法律定之。

第六条　行政院经行政院会议及立法院之议决，得增设裁并各部各委员会或其他所属机关。

第七条　行政院院长综理院务，并监督所属机关。

行政院院长因事故不能视事时，由副院长代理其职务。

第八条　行政院会议得邀请有关人员列席备询。

第九条　行政院置秘书长一人，特任；副秘书长一人，简任。秘书长承院长之命,处理本院事务,并指挥监督所属职员;副秘书长承院长之命,襄助秘书长处理本院事务。

秘书长及副秘书长应列席行政院会议。

第十条　行政院设秘书处,其职掌如左:

一、关于会议记录事项;

二、关于文书收发及保管事项;

三、关于文书分配、撰拟及编制事项;

四、关于印信典守事项;

五、关于出纳庶务事项。

第十一条　行政院置秘书十六人至二十人,其中十人简任,余荐任,科长十五人至二十人,荐任,科员五十人至八十人,委任,其中二十人至三十人得为荐任,书记官三十人至四十人,委任,并得用雇员四十人至五十人。

第十二条　行政院置参事八人至十二人,简任,其职掌如左:

一、关于撰拟法案、命令事项;

二、关于审核行政法规事项;

三、关于审核所属机关行政计划及工作报告事项;

四、关于调查事项;

五、关于设计及编译等事项。

为辅助参事办理前项各款事项,置编审十人至二十人,荐任,书记官十人至二十人,委任,并得用雇员十五人至二十五人。

第十三条　行政院为处理诉愿案件,设诉愿审议委员会,其委员由院长指派院内简任人员兼任之。

第十四条　行政院为处理特定事务,得于院内设各种委员会。

第十五条　行政院设会计室、统计室及人事室,依法律之规定,分别办理岁计、会计、统计及人事事项。

会计室置会计主任一人,荐任,科员六人至八人,委任,佐理员二人至四人,并得用雇员二人至四人。

统计室置主任一人,荐任,科员三人至五人,助理员二人至四人,均委任,并得用雇员二人或三人。

人事室置主任一人,荐任,科员八人至十一人,助理员三人至六人,均委任,并得用雇员一人至三人。

第十六条 行政院会议规则及处务规程,由行政院定之。

第十七条 本法施行日期,以命令定之。

〔国民政府档案〕

3. 国民政府修正公布《司法院组织法》

(1947年12月25日)

司法院组织法 三十六年三月三十一日国民政府公布,同年十二月二十五日修正,三十七年六月二十四日起施行

第一条 本法依宪法第八十二条制定之。

第二条 司法院行使宪法所赋予之职权。

第三条 司法院设大法官会议,以大法官十七人组织之,行使解释宪法并统一解释法律命令职权。

大法官会议,以司法院院长为主席。

第四条 大法官应具有左列资格之一:

一、曾任最高法院推事十年以上者;

二、曾任立法委员九年以上者;

三、曾任大学法律学主要科目教授十年以上者;

四、曾任国际法庭法官,或有公法学或比较法学之权威著作者;

五、研究法学、富有政治经验、声誉卓著者。

具有前项任何一款资格之大法官,其人数不得超过总名额三分之一。

大法官之任期为九年。

第五条 司法院设最高法院、行政法院及公务员惩戒委员会。前项各院会之组织,另以法律定之。

第六条 司法院院长综理院务及监督所属机关。

司法院院长因事故不能视事时,由副院长代理其职务。

第七条 司法院置秘书长一人,特任,承院长之命处理本院事务,并指挥监督所属职员。

第八条 司法院设秘书处,其职掌如左：

一、关于会议记录事项；

二、关于文书收发及保管事项；

三、关于文书分配、撰拟及编制事项；

四、关于印信典守事项；

五、关于出纳庶务事项。

第九条 秘书处置秘书八人至十二人,其中六人简任,余荐任,科长三人至六人,荐任,科员三十人至五十人,委任,其中十五人得为荐任,速记员三人,委任,书记官二十五人至三十五人,委任,并得用雇员二十五人至三十五人。

第十条 司法院置参事六人至八人,简任,掌理撰拟、审核关于法案、命令事项。

第十一条 司法院设会计处、统计室及人事室,依法律之规定分别办理岁计、会计、统计及人事事项。

会计处置会计长一人,简任,统计室、人事室各置主任一人,荐任,其余人员由院长会同有关机关就本法第九条规定人员名额中决定之。

第十二条 司法院处务规程由司法院定之。

第十三条 本法施行日期,以命令定之。

〔国民政府档案〕

4. 国民政府修正公布《考试院组织法》

(1947年12月25日)

考试院组织法 三十六年三月三十一日国民政府公布,同年十二月二十五日修正,三十七年六月二十四日起施行

第一条 本法依宪法第八十九条制定之。

第二条 考试院行使宪法所赋予之职权。

第三条 考试院置考试委员十九人。

考试委员之任期为六年。

第四条 考试院会议,以院长、副院长及考试委员组织之,统筹有关考试事项。前项会议,以院长为主席。

第五条 考试院设考选部及铨叙部。

第六条 考选部之职掌如左:

一、关于办理考选公务人员事项;

二、关于办理考选专门职业及技术人员事项;

三、关于办理组织典试委员会事项;

四、关于考取人员之册报事项;

五、关于举行考试其他应办事项。

第七条 铨叙部之职掌如左:

一、关于公务人员之登记事项;

二、关于考取人员之分类登记事项;

三、关于公务人员之成绩考核登记事项;

四、关于公务人员之任免事项;

五、关于公务人员之升降、转调及叙资之审查事项;

六、关于公务人员俸给及奖励之审查登记事项;

七、关于公务人员之保障、抚恤、退休及养老事项;

八、关于各机关人事机构之管理事项。

第八条 考选部及铨叙部之组织,另以法律定之。

第九条 考试院院长综理院务,并监督所属机关。

考试院院长因事故不能视事时,由副院长代理其职务。

第十条 考试院院长及副院长之任期为六年。

第十一条 考试院置秘书长一人,特任,承院长之命处理本院事务,并指挥监督所属职员。

第十二条 考试院设秘书处,其职掌如左:

一、关于会议记录事项;

二、关于文书收发及保管事项;

三、关于文书分配、撰拟及编制事项;

四、关于印信典守事项;

五、关于出纳庶务事项。

第十三条 秘书处置秘书八人至十二人,其中六人简任,余荐任,科长五人至七人,荐任,科员四十五人至六十人,委任,其中六人至十人得为荐任,书记官五人至十人,委任,佐理员二十人至三十人,委任,并得用雇员三十人至四十人。

第十四条 考试院置参事六人至八人,简任,掌理撰拟、审核关于考选及铨叙之法案、命令事项。

第十五条 考试院设会计室、统计室及人事室,依法律之规定分别办理岁计、会计、统计及人事事项。

会计室、统计室及人事室各置主任一人,均荐任,其余人员由院长会同有关机关就本法第十三条所定人员名额中决定之。

第十六条 考试院于必要时,得设各种委员会,其组织以法律定之。

第十七条 考试院得于各省设考铨处,其组织以法律定之。

第十八条 关于举行考试事项,考试院得调用各机关人员。

第十九条 考试院对于各公务员之任用,除法律另有规定外,如查有不合法定资格时,得不经惩戒程序径请降免。

第二十条　考试院会议规则及处务规程,由考试院定之。
第二十一条　本法施行日期,以命令定之。

〔国民政府档案〕

5. 国民政府修正公布《监察院组织法》

（1948年4月3日）

监察院组织法　卅六年三月卅一日国民政府公布,同年十二月廿五日及卅七年四月三日修正,卅七年六月五日起施行

第一条　本法依宪法第一百零六条制定之。
第二条　监察院行使宪法所赋予之职权。
第三条　监察院得分设委员会,其组织另以法律定之。
第四条　监察院设审计部,其职掌如左：
一、监督政府所属全国各机关预算之执行;
二、核定政府所属全国各机关之收入命令及支付命令;
三、审核政府所属全国各机关之计算及决算;
四、稽察政府所属全国各机关财政上之不法或不忠于职务之行为。

审计部之组织,另以法律定之。

第五条　审计长综理审计部事务。
第六条　监察院院长综理院务,并监督所属机关。
监察院院长因事故不能视事时,由副院长为代理其职务。
第七条　监察院会议由院长、副院长及监察委员组织之,以院长为主席。
第八条　监察院视事实之需要,得将全国分区设监察院监察委员行署,其组织另以法律定之。
第九条　监察院置秘书长一人,特派,由院长就监察委员外遴选人员提请任命之。秘书长承院长之命,处理本院事务,并指挥监

督所属职员。

第十条　监察院设秘书处,其职掌如左:

一、关于会议记录事项;

二、关于派查案件及搜集有关资料事项;

三、关于文书收发及保管事项;

四、关于文书分配、撰拟及编制事项;

五、关于印信典守事项;

六、关于出纳庶务事项。

第十一条　监察院置参事四人至六人,简任,掌理撰拟、审核关于监察之法案、命令事项。

第十二条　监察院置秘书八人至十二人,其中六人简任或简派,余荐任或荐派,调查专员八人至十六人,其中六人简任,余荐任,科长四人至六人,荐任,速记员二人至四人,其中二人荐任,余委任,科员四十人至五十人,委任,其中十二人得为荐任,书记官二十人至四十人,办事员二十人至四十人,均委任,并得用雇员四十人至六十人。

监察院得聘用专门委员六人至十二人。

第十三条　监察院设会计处、统计室及人事室,依法律之规定分别办理岁计会计、统计及人事事项。

会计处置会计长一人,简任,科长二人,荐任,科员四人至六人,委任,并得用雇员四人至六人。

统计室置主任一人,荐任,科员二人至四人,委任,并得用雇员二人至四人。

人事室置主任一人,荐任,科员三人至六人,助理员二人至四人,均委任,并得用雇员一人或二人。

第十四条　监察院会议规则及处务规程由监察院定之。

第十五条　本法施行日期,以命令定之。

〔国民政府档案〕

6. 国民政府公布《中华民国总统府组织法》

(1948年5月1日)

中华民国总统府组织法　三十七年五月一日国民政府公布,同年五月二十日起施行

第一条　总统依照宪法,行使职权,设总统府。

第二条　总统府置资政若干人,由总统就勋高望重者遴聘之,对于国家大计,得向总统提供意见,并备咨询。

第三条　总统府置秘书长1人,特任,承总统之命,综理总统府一切事务,并指挥监督府内所属职员;总统府置副秘书长1人,简任,辅助秘书长处理事务。

第四条　总统府置参军长1人,特任,承总统之命,办理有关军务事项。

第五条　总统府设左列各局室:

一、第一局:掌理法令文告之宣达,文书之撰拟保管,印信之典守,会议记录等事项;

二、第二局:掌理机要文件之撰拟,机要案件之查签及转递,调查材料之研究整理等事项;

三、第三局:掌理有关军事命令之宣达,文件之承转及其他有关军报事项;

四、第四局:掌理各项典礼、阅兵、出巡、授勋、国际礼仪、接待外宾等事项;

五、第五局:掌理印信、关防、官章之铸造,勋章、奖章、奖旗、纪念章之制发,本府所颁法规及公报之编印,职员录之刊行,公文用纸之划一印制等事项;

六、第六局:掌理本府庶务、出纳、来宾登记、交际、交通、卫生、医药等事项;

七、机要室:掌理有关机要电务事项;

八、侍卫室：掌理有关侍卫事项。

第六条 总统府置典玺官1人，由第一局局长兼任之，承秘书长之命，典守国玺。

第七条 总统府置秘书12人至18人，简任，承秘书长之命，办理撰拟审核重要文件及其他特交事项。

第八条 总统府置参事4人至6人，简任，承秘书长之命，办理撰拟命令、审核方案及特交核议事项，必要时得置专门委员3人至7人，荐派或简派，襄助办理。

第九条 总统府置编审14人，荐任，其中4人得为简任，承秘书长之命，办理呈府备案各项规程、章则及各机关工作报告之审核、编辑等事项。

第十条 总统府置参军10人至15人，就现役陆海空军将官中任命之，承参军长之命，办理有关军务及特交事项。

第十一条 第一局置局长、副局长各1人，简任；科长7人，专员3人至5人，速记员2人，均荐任；科员60人，委任，其中23人得为荐任；书记官49人，事务员13人，均委任；雇员54人。第一局设总收发室，掌理府内文件之总收总发及登记分配事项，置主任1人，荐任；科员9人，委任，其中3人得为荐任；书记官5人，事务员3人，均委任。雇员5人。

第十二条 第二局置局长、副局长各1人，简任；科长3人，专员2人，均荐任；科员18人，委任，其中8人得为荐任；书记官11人，事务员3人，均委任；雇员10人。

第十三条 第三局置中将局长1人，中少将副局长1人或2人，少将高级参谋5人至7人，上中少校参谋15人至21人，中少校副官1人至4人，上中尉副官3人。并置秘书5人至8人，荐任，其中4人得为简任；科员15人至23人，委任，其中10人得为荐任；书记官10人至15人，绘图员2人，事务员3人至6人，均委任。必要时得置专门委员1人或2人，荐派或简派。分科办公时，科长由高级参谋兼任之。雇员8人。

第十四条　第四局置中将或简任局长1人,少将或简任副局长1人,上校或荐任科长3人;并置秘书1人,荐任或简任;科员12人至16人,委任,其中8人得为荐任;书记官4人,事务员6人,均委任;必要时得置专门委员1人或2人,荐派或简派;雇员4人。

第十五条　第五局置局长、副局长各1人,简任;技正3人至5人,荐任,其中2人得为简任;科长3人,专员2人,均荐任;科员20人,委任,其中6人得为荐任;技士10人,委任,其中3人得为荐任;技佐12人,书记官19人,事务员6人,均委任;雇员78人。第五局设铸印工厂、制章工厂、印刷工厂,各置厂长1人,荐任。

第十六条　第六局置中将或简任局长1人,少将或简任副局长1人,上校或荐任科长7人,科员15人至37人,委任,其中10人至26人,得为荐任;书记官10人至15人,事务员15人至30人,均委任;主任医官、副主任医官各1人,荐任或简任;医官5人,荐任;司药3人,看护长1人,均委任;雇员30人。

第十七条　机要室置主任、副主任各1人,秘书2人,均简任;科长2人,视察4人,均荐任;科员20人,委任,其中六人得为荐任;雇员2人。

第十八条　侍卫室置中将侍卫长1人,少将副侍卫长3人,上中少校侍从武官4人,上中少校侍卫官16人,上中少校警务员16人,上中少尉侍卫官12人,上中少尉警务员12人,上中少尉侍卫42人,中校参谋2人,中少校副官2人。并置秘书1人,荐任或简任;书记官2人,事务员2人至4人,均委任;雇员2人。

第十九条　第三局、第四局、第六局、机要室、侍卫室之科员、事务员、绘图员,按其学历、经历,得为军职铨叙。

第二十条　总统府设人事处,置处长1人,简任,依法律之规定,掌理本府人事管理及奉交有关人事之查签登记等事项。人事处置科长3人或4人,荐任;科员33人,委任,其中15人,得为荐任;书记官16人,事务员1人,均委任;雇员19人。

第二十一条 总统府设会计处,置会计长1人,简任,依法律之规定,办理本府会计岁计事项。会计处置科长2人或3人,荐任;佐理员23人,委任;雇员2人。

第二十二条 总统府设统计室,置主任1人,荐任,依法律之规定办理本府统计事项。统计室置佐理员12人,委任;雇员1人。

第二十三条 总统府设警卫总队及军乐队,其编制由秘书长会同参军长拟订,呈请总统核定之。

第二十四条 总统府置参议若干人,由总统府聘任之。

第二十五条 总统府设国策顾问委员会及战略顾问委员会,其组织均另以法律定之。

第二十六条 总统府设稽勋委员会,其组织另以法律定之。

第二十七条 中央研究院、国史馆、国父陵园管理委员会隶属于总统府,其组织均另以法律定之。

第二十八条 总统府处务规程,由秘书长拟订,呈请总统核定之。

第二十九条 本法施行日期,以命令定之。

〔国民政府档案〕

7. 国民政府修正公布《立法院组织法》

(1948年6月26日)

立法院组织法 卅六年三月卅一日国民政府公布,卅七年六月廿六日第四次修正,卅七年五月八日起施行

第一条 本法依宪法第七十六条制定之。
第二条 立法院行使宪法所赋予之职权。
第三条 立法院设左列各委员会:

一、内政及地方自治委员会；

二、外交委员会；

三、国防委员会；

四、经济及资源委员会；

五、财政金融委员会；

六、预算委员会；

七、教育文化委员会；

八、农林及水利委员会；

九、交通委员会；

十、社会委员会；

十一、劳工委员会；

十二、地政委员会；

十三、卫生委员会；

十四、边政委员会；

十五、侨务委员会；

十六、海事委员会；

十七、粮政委员会；

十八、民法委员会；

十九、刑法委员会；

二十、商事法委员会；

廿一、法制委员会。

立法院于必要时，得增设其他委员会或特种委员会。

第四条　立法院各委员会，各置委员若干人，由立法委员分任之，每一委员得任三委员会委员。

第五条　立法院各委员会，各置召集委员，其名额及产生方法由立法院定之。

第六条　立法院每一委员会，置专门委员一人至三人，简派，担任法案之研究及草拟事项。

第七条　立法院委员会之组织,以法律定之。

第八条　依宪法提出于立法院之议案,由机关提出者,应先经立法院有关委员会审查,报告院会讨论,但于必要时,得径提院会讨论。

议案由立法委员提出者,应先提出院会讨论。

第九条　依宪法提出于立法院之议案,在未经议决前,原提案者得提出修正案或撤回原案。

第十条　立法院会议,非有立法委员总数五分之一出席,不得开议。

第十一条　立法院会议以院长为主席。

第十二条　立法院会议之决议,除宪法别有规定外,以出席委员过半数之同意行之,可否同数取决于主席。

第十三条　立法委员对于本人在院会或委员会缺席时议决之议案,不得为反对之动议。

第十四条　立法委员对于关系其个人本身之议案,不得参与表决。

第十五条　立法委员提出法律案,须有三十人以上之连署。

第十六条　立法院会议公开之,但经主席或出席委员十分〔之〕一以上之提议,得开秘密会议。

行政院长得请求开秘密会议。

第十七条　立法院会议,由主席维持议场秩序,如立法委员有违反议事规则或其他妨碍议场秩序之行为者,主席得警告制止,或禁止其发言,其情节重大者,得付惩戒。

前项惩戒,由立法院各委员会召集委员组织纪律委员会审议后,提出立法会议决定之。

第十八条　立法院院长综理院务。

立法院院长因事故不能视事时,由副院长代理其职务。

第十九条　立法院置秘书长一人,由院长就立法委员外,遴选人员报告院会后，由政府特派之；副秘书长一人，由院长就立法委员外，遴选人员报告院会后，由政府简派之。

秘书长承院长之命，处理本院事务，并指挥监督所属职员；副秘书长承院长之命，襄助秘书长处理本院事务。

第二十条 立法院秘书处，分组办事，其职掌如左：

一、关于议程编定事项；

二、关于会议记录事项；

三、关于文书收发及保管事项；

四、关于文书分配、撰拟、编制及印刷事项；

五、关于印信典守事项；

六、关于出纳庶务事项；

七、关于警卫事项。

第二十一条 秘书处置处长一人，简任；秘书十人至十八人，其中十人简任或简派，余荐任或荐派；组主任若干人，由简任及简派秘书兼任；科长八人至十二人，荐任；科员三十二人至五十人，委任，其中十六人得为荐任；速记长一人，荐任或简派；速记员八人至十六人，委任，其中四人得为荐任；书记官三十人至四十人，委任。并得用雇员三十人至五十人。

第二十二条 立法院设编纂处，其职掌如左：

一、关于本国法规之编辑刊行事项；

二、关于各国法制之编译事项；

三、关于立法参考资料之搜集事项；

四、关于特交编辑事项；

五、关于图书馆管理事项。

第二十三条 编纂处置处长一人，简任；编修六人至十人，简任；编辑八人至十二人，荐任；科员六人至十二人，委任，其中四人得为荐任；书记官四人至六人，委任。并得用雇员五人至十人。

立法院设图书馆，置主任一人，荐任或简派，管理员三人至五人,助理员一人至三人,均委任,并得用雇员一人至三人。

第二十四条 立法院设会计处、统计室及人事室,依法律之规定,分别办理岁计、会计、统计及人事事项。

会计处置会计长一人,简任,科长二人至四人,委任,并得用雇员四人至六人。

统计室置主任一人,荐任,科员二人至四人,委任,并得用雇员四人至六人。

人事室置主任一人,荐任,科员三人至六人,助理员二人至四人,均委任,并得用雇员一人或二人。

第二十五条 立法院得置专员十六人至二十四人。

第二十六条 立法院议事规则及处务规程,由立法院定之。

第二十七条 本法施行日期以命令定之。

〔国民政府档案〕

〔二〕国民政府施政方针与措施

（一）抗日战争胜利初期方针办法

一、对"收复区"措施

1. 行政院为审查"收复区政治设施纲要草案"致中央设计局函
（1945年8月1日）

行政院公函 平壹字第六二九一号
中华民国卅四年八月一日

兹订于本年八月八日上午九时在本院会议厅开会，审查《收复地区政治设施纲要草案》。除分行外，相应抄同原草案，函请查照，派员届时出席为荷。此致
中央设计局
附抄收复地区政治设施纲要草案

院长　宋子文

收复地区政治设施纲要草案

壹、总则

一、收复地区之政治设施，以恢复地方秩序、安定人民生活、肃清奸伪分子、扶植社会风气为紧急措施。其整个复员工作，另依复员计划之规定。

二、沦陷地区于收复后，先由驻在地区域内最高级军事长官负维持地方治安之全责。

三、收复地区现有之各级行政机构，应逐渐加强其组织，其尚

无机构者,亦须相机分别设置,充实必要之人力财力,以期健全,并与反攻部队及当地党部切取联系,务求集中力量,发挥效能,俾善后工作得以顺利推进。

四、收复地区之政治设施,其应先行准备事项,凡具有一致性质或非地方财力所能办者,由中央统筹办理;其系地方性质者,由省政府督同县市政府办理之。

五、中央各部会署,应各依主管事项,调查敌伪在沦陷地区之各种措施,迅即规划,收复时适当之处置。

六、收复地区之党政机关,应派员深入沦陷区切实组训民众,执行规定工作,以加速敌伪崩溃,减少沦陷区收复时政治设施之阻力一面。对于沦陷地区收复时急需之人力、物资,应即详细调查,根据中央指示方针妥为规划准备,以赴事机。

七、沦陷地区收复后,其政治工作之实际进行,以尽量交由地方机关或恢复必需之地方机关办理为原则。必要时,各部会署得临时派员协助地方政府办理之。

八、中央各部会署及战区各省市政府,应就本纲要及其主管事项分别拟具实施计划,编列预算,呈请本院核定执行。

九、关于沦陷区蒙藏同胞及海外侨民之复员善后工作,由省政府秉承中央主管部会分别处理之。

十、各地租界及租借地之接管,由内政部会同外交部另拟办法办理之。

贰、地方行政

一、行政机构

1. 省市县政府及行政督察专员公署于各该地区收复时,应随军推进,并相机健全组织,充实人员,逐渐恢复一切正常机构。

2. 收复地区之县市政府及乡镇公所,应迅速迁回原址(如原址本不适中,经毁损须重新修建者,得另觅其他妥适地点,呈准迁建),办理善后。必要时,得成立县市善后委员会,办理各该县市善后事宜,但应限期撤销之。

3.各行政区域,以战前之区域为区域,如须调整勘划,应俟恢复常态后,依法办理。

4.各省为适合战时需要而设立之各种特殊机构,应由各该省政府视战事需要斟酌裁并。

5.各级民意机构,应于地区收复后一年内分别依法筹备成立。

6.中央及各省政府得派员驻留收复地区督导办理善后事宜,并协同善后救济总署所派人员,积极推行各该地区之善后及复兴工作。

二、县政人员

1.举办县长考试、检定或甄审,听候分发任用。

2.县高级干部如秘书科长、督学、指导员等,由各该省政府甄审、登记,并得举行考试与训练。

3.警官及警长、警士分别由中央及各省扩充训练,同时举办警官登记及保安团队之警察训练,以备临时调用。

4.中央及后方各省党政各机关职员愿赴收复地区工作者,由内政部登记候用。

5.收复地区党政各机关原有派遣之秘密工作人员,确系忠于职务、成绩优良、合于县政各级人员资历者,应予优先任用。

6.乡镇保甲干部应就未从事伪职人员尽先选贤任用,资格从宽,考核从严。

三、地方治安

1.收复地区之治安、绥靖、剿匪事宜,概由保安警察团队及绥靖部队负责。

2.各地土匪应予清除,其中因激于义愤而聚合之土匪,应由各地治安机关量情收编,妥为遣置。如有不听命令而骚扰地方者,即剿除之。

3.收复地区之游击队或别动队等,应由战区长官部依照军政

部调整游击队原则,一律校阅、点验,作以下之处置:

(1)战绩确优、纪律良好者,准予并编或拨补正规军。

(2)战绩平常、军纪不佳与战绩毫无、纪律太坏者,不论人枪充足与否,一律裁撤番号,官兵资遣归业。

(3)编余或资遣之游击队、别动队官兵,由军政部会同有关机关另拟详细实施办法。

4.敌伪遗落枪弹及其他武器,应依照二十九年六月军事委员会办制渝字第一五〇一号核准颁行之《战时民众报缴枪炮弹药奖励暂行办法》办理之。

5.民间枪枝应依法予以审查、登记、烙印。必要时,得由当地最高军事长官会同有关机关指导办理地方自卫事宜。

6.奸伪及伪组织人员与被敌俘虏之我官兵被迫而为奸伪者,应即查明,依法处置,严禁寻机报复、诬陷、株连。

7.荣誉军人如系创伤者,由邻近军医院收容治疗,如肢体成残,则检验残状,分别转送教养院或临时教养院就近收容,其待遇由收容机关按一般规定报领转发,并策动各界民众慰劳,以示优异。

8.敌伪伤病官兵由地方政府协同驻在部队搜查,并转送就近医院,治愈后送由长官部依法处置。

9.厉行连保连坐,清除奸伪土匪。

四、地方治安

1.健全乡镇保甲等基层组织,并甄别自治人员之良莠。

2.调查或改组原有农、工、商、教育会等民众团体,协助自治事宜。

3.清查户口,整编保甲,尤须注意人民反正后之思想行动。

4.整理市街沟渠,修复乡村道路。

5.疏浚县区水道,培修堤防塘坝。

6.依照收复地区肃清烟毒办法,彻底执行根绝烟毒。

7. 实施乡镇造产,减轻人民负担。

8. 整理社仓积谷,救济民食。

9. 推行合作事业,尽先办理日常生活必需品之供应。

叁、卫生救济

甲、卫生

一、卫生行政

1. 恢复原有各级卫生机构,其未设置者,斟酌地方情形,逐渐设置。

2. 调查敌伪一切卫生机构、医药器材,并接收整理之。

3. 训练卫生人员及防疫人员,暂派后方见习。

4. 调查避难后方开业医事人员,以备临时征用。

二、医防设施

1. 卫生署医疗防疫总队、各省医疗防疫队应妥为配派收复地区,办理医防及环境卫生等工作,必要时,得将各该机构设法扩充之。

2. 补助教会医院及私人医院,并商请军政部医防大队办理民众医疗救护工作。

3. 发动医药及慈善团体施医施药,救济伤病军民。

4. 组织巡回医疗防护队,协助医防及食水消毒与掩埋遗尸等事宜。

三、药材储备

1. 大量增加中央防疫处及西北防疫处之制药品。

2. 促进后方公私药厂及卫生器材事业之生产,并酌购存储。

3. 分区保存自制购储及联合国善后救济总署之药品器材,以备随时配用。

4. 储备各种特效防治药品,以应急需。

乙、救济

一、救济行政

1. 省县振济事宜由主管民政机关负责办理,非必要时,不必另设机构。

2. 善后救济总署得择要派遣人员随军工作。

3. 调查抗战损失及敌人罪行,俾作善后救济及向敌人要求赔偿之依据。

二、难民救济

1. 办理急赈平粜与临时短期收容。

2. 办理农振,施放种籽、耕牛及农具。

3. 办理以工代赈、小本贷款及职业介绍。

4. 伤病之医疗及疫疠之预防。

5. 阵亡将士家属及殉难义民之特别抚恤。

6. 回籍流亡之登记与运送。

7. 措拨公绝产,安置无家可归之流亡民众。

8. 协助人民修建住宅。

9. 督导慈善团体及人民团体,协助办理救济工作。

10. 充实救济院所,收容老弱残废。

三、难童教养

1. 扩充或增设儿童教养院所,收容难童。

2. 发动地方慈善机关团体临时设所收容。

　　肆、财政粮食

甲、财政

一、恢复盐务金融机构及必要之税收机关。

二、整理合法税收,严禁摊派,所有敌伪举办之各种苛捐杂税,一律公告废除。

三、整理自治财政,必要时,各县市得组织财政整理委员会,清理公产公款及绝产。

四、举办工商盐民贷款,鼓励工商盐场复业及严禁囤积居奇、高抬物价。

五、严密保护物资,以免流入敌区。

六、敌伪银行一律接收、停业,清理其发行之钞票、债券,禁止使用。

七、人民所有敌伪钞票、债券,限期登记缴存,听候清理。

八、汉奸所组设之私人银行,酌情予以没收。

九、沦陷前原有之银行,被迫停业未为敌伪利用者,得酌令整理复业。

十、敌伪劫持后之中国、交通两银行及其他国家金融机关债权债务之清理。

乙、粮食

一、恢复田粮机关及必需设置之储运供应机构。

二、调剂粮食供应,并协助粮商购运。

三、举办平粜公卖,并管理粮食市场。

四、没收敌伪存粮,归公供应。

五、调查社会积谷,救济民食。

六、搜集田赋征册粮票,清理土地产权。

七、在沦陷期内人民应纳之田赋租税,应依《战区土地租税减免及耕地荒废救济暂行办法》办理。

　　伍、经济建设

甲、工矿

一、调查敌伪经营之工矿事业,依《沦陷区工矿事业接管整理办法》及《沦陷区敌国资产处理办法》接管之。

二、调整省营或其他公营工厂,确定其设置地点,并分别予以适当之合并。

三、恢复战时停办或封闭之工厂矿区。

四、奖助民营工矿事业。

乙、交通

一、恢复邮电航运等交通机关,期以最迅速之方法开展各项交通业务。

二、敌伪所有之交通设备、器材工具,除原为盟国或我国人民合法所有者外,一律收为国有,由交通机关分别接管整理。

三、清除水道,绞捞沉船,排除敌人遗留之障碍物。

四、奖助民营航业,发展运输。

五、充实各种交通工具,供应军运及输送义民还乡。

六、修复县道,抢修城市码头趸船。

丙、农林

一、举办农具、耕牛、种籽、肥料、合作贷款,救济贫农,恢复生产力。

二、倡导民众垦殖,并推广棉田及经济林场。

三、提倡种植正当粮食,禁种奢侈或消耗农作物。

四、供应化学肥料、优良种籽及繁殖役畜,改良畜种。

五、资助沿海及江浙各省人民复兴渔、盐、蚕桑事业。

六、接管敌伪所办农林渔业事项。

丁、水利

一、迁回各流域水利机关,并逐渐充实其组织。

二、整理航道,并利用灌溉。

三、修筑堤防水闸。

四、接管敌伪所有水利机关事业。

陆、教育文化

一、各级学校之整理恢复,并协助解决校舍、师资、教材、设备等问题。

二、敌伪奴化教育书刊及荒谬宣传品之肃清。

三、敌伪经营之民众教育、图书馆、书店、报馆、通讯社、印刷所及文化机关团体之清查与整理。

四、敌伪所设初中以上各级学校教职员之甄别、训练及学生学籍之审定。

五、从事敌伪卵冀下之小学教员应严加考核,分批训练,矫正其思想,俾其仍能胜任国民教育工作。

六、居留敌区而未为敌伪机关、学校服务之教育界人员,应予切实调查,尽先任用。

七、编印各级学校教科用书,对于公民史地课本,尤须注意民族精神之阐扬。

八、国立专科以上学校之重新调整与分布。

九、忠义事迹之调查搜集与表扬及敌伪罪恶事实之搜罗与暴露。

十、礼聘耆宿搜集地方文献,并整理保存之。

柒、土地营建

甲、地权清理

一、敌伪对于公有或私有土地所为之一切处分一律无效。

二、敌伪放领之公有土地,其承办人如为自耕农,得视其需要情形,限令补办承领手续。

三、敌伪没收之私有土地,如原土地所有权人提出确切证明,应予发还。

四、敌伪发价征收之私有土地,一律收为公有,但如系低价强制,得准原所有权人提出证件,缴价领回。

五、在敌伪劫持下被非法强占之私有土地,应归还于原土地所有权人,其在强占期间原土地所有权人所受损害,应由强占人负损害赔偿之责。

六、由地政署依照上列原则拟订《地权清理办法》,呈院核定施行。

乙、公私营建

一、收复地区之公共工程,应照《公私建筑制式图案》及《县乡镇营建实施纲要》办理,以期一劳永逸,整齐划一。

二、建筑平民住宅,并推行新村建设。

三、举办建筑贷款,奖助私有建筑。

四、复兴公用事业,整理地下水道。

五、订定建筑规划,统一工程管理。

捌、司法事项

一、司法机构之恢复

1. 沦陷地区内之各级法院、监所因战事停止办公或迁移他处者,在该地区收复后,应迅速迁回,恢复办公。

2. 地方法院及县司法处于地区收复后不能即时恢复办公者,应由该管高等法院分别遴派推事、审判官或承审员前往各该院处所在地办理司法及审判等事务。

二、司法人员之储备

1. 法官、法院书记及监狱官之调查、登记、考试及训练。

2. 订定征用律师办法。

三、奸伪之清查与处分

1. 举行奸伪总清查,依《惩治汉奸条例》之规定惩处之。

2. 由中央最高党政军机关分饬所属,就地调查奸伪分子,以凭依法惩办。

3. 订定人民告发奸伪办法。

4. 中央党政各机关派遣伪方工作人员,应先期造册,函送党地行政司法机关,俾免冒滥。

四、民刑诉讼案件之处理

1. 在地区沦陷时奸伪所为有关财产之处分及一切有关人民权利义务之行为,一律无效。

2. 乘他人避难时而占有其财产者,于本人迁回后即返还,其有孳息者,应一并返还。

3. 修正《非常时期民事诉讼补充条例》,将一切民事案件凡因受战事影响致生争议者,非经法院调解,不得起诉。

4. 关于产权、债务、婚姻及其他民事关系因受战事影响发生变动而需特别救济者,得制定特别法,以资补救。

5. 沦陷时未结之民刑案件,得另订整理办法。

6. 厉行调解制度,依法普设乡镇调解委员会。

7. 推行巡回审判制度,以谋诉讼人之便利而减轻其讼累。

〔中央信托局档案〕

2. 内政部为各陷区收复后迅即恢复各级行政机构及赶办紧急措施事项电

(1945年8月 日)

(1)电之一(8月17日)

苏、浙、皖、赣、鄂、湘、闽、粤、桂、冀、豫、鲁、晋、绥、察、热、辽、吉、黑省政府:战事已胜利结束,各陷区收复后,应迅即恢复各级行政机构,并请注意下列各事项:一、与军事机关合作,维持治安;二、抚辑流亡,编组保甲,清查户口,根绝烟毒;三、于短期内成立民意机关,协助政府办理善后救济;四、调查人口伤亡及公私财产损失;五、清查奸伪,依法处办,惟应注意寻隙报复。以上希察酌实情,饬属赶办,随时报部。内政部。未洽。印。

(2)电之二(8月19日)

江苏、安徽、广东、湖南、山西、辽宁、黑龙江、河北、福建、浙江、山东、广西、湖北、绥远、吉林、热河、江西、河南、察哈尔省政府:抗战胜利,失地即将收复,关于战区善后复员事宜,正详细规划中。兹将收复区地方行政紧急措施事项提供要点于下:一、迅速恢复收复区各县行政机构;二、尽量发动当地公正人士维持秩序,办理善后;三、运用各县原有自卫武力维持治安;四、分配保安团队或警察队控制重要据点,并注意维护水陆交通线之治安;五、县行政机构恢复后,同时即成立临时参议会;六、编组保甲,划分乡镇得尽量利用原有编制;七、切实举行户口清查造册,为户籍及人事登记之准备;

八、各县奸伪应分别情形，除有显著罪恶应依法处办者外，其他附逆分子应调查罪行，专案处理；九、切实办理抗战损失调查，以迅速方法报部。以上各项，统希察酌实情，饬属赶办，并将办理情形随时报部备查为荷。内政部。未皓。渝。城民。印。

〔国民政府内政部档案〕

3. 内政部公布"收复区实施户口清查办法"

（1945年10月17日）

内政部业经制定收复区实施户口清查办法，已呈奉行政院、军事委员会核准，公布施行。办法如下：

(甲) 总则

第一条 内政部为奠定收复区户籍行政基础及维持地方秩序起见，订定收复区实施户口清查办法（以下简称本办法）。

第二条 本办法适用于所有收复区之初期户口清查。

第三条 本办法于每一收复区县市政府成立或迁回时，首先实施，于三个月内办理完竣。

(乙) 进行步骤

第四条 举办户口清查应同时编组保甲，其办理程序，依《县保甲户口编查办法》之规定。

第五条 县市政府为查编之主办机关，除责令所属户政及警察人员并发动当地知识分子协同办理外，必要时当商请当地驻军、宪兵队或其他团体机关派员协助办理。

第六条 县市政府应会同有关机关，设法尽量搜集战前户口册籍及沦陷后伪组织举办户口查记之一切表册案卷，如获得其他省县有关之资料，应妥为保存转送参考。

第七条 对当地原有保甲组织，应斟酌实际情形，尽量利用，其经摧毁者，应重新编组；乡镇保甲长人选，应就资望相孚之纯正知识分子选任之。

第八条　实施编查前,应召集参加编查人员讲习有关法令及技术。

第九条　举办户口清查所需表式另订之。

第十条　实施编查时,对逃亡空户之番号得予保留,以便因战争关系而他徙之人民于迁回时得随时编入。

第十一条　对迁徙民众过多之区,应先查记在家人口,其陆续归来之人口,责成当地保甲长随时调查登记,月终汇报乡(镇)公所。

第十二条　清查户口时,对荣誉军人、阵亡将士家属及外侨游民,须另册登记,以供保安及救济等机关之参考。

第十三条　编查完竣后,县市政府应派员至各乡(镇)抽查,乡(镇)公所应派员至各保甲抽查,以期确实。

第十四条　举办户口清查后,应即接办户口异动登记,按月由各保报由乡(镇)公所,汇编统计,呈送县市政府汇编全县户口异动统计,呈送省政府汇报内政部备查。

(丙)附则

第十五条　本办法实施细则,得由地方政府斟酌实际情形自行拟订,并报内政部备查。

第十六条　收复区地方秩序完全恢复时,其户口调查应按现行一般户籍法规办理,本办法停止适用。

第十七条　本办法自公布之日施行。

〔国史馆档案〕

4. 陆军总司令部关于"限制收复区军事调动消息及军事情报发布办法"代电

(1946年1月11日)

情性字第一二八号
中国陆军总司令部代电　中华民国卅五年一月十一日

接收委员会：兹随电抄送限制收复区军事调动消息及军事情报发布办法暨军机防护法各一份，希查照参考。京。何应钦。子真。性煞。

限制收复区军事调动消息及军事情报发布办法

（一）各战区各部队长官约束所部不得自行对外发表谈话，以免泄露军事调动消息及其他军事情报。

（二）加强收复区新闻及邮电检查。

（三）商请美国新闻处及驻华美军总部协助保守国军调动或空运之消息。

（四）各报在收复区地方秩序尚未完全平复、受降工作尚未完成前，凡关于军队调动之消息是否有关军事秘密，请其依据《废除出版检查制度办法》第六款"出版物负责人如对其将刊载之言论与消息是否合法发生疑问时，得向中央宣传部或当地政府询问，请求解答"之规定，先向军令部战讯发布组（各地则向当地最高军事机关）询问，以免触犯军机防护法，并将军机防护法抄附——经询问后仍可自由登载，但若触犯军机防护法时，应由军事机关依法控诉。

（五）除军事机关及中央社负责发布之军事消息外，各报登载军事消息应注明消息来源。

军机防护法　二十一年十二月十七日国民政府公布

第一条　泄漏交付或公示因职务上所知悉或保管之军事上机密之消息、文书、图画或物品者，处死刑或无期徒刑；预备犯本条之罪者，处无期徒刑；因过失犯本条之罪者，处五年以上有期徒刑。

第二条　泄漏交付或公示因刺探收集而得之军事上机密之消息、文书、图画或物品者，处死刑或无期徒刑；非以刺探收集而得之军事上机密之消息、文书、图画或物品，知其为机密而泄漏交付或公示者，处无期徒刑。

第三条　知其为军事上机密之消息、文书、图画或物品，因而以暴行使入交付或窃取者，处死刑或无期徒刑。

第四条　刺探收集或藏匿非职务上所应知悉或保管之军事上机密之消息、文书、图画或物品者，处二年以上、十年以下有期徒刑。

第五条　未受允准或以诈术取得允准而入要塞、堡垒、军港、军营、军用船舰、军用航空港场、军械厂库或其他国防上之处所、建筑物或留滞其内者，处一年以上、七年以下有期徒刑；潜携枪械或其他爆裂物品私人强入前项处所、建筑物者，处无期徒刑或十年以上有期徒刑。

第六条　未受未准或以诈术取得允准测量、摄影或描绘前条第一项之处所、建筑物或记述其内容者，处一年以上、七年以下有期徒刑；因而犯第四条之罪者，处三年以上、十年以下有期徒刑。

第七条　因犯本法之罪所得之财物没收之。如全部或一部不能没收者，追征其价额。

第八条　犯本法未遂者罚之。

第九条　犯本法之罪者，得褫夺公权。

第十条　犯本法所定各罪者，在对外各战区域或戒严区域或剿匪区域内，由犯罪地或罪犯地附近之最高军事机关审判之。

第十一条　依前条判处各罪，由该审判军事机关附具案由，递级呈报中央最高军事机关，经核准后，方得执行。中央最高军事机关对于所属审判案件认为有疑误者，应令再审或派员会审。

第十二条　军警团队人员逮捕本法所指犯罪行为之嫌疑犯时，应立即通知有关之主管机关。

第十三条　本法施行日期及期间以命令定之。

〔国民政府中央陆军总司令部档案〕

5. 行政院办理收复地区国军酌留相当兵力掩护行政之推行并设法充实地方自卫力量一案呈

(1947年6月6日)

奉钧府三十六年四月廿四日处字第四二〇号令发三中全会刘委员茂恩等十三人提收复地区拟请国军酌留相当兵力掩护政治之推行，并设法充实地方自卫力量饬转饬办理等因；遵经饬据国防部电复，业已遵照转电各绥靖区酌情办理等情。理合呈请鉴核。谨呈国民政府

行政院院长　张群

中华民国卅六年六月六日

〔国民政府档案〕

二、对解放区对策

1. 蒋介石令第十八集团军"原地驻防待命"致朱德等电

(1945年8月11日)

延安第十八集团军朱总司令、彭副总司令钧鉴：现在敌国已宣告正式向四大国投降，关于盟邦受降各种问题，正在交换意见，即将作具体决定。本委员长经电令各部队一律听候本会命令，根据盟邦协议，执行受降之一切决定。所有该集团军所属部队，应就原地驻防待命，其在各战区作战地境内之部队并应接受各该战区司令长官之管辖。政府对于敌军之缴械，敌俘之收容，伪军之处理，及收复地区秩序之恢复，政权之行使等事项，均已统筹决定，分令实施。为维护国家命令之尊严，恪守盟邦共同协议之规定，各部勿再擅自行动为要。除分令外，希即严饬所部一体遵照。此令。军事委员会委员长蒋中正。八月十一日。

〔国史馆档案〕

2. 国民党中执会对《新华日报》所载"延安总部发布命令"之研究与对策

(1945年8月12日)

本日《新华日报》所载"延安总部发布命令"之研究与对策

(一)研究

一、奸伪用意：

1. 此举以为可壮大声势，夸张力量。

2. 企图对我先发制人，以割据地盘，扩张实力，进而自建中央政权，与国民政府对抗。

二、我们的看法：

1. 日本向盟国投降，应听从四国共同处置，在四国共同处置未决定前，该奸伪擅自先作处置，法理上自属不合，乃自己暴露野心，使中外人士更明了其真面目，此对奸伪实属不利。

2. 自称"延安总部"及仅称"总司令朱德"而无番号，乃目无政府与统帅之表示，亦使中外人士看出其野心，在我军事系统上，可认其为违法，加以处分。

3. 实际上宣传作用多于实际行动。

(二)对策

一、应由军委会即予通电指斥其为荒谬违法，指明"第十八集团军总司令朱德"在同盟国尚未正式接获日本请求投降文电及四国尚未共同决定处置办法以前，又未奉有统帅部命令，竟擅行发布非法命令，应由军委会严加申斥。关于触犯军律部分，交由军法执行总监部议处。

二、军委会之申斥令发布后，即应扩大宣传，策动言论界为文批斥。

(三)附记

中央对共党态度应及时改变，在此期间，应以争取主动为最有利,应予打击者打击之,不可再迁就与过于顾忌。

附录: 延安总部发布命令
限令敌伪缴械投降

如遇敌伪武装部队拒绝投降,解放区抗日部队得坚决消灭它。

敌伪所占城镇、交通要道,我军有全权接受,进入占领,实行军事管理,并管理行政。

(本报特讯)延安总部顷发表命令如下:

延安总部命令

日本已宣布无条件投降,同盟国在波茨坦宣言基础上,将会商受降办法,因此我特向各解放区所有武装部队发布下列命令:

(一)各解放区任何抗日武装部队,均得依据波茨坦宣言规定,向其附近各城镇、交通要道之敌人军队及其指挥机关送出通牒,限其于一定时间向我作战部队缴出全部武装。在缴械后,我军当依优待俘虏条例给以生命安全之保护。

(二)各解放区任何抗日武装部队,均得向其附近之一切伪军、伪政权送出通牒,限其于敌寇投降签字前率部反正,听候编遣,过期即须全部解除武装。

(三)各解放区所有抗日武装部队,如遇敌伪武装部队拒绝投降缴械,即应予以坚决消灭。

(四)我军对任何敌伪所占城镇、交通要道都有全权派兵接受,进入占领,实行军事管理,维持秩序,并委任专员负责管理该地区之一切行政事宜,如有任何破坏或反抗事件发生,均须以汉奸论罪。

总司令 朱 德
〔国民党中央执委会档案〕

3. 吴铁城抄录"日本投降后沦陷区奸伪可能动向之研究及对策"致何应钦函

(1945年8月15日)

敬之吾兄勋鉴：

（特件）兹抄奉日本投降后沦陷区奸伪可能动向之研究及对策乙件，敬希查明参考为荷。耑肃祗颂

勋祺！

附研究对策乙件。

弟：吴○○拜启

8月15日

日本投降后沦陷区奸伪可能动向之研究及对策

（一）阴谋判断

一、突击沿海地区及各阵地、交通路线、城市。

二、在洞庭湖南建立根据地，截断粤汉交通及在平汉路西豫西地区建立根据地，截断平汉路交通。

依据此项，企图可能：

1. 军事方面企图：

(1) 李先念部进占武汉；

(2) 王震部进占长沙；

(3) 陈毅部进占南京、上海、杭州；

(4) N4A政委饶漱石部进占上海；

(5) 粟裕部进占浙江；

(6) 叶剑英部进占广州；

(7) 刘伯诚〔承〕部进占郑州、洛阳；

(8) 彭德怀及林彪部进占华北、平津；

(9) 聂荣臻及吕正操部进占山西、察哈尔；

(10)张学诗、万毅、李运昌等部进占东北,并准备与我冲突。

2. 政治方面企图:

(1)公开建立解放区政权;

(2)召开地方人民代表会;

(3)收买伪军。

(二)比较可能之行动

一、企图先行占据若干城市:

1. 占据华北数省城市之可能性最大;

2. 占据华中数省城市之可能成分次之;

3. 占据华东各省之城市又次之;

4. 占据华南各地之成分较少。

二、敌人为增我内乱力量起见,可能故意将局部枪械交给共党,小股伪军或小汉奸亦可能与其勾结。

三、可能利用其威力,胁迫人民建立或控制地方政权。

(三)对策

一、应即与美商定对我国境内敌伪部队之投降,应由四国共派代表分区接收,否则不能生效。

二、应对敌方提出下列条款:在我方指定接收之部队未到达前,所有地方治安秩序应由敌方就地驻军切实维持,并不得将地方政权擅行转移(批语:已分别办理中)。

三、应即责令沦陷区各地伪军切实遵照委员长指示,固守原防,维持治安及秩序,并由中央指派人员以最迅速方法飞达各该地区,传达中央命令及指导其应采取之一切措施。

四、为预防奸军擅先进占城镇起见,应由统帅部先行发布命令,在日本投降期间,全国各部队应绝对听候最高统帅部调遣。凡擅自行动者,一律视为叛军。

五、凡派往接收沦陷区之部队,应选择装配、训练、纪律俱优之部队前往,并随时准备剿灭奸匪。

六、应迅派党政工作人员随军前往规复各地之正式政权，以防制奸伪阴谋。

〔中国国民党中执会秘书处档案〕

4. 杜建时报告勾结美军及日伪部队阻挠八路军接收天津市区等情代电

(1945年10月23日)

快邮代电

中央党部秘书长吴钧鉴：兹谨将建时到津以来应行报告事项分析陈之。

一、职奉孙司令长官十月十日令，兼第十一战区司令长官驻津代表，所有天津附近地区之先遣军及各种游杂部队归职节制。已遵于十二日同时设立代表办事处暨北宁路护路司令部，开始办公。

一、接收情形。沦陷以来，民众备受敌匪凌扰，人心厌乱，一旦胜利，山河重复，群情感激领袖，翘盼中央复员，望切云霓，无间妇孺。惟匪军掣肘，莫不为憾，是以国盟军及政府人员先后莅止，欢迎空前，一切接收至为顺利。

一、各种部队。自和平以来，先遣军以及游杂部队名义繁多，其成分不外：（一）原来地下工作部分集结者；（二）伪绥靖军改称者；（三）投机分子受伪军委任或自立名义希图吸收地方团队者；（四）受匪军策动勾结者。分〔纷〕在市内设立机关，军部、师部、团部、办事处等计有四十处，其在市区附近县境游动占驻攫取民物者亦复不少，惟除正式先遣军外，大半仅有机关，或只有少数部队。

一、治安状况。过去市内部队庞杂，纪律不整，滋事生非，日有数起，近来经督饬宪警严厉纠察，治安尚可维持。惟毗连各县乡镇大半被匪人盘据，近且吸收地方团队武力，并强征青年，对于市境四围施以封锁，不使农产物流入市内，更暗中以天津解放委员会名目刊布宣传品，针对中央施策加以指讥，如受降缴械等不令近在咫尺之第十八集团军进驻而令远来盟军参加等语,民众多怀戒惧,乡农亦非尽甘附,匪军近更公然活动,以国民革命军第十八集团军晋察冀中区司令部名义张贴布告,并在市内设办事处,以公文通知盟军及警察局。

一、护路情形。因匪军现以诱惑青年,趋使农民,专以破坏交通抢劫物资为目标,如近在津浦路以焚杀手段威胁民众,迫令拆取铁轨至二公里,各地公路亦多被切断。似此情形,以冀鲁区域为尤甚,有非短期所能平靖,则护路任务又非有相当兵力不克防范。

一、建时任务。(一)护路方面:重在北平秦皇岛间之治安,在护路队未正式建制前,先联络盟军及今尚未撤退日军,并利用原有伪路警妥为维持,现并奉孙长官令,将原伪绥靖军精壮部队之第十五师拨归建时指挥,将来拟即将该部加以严格训练,改充护路队,并一面抚绥沿路各地民心,以期协力御匪而坚护路基础。(二)军事方面:第九十四军到津后,治安可赖无虞。建时为整理游杂部队,拟着手就实有名额予以编遣。(三)现在津市外围虽尚未靖,而市内及北宁方面经建时缜密筹维,随时与盟军连〔联〕系,均能听建时指挥行动。

一、九十四军来津,一切供应安置已均事先筹妥,一并附陈,请释厪念。谨电驰报,维乞垂察。职杜建时叩。酉。梗。

〔国民党中央执行委员会秘书处档案〕

5. 蒋介石为拟订"邻接匪区县以下各级机构对付奸匪办法"与内政部往来电

(1945年10月—1946年1月)

(1)蒋介石代电(1945年10月30日)

内政部张部长勋鉴:据报,奸伪来安县府于九月二十七日召开县行政扩大会议时,决议对于组织情报网站之递步哨法,各区署首先组织一递哨班,以九人为限,村为单位,每村二人,乡镇公所设立五人,如发生紧急情况,在五分钟内,由甲站传乙站,最后传至区署,等情。查奸匪为巩固其既得地区,以便向外窜扰计,其对社会之组织控制正不断加强,此仅系其一例。我邻接匪区各地方政府,仅以普通方式编整保甲,能否足以应付?希即迅速检讨,提出具体方案,呈核施行为要。中正。(卅四)酉陷。府参(二)。

中华民国三十四年十月三十日

(2)张厉生签批(10月31日)

交警政、民政两司遵办。奸伪此种办法,并非高深难能,只是我方之行政人员不肯用思想,不肯实行,纵订出办法亦等具文,言之痛心。

厉生十.卅一

(3)张国幹意见(11月14日)

对于制止奸伪活动办法意见

一、加强保甲运用

(一)为加强保甲运用起见,保甲各增设副保甲长二人,协助保甲长担任侦察奸伪活动工作。

(二)保甲长人选应尽量遴选知识青年及家资富裕者充任。

(三)县以下乡镇保甲工作人员应于定期分乡集中调训,报告奸伪最近企图破坏国家统一实行割据情形,并指示一般应付方策。

(四)乡镇保甲对奸伪情报通信应仿照奸伪最近所实施情报网站办法,普遍组织情报递步哨,妥为运用,以增进工作效能。

(五)乡镇保甲工作人员为侦察奸伪消息因而破获奸伪组织者,应层报中央,厚予奖赏。其暗通消息知情不报或明知有形迹可疑之人在境内活动而不努力侦察报查者,应予严重处罚。

(六)乡镇保甲工作人员对于执行侦察报告奸伪行动任务,如有藉端陷害虚构事实者,以诬害论罪。

（七）收复区在奸伪未彻底肃清以前，县乡保甲工作人员应竭全力对付奸伪，年终成绩考核表应以地方治安为最重要工作之一。

二、迅速建立全国情报网

（一）中央对奸伪情报处理应设统一情报机构，负全国对奸伪情报计划指挥之责，但须秘密，不公开活动。

（二）省设情报处，其负责人选由中央遴派，省政府、省党部、三青团应全力协助，其所属各级情报人员均由其指挥，以一事权。

（三）县设情报分处，正主任由中央遴派，县长、县党部书记长、三青团分团书记为副主任，警察局长（或警佐）为总干事，负责全县境内对奸伪侦察情报工作。

（四）县指导区设情报站，以县政府所派指导员任站长，设有区党部之指导区，其区党部书记长内为副站长，协同站长处理工作。

（五）全县境内每一保甲、每一国民学校必须密派一人担任秘密侦察及通信工作；每一乡镇、每一中心学校、每一中等学校以及每一袍哥帮会组织，必须密派二人以上担任侦察及通信工作；工厂由省直接派员负责。

（六）前项工作人员与当地保甲不必直接取得连〔联〕系。

（七）县以下工作人员应就现有工作人员对于本党有历史对国家有热忱合于工作条件者遴选，加以严格训练派充，其生活维持概以本职所入，而对于有价值之情报供给，应分别予以奖赏，以资鼓励。

三、运用袍哥帮会组织制止奸伪活动

（一）对各地袍哥帮会组织暂采放任态度，并须遴选有工作经验之人员参加，发生细胞作用，一方面防止为奸伪所利用，一方面使此项社会组织能为吾人所运用，情报来源能得到迅速确实，使奸伪在每一地区无法隐匿。

（二）制造袍哥帮会组织与奸伪发生斗争，使其积不相容，互相仇视。

四、争取民众拥护政府

（一）县长为亲民之官，其人选应具与本党有历史而富有操守及有政治斗争经验者充任。

（二）应厉行精兵简政政策，彻底调整各级机关机构，使之合理化。减少行政支出，增进工作效能。公教人员待遇应随物价指数给予，食米应按直属家庭实际人口配发供给，使能仰事俯蓄，保持廉洁。其贫寒公教人员之子女教育，由国家担负，使能安心工作而无后顾之忧。其有贪污不法者，一经告发，严予惩办，树立法律遵严。

（三）县乡镇佐治人员应受人事制度之保障，不随主管变更。

（四）扩大社会福利工作如教育、卫生、救济等，使一般贫苦无告之民众能实际得到政府福利。

（五）改造现行教育制度，使贫苦无力而优秀堪以造就之子女能有逐级造就之机会。

视察张国幹谨拟

（4）王秋舫意见（11月15日）

对国府（卅四）酉陷参（二）代电之意见

查我方对于防范奸匪活动之组织与办法，法令迭有颁行，规定非不严密，指示非不周详，县（市）乡（镇）保甲之组织亦普遍而有系统，反之奸匪所谓区递哨班之组织与其传递情报之办法，实亦平常之至，而我方所以终鲜功效之症结，实由于各级人员之对敌观念薄弱与斗争情绪消沉（可谓毫无斗争情绪），平日只知等因奉此，承上转下，办事不机密，行动太迟缓，殊不知对付奸匪，绝非官样文章所能济事，而必持以机敏之警觉，出以迅速秘密之行动也。

关于侦防奸匪活动办法，本部前奉令拟呈之"对奸伪动员知识青年到农村去之对策"一案中，已有详密之规定，并已由中央秘书处拟具实施步骤，由党政军各有关机关分别实施中，各级机关，果能认真奉行，切实贯彻，当可收预期之功效。

关于邻接匪区各地方之保甲组织,应迅照前项对策纲目(二)要目三之规定,切实重行整编,并参照"组织民众肃奸网及办理联保连坐切结办法"(本法已奉令废止)组织情报网,以侦察防范奸匪之活动。惟为纠正目前各级机关办事之积习并激发各级人员之警觉性起见,办理此事,似宜遵守左列原则:

一、命令之下达,勿采普通行文方式,自中央以至最下层,应由各级负责人遴派忠实干员,递层面达,而由受令者笔记之;

〔二、原缺〕

三、一切组织活动,概须秘密行之;

四、情报传递,应采用最迅速之方法;

五、省(市)县(市)党、政、军应有统一之指挥,切忌互相推诿磨擦,分散力量(集中力量,一致对外)。

以上五项,在实施时固不免有若干困难,但时至今日,倘仍因循墨守,讳疾忌医,不加改进,则局势之演变,终将欲求苟安而不可得也,是否有当尚乞

卓核

王秋舫　十一月十五日

(5)石启民意见(11月16日)

对本案之意见

一、慎选县行政人员展开对奸伪之斗争

最近中央甄选县长三百人,准备分发收复区各省工作,其中多为党务从政人员,乃吾党之优秀干部,即以此三百人全部分发接近奸伪占领区或邻近县份工作,所有县佐治人员亦慎选忠实干练之党员充任,以加强县政组织展开对奸伪之斗争。

二、加强区乡镇保之编组,成立通讯网

区设警卫班,乡镇设警卫组,保设专任警卫干事,担任防制奸伪活动及维持地方治安之责,如遇事故发生,由甲而保,由保而乡

镇区,其有重大事故,由县政府层报上级政府作紧急之防制处置,并转报中央。

三、统一中央对奸伪活动之情报机构以专责成

由行政院、军委会、中央党部会商确定一专管奸伪活动之情报机构,随时拟具对策呈核实施,以赴事功。

四、遴派干员密赴奸伪占领区视察指导

由中央党政军(中央组织部、内政部、军委会等)机关遴选干员组织视导小组派往奸伪占领区视察指导,对于奸伪之活动随时研讨,拟具对策,视其情节之轻重,分别呈报中央或建议地方政府办理,期以最迅速方法对奸伪作有效之防制。

石启民　签注三十四、十一、十六

(6)内政部电稿(12月6日)

代电

国民政府主席蒋钧鉴:(卅四)酉陷府参(二)字第三八〇号代电奉悉。查奸匪组织情报网站之递步哨法,本甚简单,惟我邻接匪区各县,仅以普通方式编整保甲,实不足以应付特殊使命。兹为邻接匪区各县防止奸匪活动,清除奸匪分子,协助军事推进匪区计,拟定邻接匪区各县对付奸匪方案一种,电请鉴核示遵。内政部。渝。民二亥。印。附上项方案一份。

邻接匪区各县对付奸匪方案

(一)邻接匪区各县,应遵照县保甲户口编查办法,重新清查户口,编整保甲,举办联保连坐,以清除奸匪为主要任务。

(二)邻接匪区各县县长、乡镇长,应选派本党有历史、有操守、肯吃苦、敢冒险及有斗争情绪与经验之同志充任,并酌量提高其职权,俾便适应环境。

(三)各邻接匪区县长、乡长之考绩,以重新编查保甲户口,举

办联保连坐与清除奸匪之成绩为标准。

（四）各县乡镇选派保甲长，应以知识青年、家资富有之党团员为标准。

（五）各县党团部应派同志分赴各地，与非党团员之保甲长作个别联络，负责介绍为同志。

（六）各县应酌量当地情形，分别召集乡镇保甲长予以短期训练，请对奸匪有经验有研究之同志，讲解奸匪破坏统一、实行割据、鱼肉民众之罪恶及应付之方法。

（七）各县党团部应发动党团员，协助编查保甲户口，举办联保连坐，特别注意奸匪分子之清除。

（八）保甲各设副保甲长二人，配合警卫，协助保甲长，负责侦察奸匪活动。

（九）乡镇设警卫组，保设警卫干事，配合保甲，专负对付奸匪活动，维持地方治安之责。

（十）各县组织乡镇保甲情报网，除派各乡镇中心国民学校及保国民学校教职员同志为主要情报员外，各乡镇保甲长及户长均为情报员，并设置情报站，得有情报后，应立即设法应付，并尽速转报县政府。

（十一）乡镇保甲人员侦察奸匪有成效者，予以重奖，明知不报者，予以严惩；因对付奸匪受损失伤害者，由〔县〕府予以补偿抚恤，惟不准藉端诬害良民。

（十二）各县党团政教军警方面，应派专人每周举行秘密会报一次，交换奸匪情报，商讨统一对付奸匪办法。

（十三）关于机要命令之传达，应用秘密方式，使奸匪无法知悉，必要时，应派忠实干员，分别面达。

（十四）各县县政府应会同党团酌量当地情形，订定宣传办法，发动党团公教人员，经常宣传奸匪罪行及对付方法。

（十五）各县应严禁贪污，提高行政效率，改善人民生活，解除人民痛苦,增进社会福利,树立政府威信。

(十六)各县应切实组织民众,加强国民兵训练,健全教育会、商会、工会、农会、妇女会及各种社会团体,统一言论行动,一致协助军事清除奸匪,推进匪区。

(十七)由中央党政军遴选干员组织联合视导团,分赴邻接匪区各县视导,并报告中央情报机关,密商对付方策。

(十八)由中央党政军组织统一情报机关,统一指挥邻接匪区情报事宜。在未成立前,每周举行秘密会报一次,交换奸匪情报,并商讨对付奸匪策略。

(十九)实施步骤:

(1)属于中央部分,由中央秘书处主办。

(2)属于政治部分,由行政院令饬各省政府办理。

(3)属于党团部分,由中央组织部与中央团部通饬各县党团部办理。

(二十)原邻接匪区各县至不邻接匪区时得酌量停止此项方案之实施。

方案改为办法,本部应专就县以下各级机构加以规定及指示。至党团应负责任及协助事项,须另请党团规定通知,不必列入本部办法之内,但本部规定之办法,可通知党团参考。

厉生 十二.十二

方案(九)专员对付奸匪句下应加"协助警察"四字。

王秋舫 十二.十

照添入

厉生 十二.十一

(7)内政部电(1946年1月15日)

代电

国民政府主席蒋钧鉴：(卅四)酉陷府参(二)字第三八〇号代电奉悉。查奸匪组织情报网站之递步哨办法，本甚简单，惟我邻接匪区各县，仅以普通方式编整保甲，尚不足应付。兹拟具邻接匪区县以下各级机构对付奸匪办法一种，拟俟核定后，再商请党团协助配合进行，当否？电请鉴核示遵。内政部。渝。民二(子)(删)印。附上项办法一份。

邻接匪区县以下各级机构对付奸匪办法

（一）各县应遵照县保甲户口编查办法，确实清查户口，严密编整保甲，举办联保连坐，以清除奸匪为主要任务。

（二）各县应慎选乡镇保甲长，必须以知识青年、有恒产有恒业之本党同志为标准。

（三）各县应召集乡镇保甲长，分期训练，讲解奸匪活动情形及我方对付策略。

（四）各县应组织乡镇保甲情报网，除派乡镇中心国民学校及保国民学校教职员同志为主要情报员外，各乡镇保甲长及户长均为情报员，并设情报站，得有情报后，应一面设法应付，一面尽速转报县政府。

（五）各乡镇设警卫组，保设警卫干事，配合保甲，专负对付奸匪活动，协助警察维持地方治安之责。

（六）各保甲设副保甲长二人，配合警卫，协助保甲长，负责侦察奸匪活动。

（七）各乡镇保甲人员侦察奸匪有成效者予以重奖，明知不报者予以严惩，因对付奸匪受损失伤害者，由县政府予以补偿抚恤。

（八）各县应切实组织民众，实施国民兵训练，健全农会、工会、商会、教育会及妇女会等民众团体，根据当地环境，订定宣传办法及对付策略，分工合作，一致清除奸匪分子。

（九）各县应严惩县政乡镇保甲贪污人员，倡导廉洁政风，提高工作效率,解除民众痛苦。

(十)各县应提倡各种生产,推广合作社,创办社会福利事业,改善民众生活,树立政府信仰。

(十一)各县应配合党团,团结全县一切力量,共同建设新县政,完成地方自治实施方案,奠定党国永久基础。

(十二)各县至不邻接匪区时,得酌量当地情形停止本办法之实施。

〔内政部档案〕

6. 河北省政府民政厅为适应全境早为中共根据地"接收"困难拟订应付特殊局势计划大纲电

(1945年11月7日)

重庆内政部长张钧鉴:渝民字第三六五一号申元代电于本月3日奉悉。查本省沦陷未久,奸匪势力即已侵入,连年发展,普遍全省各县乡间,而县城仍为敌伪势力所控制。自今春敌人集中兵力于交通线上,平汉线以东津浦线以西之三四十县遂被奸匪占据,迨敌人投降,奸匪势力益迅速扩张,其主要原因有二:一系各伪县长由于敌人投降,意态懈弛,甚至有弃城逃避者,奸匪乃乘机袭据县城;一系各游杂部队为扩充实力,多方诱致收编各县团队,一部伪县长企图乘机取利,率队弃城投附杂军,以致奸匪乘虚而入;更因国军迟迟到达。省政府除主席外,各厅委及各厅处职员以铁路公路破坏,交通梗阻,久滞于西安、新乡,演变至今,仅大兴、宛平、通县、良乡、房山、涿县、清苑、定兴、定县、望都、徐水、正定、获鹿、井陉、天津、静海、青县、沧县、武清、顺义、怀柔、密云、昌平、滦县、昌黎等二十五县县城经各县长接收之后尚未落于奸匪之手,但乡间仍为其活动范围,现被奸匪包围者,有衡水、安次、遵化、永年、元氏等县。职系于上月23日飞抵北平,本月2日本厅始有少数职员搭机到平,积极推行主要工作。关于收复区紧急措施,其困难计有四点:

一、目前急务首推建立全省行政机构,本省幅员辽阔,情形特殊,需要干部为数颇巨,前在西安时,经甄选备用普通行政人员30人,警官40人,佐治人员30人,仅得部分之解决,缺额甚多,补充困难;二、本省光复,田赋税捐遵令豁免,地方既无收入,各级行政费惟有仰给于中央,前经编造预算呈送,迄今未蒙核拨,区县机构难以迅速充实;三、本省沦陷最早,地方破坏最烈,匪军摧残最久,人民痛苦最深,救济事业急待举办,请发救济款项尚未核准,以致安抚无法进行;四、下级干部需人最多,就地取材必须加以适当训练,省训练团经费前随省府经费编送,亦未蒙核定,训练要政亦不能进行。窃以本省匪势披猖,大局险恶,一切措施必须剑及履及,争取时间,党政军尤须密切配合,方能发挥力量,本厅为适应当前需要,拟订河北省应付特殊局势计划大纲,经提11月1日省府谈话会通过,拟即依照实施,除接收复员及地方情形随时报查外,理合检具计划大纲一份,电陈鉴核,并恳转请行政院将本省行政费、应急救济及训练团经费迅赐核发,以济急需,无任迫切待命之至。河北省政府民政厅厅长孙振邦叩。戌。虞。印。

附件

河北省应付特殊局势计划大纲　　　　民政厅拟订
　　　　　　　　　　　　　　　　　　十一月一日谈话会通过

目标

一、扫除障碍,安定地方。

二、建立各级行政机构,推行中央法令。

三、由安定秩序完成复员进入积极建设,使本省成为华北稳固之中心,国家坚强之支柱。

方针

一、以军事力量扶助政治工作配合军事。

二、以军事推进掩护行政机构之建立。

三、以政治发展稳固军事之外围。

四、军政配合发展肃清全部省区。

实施办法

一、为打破匪军机动运用,使其分散不能集中以便我分别击破计,我军应作全盘之部署,一致之行动。

二、部署非正规军分路配合地方团队,先收复交通线及其较近之县城,分散匪军之兵力。

三、整训地方团队,联合非正规军分别推进,收复县城,配合前两项之施行。

四、为保军粮民食之来源,须以军事力量先收复重要产粮区并控制之,使食粮不入匪手。

五、县城收复立即建立各级行政机构,组训民众,安定民生,进而肃清各县区。

六、为统筹整训地方团队并集中机动使用团队,各区行政督察及保安机构须迅速建立。

七、为充实政治工作,贯彻行政方针,各级干部即须广加招纳,并速施以适当训练。

八、为分化匪军内部,防止民众盲从,宣传工作即须加强,尤须有散布宣传品之工具(飞机)。

九、为便利匪化分子来归并转移其思想,应筹设教养机关(每一或二行政区设立一所)。

十、为安抚贫民使其不致走入歧途,须筹设救济机关,并请中央速拨款项。

十一、为密切配合分工合作圆满进行计,各有关机关应彼此联系,如次:

1. 保安处与长官部参谋处联系(保安处须明了军事部署,参谋处须明了团队配备及治安状况);

2. 保安处与非正规军直接联系,谋互助合作;

3. 民政厅与长官部党政处及省党部联系，谋政治充分运用；

4. 民政厅、保安处、教育厅共同商讨针对现状之工作要领并共同推行之；

5. 民政厅、建设厅、保安处联系配合军事政治之需要，筹划交通之修复。

十二、为争取时间迅速实施本计划，应即电催中央速发应急费。

十三、为提高效能迅赴事机，本府交通工具及通讯电台须速筹备。

〔内政部档案〕

7. 行政院秘书处等研究"中共中央对东北地区工作指示"对策函

(1945年12月)

(1)行政院秘书处函(12月1日)

奉主席交下奸伪中央对东北地区工作指示报告一件，饬交有关机关针对研求对策等因。除分行外，相应抄同原件函请查照，就主管范围拟就对策，并迅予见复为荷。此致
中央执行委员会秘书处

附原代电一件、情报一件

秘书长蒋梦麟

抄原代电

行政院宋院长勋鉴：兹抄送奸伪中央对东北地区工作指示报告一件，希切实交有关机关针对研求对策为要。中正。(卅四)戌有。府军信。附抄一件。

情报 十一月二十五日

奸匪中央近为积极建立东北地区特殊政权，除由原潜伏该地

之秘密工作人员进行伪组群众外,复在各训练机关中(党校、抗大、鲁艺)内抽调若干中上级干部开入东北,归奸伪东北局杨靖宇①领导。奸伪近对东北地区工作的决定及东北地区工作人员之指示如下：

在过去东北地区工作的时代,我们的军队和政工人员大部生存在脱离群众的孤立环境中,同时为要保障活动的安全而不建立群众外围,不吸收农民的大刀会、红枪会等自卫力量,这种方式是绝对错误的,在这种方式下的工作等于零。在今天东北的环境已随着苏联红军的参战而改变了,已随着日本军阀无条件投降而改变了,已随着我们武装部队大规模的开入而改变了,已随着苏联红军英勇掌握每一军事据点而改变了,变成有利于党(奸党)在东北加强活动和党在东北迅速发展的一个环境。(中央)对于将进入这个环境工作的同志以及对于已进入这个环境的同志,除仔细地在工作上学习苏联红军的战斗经验及苏联政工人员的斗争经验外,提出要求如下：

（一）在开展东北根据地党的干部同志必须绝对保持——自己政治组织之独立性,并切实保持自己无产阶级先锋的英雄传统,忠实执行党中央的指示,完成现阶段工作的领导作用。

二、在进行群众组织工作过程中,必须估量当时的客观环境,尽可能不破坏当地群众的传统意识及生活习惯,在共同建设新东北及推进民主运动之目标下,争取各党派人士及无党派贤达合作,在党的周围跟随党的路线前进。

三、团结无产阶级,必须建立对无产阶级有益的革命组织如农工联盟,在这个组织底下,逐渐发动各项经济建设工作,如创办合作社,开发工业以帮助工农群众解决生活困难,然后灌输政治教育和加强阶级意识而使拥护党的策略路线。

---

① 原文如此。

四、必须特别提出东北地区的环境已改变,由反日斗争已转变为自由民主建设,党的干部同志应特别加强政治宣传及政治训练,使东北地区的群众了解目前中国实行民主政治的重要性。

五、由东北局派人与苏联方面取得联络,而不希望党的干部同志个别向苏联红军或政工人员要求援助和随便发言,一切合作如其他的问题,均应通过党的路线而解决之。

(2)三民主义青年团中央干事会函(12月3日)

三民主义青年团中央干事会函　　(34)青干组字10435号
　　　　　　　　　　　　　　　中华民国卅四年十二月三日
送达处:中央秘书处

准贵处特二三六四号函内开:"顷奉总裁(卅四)戍有府军信字第769号代电内开:兹抄送奸伪中央对东北地工作指示报告一件,切实交有关机关针对研求对策,为要。等因。附抄件一件。奉此。查本案关系重大,谨将原报告一件抄送查照,希即拟具对策,于十二月一日以前见复,以凭汇办为荷。"等由。谨就本团范围以内提出对策数点于后,函复查照为荷。

一、迅速建立东北团队组织,积极展开团务活动,尤其侧重学校及各职业部门,并充实与训练东北团务干部,增强领导工作,发挥斗争精神,领导民众,实行三民主义,以建设新东北。

二、尽量设法联络当地社会组织领导分子,以建立团的外围组织,减少奸党活动对象。

三、派遣干练团员秘密混入东北奸伪组织内,探听消息,并分化奸党不坚定分子。

四、在各县普遍筹设青年服务社,展开服务工作,并举办农民、工人、学生、公教人员等互助会或其他福利事宜,以争取群众的拥护。

五、扩大宣传奸党在收复区破坏交通,夺据城镇,破坏家庭,强拉壮丁,勒征公粮,谎言民主等等,以引起民众反感,与以舆论打击。同时宣扬本党民主作风,宪政途径,以争取各党派与无党派之人事合作。

六、以组织对抗组织为主要成功之条件,中央在东北之一切机构,应有统一联系之组织及坚强之领导。

中央干事会启

(3)国民党中执会组织部函(12月4日)

中国国民党中央执行委员会组织部公函　中华民国卅四年十二月四日密字第672号

准十一月二十九日特字第二三六四号大函,以奉总裁(卅四)戌有府军信字第769号代电,颁发奸伪中央对东北地区工作指示报告饬研拟对策,等因;抄送原报告,嘱拟具对策见复汇办等由,抄附原报告一件。准此。查东北党务秘密时期同志潜伏活动颇著成绩,牺牲亦大,敌人宣布投降,党务立即公开,行营尚未到达以前,宣扬中央德意,维持地方秩序,联络苏军友谊,亦有相当表现,其负领导责任者,且多为判处死刑释放出狱之同志。本部为使久离中央之现地同志明了国策起见,曾于十一月六日作下列之指示:(一)对苏联绝对采取友好态度;(二)对外与行营及政府采取一致行动;(三)活动采取公开方式;(四)防止共党挑拨离间。其后奉令停止活动,致工作停顿,而奸伪之势亦日趋嚣张。针对目前局势,似应立即恢复东北各党部,俾能以组织对付组织,予奸党以有效之打击。兹根据此意,拟订东北党务方针如下:(一)东北党务一律采用秘密活动方式;(二)东北党务目前工作限定为:(1)宣传主义,(2)吸收党员,(3)打击奸党,(4)协助国军;(三)东北党务工作人员对于苏联采取充分友好态度;(四)设东北执行部,派中央委员五人负指导监督东北党务之责;(五)依东北省市新制,立即调整机构,人事选择当地与敌奸斗争著有成绩之同志及后方有斗争能力之东北籍同志为委员,依上述原则积极活动;(六)凡选派之委员,其现在留居东北者,应令其潜伏指挥同志秘密工作;(七)凡由内地派往之委员能设法进入者,应即进入,其不能进入者,应随军队进入;(八)东北各党部应负责选派忠实干练同志,深入奸党组织及其军队作内线情报及分化工作,对于奸党所收编之伪军及新编之军队尤应多派同志潜入积极活动,争取争导。准函前由,相应函复,即希查照办理为荷!此致
中央秘书处

部长陈立夫
〔国民党中央秘书处档案〕

(二)国民政府改组前后施政方针与措施

一、改组前施政方针与措施

1. 立法院关于检发"民国三十五年度国家施政方针"训令
(1945年9月11日)

立法院训令　建院编字第2193号
　　令军事委员会
　　案奉国民政府三十四年九月一日处字第332号训令开:"查三十五年度国家施政方针草案,业经中央设计局参酌国民参政会决议之,并配合六全大会制定之政纲政策拟订完竣,并经国防最高委员会第一百六十八次常务会议决议:'修正通过'。除分令外,合行检发该项施政方针,令仰遵照,并转饬所属遵照"。等因。附发三十五年度国家施政方针一份到院。除分令外,合亟抄发原件,令仰遵照。此令。
附抄发三十五年度国家施政方针一份
中华民国三十四年九月十一日

院长　孙科

三十五年度国家施政方针
壹、总纲
　　三十五年度施政之首要在安定民生、巩固和平,必须集中力量尽速完成复员及善后救济工作,并联合盟邦共策世界之永久安全,以扩大胜利效果,尤当本既定国策,实施宪政与完成初期建设之准备,以展开建国规模。政府各部门应本此方针,各就其主管范围,缜密计划,切实执行,以达成其任务。

贰、关于政治者

一、凡适应战时需要所颁布之法令及设置之机构，分别予以废止、修正或调整。

二、根据宪法，实施宪政，加强地方自治，普遍成立各县保民大会、乡镇民代表会，并正式成立省县市参议会。

三、保障人民言论、出版、集会、结社、宗教信仰及学术研究之自由。

四、会同盟邦继续处理战后日本，并与联合国密切合作，发挥国际安全机构之效能，以巩固世界永久和平。

五、本平等互惠之原则，与有关各国建立永久友好关系，尤致力于经济文化之合作，以共策世界之安全与繁荣。

六、改进有关司法之设施，并依据与各国所订新约之精神，分别修正或增订各项涉外法规。

七、扶植国内各民族政治经济文化之发展与自治能力之增进。

八、扶植华侨返回原地，便利其复产、复业，并为其获取在侨居国之平等地位。

九、各级各类学校应为合理之分布，迅速恢复常轨，充实设备，提高师资水准及其待遇。

十、适应实施宪政之要求，力谋行政机构之合理化，并厉行分层负责制，以提高行政效能。

十一、加强法治，并继续厉行监察职权，树立政治风纪。

十二、加强训练建设人才，并积极推行考铨制度。

十三、加强医疗防疫保健各项设施，并健全地方卫生机构，以增进国民健康，奠定公医制度基础。

十四、依据"战后社会安全初步设施纲领"，实施退役官兵之复业、阵亡将士遗族之抚恤、荣誉军人生活之保障及难民之紧急救济。

十五、整理地籍地权，对城市被毁区域应举办土地重划。

十六、加强同业公会、农会、工会、商会及其他职业团体之组织。

叁、关于经济者

十七、凡适应战时需要之各种赋税及物资管制,分别予以取销或调整。

十八、豁免收复区之田赋,并减轻佃农负担。

十九、切实调整税制,整顿税收,加强直接税之比重,以谋岁入之增加。

二十、削减一切不必要之支出,以谋岁出之紧缩。

二一、简化预算、审计及公库等制度。

二二、规划自治财政之固定收入,以适应实施宪政及加强地方自治之需要。

二三、在经济未恢复正常状态前,除豁免地区外,继续施行田赋征实。

二四、整理钞券,稳定币值及汇率,并健全金融机构。

二五、改善对外贸易措施,停止统购统销。

二六、调整交通事业,恢复并改进运输能力。

二七、调整农林工矿事业,恢复并提高其生产能力。

二八、整治战时破坏或失修之水利。

二九、加强农工、生产、运销、信用、合作组织及消费合作组织。

三十、尽速完成战后经济建设之具体计划及必需之实施准备。

肆、关于军事者

三一、加紧复员,举凡关于编并部队、调整机关、警卫地方、安置官兵、清理军用物资以及奖励抚恤等,限期悉力完成之。

三二、树立建军基础,划分军区,厘订编制,充实装备,改善待遇,整饬纪律,并确立有关兵役、人事、教育及经理各种完善制度。

三三、巩固国防设施,整备陆军,创建海军,充实空军,与夫要塞交通、军事工业、兵要地志等应完成计划,详细准备,分期实施。

〔立法院档案〕

2.陕西省政府主席兼保安司令祝绍周密拟防共办法致行政院代电

(1945年12月15日)

陕西省保安司令部快邮代电　府民保绥治字第二四〇三四号
中华民国三十四年十二月

重庆行政院院长宋钧鉴:本年十一月平壹字第(24113)号密令奉悉。查此案前奉第一战区司令长官胡酉俭郑指实电转饬遵照到部,当为彻底防制奸伪阴谋、肃清奸伪分子巩固地方治安计,遵经拟具办法如次:(一)各区县应遵照本省三十四年度冬防计划之规定,务于冬防清乡时将辖境内所有盗匪扫数肃清,尔后如再发现匪情,应迅速扑灭,勿使成股坐大,致予奸伪以操纵之机。(二)各区县市于冬防清乡时,应将地方特殊势力之首领姓名、背景、实力、势力范围、可能号召人枪数目及秘密会党、奸宄等调查明确,分别确实掌握运用,并拟具对策具报。(三)各区市县应与当地党团切取连系,严密民众团体组织,并掌握运用之。(四)各区市县对所属各级乡保人员之行政措施及维持治安工作,应负责随时注意考核,以免措置失当,致予奸伪以可乘之机。(五)各区市县应遵照有关电令,认真调整及健全保甲组织,确实掌握并利用保甲组织,严密实施守望盘查,注意医卜星相行商小贩,以绝奸宄活动之机。(六)各区市县应与当地各调统机构密取连〔联〕系,一致加强进行肃奸工作,以固冬防。(七)各保安团队长应随时利用机会切实整训所属,以增强团队之战斗力,并应时刻注意当【地】情况,严密警戒防地,守碉各团队尤应注意夜间警戒,经常配置前哨,以防不虞。(八)各保安团队补用官兵时,应严加考核,并随时注意士兵生活情形,以防奸伪渗入挑拨官兵间之感情,发展其兵运阴谋。(九)各保安团队长对所属部队之军风纪切实考核,彻底整饬,并与驻地附近民众密切合作,务期军民一体,使奸伪无机可乘。以上各项并经分别电饬所属切实遵办具报在案。奉令前因,谨电复,请鉴核。陕西省政府主席兼保安司令祝绍周。亥删。府民保绥治。

〔行政院档案〕

3. 西康省政府主席刘文辉奉令拟订防共活动对策致行政院呈
（1946年3月6日）

西康省政府呈　省保一字第一六八号
　　　　　　　　中华民国卅五年三月六日

本年十一月十七日案奉钧院三十四年十一月一日平壹字第二四一一三号密令,饬协力防止奸伪阴谋并妥筹对策,仰遵办,等因。遵即拟订本省各县防止奸伪活动对策一种,除转饬所属遵照迅予妥筹办理外,理合具文检呈对策一种,复请鉴核示遵。谨呈
行政院

附呈本省各县防止奸伪活动对策一种

西康省政府主席刘文辉

本省防止奸伪活动对策

一、对各该地区内之劳动分子应予组织,加以有力管制。

二、对劳动分子中之忠实热诚分子应予统计调查登记,加以训练,即为担任各该地区内之基层特务工作之用,并应随时掌握考核各担任基层工作人员工作成绩之优劣,分别予以奖惩,用资激励。

三、各该县属之乡（镇）保应于每保内密选优勇青年一至二人为情报小组组员,每一区乡（镇）公所内设一情报分组,组长一,组员二至三人,其担任人员即以区乡镇公所内职员担任之。县府由军民两科共同筹设一情报组（即以前防奸小组改立）,组长一,组员以县属各机关单位数为定额,至少每单位为一人,以统筹掌握指挥考核各区乡保情报人员工作之推行,各县局长应负监督指挥管理考

核全部工作人员奖惩之责,其他不属于区乡保机构之组织,亦应准此组织办理。

四、各该县府于办理防奸工作时,应与各该县之县党部切取联系,共同商酌,协力办理。

五、各该县应予每月终召集各区乡(镇)担任工作考核之各组长举行工作座谈会一次,用资联系及考核工作勤惰过失而纠正之。如各保内发现有特别组织及可疑之人时,应多方侦查明确,即时报请乡镇情报分组复查,明确后,即酌情处理;如发现奸伪组织广大或情形重大之事件时,应飞报县局长酌情处理,或同时由县府飞报本府核夺。

六、关于工作事项之规定,应由县情报组随时指示,并规定每半月由每保情报小组于每月十五日填具报告表送达区乡镇情报分组,再由分组立将本区乡镇内各保报告表汇齐送呈县府情报组,至县府情报组,应予各区乡镇情报分组报告后汇齐,于每月终结时密呈本府备核。

七、本对策如有未尽事宜,得随时以命令修改之。

八、本对策规定事项务须严守秘密,倘有泄漏情事,即以通敌论罪。

附工作报告表二份〔略〕

〔行政院档案〕

4. 立法院关于核办"民国三十六年度国家施政方针草案"训令

(1946年6月18日)

立法院训令　京院编字第一四三号
中华民国三十五年六月十八日
令本院军事委员会

查前准中央设计局代电,以三十六年度国家施政方针亟应拟定,请就主管范围提出意见一案,经于本年五月二十九日京院编字第五五号令饬遵在卷。兹复准该局本年六月十四日代电,略以该案因政府各机关陆续还都,多未准复,经该局拟具三十六年度国家施政方针草案,送请就主管部分开示意见,于六月二十五日以前办理见复。等由到院。除分令外,合再抄发原草案全份,仰就主管部分签具意见,限于六月二十二日以前径送秘书处汇呈核办。此令。

附抄发三十六年度国家施政方针草案

院长　孙科

三十六年度国家施政方针草案

三十六年度施政之方针,举要言之,应着重于:(一)社会秩序之安定与人民生活之改善。(二)依据宪法,实施民主宪政。(三)继续整编军队,力求军队国家化与夫政令军令之统一。(四)依据五年计划,开始经济建设。(五)依据联合国宪章,与各盟邦密切合作,共奠世界永久和平之基础。爰本上述方针,将政治经济及军事措施之各重点胪列于后,政府各部门务各就主管范围分拟具体计划,切实执行,尤须严加考核,以观成效。

壹、关于政治者

一、积极推行地方自治,尽速成立各级民意机关,实行县各级首长民选,依据宪法实施宪政。

二、促进联合国中各会员国对于军事政治经济及文化上之密切合作,以确保集体安全,奠定永久和平。

三、本互惠原则,迅速与各有关国家商订通商条约。

四、继续协助归侨复业,并与各有关国家交涉,改善各地侨胞地位。

五、各级各类教育文化事业,应力求恢复常态,渐谋改进,收复区教育尤应切实整顿。

六、专科以上学校以不增设为原则,调整院校,充实设备,保障学术研究自由,以提高高等教育之素质。

七、着重充分就业,推行社会保险,并举办积极性救济事业,以树立社会安全制度之基础。

八、切实实施劳动法及其他有关劳动法规,促进劳工组织,并力求劳资之协调。

九、恢复并增设各地卫生机构,加强医疗防疫保健工作,扩充药材生产机构,研究国产原料之利用。

十、彻底清除烟毒。

十一、切实保障公务员之合理生活,重订职位分类,贯彻同工同酬原则,厘订公教人员俸给,并配合各地物价,予以适当比例之调整。

十二、普设地方法院,简化诉讼程序,力求迅速结案,增强办案效率。

十三、厉行监察职权,整饬政治风纪。

十四、加强边疆与内地政治经济及文化之联系。

贰、关于经济者

一、取消或调整复员时期之经济措施,恢复平时经济,实施经济建设。

二、各项经济建设,应依据五年计划,以达到第一年规定之进度。

三、本平等互惠原则,大量利用外国资本及技术,加速经济建设。

四、增修贯通西南西北之铁路干线,整理江河沿海航运,以增强运输力量。

五、恢复并增建煤矿及发电厂,继续调整收复区内工矿事业,以增生产。

六、完成战时破坏或失修之水利工程,严防江河水患,推行西北灌溉事业。

七、利用科学技术,迅速恢复战时破坏之农业生产,并谋改进,尤须着重大宗外销农产之增产及其生产成本之减低。

八、充分利用盟邦援助之物资,发展海洋渔业及其他水产事业。

九、调整平时粮食之生产供需,稳定全国各地粮价,其有关粮食管制之法令及措施,不适用于平时者,应分别修正或废止。

十、积极整理地籍,妥订分期实施步骤,严格执行。凡地籍整理完成之市县,应依法开征土地税,并将旧有田赋正杂各税以及契税等统应立即废止。

十一、切实执行二五减租实施办法,保护佃农,并切实扶助自耕农。

十二、本自动互助原则,改善合作组织,巩固合作金融,并推广产销合作。

十三、依照建设需要,改善贸易措施,务期增进产品出口及有关建设物资之进口。

十四、整顿现行税收,举办财产税、特种过分利得税、交易所税及交易税,在整军计划之配合下,力求预算之平衡。

十五、遵照均权原则,重划收支系统,以田赋为县级主要收入,营业税为省级主要收入,使中央与地方财政平衡发展。

十六、制定适合内外购买力之外汇比率,以谋币制之重建。

十七、改善金融体系,加强中央银行之控制及领导力量,务使国家金融政策与经济政策密切配合,以利经济建设之推行。

叁、关于军事者

一、依据《整编军队基本方案》继续整编全国陆军。

二、适应现代国防之需要,修订空军建设计划,积极充实其设施。

三、整理接收之海军舰艇器材,并尽速完成海军建设计划。

四、奖励国防科学,改良军事工业。

五、继续调整军事机构,凡有关战时及复员之措施,应尽速结束或变更。

六、划分军区,以奠立建军基础。

七、切实改善官兵待遇。

八、依照兵工政策及屯垦授田转业等办法,妥订"收教养用"之计划,切实安置复员及编余之官兵。

九、继续改善有关兵役人事教育及经理等制度。

十、尽速完成抗日战役之奖勋抚恤。

〔立法院档案〕

5.国防部抄送陆军总部关于迫害中共复员军人措施致行政院电

(1946年6月28日)

国防部快邮代电　　伍参一字第三四〇二号

行政院钧鉴:奉交下京机二字第二〇〇号通知单奉悉。关于防制共军遣散人员办法一节,业经前陆军总部以情性字一八四二号代电颁发防制对策,通令遵行在案。兹附抄前陆军总部原件,恭请鉴核。国防部。(卅六)(己)(俭)。伍参一。抄附陆军总部原代电乙件。

抄件

重庆军政部陈部长辞修兄:极机密。据报:"(甲)情况:乙军现在淮安设立复员委员会,疾病及老弱者给复员证,残废者给退伍证,被俘官兵不愿服役者给遣散证,分别遣散回籍。(乙)判断:乙军似运用复员方式,以久经训练干部化装老弱士兵,以遣散证为掩护,乘机潜入我辖区,刺探军情或进行其他特务。(丙)对策:(一)由各绥靖区或省府设置收容机构,将各退役遣散士兵予以收容,集中管训,并按各个特长分别介绍职业或建立工厂、农场,使任各种生产事业。(二)由各收容机关详细考查各该士兵姓名、年龄、籍贯、住地(如发现有官长或主要干部企图扰乱治安或有不轨情形时,可先予拘禁严办），整个发交各该县保甲。有产业者准予保释，无产业者由各该保甲集团管训，并予生活保障，同时严密监视其行动。倘有不轨情形，应由保甲密报各党政机关逮捕严办"等情。业经以邠微性励电通令遵行在案。

〔行政院档案〕

6. 蒋介石转饬有关机关办理杜心如"推行民众组训建议书"电

（1946年7月22日）

国民政府代电　　府军（孝）字第一〇〇三八号

行政院宋院长、国防部白部长、社会部谷部长均鉴：兹抄发杜局长心如"民众组训建议书"一份，核无另设机构之必要，但其建议事项希分别转饬有关机关各就主管业务参酌办理可也。中正。午。祃。府军孝。

中华民国三十五年七月二十二日

推行民众组训建议书
学生杜心如拟呈
三十四年十二月九日

甲、说明

一、近代国家之基础有二：一曰组织，一曰科学，组织为运用人力物力之发动枢纽，科学为增进事物效能之唯一手段，我国组织散漫，科学落后，若不急起直追，后患诚不堪设想。今当建国之初，百废待举，必须循其本末，定其先后，则事功可期。愚意以为，主要关键在基层，而基层之建设，尤以民众组训为第一急务，盖民众无组织无训练，则一切措施均无从着手，无法实施也。

二、抗战期间沦陷区民众多为奸党所劫持利用，致形成目前种种复杂之情势，今后如欲消除此种畸形现象，似宜双管齐下，以武力打击武力，以组织消灭组织，选派大量干练同志，随军事之进展，收抚民心,组训民众,以民力配合军力建立人为的碉堡,加紧政治的封锁与围攻,俾能彻底歼灭奸党之力量。

三、在实施宪政时期,党与团活动之方式,受环境之影响或将因应地制宜,酌予变更,目前亦有预为绸缪之必要。兹值复员建设之始,似可设法选派同志透过基层政府组织,深入民间,领导青年,以确实奠立本党广大之群众基础。

四、建立军区制度原则业经确定,此后军政系统当可层层节制,脉络一贯,但如何与民政系统切实配合,实为当前之一大问题。我国过去各项事业,如由两个机关办理,每易发生互相争夺或彼此推诿之现象,分工而不能合作,败事而不能成事,惩前毖后,似应建立军政与民政经常之联系机构,密切配合,相应相成,以促进两大工作之效率,而完成建军建国之大业。

乙、办法:

一、设立机构:

1. 内政部设立全国民众组训委员会,综理全国民众组训之设计督导事项,主任委员由内政部部长兼任,副主任委员由军政部遴荐军人充任,委员由会聘请军事专家及团干部及对地方行政有研究之人士充任,并得设置秘书处及办事人员。

本会文武人员混合编组之目的,在加强军政与民政系统之联系,一面接受军政部之指导,并成为内政部之军事参谋团。

2. 各省县得设置民众组训会议,分别由军师团区及有关机关派员组织之,负责协商民众组训有关之研究联系事项。

3. 充实各县军事科之组织,并按照新县制各级组织之规定,先后酌量增派区署军事指导员及乡镇公所军事干事。

二、确定工作:

1. 加强国民兵组训。此项业务现正由军政部另案计划进行。

2. 实施少年团训练。组织乡村十二岁以上、十八岁以下之青年儿童,灌输国民之基本知识,养成团体生活之习惯,训练方式力求机动活泼,并得举行登高会(重九)、月圆会(中秋)、合作会(元宵)等,以激发儿童乐群互助之天性。

3. 实施妇女会训练。规定壮健妇女均参加妇女会组织,设立识字班、生产技艺训练班、家事研究会等,以培养其公民常识,提高其生产技能。

4. 办理长老会各种讲习。利用年节假期举办敬老会、时事座谈会、公益讨论会等,使地方长老理解政府施政情形,并协助地方各项建设之进行。

以上各项工作,最初暂以军事部勒精神为主,以军事训练为重心,俟此项工作部署稍有头绪,再按新县制各级组织之规定,增派民、财、建、教之指导员开展各项工作,俾能完成地方基层政治之建设。

三、选派干部：

1. 现任各县军事科长及主要人员分别由中央及各省举办短期训练,其程度低劣者予以淘汰,另行遴员补充。

2. 考选优秀编余军官,经短期训练后,派充各县军事科长、督练官或军事指导员等职。

3. 考选青年远征军各师优秀志愿兵,予以短期训练后,派充各县区署军事指导员或乡镇公所军事干事。

4. 各县军事科长、督练官、军事指导员、军事干事等均须以党团员充任之。

四、实施步骤：

1. 第一期选定第一线各地区如山东、安徽、河南、河北、陕西、山西、江苏、绥远、平津等处开始实施。

2. 第二期选定西北、东北各省实施之。

3. 第三期全国普遍实施。

以半年为一期,自明(三十五)年三月起开始实施。

〔行政院档案〕

7. 陈诚抄陈国民党中央执行委员会所拟"保卫陕北意见书"致行政院函

(1946年8月23日)

国防部公函　补政字第零四三五号
中华民国三十五年八月二十三日

案准中国国民党中央执行委员会秘书处京卅五文字第三六三七号公函,附保卫陕北意见书一份,除分别核办外,兹将有关行政及粮食等部分另抄如附件随函送请查照核办为荷。附抄件乙份。此致

行政院蒋秘书长

参谋总长　陈诚

保卫陕北意见书摘录

(甲)关于减轻民众负担方面

(一)榆林食粮素缺,一遇意外更难支持,为备万一,应迅筹半年军粮,民食则由政府运用各种方法采购,并先拨粮款以利进行。又宁夏陕坝产粮应准采购并保护。

(二)地方开支甚巨,向由各县民众负担,值此与奸区争取群众之际,民众负担不能再增,所有地方不敷款项,均由上级补给,以苏民困。

(三)陕北地方贫瘠,抗战八年来,民穷财尽,目前极应解舒农村。关于水利、农贷、合作、救济各款,均应大量分配陕北,俾一般民众得承中央恩泽,坚定对本党信仰,不为奸党煽惑。

(乙)关于充实保卫陕北力量方面

(四)伊盟为陕北门户,保卫陕北应首固伊盟,奸党近年以民族自治相号召,煽惑蒙胞,如鄂扎乌事变,实为陕北严重之威胁,故应由中央抽调一部兵力分驻伊盟各旗,俾资镇摄。

〔行政院档案〕

8. 国民政府文官处关于蒋介石国民政府 主席任期延至当选总统就职之日止电

(1946年10月11日)

国民政府文官处代电　　处京字第一四四号

参军处公鉴：兹奉中国国民党中央执行委员会三十五年十月十日函开：兹经第六届中央执行委员会常务委员会第四十二次会议决议："国民政府主席蒋中正任期届满，兹因国民大会召开在即，经决议蒋主席中正任期延至宪法实施后，依法当选之总统就职日止"在案。相应函达，即希查照。等因。奉此。除通告并分电外，相应录案电达查照，并转饬知照。国民政府文官处。府文。酉真。印。

〔国民政府档案〕

9. 内政部为办理六届二中全会议决速以武力占领 山东解放区一案与行政院往来函呈

(1946年11—12月)

(1) 内政部函(11月6日)

内政部公函　民字第三七八九号
　　　　　　中华民国三十五年十一月初六日

案查：前准贵处本年八月十二日礼京(二)字第九九五一号通知单，以国民政府训令交办第六届中央执行委员会第二次全体会议提议请中央应速安定山东民生以解倒悬而利建国一案，奉院长谕："交内政、外交、国防、交通、社会等部及善后救济总署"等因。抄同原件通知到部，本部为求集思广益起见，当经函请山东省政府签注意见并函请贵处查照转陈在案。兹准山东省政府主席驻京代表办公处函检送意见书嘱查照到部。兹抄同原意见书送请查照参考。复查原提案关于本部主管部分均属可行，自应注意办理，相应复请

查照转陈为荷。此致

行政院秘书处

　　计抄山东省政府意见书乙件

　　　　　　　　　　　　部长　张厉生

抄意见书

查该案与现时情势稍有未合，谨将管见所及胪陈于后：

（一）提案第一条应补充下列办法：

东北苏军虽已撤退，唯大连旅顺及中苏边界仍驻有苏军，大连为商港，苏联似不应长川驻兵，应再运用有力外交，俾符合条约规定。

（二）提案第二条关系国防至为重要，因共军利用海道交通以东北苏联供给之械弹及东北之军需物资运送山东，使山东成为共匪在华北之主要根据地区，中央宜划山东沿海为主要国防区，其办法：

（1）先派一部海军巡逻于旅大及烟威之间。

（2）如欲控制鲁东必先控制胶济线，如欲控制胶济线必须控制烟台、龙口、威海卫各口岸，使东北与山东之海上运输归我掌握，之后从事清剿自易为力，且国际风云日益紧急，此种重要口岸似宜尽先登陆占领以备不虞。

（三）提案第四、五、六条责令中共：（1）"恢复交通"；（2）"保障人民自由"；（3）"准许被害人民依法控诉"，"中央依法处理"等等。此系实际力量问题，责令决难使其就范，收复区之奸匪久已散布对本党"五年平衡五年消灭"之口号，在沦陷区稍久之人士均窥知共党处心积虑颠覆本党之阴谋，其在所谓收复区剥夺人民利益妨碍人民自由之一切行为，绝非命令所能收效，除非军事之占领，政治之统制，经济之扶植，教育之薰陶，决不能收拨乱反正之功。

（四）提案第七条民选县长必须俟地方秩序恢复，流亡民众归还乡里后,再调查户口,依法举行,极适合地方情形与需要。

(五)提案第八条"尽速充分接济山东境内地方团队之弹药武器",兹分别说明补充意见于后:

(1)现行之地方保安团:今年中央确定为十六团,按旧有编制,每团一千八百人,而实际人数则在三十团以上(事实上山东亦确须三十团之地方武力),以十五团之"给与"分诸三十团之士兵,故待遇与正规军约差二分之一,至装备方面,因久无补充,更见恶劣,故不能与正规军并肩作战,似应酌予改善,充实力量。

(2)组织难民还乡团:查山东难民麇集于徐州、商丘、海州、青岛、潍县、济南、兖州、临城、蚌埠、南京各地者不下一百余万之众,若予以组织训练,配合国军作战,其有利于作战之点计有:(1)利用难民思乡之心理,可以激励同仇敌忾之心;(2)可以担任(A)侦察、(B)担架、(C)运输、(D)响导、(E)看守种种任务,以期节省兵力;(3)全省百零七县共划为十七专员区,以目前鲁省国军力量而论,似只能为点线控制,唯有组织民众,使可作面之开展;(4)从事于消极的救济,是人力物力之消耗,若加以组织训练,则变为人力与物力之利用;(5)大军节节前进,民众村村防守,国军予难民还乡之便,难民祛国军后顾之忧。此节前经省府电请国防部核示有案,闻原则通过,实施办法正在核议中,拟请早日通过实施,以利戎机而挽危局。

(六)提案第九条救济济南、青岛、商丘、徐州、天津、南京之十余万流亡青年确为当务之急,兹分别说明现在困难情形如下:

(1)公费生问题:查本省共垫支省立中等学校三二校学生二一三四〇名额公费生,而行政院寅佳定四代电仅核为三〇五〇名,下余一八二九〇名皆来自匪区,经济来源久已断绝,膳食均无着落,曾由省府暂为垫付,而预算之限制,经费之困难,极难持久,似宜拨定实际公费生人数待遇,藉以安定青年心理。

(2)大量扩充学校:查山东现有省立专科三校,学生四二六名,省立学校三二校，内临时中学一〇校，学生六〇八五名，师范七校，学生三六五九名，职业学校四校，学生一六一七名，中学十一校，学生九五五一名，共计学生二一三四〇名，而市县私立中等学校尚不在内。刻军事顺利开展，省府现正计划恢复之省立学校专科八班，高中三〇班，初中一〇〇班，师范二四班，简师四六班，职业一二班，每月每班经费以六〇万计，半年〔需〕经费七九二〇〇〇〇〇〇元。各县国民学校预计可普遍恢复，半年应增国民教育补助费五〇〇〇〇〇〇〇元。社教机关计增加省立民众教育馆二处，博物科学馆各一处，电教巡回队一队，电教辅导处一处，以半年计，共需经常费一〇〇〇〇〇〇〇〇元。三项共计需一三九二〇〇〇〇〇〇元。伏查总裁过去宣示剿匪须以"三分军事七分政治"，而七分政治之中又须七分为教育，故应增加山东之教育经费。

以上所签各节，皆系根据事实，拟请早日施行，以期及早解决山东之特殊环境，庶几拯民生于水火，挽国运于危亡，实不胜迫切待命之至。

山东省政府主席驻京代表刘镜洲

(2) 行政院呈 （12月26日）

呈节京贰二五二七〇号

前奉钧府本年五月十五日处京字第四六号训令，转发第六届中央执行委员会第二次全体会议决议"中央应速安定山东民生以解倒悬而利建国"一案，饬遵照办理等因。经交据各有关机关分别呈复到院，谨将办理情形编具报告备文，呈请鉴核。谨呈
国民政府

附呈行政院对于二中全会决议中央应速安定山东民生以解倒悬而利建国案办理情形报告书六份

行政院对二中全会决议中央应速安定山东民生以解倒悬而利建国案办理情形报告书

(一)进行有力外交,促使苏联军队即日撤出东北各地一节,已于二中全会决议对苏联提出抗议,严重交涉,限期撤退其东北驻军,以保我领土主权行政完整案内,于本年九月六日以节京陆字一一二六七号呈复钧府在案。

(二)将山东沿海一带划为国防首要地域一节,已由国防部电令徐州绥靖公署照办。

(三)加强山东省境内党政军之全部力量一节,除由国防部电令徐州绥靖公署照办外,并交内政部注意办理。

(四)原办法四、五、六责令中共"恢复交通,保障人民自由"、"不得自由处分人民田产"、"准许被害人民向中央直接控诉,由中央依法处理"各节,此系实际力量问题,责令决难使其就范,收复区之奸匪久已散布对本党"五年平衡五年消灭"之口号,在沦陷区稍久之人士均窥知共党处心积虑颠覆政府之阴谋,其在所谓收复区剥夺人民利益妨碍人民自由之一切行为,绝非命令所能收效,非军事之占领、政治之统制、经济之扶植、教育之薰陶决不能收拨乱反正之功。

(五)民选县长必须俟地方秩序恢复、流亡民众返乡定居后,再调查户口,依法举行一节,实极适合地方情形与需要,而交由内政部照办。

(六)政府应用种种可能之方法尽速充分接济山东境内地方团队之弹药武器一节,已由国防部电令徐州绥靖公署照办。

(七)对于三十余万难民及十余万青年迅即予以有效之救济及适当之安置一节,关于救济失学失业青年部分已由社会部青济区特派员办事处举办,失学失业青年登记发放救济金一三〇八〇〇〇元,受救济者一一〇八人,并商请鲁省教育厅设立临时中学一〇所,共收学生六〇八五名。又鲁青救济分署办理失学失业青年急赈，计受救济者二四四九人，关于难民救济部分已由善后救济总署转饬河南、鲁青两分署分别在商丘、济南、青岛等地添办收容所，扩大其收容额，并会同各该省政府及其他地方机关商讨有效办法，从速办理善后救济工作。又由院核拨急赈款一〇亿元交鲁省府统筹支配，又与四联总处洽定拨发小本贷款及紧急农贷各五亿元。关于救济粮食亦经转饬善后救济总署按月加拨面粉，交由鲁青分署负责统筹配发，以济急需。

（八）今后中央对山东一切措施应博采地方人士之意见一节，自应随时注意办理。

〔行政院档案〕

10. 行政院颁行"匪区交通经济封锁办法"及其修正补充办法
（1947年1月）

匪区交通经济封锁办法　行政院三十六年一月颁行

第一条　关于匪区交通经济之封锁，除法令别有规定外，依本办法办理之。

第二条　本办法所称匪区，指正在奸匪暴力控制之区域，所称封锁线，指与匪区交界之地区。

第三条　对匪交通经济之封锁，以行辕战区绥靖署或绥靖区司令部为单位，并由各单位之主官以命令定之。封锁部队及人员由各该单位主管指定并知照当地政府及有关机关协同切实施行封锁任务。

各部队对接合地点之封锁事宜，应由各该地点之有关单位，切实联系办理。

第四条　关于人员通过封锁线者，依左列规定办理之：

一、公务人员除因公务之必要持有证明文件者外，不得进入匪区。

二、技术人员及公务人员之眷属除有特殊任务者外，虽有证明文件亦不得进入匪区。

三、一般人民须呈缴当地政府之还乡证,始准进入匪区。

四、陆海空军及地方团警人员,未随部队又无该部队长官通知或证明文件者,得拒绝通过封锁线,或押交该管主官处理。

五、从匪区入境之难民,经检查其无供匪利用之嫌疑者,准予入境。

六、奸匪投诚代表,准予入境,但虽〔须〕派员护送至该地驻军最高长官处。

七、奸匪武装投诚队伍,准予入境时,除特准者外,须先解除其武装,并派员押送至主管机关核办。

八、外国籍或无国籍人民(传教士、新闻记者等)除经主管官署核准持有证明文件者外,禁止通过封锁线。

第五条 关于物质金融通过封锁线者,依左列规定处理之:

一、禁止通过封锁线之物品(或金银),其种类、名称、数量应由封锁单位会同当地地方政府及有关机关体察实际情形,详为规定,呈报国防部转呈行政院核定实施。

二、物质金融封锁之执行,以会同当地地方政府及有关机关办理为原则。

三、违反第一款物品(或金银)之种类或数量通过封锁线者,其物品应予扣留,呈报各该封锁单位主官或送由当地地方政府及有关机关处理,其处理办法另定之。

四、军队携带自用物品,除依照法令许可者外,不准其通过封锁线。

五、特准通过封锁线以收集或抢运匪区物质之商人,准其携带之物品(或金银)种类及数量,以特准文件上注明者为限。

第六条 关于通过封锁之邮电文件之检查及交通工具之统制,依左列规定处理之:

一、通过封锁线之邮电应严行检查,如发现可疑得没收缴送有关机关查究。

二、封锁线附近，非经许可不得私设电台及类似通讯机构。

三、封锁线附近之民有车船及其交通工具，应分别调查登记，非经许可不得向匪区行驶。

四、封锁线之公路、铁路及水道，必要时得断绝交通，或予以阻塞，非经许可不得通行。

第七条 封锁线之变更，由各封锁单位通知封锁部队及当地地方政府暨有关机关，如因适应战况变化，封锁部队人员得与当地驻军最高长官商决变更之，惟事后须呈报备案。

第八条 执行交通经济封锁之人员，如有包庇违法渎【职】抗命贪污情事，一经查明确实，概送管辖之军法机关依法严办。

第九条 封锁部队人员或其他协同机关人员，执行任务具有成绩者之奖励事宜，由各该单位于封锁实施细则中详细规定。

第十条 关于封锁办法之实施细则，由各该封锁单位按照实际情形订定实施，并呈报国防部转呈行政院备案。

第十一条 本办法自核准之日施行。

二、修正匪区交通经济封锁补充办法

（一）查处理禁运匪区物品办法、匪区交通经济封锁办法、匪区交通经济封锁补充办法及处理海上禁运匪区物品船只办法，均经先后转颁实施在案。

（二）层奉行政院本年一月六日（三十七）四防字第（672）号指令："查匪区交通经济封锁补充办法，与处理海上禁运匪区物品船只办法略有抵触，业经由院将该项补充办法酌加修正，除通饬绥靖省区及沿海各省政府遵照，并分行有关部会知照外，希饬属遵照"。

匪区交通经济封锁补充办法

第一条 关于海上交通经济之封锁，除法令别有规定外，依本补充办法办理。

第二条　本办法所称封锁范围,指匪军所控制之港口(下称封锁港)、海岸(下称封锁岸)及其距海岸十二里以内之海面(下称封锁海面)。

第三条　封锁之执行由海军总司令部负责办理,各有关水上部队由海军总司令部统一指挥,各地海关及军事机关各就主管业务分别执行,并切取连〔联〕系。

第四条　海关对驶往封锁港之船只,不得放行。

第五条　担任海上封锁部队,对驶经封锁海面之船只,得以信号令其停航,施行检查。

甲、有关左列情事者得扣留之:

(一)无关单者;

(二)航行路线非关单上"到达地点"所应经过者;

(三)除气候原因外,在封锁港岸企图靠舶或已靠舶者;

(四)不听命令停航及急驶图逃经捕获者;

(五)接获可靠情报,指明其为匪船,或有济匪嫌疑者;

乙、有左列情事者得护送之:

(一)向我方投诚之匪船;

(二)脱离匪区来归之民船。

丙、以武力抗拒检查而无法将其捕获者,得击沉之。

丁、外国船驶入或靠舶封锁港岸者,应一面监视,一面开列其船名国别及经过情形,专案报请上级核办。

戊、海军舰艇执行封锁任务时,不限制于江海涅封锁海面界域以内,可在公海上,遵照本办法及国际公法原则慎重巡查处理所遇来往船只。

第六条　海上封锁部队对前条甲款被扣留船只人员物资之处理办法另订之。

对前条乙款被护送之船只人员物资,应送交就近之军事机关核办。

第七条　执行及协助封锁之人员,如有包庇违法渎职贪污情事,一经查实,送由该管军法机关依法严办。

第八条　本办法自公布之日实施。

〔行政院新闻局档案〕

二、改组后施政方针与措施

1. 立法院公布国民政府改组后施政方针训令

（1947年4月25日）

立法院训令　京院文字第2448号

令军事委员会

现准国民政府文官处三十六年四月二十二日处字第2776号公函开:"奉国民政府发下国民政府改组后施政方针一案,除已由府公告并分函外,相应检件函达查照,并分别转饬所属知照。"等由。计检附国民政府施政方针一份,准此。除分令外,合行转饬知照。此令。

计抄附国民政府施政方针一份

中华民国三十六年四月廿五日

院长　孙科

国民政府施政方针

国民政府为实施宪政,推进民主,自政治协商会议以来,即决定改组政府,延揽中国国民党以外各党派人士及社会贤达共同参加,经一年余之不断努力,兹已询谋金同,可即完成改组之程序。关于改组后政府之施政方针,亦经与各方详加商讨,并经中国青年党、中国民主社会党、中国国民党常会分别通过,参加商讨之社会贤达亦表赞同。此项施政方针,将为改组后国民政府所共同遵守。兹特公告其内容如左:

第一、改组后之国民政府以和平建国纲领为施政之准绳,由参加之各党派及社会贤达共同负责,完成宪法实施之准备程序。

第二、以"政治民主化"及"军队国家化"之原则,为各党派合作之基础,在此共同认识之下,力谋政治上之进步与国家之安定。

第三、为促进世界和平拥护联合国宪章起见,中国外交政策应对各友邦一律平等亲善,无所偏奇。

第四、中共问题,仍以政治解决为基本方针,只须中共愿意和平,铁路交通完全恢复,政府即以政治方法谋取国内之和平统一。

第五、根据宪法规定之精神,提前试行行政院负责制。行政院应依国府委员会之决策,负执行之全责,以符合于有权有责之原则。立法院之职权应同样尊重,行政当局遇有提案,应出席立法院说明,以保行政与立法之联系。

第六、行宪以前,行政院院长之人选,国民政府主席在提出任用时,应先征求各党之同意。

第七、对于各省行政,应本军民分治与因地制宜之原则,在法制上与人事上均作彻底之检讨与改革,使各省政府能充分发挥其效能。

第八、凡因训政需要而颁设之法制与机关,在国民政府改组后应予废止或裁撤。

第九、彻底整理税制及财政,简化稽征手续,减少赋税种类及附加税,以减轻人民之负担。

第十、严格保障人民身体自由、言论出版自由,严禁非法之逮捕与干涉,其因维持社会秩序避免紧急危难而必须予以限制者,其法律应由国民政府委员会通过之。

第十一、今后所有与办之外债,应指定专为稳定并改善人民生活及生产建设之用。

第十二、各省市县之参议会或临时参议会,尽量由各党派及无党派人士共同参加,各省地方政府亦应本惟才惟贤之旨,由各党派及无党派人士参加。

〔立法院档案〕

2. 国民政府公布"维持社会秩序临时办法"令
（1947年5月18日）

迩来物价波动，影响民生，政府正积极筹措有效方案，以期安定。讵意京沪等地，竟有若干学校之学生及一部分工商界之职工，相率集众请愿，迭提过当之要求，出以越轨之行动，妨害公务，阻碍交通，显系有意鼓动风潮，扰乱社会之秩序，破坏行政之措施。长此不戢，将愈使物价波澜继长增高，而趋于紊乱，既违公众福利之目的，尤贻国家民族之祸害，当属明智者所不忍为，实亦政府所难坐视。查妨害秩序与公务，《刑法》及《违警罚法》均有明确之制裁，除将各有关法律条文择要公告藉彰警惕外，并经国民政府委员会国务会议第一次临时会议，根据施政方针第十条之规定，通过左列维持社会秩序临时办法六条，自即日起公布施行。

一、凡人民团体或学校学生，如向政府有所请求，应向当地主管机关呈请，主管机关不能解决时，应候主管机关向其上级机关呈请核办，不得越级请愿。

二、凡人民团体或学校学生请愿时，应派代表向主管机关陈述意见，其代表人数以十人为限，不得聚众胁迫，违者应依刑法第一百四十九条之规定予以解散。

三、各学校学生如有罢课或游行示威或其他扰乱公安情事，各该管教育行政机关应采取必要之措施或予以解散。

四、各地人民团体如有罢业罢工或游行示威或其他扰乱公安情事，各该管行政机关应采取必要之措施或予以解散。

五、凡人民团体或学校学生，不遵守以上各条之规定，致妨害公共秩序，阻碍交通，妨碍公务，毁损公私财物或伤害他人身体者，当地政府应采取紧急处置，作有效之制止，其触犯刑法者，并送由司法机关处理。

六、本办法自公布日施行。

以上办法及有关法律条文之规定,应由各级主管机关切实执行,并晓谕各机关团体学校一体遵照为要。此令。

附有关法律条文

一、刑法　妨害秩序罪

第一百四十九条　公然聚众,意图为强暴胁迫,已受该管公务员解散命令三次以上而不解散者,在场助势之人,处六月以下有期徒刑、拘役或三百元以下罚金,首谋者,处三年以下有期徒刑。

第一百五十条　公然聚众,施强暴胁迫者,在场助威之人,处一年以下有期徒刑、拘役或三百元以下罚金,首谋及下手实施强暴胁迫者,处六月以上五年以下有期徒刑。

第一百五十一条　以加害生命、身体、财产之事恐吓公众,致生危害于公安者,处二年以下有期徒刑。

二、刑法　妨害公务罪

第一百三十五条　对于公务员依法执行职务时,施强暴胁迫者,处三年以下有期徒刑、拘役或三百元以下罚金。

第一百三十六条　公然聚众犯前条之罪者,在场助势之下,处一年以下有期徒刑、拘役或三百元以下罚金,首谋及下手实施强暴胁迫者,处一年以上七年以下有期徒刑。

三、非常时期农矿工商管理条例

第三十条　违反第十一条之规定,罢工罢市或煽惑罢工罢市者,处七年以下有期徒刑,并得科一千元以下之罚金,怠工或煽惑怠工者,处一年以下有期徒刑或拘役。

四、违警罚法

第五十四条 有左列各款行为之一者,处七日以下拘留或五十元以下罚锾。

一、散布谣言以影响公共之安宁者。

〔国民政府档案〕

3.《中央日报》刊载行政院院长张群在国民参政会四届三次会议上所作政治报告全文

(1947年5月22日)

〔中央社讯〕行政院张院长群于昨(二十一)日上午国民参政会第一次会议中作政治报告,原词如下:

主席、各位参政员先生:

此次大会开幕,正值国步一新,训政开始结束,进入宪政的准备阶段。在制宪的国民大会完成任务之后,行宪的国民大会产生之前,国民参政会乃是目前最富于代表性的民意机构。在此时期,贵会举行大会,使命实在十分隆重。本人今日出席报告的内容是政府改组的经过和今后政府施政的重点,请各位参政员先生不吝指教。

外交政策一贯尊重友邦合法权益,保持国家主权独立。

在报告国内政治之前,我们试先检讨一下战后的国际局势。战后世界各国家,都渴望世界的和平和自己的安全。但因为各方对于世界和平机构的信赖程度不同,因此各个国家对于自己安全的保障方法,也有差别。这种认识与方法的差别,便形成战胜国与战胜国的争持。战胜国家的共同心理,无论如何厌恶战争,而历次国际性的会议所以始终得不到和协一致的结果者,原因就在于此。中国处在这个世界环境中,我们的外交政策是一贯的,中国愿意与并associated各国家和谐相处,即对于在战时与我国为敌的国家,也并不存报复之见;特别是美、苏、英、法,在战时曾经与中国携手作战,今后我们更希望加强交谊,加强协力,共同维护世界的和平。对于一切国际未决的问题,都愿意遵循外交的途径,求得公平合理的解决方法。中国拥护联合国宪章,忠实履行条约义务,尊重友邦的合法权益;但同时对于自己国家的主权独立,以及国际地位之保持,也具有最坚定的决心。更进一步说,中国的外交政策,不独是企求中国与友邦间的和谐与协助,更企求友邦与友邦之间的和谐与协助。从国际道义的立场说是这样,从中国自己的利害观点打算,也应该是这样。

达成统一民主制定宪法改组政府共同协定施政方针

然而,中国的外交政策所能发生的国际影响,完全决定于我们自力更生的程度。倘若我们自己不能有所树立,则中国不独不能主动的支配环境,且反要被环境所支配。因此中国在大战结束以后最重要的工作,便是统一民主和平建设。为了达成这些目的,去年十二月国民大会制定了中华民国宪法。闭会以后,政府便立即与参加国民大会的各党洽商改组政府,共同筹备宪政的实施。关于改组政府的办法,仍本政协决议精神,和平建国纲领仍为改组政府后施政之准绳。但因为中共问题未能解决,因此和平建国纲领,事实上需要补充。中国青年党、民主社会党、中国国民党以及社会贤达,都曾经提出意见。结果是依据和平建国纲领的精神,共同协定了新政府施政方针十二条,全文如下:

第一、改组后之国民政府,以和平建设纲领为施政之准绳,由参加之各党派及社会贤达共同负责,完成宪法实施之准备程序。

第二、以"政治民主化"及"军队国家化"之原则,为各党派合作之基础。在此共同认识之下,力谋政治上之进步与国家之安定。

第三、为促进世界和平,拥护联合国宪章起见,中国外交政策应对各友邦一律平等亲善,无所偏倚。

第四、中共问题,仍以政治解决为基本方针,只须中共愿意和平,铁路公路完全恢复,政府即以政治方法谋取国内之和平统一。

第五、根据宪法规定之精神,提前试行行政院负责制,行政院应依国府委员会之决策,负执行之全责,以符合于有权有责之原则。立法院之职权,应同样尊重,行政当局遇有提案,应出席立法院说明,以保行政与立法之联系。

第六、行宪以前,行政院院长之人选,国民政府主席在提出任用时,应先征求各党之同意。

第七、对于各省行政,应本军民分治与因地制宜之原则,在法制上与人事上均作彻底之检讨与改革,使各省政府能充分发挥其效能。

第八、凡因训政需要而颁设之法制或机关,在国民政府改组后,应予废止或裁撤。

第九、彻底整理税制及财政,简化稽征手续,减少赋税种类及附加税,以减轻人民之负担。

第十、严格保障人民身体自由、言论出版自由、集会结社自由,严禁非法之逮捕与干涉,其因维持社会秩序避免紧急危难而必须予以限制者,其法律应由国民政府委员会通过之。

第十一、今后所有举办之外债,应指定专为稳定并改善人民生活及生产建设之用。

第十二、各省市县之参议会或临时参议会,尽量由各党派及无党派人士共同参加。各省地方政府亦应本推才推贤之旨,由各党派及无党派人士参加。

依据这个方针,国民政府就在上月改组,行政院也随着改组。政府基础扩大,由参加国大之各党及社会贤达共同参加。国民政府委员会成为国家最高决策机关,其会议称为国务会议。行政院负执行国府委员会决策的责任。以上所报告的新政府施政方针,政府已于贵会驻会委员会提出报告,因应当时情势,未及提出贵会讨论,即付诸实施,自属遗憾。还望大会谅鉴,予以接受。

八年抗战以后紧接共党动乱一切建设无法进行

今天国内的军事冲突,可说是人人所焦虑,而到今日还是没有解决的问题。中国在过去八年战争之中,因为以弱敌强,不得不集中一切的力量,来支持战争,虽说是并不完全忽视了建设,但这些战时建设,显然不能补充惊人的消耗。八年战争的结果,显而易见,人人能说的是经济上财政上的损失,比较不容易看见,或为一般人所不愿意公然承认的是文化上民德上的损失。上至政府,下自乡村,所受的损失是一样的严重。全国上下的希望,是在战争结束以后,我们能够得到较长时期的休养生息,使我们能够恢复疲敝创造新生。不幸在战争结束之后,紧接着便是共产党的动乱,一直到现在,一切建设都谈不上。蒋主席早就看到这一点,远在日本投降之初,即邀中共领导到渝商谈和平建国大计,由双十日会谈纪要,产生出各党派及社会贤达共同参加的政治协商会议,协议了和平建国纲领。可以说这是中国战后局势的一个重要转机。关于政治协商会议的经过,去年三月贵会第四届二次大会开会时,邵力子先生曾经作过一篇详细的报告。协议的精神,一是军队国家化,实行军队整编,以求军队编制与军令的统一。一是政治民主化,实行军党分立与军民分治,并扩大政府基础,召开国民大会,制定宪法。会议闭幕以后,政府马上就"恢复交通"与"军队整编"两项问题进行谈判。去年二月成立了迅速恢复华北华中交通的协议,及关于军队整编及统编中共部队为国军的方案,规定于十八个月内实施。不料政协会议的决议,因关外战争的发动,首遭顿挫。关于这一点,在去年一月十日三人会议协商颁发停止冲突命令时,政府与中共双方曾有书面谅解,原文是:"上开停止冲突命令第二节,对国民政府军队为恢复中国主权而开入东北九省,或在东北九省境内调动,并不影响。"但是临到政府军队无论由铁路或海道运赴东北时,中共军队便加以阻挠,且于三月中旬占领政府所已接收之辽北各地,并进攻四平街、长春、哈尔滨、齐齐哈尔各重要城市。至于整军方面,政府在整军方案成立后,即努力缩编军队,而中共却在东北扩充军队。在去年五月政府还都以前,政府亟盼扩大政府基础之商谈及召开国民大会问题能早成功,因中共方面坚持过分之要求,协商不得结果。政府还都以后,有一时间商谈竟陷于停顿。但政府仍旧不惜以最大之忍耐,继续努力打开僵局。原定五月五日召开的国民大会,也为迁就中共而延了期。六月七日,政府又下令东北军队停战十五天,希望再予中共一个转圜的机会,履行协定,然后就完全停止东北冲突、恢复国内交通、实施整军方案三项问题与中共重行进行协商。政府的方案十分具体,而中共则出之以笼统模棱的态度,枝节横生,使协商不能进行。于是停战令又延展了八天。正在这二次停战期间,中共又乘机发动了山东津浦、胶济两线的全面攻势,德州、泰安等地相继攻陷。在这种情形之下,和平商谈自然无法进展,反而陷于很严重的僵局。

共党自绝国人不留商谈余地政府无法单独停战

到去年八月十日,马歇尔将军和司徒大使曾联合发表声明,表示和平调解虽获协议。政府方面亦再度表示:"政府今后仍求和平解决,商谈可以随时举行。"凡此,均足以表明政府随时总是不关闭和平商谈之门。马歇尔将军在炎热的夏天,八上庐山,尤其足以表现调人的热忱。

在去年一月初,国军进攻张家口的时候,中共曾提出要求,停止进攻,政府已允以十天为期,并表示对解决时局可能让步之最大限度,而中共则坚持休战应无时间之限制,马歇尔将军与司徒大使又为此事于十月八日发表声明,说明以和平方式解决一切政治问题的重要,"但有若干立待解决之问题,迄难获致协议",并指出:"此等已经撤军地区之地方政府,究应为何种性质,实较军队之重新部署问题更难解决。"政府为企求这个僵局的转圜,仍于十月十六日向中共提出八项谅解,再作最大的让步,以便下令停战,如期召开国大,制定宪法。十月廿一日,各党派代表又再集聚南京,一时和谈空气至为浓厚。第三方面人士更是奔走斡旋,提出折衷方案,乃延安方面则根本加以反对,坚持以停开国大为恢复和谈之条件。

政府为委曲求全,于十一月八日再度颁布停止冲突的命令,即原定同月十二日举行的国民大会,复又命令延期三天,使中共有最后考虑的余裕。所有这些经过,均足以充分表明政府是如何企求和平商谈,如何重视第三方面人士为国奔走的热诚。不幸一切努力与苦心,都没有结果,这是深可惋惜的一件事。

国大开会以后,中共声言要恢复和谈,有两个先决条件:一个是解散国民大会(后来改为废除宪法);另一个是恢复去年一月十三日以前的军事位置。从此之后,中共将和谈的距离,愈扯愈远。但政府只要有一线希望,仍不放弃与中共合作的初衷。在与青、民两党商洽改组政府的过程中,大家觉得如果中共问题不获得解决,如果中共没有参加政府,中国的问题仍旧是没有根本解决。青年、民社两党对于和谈,愿意与政府再作一度共同的努力。本年一月中旬,经两党的中央常委到京会谈,商定恢复和平方案四条,政府准备派张治中先生携赴延安,与中共方面商洽。不料被中共拒绝了。政府仍将此项方案托美国大使转达延安,同时发表公告,使天下周知,方案原文如下:

(一)政府愿意派员赴延安,或请中共派员来京,继续进行商谈,或举行圆桌会议,邀请各党派及社会贤达参加。

(二)政府与中共双方立即下令,就现地停战,并协议关于停战之有效办法。

(三)整编军队及恢复交通,政府仍愿根据三人会议过去协议之原则,继续商谈军队驻地、整编程序以及恢复交通之实施办法。

(四)在宪法实施以前,对于有争执区域之地方政权,政府愿意与中共商定公平合理之解决办法。

这个方案,于一月二十日公布,同月二十五日中共中宣部长陆定一,发表了一个声明,于拒绝和谈之外,更对国家元首恣意诋毁。局势到了这个地步,政府以政治方法解决国内纠纷的愿望,虽然诚恳如旧,但政府努力和平商谈的途径,却走穷了。此后中共的表示,便是对外否认政府的一切国际行为,丝毫不留商谈余地。和谈不成,应该由中共负责,事实昭然。冲突与和谈都是双方面的事,政府无法单独停战,也无法单独言和。但后来政府与青、民两党及社会贤达商定施政方针时,仍于第四项中决定"中共问题仍以政治解决为基本方针,只须中共愿意和平,铁路交通完全恢复,政府即以政治方法谋取国内之和平统一"。所以今天的问题不是和谈应该不应该的问题,中共如不表示愿意和平,我们尽管谈得热闹,何补于事?蒋主席在昨天贵会开会致词中,对于中共问题曾经重申政府的立场。各位先生对于这个问题,关心甚切,但如何能使中共回头,使政治解决为可能,只要于统一民主和平建设的国家需要不相妨,政府决心愿意予以最诚恳的考虑。

现在中国财政经济情形,可说是十分严重。虽然我们号称以农立国,可是即使在战前,中国也不是一个衣食自给的国家,米麦与棉花都需要一部分仰给国外。这一次对日八年战争的结果,我们的损失,据本院赔偿委员会初步估计的数字,直接损失约三百十亿美元,间接损失约二百〇四亿美元,战费损失四十一亿美元,东北各省及共军占领区的损失通尚没有统计在内。战争结束后,因为国内的分裂与动乱,国内生产继续萎缩下去,物价不断上涨,交通到处破坏,人民生活困苦。这种凋敝的经济,自然反映到财政上来。本年度国家岁入岁出总预算,业已送请贵会驻会委员会作初度之审核,当时所列岁出预算原为九万三千多亿,因为物价继续上涨,到今年四月底,平均每月超支九千亿元。以此数字推算,到今年年底可能到廿万亿。而在岁入方面,收入列七万三千余亿,纵然因为外汇率调整从价税收增收,照现在估计可能加到十万亿,再加上本年发行的美金公债与美金库券共四亿(约法币四万八千亿),与岁出相对照,仍然是不敷很多,有赖于国营事业及剩余物资之处理来弥补。物价如再上涨,则不敷之数更增加。眼前的财政病与经济病,可说是互为因果。开源节流,平衡预算,实在是很难的事。然在这种情形之下,无论如何,政府对于财政的办法,只有一方面尽量谋增加收入,一方面尽量节省支出。凡可以节省的钱,都尽量节省。不急之务,无关根本之兴作,都尽量罢除。用一切毅力与决心,来求得预算渐趋平衡。在本年二月颁布的经济紧急措施方案中,首先提出的办法还是平衡预算,可见其重要性,因为要经济稳定,社会安定,政治能够进步,建设能够进行,不能不从平衡预算着手。一时做不到,也应该竭力减少预算中收支不敷的差额。必须如此,才可以管制货币的发行,稳定币值,为根本整理币制的基础。

治财政经济病首重平衡预算增加收入节省支出

在经济方面治国方法,政府今年二月中旬颁布的经济紧急措施方案,三个月以来,业已收到相当的效果。但这个方案,有一部分还没有实行,有一部分因为情势变迁,已经不能不加以补充修改。例如工人生活指数的调整与食米限价的解除,都与原方案有所变通,这个方案也有些人加以批评,或提供其他办法,但任何办法细加讨论,都有其利弊得失。方案本身原不是一成不变的东西,当我们没有发现更完善的办法之前,我们只好采用这个办法,用执行进程中的事实经验加以补充修改,使他切合实际需要。关于原方案中必须管制的六种日用必需品,中国的米本来不够自给,棉花纱布更是差的多,非向国外购入不可。煤的生产,大都在东北、华北,就是广东的用煤,也不能不仰给于华北。现在国内的煤矿,被共产党破坏的很多,但如果能够节省使用,还勉强可以敷衍。食油及其原料禁止出口以后,供应现不感缺乏。至于盐与糖两项,都没有问题。以上所述的六种,都是生活的基本,必须在生产运输供应调节上,都有合理的筹划与管理。如果国内的生产不足,不得不求之于国外,以免有匮乏之虞。但从另一方面看,中国在战前,除了第一次欧战期间曾有出超外,平时都是入超的。打了八年战争之后,我们的工业残破,农产低减,本年度国际收支差额甚大,收入方面将华侨汇款计算在内,也只能抵补支出的一半,这是国家一个甚危险的现象。我们为了顾及人民最低生活的需要,不得不买洋米、洋面、洋纱、洋布,但倘如并非生活的必需,便不应浪费国家的外汇。因此政府在输入方面,不得不加以限制;在输出方面,尽量予以奖励,出口货物有困难时,最好由政府予以收购,即亏本亦所不惜。现正打算用这种政策,增加出口,一方面可加鼓励生产,一方面可以弥补支出。关于补贴政策,用意原在于避免减少物价的刺激,目前各方面对于这个政策的批评不一。反对补贴政策的,认为补贴政策国库负担太重,且使货币增加一部分的发行,而公用事业仍然是亏折,不如任其自行设法。赞同维持补贴政策的,认为倘如取消补贴,必致引起物价上涨,且政府的预算,亦须随之增加,结果仍然是国库的负担,通货仍然是不免于增发。还有一种折衷的主张,是仍然维持补贴政策,同时让公用事业酌量提价,而逐渐减少补贴数额,使物价所受影响不过于急剧。这三种主张,各有其理由,正考虑商讨中。但仅仅上述的各种办法,还是不够国家的需要。凡是一个有为的国家民族,要想从农业国家进为工业国家,或在对外战争之后企求迅速复兴,都是要由全国人民节衣缩食,可以享受而咬着牙不享受,运到国外去换取生产工具。用这种刻苦精神,来积累剩余财力,集中于建设,在近代国家中,我们可以找出很多的前例。我们从农业国家要转变为工业国家,从战争的摧残后要重建一个新中国,真是凭藉较别人差一半,工作比别人重一倍。我们非用加倍的刻苦节约精神,不能够达到建国的目的。然而这种精神的养成,不能单靠法令制度的力量。所以除了政府朝着这个方向努力之外,还得要社会中的领导人士,父以教子,师以教弟,夫妇朋友互相诫勉,共同创造出这种民族认识与社会风气,才有效力。

扶植民营事业利用外国资本迅速根本改善经济

经济紧急措施方案,大半是属于治标,纵能有效实施,也只能缓和物价的上涨,当然不能期望持之永久,想要将中国经济根本改善,生产增加,必须要一方面扶植民营经济事业,一方面欢迎外资。关于扶植民营方面,现在政府不但对既有民营必要的事业,予以扶植,即国营事业也尽量卖出,使变为民营。根据民生主义之精神及其社会化的原则,定今后处理一切经济问题的方针,以国家资本为中心,领导私人资本之活跃,以国营事业任其难,扶助民营事业任其易。在利用外资方面,一个国家在战争凋敝之际,想要迅速恢复,迅速建设,非欢迎外资不可。看一看并世其他战胜国家除了美国之外,如英国、如苏联、如法国,都不能不求助于国外的资本。中国本来就贫乏,八年战争中,公私财产,直接间接所受的损失,前面所列举的数目,真是可惊,我们固然不能依赖外债,以弥补国家预算的超支,但我们现有广大的区域,需要立即开始复员与建设工作。这种所需要的费用,自然不是我们现有国家财力与社会资本所能担负。本于这种情形,则美国的借款,自关重要。政府将照改组政府后之施政方针进行,即举借外债,必须用于稳定并改善人民生活及生产建设之用。至于国家地方财政收支的平衡,仍须我们本着自力更生的信念,作不断的努力。

至于整个经济改革问题,本院已拟有方案,正呈国民政府审议中。这个方案,将来如何计划实施,业已组织全国经济委员会担任其事,因为经常的行政组织,都以各种专门行政业务或技术为划分的标准,在行政院各部会中,其职掌与经常政务,或个别业务的处理,当然不成问题,但一谈到稳定物价,促进生产建设这类重要迫切而内容广泛的问题,每一措施,动辄涉及若干部会,例如以管制物价论,至少与粮食、财政、交通、社会、经济等部有关,倘如没有一个组织,加强各部会间的密切联系,其举措步调,就不容易求得一致,结果一定会影响到政策的执行。至于在促进生产建设的工作之中,这种配合更为重要。所以我们在经济问题极端严重的今日,必须要集合社会中各有关业务或技术的专家和政府中各主管机关,使其得在一个组织一定政策及分工合作的原则之下,集思广益,配合无间,共同努力。这个组织,虽是政府提出,但重心却在于社会工商事业家和专门经济人才。倘不如此,便难于应付当前严重的局面,更谈不上有计划的改革。

加强学校设备稳定教师生活乃政府应采之措施

目前的教育问题,在对日抗战时期,后方的教育,政府虽然并没有懈弛了努力,但因为战时财政困难,交通阻碍,学校中的图书设备,均不完备,教师与学生的心情也都不宁静,虽然战时学校学生都加多,但教育水准,实在是比战前低落。这种精神上的损失,比物质上的损失,影响还要永久。战争结束以后,这种情形,并没有改善。本人素来参加教育事业,入院之后,曾经邀集京中各校校长、院长、教授茶会,听取目前学校中所遭受的困难和教育改进的意见,用为政府决定教育政策的凭藉。不想近来京沪等地一部分大学生,因为公费生副食费、学校行政与学制问题,聚众请愿游行示威,甚至占夺车辆,阻碍交通,盘据机关,妨害公务,许多轻躁侮辱的态度,真是不忍详述。我们要建国,必须要先建人,如果青年学生的风气如此坏下去,中国十年后的人才恐慌,更要深刻普遍。这种隐忧,真是不堪设想。推原他的总病根,乃是曲解了自由。关于这个问题,须得特别注意。

现在是宪政准备阶段,为了深植将来宪政的基础,在此时期,应该尽量发挥宪法的精神,凡是宪法中所赋与人民的自由,能够提早给与人民,即提早给予。但从另一方面讲,国家须要纪律,社会须要秩序,所以人民守法的精神与对国家的责任感,也要与其所享受的自由等比例的提高,然后自由与法治,才能相辅相成,成为现代化的民主国家。而这种守法纪要秩序自尊爱国的品德,应该是由知识青年为一般人民的领导,从学校中传播到社会。如果在校正受教育的青年,先已认识不清,放肆无度,我们如何能够期望一般国民风气的好转。因此政府必须要充分保障人民应享的自由,但为维持社会安宁,避免紧急危难,在万不得已的时候,限制越轨的行动,也是必须采取的措施。今天在校的青年,都是将来建国的干部,国家希望他们能够具有高深的知识,尤其希望他们具有谨严的操守。因此我们必须爱护今日在校的青年,培养他们的知识德行,使他们都能够卓然自立,出校以后,担当得起建国的使命。政府与学校的师长、家庭的父兄,应该共同负起这个责任。至于加强学校的设备,稳定教师的生活,奖励民间教育事业,乃是政府当然应采的措施。各位参政员先生如有意见,还请指教!

本人在这个艰难时候,受任行政院长,自己审度才力,实在是戒慎惕惧。惟有鞠躬尽瘁,求于国事有所裨补。本人并非有甚么天才,也不会创造奇迹,面对着当前的艰难局势,如何才是最正确有效的方案,除了政府自己殚精竭虑之外,还须要各位参政员先生共同筹划,多多指教!

〔行政院档案〕

4. 行政院对施政报告口头书面询问案综合答复
(1947年5月　日)

主席,各位参政员先生:二十一日上、下午两次大会中,各位参政员先生所提出的意见,计书面六十四件,口头三十五件,共计为九十九件,详细检讨分析约可以归纳为左列两大类:

其一,为具有共同性的;

其二,为关系特殊事件的。

关于前一类问者虽多,措辞虽异,主张亦不尽相同,但其问题本身大抵相同,似以汇总作一次答复,比较易于说明,且亦可节省时间。至于后一类或具有地方性,或事关特定案件,自必须逐问解答,方不致蹈模棱之嫌。本于此种认定,所以想把前一类具有共同性的问题,作一次总的答复,并向诸位请教。其余具有特殊性事件的答复,另以书面送达贵会。

所谓具有共同性的问题,大概又可分为六大项目,就是:

一、关于新政府施政方针;

二、关于军事冲突;

三、关于财政经济;

四、关于刷新政治;

五、关于此次学潮;

六、关于外交。

以下逐项加以答复。

一、关于新政府施政方针的问题

对此问题提出意见的有参政员王普涵、沈之敬、孔庚、韩兆鹗、尹述贤、刘中一、罗梦册、黄建中、吴望伋、王孟邻、王冠英、张一善、陈耀东、蒋建白、韩汉藩、潘朝英、王维新、孙汝坚、黄诰各位先生,问题内容,约有三点:

1. 此次施政方针公告的程序问题;

2. 关于条文上解释问题;

3. 关于实施的方法、步骤和执行的决心问题。

(甲)现在先报告此次施政方针公告程序的经过。在上次大会中,本人已经提到,此次施政方针所以未先提交贵会讨论而即付实施的缘故,是因为"因应当时情势",时间上余裕过少,各位参政员先生对此点,既尚有所怀疑,当更详细加以解答。

国防最高委员会于四月十六日函送施政方针到贵会时,行政院尚未改组,此十二条施政方针,实是扩大政府基础的依据,因此次政府的改组,系根据政协会议的协议而来,但中共问题尚未解决,和平建国纲领不能不加以补充,国民政府又急欲实践其结束训政的诺言,事实上不能不有一个共同约束。这个施政方针十二条便是和平建国纲领的补充本,作为此次参加政府的各党派和社会贤达共同遵守的方针。同时因行宪前所应准备的工作非常繁重,期限又极迫切,在扩大的基础上,改组政府已不容一日或缓,所以国防最高委员会便依据国民参政会组织条例第六条第三项的规定,将施政方针送交国民政府公告,一面函达贵会,此种因应情势不得已而采取的措施,请贵会各位参政员先生谅解。

还有一点应当于此郑重加以说明,即此次政府改组,主要目的在于遵照国民代表大会所制定的准备程序,从事行宪的准备,因此之故,在改组之初,凡是参加国大和制宪的各党派都邀请参加,其参加国大尚未加入此次改组之各党派,其国民政府委员席次,政府尚为保留。有几位参政员先生问:何以此次政府改组只青年、民社、和国民三党?如果明了此次改组和国大有衔接关系的事实,当可释然。

(乙)其次应谈到此次施政方针上几个有关条文的解释问题,关于此点,国务会议亦曾经讨论过。

第一,所谓"交通完全恢复"的界说,依当时三党协议时的意见,假如津浦、平汉两路能畅行无阻,和谈自无妨开始,至于建立全面和平,当然包括长春铁路在内。有一位参政员先生问:用什么方法来恢复交通? 这很容易了然,比如说没有人再破坏铁路,那又何必以武力来恢复交通?

第二,是第五条中所谓"试行行政院负责制"的对象问题。依照施政方针的规定,"行政院应依国府委员会之决策,负执行之全责",同时,又要求行政当局在向立法院提出法律案时,应出席说明"以保行政与立法之联系"。行政院长自然应该依照此种规定负其责任,不过,在廿一日本人已经郑重指出,贵会是目前最富于代表性的民意机关,本人衷心愿意尊重。

还有一点必须在此说明,现在政府是过渡的(由训政过渡到宪政),宪法虽经公布,尚未实施,现阶段的国家机关,原不能尽合于宪法的规定,因为宪政时期,国家机关的设置,须俟宪法实施后才能开始。不能将现在的国民政府委员会、国民参政会、国民代表大会、立法院和行政院相互间权责关系,强为比附说明,所以,施政方针中只说"试行",只说"以保行政与立法之联系",并非忽略了通常所谓"负责"的原理,实限于整个政府现有的性质与组织的缘故。

第三,第十二条所谓"各省市县之参议会或临时参议会尽量由各党派及无党派人士共同参加"的问题,参加政府之各党在协议时曾有一共同的见解,即无论对于各省市县之临时参议会或尚待成立之参议会,应各依其组成之方法,本自由公开平允的原则,使各党派及无党派人士得以普遍参加,以期在行宪之前,地方民意机构更能适合宪政之精神。

此外有两位参政员认为第二条尚应加入"经济民主化"一语,经济民主化,问题自是重要,但此条的主旨在说明各党派合作之基础,而"政治民主化,军队国家化",正是自政协以来,各党派的一致要求。至于施政方针何以没有提到地方自治?因既实施宪政,则地方自治之重要,已为必然的结论。

(丙)再次是关于施政方针的实施方法步骤如何?有无决心?并特别指出第七条军民分治和第十条保障人民自由几件事实为例。在此应郑重声明,行政院愿以最大的决心,忠实执行此次施政方针的一切规定。而且在施政方针内,既明白提出这几项,也即无异坦白承认此种政治上的病态,故特别提出使各级政府注意并努力改善,至于实施方法和步骤,我们自然要从最有效率的观点,尽最大的努力去做。

二、关于国内军事冲突问题

对于这个问题,提出意见的有参政员许德珩、黄炎培、江恒源、沈之敬、何基鸿、张潜华、林忠、梁漱溟、谢明霄、叶道渊、李毓田、李树茂、王亚明、陈耀东、杨不平各位先生，内容大概可分为下列两方面：

1. 究竟战争何时可以结束？有无觅致和平的有效方法？以何种条件为恢复和平先决条件？

2. 如果中共无意恢复商谈，是否政府加强戡乱的表示？

对于中共问题，蒋主席在二十日大会开会致辞中曾经提及。至于政府与中共谈判的经过，本人在廿一日对贵会政治报告中业已详细陈述，政府的立场，也在那个报告中说明了，结束战争的时间，政府当然希望愈早愈好，倘能以政治方式结束战争，更是政府的夙愿。但政府所要求的乃是真正结束，任何人都知道我们国内从对日战争终了之后，内部一直是在冲突着的，即使在和谈进行期间，和谈只是在"拖"，在这"拖"的形势之下，国家元气依然是在继续断丧下去，无法从事建设。今天即使政府片面再下一次停战令，战争仍然不是结束，我们所要求的是问题的"解决"，固然不希望军事冲突延长，也不希望"拖"，战争是双方的事，和谈也是双方的事，自从中共拒绝了中央派员赴延安，及本年元月二十日政府的四条方案之后，中共始终没有愿意和平的任何表示。因此结束战争恢复和谈的关键，在中共而不在政府。各参政员先生如有建议使政治方法解决为可能，与统一民主的原则不相妨，政府自然愿与以最诚恳的考虑。

至于政府何以没有在军事戡乱的时期，用正式文告昭告中外？理由极为明显：就是因为政府依照各党协议的施政方针规定，不放弃以政治方法解决的初衷，不杜绝中共回头的道路之故。

三、关于财政经济的问题

财政经济问题可以说是当前国家所面临着最严重的问题，政府正竭力求谋所以解决之道，现在参政员王维之、王化一、伍纯武、余楠秋、陆宗骐、武肇煦、赵雪峰、何基鸿、罗梦册、张振鹭、朱惠清、赵和亭、陈纪滢、杨不平、王梦邻、武誓彭、薛明剑、王立哉、柯与参、姚廷芳、魏际清、李鸿文、何葆仁、张登鳌、周生桢、陈荣芳、包一民、金振玉、高文源、陆锡光、潘连如、陈耀东、商文立、张作谋、何春帆、王国源、王仲裕、张邦珍、汪渔洋、叶溯中、黄诰、肖一山、宋益清各位先生所提出的问题，多属于财政经济方面，都有极宝贵的意见。财政经济，虽各有其领域，但在事实上尤其是在今日之中国中，这些问题，实相互关连，互为因果，以汇总加以检讨为便，所以本人在此作一个总的解答。

首先检讨的，是关于财政经济政策的问题。有几位先生似乎对政府关于财政经济有无政策一点，表示怀疑，这里可向各位报告的，政府有关财政经济各种措施，诚不能完全有效，但不能谓为无政策，例如施政方针中第九、第十一两条，都是与财政经济政策有关。现在送请国务会议核议的经济改革方案，其中大部分亦皆属于政策问题。不过，八年来的抗战，又兼战后国内局势的不靖，当然社会各方面，均随之而发生很大动荡，财政经济所受的影响自极剧烈，而且经济社会向来最为敏感，变化万千，在此变换无端状态之下，政策之拟定，不能时时适应动荡万状的实际局势，亦为不必讳言的事实。因此为适应实际的需要，政策自又不能不随时予以修正或补充。因此遂不免使人怀疑政府好像无一固定的政策，例如有几位先生问到工业政策，究是国营还是民营？就是此种怀疑的表示。其实，关于这点，政府在原则上早已有明白的决策，就是：(一)直接涉及国防秘密或与国防关系密切者，如兵工厂、石油矿、钢铁厂、冶金焦煤矿及国防化学工业等；(二)有独占性质者，包括铁路、邮政、电讯等大规模动力厂及大规模公用事业；(三)为工业建设所必需，而一时无利润者，均属于国营范围。其余各种工业均可由人民经营。至于胜利以后敌伪所经营的若干轻工业仍由国营的缘故，最初的主要原因为便于统一接收，不得不暂归国营，嗣以战后社会秩序尚未臻于安定，人民对于生产事业的投资，尚多踌躇顾虑，若干既有或接收生产事业,自亦不能听其停顿,许多可由民营的事业而目下尚由国营者,其理由即在于此。但这只是暂时权宜之计,以后自当逐渐调整。故在经济紧急措施方案中,明白规定:"凡国营生产事业,除属于重工业范围及确有显著特殊情形必须政府经营者外,应即分别缓急,以发行股票方式,公开出卖与民营",中纺公司售与民营的决定,即根据此种政策而来。还有一点必须说明,在目前经济社会极端不安定的状态下,任何一个政策,都不能有利而无弊,公用事业之贴补政策,就是很好的一个例子,粮食的征实亦是如此。

在物价方面,有几位先生问,有无一定办法?又有几位先生问,经济紧急措施方案是否有效?此种问题,本人都愿作简单的回答。经济紧急措施方案目的,在于一方面抑制游资的作祟,一方面在对于民生日用必需的物资,就其生产运销的情形加以管制调节,使人民生活的基本,不感匮乏之虞。此种办法,自然无补于根本上,但不失为策效一时之计,并应在执行过程中,更应依事实经验加以修正补充,使得适合需要。

四、关于刷新政治的问题

对于政治刷新问题,提出意见的有参政员黄宇人、王普涵、赵澍、余楠秋、顾耕野、陆宗骐、武肇煦、赵雪峰、黄建中、杨不平、吴望伋、柯与参、马乘风、王立哉、姚廷芳、孔令灿、翟仓陆、蒋建白、赵和亭、王国源、王仲裕、王锡庚、梁龙光各位先生,内容大体可分为两点:

1. 政治风气问题;

2. 机构与人事调整问题。

本人一向重视这个问题,在上月就职后向全国广播时即曾提及。不过这个问题内容宽泛而复杂,所谓政治风气不良,有的由于教育关系,有的由于经济关系,有的由于人事制度关系,非仅靠法令制度或方案所能奏效,更非一纸文告即能改变,只有用不断的努力,期其渐转,不能求速效。本人认为今日行政,应该:

1. 机构的简单合理；
2. 人事制度的谨严；
3. 公务人员生活的保障；
4. 贪污的严惩，不循不纵。

这些意见，我与各位先生所见大抵相同。虽不能迅速办到，但甚愿朝着这个方向作最大的努力。尚望各位先生随时随地予以倡导，使其蔚为风气，更所厚望。

五、关于学潮问题

关于这个问题，提出意见的有参政员许德珩、黄炎培、余楠秋、沈之敬、何基鸿、梁漱溟、叶道渊、姚廷芳、赵澍、程希孟、陈耀东、王化民各位先生。

此次学潮，最先发生于二三大学学生关于学校行政、学制、待遇诸问题的请求，其所采取的手段为全体罢课，聚众请愿。政府固然不愿学生荒废学业，却并无阻止请愿的意思，因为任何国民都可以依法以一定的手续向政府请愿，但上海交通大学学生为学制问题的请愿，教育部长曾经自己跑到上海去接受了所有的要求还不行，非三千多人到南京来不可，因此遂抢夺机车自己开驶，以至于铁路交通为之停顿，显然超出了请愿必要的行动。在南京方面，中大学生为争公费生副食费问题，先到主管部毁坏公物，继续又到行政院，院方予以充分解答，仍不满意，至拥入行政院的三楼，叫嚣侮辱，公务为之停顿两天。同时，不断得到各地的消息，共产党正策动、煽惑各地学生和工人，从事大规模的罢课罢工。为维持整个社会的安宁，政府始不得已而颁布了维持社会秩序临时办法，规定了请愿的方法程序，并非阻止请愿。本人对此愿作几条简单说明：

1. 在国家急待提高文化水准的时候，学生应以不废学业为第一要义。

2. 学生如有向政府请愿之事，应依一定的程序，透过学校，向主管机关提出,政府当然予以考虑。原不必采罢课的手段,书面与口头效力是同等的,如确有当面说明的必要,十个代表和几千人所得的效果亦是同等的。

3.政府爱护教育,学生所提出的请求,只要合理有益而又可以办得到,自无不加考虑的。但中国现正趋向法治,机关职权并非漫无限制。关于学校行政学制问题,行政院当然要尊重主管部职权,教育部亦应当统筹全盘决定一最善而可能的办法,明白这个道理,便可了然不是学生凡有请求,便一定可以办得到,或立时办得到的。

至于待遇问题,公费学生与一般公教人员、军人的待遇问题不可分,事关国家的预算,追加也有一定的程序,教育部长与行政院长是无权用自己意思来决定的,学生不谅解之点即在于此,因而引起与宪警的冲突,自是遗憾。

学生是国家未来命运所寄托,我们的子弟都在学校,为公为私,我们都应当爱护他们,愿他们学业精进,品德谨严,富有尊重纪律、爱护秩序的精神,因为我们要建国,要民主法治,不能不属望于今日在校的青年。对于这个问题所以不惮词费的缘故,因为此次学潮实使我们痛心。

六、关于外交问题

最后提出答复的是外交问题,关于这个问题,提出质问的有参政员荣照、沈之敬、张潜华、赵和亭、商文立各位先生。

把各位先生的意见分析一下,最重要的可以归纳为两点,有谓政府外交没有固定的立场,又有认政府外交不能采取适当有力的步骤应付当前的困难。意见均极警策,政府自愿注意。但于此有当申述者。政府自抗战以来,即自有……〔未完,原缺〕

〔行政院档案〕

5. 行政院等关于全国总动员案及其办理情形令函

(1947年7—11月)

(1)行政院训令(7月5日)

行政院训令　发文(卅六)四防字第二六三〇一号
中华民国卅六年七月五日发

奉国民政府卅六年七月四日处字第七二二号训令开："本年七月四日本府委员会第六次国务会议通过拯救匪区人民,保障民族生存,巩固国家统一,厉行全国总动员,以戡平共匪叛乱,扫除民主障碍,如期实施宪政,贯彻和平建国方针案,应即切实施行。除分令外,合行抄发原案,令仰遵照,并转饬各主管机关办理为要。"等因。除分令外,合行抄发原提案,令仰遵照,并转饬遵照办理为要。此令。

附抄发原案一份

> 主席交议:为拯救匪区人民,保障民族生存,巩固国家统一,提请厉行全国总动员,以戡平共匪叛乱,扫除民主障碍,如期实施宪政,贯彻和平建国方针案

政府自抗战胜利以后,即积极进行复员,以期从事建设与民苏息,虽一切措施未能尽如所期,但对于中国共产党拥兵割据,扰害地方,武力叛国之行动,则始终秉持政治解决之方针,不惜委曲求全,多方容忍以求其实现。乃共党自去年十月以来,始则拒绝政府颁布之停战令,继则拒绝参加国民大会,又复拒绝政府派员赴延安商洽和平之建议,最近复由其宣传机关对国民参政会之和平建议断然予以拒绝。政府方力谋整编军队,而共党则胁制民众大量扩充其叛国之武力;政府方力谋复员建设,而共匪则到处阻碍复员之进行,到处破坏我交通与工矿之建设;政府方励图实现民主政治,准

备行宪工作,而共匪则一面宣传民主,一面残虐人民,无所不用其极。最近数月,共匪复在华北、东北对我国军发动大规模之攻势,妨碍政府对领土完权之完全接收,其必欲以武力颠覆国家,已极彰著,而其煽动各地社会、扰乱治安秩序之盗匪暴行,亦日益明显。共匪既公然揭开其武装全面之叛乱,实已自绝于国人,且早以武装叛乱集团自居,而自外于政党之林,不惜与国家民族为敌,其怙恶不悛,执迷不悟,一至于此,则政府和平建国之国策,已非以政治方式所能求得解决,尤其我北方受共匪蹂躏区域及接近匪区之同胞,水深火热,日甚一日,政府不能长此贻误坐视不救。而我全国同胞欲求得安居乐业之生活,亦非以全力铲除此复兴建国之最大障碍,实不足以捍卫国家基础,安定社会秩序,而策我整个国家与全体人民之安全。况政府有巩固国家统一,保障民族生存之责任,若非从速戡平叛乱,则不仅宪政与民主无由实现,即国家之统一与安全,亦已失其保障。故政府决心戡乱,实出于万不得已,必须全国军民集中意志,动员全国力量,一面加紧戡乱,一面积极建设,方能扫除民主宪政之障碍,达成和平建国之目的。本此意旨,拟请由国务会议决定实行全国总动员,号召全民,一致奋起,淬励进行。举凡加强经济建设,刷新地方政治,发动人力物力,改善粮政役政,保持社会安定,救恤人民疾苦,保障人民基本权利,厉行消费节约,增进农工生产,提高官兵待遇等项,均交各主管机关,妥拟方案,制颁法令,一体依法推行。至实施时,应如何防止法外之滋扰,并饬各主管机关严切注意。是否有当,敬祈公决。

(2)行政院检讨时局小组会议纪录(7月8日)

检讨时局小组会检讨结论报请核定案

签注:本院第十次会议时,院长临时动议:"根据上周本院政务检讨会议对时局之检讨结果,佥认应即树立战时体制,加强军事政治经济力量,以缩短战祸及早完成统一,应请推定委员数人,详细研究拟订具体方案,提会核定施行",案经奉决议:"推王副院长及张、白、俞(财)、左、蒋五委员与甘秘书长于一星期内会拟方案提会",业经王副院长召集开会三次,经遵照国务会议通过:"厉行全国总动员以贯彻和平建国方针案"之指示,详加研究,除对于整个加强军事计划,因国防部送到较迟,尚未讨论外,兹将一般措施及军粮问题检讨结论,分述如次:

一、一般措施

1. 原保留共党之国大代表及国府委员之名额,应予取消,共党现任参政员者,应予除名,今后如办选举,亦不再为共党保留名额。

2. 对于后方共党如何处置,由内政部与司法行政部会拟意见,呈核施行。

3. 政府应寓改革政治于战时体制之中,不能藉口军事,掩护政治缺点。

4. 为配合加强军事计划,中央及地方政府各级主管人员应全力负责,督促实施,其有不能胜任者,应予撤换。

二、军粮问题

1. 田粮政策。在实施总动员时期,应酌采战时办法,办理征实收购及随赋带购(征借停止),即全部征实收入,除中央应得三成外,其余省县所得七成,应均由中央向省县收购,此外并向人民随赋带购。

2. 三十六年度粮食年度(三十六年十月至三十七年九月)政府控制粮食数额,应以能充分供应军粮需要为目标,力求自给,以免多耗外汇,向国外购米。以国防部第一线兵团四百万人,连同眷粮五十万人,共四百五十万人,计需谷麦四千万石(每人每年需要三包米,合九石谷,麦减三成),第二线兵团(三十三万人)及现有额外人数另案办理。

3. 各省县配征及配购额。由粮食部根据实需,务能控制四千万担粮额,并应尽可能多加配征额,减少配额。

4.谷麦定价。以谷平均每石9万元,麦平均每石二十五万元计算,约需粮价3万亿元(如配征额增加,配购额减少,此数尚可酌减),由粮食部按各地情形,分别定价,无论向省县收购或向人民征购,均照粮食部所定该地价格划一支付。对收购省县粮款,一次结算,分若干期拨付,以助省县经费(省得二成,县得五成)。向人民征购粮款,于人民缴粮时随时支付,不得迟延。

5.省县级所得七成征粮,由中央收购,照定价补助其经费后,各省县除附征三成公粮外,即绝对禁止以土地为对象,再有摊派。

6.向各省县收购及随赋带购粮食之包装储运经费均由中央负担。

7.各省县征实征购,应责成各省主席、专员、县长绝对负责办理,除因灾害歉收地方,得照《勘报灾歉条例》办理外,其余办理不力者,以贻误军机论处。

8.军用黄豆料豆,准在各该产区,于征粮以外随粮带购。

是否有当,谨请核定。

再国防部所提加强军事计划案,当于本小组讨论原则后移送预算审查委员会详加审查。此外,尚有与总动员有关之若干问题,亦一并讨论,俟有结果再行报告。

决议:一般措施加"5.为配合军事行动,应加强宣传,凡经共匪所破坏之铁路、公路、商船、工矿,以及所蹂躏之地方,所屠杀之人民,所毁灭之物资,均应依据事实,作详细之公布"。余均通过。军粮问题交还小组会重行讨论,院长及徐主计长参加。

(3)行政院检讨总动员法规小组会议记录(7月10日)
检讨总动员法规小组会议记录
时间:三十六年七月十日
地点:行政院
出席:张厉生、白崇禧(刘士毅代)、俞鸿钧(李侊代)、陈启天、俞大维(谭伯羽代)、谷正纲、谷正伦(赵龙文代)、谢冠生(谢瀛州代)、甘乃光。

主席：甘乃光

记录：应式文

检讨结论：

国务会议通过厉行全国总动员，戡平共匪叛乱，贯彻和平建国方针案，应否根据国民政府三十一年公布之国家总动员法，将国家总动员法实施纲要及惩罚条例加以补充修订，有甲乙两种意见：

甲、应继续实施国家总动员法，因该法并未废止，且第一条云，为贯彻抗战目的而制定，剿匪亦为贯彻抗战目的。

乙、国家总动员法系为抗战制定，虽尚未明令废止，但现时仅为剿匪，如再沿用，可能引起外人对共匪认为交战团体之虑，且亦不免小题大做，如交通军事，早经动员，而动员入伍，则因兵役法平时尚未充分实施，亦难做到，故与其提出实施国家总动员法，而事实上并不完全实施，则不如将国家总动员法及其实施纲要与惩罚条例等一概不提，即遵照国务会议决议及当前实际需要，另订紧急实施纲要，再将现行有关法规加以修订，需增订者即行增订，分别实施，似较妥善。多数意见咸表赞同，爰本此旨，拟具纲要要点如次：

(一)名称

(1)"动员剿匪促进宪政紧急实施纲要"或(2)"动员戡乱建国紧急实施纲要"。

(二)纲要

(1)政治改革。拟将国民政府施政方针重要者列入，并加入如期办理选举、召开国民大会等项，以促进宪政。

(2)役政。由国防部就现行兵役法加以检讨，根据当前需要，厘定原则(包括征用技术人员、医事人员等)，送院核定。

(3)粮政。另有小组会讨论，俟决定原则后加入。

(4)治安。恢复经已废止之"危害民国紧急治罪法",对于战时言论出版限制法规,由内政部检讨,关于集会集社法规,由社会部检讨,拟具意见,送院核定。战时邮电新闻检查等办法,应否恢复,并请核定。一切限制办法,应以适用于共匪有关者为限,对于一般人民之基本权利,仍应予以保障。

(5)财政。增加收入(如征收财产税,举办特捐,累进征收直接税,改良稽征办法,增收盐税、消费税如洋烟,加紧出售敌伪物资等),限制与军事无关之支出,由财政部检讨,拟具原则,送院核定。

(6)节约消费。如限制酒、食、汽油之消费等,由社会部拟具原则,送院核定。

本纲要俟各主管部将意见送院汇总后,应请推定委员起草,奉核定后,再据以修订制颁各种法规,并建议请立法院召开临时会议,以便迅速通过一切有关动员之法规,即付实施。

(4)行政院政务检讨会议记录(7月11日)

日期:三十六年七月十一日

地点:本院

出席:张群、王云五、张厉生、俞鸿钧、陈启天、朱家骅、左舜生、谷正纲、薛笃弼、谢冠生、李敬齐、周诒春、翁文灏、刘维炽、蒋匀田、杨永浚、郑振文、王世杰(刘师舜代)、白崇禧(刘士毅代)、俞大维(谭伯羽代)、谷正伦(张异民代)。

列席:甘乃光、霍宝树、董显光、浦薛凤、陈克文。

主席:张院长

记录:邓翔宇、应式文

检讨事项

甘秘书长报告:检讨总动员法规小组会议记录案

决议:根据国务会议决议案及国家总动员法制定《动员戡乱完成宪政实施纲要》,纲要内容由各有关部会照小组会议所拟定项目,各就主管范围厘订原则送院,由王副院长召集各有关部会及甘秘书长审查整理,提出本院院会通过后,提请国务会议核定施行。

(5)行政院训令(7月13日)

发文(卅六)二机字第27443号

行政院训令 附件

中华民国三十六年七月十三日发

前奉国民政府七月五日处字第七二二号训令,抄发第六次国务会议通过厉行全国总动员,以戡平共匪叛乱,扫除民主障碍,如期实施宪政,贯彻和平建国方针案,令仰遵照办理,等因。当经抄同原提案,以(卅六)四防字第二六三〇一号训令通饬遵照在案。兹事为政府加强建国进程而采取之重大措施,特于执行之初,再行阐述其意义,并将今后全国人民与各级官吏将士应有之认识与努力详为晓谕,用资策励。

我国积弱已久,八年抗战,元气愈衰,民困愈甚,方期胜利来临,加紧建设,使政治民主化,经济工业化。不幸在抗战期间,中国共产党乘国家之难蓄积实力,胜利之后,遂成为国家建设之内在障碍,政府虽竭诚蕲求和平,召集政协会议,并由美国友邦马歇尔将军、司徒大使奔走调停,终难挽回其以暴力夺取政权之野心。洎政府改组,本院长对中共问题,仍望能以政治方式解决。乃两月以来,共党气焰愈张,叛乱更甚,不惜再度拒绝国民参政会恢复和谈之建议。凡此种种,咸为国人共见共闻之事实。回思胜利之初,政府方汲汲于军队之整编,流亡之安辑,民主宪政之准备,人民自由权利之保障,以及经济之复员建设,但共匪则背道而驰,尽力扩充军队,扩大叛乱,对于公私财产之破坏,人民生命自由之戕贼,无所不用其极。是政府铢积寸累之功,不能当共匪处心积虑之破坏。似此凶焰日张,暴行日烈,如不迅速戡平,国家民族必归毁灭。因此政府不得不本悯人忧国之怀,毅然行吊民救国之事。

总动员之要义，在集中全国人民之意志与力量，一方面扫除建国障碍，一方面提高全民警觉性，尽力量之所及，尽事势之可能，从事于政治与经济之建设工作。于此，吾人必须有一基本认识，须知此系中国建设力量与破坏力量之争，民主势力与反民主势力之争，亦即中国盛衰存亡关键所在。建国进程，尚须经此难关，诚非初料所及，惟事势演变至此，自应集中全力，予以突破，以戡乱求统一，以苦干谋复兴，吾人意志愈坚韧，力量愈集中，则此艰苦之途程，亦必愈短。盖总动员之意义，不仅为消极方面之戡乱，而尤在于积极方面之建设。政府现正进行宪政准备工作，为培养宪政精神，对于人民基本权利之保障，仍须特加注重，但人民权利，当以国家安定统一为基础。际此国家正在争取安定统一之时，全国人民必须置国家民族利益于个人利益之上，在政府固应尽量尊重人民自由权利，在人民亦应尊重法律，爱护秩序，加强对国家之责任感，必如是，始可迅速恢复安定统一之局，亦即将来实施民主宪政之真实根基。

从政府人员立场而论，在总动员时期，事务加紧，责任加重，故必先求本身之健全，然后能迅速发动民众之力量。因此，对于政治之运用与风纪，不得不加紧注意。以言政治运用，必须注意于纵横关系之紧凑灵活。纵的方面，务使每一法令，自上级贯彻至基层，不延宕，不变质，不敷衍；横的方面，机关与机关之间及同一机关中甲部门与乙部门之间，务应协力合作，责任分明，既不越权亦不推诿，而政府官吏对于人民，尤应建立信用，取得人民之合作，庶使每一法令，俱能确切实施，普遍贯彻，适合国家之要求。以言政治风纪，必须根绝贪污，确立明法守法之精神。动员时期，政治控制力量更宜普遍深入，倘执行人民之操守，稍不谨严，即足妨害政令之推行，减削政府之声誉，驯至引起一般民众之反感。故政府人员与国军将士，规律自己，督率部属，必须特别谨严。如有利用职位营私舞弊，或滥用权力，任意违法，侵害人民权利，或规避责任，讳乱纵匪，一经查觉，必当严厉惩处，绝无宽贷。尤望全国人民，对于贪污舞弊、扰民纵匪之官吏将士,尽量检举,以辅政府监察力量之不及,裨确收整饬政风军纪之成效。

试一检讨中国国民革命之史迹,五十余年来,虽历受内忧外患,然建国进程始终不曾退转,向上的中华民族,其复兴大业,决非任何反动势力所能阻挠。兹者,政府既下最大决心,以戡乱求统一,以苦干谋复兴,尚望全国同胞,热忱拥护国策,贡献全力,共同奋斗,是所至盼。除分令外,合行令仰遵照,并转饬所属一体遵照。此令。

(6)财政部秘书处函(8月4日)

奉京秘甲字八八号交下行政院(卅六)四防字第三○○一九号训令,内开:"本院前奉国民政府颁布厉行全国总动员以贯彻和平建国方针训令,当经令饬遵照在案。兹以抗战时期颁行之《国家总动员法实施纲要》对于动员戡乱不尽适用,复由院订《动员戡乱完成宪政实施纲要》,呈奉国民政府修正公布施行,各主管部会应即遵照纲要切实办理,其有须另行详订规条者,并应依照纲要第十五条之规定,迅即厘定办法,于文到十日内呈院核夺。除分令外,合亟抄发该项纲要,令仰遵照办理具报为要。"等因。奉批:"秘书处征询各主管意见,拟办限五日内拟妥"等因。奉此。除分函外,相应抄附《动员戡乱完成宪政实施纲要》一份,送请贵处,就有关各条详加意见,并于三日内送由本处汇办为荷。此致
财政研究委员会
附《动员戡乱完成宪政实施纲要》一份

秘书处启　八月四日

动员戡乱完成宪政实施纲要
(七月十八日国务会议修正通过本)

第一条　本纲要依国务会议通过厉行全国总动员,以戡平共匪叛乱,如期实现宪政案及国家总动员法之规定制定之。

第二条　实施宪政及各项有关宪政之选举,均应依照规定积极进行。

第三条　戡乱所需之兵役工役及其他有关人力,应积极动员,凡规避征雇及妨碍征雇等行为,均应依法惩处。

第四条　戡乱所需之军粮、被服、药品、油、煤、钢铁、运输、通讯器材及其他军用物资,均应积极动员,凡规避征购征用、妨碍征购征用及囤积居奇等行为,均应依法惩处。

第五条　各业劳资双方,应密切合作,如有争议,并应依法调解及仲裁,凡怠工、罢工、停业关厂及其他妨碍生产及社会秩序之行为,均应依法惩处。

第六条　为安定民生,政府对于日用品之交易价格,各业薪俸工资及物资流通,资金运用,金融业务均得加以限制或管理。

第七条　为维持安宁秩序,政府对于煽动叛乱之集合及其言论行动,应依法惩处。

第八条　对于收复匪区,应由各主管机关巩固治安,维持秩序,必要时施行贷款停征赋税,并办理各项社会救济及医药救护工作。

第九条　对于由匪区来归之人民,应由各主管机关妥为救助与安置。

第十条　对于粮食、燃料、纺织、冶炼及有特别需要之工矿制造事业,各主管机关均应特别指导辅助,其所需资金,如有短缺,应由国家银行予以贷款,使能积极推进,以裕供应,必要时得由政府对其成品加以管理。

第十一条　凡未被匪乱之区域,均应刷新地方政治,确保社会安宁,并就目前急需之生产运输及农田水利工程择要建设,以利民生。

第十二条　增加合理之税收,限制非必要之支出,以适应戡乱之迫切需要。

第十三条　制定节约消费及增进效率办法,政府各机关与人民一致遵行。

第十四条　人民基本权利,均应切实尊重,妥为保障,除因动员戡乱所必需之各种法令必须切实施行者外,任何法外侵扰行为,均应严行防制。

第十五条　关于本纲要之实施,有须另定详细规条者,由行政院各主管部会厘定办法,送由行政院核定,分别以命令公布施行。

第十六条　违反本纲要第三条至第七条,或依据各该条所定办法,应行制裁或限制之行为者,依《妨害国家总动员惩罚暂行条例》惩罚之。

公务人员于执行本纲要赋与之职权时,如有违法或失职之行为者,应依法严行惩处。

第十七条　除本纲要已有规定者外,为达成戡乱之目的,行政院得依国家总动员法之规定,随时发布必要之命令。

第十八条　本纲要经国务会议通过公布施行。

(7)行政院训令　(8月24日)

通令调整县级机构财政,减少县长兼职与牵制,并慎选严核县级员吏仰照办理由。国家值长期抗战之余,继以共匪叛变,地方纷乱极矣,凋敝极矣,为政之要,当于爬梳整理之中,讲求生聚教训之道,地方行政机构应求其合理紧凑,地方建设经费应求其相当充裕,县长之职责应求其专,员吏之素质应求其能,必须客观条件大体具备,庶几地方政治可以有为,如仍墨守成规,囿于现状,不能通权达变,因时制宜,其何以慰人民来苏之望,植地方自治之基?本院曾于卅五年五月遵奉主席手启辰真府交京庚代电,以节京嘉丁字第一六五九号训令,通饬各省政府,应谋充实地方税源,以解决县级财政困难,并斟酌地方财政情形,自行调整县级机构。此外关于尊重县长职权,减少县长兼职等项,中央亦迭经订定办法,通饬尊行各在案。最近举行行政座谈会,各省主席仍多以县级机构庞大,经费难筹,人才难得,以及县长权责不专,牵制太多等等为言,具见中央前颁各令,地方多未切实奉行,兹特重申前令,并分别剀切规定如左:

(一)关于紧缩县级机构者:查县各级组织纲要,列举县政府各科室,虽甚完备,但曾说明设科之多寡,由各省政府依县之等次及实际需要拟订之,并未硬性规定必需一律设置,而事实上各县对于纲要列举各单位,大都已普遍设置,其余纲要规定以外陆续添置者,亦颇不少,以致组织庞大,糜费太甚。各省政府应从新斟酌县之等次及财力盈虚与事实需要,厘定各县政府组织,最多以五科二室(秘书室、会计室)为限,至少亦应有三科一室(会计主任附在秘书室办公)(边远特别小县,费绌事简者不在此例),俾各县组织不致过于悬殊,而经费均勉可自给。各科改冠第一、第二等番号,俾得视事务之繁简,调配其职掌,所有原设其他统计、合作指导、地籍整理、度量衡检定等单位,分别酌留必要人员,派在性质相近之科室办事,受该科室主官之监督指挥,执行其专管业务。限各省政府于文到一个月内遵照妥为规划,督饬各县切实调整,并将从新厘定之各县政府组织规程报院备案。此次限令紧缩,原以地方财政困难,待遇无法提高,事业未由开展,不得不力图樽节以策振奋,一俟地方财政整理充裕,自治事业逐渐开展,有酌量增加单位、扩大组织之必要时,仍可于提经民意机关通过后,呈准省府增设之。总期厉行紧缩,以振目前之衰颓,亦不长安简陋,致妨将来之发展。

(二)关于调整县级财政者:查县级财政,自财政收支系统法修正以后,税源已较前宽裕,如田赋分配半数、契税全部划予,营业税亦大半付予地方,惟以稽征未能认真,税率不甚适当,收入之数不如所期,而各省政府对于县级财政又多失之管制过严,遂至各县多不能自给。中央应酌为增拨之税源如土烟税、土酒税等,应酌予调整之税率如屠宰税、筵席税、娱乐税、使用牌照税、营业牌照税、房捐等,正由本院督饬财政部迅速计议呈核,一俟完成法案,即予通令施行。田赋为地方主要税源,各省政府应即责令主管机关及各区专员,分别督饬所属各县切实整理,清厘赋册,挤查隐漏,改良稽征,杜绝中饱,并由专员轮驻所辖各县,眼同清理公学产款,务使涓滴归公。其有普通税源不丰,特种产物孳息颇大者,可以依照财政收支系统法附表(一)丁项第十款之规定,举办特种课税,如西北之畜牧,东南之海产,山区之药材及特种农作物等,既可供人民生养之资,即可为政府课税之源,惟应以不违反中央赋税法令,不妨碍全国经济发展为限,并须经县参议会之通过与省政府之核准,仍应报财政部备案。省政府对于县税与县预算之审核,应重视事实需要情形与民意机关意见,不可过于严格,束缚县地方政治合理之发展,但对于各地之自由摊派,则应绝对禁止。各省政府应于文到一个月内,妥定整理步骤,切实施行,并按月将整理情形,呈报备核。

(三)关于减少县长兼职者:县长为亲民之官,辖地百里责在一身,凡所措施,均须心到眼到,其事务之繁杂,其责任之重大,迥异一般机关主官,非节其旁务之劳,策其心志之专,俾竭全力以赴之,难期举其所职。顾以事实所在,县长兼职繁多,统筹并顾,肆应为劳,若非失之务广而荒,即或迫使舍本逐末,近日县政不修,此亦主因之一。本院自二十九年以来,即经一再通令调整,而现在检讨县长兼职,仍有达十余种之多者,若不剀切开示原则,督饬切实简化,何以专县长之责成,策县政之发展。兹规定县长依法应兼之职,如拨诸事实,无此必要,应即检讨该项法令,作根本上之改正,其法令之颁自中央者,由中央主管部会检讨修改之,其法令之出自地方者,由省府自行检讨修正之。其事之可以并入县政府各科室办理,无需另设机关者,应即裁撤之,必其事不可并,而法不可改者,方得责令县长继续兼任,如此严格剔除,力求减少,庶使县长得专心致志于本职,而地方政治之进展,乃可有望。

(四)关于限制直接指挥县长者:县长上承省府,下领乡镇,所有辖境之内，土地人民政事，均由县长一人为之主宰，其责綦重，其权宜专，乃各旁系高级机关或驻防部队长官，为图本身工作之便利，每以权责不属之事，委之县长办理，并直接以命令指挥督责之，既增额外麻烦，尤属有碍威信。国民政府曾于卅一年二月公布《中央各机关及各部队对县政府行文用令暂行办法》，通饬施行，该办法规定：除(1)作战区内或驻防区内之军长以上官员关于作战上之紧急情事；(2)卫戍区或戒严区绥靖区内卫戍司令、戒严司令、绥靖主任等关于卫戍、戒严、绥靖等军事行动；(3)各省防空司令关于防空紧急事宜等，得对各该区域内之县政府直接用令外，其他任何机关部队，如有必须县政府办理事务，应经由省府转令遵办，不得直接用令。对县府滥发命令者，由该管上级机关分别议处。中央规定虽颇严密，而地方执行不甚切实，非直接指挥系统而对县长发号施令者，仍比比皆是，亟应予以纠正。兹责成各省政府斟酌各县区情形，分别列举其应受直接指挥之机关，令知各该县政府，并饬各县政府遇有无直接指挥权而对之滥发命令者，应即报告省府负责转请该管上级机关予以处分，必如此而后事繁责重之县长不致横遭欺压，亦必如此而后滥发命令之机关庶几有所忌惮。中央法令之贯彻与县长职权之保障，均须省政府多负责任，望各省主席勉之。

（五）关于县级员吏之选拔考核者：县级机构既经紧缩，财政既经整理，而县长又不复兼职丛集，秉命多方，则作事之客观条件，可谓大致具备，如再得健全之僚佐，共同努力，县行政效率之突飞猛进，可操左券。盱衡目前县级人事状况，因待遇之微薄与人才之缺乏，往往就地取材，滥竽充数，任用之先，不遑切实选拔训练，任用之后，未经严格考核奖惩，遂使阘茸无能之辈，亦得溷迹仕途，贪污舞弊之事，因而习成风气。经此次紧缩机构、整理财政后，员额减少，取才较易，经费充裕，养廉较丰，各省政府应即督饬各县长，趁此革新时机，切实简汰部属，奖廉惩贪，去劣留优。嗣后对于县级员吏之选拔训练考核奖惩，应一切依法严格办理，务使贪婪无能之辈绝迹公门,为守兼优之士,咸登仕版,则为政得人,著绩必易,转移社会风气,刷新地方政治,胥于是乎赖焉。

时局艰危,地方困难尤甚,而人民引领望治,国家行宪在迩,一切应兴应革之事,均须剑及履及,不容因循废弛。以上所举五者,实为改进县政之基本条件,否则经费竭蹶而冗员充斥,任务繁重而职权纷歧,将何以责事功?更何以言建设?所望各省政府切实体认,各县政府深自循省,中央各部会亦了解内外相维上下一体之旨,尽法令许可之限度,助地方政治之发展,务使此次令示所及,均能迅速彻底施行,其裨益于国家前途者,当亦未可限量。除分令外,合亟令仰遵照办理为要。此令。

(8)行政院决议案(11月18日)

秘密讨论事项(二)

组织各级省(市)县戡乱建国动员委员会案

签注:剿匪检讨会议中国防部提《组织各省(市)县戡乱建国动员委员会案》,经决议如次:

一、中央是否应设戡乱建国动员委员会,请交行政院讨论。

二、各省(市)县准成立戡乱建国动员委员会,以民意机关之议长为主持人,其组织由各省市县自定之。

三、戡乱建国动员委员会之任务如左:

(一)加强民众组训与地方自卫武力;

(二)发动地方人力财力物力从事于戡乱建国;

(三)鼓励人民从军;

(四)沟通军民关系,加强军政配合;

(五)慰劳国军,救济难民;

(六)推行绥靖政策;

应如何办理,谨请核定决议。

〔行政院档案〕

6. 蒋介石有关动员"戡乱"言论

(1947年7月—1948年2月)

(1)七七抗战十周年纪念广播词

今天是我们七七抗战十周年纪念日。我觉得对抗战胜利以来，我们国家局势的变迁和民族整个的危机，以及同胞们祸福利害的关键，有向我全国同胞郑重说明的必要。

我们对日抗战的目的，原在捍卫国土，收复东北，保持主权和领土的完整。东北的主权和领土行政一天没有恢复，便是抗战的目的没有达到，我们为抗战而牺牲的千万军民的英灵就无由慰藉。这完全是我们后死者共同的责任！大家都知道在日本投降以前，东北是没有中共匪军的，及至国军进入东北，接收领土主权的时候，在这一年半中间，共匪竟对国军先后发动了五次攻势，围攻政府已经接收了的地区，割裂东北的土地，屠戮东北的人民。最近国民参政会的和平建议，共党的反响，首先是经过他宣传机关的谩骂诬蔑，接着便在关内外发动疯狂的攻势，来作事实上的答复。特别是他这次对东北的攻势，规模之大，前所未有，五月初旬以来，他发动了三十万以上的兵力，向各重要据点作猛烈攻击。最后把攻击重点集中于四平街，以十倍于守军的兵力，展开了十八昼夜惨烈的攻城战，卒赖我将士继续对日抗战的精神，对来犯的共匪予以歼灭的打击，而粉碎了他包围长吉夺取沈阳的企图，使东北战局得到一个成败的转折点。但是共匪毁灭祖国一贯的阴谋，决不会从此罢手，所以东北的危机，并不能因四平街的胜利而根本解除。共匪是怎样的进入东北呢？他在东北参加叛乱的部队又是怎样编组成立的？这都是尽人皆知很明显的。共党是继承了帝国主义者日本和伪满汉奸衣钵，他正在执行帝国主义者日本灭亡中国所未曾贯彻而遗留下来的毒计，不许我们中华民族恢复东北的主权，不让我们中华民国享有领土和行政的完整。而且他到今天还有利用我们敌军日本残余的部队,带领了他们来蹂躏我们中国的土地,残害我们中国的人民。共匪这种倒行逆施丧心病狂的作为,比之历史上任何流寇盗匪都要凶残,他的居心比之中国历史上所有汉奸傀儡都要狠毒。同胞们须知共党这样的军事叛乱,就是要分裂我们整个中国,断送我们整个民族,他必要使我们民族的精神和固有的道德消灭净尽,使我们神明华胄,生生世世,永远沦为奴隶牛马,不能保有独立自由的人格。这种破坏人性、灭绝人伦的兽行,共匪如果任其继续存在,那我们黄帝子孙便要受到最近亡国各民族一样的集体杀戮、集体放逐与永远奴役的惨祸。

我们国民革命的目的是要建立一个独立、自由、民有、民治、民享的三民主义的新中国。而建国工作必以国家的和平统一为前提,但是和平与统一是不可分的,统一与民主自由是不可分的,统一与人民幸福更是不可分的,国家如果不能统一,则一切建国理想都成空谈,民族、民权、民生主义就都无法实现。人民在地方被蹂躏,经济被割据,生产被破坏,交通被阻断的状况之下,决不能享受水准以上的生活。同胞们必能回忆"大战甫告终结,内争不容再有",这是我们在胜利以后对共产党所发的真挚的呼声,任何有责任心的政府以及有爱国心的人民,都不愿在大战后疮痍满目之际,使国家与人民重陷于战祸的痛苦。我们并不想否认共产主义成为一种学说或思想,我们当时只希望共产党遵循民主途径,像英美各民主国家的共产党一样,以和平合法的政党,来争取选民。所以十年以来,尤其在过去一年多的时间,政府对于共产党是始终的苦心忍让,委曲求全,只希望共党不破坏统一,不拥兵割据,不推翻国本,不断丧民命,一致为和平民主建设而奋斗,政府都可尽量容纳他们的意见。但是,任何的商谈、协议和调处,终不能消弭他们叛国的祸心,终无法感召他们为国家前途和民生痛苦而觉悟。共党匪军一年多来的主要行动,无不集中于破坏交通,破坏工矿,而且到处破坏奄奄一息的农村。政府每一次呼吁和平,每一次颁发停战令,只有助长共党匪军更进一步的扩张和进攻,只有增加国军前线的困难,只有增多忠勇将士和人民的牺牲,也只有把匪患扩大,战祸延长,使战后社会复兴重建的工作,比以前更陷于艰难无比的困境。到了现在,我全国同胞可以明白认识共党是"匪性难移",绝对没有悔祸的诚意,是决定要叛乱到底的。他的野心阴谋,非断送国家,贻害世界,是决不会停止的。我们如不能举国一致,洞察奸谋,抱定决心戡平叛乱,那不只民生日益凋敝,而整个国家也要被他割裂断送沦胥以尽了!

共党在抗战胜利后,公开叛变,本来是他们早已预定的阴谋。当我们抗战胜利之时,他就在匪区内公然的发动其所谓"参军运动"和"社会斗争"、"民众清算"等强暴和劫持的方式,专以残忍杀戮立威,上至老妪,下至童稚,一粟一布,不容保留,一草一木,都被劫夺为他叛国的暴力,匪区内所有壮丁,不随他为匪,就别无生存之途,稍有违抗,就凌割活埋,实行他所谓"一人逃亡全家处死"的暴刑。匪区内成千成万的同胞,就是这样的被共匪驱逐着,作了他们叛国害民的牺牲品。

但是在我们后方的,尤其是在华中华南各大都市,还有许多人没有认识国家民族的根本危机,没有看清共党穷凶极恶的暴行,或侥幸姑息,或苟且偷安,不知道我们后方同胞今天尚得保持其经常的生活方式,全赖我们为剿匪救民而牺牲的国军将士,在前线奋斗阻遏之力,否则就早已陷入华北东北共区内民众一样的悲境。因之我们如果今日削弱了国军,就是动摇了全国人民的基本生存权利,正因为我们后方同胞,还不能明察这种祸福利害的事实,于是共匪就利用社会上苟且偷安因循姑息的心理,指使其反动工具,提出"反对征粮"、"反对征兵"、"反对内战"等各种口号,来颠倒黑白,麻醉人心,蛊惑社会,摇动国本,使我们的人力物力乃至精神的力量,都不能集中应用到剿匪和建设的工作上去,坐视共匪暴力长大,叛乱因而蔓延。追本溯源,不能不说是我们社会人士中了共匪反宣传的毒计,不知道共匪为了遂行他背叛国家民族的阴谋,首先他必须闭塞我们同胞的耳目,麻醉我们同胞的良知,共匪的目的,就是要使我们同胞对于民族大义完全不明,对于国家危亡视若无睹,甚至于自身祸福与永久利害亦茫然无知,由此丧失了自强自立与独立的信心,无形之间,成了共匪精神上的俘虏。今天社会上是非不分利害不辨的这种麻醉状态,正是共匪所欲造成的,这正如古语所说,燕雀巢于危幕之下,而不自知其危。实际上覆巢之下,决无完卵。同胞们!今天的袖手旁观,就是他日的束手待毙,待到像匪区同胞那样已入陷阱,求生不得,求死不能的时候,虽欲后悔,也已无及了。我们国家和全国同胞的命运,实际已临到了这种严重的危机,我怎么能不负责明告唤起全体同胞一致的警觉。

同胞们!要知道我们中国摆在面前的,只有两条道路,我希望我们同胞立刻有所抉择:一条是因循贻误,袖手旁观,坐待共匪宰割蹂躏,使整个国家和四万万五千万同胞沦胥陆沉以亡的道路;一条是正视事实,认清祸福,明辨利害,自立自强,一致奋起肃清匪患,救国自救的道路。我们究竟还是共同一致全力戡乱,保持国家领土主权,完成统一,以期达到民主自由的目的呢?还是坐视匪军猖獗,叛乱蔓延,让自己的家乡被劫夺,家族受凌辱,子弟被驱迫做卖国的工具,而最后断送了国家命脉呢?我们全体同胞要想想:东北华北遭受匪祸的同胞所过的是怎样的日子?在东北经过了十多年沦亡奴辱的苦痛,而胜利所带来的,乃是共党匪军的恐怖压迫,劫夺屠戮代替了日本帝国主义的强暴统治。至于华北各地,在抗战期间牺牲最大,受苦最深,在抗战胜利后,许多地区的同胞,喘息未定,又遭到共匪的侵入,重新堕入黑暗的深渊。最近共匪在各地所发动的攻势,都是匪军驱逼其所谓民兵在前,大车骡马在后,凶锋所过,裹胁掳掠,鸡犬不留,有过于抗战期间的三光政策。每逢共匪侵占了一个据点,则成万的民众,只有抛弃一切,冒着危险,向国军阵地后方来归,其呼号怨愤之声,极人间之惨事。我们后方同胞和他们都是一脉相承,同气连枝的兄弟,对于他们的命运怎么可熟视无睹,对于他们的灾难怎么能不急起直追的赶速拯救?并且匪军的全面叛乱,是以灭亡整个中国、奴役全体同胞为目的。我们如不能万众一心剿匪戡乱,则今天东北华北陷匪区域同胞惨无天日的生活,就是我们华中华南同胞们不久将来的生活写照。我们复员未竣,阻碍迭乘,我深深知道在我们收复区内一般同胞生活的艰难,尤其是农村农民的困苦不堪言状。但不论如何,比之受匪祸区域的同胞生活、行动、精神、物质受剥夺沉沦之痛,乃至一呼一吸,一言一动都被压迫,父子夫妇之间,也要互相提防,不敢倾诉痛苦的悲境,究有天渊之别,可知今天我们全国军民同胞的戡乱剿匪,不但是拯救匪区同胞,实在就是自救自卫。如果在共匪的企图已经这样明显的时候,还是因循却顾,冷淡旁观,任令匪军蔓延猖獗,而还不能对国家对同胞负责尽职,努力奋起,遏灭叛乱,那便是甘心断送自己的身家性命。何况我们经过八年坚贞卓绝的抗战,受尽了万苦千辛,牺牲了千万军民的生命,如果任令共党共军得逞他幸灾乐祸的阴谋,叛国殃民的野心,毁灭我们全国军民抗战光荣的历史,替日本帝国主义者执行其灭亡中国未完的工作,那我们抚心自问,又何以对自身当时奋起抗战的初衷?何以对无数殉难军民先烈的英灵?

所以今天的戡乱剿匪,是为了国家最高的利益,也为了人民的基本生存和民主自由的权利。而与共匪奋斗,这和对日抗战神圣的意义,并无二致。换句话说,今日剿匪工作,就是继续对日抗战未完的任务,也正如我对同胞们所说的要确保抗战胜利成果,获得国家民族真正独立自由,所必须经过的奋斗。我们国军将士,前仆后继,英勇惨烈的牺牲,应与抗战先烈获得同样崇高的尊敬;而足食足兵,充实前线军实,乃为我四四万五千万同胞每一个人无可旁贷的义务。在救国保民的意义上,不论任何地域,无分前方后方,都是休戚相关、存亡与共的。我要严正的昭告我们同胞,从最近东北战役中,可以看出匪军野心完全暴露,国家危机日益加重。因此大家不能再存任何侥幸苟安的幻想,不能再有置身事外的态度,必须急起直追,统一意志,集中力量,军民一致加强剿匪实力,加强建设工作,为国家扫除这一个百世的祸根。我们要以抗战时期同样的精神,实行全体动员,并且要格外振奋,格外严整,来改正抗战时期所发生的缺点。我们要毫无迟疑,毫无保留的贡献一切人力物力和生命,共同努力于救国家救同胞戡乱定变的战事。如此才能保障对日抗战胜利的成果,国家才有独立自由,社会才有重获安全的希望。

同胞们!国民政府业已下令实行剿匪总动员了,这次总动员最重大的意义,是在唤起全国人民的警觉,统一全国人民的意志,集中全国人民的力量,我们要号召全国爱国民众一致奋起救国自救。政府一切措施,必循法定的轨辙,而且完全信任我们同胞的爱国良知,使全国同胞在民族大意义之下,自动自发的报效国家。但是我们国民必须人人爱国自爱,遵守国家的法律,竭尽国民的职守,对于与剿匪有关的任务,都要踊跃仗义,悉力以赴。无论一言一动,都要裨益剿匪与建设工作的进行。社会上有地位的各界领袖,更应首先急公赴义,为天下倡。我全国青年们,是国家民族命脉所寄托,尤其要明辨是非,认定顺逆,发扬国家意识,保障民族生命。如果青年们甘心为共匪作工具,不惜使国家沦亡民族灭绝则已,否则大家应人人自认为黄帝的子孙,中国的国民,为中华民族求得独立生存,使自己将来能发挥自主自由的思想,不受共匪的摧残压迫,那就要立定决心,共赴国难。求学的专心求学,为农工商的要努力生产,增加国力,各守岗位,各尽职责,使后方社会秩序绝对的安定。我全国同胞尤其要知道,共匪的前面叛变和他彻底破坏社会秩序,是互相呼应互相配合的。自从我们对日抗战以来,共党始终一贯的对政府抗战建国的工作,肆意作诬蔑诋毁的宣传,其目的就是要离间我政府与国民的关系,分散我中华民国整个的力量,贬损国家的地位,抹煞我全体军民抗战的历史,减低我人民救国的信心,沮丧我人民爱国的意志。他们不仅在学校,在社会,在工厂,在经济界,造谣挑拨扰乱破坏,他们并公开宣称这种扰乱破坏行为,是叛乱的"第二道战线",而以军事叛乱为他"第一道战线"。两者互相策应,既可以军事影响社会,更可以后方影响前线,这是何等险毒的阴谋！我不能不唤起大家及时防止,我可以向大家申言,政府这次实施总动员,一切必照法定的范围,对于人民的基本权利,各级军政机关,自必一体尊重。但是对于不顾国家危机,不守民族大义,甘受共匪乱国殃民的指使,参加其"第二战线"的工作,而有扰乱秩序危害治安的行为,则政府为国家存亡与人民祸福计,自不能姑息养奸,必须负责取缔,依照法纪予以处治。当此剿匪军事积极展开,前线将士浴血奋斗的时候,凡我爱国同胞,务必万众一心,团结一致,认清目标积极努力,乃可以加强军事力量,缩短战祸日期,及早达成戡平叛乱的目的。

政府对于当前时局决策,已见于国务会议的决议。这次的总动员不仅为剿匪军事胜利而动员,还为求取国家改革与努力建设而动员,因此我更要为我同胞指出下列的两点:

第一,我们要致力完成建国的工作。我们今天当然要集中力量,加强军事,戡平叛乱,实现统一；而一面亦要努力建设,增进生产,来打破共匪妨碍建国危害民生的阴谋。尤其要实现宪政与推进民主的工作,决不因剿匪军事而稽延。共党高呼民主而反对宪政,拒绝参加国民大会,尽力破坏建国程序的进行,这就可以看出共匪是根本不愿中国有宪政,根本不愿中国实行民主,根本不愿中国完成生产建设。如果中国实行了宪政,他就要在宪政之前,解除其私有的武装,丧失他叛国的根据,如果中国走上了民主的大道,由人民起来作国家的主人,则他们所谓无产阶级专政独裁的恐怖政策,在人民大众的公意之前,就无法行使其欺骗与压迫。而且中国一旦实行宪政与民主,完成经济建设应有的工作,他就不能制造社会混乱与经济的恐慌,就无法凭藉人民的饥饿困乏以遂其建立苏维埃政权的阴谋。所以我要正告我全国同胞,正告全国真正为民主自由与建立现代的国家而努力的同胞,我们要实现民主宪政,完成建国工作,必须剿除这个与民主自由及复兴建设根本不能相容的共匪武装集团。同时正因为要使中国脱离了恐怖主义制造混乱、制造饥饿的魔爪,我们更应该急起直追,完成宪政准备,实行民生主义,保障人民的基本权利,改善人民的经济生活,绝不能丝毫动摇我们一贯的信心,松弛我们应有的努力。

第二,我们要全力促进国家的改革与进步。我们现在一面要执行剿匪战争,一面就要改革内政。我不讳言政府的本身存在着种种缺点,而我们社会亦存在着许多弱点。经过八年艰苦的抗战,接着就有共匪叛国的祸乱,使政府与社会不遑喘息。治标治本,难于兼顾,国力民力更加疲敝。战后各种缺点弱点更形显露,以致人民痛苦日益加深,整个民族意志分散。如果政府不能断行改革,力求进步,我们国家就无法存立于现代的世界。因之,我们政治、经济、教育、社会各方面的改革,决不能待剿匪军事结束,而应该立刻开始进行。我们要从彻底的改革中间,充实国家的力量,解除人民的痛苦,统一政府与人民的意志,以突破国家当前所面对着的困难。我们同胞对于政治经济的缺点和民生痛苦的所在,凡有意见的贡献,政府无不竭诚采纳,努力改正。对于各级政府施政上的错误,更希指明事例,剀切举发,俾资切实纠正。我们这次实行总动员,就是要集合政府与人民的力量,一心一德,自反自觉,来刷新政治的积弊,铲除一切妨害国家进步的阻力。所以我们总动员的意义,不是消极的,而是积极的;不是局部的,而是全面的;不是片面的责成人民,而同时也是鞭策我们各级政府和各地社会的进步和建设。中正许身革命,一贯为挽救国家危亡而奋斗,为实行三民主义而奋斗,为统一建国与实现民主宪政而奋斗,个人的成败、得失、毁誉、荣辱都非所计。我所可掬示于我同胞的,只有救国救民的一片耿耿忠诚。我决不能辜负国父与革命先烈,决不能自背革命救国的初衷,决不辜负八年抗战患难与共的军民同胞。我必竭忠尽智,以保持我们抗战胜利的成果,任何妨害我们主义实现,破坏我们国家统一,阻碍我们国家建设与进步的敌人,我誓必领导我全体同胞,生死不渝,始终一致的奋斗到底。

我全国同胞们!临到今天七七抗战神圣纪念日,我要求全国同胞重振我们抗战时期举国一致奋勇迈进的精神,而坚定我们对于扫除建国的障碍完成建国大业的信心。我在抗战胜利时,早经宣示我全国同胞,"我们战后复兴建国的任务,比之战前更要十倍的艰巨"。以我们中国近百年来遭受内忧外患的深重,以我们国家社会基础的薄弱,要造成一个富强康乐独立自由的新中国,本来不是旦夕之间所能期成的事。但是我们国家历史这样的悠久,人口这样的众多,民族德性这样的优秀而坚忍,我可以断言,任何顽强的阻力,决不能妨碍我们国家复兴。只要我们同胞以抗战期间同样的决心和忍耐,一致奋起,积极努力,则共匪的叛乱必能于最短期内予以戡平。我们克复了这一个最后的困难,扫除了这一个最大障碍之后,国家民族就可进入于光明灿烂的坦途。所以我们同胞切不可为共匪虚伪的宣传所迷惑,不可因当前局势的艰难而灰心丧志,以动摇其自信。我愿同胞们无忘当时抗战必胜的誓愿,坚定我们建国必成的信念,发挥抗战胜利的伟绩,突破一切的艰难险阻,肃清共匪,扫除赤祸,以完成建国的大业,而安慰我们为抗战与剿匪而牺牲的军民先烈之灵。

(2)戡平匪乱迎接宪政
——卅六年国庆纪念日告全国国民书

今天是中华民国三十六年国庆纪念日,中华民国宪法已于本年元旦公布,国民大会代表和立监两院委员的选举将于本年年内完成,而宪法即将全部实施,我们在此训政结束宪政发轫的时期,来纪念中华民国的生辰,更感觉其意义的重大了。

在过去一年间，国民政府召开了国民大会，颁定了宪法，集合各党派无党派领袖人士参加政府，共负建国的责任。在今后一年间，更将迎接宪政政府的诞生，完成建国大纲的程序，以实现还政于民的夙愿。我们际兹政治演进的关头，必须憬悟民国成立以来历史的教训。在此卅六年间，全国仁人志士爱国民众相率集中于三民主义旗帜之下，为完成建国，实行民主而奋斗。但在事实上，先有袁世凯玩弄约法而毁弃约法，进而封建军阀托名自治，割据自雄，最后则共产匪徒假借民主而破坏民主，一部民国宪政史乃是建国护法与叛国毁法两个力量艰苦斗争的记录。到了今日，民主宪政接近了最后的成功，而共匪颠覆国本毁法乱纪的阴谋暴行，也到了最凶狠最残忍的阶段，我们不能听任民主宪政功败垂成，我们必须维护社会秩序，保障人民幸福，更须巩固领土主权，以完整的国家付托于即将成立的宪政政府，才算是尽了革命建国的责任。

自从国军克复延安以后，共党匪徒已完全暴露其流寇的本来面目，他一方面调集冀晋边区的部队，分途流窜，一方面订定地下工作纲领，指挥其潜伏各地的匪党与外围分子，企图在国军后方煽动各种风潮，开辟其所谓"第二战场"。但是他主要目标仍在固守胶东，以维持关内外匪军的交通线，所以他渡黄河南下的流寇，最初目的在于分散国军的力量，以策应他东北的攻势，解救其胶东的危急。到了国军扫荡胶东，收复烟台，共匪既定战略是全盘失败了，关内外匪军的联络，是完全切断了，于是他在关外发动其所谓"第六次攻势"，企图彻底破坏我东北领土主权。他在关内，则是企图在桐柏山区与大别山区建立其苟延残喘的根据地，更妄冀威胁我长江中部的安全，并阻挠邻近各区的普选。我在此必须指出：共匪在东北的蠢动，无论如何猛烈，终必循着第五次攻势的先例，遭受彻底的惩创。至于关内的匪军，已陷于孤立的境地，国军对流亡于黄河以南的股匪，必能严密追剿，予以包围和消灭，绝不使其阴谋得逞。然而我们必须警觉：在胶东共匪失败之后，这一个短期间内，只要各地国军和各级政府有一点疏忽的处所,他们必乘机蠢动,在乡村则随时可有暴动,在城市则随处可有风潮。这一类倒行逆施的举动,其目的就在于破坏社会的安定。惟有民众与政府通力合作,持之以定力,贯之以信心,不摇不夺,击破奸谋,在政治经济文化与社会各方面作密切配合的努力,才能消灭这个背叛国家,破坏宪法,扰害民生的匪徒,完成戡乱建国的使命。中正谨掬衷忱,指出今后一年间工作方向,深望全国同胞共同努力,以促其实现。

一、在政治方面,必须树立民主法治的基础,而提高选举的水准,整肃政治的风气,尤为当务之急,这里要分两点说明:(甲)在今年元旦宪法公布之后,选举法规业已如期颁布,各省市选举人与候选人的登记次第告成,各省市候选人竞选的活动也正在热烈进行之中。须知此次选举的得失,将决定宪政的成败,选举人必须填投其神圣之一票,而候选人更应自重自爱,矫正民国初期的一切弊端,提出政见以供广大选民自由的抉择。我们必使选举有严正的风气,才可望选举有崇高的成就。我们可以说今年的选举,是中华民国再建的枢纽,也是中华民国复兴的指标,惟有全国人民皆能择取其所能信任的代表,行使政权,才可望全国人民皆能拥护民主宪法永垂不朽。(乙)民主的基础在法治,当此宪政准备将告完成之前夕,政府与人民必须协力以共求法治精神的贯彻,人民应养成其守法的习惯,而官吏更当事事以法律为依据,将使政治风气趋于整肃,人民权利得到保障,共进于法治之正轨,而后民主制度始有其坚实的基础。

二、在经济方面,必须贯彻民生主义的设施。关于民营企业的扶植,土地问题的解决,尤须切实筹划。抗战结束之后,经济建设为举国一致的要求,而经济建设的中心目标,是在工业化的过程之中,解决土地问题,使社会生产得以增进,农民生活得以改善。而农村购买力的增加,为工业产品培植广大的市场,更是都市繁荣的基本条件。我们知道,民生主义的工业政策是以国营的制度防制独占资本操纵民生,以保障一般民营企业之自由发展,政府的赋税制度,银行的投资方针,都应配合这一政策,而后社会生产可望进步,出口贸易可望增加。要知道富藏于民,即所以求国力之增殖。中正在前年双十节已向全国同胞提出这个原则,作为战后建国事业的方针,今更重申此意,深愿全国经济界人士能与政府合作,期其切实实施,奠定我中华民族自力更生的基础。

三、在文化方面,必须争取学术思想的独立。远在抗战结束之前,中正即为我文化界指出"第二次世界大战可以说是文化战争,欧美三百五十年来民族主义、民主主义与社会主义的成败兴亡,皆在此一役,而中国五千年悠久的文化及其道德精神之兴废,亦以此役为试金石"。现在第二次世界大战结束已逾两年,而国际文化斗争与政治风云同臻激化,中国文化也饱受共党匪徒政治斗争的影响,抗战期间坚贞勇毅的民族精神被其斲丧,渐就消沉,尤以知识青年不能养成独立自主的思想能力,其一部分乃至随人俯仰,受人玩弄,背弃求学的初衷,甘作政客的工具,爱国忧时之人士无不引为痛心。须知我中华民族自有历史以来,虽屡受外来的侵略,而仍能屹立不动巍然自存者,端赖民族信心,能抗御异族的侵凌,始终保持于不坠。国家危殆犹能复兴,而文化沦亡,将永无苏生希望。所以学术思想的独立,实为今后文化建设的基本方针,愿我全国文化界急起直追,共赴这一崇高鹄的。

四、在社会方面,必须实行勤俭刻苦的生活,尤须发挥自立自强的志气。须知奢侈为亡国之原,浪费为建国之敌,当此世界大战之后,并世各国无不竭其全力,奖励生产,节约消费,以从事于战后的复兴。试看英国厉行节约,限制消费,何等彻底,就是经济力量雄厚的美国,最近亦呼吁国民,节约食品的消耗。其他新兴诸国更莫不刻苦砥砺僇力自强。何况我们中国经如此长期抗战,又加以共匪的破坏,整个社会残破疮痍,如果仍旧泄沓因循,不知振作,那不仅战后复兴渺无希望,整个民族势将遭受淘汰无以自存。我在这两年来,迭次警惕我同胞:"战后艰苦必当倍蓰于抗战之时",今天更要郑道勖勉我全国同胞,务必痛彻省悟,知耻自强,革除奢侈浪费苟且侥幸的恶习,一方面要节衣节食刻苦耐劳,同时更要依靠自力,突破难关。这是我国建国惟一道路,每一个同胞都要为国家尽责任,为自己求生存,必须有向上的志气,作刻苦的努力,更希望社会领导人士躬行实践,尽量提倡,以造成建国的风尚,策进建国的成功。

同胞们!我们在这个戡乱建国的重要关头,必须认识国家民族的安危,完全取决于我们今日的努力。我们对内方面,必须建立民主法治的基础,贯彻民生主义的设施,争取学术思想的独立,实行勤俭刻苦的生活,发扬知耻自强的志气。而对外方面,更必须秉持独立自主的精神,和平合作的宗旨,以自立于国际风云变幻之世界,终能建设中国为独立统一与进步的现代国家,戡平共匪的叛乱,扫除建国的障碍,以告慰于创立民国的国父与革命先烈的英灵!

(3)自力更生粉碎共匪阴谋
——三十六年双十节国府纪念会训词

今天是中华民国最光荣的国庆纪念日,回忆辛亥意义,总理暨先烈掷头颅流鲜血推翻满清帝国,建立中华民国,到今天虽然抗战胜利,不平等条约废除,还未能达到三民主义的理想境界,这是很惭愧的!但目前社会经济虽有许多困难,仍不难在艰苦奋斗之中建立成为真正独立自由平等的民主国家。

就军事方面说,今年比去年更有把握。去年国庆日,陆防海防都是残破不堪;今年国庆日,察热两省收复,龙口、烟台、威海也先后夺回,海防陆防均已完整。虽然我们还在艰难困苦之中,但是危险已经过去,大家如能像过去一年的艰苦奋斗,深信一年以后,必可完成戡乱建国的使命。因为共匪在政治上的根据地延安,原以为牢不可破,但早已为国军攻克,共匪在陆上的交通线张家口以及在海上的交通线山东港口都经收复,尤其是他们最重要的军事经济根据地沂蒙山区,也给我们击破,所有推翻政府夺取政权的阴谋梦想,完全被我们粉碎。今后共匪既无军事政治根据地可以负隅,又没有交通线可以补充接济,只能漫无目的地到处窜扰,我们只要随时地予以打击,使他不能得到补给,弹药一天天的消耗,总有一天弹尽粮绝归于消灭。再从烟台的收复,更可看出最近两月来他们的梦想是徒劳无益,因为沂蒙山区收复后,共区为要分散我们讨伐山东半岛的兵力,保持他们的港口,所以将北方所有部队调向陇海以南长江以北来,想威胁武汉,威胁安庆芜湖,威胁西安洛阳,威胁徐州郑州,更威胁我们主要的交通路线。但是这阴谋统未达到目的,烟台、威海卫仍然给我们收复,足见政治、军事、经济根据地收复以后,任何阴谋都要失败。现在共匪既不能攻又不能守,只有成为流寇,再要威胁政府威胁国家,绝无可能,所以我说军事上今后是没有危险了。

再从政治上经济上来讲,我们必须立定自立更生的决心,因为胜利两年来社会经济种种不安现象,都是大家心理上没有自力更生的觉悟,更没有自力更生的决心,才会如此。如果此种心理不能打破,便有危险。由此可见我们要建立真正独立自由平等的三民主义新中国,惟有自力更生才能实现。否则纵然戡乱成功,建国仍是无望。我们在政治上经济上自力更生的基础,原是十分巩固,各种条件也都具备,而且比那一国丰富,只是没有决心,或者还想依赖人家,以致本末倒置,种种不安现象随之发生。政府同人尤其要先将自信心建立起来,方能使全国国民一致服从,自尊自信,假如全国上下能一致有了自力更生的决心,就一定可以建立富强康乐的新中国了。

自力更生的条件和方法,我们以为必须先要做到勤劳和节俭。不能勤俭就不会更生,奢侈是亡国的祸根,浪费是建国的敌人,像目前上海那样的浪费奢侈，纵有更好的建国条件，也不能完成建国使命，而且还有亡国的危险。这是各位同仁应该深自警惕的。

今天逢到光荣的国庆日，自己很感觉惭愧，只有以军事上今后不再有危险来告慰同仁，更以勤劳节俭自力更生的决心，做建国的精神上鼓励，和各位同仁共同奋勉，希望大家继续总理及先烈的革命精神，完成戡乱建国的重大使命！

(4)继续八年抗战精神肃清匪患安定民生
——卅七年元旦广播词

今天是中华民国三十七年开国纪念日，中华民国自开国以来，遭受了连续不断的内忧外患，经过长期间的险阻艰难，全赖我爱国同胞在国父领导和遗训昭垂之下，共同努力，再接再厉，摧毁了帝制余孽，扫除了封建割据，击败了侵略强权，到了今年，中华民国才进入宪政时期。我们可以说，今年是行宪之年，而今日乃是行宪开始之日，在这行宪开始的今日，我首先希望我全国同胞，体念先烈缔造民国的艰难，善尽民主国家公民的天职，拥护宪法，实施宪政，以建立国家永远不拔之基；同时更应该省察国家现实的环境、民族遭遇的危机，明大义，别利害，群策群力，同心一德，继续五十年国民革命与八年对日抗战的精神，为摧毁民族的公敌而共同奋斗，为排除国家忧患而一致努力。

今天已是抗战胜利后第三度的元旦了，我国八年对日抗战，全国军民同胞，不惜牺牲一切，忍受无比的痛苦，原是为保障国家的独立自由而战，也为了粉碎日本帝国主义者割裂我国土，破坏我统一，阻碍我建设，以灭绝我民族生存的毒计而战。我们同胞茹苦饮痛，牺牲奋斗，原冀胜利以后，获得休养生息安居乐业的机会，而我们民族亦可由此复兴，国家亦可由此强盛。不料共匪在我全国同胞长期流血的八年抗战时期，自始至终，就进行他颠覆国家、危害民族全面叛乱的准备，他一方面在表面上与政府合作，表示一致对日抗战，一方面则极力避战与敌寇秘密谅解，互不侵犯，专心致志，保持他的地盘，扩张他的力量，待到抗战胜利，他就公然发动变乱，破坏统一，断丧我民族复兴的根苗，摧毁我国家建设的良机，阻挠复员，残害民生，使我劫后余生同胞，重陷于无家可归，无业可复的惨境。我们在匪区受共匪蹂躏的同胞，不但继续过着抗战时期流离颠沛的生活，而且还要遭受比抗战时期被倭寇凌虐、奸淫、残杀、奴辱更加不堪忍受的灾害。今天全国同受匪乱影响，一般同胞固然是生计日艰，精神物质备受重压，不得稍纾喘息；其从匪区中冒死逃亡出来的同胞，更是扶老携幼，啼饥号寒，穷蹙无归；尤其是陷身匪区，无法脱离魔爪的同胞，那种求生无路，求死不得，暗无天日的苦况，更非言语所能形容。国家遭此摧残，人民受此创伤，实为我国自有历史以来空前未有的浩劫！中正当此元旦节日，抚念疮痍，循省责任，对于我们同胞的困苦颠连，心中的怀疑和悲痛，实不是任何言语所能表达万一。

（一）匪祸甚于倭患，内乱兼有外患性质，共匪不灭国家危亡。

我们现在进入民主宪政时期了，但是民主政治必以国家平等自由为前提，而国家的平等自由尤必以国家统一独立为前提，惟有全国人民，遵循法规，拥护统一，争取独立，为统一而奋斗，为独立而牺牲，共同一致扑灭共匪，排除国难，才能建立现代国家，而成为自由与光荣的国民。我们中国如果不能统一，则民族生存就失去保障；国家不能统一，则经济建设就无法推进；国家不能统一，则民主宪政就不能奠定三民主义共和国的基础。共匪今天还厚颜无耻的自称其武装叛乱、杀人放火为爱国，更可笑的是以其严密封锁、制造恐怖极权专制为民主。实际上谁都知道共匪的心目中，绝对没有国家，没有民族，更绝对没有民主，没有自由。共匪在一年以前，早已反对国民大会，否认宪法，破坏民主。而在这一年以来，更就揭开他伪装的面目，很明显的以割裂领土，断送主权，覆亡中国，毁灭民族为其武装叛乱的目的。他为了遂行这一个不可告人的目的，为了延续他的武装叛乱的阴谋,就不惜彻底摧毁我们的国脉民命,他在经济上社会上是要彻底破坏我们的社会基础和经济基础。他对于整个国家,是要灭绝我们中国优秀的文化和伦理,消灭我中国五千年悠久光荣的历史;他违反人性而制造兽性,他破坏统一而毁灭建设;他所要的是人民的普遍贫穷和死亡,不是人民的安乐和生存。在匪军所到的地方,普遍发动斗争,制造人与人间的仇恨,他所标榜的土地革命,实际是指使无业游民、流氓、地痞统制整个农村,压迫善良农民。他更不惜毁灭人类的理性,造成疯狂心理,行使残暴恐怖,以助长人与人间残酷的斗争。共匪在匪区以内,普遍的鼓励骨肉相残,养成父子仇杀的兽行,迫令妇女从军,美其名为充当慰劳团员,实际是供匪党干部纵欲的工具。更可痛心的,则是强迫每一儿童,都要编入少年团,训练其窥探家庭、仇视父兄、违反人性的罪行。他的暴行可以综括为三句话:第一,他为了要消灭人民的国家观念,所以要破坏家庭,灭绝人伦;第二,他为了要破坏社会秩序,所以要激励仇恨,崇尚诡计;第三,他为了要遂行暴民专政,所以要制造恐怖,毁灭民主。共匪以罪恶为品德,以欺骗为忠实,对事不择手段,对人不知廉耻。他就用这种手段来消灭我民族的生命,断绝我人民的生活,破坏我社会的生计,危害我国家的生存,其用心之险,贻患之深,实在超过于日寇的侵略。日寇侵略犹仅为单纯的外患,而今天共匪的叛乱,则为兼有外患性质的内乱。这种滔天的罪恶,如果任其推演,不加剿灭,我们国家就不免于危亡,我们人民就将为人牛马,供人奴役,那里还有自由可言,也更没有民主宪政可望了。同胞们,只要访问从匪区流亡出来的难民同胞,试问在匪区之内,还有那一个知识分子尚能生存而不为共匪所杀害?凡是共匪所过之地,还有那一个家庭可以幸免苟全?还有那一个人可以自由生存而不被共匪驱迫作牺牲品?因此,可以知道我们当前剿匪的军事,就是救民对害民的战争,救国对害国的战争,建设对破坏的战争,自由对奴役的战争,光明对黑暗的战争,亦就是民主宪政对阶级专政的战争。这实在是国家根本安危的关键,民族百年兴亡的界线。所以我在今天要为我全国同胞检讨去年以来剿匪军事的形势,检讨由共匪叛乱所造成的经济危机,从而指出我爱国同胞今后救国自救应尽的责任。

(二)动员不够彻底,民众不明共匪毒计,为反动宣传所迷惑。

我们检讨过去这一年间剿匪军事,首先要指出在戡乱动员令颁发以前,政府是在极端忍让之下,竭尽方法,以求避免战争的。政府自抗战胜利即已停止征兵,原有官兵员额且经严格整编,大量裁减。而我们国军在去年六月以前,为了体念人民痛苦,保存国家元气,对于共匪,从未采取积极的军事行动。反之,共匪则蓄谋叛乱,在匪区以内屡次动员,就在政府爱护和平未作战争准备之时,到处乘虚蹈隙,扩张他叛乱的范围,充实他叛乱的力量。我一般社会民众,对共匪毒计,认识不清,即在七月间,戡乱动员令颁布之后,依然为共匪反动宣传所迷惑。尤其在我后方各省市,间谍纵横,谣诼频兴,各种混乱复杂的现象,猝难澄清,因之对于动员还未能实行,剿匪军事还不能收获十分的成效。在这种情形之下,前线国军,一直在波动中作战,也一直在孤立中应战,以致一年之间,屡受损失,将士牺牲,至为惨重。然而在此种作战条件极端艰困的状况之下,国军在战争上已经达成了最大的任务,打破了剿匪最大的难关;第一就是共匪首脑部所在地延安的占领;第二是沂蒙山区的老巢,完全被我们国军捣毁,与烟台、海口被我们国军收复;第三是国内匪军的主力,不断的被我们国军摧毁,使之不能立足,而其割据华北,分裂国土的阴谋,亦就完全为我们国军所粉碎。大家都知道,延安是共匪盘据十年以上,为其割据华北的政治根据地;沂蒙山区是共匪军械制造和军需物质储蓄的总库;而胶东半岛上的烟台,则是共匪海上唯一的交通补给线。但是我们国军凭着忠勇牺牲的精神,达成其在地形上最险阻和在作战上最艰难的目标,终于克服了延安,扫荡了沂蒙山区,最后更收复了烟台,对共匪积年所经营的巢穴,所储积物资,所凭藉以号召全部匪军的首脑部,次第加以廓清。从共匪的所谓政治中心和神经总枢是丧失了,他所藉以生存的经济据点是摧毁了,他对外交通的最后海口也断绝了。国军所付的代价诚然巨大,但是所预期战略的目的,却已在去年一年中如期完成。关内匪军根据全失,不能立足,亦无法负嵎,只得被迫分窜,成为流寇。刘伯诚〔承〕、陈毅匪部,今日虽仍猖狂分窜,但他流窜到黄河以南,就成为无窠之蜂,无穴之鼠,前面没有目的,后面没有归路,只有打圈旋磨,盲目窜扰,国军对此匪部自更易追剿肃清。可以说,剿匪今后最困难的工作,在去年一年间业已完成了。大家都知道,七月以前,在关内的匪军,完全是主动的负嵎反抗,决不肯放弃其根据地,而倾巢流窜的。但自我国军七月开始进剿以后,他就无法固守,不能不流窜避战,而国军则由驻守阶段,进到进剿阶段,最近更进了追剿阶段。在这种形势之下,共匪为逃避其最后灭亡的命运,最近已回复他在江西时代的狰狞面目,在所占领的匪区之内,不论乡村城市,都用没收、清算、复查等等手段,对一切男、女、老、幼加以无限量的压迫剥削,更以斗争残杀的方法,驱迫全体民众,彻底供他作叛乱的牺牲品。共匪这些变本加厉穷凶极恶的行为,亦就可以证明他日暮途穷,已到了最后末路的阶段了。我要为大家说明,目前刘伯诚〔承〕股匪,虽然还在大别山区流窜,妄想重建其华中根据地;豫西和豫东的陈毅股匪,虽仍在破坏交通,企图阻碍我国军的追捕搜剿,以期苟延其残喘;但国军在此半年中,对于剿匪整个的计划的准备,业已完成,深信匪军所有各种企图,必遭粉碎,而其所有幻想,自成泡影。至于东北方面,匪军虽迭次发动攻势,但关外久经战阵的国军,为了保卫东北的领土主权,全体官兵必不惜任何牺牲,倍矢忠勇,与匪拚战到底,必至完全收复领土主权而后已。这是当前剿匪军事形势的一斑,要为我全国同胞明白指出的。

(三)人民不可欺侮,自卫武力可摧悍寇,宛西之战,佳例在先。我们今年度的剿匪工作,为根本肃清匪患,还是要政治重于军事。在军事方面,首先要消灭匪军的有形力量,方能肃清蔓延各地的散匪。我们此时对剿匪功效,固不可期之太速,亦不欲作容易的估计,但消灭匪军的有形力量,终可在一年以内完成。至于全国各地的散匪,须待有形的匪部消灭以后,再加上一年或二年的时间,方能彻底肃清。为达成消灭匪军有形力量的目的,必须使国军能足衣、足食、足械、足兵,此实有赖于全国同胞与政府同心一德,各尽职责,继续八年抗战的精神,有钱出钱,有力出力,人人以戡乱为己任,以建国为目标。尤其针对共匪全面窜扰,造成穷苦贫困,窒息民生的毒计,必须消灭其各处潜滋暗伏的匪探,彻底清除其所谓地下组织,这是防匪止乱澄本清源的唯一要务。尤须我各地社会人士,剑及履及,一致奋起,共同负责组织民众武力,健全地方团队,人人自卫,处处设防,使意图流窜的残匪,无隙可乘,不敢深入,使潜伏待发的散匪,不能立足,无法生存。如此举国一致,全体动员,军事、政治、社会、经济、教育、文化相互配合,军民协作,闾里同心,保国保乡,殊死奋斗。则证以历史先例,任何顽强的流寇悍匪,没有不在民众伟力之前,整个覆灭的。只要有河南宛西一隅的自卫力量,已能使陈赓匪部遭受空前惩创,几于全军覆没,凡我爱国同胞,就可以感奋兴起了。

(四)挽救经济危机,安定金融增进生产,政府人民一致努力。

上面已说明了剿匪军事形势和剿匪军事的要求,其次我更欲为我同胞说明目前社会经济危机所由造成的主因,以及国家对安定经济应取的方针与人民对安定经济应有的认识和努力。大家应已明瞭当前经济上日趋深刻的危机,乃是共匪所蓄意造成的,如果我们一般同胞,苟安自私,不知警惕,反而推波助澜,加深危机,这正是万恶共匪所欢迎称快的。国家经过八年长期抗战,元气本已凋丧,生产受尽摧残,乃紧接抗战胜利,共匪即揭露叛乱的野心。在这两年多以来,到处阻碍复员,阻挠接收,到处破坏交通,破坏工矿,破坏社会秩序,破坏奄奄一息的农村,乃至混入商业市场,利用商界败类,散播流言,助长投机,助长囤积,更复走私逃税,搅乱金融,以加深经济的失调,而破坏整个经济的基础。这种奸计阴谋,我们一般同胞,竟漫然不察,所想的,所说的,所做的,有意无意之间,都做了共匪的帮凶,不惜陷国家于经济危机日深的境地。这种现象实为都市中一般利己损人不正常的心理所造成,正与共匪蓄意破坏经济,危害国家,窒息民生的罪恶,殊途而同归。我在此只举一例,即可明瞭,目前我国通货发行额和战前相比的倍数,远不及一般物价和战前相比的倍数,至少可以说前者的倍数只及后者四分之一,然则这三倍以上的涨价,如果不是商业市场,因投机、竞买、囤积、居奇而故意高抬,何至物价混乱,有此不合理的现象?同胞们,我敢断言,我们的经济危机,并非人力所不能挽救,无宁说是工商界对于共匪祸害与国家危机以及个人利害生死关系认识不清,以致对经济国策不能诚心拥护,甚至阳奉阴违,惟利是图,而不知"皮之不存毛将焉附"。这种行为,不仅害国,实亦无异于自杀!我要痛切唤起全国各大都市的工商界,应有最低限度的警觉。要知道此时救国自救,惟有诚意协助政府,为安定经济而努力,切莫短视自私,贪图暴利,走上与国家安全人民利益相反的道路。我都市同胞,必须立即改正不合理的生活现象,屏绝不正常的心理状态,勤劳节约,公而忘私,为剿匪戡乱,统一建国,增加生产,与稳定经济而激发各自的良知,动员各自的能力与财力。国家今后的经济政策和经济措施,须适应戡乱建国的要求,须适应大多数人利益的要求,须适应国家长期自力更生的要求,而决不能迁就少数人苟安享受投机暴利的要求。凡是出于投机暴利的私心,假借口实,以破坏国家的动员法令与经济政策者,法律固必予以应得的惩处,而社会也必将予以有力的制裁。我以为目前经济现象,只要大家整肃生活,澄清观念,戒除浪费,厉行节约,顾全大局,计虑将来,共同一致,从安定金融增进生产上努力,则以我国土地之广,物产之丰,人口之众,经济基础之厚,不患目前危机不能消除,民生建设必可推进,而共匪破坏我国经济,杜绝同胞生机,以造成其亡国灭种之阴谋,亦自随之粉碎,而计无所施了。

(五)达成时代使命,坚定信心,奋勇向前,开辟国家光明前途。

全国同胞们!当此岁首令节,我们应该猛省国家忧患耻辱的深重,应该认识共匪祸国殃民的狠毒,应该觉悟民族危机,亟待挽救的迫切,应该痛念匪区同胞水深火热的痛苦,应该关切流亡同胞穷困无归的惨状,应该感念剿匪将士,为国为民,牺牲奋斗的艰苦,应该感谢我绝大多数农民生产同胞的辛勤,尤其应该体会自力更生与自求多福的教训;为了我们自身的生存,为了我后世子孙的幸福,为了保持抗战胜利的成果,为了巩固民族复兴与国家统一的基础,为了促进民主宪政的实施,为了求得我们全体同胞安居乐业的生活;我们必须提起深切的责任感,发挥浓厚的同胞爱,相助相扶,以昨死今生之决心,实行剿匪建国总动员,拥护戡乱国策,加强自卫武力,巩固社会秩序,维护经济安全,扑灭危害国家的共匪,扫除我们统一复兴的障碍。只要我们信心不摇,坚忍不拔,节约勤劳,践履笃实,奋勇向前,相信最近期间,必能达成我们戡乱救国剿匪救民神圣的时代使命,开辟国家光明的前途,建立我们统一独立平等自由三民主义的新中国。中正谨以至诚,祝我们全体同胞日新又新,努力迈进!

(5)群策群力完成戡乱建国工作
——卅七年二月十八日新运十四周年纪念代电

新生活运动自倡导至今,已历十有四年。其目的在于砥砺我每一国民自觉自治之本能,各尽其爱国救国之天职,而其实行之方法为推己及人,由近及远,以衣食住行之整齐、清洁、简单、朴素、迅速、确实为起点,使日常生活遵循礼义廉耻之纲维,人人皆为自立自强有为有守之公民,我中国始克以统一独立民主法治之国家跻于现代国家社会之林。抗战八年,我全国同胞冒险犯难,含苦茹辛,终能击败强权,获得胜利,实有赖于我民族精神之坚忍,更足征我国民道德之优厚,而新生活运动,亦于此著其成效。今者抗战胜利两年有余,训政已告结束,法治开始实施,更望我全体同胞,发挥民主自治之精神,一致遵循法定之轨辙,必使宪政深植其基础于国民日常生活之中,而后民主政治得臻于健全之域。新生活运动之笃实践履与普遍推行,弥见重要,特以三义告我全国同胞:

今日国家民族之忧患惟在于共匪之叛乱,而戡平共匪之急务,莫过于消弭共匪之政治阴谋。共匪最险毒之阴谋,即在以穷凶极恶之斗争,制造我阶层同胞循环无已之仇恨,期使理智日没,道德沦亡,文化之根底断丧,民族之精神消失,以遂其分裂领土,破坏主权,卖国求荣之大欲。我全国同胞必须彻悟今日之剿匪戡乱,实为我国家存亡民族荣辱之关键,亦即为民主宪政对暴民专政成败利钝最后之决战,务各发扬其纯洁之理智,坚定其民族之自信,人人为救国而奋斗,为剿匪而动员。惟至诚乃能克服诈伪,惟正义必可制胜强暴,历来无耻汉奸及流寇盗匪,虽狡诈百出,作恶万端,最后未有不为我民族道义国家正气所摧毁。邪正之所在,即胜败所由判,群策群力,务底于成。此其一。

戡乱与行宪为建国工作一事之两面,戡乱所以排除宪政之障碍,而行宪所以树立民主之规模。我全体军民,在前方必须同仇敌忾,拯救受难之同胞,在后方必须自动负责,维护社会之秩序。今日共匪,在其所控制之乡村,毁法乱纪,以残忍之斗争,清除其异己分子,使民众非被迫参战,即无复生存之余地。而在我后方之都市,则埋伏间谍,组织其所属城工部,企图扰乱各地之治安,故学校工厂中任何集体行动,均易于变质而成为阴谋暴动之导线。凡我爱国同胞,均应提高警觉相互黾勉,守纪律,负责任,始能防制共匪之活动,保障公众之安全。此其二。

国父有言:"精神胜于物质,革命必先革心"。今日经济问题,人为之操纵,多于自然之因素;心理之恐慌,过于客观之事实。所望我同胞明礼仪、知廉耻、察利害、审公私,以勤勉求生产之增进,以俭约节物质之浪费,勿投机以助长游资之作祟,勿囤积以激起物价之飞腾,导企业于正常之轨辙,制利润于合理之限度,使国家经济社会政策得以彻底实施,则经济危机,必能克服,而戡乱建国,亦于此奠其基础。此其三。

总之,国家今日已迈进于宪政时期,存亡荣辱,取决于国民自觉之程度与自己之能力。我全国同胞,必须以坚强信心,持整肃生活,认清义利,明辨是非,培养仁民爱物之情绪,负起救国建国之责任,深信国家之统一,宪政之成功,武装叛乱之剿除,经济危机之克服,皆在于此。愿我同胞父诏兄勉,矢勤矢勇以赴之。

〔国民党中央执委会秘书处档案〕

7. 行政院院长张群在行政座谈会上的总提示

(1947年8月2日)

各位主席:

我有几点意见提出请大家注意。

(一)现在领袖的忧劳,在大家未来南京以前也许都知道了,来后当然更了解,特别是前方将领,在这剿匪戡乱最艰困的阶段,对于领袖的辛苦一定尤为清楚。领袖无论在清晨或午夜,有时甚至通宵,时时均有电话,或是接前方报告,或是给前方指示,不但在政治上要日理万机,而且还要管军事。这种忧劳的情形,自己多少年来在中央服务,侍随左右,当然晓得,但再没有比这次到行政院后更为清楚。因此,每当自己感觉行政院的责任十分艰苦不能胜任时,一想领袖几乎负担整个国家的责任,领导国家走上建设的途径,天天都在困难中艰苦卓绝的挣扎,更不知比我们艰难若干倍,这样无形中也提高了自己任劳耐苦的精神。普通我们总说领袖喜欢管事情,实在还是因为我们向他请示的公事太多。所以行政院改组后,为了要分担领袖的忧劳,本人曾向主席陈述,同时也对各部会首长说明，除了必需请示的公事外，不要事事烦渎主席，行政院能够解决的问题，便由行政院直接解决。几个月来，最初各部会尚有公事到主席那里，后来也就没有了，在这一方面至少已替主席分了些忧劳。但是到现在，主席犹有陆续交下来的公事，多半是各省主席的电报，或为经费，或为人事，或为其他事情，直接向主席请示。今天我特别提出这一点，请大家从为主席分忧劳着想，最好我们能够负责解决的问题，便不要再麻烦主席。各省到行政院来的公事，我一定负责解决，解决不了时，我们当然也会请示主席的。

其次，现在行政院是采的负责制。负责制三字怎样讲呢？老实说，在目前尚没有法令上的定义，只是于宪法未实施前各党派已共同参加政府，行政院改组后各部会人事的任免均由院长提出，这便是大家共同负责的意思。行政院会议并不用部长资格参加，而是以政务委员资格来讨论和决定一切问题的，这也是表示大家共同负责。行政院会议用这种精神来慎重处理政务，便是希望行政院决定了的问题到达国务会议就能够照行政院的决议采纳通过，这也是表示负责的精神。如果提到国务会议都不能通过的事情，当然是很难作的了。因此，行政院为求案件提请国务会议能够顺利通过起见，对于一切政务的决定都非常审慎。譬如，关于预算的成立，我们组织有预算审查委员会，由副院长担任主席，不兼部会的政务委员为委员，所有预算案件均须经过该会审查后始能提出院会。关于外汇的审核，我们成立有外汇审核委员会，由国府主计长、监察院审计部长、中央银行总裁及本院秘书长主持审查，凡遇有外汇案件，首先须作政策的决定。例如参加国际会议，即先决定其是否应参加？决定了，即由预算审查委员会承认其法币预算，然后再向外汇审核委员会申请外汇。所以，行政院对于一件事情的处理，一经决定之后，虽不能说是千妥万妥，但总是竭尽心力，求其完善，希望提出国务会议后即能付诸实现。对于各种重大的问题，我们都具有决心，求其能以贯彻。主张若不能贯彻，则我们亦无法负责，便只有另让贤能。因此希望各省有问题应直接送行政院,行政院解决不了,自应请示国务会议或主席。就负责观点来讲,行政院对一切问题自必权衡轻重,作适当的处理。

最后再就提高行政效率来说,行政院既已负起责任,有公事到院来,我们认为应该办的马上就可以办,假如公事是送到主席那里,再由主席交下核办,我们核办意见尚须呈复主席批准后才能办理,这样一来,事情也许就耽误。所以,为办事顺利迅速起见,行文应该到什么地方便送什么地方为妥,若几处行文,主席那里也有,行政院也有,我们一看到"除另行呈报国府外",便要等国府来了指示再说。主席那里情形也是一样。你看我怎样办,我看你怎么办,结果反而不好。

总之为了替主席分忧劳,为了实行行政院负责制,为了提高行政效率办事迅速起见,我特别提出这件事情,请各位注意。

(二)对友邦的关系。大家都知道现在的局势,八十年来中国在国际上是不能孤立的,尤其是第二次世界大战之后,各盟邦为求世界和平建设,国际间的合作非常重要。中国有待于国际援助的地方很多(不只是美国,其他盟邦亦然),因此特别需要合作的地方也更多。例如在国内,四川修筑成渝铁路有法国贷款,购买船只有加拿大贷款。这些合作,看来好像已很重要,而更重要的还有国际合作。例如蒙古,在现状况下,苏联当然要帮他参加联合国,但是我们反对,反对便必须取得国际的合作,使其他国家支持我们的主张。又如荷印纠纷,我们有两百万华侨在那里,为了保障侨民的生命财产,便应运用国际外交力量,促使荷印双方恢复和平合作。所以和平合作是我们外交的国策。其次是国际间对于我们的看法,无论中央或地方,都要特别注意。前些天粮食会议的时候,主席曾训示说:"人家看我们是贪污腐败无能的政府",可见近来外国对我们的批评实在不好,我们必须虚心的检讨改进。因此我对地方提出几个问题,都是有关国际的,尤其是英美两国,对此十分不满,希望大家注意。

第一就是占据盟友的产业。人家向地方交涉不行,向外交部国防部交涉也无结果,人家看我们政府的命令都不能贯彻,认为很可怀疑,于是便有两种说法:一说政府是欺骗的,表面上喊办而事实上则不理;一说我们政府的命令上下不能贯彻,觉得政府太没威信。现在地方占据的英国产业有七十多处,美国产业有二十多处,中央决定的处理办法是由国防部、外交部各派一位次长及行政院内一位人员到各地方去,指出产业限期交付,不管是军队占据或什么占据,一定要他交出,一月如不交出,即予撤职查办。这件事正在商议中,还未执行。将来执行之际,大家应该特别注意,不然给外国人看,中国政府实在太没办法,太不讲信用,不顾条约,于我们是非常不好的。

第二就是保障外人的生命。譬如五月十五日美国有一教士由江西到福建,忽然失踪,外交部曾三次向行政院报告,美国大使馆也几次催办。行政院向江西、福建两省府查询,均无下落,外交部特别把这件事提出,希望当面告诉有关各省主席,一定要限期把这件事办了。

以上不过是举例而言,换句话说,就是我们要注意保障外人的生命财产,这一点政府都无把握,如何能要人家帮忙我们、信任我们呢?关于国际的合作,并不是说往返应酬,若是应酬,倒用不着那样注意。我们应该照古人所说的"礼不越阶",但是对于国际条约义务的遵守、外人生命财产的保障,这是我们各级政府分内应该作到的事,希望要特别注意。

(三)对友党合作的问题。大家都知道,自去年年底国民大会后,青年党、民社党及社会贤达都参加了政府,并共同商定了政府的施政方针。国民政府同行政院改组都有青年党、民社党及社会贤达参加,行政院政务委员及部会长也有各党派人士充任,因此,在中央方面,友党间的合作情形很好。不过,常有友党朋友说到地方情形就不一样,特别是县以下合作最差。我们知道,过去县内或因党派间的斗争,或因私的关系,发生了恩怨,现在尽管上面在合作,而下边不肯把这种恩怨勾消,往往在集会中还表现出不合作的情形,特别是办党的同志摩擦更多。所以友党的朋友提到中央合作,也希望地方能合作到底,因为地方如不能合作,友党方面的党员就会觉得他们在中央参加政府的人没有办法,不免发生反感,因此也格外要求能参加省府或县府的工作。我想这也是我们应该尽力来作的。可是到现在为止,各省青年党同情民社党的人仍然很少,所以友党常常对我们讲,希望各省对于友党的人在各省作事的,不要歧视。事实上,我们也知道并不是什么歧视,例如方才谈到的军官转业问题,都是一样没有办法。用人的确有困难,不过无论如何,为了加强友党的合作,对于用友党的人仍应该尽力去做。中央是如此,地方对于此点也希望加以注意。

(四)我有一封信给各省,请各位注意。政府在未改组之前,最高机关是在党内的国防最高委员会,自从国防会撤消,所有的权责已移到国务会议来行使,而现在各省遇有制定单行章则或行文时,还往往因袭从前党治时期的办法或说法,将党政两字并提,这大概是因为各省政府还很少有各党派参加,所以仍然是从前的作风未曾改变。在其他党派看来,政府既然改组,改组便是整个的,国府组织法的修改,第一条即说明现在是训政到宪政的过渡时期,我们应该准备实施宪政,走上宪政的道路,换句话讲,即由一党政治走向多党政治的途径,因之有许多应该改正的要改正,应该避免的要避免。本人有封信,党里也有信给各省,今日提出,请各位特别加以注意。

(五)教育方面我要提请大家注意的有两个问题。第一是学风问题,必须力加整顿。近年因为学校迁到后方,设备简陋,管理不严,学生的程度一天比一天低落,加以物质条件的不够和反动分子的嚣张煽惑,于是学风便非常败坏,今后如不力加整顿,学校内可能发生的问题恐怕更多,尤其是中等以下各学校,各省省府应该多负责任。

其次是学潮问题。五月间那次学潮是共匪有计划的策动,想发动全国总罢课、罢工、罢市,配合他的军事行动,来推翻政府,阴谋昭然,证据亦很确凿。当时以各地情形不同,所以处理的方法也不一样。如在上海,因为环境特殊,事前并已发现有种种证据,共匪打算要武装暴动,当然政府赋予地方的措置权限也比较的大。其他许多地方当时也都依情势的需要而分别加以处理下去。不过我们应该特别注意的,就是处理学潮必须镇静、审慎,而尤忌滥用职权,像是武汉大学的不幸事件就是行使职权未当的例证之一,目前表面上虽已告一段落,但问题并未完全解决,武大校长日前来京还在问武汉警备司令查办的结果如何,希望早日宣布,若开学后还未宣布,恐怕还有问题。关于这件事处理不当的地方,无论国内外都还有很多人不尽谅解,社会人士往往是不问学潮情形如何,而只以结果来批评政府,甚至攻击政府。此次各位回去对地方学校的整顿,应该特别注意,尤其是人事方面——中央对于大学也是一样,例如对交通大学的整顿便一定要作。暑期后各学校的校长同职员应重新调整,对于学生管理还是要靠学校当局。一个中等学校多则可以有两千多人,若没有相当的管理,或教职员不负责任,不加注意,就可以闹出乱子。因此,学风问题和学潮问题请各位务必防患未然,不要等到事情发生后再去周章费事。

(六)关于鼓励青年从军及优待军人家属问题。这里有主席两个手令,趁此机会向各位报告,请大家注意。第一是主席谕示:"全国各级政府及民意机关应普遍发动鼓励青年从军"。我们看现在各地兵役办理情形相当顺利,不过这件事须要能办得毫不勉强,对青年并应鼓励有方,务使他们有热诚来从军,那才算办得真好。主席的意思是要求我们善为领导和激励青年,并对现役军人加以爱护、慰劳,提高他们的地位,然后青年自会拿出热诚来从军。这是第一件应该注意的事。

第二是特别优待出征军人家属,指示我们"对高级军人家属应亲事访问,对一般军人家【属】的疾苦应特别注意,或会同民意机关分区慰问,如遇有困难,必须设法解决或救济,"并谕行政院"参考抗战期间办理情形加以改进,拟定办法呈核"。我们知道,抗战期间的优待办法甚多,这件事将交国防部拟定办法,再由院令通告各省。今日有机会先向各位报告,希望很简单,用意大家也都明了。因为主席很注意这件事,所以特别提出来,先报告给诸位,希望诸位也都早些准备,注意办好。

(七)动员法的实施问题。各位主席大多在军事方面服务甚久,在抗战期间贡献很大,对于这一点自然也都很清楚。现在的动员问题,一方面是要集中人力物力来使用,加强戡乱的力量,一方面又要作实施宪政的准备,从事建设。这两件事好像不能平衡,顾到戡乱便顾不到建设,就如今日谈到的军法问题,顾到治安就顾不到宪治一样,这都是出于情不得已。我们对于动员的实施,除了照动员戡乱实施宪政纲要运用外,假如超出了这个范围,在行政院权责自然还可以再引用动员法其他条文另定办法,不过我总希望能够如此顺利进行,不至于扩大更好。因此在地方实施动员令时,亦应先有一妥善准备。

(八)魏德迈来华问题。魏德迈已赴北平,或再到天津、沈阳各停留一两日即返南京,将来也许到广州、汉口去,四川及西北也有去的可能,迪化去不去他还在考虑,但未说一定不去。据我所知,魏德迈奉杜鲁门总统的使命来华,名义是总统特使,并组织有一顾问团随行,他来华的任务在上月廿二号抵中国后已于报上发表过一个声明,最重要的有两点:(一)考察研究中国复员措施的良好或恶劣;(二)考察中国军事、政治、经济、教育有关的事实,综合作一判断,并将结果报告杜鲁门总统。所以他要调查的是政治、经济、军事各种措施以及相互间的关系(好的关系或坏的关系),美总统于接到报告后再决定对华的政策。

关于这个问题，魏德迈于抗战期间在中国住得很久，对中国的事情自然很清楚，他要看自日本投降到现在我们究竟做了些什么事？是失败还是成功？失败的症结都在那里？其实这些题目我们自己也该加以检讨。胜利后各种复员工作，无论政治、军事或经济各方面，我们是否已得到成功？没有成功的今天应该如何改革已往的许多缺点和弊病？我们应该注意的就比较大的政策失败来说，例如用政治方法来解决共产党问题，到现在才算是毫无希望了，不但我们自己了解，美国也是一样。又国务会议今天也提到，我们过去的金融政策，自去年上半年至十一月修改进口管理办法之前，进口的管理很松，很多不必要的东西都听其进口，以致外汇支出很多。当时外汇相当的充足，较战前几乎多三倍，那时如果改革币制，便比较容易，但现在情形便不同了。所以一年来的检讨，实在有许多失败的地方，因此各方面自己都须有检讨的必要。检讨的结果，成功的应该更努力去作，失败的就应该马上加以改善。

各位，这几次座谈会所提出的各种问题，都是从工作中体会到得真知灼见，我听后非常兴奋。大家共同研讨这些问题，旨在求其解决。不过，这些问题解决后，是否就可把政治刷新，是否就可把地方治好弄好，把建设事业树立起来，那很难说。因为还有人的问题实在也很重要，凡事都在人为，这便要看我们的作风如何，看我们的办法怎样，看我们的官吏能否奉公努力了。我们主持政治的人尤应以身作则，艰苦卓绝，任劳任怨，不惜牺牲的以求政治的进步，使中国及早成为统一富强的民主国家。对于人家的批评也应该自动改正。我想，说来说去，中央的毛病多，中央应求改正，地方政治的毛病也不少，地方也应求改正，尤其是地方官吏直接接近民众，稍不留神，便给地方人士以不了解，所以更希望大家勤自检讨，力求进步。各位回去后，如有问题有明见，随时均可和兄弟通信，希望我们内外相继共同努力，以谋国家建设的进步和各种困难问题的顺利解决。

〔行政院档案〕

8. 国民政府公布及修改"后方共产党处置办法"训令

(1947年9—11月)

(1)训令之一(9月15日)

处字　号

中华民国卅六年九月十五日

令政务官惩戒委员会

行政院三十六年九月五日(卅六)四防字第三五五二七号呈：为制定《后方共产党处置办法》，提经本院会议决议通过，抄呈鉴核备案，等情。应准备案分行，除分令外，合行抄发原附办法，令仰知照，并转饬知照。此令。

计抄发《后方共产党处置办法》一份

国民政府主席　蒋中正
行政院院长　张　群

后方共产党处置办法

第一条　为使后方各地及自匪区投奔后方归顺中央之共产党员及其工作人员得受合法保障，特依《动员戡乱完成宪政实施纲要》第十五条之规定，订定本办法。

第二条　后方共产党自愿脱离党籍并声明不再作活动或愿为政府效力者，除本办法另有规定外，其自由及权利与一般国民同受合法之保障。

如系共匪指挥下之军人军队，得经当地最高长官核准，将其人枪予以收编或妥为遣散。

第三条　依本办法规定办理脱离共产党籍之人，应由当地政府及治安机关妥加监护，于满一年后，经考察确无违法背叛情事者，其以前之行为得予免究。

第四条　后方非共产党员因受共匪利用或胁迫而为共产党工

作者,不论其为军人军队或非军人,概适用前二条之规定。

第五条 匪区内之共产党员或共匪指挥下之军队或其他人员,事先具有打击共匪之事证或携带共匪之秘密文件脱离共匪奔赴后方投归者,除准用本办法之规定办理外,并应妥为编训安置。

第六条 各地政府应会同治安机关定期公告所辖境内之共产党员及其工作人员,凡愿遵照本办法办理脱离共产党手续者,应自动觅具妥实保证,依限申请登记。

前项申请登记之人,于必要时,得令其缴出有关共党秘密文件。

第七条 依前条规定核准登记之人,得施以感训及劳役,但如合于左列规定之一者,仍得酌予免除其感训及劳役期间之一部或全部:

(一)加入共产党籍或为共产党工作系在动员戡乱令颁布前,于动员戡乱令颁布后并无违反或妨害动员之言论或行动者。

(二)向在共产党担任相当工作,于动员戡乱令颁布后已自动停止活动者。

感训及劳役办法另定之。

第八条 共产党员或为共产党工作人员潜伏后方不为第六条登记之申请,应由当地治安机关一律予以逮捕,于法定时间内移送有审判权机关,依《刑法》及《妨害国家总动员惩罚暂行条例》之规定惩处之;其有阴谋活动者,并从重惩处。

前项共产党员及其工作人员,不论何人,均得向当地政府或治安机关检举,但有挟嫌、诬陷者,应依法惩办。

第九条 经核准登记脱离共产党之人,如发现有再为共产党非法活动之行为者,除依法从重惩处外,其保证人应依法负责。

第十条 经核准登记脱离共产党籍之人,在动员戡乱期间,得经主管机关之特许担任公职,但依规定应受感训及劳役者,在未满期前,非有特殊成绩或理由,不得为特许之核准。

前项特许应由内政部、国防部会同核准为之。

第十一条　共产党在各地组设之机关团体,一律予以封闭,其房屋及一切财物除属于他人所有,经查明得发还外,悉交当地政府依法处理之。

第十二条　本办法自公布日施行。

(2)训令之二(11月4日)

处字第1194号

中华民国卅六年十一月四日

令政务官惩戒委员会

查《后方共产党处置办法》,前经行政院呈府令准备案并通行饬知在案,兹据本府文官处转呈:行政院函送修正《后方共产党处置办法》第三条、第七条、第十条及第十一条条文,请备案前来,应准备案。除分令外,合行抄发该项修正条文,令仰知照。此令。

计抄发修正《后方共产党处置办法》第三、第七、第十、第十一各条条文一份。

国民政府主席　蒋中正

行政院院长　张　群

修正后方共产党处置办法第三、第七、第十、第十一条各条条文

第三条　依本办法规定办理脱离共产党籍之人,应由当地政府及治安机关妥加监护,于满一年后,经考核确无违法背叛情事者,其以前之行为,得予免究。

前项应予监护之人,如有妥实保证人负责保证,得准其自由,免于监护。

第七条　依前条规定核准登记之人,得施以感训,但如合于左列规定之一者,仍得酌予免除其感训期间之一部或全部:

(一)加入共产党籍或为共产党工作系在动员戡乱令颁布前,于动员戡乱令颁布后并无违反或防害动员之言论或行动者。

(二)向在共产党担任相当工作,于动员戡乱令颁布后已自动停止活动者。

感训办法另定之。

第十条 经核准登记脱离共产党籍之人,在动员戡乱期间,得经主管机关之特许,担任公职,但依规定应受感训者,在未满期前,非有特殊成绩或理由,不得为特许之核准。

前项特许应由内政部、国防部会同核准为之。

第十一条 各地现有之机关团体为共产党所组设者,或经查明与共产党有关者,一律予以封闭其房屋及一切财物,除经证实属于他人所有者得发还外,悉交当地政府依法处理之。

(3)训令之三(11月29日)

处字第一三〇四号

中华民国卅六年十一月廿九日

　　令政务官惩戒委员会

　　据行政院三十六年十一月二十五日(卅六)四防字第四八七九一号呈为:本院会议决议:(一)《后方共产党处置办法》第八条条文内"……于法定时间内移送有审判权机关"句修改为"于法定时间内移送军法机关";(二)另以命令指示"各在校学生之犯有共产党嫌疑者,先送司法机关审查"。呈请鉴核备案,等情。据此,除指令准予备案并分行外,合行令仰知照。此令。

　　　　　　　　　　　国民政府主席　蒋中正
　　　　　　　　　　　　行政院院长　张　群

〔国民政府档案〕

9. 行政院院长张群向国民参政会驻会委员会作关于军事政治方面报告

(1947年10月18日)

(壹)关于军事方面者

一、武职人员待遇的调整,使文武官吏待遇一致。在本年八月调整公务人员的待遇时,因感于武职人员的待遇一向较比文职为低,便断然实行一大改革,使与文职人员趋于一致,这个调整案的内容,是将武职官佐的阶级比照文职人员特、简、荐、委任的官俸核算,并将原有的主副食费自应得的薪俸内扣除,取消眷粮。经过这样调整以后,官佐所得的薪俸等于调整前的一倍,士兵所得的薪饷,除主副食费增至每人每月六万元外,比照战前底薪,分别增加一万至一万五千倍,底薪愈少增加的倍数也愈多。这次调整以后,武职人员始与文职人员待遇平衡,计武职人员方面国库所增加的负担每月二千八百四十四亿元。

二、地方人民自卫武力的组织和加强。过去本院为加强地方自卫武力,早经于三十五年六月七日订颁有《收复省区民众自卫队组训方案》,本年三月二十二日复将该方案修正为《绥靖区民众自卫队组训办法》。本年七八月间,本院召开行政座谈会的时候,各省主席曾一致主张加强组织后方民众自卫武力以协助保安部队从事清剿,同时并请中央拨发械弹。在九月下旬本席视察华北各地的时候,也曾接到热河、河北、山东各省政府关于拨发械弹充实地方自卫武力的请求。

最近本院为适应客观情势的需要,经饬由国防部遵照主席的指示,并参照前颁的《绥靖区民众自卫队组训办法》及各省提出的意见,拟具《各县市民众自卫队组训办法》,提经院会交付审查后,于九月二十三日本院第二十二次会议修正为《各县市民众自卫队组训规程》公布实施。上项组训规程的要点如左:

(1)分类编组。民众自卫队分为自卫队及常备自卫队两种:自卫队是没有饷给的,由各户出丁组成,每保编一中队,每乡镇区编一大队,每县市编一总队;常备自卫队是有饷给的,由自卫队中挑选精壮者编成,每乡镇区得设一常备自卫队,每县市得设一至九个常备自卫中队。

(2)使用原则。自卫队是以清剿零匪、警卫地方及担任情报、向导、运输、工程、救护等为主要任务,常备自卫队是以机动剿匪、配合国军作战为主要任务,但均以使用于本县市为原则。

(3)统一指挥。民众自卫队由各该省主席兼保安司令统一管辖指挥,仍采逐层节制办法,但在协助作战时期,应受当地高级军事长官的指挥。

(4)武装弹药。自卫队的武器弹药以民间现有的为基础,如因清剿匪患确实感到缺乏的时候,可由省保安司令部查明请由国防部补充或价购。

(5)经费及待遇。自卫队经费以自给自足为原则,由县市政府核计编入县市总预算,如有另辟财源的必要时,应拟定办法提经民意机关通过后报请省府核准。在新收复及匪患严重的县市,如确实无法筹措,并得按实际编制预算,一面在中央拨发的复员补助费内动支,一面报由省府转请中央核发。至于常备自卫队官兵的待遇问题,就看当地的财政状况,由各县市政府会同民意机关比照保安部队的待遇酌量决定。

(贰)关于政治方面者

1.外交

我国当前外交可以分两方面报告:一是政府对这次联合国大会中各项问题的态度,一是对于对日和约的态度。

甲、我对联合国大会中各项问题的态度。联合国第二届大会业已于上月十六日起在纽约开会,这一次大会对于世界和平前途影响重大,我国的代表团由外交部王部长亲自领导,对于这次大会所讨论的几个重大问题,如否决权问题,设立五十七国常务委员会问题,韩国问题都已表示独立自主的明确立场。现在将各项问题讨论的经过情形和我国的态度作一个简略报告。

第一,关于否决权问题。美国因为苏联过去在安理会中曾经行使过二十二次否决权,致使国际间的许多纠纷无从得到协议,在这次大会中提出一个修正办法,主张凡宪章第六章关于"国际争端的和平解决"各条以及申请入会等问题,取消五常任理事国一致通过的原则,苏联对于这个提议表示反对,我国对于这个问题提出了一个折衷建议,主张对宪章否决权的规定成立一个合理解释,这种解释分为三点:

(1)建议安理会将若干种类的决议确定为程序事项,按照宪章不得行使否决权。

(2)五常任理事国对于和平解决纠纷的事项放弃行使否决权。

(3)请大会宣布单一国家否决权的行使不能取消安理会理事国对于宪章的义务,安理会多数国家仍然得就履行这种义务进行磋商,或者在单一国家否决权阻碍安理会行动的时候,建议召集大会特别会议。

我国这一项建议业经大会列为正式文件,交给政治安全小组委员会研究,或将在明年大会的时候提出讨论。苏联对这个建议业已表示反对,美、英、法三国没有正式表示。

第二,设立五十七国常务委员会问题。在这次大会中,美国提议在否决权条文修正之前,大会闭幕以后,设立五十七国常务委员会,代表大会执行任务,它的职权大致和宪章规定的大会职权相同,并且主持审查安理会准备提交大会的议题和是否需要召开特别大会的问题,此外并研究常务委员会经过一年试验之后是否应当改为永久性机构的问题。苏联对于这个机构的设置认为是违反联合国机构的原则,提出反对,英、法表示冷淡,我国赞成列入议程。本月十五日我国顾代表在联大政治委员会中表示有条件的赞成,认为常务委员会的责任应在不妨碍联大工作的原则下予以明白规定,即一为代联大作准备工作,一为完成和实行联大的决议,如此即不失为一有用的辅助机构。

第三,韩国问题。这是英苏两国争持很久而没有得到解决的问题,美国曾一度提议采用我国主张,由中、美、英、苏四国共同讨论,被苏联拒绝。现在已由美国提到大会讨论,苏联代表维辛斯基认为大会无权讨论这个问题,曾经对新闻记者表示意见,认为应当依照莫斯科会议的决定由英、美、苏三国解决。我国与韩国关系密切,对于韩国问题的解决,只要是能够符合使韩国能及早完成统一民主和独立的原则,都将积极予以支持。

第四,还有一个我国十分关切的问题,便是荷印争端。在荷印双方纷争之中,我国侨民生命财产牺牲惨重。荷印争端虽然不是大会的议题,但自今年八月间美国撤回斡旋建议以后,业已改由安全理事会负责处理。八月二十五日,安理【会】通过两项建议:(1)由英、澳、比三国组织委员会进行调处;(2)由驻巴达维亚六国领事调查停战令颁布后的情形,并由我国蒋总领事担任主席。现在六国领事业已提出初步报告,荷印双方对于停战令仍然不能够严格遵守,实为遗憾。

关于我国对荷印争端的立场,我国蒋代表曾在安理会中叠次提出公正的主张,希望双方能够按照民族自决的原则获得协议。为了抢救我国侨民的生命财产,现正竭尽全力,运用外交力量,使荷印能够早日获得和平。

乙、我国对于对日和约的态度。我国当前外交除了联合国大会讨论中的各项问题之外,对日和约的问题尤其是关系我国前途最重要的问题。对于对日和约的态度,一般舆论大体主张从宽。本人在对四中全会的政治报告中曾经说过:"我们愿见日本和平复兴,但必须防制他重为和平的威胁;我们对日不采报复主义,但不放弃要求应得的赔偿",这个原则是不变的原则。本人现在就领土、赔偿、对日管制和和约起草程序四部分将政治态度加以说明。

关于领土问题。日本领土在开罗宣言和波茨坦宣言中早有规定,但还有若干岛屿的归属问题悬而未决,在这些里面,琉球群岛对我国关系最切。本人认为,琉球群岛前途的解决,不外乎中国收回,或中美共管,或联合国托管三种方式。政府对这个问题正密切注意,无论如何必【须】反对该群岛归还日本。

关于赔偿问题。第一是我国损失的调查,依赔偿委员会的估计,我国接收的敌产约值三亿数千万美金。我国抗战损失为五百八十亿美金,军民直接死亡于战争的约为一千一百万人,但这些数字还在继续研究,以期精确。其次对于赔偿的要求,我国坚持必须得到日本国内全部资产的百分之四十,现金百分之五十,正在远东委员会中积极交涉中。至于决定在赔偿确定以前临时拆迁的工厂,现在业已拆迁全部拆迁额的百分之三十,在这百分之三十中,我国可得半数。对于日本的国外资产,远东委员会还没有作任何决定,须待对日和会时讨论,但我国已商得美国同意,中国境内的资产由中国接收抵充赔偿的一部。至于苏联从东北搬走的工厂,我国准备提出对案,要求从日本对苏赔偿中抵补。

关于和约起草程序问题。本月二日曾经奉到国民政府交下贵会建议两项:(1)对日和约仍应由中、美、英、苏四国初步会商,再提交十一关系国会议讨论;(2)对日和约的商讨签订不得涉及否决权的修改。对于第二项,政府业已照办。诸位一定已经看到王部长最近在美的迭次声明,我国对于对日和约的否决权决不放弃。至对于和会的程序,政府的主张是初步会议可以包括十一国,并采取大多数表决制,但其中必须包括中、美、英、苏四强的一致表决,并主张必须邀苏联一同参加。政府这种主张,在技术上虽然和贵会的第一项建议略有不同,但用意却是完全相合。

关于对日管制问题。对于日本是否忠实履行和约以及侵略行为和思想的根除,都需要有严格的管制,这已经是公认的原则,但是管制期限究应如何规定,至今还没有决定。美国曾经建议二十五年,其他各国还没有表示意见。

以上仅仅是就对日和约的四项主要问题约略举出政府方面的意见,现在由外交部拟定的对日和约草案正在审议中,希望贵会更多提出宝贵意见,俾能完成一个最周密的草案。

2.绥靖区的振恤

甲、振款。绥靖区省份政府本年所拨的振款,截至九月底止共达五百亿〇三千〇八十七万元,占全国振款百分之八十二。

乙、救济失学失业青年。在抗战时期,政府本在教育部之下组设了战地失学失业青年训练委员会,于各省市设置辅导处、进修班及师训所,前后收容救济青年约二十万人,本年度各地收容青年也有二万七千人。

七月八日行政院政务会议通过本学年度各校公费制度原则,其中第八项规定流亡青年之救济及辅导,应尽量缩短时间,经令据教育部拟具流亡失学青年辅导救济工作改进办法,现正交由教育、财政、社会、国防、卫生五部审查中。此外并据教育部的呈请,拨发绥靖区教育应变经费五十亿元,作临时救济之用,其分配数额,河北、河南、山东、山西各十亿元,北平市二亿元,其他绥靖区省分八亿元。

丙、殉职人员抚恤。胜利后,共匪叛乱,各省专员县长守土殉职的专员三员,县长三十三员,前后拨发特恤金共三亿七千五百万元(附表〔略〕)。

3.根据宪法规定整理现行行政法规,以备开始宪政后之实现。

据宪法实施准备程序第一条的规定,自宪法公布之日起,现行法令与宪法相抵触者,国民政府应迅速分别予以修改或废止,并应于依照本宪法所产生之国民大会以前完成此项工作。自从宪法公布后,本院即依照上项规定,注意主管范围内法规的整理,其中最关重要的是,重行划分中央与地方权限之准备。此项工作先由内政部召集其他有关部会加以研讨,认为应对中央与地方的权限先作概括的划分,再根据这个研究结果来整理现行法令。嗣经7月25日本院第三次临时会议决议,于院内特设行政法规整理委员会以专责成,该会除由政务委员雷震先生兼任主任委员及由各有关部会派高级人员为委员外,并拟请专家为委员,且已于9月间订定工作计划,由院令饬各有关部会各就主管法规详细检讨,拟具修正案送院,交会审查,期于行宪之前完成准备工作。

(叁)关于经济者

一、制定新经济方案——政府改组以后,正值国家经济艰困的时期,关于治标方法,继续执行经济紧急措施方案,但这个方案止能策效一时,且因为局势的推移,其办法已随时而有所修正。至于治本方面的,另有一个经济改革方案,这个方案经提出国务会议通过,交本院执行,本案的主旨是认为国家的经济是"生产"、"金融"与"财政"三者互为因果的一个整体。所以我们针对这三个课题制定了这新的经济改革方案,使得发展我国的先天优越条件,以数万万人的生产能力为国家财政的后盾,再进一步的去促进农业的工业化,为使这个政策之可以加速度的实现,自然也欢迎外国的资本与技术的援助。

但是,国家经济是极其综错的问题,为了实施本方案能够收效迅速,在技术上我们以为应当化整为零,分工合作,所以就拟定了一个《分组研拟实施办法》,依照与经济发生直接关系的行政各部门对照方案的内容,分为:(1)财政;(2)金融;(3)对外贸易;(4)农林;(5)工业;(6)矿业;(7)交通;(8)水利;(9)地政;(10)粮食;(11)劳资;(12)物价,共十二个小组,每组由主管部会首长任召集人,并邀请参政员、立法委员和其他的有关机关主管人员和学者专家共同研讨纲目,决定合理有效的实施办法。

再,当全国经济委员会通过本案的时候,同时也决定了特别应当强调办理的两个专题,第一就是本方案关于生产部门的商业条款中"若干物品指定用进出口联营办法"一节,由张委员嘉璈、俞委员鸿钧研拟详细办法后,再行提会讨论,第二就是财政部门的稳定币值条款中"国人存在外国之外汇资金政府应严令限期申报妥筹利用"一节,也由张、俞两委员就国家和私人银行和公司个人所存的外汇详拟申报办法,提会讨论。

这两个问题,第一项现在正在详细研讨中,第二项已由本院制有《中国人民存放国外外汇资产申报登记条例》里面规定,凡申报登记的外汇资产,除照规定可以保留一定数额外,其余的应以原币用原持有人名义转存于中央银行账户,若有申报不实的,得处以五年以下有期徒刑,并没收其外汇资金。本办法已在9月30日本院会议中通过,现在送请国务会议作最后的决定。

二、外汇管理办法——本院管理外汇的政策,约可分为积极的与消极的两方面,积极方面,政府对于外汇管理向来就以安定外汇市场为主旨,希望藉外汇的安定,以保持一般经济的安定,可是历来有关外汇政策的决定都脱不了钉住政策的窠臼,收效一时,很快便丧失了预期的作用。经过长时期的考虑,乃于八月十五号提经国务会议决议,改定外汇管理办法,又在同月十七日将《修正管理外汇办法》和《修正进出口贸易办法》同时公布。

新办法的要点是将外汇政策改为差别汇率制,凡民生日用必需品如棉花、米、麦、面粉、煤价格可由政府统制的,还是由中央银行供给官价外汇,其余核准输入的货品与财务上的支付都由指定银行依市价结售,输出和侨汇的所得外汇也按市价卖给指定银行。此外并设立了外汇平衡基金委员会和输出入管理委员会,来控制进出口贸易,调节外汇市价。这个新办法的特点,是将外汇政策与贸易政策配合实施,并且将呆滞性的改为机动性的,据我们的估计,除官价结汇日用必需品外,其余输出入的收支金额差不多可以相抵。

新办法颁行之初,一般的舆论与市场的反应都很好,但是因为中国的经济久已陷于恶性的循环中,市场的因素太复杂,人民的心理已达到了病态的敏感,不幸最近黑市外汇又猖獗起来,然本月中旬在上海所实施的抑平物价紧急措施,似乎已能收到效果。政府除继续对于投机操纵紊乱金融的行为,随时严加防范制裁之外,对于管制进口,奖励出口,疏畅侨汇,防止走私等等,平衡国际收支、安定外汇的根本办法,自应特加注意。

其次,再谈到管理外汇的消极方面,换言之就是尽力节省不必要的外汇开支。为了向这个方向努力,本院特为设置了一个外汇审核委员会,负责办理现在具体的措施,第一是将驻外官员或派遣人员尽量减少或撤回,第二是撤消或合并不必要的驻外机构。

由于上面所述的积极、消极两方面努力,就其中最主要的美汇一项来比较,七、八月份的核准美汇仅占五、六月份的数字之百分之二十六,九月的核准美汇,因为驻外使馆半年经费汇支和军用油料及空军购买飞机需要支出数字陡然增加,但如除掉这些特别开支,其他核准的外汇数目不过二百余万美金,仅占八月份美汇数字的百分之六十。

三、节约消费之厉行——本年七月五日,国民政府发布动员戡乱命令之后,本院就依据这个命令,拟定《动员戡乱完成宪政纲要》提经国务会议通过,并根据原纲要第十三条,由全国经济委员会起草《厉行节约消费办法纲要》,呈奉国务会议通过公布施行。

这次总动员的意义是在恢复统一安定之同时,尽可能的力量来加强建设,我们决不应将建设期之安定之后,反之正应以建设来促成国家的安定。试看在此次大战之后,不独战败国如日本高呼饥饿出口,即欧洲战胜国家,如英国战前工业早已成熟,战时敌骑未及于本土,所受于国际援助的力量甚厚,然而战后两年,配给制度还未废除,最近英国为感于外汇的耗竭,更于八月初旬宣布了经济紧急计划,紧缩全国人民的生活,以图自救自强。中国原来就穷,工业基础薄弱,战时特长,损失特重,今日中国对于节约的需要事务更是显然,《厉行节约消费办法纲要》就是因应这种事实需要而制定。

原办法的内容约可分为两个部分,其一是公务机关的节约,其二是社会方面的节约。原办法条文很多,许多都已披露在此,为时间所限不必详述,总之不外乎:(1)物资的节约;(2)财务的节约;(3)人力的节约;(4)外汇的节约;(5)时间的节约。其目的在求得财政上的平衡、国际收支上的平衡与物资供需的平衡,仅恃节约,当然不能获得这三种平衡,但节约必然是求得上述三种平衡的必要手段。

为便于执行起见,在这个纲要之下,还由各关系机关拟订各项单行办法,由本院分别通饬办理,为恐各阶层视为具文,所以又设立了一个检察督导的体系,在中央则由本院设置督导委员会,主持监督与指导事宜,在地方则以地方政府主管与民意机构合组厉行节约消费检察委员会,以贯彻本纲要的实施。

四、物价及币制问题

最近物价上涨原因及其对策

自八月十七日外汇管理办法改革后,一般物价比较稳定,迄至中秋节后忽然奔放,九月二十五日以后,上海金融物价上涨情况如下:

(1)黄金上涨百分之廿九,美钞百分之四十三。

(2)证券中华股永纱涨百分之十一,外股全德丰百分之四十二,债市(统丙)百分之十一。

(3)纱市上涨百分之二十七、八左右。

(4)米价上涨百分之十八,面粉百分之卅二。

(5)煤油上涨百分之五十,煤炭百分之十八,木炭百分之廿一。

(6)肥皂上涨百分之四十七,火柴百分之六十一。

政府对此自然非常重视,所以采取紧急措施,一方面电令上海吴市长加速加强管制,一方面由全国经济委员会派黄元彬、刘振东、施奎龄三委员到上海严密考查,目前物价虽然小有折回,然离我们的希望仍然很远。

物价在最近短期如此暴涨,如果根究原因,自不能否认两个根本问题,即时局的不安定与通货的继续膨胀。然而这两点并不能作为说明最近物价狂涨的理由,实际说来,这次物价波动的主要原因还是由于许多临时的刺激,归纳之不外下列数点:

(1)中秋后上海的谣言特别多,因为政府的措施都是对于投机分子不利的,所以其所放布出来的谣言也是无中生有,例如"广东省府改组后,大批法币运往香港"、"关外游资尽集中上海"这一类,谣言一起,投机分子就乘机操纵。

(2)自备外汇入口货物问题未得解决,许多货物不一定全有外汇,只以为政府准其入口而大事抢购,黑市外汇因此剧烈提高。

(3)最近监委对外汇之报告未说到收入部分,一般人遂借此散播谣言,引起外间的误会,投机分子得以活跃。

(4)魏德迈来华以后,商人观望,物价一时未动,但一旦暴发,其势就更猛锐。

以上各种原因还是属于一般性的,其他尚有各种货物的各别原因,例如花纱因为受军事影响,陕棉输沪数量减少,影响配纱办法,青岛中纱的停工以及各方的竞买,引起了纱布的上涨,又如煤因为运输的关系,汽油为加税的关系,也引起涨风,花纱布燃料一涨,其他物价也受刺激,加以人民的心理已患着可怕的敏感病,愈涨愈买而不敢卖,这些都是这次涨价的刺激因素。

涨价从上海开端,全国随着波动,不能不说是游资作祟,因为游资的大量集中上海,许多人便借此为生,谣言与投机在所不免,他们少数人蒙利而全国大多数受害。以中国这样的农业国家,农民生活只求自给自足,外汇变动应该对他影响甚小,然而上海这个十足商业化的区域,各种物价都为外汇涨落所支配,而上海一地的物价变动便又影响全国,使那些许多无辜者受其灾害,也可以说政府许多措施都是因为上海的关系而被拖累，这种现象是极畸形的。

我们大多数的意见都是要对上海严格管制，而且还是要继续对日用必需品管制，不但现在如此，在币制改革后也应如此。我们过去不是没有管制，但因为许多缺陷，例如：（一）管制的机关太多，步骤未能一致；（二）执行管制的人员认识不够，执行因之不彻底或操守不好发生弊端；（三）管制的技术未尽如理想，这些都是过去管制失败的原因，因此今后应注意的问题，是要在管制的制度、人事及技术上力求改善。在这三个重要问题中，最微妙也最重要的，还是技术问题，例如物价一涨，有的归咎于外汇领导，有的归咎于公营事业的涨价，也有归咎于燃料的涨价，其实谁都有成分，谁也不肯承认是"因"，而认为是"果"，涨价本身便是一种恶性的循环，在这个恶性循环中，人民心理愈来愈敏感，投机分子遂得利用谣言，从中渔利。再，现在不但外汇有黑市，差不多所有重要物资都有黑市，官价若定得与黑市太近，舆论便批评官价跟着黑市跑，如果定得相距太远，又被讥刺事实上不能领导控制，而且无法杜绝套购官价的利益不到消费者而到了投机商人之手。所以今日必须探求物价上涨的根本病痛和各种微妙复杂的因缘，研究一个有效的全面顾到的办法，用最健全的人事与制度来求得切实的执行，才能期望物价不致病态的上腾。我们对于物价问题的看法是如此，今后如何改善管制并加强物价管制的途径也在缜密研究中，各位先生如有高见请赐教。

关于币制问题，当然是今日中国最根本的问题，也是物价上涨的主要原因。政府对于币制改革问题，早已在考虑之中，但谈到改革币制，必须货币与外汇或硬货——黄金白银——保持一定的比率，那便非有外汇或黄金白银的准备不可，而这个准备的数量又非足以应付较长时间国库收支的巨量差额不可，不然即使将币制改革了也不能长久保持他的购买力，等于为已膨胀的法币增加一种标准，于事无补。因为目前政府的预算无论如何紧缩，始终不能接近平衡,而我们又没有大量的外汇与黄金白银作为新币的准备,所以改革币制问题,目前还没有达到成熟的阶段。

(肆)最近公教人员待遇的调整

政府对文武公教人员之待遇,过去是每隔三个月调整一次,近来物价指数继长,增高公教人员的待遇,立法院前曾拟订有按照生活费指数调整的方案,同时北平各大学教授以及其他各方也有不少同样的主张。这些建议经提由行政院政务会议讨论,在原则上深表赞同,但因各地的指数不一,报告不全,分区不易,如率尔实行,深恐仍难表现原案的精神。经缜密讨论的结果,为求计算精确、待遇公允起见,决定向国务会议建议由主计处组织公教人员待遇调整计划委员会,五院均派代表参加,由主计长主持研究一个切实合理的调整待遇方案,自明年一月起实行。至于目前的过渡办法,是依照现行待遇普遍增加百分之一百二十五。士兵待遇也照此提高,公费生副食费就各区基本数七分之一支给,官佐士兵副食费另案追加。同时政府为体念文武公教人员的生活困难,特别打破了从前三个月调整一次的成例,决自本年十月份起实行这个办法,已经在本月十四日的政务会议中通过。由于这次过渡期间的调整案,国库负担每月增加□□元。

〔行政院档案〕

10. 行政院抄发"动员戡乱完成宪政国防军事实施办法"训令

(1947年12月9日)

行政院训令　(卅六)四防字第51160号
　　　　　中华民国卅六年十二月九日发出
　　　令内政部

据国防部呈:拟《动员戡乱完成宪政国防军事实施办法》,业经酌予修正,除通饬各省市遵照并分行外,合行抄同修正办法令仰知照。此令。

附抄《动员戡乱完成宪政国防军事实施办法》一份。

院长：张群

中华民国三十六年十二月　　日

动员戡乱完成宪政国防军事实施办法

第一章　总则

第一条　本办法依《动员戡乱完成宪政实施纲要》第十五条之规定订定之。

第二条　动员戡乱期中之国防军事措施，除法令别有规定外，悉依本办法办理。

第二章　人力

第三条　为完成戡乱任务树立建军基础，应保持国军所需兵员之编制员额，并适时补充之。

第四条　兵源征集依据《兵役法》，以征兵为主，大都市人口丛集，免缓禁役人员较多，为开拓兵源办理顺利，都市征兵得兼行征集志愿兵。

第五条　为开拓兵源，提高军队素质，得以发动知识青年志愿从军，参加青年军服役或任戡乱工作。

第六条　部队缺额与预备补充兵均须于最短期间如数征集完成拨补，并严加训练之。

第七条　依法加强在乡军人之管理，必要时得予以动员召集。

第八条　为补充国军初级干部，得召集预备干部，予以短期训练。

第九条　实施国民兵组训，必要时得予以临时召集，以维持地方治安，担任军事补助勤务。

第十条　陆海空军及军事勤务等机关、部队、学校、厂场矿、医院所需之技术员工，得依军事需要予以转录登记，并在不影响农工商业生产经营原则下，商同有关机关予以征召征雇或管理。

第十一条 奉令征调之技术员工应即遵限驰赴指定机关部队报到,其必需费用由征调机关部队发给之。

第十二条 某种军用技术员工特别缺乏时,得由军事主管机关会同有关机关设班训练之。

第十三条 军事机关或部队长官得依军事需要,经由地方政府依照《军事运输征雇伕马车船办法之规定》征雇民伕,设立递运站,运送军需品及伤患官兵,在设有军民合作站之地方,由合作站兼办之。

第十四条 军运机关得依军事需要,商由当地有关机关督饬各地码头工会及各种运输工会加强组织,以便随时征雇使用。

第十五条 军事主管机关得依军事需要,参照《战时海员管理规则》,商由有关机关管理或征雇海员及引水人员。

第三章 物力

第十六条 民间运输工具如驮兽、火车、手车等,得依本办法第十三条规定程序予以征用或租用。

第十七条 各铁道军事运输主管机构得依军事需要,商由当地铁道管理机关调度车辆,供应军运,必要时并得停止或酌减客货运输。

第十八条 运输器材、燃料及通讯器材,得商由主管机关在可能范围内供应必需之数量,必要时得商由有关机关对于国内公私厂商之器材及产品依照《动员戡乱完成宪政实施纲要》第四条之规定办理之。

第十九条 国内公私车辆及器材修造工厂暨码头机房等设备,得依军事需要,商由主管机关予以征用或租用。

第二十条 前线水陆空交通要道上,得依军事需要,由宪兵会同有关机关设置检查站、所,检查来往交通运输工具,以整饬运输纪律及侦查奸谍事项。

第二十一条 应需军粮得依实计数量,商由粮食主管机关统筹现品分别配拨补给,机关接收补给之必要时,并得就原配额内易发一部分代金,就地购食副食、马秣,以由补给机关筹发实物为原则,但当地有物资可以利用时,得由补给机关核发价款,交由受领单位自行购办之。

第二十二条 补给机关及受领单位向市场采购副秣实物时,应会同当地地方政府法团视其给与规定,商定合理价格采购供应。

第二十三条 兵工生产所需之钢铁五金材料及必须利用之各种原料,必要时得商由有关机关依照《动员戡乱完成宪政实施纲要》第四条之规定办理之。

第二十四条 国营公营有关军需工业厂矿,得依军事需要,商由主管机关设法增加其生产,并优先供应军用。

第二十五条 有关军需之民营企业厂矿,得依军事需要予以奖助保护,以增进产量充实军需。

第二十六条 敌伪产业及赔偿物资其可利用作军需之生产者,得商由主管机关在顾及民生经济之平衡条件下,以之建立军需工业。

第二十七条 奢侈品工业及民营事业中非属民生经济切要之生产者,得依军事需要,商由主管机关令其改变生产品种,或以合约方式令其生产所需之军需品或民生必需品。

第二十八条 民营工厂中能改造军需品者,得由政府保留优先制造之权,并由各主管机关派员监督及考核成本,以便给予合理利润。

第二十九条 为协助军医院收容伤患官兵,必要时得商由有关机关征用公私医院床位、医护人员及医院器械,按照军医院规定给予用费。

第四章 绥靖

第三十条 为动员戡乱绥靖地方,得依军事需要动员全国各县(市)民众武力,依照《各县(市)民众自卫队组训规程》组织自卫队及常备自卫队,分别担任清剿零匪、警卫地方及情报、响导、运输、通讯、守望、盘查、工程、救护暨机动剿匪,配合国军作战,各县(市)已受训之国民兵,应加入自卫队组织。

第三十一条 为配合戡乱作战,得发动原籍绥靖区之复员青年军参加地方绥靖工作。

第三十二条 各地政军民意极关及社团对被匪裹助之武装民众,应觅致路线,报请该管行辕绥署指示扩大招抚宣传,运用各种有效方法策动反正。

第三十三条 对自新之匪军人员及后方共匪之处理,依照《后方共产党处置办法》办理之。

第三十四条 绥靖区急赈工作应配合军事进展迅速救济处理之。

第三十五条 各地政军民应尽量搜集匪军罪证纪录及暴行史实,以为惩处匪犯之确据,必要时得经由主管宣传机关宣传之。

第五章 附则

第三十六条 本办法实施后,政府对于人民因动员所受之损失,除法律另有规定外,得依《国家总动员法》第二十八条之规定,予以相当之赔偿或救济。

第三十七条 关于本办法之实施,得由国防军事主管机关会同有关机关依事实需要随时制定实施细则,分别以命令公布施行之。

第三十八条 本办法自公布日施行。

〔内政部档案〕

11. 国民政府公布"戡乱时期危害国家紧急治罪条例"
(1947年12月25日)

戡乱时期危害国家紧急治罪条例 三十六年十月二十五日公布

第一条 本条例于戡乱时期适用之。

第二条 犯刑法第一百条第一项、第一百零一条第一项之罪者,处死刑或无期徒刑。

通谋外国或其派遣之人而犯前项之罪者,处死刑。

预备或阴谋犯前二项之罪者,处十年以上有期徒刑。

犯前项之罪而自首者,减轻或免除其刑。

第三条 参加以前条犯罪为目的之团体或集会者,处五年以下有期徒刑。

犯前项之罪而自首者,减轻或免除其刑。

第四条 依前二条之规定自首而免除其刑者,得令入感化教育处所施以感化教育,感化教育期间为三年以下、一年以上,如认为有延长之必要者,得于法定期间之范围内酌量延长之。

第五条 有左列行为之一者,处死刑或无期徒刑或十年以上有期徒刑:

一、将军队交付匪徒或听其指挥训练者;

二、率队投降匪徒者;

三、将要塞、军港、军用场所建筑物、军用船舰、桥梁、航空机、铁道、车辆、军械、弹药、粮秣及其他军需品、电信器材与一切供通讯转运之器物交付匪徒或毁坏或致令不堪用者;

四、煽惑军人不执行职务,或不守纪律,或逃叛者;

五、以关于要塞、军港、军营、军用船舰、航空机及其他军用场所建筑物,或军事之秘密文书、图表、消息,或物品泄漏,或交付匪徒者;

六、为匪徒招募兵役、工伕,或募集钱财者;

七、为匪徒之间谍者;

八、为匪徒供给贩卖或购办运输军用品,或制造军械弹药及其原料者;

九、为匪徒供给贩卖或联办运输军用被服、食粮或其他供制造被服之材料与可充食粮之物品者;

十、意图妨害戡乱扰乱治安或扰乱金融者。

前项之未遂犯罚之。

预备或阴谋犯第一项之罪者,处七年以上有期徒刑。

犯第一项之罪而自首者,减轻或免除其刑。

第六条 以文字、图书或演说为匪徒宣传者,处三年以上、七年以下有期徒刑。

第七条 犯惩治盗匪条例第二条第一项、第三条第一项、第四条第一项第三款之罪者,处死刑、无期徒刑或十年以上有期徒刑。

第八条 犯本条例之罪者,除军人由军法审判外,非军人由特种刑事法庭审判之。

前项特种刑事法庭之组织由行政院会同司法院定之。

第九条 依动员戡乱完成宪政实施纲要之规定应处罚者,其审判适用前条之规定。

第十条 前两条案件之审理,得许辩护人员出庭辩护。

第十一条 本条例施行区域由国民政府以命令定之。

第十二条 本条例自公布日施行。

〔行政院档案〕

12. 行政院三十六年度重大行政措施检讨报告

(1948年2月)

三十六年度重大行政措施检讨报告

壹、前言

一个国家的施政贵在因时制宜,以逐步实现远大的理想。我国自从国民政府成立以后,一贯是以三民主义的民族独立、民权普遍和民生康乐为远大理想而逐步求其实现,中途因先后遭受军阀阻碍与日本侵略,曾经辛苦进行北伐与抗战。抗战胜利后,民族既已独立,本可集中全国力量以求民权的普遍和民生的康乐,不幸共党继起倡乱,一切复员建设都受阻碍,政府乃不得不于加紧复员建设之外,同时致力于共党的应付。

为了减少人民的痛苦,便利国家建设,政府确曾尽量容忍委曲,以与共党和解,直至卅五年冬天,共党虽以屡次利用政府下令停战机会扩大叛乱势力,欲使各党派共同商订的和平建国纲领与马歇尔将军辛苦进行的调解工作完全归于无效,但政府犹与第三方面的各党派人士继续商谈并期待共党翻然悔悟,以便共同参加建国工作,所以当时制定的卅六年度国家施政方针仍然充满着和平建国的精神。

原方针共有七条,其重要内容约可归纳为左列四项:

(一)加强地方自治,开始宪政实施,以建立民主政治;(第一、二条)

(二)恢复财政常态,发展经济建设,以改善人民生活;(第三、四、五条)

(三)恢复各级学校,救济失学青年,以提高人民知识;(第六条)

(四)整编全国军队,达成军队国家化,以安定建国环境。(第七条)

卅六年初政府一面依照上列方针进行,一面决定邀请各党派参加政府,共同负责,因共党仍旧执迷不悟,政府乃于四月间与青年、民社两党及社会贤达人士共组联合政府,并商定政府改组后的施政方针公布实施。这次政府公布的施政方针共有十二条,其重要的内容约可归纳为左列六项:

(一)各党派共同参加政府,与民意机关负责准备宪政实施,保障人民自由,以达到政治民主化;(第一、二、六、八、十、十二条)

(二)对各友邦一律平等亲善,以促进世界和平;(第三条)

(三)只须中共愿意和平,铁路交通完全恢复,政府以政治方法谋取国内之和平统一;(第四条)

(四)试行行政院负责制,并尊重立法院职权,以作行宪之准备;(第五条)

（五）彻底改革省政，以充分发挥其效能；（第七条）

（六）整理财政收支，并限定外债用途，以减轻人民负担。（第九、十一条）

上项方针的最大特别为将一党负责的政治改由多党负责，而关于中共问题的规定更足表示政府委曲求全的苦心。不幸在政府宣布上项方针后，共党不但毫无悔悟的意思表示，而且气焰更为嚣张，叛乱益形扩大，甚至对于第四届国民参政会第三次大会的和平建议，也公然加以拒绝，至此和谈既已绝望，政府为免养痈贻患滋蔓难除，乃于七月间明令明员戡乱，并颁行《动员戡乱完成宪政实施纲要》，期以匪乱的迅速戡定，助成宪政的完满实施。

原纲要共有十八条，其重要内容约可归纳为左列五项：

（一）继续准备行宪，并保障人民权利；（第二、十四条）

（二）发动人力物力，并管制物价金融；（第三至第六条）

（三）安定社会秩序，并加强救济与建设；（第七至十一条）

（四）整理财政收支，并厉行消费节约；（第十二、十三条）

（五）处罚反动行为，并加强行政权力。（第十六、十七条）

综上所述，政府卅六年度的施政方针共可分为三个阶段：第一阶段为国民党单独负责进行复员建国工作，并与各党派协商合作办法；第二阶段为国民党与青年、民社两党及社会贤达共同负责进行复员建国工作，但仍予共党以最后的自新机会；第三阶段则因共党断然关闭和谈之门，而不得一面动员戡乱，一面复员建国。各阶段施政方针的变迁全在因时制宜，即一面由于共党叛乱势力的扩张，而必须加强军事措施，一面复因其他党派的和衷共济而更易推动建国工作。至对于三民主义所树远大理想的追求，则系始终不变。

本院负有全国行政重任，对于卅六年各阶段的施政方针无不尽力执行，虽因外受大量共党匪徒的扰乱，内受多年行政积弊的影响，而常感推行困难，成效不彰，但既经辛苦耕耘，当亦必有收获。

兹谨将卅六年度各部门重大行政措施分别扼要检讨如次,以明当时施政的得失,藉供今后改进的参考。

内政

卅六年度内政工作系以完成行宪准备为中心,政府为了实现民权普遍的理想,早即开始推行地方自治,以逐渐奠定行宪的基础。自从是年元旦国民政府公布宪法及其实施准备程序以后,本院除依照规定从事行政法规的整理及协办国大代表与立法监察委员的选举外,并更注意改进地方政治,以完成行宪准备。惟因共党叛乱日益扩大,足为行宪障碍,乃又不得不在内政方面注意配合剿匪军事,防范匪徒活动,以利行宪。现虽匪乱尚未戡平,但行宪的准备工作则已大致就绪,故国民政府于卅七年三月廿九日召开国民大会,正式开始行宪。兹将一年来内政方面的各项重大措施分述如左:

一、整理行政法规

宪法实施准备程序规定,自宪法公布之日起,现行法令与宪法相抵触者应迅速分别予以修改或废止,并限于依照宪法所产之国民大会集会以前完成此项工作。本院于卅六年元旦宪法公布后,即依据上项规定从事行政法规的整理,七月间并于院内特设行政法规整理委员会以专责成,所有应行整理的行政法规,除因配合动员戡乱暂须保留者,或须俟行宪后新法规颁行时始能修正或废止者外,均由各主管部会分别拟具修正案送院交会审查,截至年底为止,该会共已开会七次,审议各类法规达一百卅七件,现正加紧进行工作,期于国民大会集会前全部完成。

二、协办国民大会代表及立法、监察委员选举事务

监察委员选举事务系由本院内政部及蒙藏、侨务两委员会分别主办,其中各省市监察委员依法应由省市参议会或临时参议会选出,原定三十六年十一月二十二日同时举行,嗣经国民政府改为卅六年十二月廿日起至卅七年一月十日止举行,现除西康、辽宁、

辽北、吉林四省或以交通不便，或以匪军窜扰，均经核准改为卅七年三月廿九日以前选出，新疆因民族复杂，不得不另订选举办法，安东、合江、黑龙江、嫩江、兴安、大连、哈尔滨七省市均须先设立临时参议会始能进行选举，又宁夏、北平、河北、广州、河南五省市因选举发生问题，正予分别核办外，其余多数省市均已顺利选出。又**蒙藏地方监察委员**已有蒙古阿拉善额济纳两特别旗选区及青海左**右翼盟选区**各选出一名，其余地方选举结果尚未据报。侨民监察委员选举，则除荷属东印度及逼罗等地因未得当地政府同意业经决定缓办外，余正督促举办中。

至国大代表及立法委员选举事务，虽系另由国民政府直属的选举总事务所负责主办，但因与本院关系密切，故仍由内政部及**蒙藏、侨务两委员会**分别予以协助，现各省市国大代表及立法委员均已选举竣事，蒙古地方国大代表57人已选出三十一人，西藏地方国大代表四十名已选出二十六名，侨民国大代表六十五名已选出二十名。又因未得当地政府同意，经决定暂缓选举者四十三名。至蒙藏地方、侨民立法委员选举结果则尚未据报。

三、促进地方自治

地方自治为实施宪政的基础，亦为本院多年来不断注意推进的工作，惟因外患内乱继为阻碍，以致此项工作迄未完成。**卅六年度为准备实施宪政，特督饬各省市加紧推行地方自治，其中最关重要者为民意机关的建立与自治人员的选举。**

关于民意机关的建立，卅六年度较卅五年度大有进步，计全国省市参议会已由二十四单位增至二十八单位，省市临时参议会已由七单位增至十一单位，县市局参议会已由一千三百单位增至一千四百七十一单位，县市局临时参议会则因先后改设正式参议会，已由三百七十一单位减至三百一十单位，区乡镇民代表会已由二万六千七百九十九单位增至三万一千四百一十五单位，保民大会已由二十四万九千三百五十单位增至四十万〇四千九百七十四单位

(卅五、六年度省市各级民意机关数字详见附表一）。惟尚有若干地方因遭受匪患未能建立民意机关,实为遗憾。又为健全各级民意机关,经将保民大会组织成员扩及所有保内公民,同时对于县临时参议员的遴选亦先征询地方团体及职业团体意见,俾能充分反映民意。另并参照《县参议会议长不于法定期内召集开会处理办法》订颁《乡镇民代表会主席不于法定期内召开保民大会处理办法》,俾能按期开会遵章议事。

关于自治人员的选举,经于卅六年度积极进行区乡镇保甲长民选工作,截至年底为止,已完成者计有区乡镇长三万四千七百五十四单位,保长二十七万九千二百二十单位,甲长三百三十六万七千三百三十一单位。省县长选举罢免法亦正在拟订中。此外为树立行宪后地方自治的规模,业经依照宪法规定拟具《省县自治通则》及《蒙古各盟旗地方自治方案》两种草案,准备送由依照宪法产生的立法院分别审定实施。

四、改进地方行政

本院为改进地方行政,以适应戡乱需要便利宪政实施,特于卅六年七、八月间乘各省主席来京出席粮食会议之便,召集各部会首次长及各省主席举行行政座谈会四次,以交换关于地方一般行政问题的意见,院长并先后于九、十月间出巡东北、华北及台湾,以期明瞭各该地实际情形,所有各省主席及地方人士提出的各项行政问题,均经予指示或助其解决。

根据行政座谈会商谈的结果,经于八月下旬通令整饬县政,其要点为简化县级机构,调整县级财政,慎用县级员吏,减少县长兼职及限制直接指挥县长的机关等五项,截至年底为止,据报已开始实施者计有江苏、浙江、安徽、湖北、广东、台湾、山东、绥远、热河、福建、甘肃、察哈尔、河南、河北、宁夏等省,又经核准暂缓实施者计有陕西、山西两省,其余各省亦正督促实施。又台湾于胜利后新返祖国怀胞,为适应当地特殊情形,曾设台湾省行政长官公署以综理该省政务。惟因台湾人民脱离祖国既久,对中央治台政策不无隔膜误会之处,加以奸匪多方煽动,致不幸于卅六年初发生二二八事变,事变平息后,中央为彻底清除台省人民的误会,乃于五月间撤销行政长官公署,依照一般省制成立台湾省政府,并特于省府各厅处增设副首长一人,尽量引用当地优秀人材,以期群策群力,共谋该省建设的发展。

五、加强户政工作

户政原为国家的基本要政之一,其成果可供诸般施政的参考,卅六年度为适应行宪及戡乱的需要,特更注重办理收复区的户口清查及安全区的户籍登记。

欲求户口查记工作推行顺利,尤须健全户政机构及人事,故本院特于卅六年五月间将内政部户政司扩大为人口局,同时于中央训练团设班调训省级户政人员,并督饬各省市充实户政机构,训练户政人员,截至年底止,全国已依法设置户政机构者计有三十七省市及所属一千八百四十八县市,共已设置县级以下户政人员三六二〇五七人,其中经过训练者共计三一五一六五人。

收复区户口清查原系施行于日军投降后收复的区域,卅六年度复援用于匪乱绥靖后收复的区域,两种区域经于年底以前实施清查者,共有二十六省所属之六三二县市局及五院辖市。

户籍登记系自民国三十二年开始推行,三十六年度计增办五二一县市局,连前共有三十省所属的一四三五县市局及十院辖市业已举办,其中业已制发或正在制发国民身份证者计有廿三省所属的一〇五四县市局及十院辖市。

根据户口清口清查及户籍登记的结果,经于卅六年七月十五日编成全国户口统计表公布,此后并定于每年一月十五日及七月十五日各公布一次,以应各方需要(全国户口统计见附表二)。惟户口清查究为适应收复区情形的一种紧急措置,为建立正常的户口调查制度,业奉国民政府于卅六年三月间公布户口普查法,并正由内政部准备于民国三十九年举行第一次全国户口普查。

六、确立警察制度

卅六年度警察行政系以厘定法案加强机构人事进而确立警察永久制度为目标,除警察法草案正由本院审慎核议外,各地警察机构及人员业经分别充实,截至年底为止,据报全国各省市县主办警察事务的处、局、室、所、队等机构计有一六五一二单位,共有警察官员四三八七七人,较卅五年度增加机构四二七二单位,官员二四四六九人(三十五、六年度地方警察机构数字详见附表三)。又全国各地原有侦缉队经予加强性能改组为刑事警察队者计有上海、北平、天津、南京、重庆、沈阳、西安、汉口、河北、贵州、江苏、湖北、山东、安徽、山西、河南、湖南、甘肃、察哈尔、辽北、杭州、归绥、包头、蚌埠、衡阳、长春、徐州、台湾等二十八地,现全国共有刑警人员三千二百四十九名,至暂仍沿用侦缉队名义的侦缉人员亦尚有一千四百九十六名,外事警察则有机构一百七十二单位,员警九百〇二人。

七、处置非法党派

自从共党关闭和谈之门,政府不得已而颁全国动员戡乱以后,共党的存在实已为国法所不容,本院为预防该党人员在后方扰乱治安并予以最后的自新机会起见,特于卅六年九月公布《处置后方共产党办法》,规定十一月一日至卅一日为脱离共党登记期限,凡依限登记者均予合法保障,否则以匪军间谍论处。

又因民主同盟曾与共党暗中勾结,并有若干盟员公开参加叛乱,证据确凿,政府乃于十一月廿八日宣布该盟为非法团体,并饬各地治安机关对于该盟及其分子一切活动严加取缔,以遏乱萌。嗣据该盟主席张澜正式公告自行解散后,政府复允个别保障其合法自由。

国防

政府对于共党问题,原想以政治方式求解决,故卅六年初仍继续整编国防军。惟以共党的叛乱日益扩张，国军的整编工作亦不得不审慎进行，到了该年六月，共党的叛乱气焰已达高潮，国民的和平希望全被消灭，然后政府乃颁令动员全国力量厉力戡乱，以求达到真正的和平统一与民主，兹将一年来各项重大措施分述如左：

一、继续整编国军

我国陆军太多，而海空军都太少，故整编工作，实以陆军为主要对象，至整编的方针，则在化军为师，化师为旅，力求员额减少，素质提高。此项工作系于卅五年度开始，卅六年度仍继续进行，惟因共匪叛乱日甚，未能全部完成，截至年底为止，总计已经整编者有七十五个师，一五八个旅，尚待整编者有十六个军，七十七个师。又为建立正常征兵制度及适应动员戡乱需要，并仍继续实行征兵。

二、厉行动员戡乱

卅六年七月初，本院奉到国民政府令颁厉行全国总动员，以贯彻和平建国方针一案后，随即订定《动员戡乱完成宪政实施纲要》，于呈奉核定后公布实施。此项纲要的要旨，已于前言一章内叙明，根据此项纲要而陆续订颁的实施办法，计有《动员戡乱完成宪政国防军事实施办法》（十二月九日公布，廿三日修正公布）、《后方共产党处置办法》（九月五日公布，十二月三日修正公布）、《粮食流通管理办法》（十一月廿二日公布）、《全国花纱布管制办法》（十二月廿六日公布）、《加强金融业务管制办法》（十二月廿三日公布）、《厉行消费节约办法纲要》（八月廿一日公布）及《动员戡乱期间劳资纠纷处理办法》（十一月一日公布）等种，为求动员戡乱工作的顺利推进，经于十一月间通令成立由各级民意机关议长主持的省市县戡乱建国动员委员会，以分负各地动员民力的责任，同时并授权地方各级行政首长，指挥辖区内所有保卫武力，以加强军事政治的配合。

三、实施联省剿匪

共匪本是一种流寇，自从延安老巢及鲁省根据地为国军收复后，其流窜性能遂更加强，政府为防其流窜，加以聚歼，特分区进行联省剿匪工作，其中最重要者为左列三大区：

（一）华中区。共匪在山东的根据地为国军攻占以后，刘伯诚〔承〕匪部因在鲁南走头无路，乃于卅六年八月间窜入豫、鄂、皖、赣等省，希望建立大别山军区，同时陈赓及陈毅匪部亦相继渡河南窜，以相呼应。政府为联合华中各省力量，予以聚歼，特于十一月中旬召开豫、鄂、湘、赣、皖、苏六省联合剿匪会议于南京，这次会议对于划建绥靖区、加强军政配合及地方团队等，都有详实意见，提供中央采择施行。会议闭幕后，随即成立国防部九江指挥部，由白部长坐镇九江，指挥华中军事，并指导鄂、豫、皖、赣、湘五省政务。现大别山重要据点都已收复，共军主力已被击溃，残匪正在国军搜索清剿之中。

（二）华北区。华北的剿匪工作，原由各绥靖区军事长官分别负责，各区的联系常有赖于联防会议的举行。卅六年十二月初，为加强联系，以便展开剿匪工作起见，特于北平成立华北剿匪总司令部，并派傅作义将军为总司令，以统一晋、冀、热、察、绥五省国军的指挥。

（三）东北区。东北的政治和军事，早于东北长官保安司令部撤销以后即由东北行辕统一指挥。卅六年八月，为加强东北军政的指挥，经特派国防部参谋总长陈辞修将军兼任东北行辕主任，坐镇东北，因此国军在东北虽因战略关系，暂仅保有沈阳、长春一带，但共匪在卅六年度内先后发动的六次南犯攻势，则都被国军击破。

四、加强地方自卫武力

抗战结束后，政府鉴于新收复地区匪患日深，人民无力自卫，早于三十五年六月，颁布《收复区民众自卫队组训方案》，以苏、皖、鲁、豫、晋、冀、察、绥、热、陕、鄂等十一省为实施区域。三十六年度开始后，经将原方案修正为《绥靖区民众自卫队组训办法》，另复订定《绥靖区民众自卫队指挥系统暨补充干部械弹办法》并将东北九省二市及广东沙区加入适用范围。

上列办法实施后,绥靖区的地方自卫武力虽已逐渐加强,但因所负任务既仅限于绥靖区,故在国民政府颁令动员戡乱以后,实不能适应客观情势的需要。本院有鉴于此,特参照原办法重新订定《各县市民众自卫队组训规程》,于九月二十四日颁布,全国各县市一律施行。是项组训规定,各县市应组织一般民众自卫队,以担任清剿零匪、警卫地方及情报、响导、运输、通讯、警戒、盘查、工程、救护等任务,并组织常备自卫队,以担任机动剿匪,配合国军及保安部队作战,其目的在以国军清剿大股匪,而以地方自卫武力扫荡零星散匪,以国军控制点,而以地方自卫武力控制面,使匪无隙可乘,迅被歼灭。嗣为督促各省市迅速依照原规程实施,并经通令各省市限于卅七年元月底以前一律完成。据国防部统计,全国已有组织的民众自卫武力,在三十五年度为官五七五三三员,士兵二二二九八五三名,步枪一四九三九二支,机枪一五七一挺,手枪五六〇一支,而在三十六年度则为官一〇四〇五一员,士兵二八一八〇一九名,步枪二七八〇五四支,机枪二五九三挺,其他武器(梭、标、刀、矛等)二〇四六八件。此外尚有陇海兰封至铜山段民众护路自卫队二〇中队,队员三七〇六三人。又卅六年度各省市地方自卫队,共对匪作战一七四次,参加作战人员一二九三三员名,伤亡失踪四四九员名,总计伤亡匪官兵一四八二六员名,虏获匪官兵一五一员名,枪一二八支,弹三九六三二粒,其中苏北、鲁南、鲁西、豫北、豫西、察绥等地的民众武力,都曾奋勇战斗,惨烈牺牲,予匪以极大的打击。

〔附表略〕

〔行政院档案〕

13. 行政院抄发"戡乱时期地方行政首长防匪保境奖惩条例"训令

(1948年4月12日)

行政院训令　(卅七)四内字第一七二六〇号
中华民国卅七年四月十一日
　　令内政部

奉国民政府卅七年三月廿三日令，公布《戡乱时期地方行政首长防匪保境奖惩条例》，等因。除分令各省市政府及司法行政部外，合行抄发原件令仰知照。此令。

抄发《戡乱时期地方行政首长防匪保境奖惩条例》一份
中华民国三十七年四月十二日

院长　张群

戡乱时期地方行政首长防匪保境奖惩条例

第一条　动员戡乱期间，各地方行政首长有肃清共匪保境保民之责，其奖惩除另有规定外，依本条例办理。

第二条　本条例所称地方行政首长，谓各省政府主席、各直辖市市长、行政督察专员、县市长。

第三条　有左列情事之一者，予以奖励：

一、编组保甲，修建碉堡城寨，充实地方武力，督率有方，能于事前防范，保全地方者；

二、实力悬殊，而能尽力保全据点，拯救人民者；

三、实力相当，而能艰苦抵御，保全地方者。

第四条　有左列情事之一者，予以惩处：

一、事前疏于防范，临时措施失当，致地方及人民被蹂躏者；

二、实力较强，而未能尽力保全地方及重要据点者；

三、地方有潜伏匪部，而隐匿不报或放任不剿者。

第五条　奖励之种类如左：

一、特予擢用；

二、晋级；

三、给予奖金；

四、明令褒奖；

五、记大功；

六、记功。

第六条 惩处之种类如左：

一、撤职查办；

二、撤职留任；

三、降级；

四、记大过；

五、记过。

第七条 省市县首长及行政督察专员，于其驻在地沦陷时，应分负其责；省主席、行政督察专员，于其辖境内之重要据点沦陷时，应负督率无方之责。

第八条 各省政府主席、各直辖市市长之奖惩，由行政院报请国民政府核定；行政督察专员之奖惩，由省政府或该地区军事最高长官报请行政院核定；各县市长之奖惩，由省政府报请内政部核定。

第九条 行政院及内政部因确查奖惩事实，得设调查委员会，其委员由院部就高级人员中分别指派兼任。

第十条 因保全地方殉职人员，除依公务员抚恤法令办理外，得由行政院或报请国民政府特加优恤。

第十一条 本条例自公布日施行。

〔内政部档案〕

14. 国民政府公布"动员戡乱时期临时条款"令

(1948年5月10日)

国民政府令

第一届国民大会第一次会议依照宪法第一百七十四条第一款程序制定《动员戡乱临时条款》,兹公布之。此令。

动员戡乱时期临时条款

兹依照宪法第一百七十四条第一款程序制定动员戡乱时期临时条款如左:

总统在动员戡乱时期,为避免国家或人民遭遇紧急危难,或应付财政经济上重大变故,得经行政院会议之决议,为紧急处分,不受宪法第三十九条或第四十三条所规定程序之限制。

前项紧急处分,立法院得依宪法第五十七条第二款规定之程序,变更或废止之。

动员戡乱时期之终止,由总统宣告或由立法院咨请总统宣告之。

第一届国民大会应由总统至迟于民国三十九年十二月二十五日以前召集临时会,讨论有关修改宪法各案,如届时动员戡乱时期尚未依前项规定宣告终止,国民大会临时会应决定临时条款应否延长或废止。

〔国民政府档案〕

15. 国民政府修正公布"戒严法"

(1948年5月19日)

戒严法　廿三、十一、廿九公布　卅七、五、十九修正

第一条　战争或叛乱发生,对于全国或某一地域应施行戒严时,总统得经行政院会议之议决,立法院之通过,依本法宣告戒严

或使宣告之。

总统于情势紧急时,得经行政院之呈请,依本法宣告戒严或使宣告之,但应于一个月内提交立法院追认。在立法院休会期间,应于复会时即提交追认。

第二条 戒严地域分为二种:

一、警戒地域,指战争或叛乱发生时受战争影响应警戒之地区;

二、接战地域,指作战时攻守之地域。

警戒地域或接战地域,应于时机必要时,区划布告之。

第三条 战争或叛乱发生之际,某一地域猝受敌匪之攻围或应付非常事变时,该地陆海空军最高司令官得依本法宣告临时戒严,如该地无最高司令长官,得由陆海空军分驻团长以上之部队长依本法宣告戒严。

前项临时戒严之宣告,应由该地最高司令官或陆海空军分驻团长以上之部队长,迅速按级呈请,提交立法院追认。

第四条 宣告戒严时,该地最高司令官应将戒严之情况及一切处置,随时迅速按级呈报总统。

第五条 宣告戒严之地域,应时机之必要,得变更之。

第三条第二项及第四条之规定,于戒严地域之变更准用之。

第六条 戒严时期,警戒地域内地方行政官及司法官处理有关军事之事务,应受该地最高司令官之指挥。

第七条 戒严时期,接战地域内地方行政事务及司法事务,移归该地最高司令官掌管,其地方行政官及司法官应受该地最高司令官之指挥。

第八条 戒严时期,接战地域内关于刑法上左列各罪,军事机关得自己审判或交法院审判之:

一、内乱罪;二、外患罪;三、妨害秩序罪;四、公共危险罪;五、伪造货币、有价证券及文书印文各罪;六、杀人罪;七、妨害自由罪;

八、抢夺、强盗及海盗罪；九、恐吓及掳人勒赎罪；十、毁弃损坏罪。

犯前项以外之其他特别刑法之罪者，亦同。

第九条 戒严时期，接战地域内无法院或与其管辖之法院交通断绝时，其刑事及民事案件，均得由该地军事机关审判之。

第十条 第八条、第九条之判决，均得于解严之翌日起，依法上诉。

第十一条 戒严地域内，最高司令官有执行左列事项之权：

一、得停止集会、结社及游行请愿，并取缔言论、讲学、新闻、杂志、图书、告白、标语暨其他出版物之认为与军事有妨害者；

上述集会结社及游行请愿，必要时并得解散之；

二、得限制或禁止人民之宗教活动自碍治安者；

三、对于人民罢市、罢工、罢课及其他罢业，得禁止及强制其回复原状；

四、得拆阅邮信电报，必要时并得扣留或没收之；

五、得检查出入境内之船舶、车辆、航空机及其他通信交通工具，必要时得停止其交通，并得遮断其主要道路及航线；

六、得检查旅客之认为有嫌疑者；

七、因时机之必要，得检查私有枪炮、弹药、兵器、火具及其他危险物品，并得扣留或没收之；

八、戒严地域内，对于建筑物、船舶及认为情形可疑之住宅，得施行检查，但不得故意损害；

九、寄居于戒严地域内者，必要时得命其退出，并得对其迁入限制或禁止之；

十、因戒严上不得已时，得破坏人民之不动产，但应酌量补偿之；

十一、在戒严地域内，民间之食粮、物品及资源可供军用者，得施行检查或调查登记，必要时并得禁止其运出，其必须征收者，应给予相当价额。

第十二条　戒严之情况终止或经立法院决议移请总统解严时,应即宣告解严,自解严之日起,一律回复原状。

第十三条　本法自公布日施行。

〔立法院档案〕

16. 国防部政工局编《剿匪方策》政治部分

(1948年5月)

(前略)

一、政略指导

甲、匪方

(一)遵照共产国际之指示,以"新民主主义"为招牌,以"土地改革"为手段,以组织"联合政府"为号召,妄冀达成篡窃政权一党专政之目的。

(二)以反美反封建为外衣,组成所谓"爱国民主统一阵线",以分化政府争取外围,执行共产国际决议与命令,背叛国家,支解民族,妄冀达成"苏联祖国"赤化世界之目的。

乙、我方对策

(一)召示"三民主义国防战"之重要性,表明既定国策,提高人民警觉,争取有力外援。

(二)严格执行三一减租,防止土地集中,订定具体方案,达到平均地权之目的。

(三)加强政府组织,实行人才主义,肃清亲共及妥协分子。

二、党的组织与运用

甲、匪方

(一)中国共产党是国际共产党之一部,"中国革命"是"世界革命"之一环。

(二)中国共产党是无产阶级政党,采用民主集中制,在民主基础上集中,在集中领导下民主。

(三)反自由主义,反个人主义,反英雄主义,反独立主义,反分散主义,反骑墙主义,禁止党内小组活动,牺牲一切个人自由,服从无产阶级集体主义与党的利益。

(四)党外秘密的活动,党内合法的斗争,——自我批评相互批评,坦白运动,向群众学习,走群众路线。

(五)今后"革命"以武装斗争为主要形式。

(六)整顿三风,——学风,文风,党风,——三查运动——查阶级查思想查立场——党是从血的清洗中巩固起来的。

(七)以"爱国民主统一阵线"发展团结党的外围——民主同盟、伪军、汉奸、失意政客、落伍军人及左倾文人与知识分子(最后而清除之)。

乙、我方对策

(一)确定后期革命行动纲领,切实具体执行。

(二)厉行党员总登记,严密考核,健全各级组织,切实清除不革命、反革命、假革命分子,根绝灰色主义、失败主义、妥协主义、投机主义、自由主义、官僚主义、封建余孽,他们有利则贪党之功,无利则毁党、骂党、责党、叛党。

(三)解散党内原有派系,尤其领导分子,更宜共体时艰,不容再有新的派系组成,以巩固党的基础,并切实检讨党团合并之成果。

(四)废除党官制度,确定干部政策,干部要从群众中选出。

(五)党员应切实参加小组活动,厉行民主集权,消除党与党员脱节,党员与群众脱节现象。

(六)打通党员思想,牺牲个人利益,尤以有地位有财富之党员,更应共体时艰,慷慨输将,清除目前经济危机,保证本党第二期革命之成功。

吸收工农群众知识分子,以巩固党的基础与外围。充实本党活力,设法改造倒退落伍之老党员,以免为匪利用。

（八）形式的民主自由，破坏了党的中心思想；多党的分权政治，使我们步骤纷歧；官僚资本的猖獗，使我们民生主义走样；豪们及腐化官僚的把持政治，使我们民权主义变质；左倾的思想使我们民族主义失败。我们在后期革命中要执行铁的党纪，贯彻党的命令，整肃党的阵容，树立新的作风。

三、军队政工

甲、匪方

（一）部队主官之任务，为领导战斗，而政工主官，则为督导官兵完成任务达成作战之目的。每凡战役胜利，政工人员则居首功，战役失败，政工人员首先受惩。故匪军中政工人员之权利超于一切，而为匪军之灵魂。

（二）政工人员与部队长对调服务，以缓和人事摩擦，争取军事与政工一元化。

乙、我方对策

（一）我方政工人员，因本身素质参差不齐，工作不得要领，每遭官兵轻视，演成军政分家之怪现象。亟宜轮流调训，予以思想知识技能上之训练，年龄过大，水准太低人员，一律予以调整，宁缺毋滥。

（二）厘定部队长官与政工人员权职，划分办法及连坐法等，以提高政工人员之责任与信望。

（三）政工人员与部队长对调服务，政工须取得部队长之经历。部队长须具备政工之修养。

四、作战前后之政工

甲、匪方

（一）作战之前：匪军出发作战之前，先由政工人员或部队主管对官兵讲述作战地区之地形地势，应怎样部署与作战，国军之番号，战斗实力，指挥官之姓名、相貌、指挥能力。继之讲作战目的，在保田保饭碗，实行民主和平，为"先烈复仇"。旋率全体出发，匪军举手宣誓,刺血为盟,最后由地方干部率所有妇女儿童向各个出发之匪军官兵献花,扭秧歌,用以激起其官兵作战必胜信念,及敌忾心理。

(二)作战之后:凡一战役结束,匪即以排或班为单位,举行战斗检讨,追寻胜败得失原因。如甲班某人勇敢,乙班某人退缩,对战场上之影响如何,则建议奖惩,并将其讨论之结果,交其上级参考。

乙、我军对策

(一)作战之前:我军作战十之四五为打糊涂仗,下级干部与士兵,对与作战匪军番号实力等,一向不知,以士兵有十之八九不知为何而战,此为我政工人员应特别警惕者。

(二)作战之后:每凡战役结束,举行下级干部与士兵之战斗检讨,至为重要,因战略战术之运用,固为胜败主要因素,但士兵于战场上实际战斗及见闻体会等,亦不无相当参考之价值,并藉此以达战教战之目的。

五、官兵生活情形

甲、匪方

(一)匪军官兵生活以冀、鲁、苏北等地而言,服装、鞋袜、毛巾、香烟、津贴等,官兵大致相同,其前方官兵主食,为白丐馒头,副食特优,后方除伤病官兵照前方待遇外,主食三分之二系杂粮,副食亦较差。

(二)匪军连以上,皆有俱乐部之设立,内分戏剧、音乐、墙报等组,为官兵活动之中心场所。

(三)匪军对劳动生产,甚为注意。暇时多协助民众耕种、收割,并以劳动英雄等名义,以示鼓励。

(四)匪为使前方官兵安心作战,故对军烈属,特别优待。倘无生产力量,或生活无法维持者,即由地方政府负责解决其生活问题。

乙、我军对策

（一）无论前后方部队，或机关学校官兵，应共同生活，由起居饮食，养成同生共死之潜力量。

（二）充实中山室及娱乐器材，使官兵之精神有所寄托。

（三）出征官兵家属生活问题，无法解决者，我地方政府应设法代为解决，纠正"你拼命流血我升官发财"不知死活之作风。

六、地方行政

甲、匪方

（一）标榜"三三制"，实际由共产党一手掌握政权，在匪区绝无民主与自由之可言。

（二）在"一切为前线"的口号下，政治与军事切实配合，全力支持军事。

（三）作风质朴，重实际，不尚浮文，对事不对人，不讲私人感情。

（四）干部优点：无官僚习气，贪污情事甚少，文化水准虽低，而能克苦耐劳尽职从公。

（五）干部缺点：为目的不择手段，残忍无人性，以斗争造成悲惨恐怖环境，民不聊生，人心离叛。

乙、我方对策

（一）绥靖地方行政机构，应改为战时体制，精简业务，慎选人才，与部队密切配合，专办绥靖行政工作。

（二）健全各级行政机构，尤其注意县以下之各级以爱民为施政出发点，解除人民痛苦，争取民心。

（三）各级行政工作人员，必须彻底铲除过去一切腐旧之恶习惯，建立新作风。

（四）政府应确实保障各级行政人员之职务与生活。

七、民众组训

甲、匪方

（一）共匪组训民众之目的，在彻底摧毁原有之社会秩序与政治机构,树立其所谓新的社会组织与机构。

（二）对于每一地区,必分别调查地方动员力量,个别分子之特性、文化程度、思想信仰、风俗人情及人事关系,因人事物之不同,详加统计,分别组织运用之。

（三）组织方式,系以村（镇）为单位,按年龄、性别、职业、教育程度等分别组织儿童团、姊妹团、识字班、妇女会、农救会、工会、商会、青教会、老人会,另为适应战时需要,编组民兵队、自卫队、运输队、担架队等,务使该匪区内无一人民不纳入其组织之中,而发挥不同之效用。

（四）训练方面,以政治思想为主,用各种巧妙方式,灌输其荒谬理论及歪曲事实之宣传。

乙、我方对策

（一）加强我区民众组训工作:1.区乡保甲长应由直正的民意选举产生,彻底剔除不良分子;2.保甲长应确实明了该保甲内每户之详细情形;3.以各种方式组织民众,但须注意勿使民众因此而感病苦;4.普遍施行三民主义之训练,提高民众政治认识,培养适合时代之道德观念,教授防匪戡乱之各种常识。

（二）充实民众自卫武力:1.政府或国军应尽量协助民众编组素质优良之自卫团队;2.军纪不良及不能作战之自卫队,应即予以改组;3.民众武力受匪区攻击时,国军即须予以救援。

（三）深入匪区宣传,使民众了解共匪之欺骗手段及狰狞面目,逐渐瓦解匪方民众组织。

（四）优待共匪反正及自新分子,成立广泛普遍半永久性之机构,收容并照顾匪区逃出之难民,分别情形,予以生产等教育。

（五）对收复区民众组训,更应正确掌握组织,及监察要严密,待遇要公正要宽大,严禁盲目的报复行为。

八、土地政策

甲、匪方

(一)匪《新土地法大纲》系一种宣传烟幕,执行方面,与实际所订大相径庭。

(二)"土改运动"是共匪兵役政策、财政政策、粮政政策的总根源,是匪徒的生命线,是叛乱的总资本。

(三)土地政策的目的,利用富人的钱,地主的地,穷人的命,为叛乱的工具。

(四)以"土地改革"制造阶级斗争的结果,造成匪区的循环的屠杀,民贫财尽。

(五)"土改复查",与"扫地出门一锅端",使贫农有田无法种,中农有田不愿种,富农有田不敢种,生产低落,迫民参军,而征粮奇苛,农民终年所入,不得一饱,全成为匪党佃农。

(六)匪之土地改革与斗争运动,系假手其以贫雇农为核心组成之农民会,实施而由干部控制指导其执行。

乙、我方对策

(一)绥靖区应以自耕佃农为中坚,配合地主及地方政权成立土地纠纷处理委员会,处理绥靖区土地纠纷,以免豪绅把持而臻公允。

(二)严格执行三一缴租政策,不准还乡地主收回土地,以保障佃权,严令各级行政官吏,切实执行,并列为重要考成之一及扩大宣传,使佃农自行实施。

(三)全国实行限田制度,颁布土地买卖,应由公家经手,废止私自买卖,以免土地兼并与土地集中,并确定地价累进税制,建立增价归公,及照价收买之实施平均地权之基础。

(四)荒地收归国有,奖励人民租垦,荣军遗族、复员官兵、退休退职退役官兵配给耕田。并实施农业合作集体经营,以保障官兵生活,提高作战士气。

(五)设立农村合作社及农款贷借制度,以消灭剥削农民之高利贷资本。

（六）实行照价收买转让，使耕者有其田，以杜共匪制乱之源。

〔国防部档案〕

(三)"人才内阁"施政方针与措施

1. 行政院院长翁文灏施政方针报告(记录稿)
(1948年6月4日)

主席,各位立法委员先生:

今天出席立法院大会,报告行政院的施政方针,首先要说明的,目前是行宪和戡乱的时期,政府的职责,应对行宪和戡乱两方面同时并重。

本人奉命担任行宪后的第一届行政院院长,深知目前国家局势的严重,中外瞩望之殷切,自应竭其驽钝,尽瘁职务。现在全国上下,一致期望庶政之革新,并当抱定最大决心,不畏缩,不敷衍,发扬朝气,依照宪法及其他法律的规定,积极树立宪政制度,并应依照三民主义及宪法所定之基本国策,以人民之意志为意志,以国家之利益为利益,认真筹划,切实执行。

戡乱工作在此时,实具有深切重大之意义,戡乱之具体目标,在肃清共匪,绥靖地方。在宪政国家,各种政党原为法所不禁,但任何政党皆须不越法律的范围,决不能保持武装,亦不能扰乱地方,更不能剥夺人民财产,亦不能破坏地方治安。不幸我国的共党,不顾一切,侵扰人民,危害国家,所以政府责无旁贷,不能不认真戡乱。我们必先深切瞭解乱之不能不戡,然后方能加强决心,增厚实力,以期早收戡平之效果。

我们要尽这戡乱的责任,必须集中意志与加强力量,而后具体措施,方能有效。具体措施之最关重要者,自为军事。

军事方面,主要方针,在于积极增强东北、华北、华中各战场之国军战斗能力,维持各级官兵之适当生活,整饬军纪,振作士气,并充分提高克敌制胜之决心,以肃清共匪为此时代救国建国最必要之任务。同时并充实地方武力，配合作战，以逐步击灭共匪主力，缩短戡乱期限，同时加紧清除地方散匪，安定后方。全体武装人员，应以迅速戡平匪乱为对国家对民族无上之职责，抱灭此而后朝食之决志，认真进行。对于征兵方法，并求切实改善，对于戡乱意义，务求家喻户晓，改善新兵待遇，实行优待征属，减免滋扰，充裕兵源。

关于地方武力，当加强各省保安团队，提高待遇，筹拨枪械。对于民众自卫之力量，当加紧组训，发挥拚命保命及拚产保产之精神，并鼓励在乡军人，参加训练工作，对于武器之修造及筹购，并尽量协肋。

对于动员法令，应加以统一简化，并在绥靖区及作战区域，实施总体战制度，使事权统一，军事政治经济切实配合，加强戡乱效用。全国人民因共匪扰乱，受害惨烈，莫不迫切期望戡乱工作迅速竣功。政府懔此职责，自当尽速进行，期使武力增强，将共匪迅速肃清。

行政方面基本目标，为建立廉洁而有效率之政府，而对于军事，必须为有力之支持。第一是军费的供应。国家开支预算在经常时期，原应统筹并顾，收支平衡，但在此戡乱军事正在加紧进行之时，军事费用，自必不可省。因此预算拟分为两部分：一为普通预算，包括各种经常用途；一为特别预算，其中以剿匪开支占其主要地位。如此办理，既存财政之常经，复顾戡乱之急需。至军费开支，自当力重核实，使所发款项，悉供正当而必需之用途，并能确实迅速发转各部队及各军事机关学校应用。

其次，是军服与军粮的供应，军服方面需用纱布，自当努力筹供，俾免缺乏。全国所需军粮为数极为浩大，我国粮食产量，本有不足，故美援物资，首为粮食，以济我国的民食。为供应大量军粮起见，历来系用征实征借办法，实为政府万不得已的措施。政府深知人民筹缴之不易，惟有切实督促主管机关严厉饬令所属各级经办人员，必须体念人民负担的沉重，增加人民筹新的便利，力祛流弊，认真处理。同时希望全国人民鉴于戡乱期间军粮关系之重要，踊跃贡献，使本年征实征借的数额，可以全数达到。

地方行政，不仅直接关系人民利益，对于剿匪工作，亦有深切影响。在此戡乱之时，前方省份，如何配合军事行动，后方省份，如何逐渐实行自治，均属切要之图。关于省政府职权，必须使其切实加强，使能负有一省自卫之责。县长为基层政治之骨干，尤应慎重遴选，提高待遇，确定任期，使能兴利除弊，为民服务。对于保甲制度，并望认真加强，又为经常行宪计，宜早规定省县自治通则。此项通则，在行宪以前业经行政院提由国务会议切实研究，现已提送立法院筹划修订，一方面奠立人民自治之制度，同时并顾全国家政令之统一，对于全国组织，自具有重大关系。

军事之外，目前局势，当以财政为首要之图。本年下六个月收支，已由财政机关加以估计，不日即可向立法院提出普通及特别预算。为勉敷戡乱时期之重大开支计，收入方面必须尽力增加，以免通货膨胀过甚，人民痛苦加深。因之，如关税、盐税、货物税、直接税等，必须认真振作，切实整理，尤在求人民负担之公平，其有关立法职权者，当拟具草案，提请立法院审议修订，深盼能得立法委员之同情，一致策进，以奠定在此时代最为适宜之税制。除税收外，各项公有物资，亦宜妥为运用，以期补充收益。

在此戡乱之时期，征收税款，应注重有钱出钱之原则，掌钱愈多者，出钱亦应愈高。实行方法，必须实行姓名使用条例，妥速施行财产登记，以此登记为基础，则财产税、遗产税、所得税等，均可切实征收，既有裨于国库，复无损于人民。且以此有余之资金，协助并改进穷苦民众之生活，使全国贫富，不至相悬过甚。

财政办法，不外开源节流。开源方面，尤在整理税收制度，收税应确定目标，简化手续，尽量减少非必要之人员，并增高收款之效率，此其一。目前都市人民纳税，远较乡村为低，应如何由财政机关妥慎制定办法，依人民负担之能力，确定纳税之比率，此其二。在此物价高涨之时,税率必须与物价发生联系,按期调整,规定税数,庶克确符实际,增高收款,此其三。税务机关,可并者应并,可裁者应裁,其有开支浩大,超过收款之数额者,于国无补,于民有害,更应彻底整理,此其四。循此标准,切实进行,期有进步,具体办法,当随时公布施行。支出方面,戡乱期间,自以军事费用为最大项目。此项用途,固属必不可少,但当力求核实,免除虚耗。此外,凡属不生产之支出,当尽量节省。建设所需资金,亦当视其成效之迟速,紧缩筹拨。政府并当提倡节约之风气,以减少无谓之消耗。

近年以来,政府公务员额增加过多,亦曾屡议设法裁减,而实际成效,并不甚多。在服务人员既感待遇有限,生活艰难,而在国库开支则又员额繁多,担负奇巨,竭全部收入,犹不足以供经常养人之用。此种畸形状况,成为此时不易遽为解除之现象,但又不可不精诚努力认真改良,惟赖各机关共体时艰,严定职责,认真考察,务使所用人员,人人各有任务,裁汰冗员,提高效率,庶见实际功效。

以上开源节流办法,不可徒托空言,必须用重大力量坚持进行。

整理财政,更应注意根本办法。举为要端,如:币制如何改革,使因确实准备,而得有大众信用;公债如何改善,使确能实际发行而沟通公私关系;游资如何使用,引入正当途径,而停止波动市场;美援如何运用,使确供目前急需而奠定复兴始基。凡此各点,均为转险为夷之关键,急需由主管机关,招集专门人员,妥速准备,熟筹方案,于适当时期,逐步施行。

总之,财政目标,第一步在求得稳定之基础,第二步即实行革新之方法,必须确具决心,坚毅实行,并望能得立法委员之同情与支持,使府依法进行,克收实效。在此进行程序中,更当持为注重三项办法:一为金融及外汇之管制,二为输出入贸易之管理,三为物价之安定。实则此三者,互相关联,互有影响,必须通盘筹划,同时并进,方能确见功效。

通盘筹划之具体目标,应使:(一)输出贸易速为加高。战前主要输出物资,自当充分协助,增加外销,而战后开始外销之物资,如纱布水泥食糖等,尤应加以鼓励。出口生产事业本身所需外汇,应在一定限额以内优先供给。目前外汇办法变更,对出口事业应有之利益,业已尽量顾到。(二)华侨汇款便于汇入,战前华侨汇款,为平衡国际收支之主要项目,年来因外汇汇率关系,逐渐减少,外汇办法变更后,华侨汇款自将加多,此后并当更增其汇款之便利。华侨对于祖国,素极爱护,在此国局艰难之时,尤盼加多助力。(三)取缔走私,制止资金逃避,以增多政府正当之收入,减少国家财富之外移。(四)重要物资及生活必需用品确能供应。目前五大都市米面配给办理颇有成效,自当逐渐扩大范围,并增加配给物品之种类,并推广合作事业,以期于平抑物价有裨。(五)运输便利,运经合理。公用事业之价格,并当参照一般物价,限制其上涨速率。(六)农工生产从速振作增加,并使生产状况合于常径,生产成本不至过昂,价格日趋平稳。以上六者实现,则经济基础日臻健全,人民生活亦可安定。

从经济根本观点言之,应最先注意者可分之端:一为工业生产及交通之建设,二为土地分配之改善,三为农业之改进。兹请分别言之。

在抗战时期,原曾拟订战后五年建设计划,目前因共匪扰乱,地方未安,原订计划,此时无法照办,必须按照戡乱时期之实况以及逐步进展之方针,重行规定。各大区域,形势不同,办法自亦因之而异。例如东北区域,上年夏间出煤甚多,钢铁业经复产,车辆机车均有出产,嗣因共匪猛攻,损害特多。军事现尤加紧,但沈阳附近之烟煤、电力等产,犹仍照常进行,并不停止。华北方面,重要煤矿,沦陷颇多,但开滦之煤,平津唐山之钢铁,天津之纱布纸张,青岛之纱布橡胶等,各项事业,仍续为努力,继进不急,并仍当作适当之补充。报载政府方针,将北方工厂大量南移,纯出谣传,绝非事实。各地铁路电讯,屡被共匪破坏,凡为事实所许,一律皆认真维持,随军事进行,不使中断。更进而南如淮南及华东煤矿,出煤较多,皆在军事期中,奋勇进行,并不稍辍。东北及华北担任交通及生产人员,被匪进攻,或为俘获,或受死伤,不畏艰险,努力支持,至今未已。

惟政府戡乱之方向,系自南而北,正犹从前对日抗战之方向之自西而东。抗战对日,重在巩固西部基地,庶以收复东部失土。对共匪之戡剿,自须加强南方实力,庶能北向发扬,事势所趋,至为明显。因此较大规模之新建设,不能不在长江以南较为集中。具体举例,如粤汉浙赣等路,虽勉已通车,而工程匆促,运力未强,自应认真修建,各项支线,亦待认真补充。成渝铁路为后方主要铁路,亦当积极兴筑,湘赣等省煤源尚多,而缺乏投资,产量过少,势必须生产交通同时并举。又时台湾省内工业,生产数量颇少,沿海各省,亦宜注重。内地已有工矿事业基础,并仍当继续维持,并特别注重电厂之扩充,以刺激一般工业之发展。以事业种类而言,如钢铁、石油、纺织、糖、纸、电工及其他主要实业,亦均应积极扩展,认真协助。纺织事业,为民生必需,尤当集合政府人民力量,共为策进。但纺织所需棉花,因主要产区为共匪滋扰,收购数量不能甚多,目前不足之数,尚超过美援可以输入之数,故发展不能不有事实上之限制。但纺织事业系我国最主要之民生工业,不特供应国内要需,尚可输出国外,政府自仍应尽力维护,加多生产。

以上办法,期对工矿产量,迅速加多,运输状况,更为改善。凡此要举,政府皆宜尽先筹划,切实施行,所有扩充增建工作,均可在二、三年内获得显著之成效。

平均地权,原为国父民生主义之要点,从前因筹划较周,以致施行略缓。但如二五减租办法,已减轻农民对地主之担负,对于绥靖区域,以前已公布土地处理办法,实际上华北各地,对于土地分配,已实行整理,推行虽尚未广,实施已开其端。此时政治刷新,必须提起决心,将土地分配列为要政,加强加速付之实行,其办法:

(一)宜参酌前所规定绥靖区土地处理办法,并参考华北现已实行之利弊情形,由地政机关督导各绥靖区域及非绥靖区租佃问题严重之地区,列为课程,积极实施,务期实效。并当厘定计划,扶植自耕农,由政府规定公正办法,将非自耕之土地分配无地农民承领自耕,以彻底解决土地问题。(二)宜对其他省份限期办理土地陈报,并依照规定标准,将占地过广之土地,规定公廉价格,配售农民,在未售出之前,实行累进税制,以示限制。(三)宜普行二五减租办法,以减轻佃农负担,如此积极办理,限期完成,以期实惠早及于农民。

共匪宣传,向以改革土地自命,实则此项主义,并非为彼党所发明,而其实行办法,大抵顺彼者可成地主,逆彼者则受剥削,藉以赏罚之成分居多,实行平均之意义极少。政府办法,则专诚为平均地权,辅助农民用力,目的既正,成效自必特高。

其次为农业之改进,我国以农立国,垂数千年,但粮食缺少,为量甚多。必须认真设法,早为大量增产。出口农产如茶、丝、桐油、猪鬃、食糖及植物油等项,亦标准不齐,销路多阻。对此关系国本之事业,自应急为辅助,大量改进。要领所在,尤当大量增高农田水利工程,使有灌溉之利,建设肥料工厂,采用化学肥料,以增收获数量,改善生产及制造方法,以期产品改良,用途加广。于此并愿说明者,水利工程不但灌溉农田,而且关系江河运输,海港疏浚,对于国家前途具有远大影响,自当更为促进,以增成效。

政府对于黄泛区,已有复兴局之设置,善后救济器材,为数甚多,豫南剿匪军事获有进展,即当积极进行,使大量荒地变为良田,千万失业之人,获得就业之机会。

合作事业之推广,为目前特应注重之一要端,应从多方面认真建立,并用金融力量助其进行。

我们深信三民主义为中国立国的根本,在此时期,更当实力推行三民主义。民生主义之要点:(一)为平均地权,尤以土地改革为中心工作;(二)为节制私人资本,当从财产税、所得税、遗产税等方面善为推进;(三)为建设国家资本,故对于国营生产及交通事业,更宜加强培植,认真发展,使吾国民生经济,更得坚强有力的近代基础,如此精诚力行,对于全国经济,当能造成崭新气象。

对于国际关系方面,总统就职演词中,已有详明指示。兹依照国际状况,综其要旨,可分四点:

第一,精诚维护联合国宪章,并加强联合国组织的力量,主持正义,以奠立国际和平的基础。

第二,中国对于世界各国,一律敦睦邦交,联络友谊,其中美国在抗战时期及抗战以后对于吾国援助特多,自当更增联系,以期共同提倡民主,维护和平。

第三,对于日本关系,中国不采报复主义,但宜依照国际协定,切实解除其武装,并防止其侵略政策之复活。惟日本人民生活必需之条件自可允其早为恢复进入和平民主之途。

第四,对于远东各邦,中国均愿建立友好关系,并使中国侨民均能安心营业,以贡献于战后之复兴。在新兴各国中,印度地大人多,具有政治风度,尤望共策进行,以贡献于国际和平之进步。

美国近时又决定对我国之实际援助。此次美援方案,一方面赠送粮食、棉花、石油、肥料等重要物资,既供我国急切之需要,助我均衡国际之收入,又可减轻货币之膨胀。同时贷借款项,以协助中国生产交通之建设,自为我国经济复兴之一新机。我国方针,必须对于美援善为使用,并与我国自助工作善为配合。自助方案,行政院前已规定十点,此项规定,甚合当前实状,此后当更为认真实行,期使所得效果更为加高,藉以使友邦协助之善意,确能充分实现。

关于教育文化方面,当特别注重学校教育与社会实际需要之配合,对于国民教育,当谋推广普及,科学研究并当力为奖励,近来共奸方面,时思将共党之中心思想,灌注于一般青年,往往是非颠倒,实为今日急应矫正之要端。青年思想,原极纯正,端在教育文化机关和学校当局,宣扬真理,善为辅导。教育经费,并当遵照宪法之规定,占普通预算百分之十五。

此外如各地难民,亟待救济,边疆状况,极宜重视,海外侨民,善为联系,应有政务,为数甚多,补网必得网,振衣絜其领,要领所在,惟赖政府抱革新及前进之决心,认清目标,积极进行。在此进行途中,重要问题及其具体规定,皆待立法与行政两方面共为努力,方能得法定的规辙,为顺利之推行。此后行政方面,定当向立法院随时报告,随时提议,不欺不饬,惟实惟真,以期得立法委员之了解。并请立法院方面念国步之方艰,挽救之不可缓,重大方针,明白昭示,共为努力,使戡乱早能成功,民生早得康乐,实深幸甚。

〔国民政府档案〕

2. 行政院新闻局为转饬各地报纸禁称"共匪"为共产党或八路军等代电

(1948年6月22日)

各省市政府新闻处
本局沪平两办事处 览:查关于统一共匪称呼与严辟内战论调各节,迭经令饬转知当地报纸注意于社论或专论中,严予辟正,并于审阅各种报纸遇有称内乱为内战、称共匪为共产党或八路军时,即予纠正各在案。兹复奉行政院本年六月十七日防字第二八七七八号训令内开:"照抄训令全文",训令抄发战地视察官毛鸿藻对于当前戡乱意见书第(十一)项"建议严辟内战论调及禁称匪军为八路藉以加强戡乱认识一节,饬遵照,并转饬所属遵照,等因。奉此。"等因。自应遵办,除分电外,合行节抄原意见书(十一)项乙份,电仰遵照注意为要。行政院新闻局。巳( )一印。

附节抄原意见书第(十一)项一件(略)

〔行政院新闻局档案〕

3. 江苏省政府实施"戡乱"时期施政纲领的政情通讯

(1948年7月17日)

目次

甲、政治

一、订定江苏省戡乱时期施政纲领暨实施方案

二、裁撤专员公署

三、调整县各级机构

四、提高县长职权

五、延长省临时参议会

六、平抑粮价

七、收购各县赋谷

八、安置转业军官

九、其他

乙、军事

一、匪情

二、清剿情形

三、增编省属保安团队

四、整建各县武力

丙、目前地方最大困难问题

江苏省政府政情通讯 三十七年七月十五日于镇江

甲、政治

一、订定江苏省戡乱时期施政纲领暨实施方案

本省襟带江淮,绾毂南北,扼长江之门户,为京辅之卫星,中外观瞻所系,国家安危所关,政治之良窳,影响甚大。自胜利以还,因共匪称兵作乱,江北迄在绥靖范围,江南虽较安定,而民生凋敝,隐患犹存。如何发挥政治力量以配合军事?如何安定江南以挽救苏

北？如何培养民力以安定社会？非有非常变革不足以应非常需要。爰订定本省戡乱时期施政纲领，其主旨在奉行国策，加强戡乱工作，恢复社会秩序，安定民生；其重心在建立地方武力，组训民众，苏北侧重自卫，江南侧重生产；其精神在使政治组织军事化，政治措施民众化。并根据上项纲领拟订实施方案，计分六大项目：一、整建地方武力，以期配合战时体制，增强剿匪力量；二、积极组训民众，以期严密基层组织团结合作精神；三、稳定生产关系，以期改善人民生活，发展农村经济；四、整理地方财政，以期增加合法收入，根除摊派恶习；五、强化执行机构，以期认清本身职责，确能完成任务；六、加强督导考核，以期简化公文手续，提高工作效率，以作今后刷新省政之依据。实施之始，或不免发生困难与阻碍，当以大无畏之精神努力克服，以期有成。业经分别呈报中央，并严饬所属切实遵行。现正组织督导团，由省府厅委率领，分别出发各县市，阐明新政要义，督导并协助其彻底实施。

二、裁撤专员公署

为遵照华中绥靖会议对于绥靖区专员兼保安司令公署得斟酌情形分别予以保留或裁撤之规定，除暂行保留第一、五、八、九各区署外，其余江南第二、三区及苏北第四、六、七各区署均予裁撤。

三、调整县各级机构

本省县各级机构之调整，经先后订定《县政府组织调整办法》、《各县区署调整办法》及《各乡镇组织调整办法》，就绥靖区与非绥靖区实际情形，分别缓急先后，并予以伸缩性，简化县府组织，裁并科室，淘汰冗员，现全省各县均已遵照编制调整完竣。此外，县级骈枝机构业务重复及经费困难暂不需要者，亦已分别予以裁撤或合并。

四、提高县长职权

上年六月订立本省提高县长职权办法，在用人方面，所有县政府暨县属机关如警察局、田粮处、税捐处等主管人员，一律许由县长保荐；用钱方面，予县长以紧急动支款项之权。其主旨在集中事权，扩大权限，使县长得尽量发挥力量，对县各项机构灵活运用，增进效能，以达成任务。施行以来，已著成效。

五、延长省临时参议会

本省于胜利还治镇江后，三十五年六月即成立省临时参议会，遴选参议员五十人。三十六年秋，增加青年党、民社党参议员名额十人。原拟于本年三月底由各县选举正式参议员，成立省参议会，由民政厅积极筹备，订定日程，登记候选人。旋以政治关系，补办民青两党候选人登记，更改投票日期，延至五月底。因苏北各地奸匪蠢动，徇各县救乡会及地方人士请求，呈经行政院核准，停止选举，已分令各县并公告通告。

六、平抑粮价

本省粮价，自废历年关以后，即随一般物价相互激荡作用，不断周期性之上升，其波动幅度以二、五、六月为最。本省粮食集散市场在无锡，其他各县之粮价均以该地市场涨落为依归，故平抑方法，即着重锡邑。其先以沪地尚未全面配售，所有民食大半仰赖锡地，往往因竞购之故，刺激上涨。嗣沪锡当局逐日以电话交换检讨，视锡地到销情形，作沪市粮食交易之准绳，一面严厉执行非正当粮商不得为粮食交易之中央禁令。经此措施，粮价虽未暴落，然三、四两月颇见稳定。终以存底薄弱，粮源不畅，游资泛滥，侵及米粮市场，于是粮价复追随上海市场之后，渐趋上扬。乃亟行紧急对策，妥善应付，一面利用各地积谷，举办贫民食米平价供应，无锡市场一时得告稳定，各地抢米风潮亦已平息。盱衡现状，就粮言粮，似宜更作如下之措施：（一）拨发现品。指拨现品若干，分囤苏常锡镇四邑，于必要时加以抛售；（二）充实存底。鼓励粮商向产区购运，利用粮贷资金循环调剂；（三）抢购匪区粮食。配合武力，深入匪区抢购，其购粮价格宜照市价给付；（四）实施封锁。所有食粮绝对不许流入匪区；（五）加强供应。本有钱出钱之旨，由各地组织贫民供应委员会，劝导粮商出资营运,压低售价,循环供应。实行以上各项,再由政府随时注意管制,如无其他刺激因素,则粮价之抑平必能收效。

七、收购各县赋谷

胜利以还,由于共匪称兵作乱,中央实行戡乱国策,以致军事状态继续存在,军糈供应至为殷切,中央应得田赋实物不敷供应,不得不收购各县赋谷以资抵补。三十六年收购办法规定,分四期核价付款,其一、二、三各期部定购价每与市价相差悬殊,地方财政损失甚巨,迭经交涉,均仅酌予提高。现第四期已由省府电请中央全部免购,尚未定案。综之,目前经济急剧动荡,物价一日数变,时间即为经济价值,中央所定购价在当时已尽量压低,再加以公文周转,迁延时日,命令到省,时效早失,致与市价差额有超至十数倍以上或数十倍者,且价款又不立即一次汇发,一延再延,致所定购价完全不切实际,为各县所诟病。认为剥削地方收入,确为不能抗辩之事实。三十七年度拟请中央不再收购,由各县自由处理,如因戡乱需要仍必须收购时,其方式必须改良:(一)不硬性规定收购数量;(二)照市作价,款清粮清。倘能照上列原则办理,各县征余赋谷自必乐就中央收购,军糈供应与地方财政方能兼筹并顾也。

八、安置转业军官

本省奉中央分发各种转业军官先后约计四千名,当时感于省县财政竭蹶,正事紧缩裁员之际,无法容纳,一再呈请停止分发,迄未邀准。为遵奉中央复员大计,不得不于万分困难之中勉力安插。截至目前止,除最近转警人员尚有一部分候差外,其余均已位置。同时顾念各该转业人员抗战勤劳,特饬各县市主管人员不得以军人转业稍存歧视。至于俸给待遇,并较同官等公务员为优,俾其安心工作。乃以人数众多,品类不齐,其中循分供职者固多,而举动失检者亦复不少,以致纠纷迭起。初以该员等转业未久,或未尽谙法令,设依奉颁管理办法遽予惩处,殊失中央体念复员军人之意旨,经一再令饬所属曲予宽容,寓告诫于训勉之中,冀其觉悟。终以分子复杂,仍不免有少数以特殊身份自视,动辄违反公务员应遵守之一切法令,且利用通讯小组名义发布文件,宣传攻讦,集体请愿,恃众要挟,种种越轨行动,调停处理煞费苦心。良以文武殊途,需才各异,各该转业人员虽曾受政治训练,祗以时期太短,收效甚微。本省分发人数多至四千,一律安插于省县各级行政机构,欲求其均能自认为满意固为事实所不许,且其工作能力与所任之职务是否适宜,尤难平衡尽当,故其影响行政效率实大。此种情形,闻各省皆然,实为今日政治上之一大问题。所望中央重予考虑,另作适宜之措置,一方顾及抗战功勋毋使失所,一面顾及行政效率及纪律得以维持。

九、其他

各县地方新兴土劣崛起,为害地方。此辈分子大率为豪门巨室、官僚政客及本党腐恶分子,利用党团关系及民意机关,私植党羽,操纵县政,且各立门户,时常发生磨擦,使各县长调停应付左右为难,一切政令不能彻底推行(如抗缴田赋、阻挠税捐、操纵选举),其或不畏强豪不偏不倚者,则遇事阻挠掣肘愈甚,甚至捏名诬告,颠倒是非,结果虽查无实据,而有损于地方行政长官之威信者实大,以致洁身自好之士,每畏难引退,有好官难做之叹。

乙、军事

一、匪情

苏南地区:三十六年七月间窜扰于苏南各地之共匪计有赵文豹、张之宜、陈云阁、薛永辉等股,合约人枪千余。一年来迭经省县地方武力配合驻军努力清剿,大多化整为零,潜伏乡区,加强地下活动,阻我政令推行,一面扩展地方武力,企图乘机蠢动。现苏南各地共匪实力,根据六月份情报调查,合约人枪八百三十余。

苏北地区:三十六年七月间窜扰于苏北之匪野战部队计第十一纵队管文蔚部、十二纵队陈庆先部,合约二万余;又各军区所辖独立及警卫团队约五万余,连同各县地方民兵、游击连队,合约人枪十万余。迭经国军配合省县地方武力反复清剿,共匪损失甚重。

迄三十六年年底，苏北匪军实力日见削减，其主力部队则从事整补，尚图苟延残喘，一筹莫展。旋苏北匪军为响应匪华中军区司令部坚持苏北地区之指示，于是积极充实兵员，加强地方武力，普遍发动游击，再图遂其政治上之阴谋，凶焰复炽。

本年三月上旬，匪第二纵队韦国卿部一万二千余人由鲁南窜入省境后，流窜于盐阜、沭阳及东台东北地区。本年六月九日，该纵队复向陇海路以北窜去，旋折返东窜，进犯赣榆及东海一带，现其主力续向南窜中。匪十一纵队原经常流窜于东台东北地区，本年六月经伍佑窜盐阜方面后，续向涟水方面窜去。该纵队三十三旅配合第九军分区八、九两团仍据东台东北地区。匪十二纵队原在盐阜地区活动，本年二月，该纵队三十四旅窜运河以西，现仍流窜于天扬仪六边境，三十五、三十六两旅于六月十九日由阜宁以西之大冲板湖北窜据大伊山及东海以南之龙苴、六合。二十四，该匪配合第二纵队由灌云南窜。现苏北匪军实力，根据六月份各方情报，其野战部队合计人枪四万二千余，又野战军区部队合计人数五万三千余。

二、清剿情形

苏南方面：匪赵文豹等部潜伏于镇丹澄武苏锡奉等县境内。本省为谋彻底清除苏南匪患，然后集中全力配合国军清除苏北共匪起见，经先后严饬苏南各区县限期将境内之散匪、潜匪彻底清除，指示清剿要点：(一)各专员、县长务须亲自下乡，督同地方武力加紧搜捕，并开列黑名单，将潜伏分子及两面派分子全部拘捕；(二)充实地方自卫武力，并组训民众；(三)加强情报机构，设巡逻盘查递步守望等队哨，以利情报之传递；(四)加强江防，严密封锁港口，以防匪军化装偷渡；(五)清查户口，整编保甲，办理联保连坐，分清匪我等等。自经各县数月以来努力遵照实施、反复搜剿之后，苏南散匪已渐敛迹。

苏北方面：原盘据于苏北之匪仅有管文蔚、陈庆先所部第十一、十二两个纵队以及地方游杂部队，综计人枪约五万左右，迭经本省保安部队暨苏北各县地方武力配合国军分头清剿,大部匪军已化整为零。匪为挽回颓势,坚持苏北,乃发布充实兵员加强地方部队战力之命令,积极抽征壮丁,扩展地区,整编部队,并于三十六年十一月间盘据于豫东、皖北之匪刘伯诚、陈毅所部第一、三、四、五、六、十、十一各纵队主力约七万余回窜苏北,专事抢劫粮食,并有渡江南窜之企图。本省依照国防部颁发防止匪军偷渡长江办法,订定施行细则一种,电饬沿江各区县暨江防部队切实遵照,严密封锁港口,一面严饬苏北各区县督饬地方武力配合省团协同国军痛加清剿。奈匪向以避实击虚、乘隙流窜为一贯战法,虽迭经我清剿部队予以严重打击,然兵来匪去,不易捕捉其主力,非增派劲旅及快速部队,以合围夹击方式迫其主力作战,予以痛歼,难望澄清。最近淮泗告急,匪势披猖,已电请中央迅速增援,以免坐大。

三、增编省属保安团队

本省省属保安团队经呈奉中央核准,增编二个保安旅司令部及其直属部队三个保安团、三个突击大队。按照国防部新颁编制办法,原有八个团及一个独立营,则仍照旧编制,整编旅之建制,保一旅以原有保八团及新增之保九、十两团编成之,保二旅以原有之保三、六、七三个团编成之。新增旅团自本年四月开始筹组,其兵源则分配上海、徐州等五十四县市征集,如有不足,则招募补充,突击大队因待遇较优,素质必须提高,分在淮阴、南通、镇江等地招考高中毕业生充任队员。

四、整建各县武力

各县保安部队及县市民众自卫队现正依照省颁戡乱时期施政纲领实施方案所规定之整建办法积极整编,详情续报。

丙、目前地方最大困难问题

一、转业军官以通讯小组为号召,造成无穷纠纷,必须取消其组织,不使其成为特殊阶级。

二、各地驻军主副食费之差价如烧草、马秣及军内供应,地方负担太重,且需要数量多不按实在人数支取,任意需索,不仅有关军风纪,且易引起人民对国军发生不良印象。

三、新式土豪劣绅阻挠一切政务,如不遂其私欲,动辄飞短流长,无中生有,恶意攻击,造成省县各级政治上之种种不安。

四、中央以限价收买省县赋谷,所定购价与市价相差悬殊,且价款不能即付,尤影响县财政甚巨。

五、征兵征粮为重要国策,亦为人民最感痛苦之事,连年两事同时举行,以在一短时期内既须抽送壮丁,负担巨额之安家费,又须输送赋谷,正供之外,复须征借,民困已深,力量有限,故虽严限追比,终难尽如功令,成两政皆举两政皆误之局。以后征兵征粮,希望分期举办,以恤民艰。

六、捕获奸匪,省县政府无处决权,须经过侦查、裁判、复核等等手续,不能利用时机收镇定人心之效。

七、省县政府对于地方武力多为国军控制,几无指挥之权,而地方治安又须负其全责,颇感有责无权之困难。

〔国民政府档案〕

4. 黄旭初等关于"戡乱"期间各省急待解决及涉及政治根本问题条陈

(1948年7月　日)

谨略呈者:自国家总动员实施纲领颁布,举国上下皆以戡乱建国为一致之趋向,惟戡乱虽以军事为主体,而政治实为其基本。职等服务各省,夙以奉行国策为职志,而才力棉薄,常恐不逮。兹承钧座于万几之余,召集职等举行行政座谈,仰见关怀地方,殷殷求治之盛意,曷胜感激。谨将各省共同困难问题分为急待解决与涉及政治根本者两项,别为数事,据实直陈如次:

第一、各省急待解决问题

壹、有关治安事项

一、关于共匪者

（一）现状检讨　查共匪称兵倡乱，固以华北、东北为主，其他各省亦或以少数武装部队乘机骚扰，或勾结与党颠倒是非，散布谣言，其尤者为派遣多数地下工作人员潜伏于学校、机关、团体、社会之中，或煽动学潮、工潮，或反对征粮征兵，总使我后方社会秩序破坏，便利其前方之军事叛变而后已。一般青年及号称知识阶级者，受毒颇深，而在保障人权及言论自由等现状下，地方政府未易为断然之处置。

（二）改进意见　拟请由中央明令后方各省对于潜伏各学校、机关、社会之共匪分子悉予逮捕严办，其公开活动者，并照叛徒、土匪处置，不稍宽假。

二、关于军法者

（一）现状检讨　查各省治安不良，除奸匪乘机窃发外，其他杀人越货者多为散兵游勇及退役军人，地方政府事前既未易取缔，事后复无权处理，迨移送法院后，或则久搁不办，或则从轻发落，对于奸匪并因证据不足或以政治犯为理由辄予轻易释放。彼等既得逍遥法外，乃复肆意扰乱。各级保警既疲于奔命，乡保人员亦恐其挟嫌报复，未敢检举，匪势滋蔓难图，此为主因。

（二）改进意见　拟请中央于动员戡乱期间准将惩治盗匪案件划还军法审理，恢复省兼保安司令及县长军法审判之权，俾对主要奸匪及重要匪徒以紧急处置，免误事机。其情节较轻者，仍送法院办理。

三、关于帮会者

（一）现状检讨　查各地帮会近以"新社会事业建设协会"为名在各县设立分支会，滥收会员，并有与奸匪或土匪勾结情事，据称该会曾由中央核准备案，因此肆无忌惮。

（二）改进意见　拟请中央撤销其登记，取消各省分支会，并通令各省严予取缔，违者法办。

四、关于在乡军人及荣誉军人者

(一)现状检讨 各省在乡军人依照规定地区组织军人会者少,而任意组设各种联谊会或在乡军人联合会者时有所闻,每有包庇烟赌聚众越轨情事,荣誉军人则以无直接控制机关,在各地发生枝节更多,县级政府每苦难于处理。

(二)改进意见 拟请中央严令各省在乡军人于规定组织外不得有其他任何组织,并责令各级地方政府监督管理。至荣誉军人,在中央最好有专管机关,妥谋安置此辈人员,如在地方有违法行为,并责成省县政府切实取缔,免滋事端。

五、关于省保安团队之改编者

(一)现状检讨 查各省保安团队一般认为介于国军与警察之间的武装组织,负有剿灭股匪之重责,如改为保安警察总队,不但基本观念不同,且待遇须按警察提高,服装亦须改制,非省级财力所能负担。

(二)改进意见 各省改设警保处,顾名思义,保与警同样并重,可否仍留省保安总队名义,暂不更易,否则所有提高待遇与改制服装之经费应请中央追加拨补,藉符名实。

六、关于地方武器弹药之补充者

(一)现状检讨 查国军任务繁重,后方各省之股匪散匪纯赖省县保安部队负责清剿,并加强组织民众自卫队,以为协助。但省级弹药补充已感艰难,短枪更甚,县级之保警队与民众自卫队等武器弹药尤为缺乏,遂致各地治安工作未能积极展开。

(二)改进意见 省级械弹拟请中央据实拨发,县级保警及自卫队所需械弹由省统筹核定,转请中央价拨。

贰、转业军官安置事宜

(一)现状检讨

1.胜利以后,中央为安置复员军官,由中训团就各军官总队分发各省训练团从事转业训练者,平均约在两三千人左右,而中央分发各部会从事内政、教育、防空等训练者,亦仍转发各省,致每省分配人数均在两三千人至四五千人之间,拥挤情形概可想见。

2. 中央对复员军官之转业,本注重于生产、建设、交通、水利等事业部门,惟路、电、邮、航及工矿机构均系中央直接管理,省县二级并无此项生产事业可言,只得集中于行政一途。而省级除教育及专门技术人员外,办理普通行政事务者约只一千余人,全省县级公务人员亦只三千人至五千余人,省县政府员额编制均系中央核定,未便稍有更易,对此大量转业人员,自属无法容纳。

3. 军官转业文职,中央曾定有比照标准,将官视同简任,少校以上视同荐任,但省级方面除省政府厅长、委员外,并无简任官职,荐任人员如科长、秘书等亦只数十人,县级则只有县长与主任秘书为荐任,余皆为委任或雇员,今分发各省者,辄有将官数十人,校官数百人,尉官数千人,均按比照官阶,坚请各省以简、荐、委任照委,在无缺额期间,则用额外同等名义,中央曾有高级低用之指示,彼等未肯听从。

4. 转业军官大多携有家室,无论能否即时到差,其每月薪饷生补各费未能一时中断,近奉行政院令,准予候差期间参照转业部门由中央续发二个月至四个月不等,但统计在本年九月或十一月以前均须截支,而省级公教人员生补费均赖中央补助,预算已定,无可腾挪,至县级人员则因经费困难,去年八月以来之待遇尚有未能调整者,其无法垫付巨款尤为明显。

5. 转业军官以过去出身服务部队或受训单位不同,乃有各种联谊会之组织,对于工作职位每有聚众要挟情事,稍不遂意,即发生越轨行动,丁兹时艰,每易引起其他枝节,处置轻重实难恰当。

(二)改进意见

1. 转业军官中不乏久历戎行、学验俱佳之士,其中在军校十期以后之毕业生,益属年青有为,值兹动员戡乱之际,拟请仍予召还,参加部队工作,俾得用其所长,以遂报国之志。

2. 文武人员官阶计算标准拟请重行考虑,酌予调整,否则高官本可低用,中央本有明令,并乞重申前令,明白晓谕,以利安置。

3. 转业军官之薪饷未能一日中断,除由省县积极任用外,如实在无缺可补者,其应需薪饷拟请中央继续发给,免生意外,至多以半年为期,期满由省县筹发。

4. 在乡军人原已有地区组织,所有各种联谊会应请中央明令取缔。此后,如有少数分子越轨行动,并责成省县政府严加处分,以维秩序而全军誉。

第二,有关省县政制急需问题

壹、拟请制定省县机构人事范围,予省府以因地因事制宜之权。

一、省县机构

(一)现状检讨　省府机构自民国廿年省组织法修正以来,因中央部会之增设,省级乃自四厅一处演化为四厅九处,计一倍又半,附属机关尚不在内。

县府组织亦因省级处局之增加,于原有四科之外增加社会、地政、军事、秘书、会计、统计、合作等科室,附属机关亦不在内。省县机构增加结果,其流弊之大者有三:

(1)事权纷歧,彼此多所牵制。

(2)人事经费不敷分配,工作事业咸感空虚。

(3)公文手续繁杂,未能集中力量从事实际工作。

(二)改进意见

1. 省级机构关系国家大法,应如何参照以往定章化繁为简,拟请中央明令规定,俾资遵守。

2. 县级机构简化办法拟请责令省府参照各县事实需要分别规定,呈报中央备案施行。

二、省县人事

(一)现状检讨　省县机构增多,乃发生左列缺点:

1.公务员人数因机关之增设而加多,且所增者大都为总务、会计人员,非其业务所需之专才,且机关编制员额限制过严,致各级主管不能按业务缓急为适当之配合。

2.省县用人阶级过低,省级之简任、荐任与县级荐任人员为数极少,难于延揽专才担任设计、督导及专门技术工作。

3.人员既多,薪津自巨,省县经费大部支配于用人之一途,事业费咸感拮据,且目前生补费时须调整,在省方仰赖中央补助,增加国库负担,在县方财源枯竭,竟未能按时调整待遇,影响行政效率,实非浅鲜。

(二)改进意见

1.省县各机关编制员额拟请中央只规定省级各厅处及县之总额,不必详分科室,俾省县主官得有统筹支配适宜调度之权。

2.省县各机关均应减少普通总务人员,多用专门业务人员,并提高此项专门人员之阶级,省方增加简、荐员额,县方增加荐任员额,俾人才得以下流。

3.省县用人由省主席及县长遵照中央人事法规妥慎办理,于分层负责之中,俾人事制度得以确立。

贰、拟请厘定省县政府职权,调整行文程序,分级负责。

(一)现状检讨

1.关于职权方面。省府直隶行政院,所有预算开支等多须请示办理,手续颇繁,院属部会对省级各厅处局亦多直接指挥,而省参议会对于省府之经费工作无分巨细均须过问,有时互相矛盾,省府无所适从,不免动辄得咎。县级对省府与省属各厅处局及县参议会,其困难情形与省正同。查省县政府奉行国策,推进庶政,责任甚重,而其可运用之行政权力束缚至此,欲其发挥效率自有难能。

2.关于行文方面。中央各部会对其有关业务,有咨送省府办理者,有径饬省属厅处局遵照者,各厅处局亦有径行呈复各主管部会之规定,如其中有涉及计划、人事、经费者,即不免影响其他部门业务,省府无法统筹。至省属各厅处局对县府或县属局科室之行文亦然,指示纷歧,咸以为苦。

(二)改进意见

1.就职权言,现值行宪准备期间,似可依据宪法第十章"中央与地方之权限"所列各要点详为划分,其可由省县负责者即分别责成办理,不必遇事请示,各部会对省属厅处局避免直接指挥,省属厅处局对县属处科室亦然。至参议会行使职权,每有逾越范围,非省县所能执行者,亟应妥谋补救,以免与整个国策相左。

2.就行文而言,中央对省级公文除行政院办理者外,其依分层负责之规定,须由院属各部会承办者,似可全部咨送省府转交办理,以资接洽。至各部会行文内容,应以主管事项为限,免与院颁全面性之规定如年度计划、预算等相抵触。至省属各厅处局对县府及各局处科室行文,亦专以县府为对象,行文内容并不可影响全盘省令。

叁、中央对地方有关法令,务期统一扼要,富有弹性,俾得切实奉行。

(一)现状检讨

1.法令类目过于繁杂 查每一法规订定后,辄有补充法令数十种,每种数十条,繁复错杂,非我国智〔知〕识浅薄之人民所能了解,加以法令内容过于细密,合于甲省者未必合于乙省,适用于今年者未必适用于明年,欲其推行尽利,自有难能。

2.法规令文前后互异 例如开辟地方税源,在财政收支系统法中曾有特别税课之规定,并曾以令文颁示各省得因地制宜设定税捐,旋又规定不得与国税重复,不得就正税附加,并不得以土地人物为对象。试思除此而外,尚有何种税源可开?徒长人民逃避法令之心理,予民意机关反对征课之口实。税源杜绝,百政停顿,殊属可惜。

(二)改进意见

1.删繁就简把握纲要 依据宪法规定,将过去法规分别整理,力求种类减少,条文简明,内容富有弹性,期各省均能切合时地推行尽利,并得维持较长之适用性,以免更订频烦。

2.法规令文彼此合一 凡同类业务,其令文须以同法为依据,只可必要时补充说明,不应以单行命令变更法规。又各项有关法规,似须互相参证审订,以免甲法与乙法相左,使发令者与受令者均感无所适从。

以上各节,略陈梗概,其中急待解决各项,敬请迅予具体指示,俾资率循。是否有当,伏乞鉴核示遵。谨呈
行政院院长张

职 黄旭初 刘建绪 李品仙
　　王懋功 魏道明 王东原
　　王陵基 祝绍周 罗卓英
　　卢 汉 万耀煌 郭寄峤
　　沈鸿烈

〔行政院档案〕

5.蒋介石指示详加审核各省市施政纲要和抄发关于"政治清剿"致行政院电

(1948年10月21日)

总统府代电 府贰字第一八二二号

行政院翁院长勋鉴:本年七月中原大捷之后,中曾以手启午咸府贰电通令各省市政府切实改进政治,拟订具体纲要实施,具报在案。旋据江苏、四川、河北、河南、台湾、甘肃、安徽、福建、山东、山西、绥远、西康、贵州、云南、陕西、湖北等十六省及南京、天津、汉口、青岛等四市呈复,为遵照中电,拟具各该省市改进政治实施纲要,请鉴核。又上海市呈复,正依照原定办法实施,并再加检讨改进呈报,各等情。兹将各省市原呈纲要并抄同手启午咸府贰电随文附

发,希即详加审核并注意:(一)对各省市所拟之具体纲要如有所指示,应在不违背国家政策与重要施政方针之原则下,尽量顾及各该省市之特殊情况,同时因地制宜,力求把握重点,不宜过于拘泥通案琐细吹求;(二)各省市呈报纲要中如有切实可行之特殊办法,可抄发其他省市参考;(三)各省市实施之成效如何,应经常注意综核,必要时由院及主管部会派员实地考核,以资策进为要。蒋中正。酉。马。府贰乙。

附发各省原呈及附件二十一件,并抄发手启午咸府贰电一件。中华民国卅七年十月廿一日

各省原呈及附件二十一件 〔略〕

抄件

各省政府主席、各市政府市长:查剿匪戡乱首赖动员人民之全力,必须一切政治措施适合人民之需要,构成整个之力量,足以清奸宄,使散匪无立足之余地,外足以御侵凌,使残匪无裹掠之可能,则总体战之建制已成,斯军事上胜券可必。盖共匪一贯之作风,要以欺骗民众煽惑青年为其最毒辣之伎俩,若专就武力而论,则始终仅属乌合之众,避实就虚,择隙流窜,纯为求食求兵扩张恶势,从不敢与国军作决定性之战斗。直至此次河南战役,在共匪企图,满以为准备已久,羽毛已丰,宜可问鼎中原,乃于上月纠合其陈毅、刘伯诚、陈赓等匪之顽强主力,聚众约卅万,乘我开封守军单薄,突行侵陷,及我驰援克复,遂又窜集睢县、杞县、通许一带,封豕长蛇,负隅结阵,冀与国军一决雌雄,藉图逞志。乃经我在豫之陆空将士联合扫荡,东西钳攻,上下夹击,此庞大悍匪,不过旬日之间,即告土崩瓦解,被歼十万以上,陈、刘匪首各率残余抱头分溃。经此一役之后,共匪武力实属脆弱,其不能与国军抗衡业已充分证明。所望各省市地方各级行政负责长官,趁此军事胜利之机,加倍振奋,力求政治上之有效改进。首应扫除以耳代目之积习,脚踏实地深入基

层。所有省府主席、委员与各厅处长均应分区分期亲至各县,为有计划之巡视,行政督察专员及各县县长与县府主管人员则应按月分赴各乡村,为有目标之工作督导,随时随地指示办法,解决问题,检举贪渎,申明赏罚,使上下之情彻底贯通,法令之杆格自可圆转,人民之痛苦自可减少。政治效率之提高系于是,民心对于政府之向背亦系于是。其次,省保安团、县保卫队以及乡镇保甲之组训,实为省县地方剿匪防匪之基本力量,必须逐层督责,依照规定认真整理,决不可再如过去上下朦混,敷衍故事。尤应激励各地正绅,督导退役军官,协助民众组训,尽力桑梓自卫,运用地方集体之武力剿除成股之小匪,以制其坐大。加强民众保甲之组织,清除潜伏之匪党,以绝其内应。须知各地人民莫不切齿共匪之残暴,咸有保乡保家之热诚,我各级行政主管果能躬亲领导,甘苦与共,患难相同,自必人人奋发,子弟愿效其力,父老乐输其财,此在近年剿匪区内凡能秉此原则之贤良长官均已卓著良效足为借鉴。复次,剿匪戡乱本为救民水火、保卫宗邦迫不得已之举,在剿匪区内,共匪之摧残蹂躏,人民生计濒于绝境,在安全地区,因军事之供应需要,人民负担难免加重,胥属无可讳言,各级行政人员均应切体人民之疾苦,凡法外之苛扰必须积极排除,俾人民能安其生,凡可恢复之生产与能增进之生产事业必须随时推动,俾人民能遂其生,尤其各后方省区更应发动当地财富协力经济建设,取之于地方以图利于地方,必为有识人士之所赞助。凡此三者,均属简而易行,我各级行政官长果能躬行笃践,深信地方治安必可确保,半年之内,政治风气必可转移,行政效率必可猛进,人民潜力必可发扬。我政治之实效增进一分,即共匪之恶势削弱一分,则以我优胜之国军摧彼将减之残烬,肃清匪祸,决可计日而待。中正昔年剿匪于鄂赣西蜀之间,即以七分政治三分军事克奏肤功,管教养卫前规具在,以今视昔,理无或殊,继兹以往,中央亦将视各省行政人员能否实事求是有无显著政绩凭为奖惩黜陟之准绳,不稍宽假。希于接电之后,即将奉行具体纲要切实具报为要。中正手启。午咸府贰。

〔行政院档案〕

6. 蒋介石准予公布全国施行
"戡乱时期危害国家紧急治罪条例"指令

（1948年11月4日）

总统指令　发文统（一）字第三五四号
中华民国卅七年十一月四日
令行政院

三十七年十月卅日（三）七法字第四八〇七号呈一件，为《戡乱时期危害国家紧急治罪条例》有施行全国之必要，经院会通过公布分行，呈请鉴核备案由。呈悉。准予备案。此令。

　　　　　　　　　　　　　　总统　蒋中正
　　　　　　　　　　　行政院院长　翁文灏
　　　　　　　　　　司法行政部部长　谢冠生

〔行政院档案〕

7. 蒋介石要求加紧反共宣传的代电

（1948年11月10日）

总统府代电　枢慎字第四〇六八九号

中宣部黄代部长、政工局邓局长、新闻局董局长、中央通讯社萧社长勋鉴：查戡乱战事，日加紧张，共匪对我政治、经济、军事各方面之弱点，无不加强渲染，尽量宣传，或用文字，或用广播，甚至策动其潜伏后方之间谍分子，造作谣言，涉及个人阴私，藉以耸动社会听闻，以达成其扰乱我后方治安秩序之阴谋。我方各宣传机构，则即使有关于共匪暴行之极好资料，亦多以怀疑眼光视之，采取保留态度。故在我方各种报纸上有关共匪区域内种种暴行之记载，实不多见。又友邦人士亦常言，从中国政府区域内报纸上殊不足以看出中国共产党之如何残暴与可怕。此于我对国际国内宣传上有极大之影响。希即迅速会同商讨具体改进办法,积极实施。蒋中正手启。(卅七)戍灰枢慎。

中华民国卅七年十一月十日

〔行政院新闻局档案〕

（四）南京政府覆亡前后施政方针与应变措施

一、挽救残局方针办法

1. 三十八年度施政方针
（1948年　月　日）①

我国在长期抗战之后，继以戡乱，国力削弱，民困已深，今后施政自宜统一意志，集中力量，本坚忍持久之精神，作经济有效之策划，实事求是，计日程功，庶几有济。三十八年度之施政，当以增强军事力量、戡平叛乱、刷新政治、安定社会、增加生产、稳定经济为中心，并就各该有关事项中之应行特别注意或加强者，摘举要点，以示准绳。至于一般政务、业务上之兴革，财政上之开源节流，以及兴修水利、推行地政、保护侨民、增进友邦睦谊、争取合作等事宜，应本已定方针继续办理者，概从略焉。

一、国军应积极整理充实，尤应特别注意于战斗部队之加强及非战斗部队机关与兵员之紧缩归并，以增强作战力量，并妥善运用，争取主动。

二、充实地方保安团队，补充装备，严格训练，以期能增强自卫力量，确保地方治安。必要时，配合国军作战，分担戡乱任务。

三、在绥靖区内之政治设施，应以配合戡乱为主，紧缩机构，简化法令，以期运用灵活，推行尽利。

四、在省县自治准备实施期间，中央与地方之权责，应本法制事实，双方兼顾之旨，妥为调整，并改进地方与边疆政治设施，培养法治精神，树立宪政基础。

---

① 原件无时间。

五、提高教育素质,充实内容,整饬学风,并对流亡学生妥筹安顿,使其能获得就学或就业之机会。

六、振恤灾难人民,加强紧急救济,尤注重于公共卫生灾害预防及建设性之救济工作,以安定社会秩序。

七、扶植劳工组织,促进劳资合作,提高劳动效能,以安定生产秩序。

八、积极扶助各主要农工产品如粮食、花纱布及其他日用必需品之增产,以裕民生,加紧开发中部南部煤铁等矿产,扩充电力建设,以裕工业资源及动力之供应。

九、整理加强各主要交通运输路线及通讯,抢修遭受破坏之交通线,以利军事行动与物资之交流。

一〇、掌握或控制粮食、花纱布、油、盐、煤等生活必需品,并加强管制市场交易,节制消费,以稳定物价、安定民生。

一一、健全金融组织,奖励国民储蓄,扶助输出贸易,便利侨民汇款,并诱导人民投资生产与建设事业,使币制改革后民间大量游资获得正当出路,以促进经济之繁荣。

一二、改订财政收支系统,使省县财政多数能自给自足。中央对地方之补助,以贫瘠省份及建设工作为限,整顿国营事业,使其能自谋发展与维持国库,贴补亏损,以受匪乱影响者为限。

〔行政院档案〕

2. 蒋介石饬国民党中央党部及有关部门切实核议顾祝同"澄清当前局势工作方案"及"工作计划表"签呈电

(1948年12月24日)

总统府代电 枢学字第12369号

行政院孙院长勋鉴:兹随电附发国防部顾总长12月15日敦原字第3560号之签呈暨附件乙件,希邀集中央党部及有关各部门首长切实核议具报。蒋中正。亥敬。枢学。附件如文。

中华民国卅七年十二月二十四日

签呈　职顾祝同呈　卅七年十二月十五日
事由　根据本部第六次心理作战会报结论拟具《澄清当前局势工作方案》及《工作计划表》，建议采择由。

据政工局邓局长签称："本部第六次心理作战会报鉴于当前人心浮动、局势动荡，针对匪方奸谋，审察社会心理，曾就有效对策及重要措置作详细之分析与研讨，并根据研讨结果及会报决定制成《澄清当前局势工作方案》暨《工作计划表》各一种，请予察核转呈采择。"等情。据此。查该方案列举各项确甚重要，理合备文转呈，仰祈鉴核，并请采择施行。谨呈
总统蒋
附呈《澄清当前局势工作方案》暨《工作计划表》各一种。

澄清当前局势工作方案
前　言

共匪叛乱，日益猖獗，其所以致此之由，归根究底，实得力于宣传、组织、情报三项巧妙之伎俩，并非在军事、政治、经济上真有战胜之力量，尤以虚伪宣传谣言攻势，一若水银泻地，无孔不入，而其淆乱听闻、煽惑人心之结果，至此次徐州会战前后，已演成当前最严重之祸患，再不采取有效行动，迅谋积极对付，深恐整个戡乱之阵容，亦有被匪摇撼之可能。本部第六次心理作战会报，曾就此一问题作详细之分析，精密之研讨，决定重要对策及措置如左：

一、以牙还牙，击破敌人。

（一）以铁幕对铁幕——严密封锁匪方一切消息，并即采取下列各项紧急措置：(1)实施全国邮电检查。(2)各地收发电话总机须即严密监视。(3)一切反动书报刊物即予封闭或取缔。(4)外国报纸凡刊有不利于我之消息者，概予扣留。(5)各地无线电台不准收

发私人电报。(6)民间无线电收音机须登记管理,不得收听匪方广播。(7)暂时恢复新闻检查制度。(8)实行全国戒严,非经政府特许,不准私自集会。(9)车站、码头、茶坊、酒肆以及娱乐场所,均须管制监视。(10)匪谣一有发觉,必须彻究严办,使其不敢传播,立即消灭。

(二)以整风对整风——利用戒严时机,彻底肃清潜伏分子,并即采取下列各项措置:(1)实施全国户口总检查,采取突击方式,务求一网打尽。(2)对捕获之伏匪不必经过司法程序而以军法官兼理特种刑庭,对嫌疑分子,亦须严讯鞫究,不稍宽纵。(3)重办联结,并奖励检举匪徒,一有查获,必须株连,使其不敢隐瞒,无法藏匿。(4)全国各机关团体及学校立即举行"自清"运动,必须达到内部"净化"之目的,对伙伕杂兵公役,尤须注意。

(三)以恐怖对恐怖——针对匪以"战犯"为恫吓之神经战,以牙还牙,立即展开反攻,并须采取下列各项紧急措置:(1)分析匪之种类(谁为苏联豢养之鹰犬,谁为共产国际之走狗,谁为叛乱之祸首,谁为卖国之汉奸,谁为祸国殃民之帮凶,谁为认贼作父之蟊贼),明定处置办法。(2)确定胁从者反正奖励或立功办法及不从速来归之处置办法。(3)宣布对策动或导演伪组织暨将来参加伪组织者之处置办法。(4)用广播、传单、标语、幻灯片、电影、广告等方式,警告潜伏分子,如不立即自首,即予严厉处置。

(四)以仇恨对仇恨——尽量制造民众对匪之仇恨,藉以孤立敌人,并即采取下列各项紧急措置:(1)各县就党员中挑选大批忠实干部,加以训练或讲习,分赴各乡宣传。(2)扩大政工局匪情巡回报导组织,加强战地及各都市宣传。(3)利用难民作有计划的分布,实行"告地状"或上门诉苦。(4)利用学生寒假普遍还乡宣传。

(五)以离间对离间——强调共匪内部矛盾,实施对匪分化,并即采取下列各项重要处置:(1)利用匪军内部矛盾之事实,制印大批传单,向匪军空投。(2)利用匪区痛苦之实况,制印大批传单向匪区民众空投。(3)制造各种事例,向匪军匪区广播。

(六)以谣言对谣言——展开反谣言攻势,并即采取下列各项紧急措置:(1)对机关团体,就党员中挑选平日认为稳重并能获得同僚信任者若干人,建立策应站,秘密分布,以期一唱百和。(2)对社会凡车站、码头、茶坊、酒肆以及娱乐场所,均密布人员,组成宣传网,以便散播。(3)对匪区利用传单、标语以空投方式散播。

二、就病医病,加强自己。

(一)确定立场——针对目前动摇心理,即作如下措置:印制大量传单标语,分发各地普遍张贴,切实指示民众,"有匪无我,有我无匪",民众不站在匪方,即站在我方,绝不容骑墙中立,模棱两可,应即表明态度,确定立场。

(二)即下决心——针对目前犹豫心理,即作如下措置:由党发动透过各地参议会,制定公约(内容仿照抗战时期之国民公约,最好统一制发),分区召集民众,举行宣誓,决心履行拥护政府,誓死报国。其不参加宣誓者,认为不肯表明态度,即作犹疑分子论,运用民众制裁方法,予以种种不利,迫其非下决心不可。

(三)改变态度——针对目前怕匪心理,即作如下措置:普遍调验身份证,如发现该证与其身份不符者(此次南京市换发身份证,发现文武官员改装易服,冒充小学教员及店员者甚多),即有准备从匪嫌疑,予以严厉处分,绝其幸免苟全之念,从而改变态度,不再怕死。

(四)安定情绪——针对目前悲观心理,即作如下措置:宣布政府戡乱到底决心,提示第二步、第三步之计划,并切实保障公务人员生活之办法,一方面可打破匪方"大势已去、个人出路如何"之诱惑宣传,一方面纠正"徐州若失,南京必丢,南京一丢,政府必垮,政府一垮,一切完结"之一般错误看法,同时按期制发文告,分送各机关,务须在周会宣读,以激励公务人员之情绪。

(五)加强认识——针对目前模糊观念,即作如下措置:政府及言论界应一致强调此次剿匪即系反侵略战争,从匪者等于卖国,助匪者等于汉奸,使能确切认识剿匪军事之本质。"共匪"应改为"奸匪","戡乱"应改为"反侵略",一切含有"内战"意识或易被误解为"内战"之字眼,必须少用,以正确其观念,加强其认识。

(六)坚固信心——针对目前失败主义,即作如下措置:全国舆论界应强调我军优势,新生力量、众多人才、广大资源及有利之国际形势、可靠之国外援助,充满乐观与信念,从而鼓励群众,**激发群众**,使不明白者明白,不信任者信任,犹疑者不再犹疑,不动者行动起来。

三、充实力量,提高效率。

(一)健全中枢——(1)南京为心理作战司令台,应先求其健全。(2)今后一切心理作战,应以国防部心理作战会报为核心,运用中宣部之宣传设计委员会并透过各部会及所属各机关,使成为一强有力之战斗体。(3)会报决议事项,认为有关单位本身可以执行者即非参加本会报单位亦录案送请□办,关系重大者,由本会报建议,参谋总长转呈总统采择,一经核定,承办单位即须认真执行。(4)执行经过及效果,参加会报单位用口头向本会报告,非参加单位用书面向本会报告通知,以凭再研究再改进。

(二)集中力量——(1)南京电台必须严格控制,作有计划之统一使用,以免力量分散,其他各地电台,亦概在控制之列。(2)筹建大过匪方二倍以上电力及波长之电台,俾可阻挠匪方之广播,并增设各地电台,尤其华北为最重要。(3)各宣传部门人财物力应在整个宣传作战计划之下,重作合理分配与调整,以除各自为政之弊,而收分工合作之效。

(三)统一步调——(1)加强新闻控制,组成整严有力之阵容,务求步骤一致,论调一致,以免分歧而正视听。(2)对一切反动宣传或恶意批评,应集中力量同声笔伐,使其如汤灌雪,不留渣余。

四、改变作风，打破现状。

（一）在政策上——（1）一切宣传工作计划，必须走"群众路线"，并运用组织力量以达到"人人开口"之目的，不再专恃宣传者宣传。（2）反侵略之战争，系长期性之战争，宣传亦须有长期性之计划，打破"速胜"观念，且不可集中视力于某一战役或某一事件，以免情绪因过于高热而转为冷落。（3）除另有作用者外（如谣言攻势），一切报导应以"真实"为原则，不可夸大，以恢复人民对政府之信任心，并由于信任心之建立，然后另有作用之宣传，始能生效。（4）各种宣传工具（报纸报刊等）尽量改用民营方式。

（二）在配合上——宣传不能离开组织，以后一切宣传必须与组织相配合，有现成可资利用者即利用，无现成可资利用者须设法组织之，以一矫有头无尾、不能一动百动之弊病。（2）政治组织必须彻底改革，使与军事相配合，此点关系最大。匪军一来即可由点控制面，我管制廿余年之地方有面而无法控制，匪可倾巢来犯，利用少数土共，即无后顾之忧，我须处处设防，冻结大量兵力，不能抽调使用；各县十百匪徒即成满城风雨，横冲直接，为所欲为，几成到处皆匪之势，而无前方后方之分。尤其甚者，我有兵有粮而不能征，反任其转而资匪。今日基层政治组织，实已大成问题，应以军事第一为前提，自卫保乡为中心，迅谋革新，使由形式到实际，由涣散到严密，由规避到战斗，合乎战时体制，达成战时要求。

（三）在手段上——（1）结束姑息容忍之政策，对潜伏分子、动摇分子以及骑墙派、两面派分别采取严厉手段对付，先将浮动现象及失败主义镇压下去。（2）一切应作长期战争打算，对军事、政治、经济各方面均须从根做起，并须从统制入手。（3）切实提高待遇，安定公教人员生活，然后雷厉风行，铲除贪污，并培植新生力量，彻底摧毁土劣官僚政治，以免处处与民为仇，化离心为向心。

结　　论

以上各项，系安定社会人心之要图，亦为澄清当前局势之办法,时至今日,我必须以有效措置,向匪反攻,不能专让共匪不择手段而攻我,但先须巩固自己,方可对付敌人,是作风之改变,效率之提高,实属刻不容缓。本会报即本此义而审研,本方案即本会报审研结果而拟订。为求条举明晰实施便利起见,特再就以上所列举者另订简明工作计划表一种,互为对照,并呈抉择。

澄清当前局势工作计划表

工作总纲	工作项目	实施方法	主办单位	有关单位	处理
一、以牙还牙击破敌人	(一)以铁幕对铁幕	1. 邮电检查	中央党部	内政部	会同决定通令全国实施
		2. 监视电话	内政部	交通部	
		3. 取缔反动书报刊物	内政部	监察机关	
		4. 扣留不利于我之外报	新闻局	监察机关	
		5. 无线电台停拍私人电报	交通部		
		6. 管理民用无线电收音机	交通部	内政部	
		7. 暂时恢复新闻检查制度	内政部		
		8. 实行全国戒严	行政院	立法院	
		9. 管制交通及娱乐场所	首都警察厅	各地警察机关	
		10. 彻究匪谍来源	中央党部	内政部	
	(二)以整风对整风	1. 实施全国户口总清查	内政部		
		2. 严厉处置潜伏分子	国防部		
		3. 重办联保奖励检举	内政部		
		4. 全国各机关举行"自清"运动.	中央党部 行政院		
	(三)以恫吓对恫吓	1. 分析匪类确定处置办法	国防部		
		2. 确定胁从者反正奖励或立功办法及不从速来归之处置办法	国防部		
		3. 宣布策动或导演伪组织暨将来参加伪组织者之处置办法	行政院		
		4. 以宣传方式警告潜伏分子	政工局		

续上表

工作总纲	工作项目	实施方法	主办单位	有关单位	处理
	(四)以仇恨对仇恨	1. 挑选大批党员下乡宣传	中宣部		
		2. 扩大匪情巡回报导	政工局		
		3. 利用难民宣传	中宣部		
		4. 利用学生寒假宣传	中宣部		
	(五)以离间对离间	1. 利用匪内部矛盾加紧分化	政工局		
		2. 利用匪区暴政加紧离间	政工局		
		3. 制造事实加紧宣传	政工局		
	(六)以谣言对谣言	1. 对社会密布宣传网	警察厅		
		2. 对机关建立秘密策应站	中央党部		
		3. 对匪区利用宣传品宣传	中宣部 政工局		
二、就病医病强健自己	(一)确定立场	1. 说明匪我不两立之理由,促其表明态度,确定立场	中宣部		
		2. 制印大批宣传标语,分发各地普遍张贴,切实指示民众	中宣部		
	(二)即下决心	1. 制印公约,举行宣誓,促其立下决心,誓死报国	内政部		
		2. 不参加宣誓者予以种种不利,迫其非下决心不可	内政部		
	(三)改变态度	1. 调验身份证	内政部	治安机关	
		2. 对擅自变更身份者予以严厉处分	内政部	治安机关	
	(四)安定情绪	1. 由政府提示戡乱决心及第二步第三步之计划	行政院		
		2. 由政府表明切实保障公教人员生活办法	行政院		
	(五)加强认识	1. 强调"反侵略"战争意义	中宣部	政工局	
		2. 避免含有"内战"意识之字句	中宣部		
		3. "共匪"改为"奸匪"	中宣部		

续上表

工作总纲	工作项目	实施方法	主办单位	有关单位	处理
	(六)坚固信心	1.强调我军优势及新生力量	政工局		召集有关单位会商决定
		2.灌输乐观成分激发群众情绪从而号召群众动员群众	中宣部	政工局	
三、充实力量提高效率	(一)健全中枢	1.健全南京心理作战司令台	政工局	联秘处 中宣部	
		2.加强国防部心理作战会报组织及运用	政工局	中宣部	
	(二)集中力量	1.控制南京各电台及各地各电台	中宣部 交通部	政工局	
		2.确定宣传整个计划分工合作提高效用	中宣部		
	(三)统一步调	1.加强新闻统制	内政部 中宣部	各报社 各刊物	
		2.打击反动宣传	政工局		
四、改变作风打破现状	(一)在政策上	1.一切宣传计划应走群众路线	中宣部 政工局		
		2.适应反侵略战争,确立长期性之宣传计划	中宣部 政工局		
		3.新闻报导应以"真实"为主	各通讯社 发布组	中央社	
		4.各种宣传工具尽量改为民营方式	中宣部	内政部 政工局	
	(二)在配合上	1.加强组织配合宣传	中宣部	行政院新闻局 国防部政工局	
		2.彻底改革政治基层组织,藉以配合军事	行政院		
	(三)在手段上	1.结束姑息容忍政策	行政院		
		2.确立长期战争计划	行政院		
		3.培植新生力量,彻底铲除贪污及土劣弄权	行政院		

〔行政院档案〕

3. 南京市政府非常时期施政纲领

(1949年1月20日)

第一章　总　纲

第一条　当前施政,以能紧随时局发展,充分适应平时战时两种状态为鹄的。除继续推行一般政务外,应于三个月内完成战时准备。

第二章　战时准备

第二条　联合有关机关,组织首都民众动员机构,构成一元化之领导体制,指挥民众动员工作。

第三条　彻底清查户口,重行编组保甲,使人人在组织之中,再依性别、年龄、职业、学历、体力分别组织民众团体及各种工作队,赋予战时任务,使人人在工作之中。

第四条　依据本市需要,迅即筹设警备旅,同时加强区以下自卫武力之组织。

第五条　按照市区保甲及民众团体之体系,完成民众情报网之组织,展开肃清匪谍工作。

第六条　组织公用事业管理委员会,改善水电交通之管理方法,并经常保持三个月所需之燃料及必需器材。

第七条　清查登记并管制物资,同时呈请中央拨款购储足够全市人民三个月需要之粮食、燃料及其他生活必需品。

第八条　会同有关机关安置难民及流亡学生,并管理救济之。

第九条　组织军民合作站,增进军民合作。

第十条　发动各学校教职员学生组织工作队,担任宣传、救护、慰劳等工作。

第三章　一般政务

甲、民政

第十一条　于各郊区辖区适当地点,设立区办事处,并于全市各保增设保干事,各甲增设指导员、自卫分队长及事务员。

第十二条　充实户政设施,改进警保联系办法。

第十三条　于环境许可时,办理区甲长民选。

第十四条　分期调训各级自治工作人员。

第十五条　根据戡乱时期征兵纲领,办理役政,并优待征属。

第十六条　遵照中央规定励行禁烟禁毒。

乙、财政

第十七条　整理税捐及纳税单位,简化稽征手续,严禁偷漏中饱。

第十八条　清理公产,调查产权,绘图册,并核定租额,改善征租办法。

第十九条　甄选税务人员,励行考核奖惩。

丙、社会

第二十条　发展人民团体并加强其活动。

第二一条　积极办理社会救济与福利事业,并特别注意生产性之救济。

第二二条　疏导粮源,取缔囤积操纵,调节日用必需品之供应。

第二三条　配合有关机关办理农贷及小本贷款,并试办失业工人救济。

第二四条　协调劳资劳劳关系,促进生产,安定社会。

第二五条　改进并推广合作事业,发展平民经济。

第二六条　推行勤俭运动,转移社会风气。

丁、教育

第二七条　适应实际环境,紧缩各级学校班级,樽节人力物力。

第二八条　增设民教馆(或文化馆)巡回教育队,发展社会教育。

第二九条　加强民众补习教育。
第三〇条　加强视察辅导,改善教学方法。
第三一条　奖励研究进修,提高教师素质。
第三二条　充实基本教育实验区,展开实验工作。
第三三条　加强训导工作,建立优良学风。

戊、工务

第三四条　改善道路桥梁,疏导沟渠。
第三五条　修建沿江码头。
第三六条　筹设自来水新厂,增设管线。
第三七条　励行水电节约。
第三八条　加强与营造厂商之联系,疏导建筑材料来源。

己、地政

第三九条　继续办理地权移转变更与他项权利登记及郊区土地总登记。
第四〇条　详实调查公地,加强管理,防止侵占,并计划利用。
第四一条　根据实际情形,依法重估地价。
第四二条　扶植自耕农,并配合有关机关,经营合作农场。
第四三条　改善佃农生活,实行三一减租,斟酌实际情形办理,按口限田。

庚、卫生

第四四条　适应实际需要,储备各种疫苗,实施防疫注射及接种,并扩充传染病院。
第四五条　增加人力物力,改善公共卫生设备。
第四六条　扩充市立、城南两医院及卫生试验所,并加强巡回医疗队。
第四七条　建立公医制度,增设卫生分所,编组救护队。
第四八条　与私立医院及医药厂商切取联系,管制药品及器材。

第四章　经　费

第四九条　为推行第二章各项工作所需之经费,得依照总体战法令规定成立本市经理委员会,征收自卫特捐及绥靖临时费。

第五〇条　前条筹集不足之数,应造具预算,呈请中央拨发。

第五章　附　则

第五一条　本纲领实施计划另订之。

第五二条　本纲领经市政会议通过施行,并呈报行政院备案。

〔行政院档案〕

4. 行政院秘书处为会同审查修正湖北省 政府应变方案致内政部函

(1949年4月21日)

行政院秘书处公函　中华民国卅八年四月二十一日
卅八穗四字第2811号

湖北省政府电赍该省应变方案修正本请核示一案,奉院长谕召集内政、国防、财政、教育、交通、经济等部开会审查,等因。兹定于四月廿二日(星期五)下午三时在本院会议厅开会审查,除分行外,相应抄件函请查照,指派高级人员秉承指示届时出席为荷。此致

内政部

抄原代电及修正湖北省应变方案各乙份

秘书长　黄少谷

抄原代电

(衔略)极机密。查本府前以本省地临前线,局势严重,曾拟订湖北省应变方案,兹针对本省当前情势,因应实际需要,予以修正。理合检同是项修正方案电请鉴核示遵。

修正湖北省应变方案

第一方针	第一条
第二部署与任务	第二条至第九条
第三组织与权责	第十条至二十条
第四财政与经济	第廿一条至廿七条
第五教育与训练	第廿八条至卅一条
第六交通与卫生	第卅二条至卅六条
第七公文与档案	第卅七条至卅八条
第八情报与防奸	第卅九条至四二条
第九军民合作与救济	第四三条至四六条
第十准备与实施	第四七条至五四条
第十一其他	第五五条至五六条

修正湖北省应变方案

第一 方 针

一、本省为针对当前军事状态判断尔后可能行动，根据任务之要求及地形上之许可，分别建立行政根据地，俾在任何情况下得以推行政令，同时发动全民力量争取最后胜利，特就原有应变方案修正之。

第二 部署与任务

二、省为配合军事要求，在鄂西、鄂北山岳地带建立坚强之行政根据地，分设鄂西、鄂北两行署，并以鄂西行署所在地为重心。

省为适应情况上之要求，便利尔后省级机构之疏散行动，于鄂南设省府办事处。

三、鄂西行署设于恩施，辖原第七行政区、并指挥第六行政区（远安、兴山两县除外）之各县，应主动的活动于大江以南之山岳地带，积极建立省府最后根据地，并支援鄂北行署，同时督令第六行政区于江北各县尽量向敌后活动，以牵制匪之渡江行动，使军事作战容易。

四、鄂北行署辖原第五、第八两行政区及第六区远安、兴山两县，应活动于大巴山脉、武当山脉、荆山山脉之间，建立大江以北最后根据地，以屏障并乘匪向本省上游渡江之际协力第四行政区及第六行政区之江北各县，共同向敌后尽力扩展。

五、鄂南办事处设于崇阳、通城间，一面办理省级机构疏运事宜，一面协力第一行政区建立大阜山脉根据地，乘匪向本省下游渡江之际协助军事，同时支援第二、第三两行政区得以遂行其向敌后进击之任务。

六、第二区专员公署应活动于长江以北大别山以南，督导各县乘匪渡江之际尽力向敌后扩张，并相机建立大别山根据地。

七、第三区专员公署应活动于汉水以北大洪、桐柏两山脉之间，督导各县乘匪渡江之际尽力向敌后扩张，并相机建立大洪桐柏两山脉根据地。

八、第四区专员公署应活动于长江以北汉水以南，督导各县利用湖沼错综乘匪渡江之际予以各个打击，并确保湖沼地带根据地，其江南各县应利用河川错综之有利地形，乘匪渡江之际予以各个打击，并分别建立根据地以为鄂西屏障。

九、省保安司令部应本于第三条至第八条之趣旨，对各保安团队及省会警察、水上警察等所有之武力另为部署与指挥，并注意对公私船舶之控制并运用。

十、军管区应对所属各单位依情况作适宜之处置，其司令部随省府行动。

十一、驻省各中央机关除径承中央指示外，应与本府保持联系。

十二、省府依情况之变化，第一步移鄂南，最后移鄂西办公，省党部、省参议会拟请与省府连〔联〕系行动。

第三　组织与权责

十三、为适应军事要求,各级行政机构应尽量变为战时体制。其要旨如左:

1. 省政府各厅处应尽量简化机构,必要时实行省府与保安司令部合署办公。

2. 省会警察及水上警察应由省保安司令部妥为调整,分别编并。

3. 各专员公署人员与区保安司令部应编并为政治、军事、经济三组,共同行动,展开工作。

4. 各匪扰县份应将县府人员编并为军事、政治、经济三科,与自卫团队共同行动;其安全县份之组织亦应酌予简化。

十四、各县得适应军事变化,临时添设区署,内设军事、政治、经济三股,并得随时撤销之。

十五、各行政机构之应变组织规程均分别另定之。

十六、各区县自卫武力应厉行一甲一兵制,以求全面自卫,其办法另定之。

十七、县长对于乡长得就地选派擅长军事及其他适当人员充任。

十八、县长因事实之需要,凡应交县参议会审议案件,如时间不及,得事后请其追认。

十九、匪区内之专员、县长对于区县境内一切军事、政治、经济得适应情况负责权宜处理,事后报核。

二十、专员、县长分别对于驻在辖境内团以下及营以下之省保安部队有指挥调遣之权。

廿一、专员、县长应讲求潜滋活力,零整互用,适应环境,争取民心,以达到全民起而自卫之目的,在任何情况下不得离开辖境。

廿二、匪区专员对于县长之不适于剿匪或剿匪不力者,得请撤换或先行停职派代,报省核办。

廿三、各行署及鄂南办事处之权责另定之。

第四　财政经济

廿四、省政府所需之补助费及应变费如中央不能拨付时,应本自给自足之原则统一营运、省有资产,调整税收,举办临时税捐,并得发行银行本票。

廿五、省府各行署及办事处得对民生日用必需品统筹储运,以供全省应变时期之需要,并规定适宜价格,为合理之分配。

廿六、各专员、县长应督饬粮征主管人员分区选择适当地点存储公粮,并严令江南各县清理积谷,控制粮源。

廿七、各匪区之专员、县长对于辖区内之法定税收得留县支用,事后报请核销。

廿八、匪区专署、县府如情势紧急,因特别需要,得专案呈请核准,向殷实商富筹借粮款,掣给收据,一面报备,事后仍由县收入项下统筹拨还。

廿九、各级行政机构对匪占领区应严密封锁,切实禁止物资济匪。

卅、省有银行及企业机构应力求经营上之安全及业务上之开展,总管理处设于省府所在地,另于适当地点酌设立分支机构,以谋配合。

第五　教育与训练

卅一、省立中等以上学校应斟酌情形,尽可能合并办理。

卅二、省立、县立各中等以上学校所有设备应力求行动化,并应中等学校应加强军事管训,专上学校得实行军事管训,以期机动自如。

卅三、鄂西、鄂北两行署必要时得设省训分团或训练班。

卅四、各行政机构应面对现实,不断举行业务小组会议,提供相互批评,研讨方法,吸收多数意见,以提高应变效率。

第六　交通与卫生

卅五、省有水陆交通工具应切实掌握,处置废旧,充实器材,其租出者立即收回,以加强鄂西鄂南之运输,其原有公路航线应尽量开放民营,并予以保护。

卅六、省有水陆交通工具之控制由省保安司令部及建设厅会同办理,并预为支配。

卅七、各区县有无线电通信应充实器材,并适应情况架设撤收,确实保持纵横联系。

卅八、县以上之通信,在安全区以有线电为主,无线电为辅;匪区以无线电为主,传递为辅。

卅九、省立医院应充实材料,兼负医院野战之任务。鄂北行署及匪区各县医院应由各行政最高机构简化调整,适合需用。

第七　公文与档案

四十、各级行政机构之公文应采用军事上通用之公文形式,分条叙述,力求简便与迅速。

四一、各级行政机构之档案应即重新处理,分别处置,其办法如左:

1. 已失时效或无保留之价值者应随时焚毁。

2. 内容简单或另有专辑之法令另定档案录要簿,随时记录其发文机关字号、年月及内容摘要后,即行焚毁。

3. 关于交接手续及粮款收支与报销证据等必须保存之文件,应特别提出,妥为保存,或先事移存于妥当地点。

4. 其他文件视情况及性质得预为移转,或必要时焚毁之。

第八　情报与防奸

四二、各级机构首脑对于所属人员、士兵、公役等,应善为领导,勤加考察,分别联系,以防奸匪所利用,并得检查信件、取缔交游及布置内勤情报网,以期严密,对司机及各船员役尤应注意。

四三、各级行政机构、各保安部队对于重要文电应厉行保密办法，以免泄露，对密电本之保管尤应注意。

四四、各乡均设有情报干事，各县政府以上机关均应设置情报人员，以期形成周密之情报网。

第九　军民合作与救济

四五、各县应加强军民合作站之运用，以谋沟通军民情感，并应节省糜费，爱惜公物，以恤民艰。

四六、各县对入境之零散官兵应即妥为招待，如发现行迹可疑之征候，应收存武器，给资遣散，并通知邻境妥为准备。

四七、各县应加强难民之疏导及救济。

四八、鄂西行署及第四、第六、第一、第二各区应行分别对江北各区之难民、学生加以疏导与救济。

第十　准备与实施

四九、省会各机关之重要档案及眷属应即利用船舶输送，鄂西所有人员除暂时留办公者外，亦即分批输送，其最后迁移之人员与公物、行李，应预为确切规定，以省府控制车辆之运输量为限，必要时得一律徒步。

五〇、省会各学校应由教育厅规划，分别迁移鄂南、鄂西，其迁移鄂西者利用船舶，但所有学生得徒步前往。

五一、省训团、省立医院（除留少数人员及救护药材编为救护队归保安司令部指挥外）、省保安司令部修械所、省立公用科学馆之贵重仪器及省图书馆之书本，应即利用船舶向鄂西疏散。

五二、省银行（除武汉各留一办事处外）、省营企业、各工厂（除过于笨重之机器外），应即利用船舶向鄂西疏散。

五三、省府所设立疏散委员会应加强设计与紧急执行。

五四、省府所举行之应变会报应继续举行，各区县亦应连合当地民意机关及其他机关团体仿照办理。

五五、第二、第三两区省立中等学校应向第一区迁移，第四、第五、第八三区省立中等学校应向第七区或第六区之江南各县迁移。

五六、省府鄂南办事处及鄂西行署应于疏散路线储备食粮,并讲求掩护、帮助输力及河川渡过诸方法。

第十一　其　他

五七、省政府颁布之《动员戡乱纲领及实施方案》、《民众组训要则》、《匪占领区县收复善后办法》、《各县(市)民众自卫联防会剿办法》及华中剿匪总司令部颁行之《临时财产税收条例》、《各县(市)自卫经费征实办法》、《农地处理纲要》、《有功战士授田办法》等项,均为应变重要措施,其已经规定者,应即贯彻施行,发挥其实效。其未经规定者,悉依本方案之规定。

五八、本方案自省政府会议通过之日施行。

〔内政部档案〕

5. 立法委员对于行政院长何应钦关于逃亡广州后各项对策报告质询记录

(1949年5月10日)

林委员栋　　本席反对质询,因为何院长就职两个多月以来,已经三次出席本院,在南京开会的时候,何院长两次向我们报告,我们也曾提出质询过了,现在还没有到一个月的时间,我们又要来质询,似乎是太多了。我觉得国家现在已经到了极度的危险,我们应该以积极性建设性的拿出具体办法来向行政院建议,不要作消极的质询,我们应当信任何院长,支持何院长,而使立法院和行政院取得密切的联系,处处调协,这才是团结,因此我反对消极性的质询。

王委员寒生　　今天所提发言条子的,不一定都是对行政院消极的批评,也许有积极性建议性的,根据宪法及本院议事规则,在政府报告后,立法委员应当提出质询,我们不能剥夺立法委员发言权,个人之发言与否,尚是小事,我们不能破坏了本院的议事规则。

主席　　刚才有几位委员主张以书面提出,大家的意思如何

(众赞成发言)。

王委员寒生　　方才有一位同人提议不要质询,这个提议违背宪法及议事规则,不过这个问题现在不谈了。现在我个人方面有几点意见,如果各位同仁认为我的话有可取的地方当然不成问题,如果认为说的不对那末就打我的嘴巴。刚才听到何院长说今天国家已到极端困苦的情况,这一个局面确是很难维持,我想每位同仁对于今天政府的处境是很同情的,现在我们只有本着自己的良心,提供何院长几点意见,我想这是没有人反对的。

(一)我们看到最近江阴荻港及各方面的兵变情形,非常严重,究竟军队为什么要叛变,希望政府当局把原因详细调查一下,更希望政府能想一个很好的补救办法,如果再不想法补救,长此以往,军队左一次叛变,右一次叛变,前途诚不堪设想。现在我有一建议,可否请军事当局把军队里的"政工"工作加强起来,在过去北伐的时候,有所谓党代表,今天是多党政治,党代表这个各词是不适合了,但是对军队里的政治工作必须予以加强。

(二)现在国家财政非常困难,大家都知道的,但是过去我们在南京开会的时候,同人等曾提到台湾等地方还保存着许多金银,今天时局已很明朗化了,所以我们主张赶快把各处所存的金银拿出来,移作前线打仗需要。因为现在是军事第一前线第一,我们不允许再把金银摆在旁边不用,要知道在这二三月内,军事有转机,尚有一线希望,如军事无转机,一切希望都完了。

(三)本老生常谈的话,今天本人还要提出来说一说,就是征用豪富的钱。我们今天打共产党,可以说是与资本家最有关系,所以有钱的人,应该拿出钱来充足军饷。过去立法院对于这件事说了很多话,但政府对这件事还是没有妥善的办法,在今天这种情形之下,前方士兵在拼命的打仗,而后方有钱的人,仍是在享受快乐,想这战事好转,是很难的了,所以今天盼望何院长用最大的魄力,征用豪富资产充实战费,加强战斗力量。

(四)今天是非常时期,应当有一个非常的办法来对付,但是今天的政府,还是平平常常,还是用太平时期的办法,而没有应变的办法,所以我们希望何院长拿出大智大勇的精神来决定一个应变的办法,才能应付现在的危机,要是仍旧和过去一样的办法,前途是非常危险的。我们立法院同仁对何院长是绝对信任的,希望何院长以责任内阁的地位,以不怕困难的精神来扫除一切障碍。今天我们要看政府有没有魄力,如果有魄力,还可以挽救当前的危机。

张委员道行 今天兄弟有几点简单的意见,并非质询,就算是质询吧,也是我们的权利与责任,何院长刚才报告关于外交部分,报告得很周到和详细,不过兄弟对外交方面还有一点意见。

(一)刚才听到何院长说中苏条约目前不予纠正,其理由本人可以接受,不过我们不必再有表示特别亲苏的姿态,所以第一个问题,我们的外交部长人选应该及时考虑,我个人并非反对傅秉常当外交部长,况且傅并非一定是亲苏的人,但是在和谈将开始的时候,新内阁将傅秉常从苏联调回任外交部长,多少总有点亲苏的表示,同时在国内外舆论上也有这样的看法。现在时局明朗化,不应再有这种外交姿态了。

(二)外交使节应该随所承认的合法政府所在地为转移,过去西班亚内战的时候,也是同样的情形,只要外国政府承认此一政府是合法的政府,就应跟随这个合法政府转移。现在广州政府是合法的政府,外国使节有责任和义务跟到广州来,今天何院长说,驻华使节只有几个少数国家的使节移穗办公,另外的许多国家和使节均未来穗,这是不对的,希望外交当局,采取积极的表示,以名正言顺的理由,通知他们即日来穗,否则应要求各该本国撤消其在南京之使馆机构,并取消其在京之使节名义,尤其是美国大使,他早就接获其本国指令,促其自己判断情势,随时行动,现在他既不到广州来,又不回美国去述职,这是什么原因呢,我认为这件事应请何院长及外交当局,积极设法促他们南来,因为一个政府要取得合法地位,是不容易的,取得合法地以后,我们又应该如何想法子保留,尤其是在今天这个时候,更应确保法定的国际地位,否则将被中共取而代之了。

(三)政府的外交作风应该适应环境,不能拿过去传统办法,注重外交一般程序,作官式的外交活动,非常时期我们要运用国民外交,博取国际同情,尤其要在太平洋沿岸各国发动国民外交,现在许多国家高唱太平洋公约,我们中国为什么不有所表示呢。

我以为当前外交人选,应该慎重调整,外交活动采取重点主义,以英美法及太平洋若干对我们中国戡乱有深切认识的国家为活动的对象。

刘委员振东　　各位同仁在国难严重的今天,我们虽然不能责难政府,但是若我们有好的意见则应该提供政府参考,以收群策群力共赴国难之功。因此我想对于财政经济提供一点意见给财政部行政院参考。

今天在我们的看法,我们要想经济有办法首先要注重维持现行币制,这是古今中外数千年财政历史留给我们的铁律,我们今天的金圆券不能怪老百姓不信任,而是要怪政府没有做维持币制的工作,如果不想积极的办法,前途是不堪设想的。现有的币制既然必须维持,但是我们政府现在的设施很明显的是在破坏金圆券的信用,例如交通电等公营事业依照银圆收价,就是明白告诉人民政府不相信自己所发行的货币,不承认他的法律价值,这种措置也许对于各公营事业机关里的员工待遇,虽是有一点好处,但是对于国家财政则贻害很大,得不偿失,真真是本末倒置因小失大。

第二,我们看到许多地方政府征税也在收银圆,不收国家发出的金圆券,政府对于自己发行的货币拒绝收用,怎能要老百姓相信金圆券呢?又怎能再继续发行金圆券呢?

第三,特别重要的,兄弟接到朋友来信说是各省政府都在准备发行地方货币,如果这样做,不但是我们国家货币制度从此破坏,中央财政也要完全崩溃,即国家的统一也要从此破坏,这是绝对不能做的。这件事我希望行政院财政部绝对要禁止,绝对要采取预防的步骤。

第四,传说财政部要发行银元券,不过财政部没有承认这件事,我认为这件事不能做,现在货币还是以金圆券为本位,如果一方面发行金圆券一方面发行银元券,是自相矛盾,自毁币信,任何国家没有同时发行两种本位货币的前例。

以如上不利的原则,如果政府能有大量的银元,来发行银元券,则本席认为不如将此项银元在市场抛出收回金圆券来稳定币制,这比同时发行两种币券要胜得多。

总之,现在最急要的是稳定币制,能稳定币制,才能发展生产事业,要安定民生,才有国家财政,所以兄弟认为这是国家财政的中心工作,其关系非常重要,公〔故〕特郑重的提出来贡献给行政院及财政部参考。

潘委员衍兴 今天何院长的报告,我们晓得当前的艰难,本院每个同人是钦佩何院长的,今天我要说明的:

(一)我们中央政府所在地的广州如何安定,有什么措施,我希望政府赶快安定广州,方能发号施令。

(二)金融、金圆券到现在差不多不能用了,广东也渐有这样现象,这是很危险的,经济改革已是刻不容缓,对于广东应该有一个有效的经济措施,用政治力量整顿金融,我相信这个样子,总可以比较上海还有效。

(三)刚才有位同仁说到有钱的要拿出钱来,中央方面也早有这个意思,到今天还没有实行,像宋子文、孔祥熙等实在是有钱的,而他们现在还不愿意来提倡,要民众拥护,有效的办法,要请他们先创导,然后要老百姓出钱是不困难的,上面创导下面附和,我想这个时候中央当局要有决心去做,要民众出钱是毫无问题的。

(四)士兵待遇现在虽然改善,但是种种因素,不能切实到士兵身上,在前线作战的官兵,给共产党把他们俘虏受训后送回来,国防部看到他们这些人,就不敢收容,影响很大的,这个事情要请国防部注意,因为这件事办得不好,很容易引起部队的灰心。另一方面我们希望要派人到华北去组织民众,策动打游击,激起人民反共情绪。

(五)其次,西北行政长官张治中被扣后,行政院派郭寄峤代他的职务,我们晓得西北很多有力量有资格的长官,西北是安定国家有重大的力量,行政长官人选很重要,不应该派参谋长代理,这样重大的职务,这点也请政府注意。

陶委员镕　刚才何院长说,二十五年前广东革命,现在又回到广东,想起我们民国十五年广东革命的情形,不免要痛哭一场,所以很想乘这次会提出几点意见,同时这也是云南省参议会许多同仁的意见,要本席把它报告出来,职责所在,所以提出说一下。

(一)今天政府膨胀货币的结果,人心丧失殆尽,因为货币贬值,使得公教人员罢工罢教,不能做事,这表示着政府失了威信,没有办法,今后政府应该如何想办法稳定币制,维持公教人员生活,使之能够生活,可以安心工作。

(二)军队吃不饱无法作战,只要能使他们吃得饱,一定可以打胜仗。比方军队在云南剿匪,每人所得不及一块银元,多不愿剿匪,以致匪势坐大,而地方保安团队,每人一月可以领得八块银元,如果能改善待遇,好好训练,加强装备,即刻就可以剿匪作战。从这点可以知道今天政府一定要想办法改革币制,维持金融,一切才有办法,像这样拖下去,不会有好结果的。

(三)现在中共与缅甸共产党有协定,其内容是在第三国际指挥之下,以滇缅为赤化东南亚的根据地,这是一件很可怕的事,今后政府作战计划,根据何院长刚才所说是以东南、西南、西北这广大区域做复兴根据地,云南省在西南国防上占极重要地位。现在边境有土共活动,如果不能早日防范,影响非常之大,我们在外交方面,应该与东南亚的几个小国家,作进一步的联系,共同防患赤祸的蔓延。

此外中共向南发展,直接影响美国的利益,所以在外交方面,对美外交应该特别加强,俾能得到一个有力的支援。

蔡委员培火 现在有两个问题请教:

(一)何院长表示,政府对共产党的反攻工作,沿海各省及台湾和海南岛作为根据地,就本席的观察,或者台湾是最重要的根据地,如果这话是对的,那么对现行办法,有一点须要请教,自观台湾方面,无论是党政军,或者中央在台机关,一切都加陈主席身上,这种作风,或者是要应付非常时局,不得已的作法,但是,本席以为这种作风实在不妥,因为这种作法,要陈主席管这许多事,恐怕他的健康也不易支持的住,一个人精力有限,在行政上是否能配合得上,这一点是值得考虑,是否政府有何补救办法？

(二)要以台湾作重要根据地,不能用过去那样的作风,中央领导一切,因为这样一来,恐怕台湾民众跟不上来,国家局势如此严重,本席不愿说这些话,不过代表台湾民众的意思,对政府当局表示一下,台湾是在各方面都有相当的基础,今后用什么方法来领导他,我们需要知道,要台湾担当复兴任务,先要把他安定下来,叫他们充分参加政治复兴工作,是否允许他们自治,这怕是一个最大的问题。

罗委员衡 在此千钧一发之时,立法院对行政院是生死存亡,息息相关,不能草率从事,此次首都撤退,影响非常之大,几至东南西南动摇,政府威信尽失,这点同仁不能不加注意。如首都的匆遽撤退,就因为荻港和江阴的部队叛变,以致影响全局,使我们宣传数月之"长江天堑,无法飞渡"的话归于幻灭。所以本席想提出追究责任这个问题,江阴荻港部队叛变,责任应由谁负？我们不能放过了他,尤其将来的军事主要负责人,谁介绍的人,应该他负责,如有叛变,该杀他的头。(鼓掌)为了将来的生存和安全,一定得追究过去的责任,我说这话,并不是要破坏团结,我们能了解团结的意义,正是加强团结力量。

(二)对于整肃内部,划分敌我的问题,如同现在不是共产党统治地域,在后方政府统治地域,许多报纸,甚至政府报纸,对中央社稿件可以摘要登载,而对反政府的新华社广播,竟然一字不漏的登载出来,其实这正是敌人用来摧毁我们精神的一种心里作战的最大武器,足以影响士气民心,所以对于整肃问题必须提出来谈。今天在广州只有一个条件,就是战则生存,首先应该整肃内部,尤其对一些新闻报纸方面的管理,实在太不成话,有什么宣传部、新闻局,一点责任也没有尽到,简直在替敌人宣传,好像没有看清心理作战之重要性似的,所以特别提出这个问题,希望大会能督促政府去办。

(三)谈到学潮问题,几月以前,本席看到重庆闹学潮,说是要配合共军渡江,实在好的青年非常之多,各学校坏的分子只占少数,因为当局的态度使各校无所适从,以致多数好学生不能发生积极作用,少数坏的可以结成团体,从事活动,破坏了整个的教育。比方过去重庆发动过尊师运动,但由于政府对公教人员刻薄,使之不能维持生活,于是到处口诛笔伐,当着青年骂政府,使不良分子可乘之机,暗中活动,发动学潮。我们办学校,要教授骂政府,罢教,罢课示威游行,政府不能用戒严法或非常时期动员法去抑制,对于这些示威游行的捣乱分子,反要用汽车装了回校,并且招待吃饭,使许多学校学生,不想游行的也来参加游行,藉此玩玩吃吃,我不知道政府工作是为共产党做的,还是为自己做的?今后教育应该怎样办?本席以为在这非常时期,凡是扰乱社会秩序的教授和学生,如果闹学潮,就解散这个学校,养教授,解散学生,把省下来的钱去养兵,养一个大学生,可以养六十个士兵,为什么不把他省下来去养兵呢。

(四)至于士兵待遇问题,作战靠士兵,吃不饭〔饱〕怎样可以作战?上一会期,本席承大会同人推派去前方看了一下,我知道什么叫士气,我不忍心说一句士气不振的话。现在前方士气并不低落,低落的是将领,可说今天是"士有必胜之心,将无决胜之心",我们要救亡图存,必须改变作风,不能让大军官享受,而令小士兵吃不饱,要打仗的话,不提高士兵待遇,一切没有办法。

质询案号次	质询委员	答 复
四之(一)	穆委员超	关于穆委员所提重申戡乱之意义一项,在本年四月蒋总裁告同胞书暨本年五月李代总统文告中,均已明白阐述剿匪作战为反抗赤色帝国主义侵略的民族自卫战争,同时为争取自由生活方式的社会战争,亦为保障伦理道德的文化战争,决无中途妥协余地。
之(二)		至动员全民参加剿匪作战问题自属当务之急,本院自当竭全力以赴维持,对于取缔违反国家利益之言论行动暨施行全国戒严时期之军事管制等问题,允宜订定积极可行有效法令,俾能见诸实行。
	王委员寒生	江阴及荻港守军叛变,主要原因是各该主官意志不坚,匪敌诱惑及官兵待遇低微所致,至于加强军队政治工作,防止军队叛变一案正责由国防部积极改善中,如提高政工权责,充实政训内容,施行军事革新等均在加紧推动中。
九(一)	潘委员衍兴	答:对广州安定措施,广州绥署已根据国防部所赋与之任务,策定维护广东治安之办法,广州警备司令部对其辖区,亦有妥善之作战计划,惟此系军事机密未能详为奉告,但可说明者广东顷有充分兵力,广东治安绝无可虑。
三(一)	李委员铨	答:目前国军转进目的系诱敌于我有利之时间及地点予以重大打击——如上海保卫战歼匪十一万余,而后整然撤退即其一例——尔后剿匪作战,非为一城一地之得失,要在歼灭匪军之实力,防线二字已不适用目前我军战略为防御,但战术则为攻击,且长江黄河间之广大民众刻不堪匪之种种压迫,已纷纷揭竿而起,政府已作有计划之领导,相信最近匪后方即可变为前方,对于整个战局必有甚大之裨益。

续上表

质询案号次	质询委员	答　　复
三（三）	李委员钰	答：各地应变体制问题，政府为保障社会安宁计，已授权各地方军政机关权宜行事，并于各重要地点设置警备司令部，以便统一指挥。
九之（四）	潘委员衍兴	答：士兵待遇改善后，似未能切实用到士兵身上，主因系部队移动频繁，币制贬值所致，本院已饬国防部严密注意防范。至归俘官兵之处理，国防部前在京沪二地设有机构收容及安置，今后当按各地需要继续办理，至派员赴华北各地策动民众进行反共工作，业由国防部策划进行中，惟事关军事机秘，未能详为奉告。
九之（五）	潘衍兴	查西北军政长官张治中被扣后，曾一度派兼副长官郭寄峤代理（郭寄峤不是参谋长），现已改派副长官马步芳代理。
十之（三）	陶委员榕	滇黔桂边区土共活动以及中共与缅共签有协定一节，政府除已在各该省成立绥靖机构积极进剿以外，并已与东南亚各国及有关列强加紧联系，以争取外交上之先制，保障东南亚之安全。
十二	罗委员衡	查本案经饬据国防部报称，江阴要塞司令部下设守备总队及游动炮兵团一团，本年四月间共匪麇集长江北岸，该地区另增配陆军部队协助防卫，江面配有海军兵舰六艘，江北八圩港为廿一军一四五团警戒，四月十九日共匪破坏和谈，廿一日晚，即以31、23、20三纵队藉猛烈炮火掩护向我江阴西地区进犯，江阴要塞司令戴戎光督率炮台守兵发炮轰击，空军机群亦飞往助战，讵守备总队总队长李云葵及吴广文突分率所部于附近之十牌港叛变，将警戒该港廿一军之两连全部包围缴械，回向炮台守兵射击游动，炮兵团团长王德容亦与李吴两逆勾结率团叛变，一时两岸炮火控制江面，我兵舰不能发挥战力，空军因之失去配合效用，匪即拥挤夺登南岸，我警戒江阴以西之廿一军二三〇团及江北八圩守军均

续上表

质询案号次	质询委员	答　　复
		先后遭匪击破,伤亡惨重,江阴陷失,戴戎光下落不明。荻港为陆军八十八军二一三所属部队守备,该军军长原为马师恭,本年三月该员因病辞职,四月七日以该军副军长杨玉毅升代,四月廿日晚匪27、25纵队等部分向旧县镇荻港渡犯,我守军三百十三师之两个营于荻港西、西桥码头、黑沙洲咀叛变,引匪渡江,两营长下落不明。查该李云葵、吴广文、王德容皆先后毕业黄埔军校,各由排连营长积功升任,讵竟突然变节突出意外,其上级指挥官以变起仓促不及捕究。该逆等不忠国家,贻羞校训,罪不容诛。戴戎光系军校六期炮科及日本炮专毕业,三十七年五月奉总统蒋手令调任该职,竟未能事前防范,致守地陷失,已由本部分别通缉查拿,一俟归案,即依法分别严惩,另案报核。至罗委员对于今后任用军事主要负责人员,认为其介绍人或保荐人员,须保证全责,倘有叛乱情事,应先重治其罪一节,甚具卓见。惟现行刑事法令尚无此次连坐处罚明文,已将原案交由主管单位研究建议修正现行法令等情,据此。余饬该部严缉该李云葵等,务获归案,及上紧查拿下落不明之戴戎光,讯明其应负何项罪责,呈核。对于介绍或保荐军事主要负责人员,应速参照罗委员提案意见,研究连坐,负责建议修正现行法令外,于应据情答复如上。

〔国民政府行政院档案〕

6. 各方面提供对于"戡乱"时期施政纲领的意见

(1949年5月)

(1)各方意见(5月23日)

目录

党方:中央政治委员会意见

政方:国防部第三厅意见

联合勤务总司令部意见
内政部意见
经济部意见
交通部意见
教育部意见
地方民意机关方面：四川省参议会意见

中央政治委员会第六十二次会议听取贵院长所拟《今后反共军事计划》以后，综合各委员意见决议如下：

（一）确定军事第一原则，裁减行政机构，调整官兵待遇，一切一切均为前线，今后各项政治措施亦应以配合"军事第一"为要义，并从速建立战时体制。

（二）军事当局所提军事计划之口头报告，为适应当前局势，先宜加紧实施，今后政治各部门尤应力求配合。

（三）为配合今后军事计划，应设法提高士气，并特别注重精神动员工作，以加强战斗力量。

等语，记录在卷，除函报中央执行委员会外，相应录案函达，即请查照办理为荷。此致
何委员兼行政院院长应钦同志

中央政治委员会秘书处

政治经济革新略要　国防部第三厅意见

为求军事政治相辅而行，使对匪作战遂行容易起见，在政治上必须迅速而彻底的作有效之改革，以支援军事之推进，谨择要胪陈如次：

第一，内政方面

一、彻底革新政治，肃清贪污，健全基层政治组织，提高行政效能。

二、彻底改革人事制度，采取人才主义，淘汰老朽，整肃投机分

子,严明赏罚,恢复革命朝气,以振奋军心而坚定信念。

三、实施战时内阁,加强行政院职权,停止议会(立法院)之约束国家一切措施,以能配合战略之需要,并力求军令之独立,使能发挥战略上之运用。

四、实行战士授田(含征属之优待与伤亡之给恤),并限制土地私有量,以号召广大民众参加反抗共党之残暴斗争与清算。

五、实行民兵制度,统一兵(役)保(安),严整保甲,建立地方武力,期达全民全兵之目的,以奠立野战军补充之基础。

六、撤销师团管区,调整全国专员、县长,以优秀青年将校充任,以贯彻总动员之实施。特别着重兵丁之征募与民兵之编训,使军事力量得迅速而普遍发展,以支援前方之作战。

第二,经济方面

七、迅速而彻底实行民生主义,以对抗共产主义之发展。

八、限制土地及财产,并高度征收财产税及利得税,藉以节制私人资本,以充裕国力。

九、迅速改革币制,实行经济计划,加强生产,提高官兵生活水准,厉行配给制,加强军事供应,适应军事需要,以配合今后之作战。

十、全国重工业尤其军需工业,应移置重点于台湾,以臻安全,并大量扩展生产,以维尔后军需之供应,以利长期持续之作战。

第三,政略方面

十一、应竭力广泛宣传共产党乃共产国际之第五纵队,尤其残暴清算斗争之政策,博取国内外之同情,并强调为争取生存、争取自由、争取国家民族之独立而坚决继续与共匪作战到底,并以一切手段摧毁匪军战志,赢得时间余裕,并争取外援,培养战力,以待国际情况于我有利。

第四,文化方面

十二、为配合持久消耗作战,应发动文化界协力宣传,以争取生存争取自由以及争取国家民族之独立之口号,号召民众踊跃支援政府对匪作战之措施。

十三、专门技术教育与职业教育应与政治教育并重,藉以培养各项所需之后生人才。

十四、大量训练各级地方行政及民兵干部,以期全面控制民众而达成总动员之目的。

针对当前局势条陈八项于左(联勤部):

一、彻底检讨过去失败的原因,并追究其责任。

1. 徐州会战何以会失败的:是指挥不当吗?是奉命不力吗?是不能协同一致吗?是情报不确吗?是补给不灵吗?是士兵无斗志吗?是各级干部无死战决心吗?

2. 吴化文与冯治安的部队、刘汝明的部队以及戴戎光等先后叛变,何以事前毫无所觉,致陷战局于不利?是否待遇不公,指挥失当,抑或情报不行,监察不周,政治工作未能发生效力。

〔附注:行政院秘书长黄少谷于5月24日批示:其中多可采取。〕

二、不顾一切紧缩军政机关,大量裁员减政,充裕军需。

1. 确定战时编制,规定各级军政机关最低必要之工作人员。

2. 最好能硬性规定整个政院所属工作人员不得超过三万或五万人。

3. 政院所属工作人员不分职级,每人一律月支银元十元,并取销一切配给。

三、提高士兵待遇,加强政制工作,彻底整肃军风纪。

1. 官兵每人每月各支副食费银2元,另订士兵饷项,计二等兵6元,一等兵7元,上等兵8元,下士10元,中士12元,上士14元,按月点名发放。

2. 每连设政训人员4人,即每排有政训员1人,经常与士兵同生活,共患难。每营设监察官1员,每团设政训主任1人,军事检察官、监察官各1人,均由各该主管单位选派,绝对不准部队长径行派用。

3.该政训人员、监察官、军事检察官等,应组织会报,检讨工作得失,至少每月两次,连以上政训人员均出席。

4.点名发饷由该会报人员协同团军需人员负责行之。

5.军风纪之整饬与纠正,该会报人员有绝对责任。

6.使每一士兵咸能知悉了解共匪罪恶。

7.养成同仇敌忾、亲爱精诚的精神。

8.中央主管政工、监察、情报、军法等机构应组织会报,处理下层会报呈核事件。

四、前方给与应较后方优异,以示一切为前线,剿匪到底之决心。

1.规定部队中官长俸给,准尉月支银元20元,少尉24元,中尉28元,上尉32元,少校36元,中校40元,上校以上均支45元,副食费仍支银元2元。

2.办公费合理配发,毋使匮乏,取销造报销恶例。

五、发动富户捐,重申有钱出钱自救救国之劝告。

1.共匪已宣言对富户自拥有银元万元以上者分别消算,吾人应根据此种宣言,发动各省市地方著有声望人士广为劝导富户自动捐输,集裘撮土为山,挽救当前急难。

2.承办捐款人员必须涓滴归公,绝对防范中饱,使捐户不致失望,国家得受实惠。

六、军政人员实行五人联保,藉以严密组织,坚定剿匪阵容。

1.重倡革命者联合起来,不革命者滚开去,清查假革命,查拿反革命等口号,并彻底执行之。

2.五人联保实际即为五人小组,庶意志易于集中,兼收互相监督策动之效,俾咸能尽忠职守,发挥工作最大效能。

七、依据戒严法扩大军法权,并严格执行之。

1. 普遍举办治安检查,严密保甲组织,清除匪谍。
2. 恢复新闻检查,严禁为匪宣传,造谣惑众,以正视听。
3. 严禁任意集会、结社、诬谤政府,并整饬学风。
4. 责成军事检察官自动履行检察任务,毋使犯罪者仍高官厚禄、藐法败纪。
5. 责成军法审判人员依法秉公,认真办理诉讼事件,绝对不受任何外力拘束。
6. 前二项人员如有失职,从严惩处。

八、提高气节,澄清吏治,铲除贪污,转移风尚。

1. 优恤战死遗族。
2. 优待军人家属。
3. 养成大公无私风尚。
4. 严禁关说、请托恶习。
5. 责成小组检举。
6. 奖励密告。
7. 奖饬被请托或被关说者举发。
8. 如有发觉尽法严惩。

非常时期施政纲领草案　内政部意见

甲、关于全盘者

查戡乱时期军事第一,争取最后胜利必须加强军事,尤须政治、外交、经济等各方面之密切配合,始能适应需要,达成目的,爰本斯旨,订定非常时期施政纲领如次:

(甲)关于军事者

一、切实改善官兵待遇,严密部队组织,整饬军风纪,提高士气,加强战斗力量。

二、彻底改善征兵制度,逐渐以募兵代替,并积极鼓励青年从军,安定军心,增进战斗精神。

三、统一地方武力,发动自卫力量,就地组训壮丁,使每一乡村均成战斗单位,配合作战部队搜剿匪类,绥靖地方。

(乙)关于政治者

四、严密保甲组织,彻底清查户口,举办异动登记,切实设置通信网,实施联防联保,肃清匪谍。

五、实施战争体制,裁并骈枝机关,停止一切非必要政务,放宽主计制度,简化公文程序及报领经费手续,并增加地方政府权力,以适应需要。

六、据贤能标准选拔地方各级官吏,授予应有职权,充实各项经费,以发展基层政治,巩固自治基础。

七、加紧救济工作,推行公医制度,加强工人组训,发展合作事业,推行社会赈务,运用各业组织,以奠立社会安全制度之基础。

八、推广戡乱宣传,加强国民教育,特别注重成人教育,以发展民族意识,同时改善中等及高等教育,并于后方择定地点增设班所,以收容沦陷区域之师生。

九、简化司法程序,加强检查组织,以轻人民讼累,安定后方秩序。

十、切实改善公教人员待遇,实行同工同酬,使能安心工作,并严格考核工作成绩,厉行奖惩,以昭激勤。

(丙)关于外交者

十一、敦睦各国邦交,争取国际同情及援助,并特别注意督导驻外使馆之国际宣传工作,使能发挥效用,协助戡乱。

(丁)关于经济者

十二、运用现存资金,严密计划,改革币制,以安定金融,并多方撙节不必要之支出,使收支逐渐平衡,以巩固财政基础。

十三、彻底整顿各项税收,裁并税收机关,简化征收手续,杜绝中饱,并厉行征收财富税,剔除地方各种无理摊派,以裕收而苏民困。

十四、切实改善征粮办法,并按照市价购备军粮及推行设仓储谷,以维军民粮食,并由限田均田逐步推行,以实现耕者有其田,而安定民生。

十五、计划实施日用品配给制度,以平抑物价。

十六、加强补助地方政府推行农林水利建设,并动员全民实行义务劳动,以增加农村生产。

十七、加强轻重工业之生产建设,发展一切水陆交通,并择要开辟乡村道路,以使物尽其用,货畅其流。

十八、彻底整顿国营事业,提高其工作效率,其直接有关戡乱者,并须集中力量积极发展,以适应军事需要。

乙、关于内政者

当前内政首须树立廉能政风,发挥政治力量,并配合军事需要,发扬民力,促进民生,巩固地方,安定社会。基此目标,故改进地方政治,实行土地改革,增进民族健康,推行社会安全制度,统一地方武力,严密防制奸谍,均为当务之急。兹列举纲要如次:

(一)发动地方自卫力量,严密保甲组织,肃清匪谍,安定后方秩序。

(二)实施战时体制,裁并骈枝机关,停止一切非必要政务。

(三)加强紧急救济与儿童急救工作,并筹办国民社会保险,以奠立社会安全制度之基础。

(四)实施耕者有其田,由限田均田逐步推行,并严格管制市地房屋之使用与租赁。

(五)推行公医制度,普及医药卫生,疗治伤残兵民,以促进民族健康。

(六)根据贤能标准,选拔地方各级官吏,授予应有职权,发挥地方政府力量,以巩固地方自治基础。

(七)加强工人组训,团结工人力量,注重工人利益,维护生产。

（八）运用合作组织，推行配给制度，以安定民生，并发挥农工生产合作，增加物资，充实作战力量。

（九）加强各地社会服务，实施、扩展交通及供应服务工作，以配合戡乱时期之特别需要。

〔附注：黄少谷于5月24日批示：内政部案大可采取，不宜轻轻看过。〕

非常时期施政纲领书面意见　经济部

一、增加东南、西南、西北、台湾、海南等区域国营钢铁、机器、电力、煤矿、石油、酒精及外销金属矿品之生产。

二、协助东南、西南、西北、台湾、海南等区域民营钢铁、机械、纺织、化工、水泥、酒精等工业及民营煤矿与金属矿之发展。

三、改善进出口贸易管理制度，指导后方各省商业团体积极推广输出，换取外汇，并排除对内对外一切贸易障碍，以畅必需物资之流通。

四、对于后方各省粮食、棉花及重要工业原料与外销物资，应分期分区确定计划，按程增产，以应军事与民生之需要。

〔附注：黄少谷于5月24日批示：此四项可采用，但须简化文字，缩成两条。〕

五、发展东南、台湾、海南等区渔业及西北、西南各省林垦畜牧事业，以充裕后方物资之供应。

六、增加西北、西南、东南及台湾、海南等区农田之灌溉面积，以配合农业增产计划。

七、维护后方河江堤防之安全，并整理沿海港埠与珠江及长江上游水道，以畅利内陆及沿海之运输。

非常时期施政纲领　交通部

关于交通者

一、简化机构。

(一)紧缩民用航空局。

(二)公路区局组织运输工务归并,并紧缩总局。

(三)结束各港务工程局。

(四)调整各铁路保管机构。

(五)整理材料储运机构。

二、裁汰冗员,调整待遇,并慎选人才,付与较大职权。

三、加强西南交通。

(一)加强湘桂黔铁路,并尽先完成金丹段工程。

(二)加强西南公路网,并积极调整增加车辆、油料。

(三)增强水陆空联系,必要时联运。

(四)必要时恢复驿运。

(五)登记公私车辆,必要时得予征用。

四、加强西南及东南航空基地,并增辟空运航线。

五、维护优秀船舶,并设法扩展南洋航运。

六、储备路电邮航器材及燃料。

七、加强西南电信通讯网。

八、交通、国防二部加强联系,并洽请国防部以有效方法维持交通秩序。

以上各项,如加强设备储备材料、裁紧机构,必须分别请拨专款以为遣散与建设之用。再如各项紧急措施,其需向国库请款者,因审核手续繁复,缓不济急,必需另拨款,以备应付紧急开支之用,方可免去因候款往往失去其重要性。

教育部意见

一、保障知识分子,发扬正确思想,增强反共意识,维护学术自由。

二、发展农村教育,增进生产技能,注重体格锻炼,提高战时服务。

三、充实后方学校,改进教育素质,简化行政手续,提高教育效能。

四、厉行学校节约,提倡勤劳生活,发动社会力量,兴办教育事实。

四川省参议会意见

甲、关于军事部门者

一、迅速改善士兵生活,配合各项实物,以银元发放薪饷,以振士气。

二、实行精兵政策,凡纪律败坏之军队,应切实予以整编,贪污腐败之官长必须予以撤惩,打破派系集团,坚强部队组织,曾经战败逃亡者,不但不应继续任用,尤应严加惩办。

三、准许川民组织自卫机构,选用有名宿将统率策划,配合防务。

四、四川为西南重心,现驻宜昌之宋希濂部及驻陕南之胡宗南部应拨交重庆长官公署节制指挥。

乙、关于政治部门者

一、从速改变中央集权作风,遵行国父遗教,划分中央与地方权限,加强地方自治。

二、欲谋政治革新,必起用新人,以新耳目,凡过去有劣迹之官吏,一律停止任用。

三、四川省府蔑视民意,一意孤行,外则夸大粉饰,内则倒行逆施,民怨沸腾,乱机四伏,应请立予调整,以应事机而保西南。

丙、关于征兵征粮部门者

一、征兵办法积弊丛生,应速改良管区制度,使征募并行。

二、征实制度弊多利少,田赋既经划归地方,应即改征货币,并采富户累进之办法,以符有钱出钱之原则。

丁、关于财政经济部门者

一、划分财政收支系统,充实省有财源,俾能自给自足。

二、停止金圆券发行,鼓铸硬币流通,凡在川国库支付,一律以实物拨支,以维币信而安金融。

三、禁止金银外运及现钞入境,以免通货继续增加,刺激物价上涨。

(2)黄少谷批示(5月24日)

本件曾细加披阅,其中内政部所拟内容与文字均大有可取,联勤总部所拟者亦殊有内容,其他有圈点处均请一阅。

少谷 5.24.

〔行政院档案〕

7. 行政院抄发"国民反共公约暨实施办法"训令

(1949年8月12日)

行政院训令　中华民国卅八年八月十二日
　　　　　　卅八穗四字第6977号
　　　　　　令交通部

查共匪扩大叛乱,其对民众蛊惑裹胁之手段无所不用其极,兹为针对共匪之阴谋起见,特制定国民反共公约,俾反共意识深入民间,加强敌忾,提高警觉,以弼助戡乱军事之迅速完成。除分行外,合行抄发上项公约暨实施办法,令仰遵照。此令。

计抄发国民公约实施办法及国民公约各一份。

中华民国三十八年八月　日

院长　阎锡山

国民反共公约实施办法

为彻底实施总体战,动员全民加速肃清共匪完成戡乱任务,订

定国民反共公约实施办法如下:

(一)各级政府机关于每次月会时,由主席宣读国民反共公约,全体与会人员应随声朗诵。

(二)各县(市)乡(镇)每保或每甲应将国民反共公约揭示于通衢要口之墙壁或特制之木牌上,使家喻户晓共同遵守。

(三)各保甲应运用五家联保连坐办法,使各户居民相互监督、相互检举,彻底防范共匪地下分子混入。

(四)凡遇民众集会或实施民众自卫组训时,应由主持人领导全体民众于集合时,用呼口号方式宣读国民反共公约,并逐条讲解,俾便遵守。

国民反共公约

甲、国民对共匪应有之认识

一、共匪是以富人的钱、地主之地、穷人之命作他抢夺政权、侵略世界实行共产之工具。

二、共匪的一贯手段是先甜后辣,用着你时尽力恭维,利用完毕即时清除,如同妖魔迷人使你先笑后哭。

三、共匪清算人是一层一层的做法,如蛇脱皮,拉上中农清算富民,拉上小农清算中农,拉上贫农清算小农,最后再清算贫农,使离开共匪不能生存,滴上泪的替他卖命。

四、共匪杀人是用二十四刑三十六杀的残酷极刑,以达其恐怖赤化之目的。

五、共匪是富人的仇人,穷人的罪人,出卖祖国的汉奸。

六、凡我国民均应深切认识,共匪造乱不是旧日历史上的改朝换帝,绝不敢存那个朝廷不纳粮的心理,必须一致奋起与政府同心协力实行总体战,完成戡乱任务,以达自救救国之目的。

乙、公约

一、不与共匪合作。

二、不对共匪说真话。

三、不替共匪刺探消息。

四、不替共匪带路做工。

五、不供给共匪食粮。

六、不留给共匪炊爨器具。

七、要对国军经常报告匪情。

八、发现匪探匪谍及伪装人员要即时捆送或报告军政机关。

〔国民政府交通部档案〕

8. 行政院颁发"反共保民动员委员会组织章程暨动员工作指示"训令

(1949年8月25日)

行政院训令　卅八穗一字第7412号
中华民国卅八年八月廿五日
令经济部

查共匪自倡乱以来,一面以赤化手段恐怖政策残杀斗争使人民恐惧服从,一面巧施迷惑欺骗大众使是非善恶混淆不分,以掩饰其狰狞面目,人民一旦陷入铁幕之中,生命财产即任其宰割,不敢略示抗拒,为反共保民计,各级政府亟应动员民众,使憬然觉悟共匪手段之毒辣,起而号召互相团结,严密组织以拼命保命破产保产之决心与匪奋斗,以迅收戡乱之效,兹经本院拟定反共保民动员委员会组织章程,提出本年八月十九日本院第八十四次会议议决"通过",除分令外合行抄发该项章程及本院长指示各一件,令仰知照,此令。

计抄发反共保民动员委员会组织章程及院长对草拟该章程,及进行反共保民动员工作之指示各一份。

中华民国三十八年八月　日

院长　阎锡山

院长对草拟该章程及进行反共保民动员工作之指示

一、保民必须反共

首先我们要认识共产党不是个"政党"是个"乱党",政党是以投票取得政权,乱党是拿暴力夺取政权,他努力的不是政治革命,而是阶级斗争,他是以富人之财产、地主之地、穷人之命作他造乱的工具,所以说他是富人的仇人,穷人的罪人,我们欲保民必须反共。

二、反共必须动员

共产党造乱不是历史上的改朝换帝,是要清算人民,并且要拿上赤化手段恐怖政策来残杀人恐吓人,所以人民万不敢存那个朝廷不纳粮的心理,若陷于铁幕之中,不只无是无主张无人格叫你献粮献到无粮饿死时,尚须具甘心结,自杀活埋尚须具自愿书,使人如奴隶如牛马除服从外不许有意见,无论任何残酷的惩罚,除接受外不许有怨言。

且共产党张起铁幕以后,他的作法不许外人知道,他又善于做假宣传,迷惑人民,欺骗人民,人民不知匪真正的坏反说匪好,这种是非不明好坏不分,人民的生命财产必然陷入水深火热之中,悔之莫及,亟应实行动员民众,使之觉悟,迅速以拼命保命破产保产之决心与匪奋斗。

三、动员何人如何动员

既然知道共匪是人民的公敌,就必须动员起全体民众消灭这一公敌,才能保障人民的生命生活和自由。

所谓民众与人民的范围不同,人民是包括一个国家内自出生到死亡的男女老幼全部人口而言,民众则是指人民中有政治作用,能参加政治活动的人民而言。

说到动员,应先由宣讲做起,宣讲先由人民自身利害说起,使人民知道共匪就他侵略世界无止境的战争上,需要富人的钱、地主的地做他造乱的经费,穷人的命作他换子弹的武器,于是清算富人地主恐怖穷人,这在他并不是残酷是他的需要,如同屠户杀猪羊,并不是他的残酷,是他职业上的需要一样。共产党既谋与世界作战,他当然不能不筹一笔顶大的资本,富人的钱,地主的地,穷人的命,即是很大的资本,因他需要这一笔顶大的资本,故他即需用赤化政策,恐怖手段。杀人杀的把地染红了,就叫赤化,拿上顶惨酷的极刑,杀的人害怕了,就叫恐怖。他这赤化政策恐怖手段不是外人给他加上的,是他自己说的,大家曾记得抗战开始,国共合作时,他曾宣布放弃赤化政策,恐怖手段。这些事实应该给人民说明白,才能使人民知道共匪做法的可怕,由可怕而发生一种自保保家的心理,再发动最觉悟最坚决最勇敢的人起而号召,使大家团结起来,共同自保保家。这才能产生组织,如觉悟的农民可以起来号召组织农民自保会或妇女们可以组织妇女自保会……等等,组织就是力量,组织越严密,力量越大。

动员民众,应使之宣誓,誓词不可多,不可难,以免成为具文,违誓受法律之处分,不若受民众大会之制裁为有效制裁,固不一定惩罚,但人怕因违誓者在本乡本镇受大众的批评而感到无地自容,民众大会实在是毛骨悚然的景象,走民众路线最有效的办法,有人说共匪的做法,我们一概不宜仿效,这话不对,有绝对不仿效者,有不管共匪如何做只看对不对者,我们认为绝对不仿效的是阶级斗争与赤化和恐怖,至于民求用、战求胜不是仿效共匪,那是历史上的通则。比如共匪吃饭我们何能不吃饭,共匪亦未因我们用快枪快炮打仗,他便摈弃枪炮而不用,我们岂可因共匪用民众而制我们,我们便弃民众而不制匪。

四、动员起来作什么

将民众组织起来以后第一件最要紧的事情,就是先清除了自己阵营里边的共匪潜伏分子,也就是自清,因为共匪是九条尾巴的狐狸精,他不惟有许多迷人的办法,并且有许多潜伏的办法,他想向某地活动,在几年以前,几月前,就先不知不觉秘密打入进去,可以说兵营中、工厂中、机关、学校、商号、旅店、乡村中,无处没有共匪分子潜伏,这些分子任务是不一样的,形式也就绝不相同。有的作宣传工作,处处事事遇着机会就说共匪如何好,我们政府如何坏;有的作情报工作,一句话也不多说,尽量打听你的消息,你的活动,作他的报告材料;有的作破坏工作,设法使你的工作都要作坏,作不成功;有的作挑拨工作,使你的内部人事不和,互相猜忌;有的作特务工作,平常永远不动,有暗杀破坏的机会时,作一次大破坏大暗杀,到共匪快来时他才作内应。这些人如果清除不了,平时使你内部搞的乱七八糟,战时更有很大危险,这些人的发现,局外人很不容易知道,但和他一块生活一块工作的人,如军队里同班同排的人,商店同号的人、住户同院或邻坊的人,只要稍加留心,考察他的来历,观察他的平时言行,及所接触的朋友等,总能发觉出来,这样发觉也最真确,他(潜伏分子)何时出外,何时回来,他和诸人谈过些什么,作过些什么,只有和他一块生活工作的人知道的最清楚。所以自清工作是肃清内部潜伏共产分子的第一步工作,也是最彻底有效的工作。

只肃清内部,还是不够的,因为这只能保证我们的军队里、学校里、工厂里、乡村里没有潜伏。至对于共匪武力的压迫,我们也得有个办法,当然成千成万的共匪部队的来袭,是政府的事,对于共匪三人五人十几个人小武装(即游击队)的活动,不能专靠政府武力,必须我们自己有防卫的能力,才不致临时吃亏。

民众自卫的组织普通叫自卫队,根据各部门或乡村的实际情形,将壮丁加以编制,分为大队中队小队及组,按三三制递进,即三组为一小队,三小队为一中队,组成之后,每日加以数小时之训练,使其能盘查、警戒,能送情报,能作传递,平时能搜索敌探,镇压小武装的活动,战时可以配合地方团队封锁敌情,灵活情报,发挥民众本身的伟大自卫力量。

至动员之法,反共保民动员委员会总会只好定一个通则,各省(市)情形不同,不宜过于拘束,令各省(市)本照通则自行组织办理,方易于收效。

五、各级会如何组织

反共保民动员委员会各级会的组织,为了动员及工作便利,须配合行政上各级组织,即总会设在中央政府所在地,于省(市)县(市)区乡(镇)各设省(市)县(市)区乡(镇)反共保民动员委员会。

至各级会委员名额,按其需要,总会由行政院决定后聘请之,省市会由省主席或市长决定后聘请之,县市由县长或市长决定后聘请之,区乡(镇)会由区长乡长或镇长决定后聘请之。聘请之标准,除各级有关机关首长为当然委员外,其余委员应就立监委员、国大代表、民意机关及民众团体人员中之反共意志坚决能始终为反共奋斗者聘请之,切忌有伪装分子、动摇分子、中间分子及失败主义者加入,因这些人加入一个即在会议中发些反动破坏泄气的言论,影响甚大。

各级委员均为义务职,但需要担任实际工作者应酌送工作费。

至各级会的一切开支费用,应由各该级行政机关筹给之。

反共保民动员委员会组织章程

（院会修正本）

第一章 总 则

第一条 本会定名为反共保民动员委员会（以下简称本会）。

第二条 本会以彻底动员民众集中意志、集中力量以拼命保命破产保产之精神,配合军事争取戡乱剿共之胜利为目的。

第三条 凡中华民国国民不分性别,年在十八岁以上者,均有参加反共保民动员工作之义务。

第四条 参加反共保民工作之初,全体民众应举行宣誓,其誓词如左：

誓词

"我自己绝不通匪,并不容人通匪,如违此誓,愿受民众大会之制裁,谨誓"。

第二章 组织系统

第五条 本会组织系统为反共保民动员委员会总会、各省(市)反共保民动员委员会、各县(市)反共保民动员委员会,各区反共保民动员委员会、各乡(镇)反共保民动员委员会。

第六条 反共保民动员委员会总会设于中央政府所在地,置委员若干人,除对动员工作有直接关系之法团及行政上之各部会首长为当然委员外,其余委员均由行政院聘请之。

第七条 省(市)动员委员会设于各省(市)政府所在地,委员若干人,除对动员工作有直接关系之部门首长为当然委员外,其余委员由省(市)政府就立监委员、国大代表、民意机关及民众团体中反共意志坚决、始终为反共奋斗者聘请之。

第八条 县(市)区乡(镇)各级动员委员会设于县(市)政府、区乡(镇)公所所在地,各设委员若干人,除对动员工作有直接关系之部门首长为当然委员外,其余委员分别由县(市)政府、区乡(镇)公所聘请之。

第九条 各级动员委员会各设主席一人,均由全体委员互推担任之。

第十条 各级动员委员会为执行工作便利,得设常务委员若干人,其人数分别由各级政府及区乡(镇)公所定之。

第十一条 各级动员委员会内得设左列各组:

总务组 办理文书、庶务、会计、会议及不属其他各组之事项。
设计组 办理设计、动员人力物力等事项。
行动组 办理组训、宣讲、慰劳及发动人民自清、自卫等事项。

第十二条 各级动员委员会于必要时,得设特种委员会,由各级动员委员会或其常务委员会决定之。

第三章 与各级政府之关系

第十三条 各级动员委员会分别受同级政府或区乡(镇)公所

之指挥,受其上一级动员委员会之指导。

第四章 会 议

第十四条 各级动员委员会每月开会一次,常务委员会每周开会一次,必要时得召开临时会议。

第十五条 各级动员委员会及常务委员会均由主席召集之,如主席不能出席时,得指定人代理之。

第十六条 各级动员委员会得发动本区人民举行民众大会。

第五章 经 费

第十七条 各级动员委员会经费,分别由各级政府或区乡(镇)筹给之。

第六章 附 则

第十八条 本章程由行政院通过后颁发各级政府施行。

〔经济部档案〕

9.1949年6月至9月行政院施政报告

(1949年10月 日)

一、前 言

主席,诸位委员先生:

锡山自本年6月13日受命出任行政院院长,到现在已届四个月。自维衰老之年,谬膺艰巨,惟有本"天下兴亡,匹夫有责"之义,抱定牺牲的决心,不辞劳怨,以期扭转时局,挽救危亡。回溯半年以前,政府鉴于战祸之惨烈和民生之痛苦,曾一再委曲求全,争取和平。不幸共匪背信称兵,和谈破裂,其间经过情形,已为国人所共晓。到此时期,为争取人民生存与自由,及维护国家民族的利益起见,除继续戡乱外,已无他途可循,因于就任之初,特重申反共戡乱的决心,并制定战时施政方针十四条,作为施政的准绳。当时贵院第三期会业已闭幕,现特补提报告(附后),敬请指正。

贵院在第三会期集会的当时,业已了然,为适应作战要求,迅赴事机,有规定非常时期政治纲领,建立战时体制之必要。当时在何前院长任内,已准咨拟订戡乱时期施政纲领三十七条,送请贵院审议,同时并为树立战时体制起见,决定在院内组设决策委员会。旋经贵院决议,授权本院,"除依动员戡乱时期临时条款呈请总统为紧急处分外,在立法院第三会期休会期间,对于现行法律,如认为有变更之必要时,得为权宜之处置,于立法院开会时提请追认。"自贵院上次闭会四个月以来,因这种特权的授与,对于战时紧急的适应,实给了了莫大的帮助。这是应当加以说明的。

这一次战时施政方针的制定,只是何前院长任内施政纲领精神的延续,但为受一切人力、物力、财力,在军事第一的原则下,达成最有效的利用起见,必须有一个统筹全局的计划,以期配合,因此,除施政方针以外,更厘定了一个扭转时局案。这个方案,首先就当前战局的症结,也就是匪胜我败的原因加以分析,其次提出方略,最后列举关于当前财政、军事、政治、教育、外交必需实施的具体事项十四项。关于财政方面,对于当前危机的解决及今后两年中国的支应及保证币信,已有一个统筹办法。关于军事方面,提出整理军队,制造武器,培植反攻新生力量,发动总体战,肃清后方土共与匪谍及开展匪后工作等项。关于政治方面,着重于整饬纪纲,整肃阵营,贯彻计划,加大地方职权及实行兵农合一等项。外交方面,采取讲理蓄势的方策,维护联合国组织,并加强我国与各民主友邦反侵略阵线的关系。关于教育方面,决定针对总体战的要求,实行反共革命的精神与认识训练。以上各项施政的重点,在扭转时局案中都有具体的规划,且已逐步付之实施。原方案已分别致送,谨供诸位委员先生参考,并请指正。

(附)战时施政方针　行政院第六十九次会议通过

甲、总则

一、战时一切施政,以军事为核心,一切都为军事,一切支援前线,集中意志,集中力量,以革命的精神和革命的手段动员全国及海外侨胞的人力物力,抱定寸土必争的决心,以争取最后胜利,完成戡乱救国大业。

乙、军事

二、核定兵额,提高官兵待遇,加强政治教育,提高剿匪情绪。

三、厉行赏罚,破格提拔忠勇有功将士,严格整饬军纪,务求做到令行禁止。

四、发展民众武力,做到全面总体战。

丙、政治

五、加强省县地方职权,使能适应时机,走上全面总体战的目标。

六、广为选训青年干部,担负地方选训民众工作,肃清地方匪谍,加强地方武装,做到民众自清、自卫、自治。

七、发扬国家至上民族至上的反侵略意志,以维护文化传统,提高民众警觉。

八、实行兵农合一,以充裕兵源,并安定士兵家属生活。

丁、财政经济

九、改革币制,稳定金融,整理财政,做到收支平衡。

十、扶植工商业,改进国际贸易,合理运用外汇,吸收侨汇,做到输出入平衡。

十一、发展农业生产,繁荣农村经济,改进农民生活。

十二、整顿国营事业,清理国有物资,以抵补国库。

戊、外交

十三、维护联合国组织,并加强我国与各民主友邦反侵略阵线的关系。

十四、实行主动外交,加强外交阵容。

二、重要业务概述

在四个月前锡山就任之初,正遭逢急待解决的三大紧急问题,即：(一)财政方面,如何挽救急剧崩溃中的金融;(二)军事方面,如何遏止共匪的急剧进展,保持反共基地;(三)外交方面,如何适应现势,确立方案。在这三项之中,尤以当时金融情形最为严重。如不立时予以挽救,则一切政治和军事计划的实施,将一概失所依据。所以处理财政、军事和外交的紧急问题,实为这四个月来施政的重点,现在特在分别报告各项业务之前,先行简述如次：

第一,财政方面：在五六月间,由于政府南迁,华中和沿海各地相继沦陷,以致全国税收锐减,紧急费用反而激增,同时金圆券发行数额急剧膨胀,到六月底已发行一百三十余万亿,外加本票一百七十一万亿余元,两共约三百万亿元,人民到处拒用,金融局面,已形成朝不保夕之势。当时贵院曾提出改革案咨送本院执行,本院对于稳定金融,本有两个筹划,一是就金圆券定一比额,一是改发绝对兑现的银元券。最后因纸币印刷关系,决定收回金圆券,改发银元及银元券。此项银元与银元券发行办法,经提本院第七十二次会议通过,于七月二日明令公布施行。此次币制改革,锡山与财政部长均具有坚强决心,决不容许发行一元空额纸币。实施以来,信用尚好,可算收到稳定金融之效。

财政本希望能做到收支平衡,惟三阅月以来之收支情形,距离收支平衡尚远,不足之数,仍须赖库存弥补。其原因有五：(一)财政制度废弛,整顿尚需时日;(二)税收恰逢淡月;(三)税率虽经改订,一时尚未上轨道;(四)公债甫经推行,尚未见成绩;(五)国营事业赢余作为挹注之款项,亦未完全实现。锡山一贯主张,财政决不能倚赖外援与库存金银,必须赖国内收入以求解决。现正本此原则努力筹划,希望从改善财政制度,整顿税收,发行公债,争取外汇,及整顿国营事业各方面入手,俾期收入增加,以应付战时财政之急需。

更有进者,战时财政,本应量出为入,盖作战之胜败,关系国家存亡,决不能因收入不足之故影响军事;惟过去量出为入之政策,所仰给者为内债与外债及通货澎〔膨〕涨〔胀〕办法。现通货澎涨办法,已因过去之失败,无法继续采用,内债外债亦不易举办,惟有改采量入为出政策,此实为战事上之最大妨害,亦为前途之最大难关。故在目前财政十分艰难之情况下,政府不得不力求增加收入减少支出,以达到收支平衡之目的,如收支不能平衡,则有兵无饷,不足以言军事,有干部无薪,不足以言政治,有铁路公路无交通费用,不足以言交通,有学校无教育费用,不足以言教育,其结果必将使军政解体,形成涣散之局面。要之,目前政府财政政策,既不能倚赖外援,惟有就国内收入上积极设法,务期达到战时之要求。至贵院决议请孔宋张诸先生捐献一案,本人前次招待贵院留穗委员时业经提出报告,为获致实效起见,已另订办法发行爱国公债及举办救国捐献,现正积极进行,决努力达成目标,俾对贵院有以报命。

第二,军事方面:可分为改变战略、整理军队和发展匪后武力三项。自匪军于本年七月继续向南发动攻势,我方虽仍继续撤出若干重要城市,但已非由于败挫,而为战略改变之结果。盖在总体战的政略下,已由守线守点的战略,改取面的战略,实行机动战运动战。实行以来,业已得到相当成效。故一部分土地虽予放弃,而主力损失甚微,湘西一役之胜利,尤为明证。现匪军又发动对湘西粤北总攻,我方正集中兵力,准备达成一重大之歼灭战。惟西北地区,由于兵力分散,补给困难,且指挥未能统一,友军协同不够,致连续遭受败挫,至可惋惜。现甘、陕、豫、川、鄂边境局势业已稳定,正力图加强,以为西南屏障。

今日军事之缺点极多,欲加以改善,必先从核实名额,提高待遇上着手。盖必须提高待遇,军队之教育方易施行,军纪方易整饬,士气方能振奋。而欲提高待遇,又必先核实名额。惟名额之核实,有关前线作战之实力,待遇之提高,有关整个财政之支出,在此两重困难之下,似难获得适当解决之途径。嗣经一再商讨,决定自七月份起,对军额之核实,分五个月实施,第一第二两个月各核减十分之一弱，第三个月核减十分之点六弱，第四个月核减十分之点四弱，第五个月核减十分之点八强。总计核减名额十分之三点八弱。在目前战事紧张之情况下，军额军费之核减原属不易，惟国防部及前线官佐，均能体念国家之艰难，排除一切障碍，协力推行，故前四期之核减，业经顺利完成。官兵之待遇，以六月份为基准，迄目前为止，亦已提高百分之四十五，俟第五个月之核减额达到预期之程度后，待遇尚可继续予以提高。

在匪后发展武力，建立政权，实为总体全面战之重要工作。此项工作之实施，必先具备两个条件。一是选训坚强干部，潜入匪区；一是中央与游击区之紧密联系。现已由本院厘订具体办法，设立专门机构，负责办理。现匪区人民以不堪暴政压迫，自东北九省以至江南各地，已风起云涌，形成反共武力。计湘、鄂、赣、浙、鲁、苏、皖、闽、晋、冀、辽、豫、陕、甘、察、绥、热、辽等十八省，已有编制且有确实统计者，共四十五万一千八百二十一人，有把握限期组成者尚有三十万人，如能有效加以利用，必可分别出击，使匪顾此失彼，确收扰乱牵制之效。本院现已规定办法，对于持有院长秘密手令，潜往匪后地区进行工作，号召人民进行反共斗争者，如能控制一县，即承认其为该县县长；能控制一区，即承认其为该区专员；能控制一省，即承认其为该省主席；如地跨数区或数省者，亦准此办法给予边区行政主任名义。其对于游击性之单位，凡能发动三百人至五百人者，承认其为营长；能发动一千人以上者，承认其为团长；能发动五千人以上者，承认其为师长。凡活动组织有显著成效者，即由政府正式任命。此项秘密奉派前赴匪后工作人员，已有百余单位，尚未公开发表。

此外必须强调提出者，即自六月廿六日起，对匪区港口海岸之关闭，业使素称我国经济中心之京沪，变为死城，对于匪方经济和军事的补给，已予重大的普遍的损害。现以战况转移，自八月廿七日起业将关闭区域由福州向南延伸至围头湾口北端，续对匪作猛烈之打击。

第三外交方面：自政府南迁后，由于军事不断败挫，外交形势亦日趋恶劣，自属无可讳言。政府现在之外交方策在维护联合国组织，并加强我国与各民主友邦反侵略阵线的关系，以蓄我之势；实行主动外交，加强外交阵容，以达讲理的目的。

目前我政府进行之剿共战事，实为反侵略之前哨战，故目前外交方策，亦必循反侵略之外交途径，积极进行。近半年来由于我军事上之颓势，过去亲我之友邦，多采取观望态度。但我国倘能于国际反侵略前哨战中，克尽其应尽之力量，则世界所有反侵略之友邦，必将转易其过去之观念，重予我以共同之支援。此外应强调提出者，日本自上次大战战败投降后，关于遣回战俘事宜，我国曾以宽大政策获致日本人民之好感，今后当一本国际反侵略之立场，所有对日和约之签订，贸易之恢复，当仍本宽大政策，协同友邦，妥善进行。

美国最近发表对华关系白皮书在国际上之影响甚大，政府为使此一文件不致成为中美友好之果，而成为共同反共之因，对白皮书之声明，正面则减少辩驳，反面则阐明事实之真象，以发挥我们讲理的外交精神。

此外，苏联于1945年曾与我国订立友好条约，其后违约背信，损害我国主权之行为不一而足，为伸张正义保卫主权起见，业已搜集有关事实证据，于9月27日在本届联合国大会中提出控告。

其尤甚者，苏联为遂行其国际侵略之阴谋，不惜卵翼中共暗予协助，卒使中共之军事力量日益加强，其造乱地区亦日益扩大。最近毛匪泽东等更在北平召集伪政协会议，于10月1日宣告成立伪政权，僭改国号国旗，而苏联即于10月2日正式予以承认，并发表声明，与我国断绝邦交，我政府为严正表示态度起见，经于10月4日由外交部部长叶公超发表声明，与苏联断绝国交。从兹仇友分明，在反侵略前哨战中，我又跨入另一阶段矣。

以上所述为近四月来关于财政、军事、外交三方面施政之重点,兹将本院所属各部会业务情况,举其荦荦大者,分为国防、外交、财政、经济、交通、内政、教育、司法行政各部分,分述如下。

三、国防工作

关于四个月来的作战情况,前面已概略报告,至关于军事全局的筹画,已确定重要任务四项:(一)巩固反攻基地;(二)培植新生力量;(三)厉行军事革新;(四)实施总体战。以上四项即为国防施政纲领,兹将数月来实施情形分别叙述如次:

(一)巩固反共基地,准备反攻。当前国军主要任务,在于保卫华南西南。为便利指挥作战起见,经划分为西北、华中、西南、东南及华南五个战区,各设军政长官公署,赋予指挥全权,并以广东、四川为中心,联系西北、华中、华南、东南三战场,使能互相策应,互相支援。同时,为准备反攻力量,正分别致力于台湾、海南、定海各岛基地的建设。

(二)培植新生力量,为采取精兵简政政策。在节约军费、提高素质的前提下,力求核实员额,裁减不必要人员,以期在一定给养范围内逐渐增加前线战斗兵数额,并从而渐次提高官兵待遇。机构方面,对于前方各地指挥机构和后方机构,已分别核定新编制,予以归并紧缩。联勤总部业已撤销,其业务并入国防部。整训方面,对前方作战有功部队,优先予以补充,同时按照计划,分别时地,整训第一线和第二线部队。目前匪后自卫的游击队约达数十万人,现已选派能伸入匪后之干部,予以适当的联络、训练、运用及领导,使其目标由生活性转变而为企图性,即可使我方的新生力量,更趋壮大。

(三)关于军事革新,在精兵简政方面,前面已略加叙述,至军风纪之整饬,尤为军事胜败的重要关键。对于军纪的整饬,首在建立严明的军事监察制度,确实实施检点、检查,以加强视察业务,并倡导检讨检举,以考核功过,铲除积习。治本方面,尤在力行四大公开,即意见公开、人事公开、赏罚公开、财政公开,以期做到官兵生活一致,待遇均等。现已按照规定办法,分别实施。惟风气之转移,应锲而不舍,积之以渐,方能得到理想的成效。

(四)关于总体战的实施,分为军事战、政治战、经济战、民众战四大部门,在扭转时局案中已有详细规划。现在本院施政方针,亦即为总体战之全部纲领。关于国防方面,除前述的正规军事行动外,尤须与匪共区域内人民反共武力取得配合,由线的战略发展为面的战略,变匪后方为前方,使匪军疲于奔命。为达成此种目标,已规定匪后游击办法,分途组织各地地方武力,发动面的游击战争。

四、外交工作(附侨务工作)

关于目前外交政策和几个重要的措施,已在前面分别叙述,现在就外交方面的一般业务分为(一)加强联合国活动,(二)扩展并加强国际友好关系,(三)保护海外侨民三点,简略叙述如后:

(一)维护联合国组织,并与各友邦共同维护世界和平。对于这一政策的实施,业已采取两项重大行动。第一是对于苏联破坏中苏友好同盟条约和违反联合国宪章,已向本届联合国大会提出控告。其次是在联合国宪章原则之下,积极促进东南亚及太平洋有关国家的区域组织。自国民党蒋总裁先后分访菲律宾和韩国后,太平洋区域组织的前途已渐见端倪,现在我国正就盟约内容及提出程序详加研讨,并促其早日实现。

(二)扩展并加强国际友好关系。本年4月22日,我国已与义大利政府订立友好条约。对韩亦已正式缔结邦交,互换大使。又中菲双方使节业已升格,互派大使。现西德政府已组织成立,各国亦拟派驻代表,我国对中德新关系的建立,亦正考虑计划中。

(三)保护海外侨民。数月来对保侨工作已获成果者,计有中澳之协议及加拿大移民例之修改,均由我方极力促成,侨民咸蒙受其利。本年菲律宾国会提出之排华各种法案,经我方交涉,亦均未获通过。

五、财政工作

战时财政是争胜的基础,如果财政没有办法,一切计划的推行即失其依据。战时财政本来谈不到收支平衡,但是至少必须做到收支适合。我国抗战八年,剿匪四年,预算虽不能达到平衡,但是利用通货膨涨〔胀〕政策,尚能保持收支适合的原则。在四个月以前,由于政府南迁,地区缩小,支用浩繁,遂使金圆券急剧贬值,达于崩溃的境地。因此不得不改采银元本位制,其经过情形,前面业经叙述。自银元本位恢复以后,金融情况已渐见稳定,民生也渐臻安定。现为充实发行准备起见,除运用库存银元及设法吸收民间存银外,一方面由中央银行向美国和墨西哥定铸银元,一方面中央造币厂及成都、台湾两厂亦积极铸造,此后银元供应自可无虑。又为建立币信起见,今后决定使币制与国库绝对划分,即无论财政如何困难,绝不靠发行通货以为维持,务使在任何情况下均可兑现。过去三个月中,均照此严格实施,卒使银元券信用臻于稳固。

兹将财政部一般业务简要分述如左:

(一)从速确定国家总预算,并严格执行。卅八年下半年度国家总预算每月军政支出拟以四千五百万元为限。所有国家岁入岁出收支数额及预算,正由主计处编列,即可送请贵院审议。

(二)整顿税收。为增裕税源起见,财政部正就负税能力较强、战前纳税率及非必需品三项标准,将现行税率分别予以修订。至民生日用品三十六种货品及卷烟进口,均予以开放,并修订税率,加强缉私,务期于半年期间,达到每月收入两千万元之目的。对于地方财政,中央为使地方自给自足起见,业将原属国税系统的土烟、土酒、熏烟业和特种营业四种税收划归地方征收,此外并将税收机构,实行紧缩裁并,务求适合环境,加强效率。

(三)发行公债,已决定发行民国卅八年爱国公债三亿元,并组设筹募委员会,担任推销事宜,短期内即可开始。

(四)争取外汇,现正从奖励出口及便利侨汇着手。奖励出口方面,业已修正管理进出口贸易办法公布施行;侨汇方面,自银元本位货币实行后,侨胞汇款回国已无其他损失,现正实施种种办法,予以便利。

六、经济工作

自政府南迁,华东华中地区相继沦陷,京沪一带原为全国工商业中心,由于当时军事急剧逆转,物资器材损失极巨,至可痛惜。其抢救运出之部分,由于机构解体,短期间亦未能充分予以利用。至农矿方面,由于广大地区相继丧失,原定大部分计划,亦已失去其对象,无从着手。兹将政府四月来对于经济的重要设施,分为(一)工商业的扶植,(二)国营事业的整理,(三)日本赔偿物资的处理等三项。兹简要叙述如后:

(一)关于工商业的扶植,工业部分,以纺织业及水泥业为主体。现在后方的纺织业,主要的有台纺、中纺、雍新三厂,正在经济部协助之下,促进三厂合作,并增加纱锭一万枚,布机四百架,台湾、四川两省尚存有纱锭将近八万锭,因经营困难,迄未开工,现正由经济部协助解决,俾得继续生产。水泥生产,为军事必需,现有台湾、四川两厂,台湾厂本年7月份产量二万吨,现经督促增产,每月可增至四万吨。四川水泥厂因经营困难,早已停工,现经国防部租用,复工后每月可产四万吨。商业部分,首规定各种营业资本均须遵照国家现行币制,折合银元,确定数额,以求市场之安定。其他如何简化商品检验手续、改进国际贸易、奖励输出各方面,均由经济部分期改进实施。

(二)关于国营事业的整理与增产,重要者为糖业、纺织业两部门。台糖在日本占领时代年产一百万吨,光复以后,因战事破坏,产量锐减。历年来经努力经营,已恢复日本时代产量百分之六十。台糖外销,占全国产量之半数,在我国目前对外贸易中居重要地位,每年可得美金三千万元。纺织业方面,自上海、天津、青岛相继撤守后,中纺公司设备损失殆尽,现仅有购存日本之纱锭五千锭,正责成中纺董事会运用购存日本之纱锭及所余资金,在后方恢复工厂,以期增加纱布之生产。

(三)日本赔偿物资之处理。日本赔偿物资现已获得者共计三批,第一批为日本十七所兵工厂之准备,约值美金一千五百万元,第二批为兵工厂试验仪器设备,约值美金二十万元,均已先后运回国内,交由各受配机关接收使用。第三批为各兵工厂剩余设备及电力设备,约值美金一千余万元。上项赔偿品之运输,现决定以台省基隆为起卸港口,于本月底前可全部运完。此外赔偿物资正在挑选中者尚有日本工厂二所,近以美国片面宣布停止赔偿,前途如何,尚待交涉。

最近为配合总体战之实施,经由经济部按照扭转时局案内所定"充实我方作战经济,控制敌人作战经济"两大原则,拟具"经济作战实施计划要点",并经本院核定实施,本院并设置经济作战委员会,予以督导。

七、交通工作

交通事业,项目甚繁,四月以来,除积极紧缩机构,裁减人员外,凡与军事无直接关系之建设,经予停办,且切实实施自给自足政策,其重要业务可分为:(一)清理国有物资器材,(二)发展后方交通建设,兹分述如后:

(一)整理运用国有物资器材。铁路方面,粤汉线株州机厂为华南最大机厂,曾于六月间湘北军事转进时期,将该厂全部器材百分之九十以上拆迁至广州,现正觅址建厂。航运方面,当长江军事紧张时期,招商局曾撤出船舶计有大小船舶一百三十六艘,共二十六万五千余吨,价值五千六百四十余万银元。该局除负担军运外,现正努力开辟海外航线以输出物资。塘沽新港工程局及广州港工程局各项挖泥船均拨交海军与高雄港务局使用。至于其他方面器材,现已由交通部积极内运,充作后方建设之用。

(二)发展后方交通建设。铁路方面,湘桂黔全线正着手修复,除若干路基桥梁被洪水冲决正在抢修外,全线业已通车,成渝铁路渝江段及朱永段工程业已拟定计划,现正积极筹拨款项,即可开始兴修。公路方面,为配合国防部作战后勤设施计划,现正筹划加强西南公路网,力谋改善各项工程。空运方面,增加西南各地航班,筹办开辟南洋航线并就台北松山及港澳间之三灶岛建设民航基地,中央中国两航空公司机航技术设备重心由香港移至台北松山,昆明民用航空局及中央气象局重要设备均令移置台湾,以应日益需要之航空运输。

八、内政工作(附蒙藏部分)

内政方面,自总体战实施后,关于政治战之推行,已由内政部详加策划。政治战有两个意义,一是政治之设施,均以适应作战之需要为目的,即所谓政治军事化;一是以我之政治,比之于共匪的政治。其实施范围,属于本院施政的全体,但其设施的筹画,则以内政部为主体,经依照扭转时局案所提原则厘定政治战实施方案。此案之实施,关系扭转人心,加强人民反共意志,及发挥人民反共的自发与自动力量,其成效的获致,必须积之以渐。第一步骤须先确定行动指针,编订训练课本,由选训干部逐次推行,现已由有关部会拟具"选训青年干部实施办法"及肃奸工作实施方案,正详加审核,即可付之实施。又扭转时局案内所定"加大地方职权"及"实行兵农合一"两项,与政治战的实施有密切的关系,前者已在政治战实施方案中,列有加大省县地方职权办法,后者本院已组设兵农合一设计委员会,策划兵农合一进行事宜。目前为动员民众,实行反共自保,本院已发动建立各级反共保民委员会。此会之目的,系发挥民众代表之力量,作政府与人民间联系的桥梁,从而发动民众,走上总体战之途径,故此会不定员额,由各级政府就民选代表中反共意志坚决者,聘请为委员,作为动员民众之核心,再由核心渐渐普及于全民。该项规程,经提本院第八十四次会议通过,于八月十九日公布施行,现在督促各省市努力进行中。

至于救灾方面,由于今年华中华南各省以及西北部分地区水灾特殊严重,经于七月间由有关机关组织全国救灾委员会,督导办理灾害地区难民救济及善后救济事宜。所需振款,除由该会发动国内社会力量、海外侨胞捐输与国际友邦援助外,本院并拨发银元壹百万元,交由该会统筹办理,现已由该会酌酌各地受灾情况,分别配拨各省。至重庆九二大火,亦经本院先后拨发十万元予以救济。

至于蒙藏方面,可分述如下:

第一是对于内蒙自治的辅导。内蒙各地盟旗,前为反共自保起见,由德穆楚克栋鲁普发起号召,于本年四月间组织内蒙自治筹备委员会,通过内蒙自治大纲,并于本年六月推派德穆楚克栋鲁普率领代表团前来广州,向中央请愿,准予成立自治政府,经在原则上予以接纳,并对自治实现步骤予以指示。讵料德穆楚克栋鲁普返蒙后不久,本院即接到以"蒙古人民代表大会"名义发出之电告,称已决议成立蒙古自治政府,并检附蒙古自治法,请予追认。现正由有关部会研究处理办法。

第二是对于西藏事变的处理,八月中西藏当局突强迫政府派驻西藏人员离境。西藏远处边陲,每易与中央发生隔膜,且其内部政教纠纷之复杂背景,以及外人挑拨,尤为历次酿成事变之重要因素。政府对于此次事件,已作如下之处理:

(一)复电西藏噶夏说明中央驻藏人员均系经慎重遴选,并无共党分子混迹其间,希撤消前议,迅即通知中央驻藏人员仍回拉萨。

(二)发表严正声明,说明中央对西藏自治之尊重及此次事件之真象。

(三)电令驻印罗大使对于驻藏过境人员妥为照料。

边陲事件之应付,每每不能拘守常规,以后当随时待机处理,期得圆满解决。

九、教育工作

数月来教育措施之重点,一为改变教育方针案之拟定,一为加强思想斗争,一为流亡南来学生之救济安置,兹分别报告如后:

关于戡乱时期教育方针之改变,业已依据扭转时局案中之要求,采取反共教育之原则,拟具改变教育方针实施方案,其内容包括设立反共干部训练机构,各学校增设时代性及革命课程,及整饬学风肃清匪谍三项办法,业经本院会议通过,开始实施。

关于加强思想斗争,除由教育部将国立编译馆移设台湾,编译有关反共书籍外,并刊印各种小册及连环图书,以增加社会上对于共产主义错误及共党违背国情暨文化传统之认识。

关于南来学生之救济安置,教育部原有青年就学就业辅导委员会之设置,广州、重庆、成都、贵阳等地亦均设有辅导分会或辅导处。各地流亡学生约二万七千余人,对于大学生之安置,订有专科以上学生寄读办法及本届毕业生考试办法;中学生方面,为安置河南各临中学生,特组设河南南来员生安置委员会,并在广西成立五个中学。又为安置山东各临中学生,经分别按其志愿,送往台湾参加军训或入学就读,计共六千余人。对于流亡至陕、甘、蓉、渝、湘、黔、桂、粤、闽、台各地学生,均据各地教育厅报告,分发入相当学校寄读,由教育部按月补助救济金及教师薪津,并计划在台北与台湾省政府会同设立专科学校一所、中学职业补习班若干班,在重庆设立实验中学及大学补习班各一所,现已开始实施。

十、司法行政工作

关于司法行政部分,原多属于经常事务,依法推行;惟为配合军事行动,加强戡乱工作起见,其重要工作约如下述:

(一)肃奸工作,即对于潜伏后方之内奸或意志动摇为匪作伥之分子,应严予整肃,以净阵营,已拟具肃奸办法,即可核定施行。至现已查明之附逆人员,已饬司法机关严缉究办。

(二)科处叛乱者之财产刑。按惩治叛乱条例,已经公布施行。

其中并无财产刑之科处,兹已将该条例修正,增加没收叛乱者财产之规定,以资惩处,并规定对于携械来归之叛乱分子,得予以减免罪刑,藉资鼓励自新。其他如简化通缉汉奸之程序,以加强惩处汉奸之效能,修正惩治贪污条例,拟增入没收贪污者财产之规定,藉以整肃纪纲,修明政治,俾达到明刑弼教、戡乱建国之任务。

十一、结　　语

以上报告为关于国防、外交、财政、经济、交通、内政、教育及司法行政各部门施政之概略。蒙藏侨务两部门重要业务,已分别并入内政外交两部之内,至各部门通常业务,均不再列举。

回溯五月以前,正值戡乱战局急剧逆转,政治经济机构纷纷播迁,人心士气时有涣散之虞。锡山就任以后,特重申反共戡乱之决心,并公布战时施政方针,以坚定作战意志。嗣又提出扭转时局案,明定军政各项实施之途径。在此四阅月中,经营筹划,经纬万端,对于总体战之实施,虽部署已粗见端倪,第未可即期以明效。

诸位委员先生护持庶政,领导民情,至希依据上项报告,对以过业务之措施,予以切实之检讨;对于各项计划之方案,予以详明的指示。本群策群力之义,收反共戡乱之功。斯不仅锡山一人馨香祷祝已也。

〔行政院档案〕

10. 国民大会秘书处转送国大代表全国联谊会制订的"第一届国民大会代表反共救国工作团规则"函

(1949年　月　日)

(公函)

准国民大会代表全国联谊会检送《第一届国民大会代表反共救国工作团规则》过处,嘱为转送 总统府及行政院备查等由/贵院及总统府备查等由,除分函外,相应检同上项规则一份,函请察照备查。再,该会推派代表刘

宜廷、孙亚夫、郭鸿群、郭云鹏、富广仁等5人趋前陈述有关本案进行事项，并请惠予转陈，约定时间接见为荷。此致

总统府秘书长

行政院阎院长

附《第一届国民大会代表反共救国工作团规则》乙份。

第一届国民大会代表反共救国工作团规则

一、名称

第一届国民大会代表反共救国工作团（以下简称本团）。

二、目的

以扫除宪政障碍，配合政府戡乱决策，从事反共救国实际工作为目的。

三、团员

凡第一届国民大会代表，志愿从事反共救国实际工作，遵守本团纪律，并举行宣誓者，均得自由参加为本团团员，但为义务职。

团员誓词如下：

"余谨以至诚接受本团目的，服从本团纪律，努力达成反共救国工作之使命。如违誓言，愿受本团最严厉之处分。谨誓"。

四、组织

1.团员在五十人以上者得设立一团（同一地区不得设立两团），其名次依组织之先后顺序编定之（如第一、二、三、四等团）。

各地成立工作团应于事先造具名册，函知全国联谊会编排名次。

2.本团设团务干事5人，由团员选举，主持团务。

3.本团设总务、动员、宣传、调查、慰劳5组，每组设正副组长各1人，由团务干事会议聘定之。

前项办事细则另定之。

4.本团设主任秘书1人，秘书2人，由团务干事会聘任之，书

记1人,由本团雇用之。

5.本团设惩戒委员会,置委员3人至5人;设经费管理委员会,置委员3人,均由团员选举之。

五、工作项目

甲、总务组

1.关于撰拟收发、缮校等文书事项;

2.关于经费出纳事项;

3.关于购置管理及不属其他各组事项。

乙、动员组

1.关于发动匪区游击事项;

2.关于发动敌后反共保民事项;

3.关于参加各区长官公署动员工作事项。

丙、宣传组

1.关于扫除宪政障碍及争取国家独立、民主自由阐释事项;

2.关于驳斥共匪理论及揭发共匪阴谋政策事项;

3.关于报导匪区残害民众事项;

4.关于宣传报导之编纂事项;

5.关于国民外交宣传事项。

丁、调查组

1.关于阻碍军令、政令之调查事项;

2.关于文武官员违法凌职之调查事项;

3.关于匪谍工作之调查事项;

4.关于戡乱法令执行情形之调查事项。

戊、慰劳组

1.关于前方将士慰劳事项;

2.关于负伤将士慰问事项;

3.关于参军家属扶助事项。

六、纪律

1. 反共信念不坚定者；
2. 勾结共匪者；
3. 破坏本团名誉者；
4. 违反本团决议案者。

凡团员违反上列情形之一者，由惩戒委员会斟酌情节轻重，分别予以申诫、警告、开除之处分。

七、任期

本团团务干事、惩戒委员及经费管理委员之任期均为半年，连选得连任。

八、经费

1. 团员自动捐助；
2. 向外募捐；
3. 请政府补贴。

九、附则

1. 本规则如有未尽事宜，得提请国民大会代表全国联谊会常务干事会修改之。
2. 本规则经第一届国民大会代表全国联谊会常务干事会通过后，由国民大会秘书处分函总统府、行政院备案后施行。

〔国民大会档案〕

二、假和谈

1. 北平市商会等呼吁前线停战静候调解的代电

（1949年1月5日）

北平市商会快邮代电

总统蒋钧鉴：溯自日寇侵凌，民生涂炭，八年抗战，饱历艰辛，卒使顽敌投降，海宇澄谧，似此殊勋，凡经抗战者莫不光辉青史，千载流芳。惟是欧美获得胜利之国家，三年以来，均已复员苏息，日趋升平。讵意人方从事生产,我乃大启兵端,国民疲弊之余,又沦浩劫,碧磷遍野,白骨成墟,畎亩荒芜,民声嗟怨,痛深创巨,惨不忍闻。读总统元旦文告,披沥坦怀揭示和平之主旨,前此胜利之初,并闻毛先生不以民众为敌之宣言,具征保爱斯民原不二致。近更有孙院长要请即行停战静候和谈之主张,均足代表我四万万余全民之心理,不禁额庆。窃念兵凶战危,孟子有不以养民者害民之语,愿效刍荛之献,吁请令行前方各线停止攻击,静候调解,基于不忍人民涂炭原则握手言和。要之,民众以和为上端,春秋以平为褒美,民众爱戴即是胜利,实现和平即是完成战争目的一转移间,则戾气化为祥和,亿众咸登衽席。即使今日言归于好,则元气已经大伤,复员已属落后,藉非然者,则国际地位益见低落,国内生机益形削剥。立国之元素有三,曰土地、人民、政治。试问人民悉沦炮火,纵有郅治,孰与成之？抑更有请者,北平为文化故都,更祈勿加摧毁。尤希望予商工及庶民以生活之便利,俾物资能自由交流。本会等掬诚吁恳伏乞鉴察。北平市商会、北平市工业会同叩。(子)(歌)宇整(一八四)印。

中华民国三十八年一月五日

〔国民政府档案〕

2. 中华民国银行商业同业公会全国联合会呼吁早日实现和平代电

(1949年1月17日)

南京蒋总统钧鉴:窃自胜利不久,全国之苦内战者三年有余,人民劳怨,虽敢怒而不敢言,国际视听,亲者痛而仇者快。战火之惨酷,民力之消蚀,既不可胜言,即言亦无补。自元日恭读文告,殷殷以全民痛苦为重,不以一己之进退萦怀,语重心长,于是和平之门重开,各省市县参议会及全国各民众团体无不如响斯应,额手称庆。甚哉,举国郁而不宣厌战之声,至是盖尽情吐露,莫之能遏矣。

但荏苒半月余,议和传说虽不绝如缕,而津市之烽火复炽,国共双方之表示又距离犹远,纵以和平为揭橥,仍难期弃嫌修好之实现。夫民为邦本,本固而邦宁,在昔君主时代,犹有民为贵君为轻及民之所好好之民之所恶恶之等古训,溯民国肇造三十八年,人民曾未有干政之一日,以往犹可说也。兹宪法告成,号称民主共和国,且大书特书中华民国之主权属于国民全体,而共党当局又以解放人民为口号。乎是民主是解放,均以民为对象,民既恶战,则双方执政允宜蠲除私见,尊重民意,纵主义各有异同,而拯民于水火则一。时至今日,干戈遍地,数千百万人方宛转刀俎之下,国脉如丝,民命倒悬,不唯战无可战,抑且理无再战,试问四万万五千万人又何负于国共双方,乃荼毒至此?凡天良未泯,应悲天悯人,痛自遣责之不暇,若犹拥兵自重,过拂舆情,残民以逞,实百喙而莫辩,不特为历史之罪人,亦全民之公敌。故此一线和平生机,实为吾中华民族存亡绝续之所系,无论任何一方,固应相忍为国,当机立断,在民众立场尤宜大声疾呼,把握时机,诚如上海市参议会之建议,速集全国民意机关于一堂,使行国民之主权,共筹救国大计,昭告天下,必停战之目的,所谓只许成功不许失败。否则因循自误或仍犹豫于国际之向背,是乃筑室而道谋,行见重蹈政治协商之覆辙,岂有本国人不能解决本国之事乎?本会忝为全国金融之枢机,抗战以还,裨补阙漏,期于惨淡经营之后,获睹和平建国之盛。不意疮痍未复,阋墙又起,各地兵燹所经,将五十年来银行薄树之基础摧残无余,其仅能幸存者亦复风雨飘摇,朝不虑夕,究为谁牺牲及其意义安在?创巨痛深,百思而不得其解,言之痛心,三年来骨鲠在喉,不得不垂涕而道,谨为全国人民翘首一请,唯希明察为幸。中华民国银行商业同业公会全国联合会全体会员同叩。子。篠。

中华民国三十八年一月十七日

〔行政院档案〕

3. 行政院长孙科对立法院所作施政报告
(1949年3月8日)

主席、各位委员：

本人去年在贵院第二会期闭幕前一个星期就职，当时正值军事紧张，时局遭遇着极度的艰难。本人到院伊始，日夕处理应变非常之务，对于施政方针一时不及作具体的筹计，致未能出席贵院报告，深滋遗憾。兹当贵院第三会期集会之际，获应邀出席，作施政报告，藉可与诸位委员聚首一堂，共筹国是，心中极为感奋。

回忆本人受命之初，原以才智短绌，兼因宿疾待治，弗克胜此艰巨，经再三辞谢，未邀允准，终以各方大义相责，不得不尽其棉薄，勉维艰局。自与各位政务委员就职视事以来，迄今二月有半，兹将在此期间，行政院对当前重大问题所决定之政策与所采取之措施，向各位提出简明报告如左：

(一)关于谋取和平者

我国家当八年长期抗战之后，复继之以三年内战，烽火弥天，疮痍满目，人民疾苦，不堪言状，全国上下，莫不渴望和平，共求安定，故本人当受命之始，即向中外记者宣布，新内阁之首要任务，即为努力谋取和平。去年十二月二十三日到院接事，又说明贯彻和平之决心。顾和平虽为全国人民所渴望，但同时亦需求自由与民主，故吾人必需争取"光荣的和平"。所谓光荣的和平，即在公平合理之基础上，政府与中共双方以对等地位开诚作和平之商讨，使各项复杂困难问题，获得适当解决，使人民的生活方式能够自由，使国家的政治设施能够民主。若一方以战胜者自居，一方只能俯首听命，则为片面专断的和平，根据历史的经验，此种片面专断的和平，绝非真正的和平，不仅难以获致，而且不能持久，吾人为全国人民谋安居乐业，为后代子孙谋永久和平，更为对整个世界和平有所贡献起见，必须有"光荣的和平"，此本人莅任以后，所愿精诚努力切求实现者也。

当时本人即以此意向蒋总统作和平之建议，蒋总统于本年元旦发表文告，列举五项原则，表示政府对于和平的愿望。一月十四日中共领袖毛泽东针对蒋总统元旦文告的五项原则，发表八项条件。其时立法院同仁及一般舆论都认为双方主张距离很远，一时恐难致协议，而全国人民正在水深火热之中，亟待拯救，故一月十九日行政院会议议决："政府为尊重人民之愿望，蕲求和平之早日实现，特郑重表示，愿与中共双方立即先行无条件停战，并各指定代表，进行和平商谈"。不料中共方面又反对无条件停战，但政府为表示谋和诚意，故于一月二十二日之政务会议中仍决定派出和平代表，以待和谈之进行。

其时徐蚌战事，仍在进行，江北方面形势日紧，首都实已感受军事威胁。政府原在本人接任行政院之前，即已办理疏散，同时各院亦有分迁重庆及广州之拟议。爰与各方多次磋商，鉴于第一，各国使节应驻在政府所在地，军事瞬息万变，应迅速择定安全地点，邀请使团随同政府迁移，第二公务处理不可一日停顿，亦须择定安全地点，使一般职员安心工作，第三为保持对等地位，贯彻真正和平起见，更有将政府迁往安全地点之必要，经面请代总统于一月二十五日核可，将政府南迁广州，二十六日复径提出行政院会议通过，遂正式通知使节及各机关二月五日在广州正式办公。曾呈报代总统并通电全国，重申实现和平之决心。

同时政府为促进和谈之早日实现，李代总统于一月三十一日亲赴上海敦请颜惠庆、章士钊、江庸三先生及邵力子先生，以私人资格前往北平一行。四位先生在北平和石家庄与中共领袖会晤数次，现已回京，佥以和平前途虽多困难，但和平的希望亦甚大。李代总统已指定十位负责人员研拟和平方案，吾人同愿尽最大之努力，协助李代总统，谋取和平之早日实现。

总之，吾人所蕲求者，为"光荣的和平"，既非为党派的利益，更非为已得阶级的利益,而必须在公平合理的条件下,为全国人民的自由生活方式求得一个确实的保障。诸位立法委员为人民之代表,当必有此同感。

(二)关于政治革新者

我国政治积弊甚多,本人出长行政院后,首先以减轻人民负担,稳定财政经济,保障人民自由,和提高行政效率为初步革新目标。兹将两月以来所采用之政策和办法略述如下:

(甲)关于减轻人民负担者

(1)减少兵额　我国素患贫穷,现在养兵太多,国库不堪负荷,本人未到行政院前,国防部曾提出三十八年度预算,预计全国总兵额为六百三十万人,此仅指政府之军队,共产党的军队并不包括在内,以我国如此贫穷,焉能供养如此庞大之军队,本年一月份经行政院核减为五百二十万人,二月份又核减为四百二十万人。本人主张尽量紧缩军队编制,将全国总兵额逐渐减少至三百万人。此一军事革新计划,无论和平能否实现,皆有必要,因非减少过量兵额,则无法减轻人民负担,亦无法提高官兵待遇,已往军队中各种不合理现象,亦无从革新。此项问题极为重要,现在加紧筹办。希望全国人士对此均有共同之瞭解与决心。

(2)改善役政　征兵制度原为现代各国所通行,我国因客观条件不备,故施行以来,流弊百出,乃至买卖壮丁,农民逃亡,影响生产,而征兵机构庞大,弊窦尤多,是应加以改革。惟征兵之制,历时已久,一旦废除,自属不易,此时惟有兼采募兵制,以期逐渐改善,正由主管部研拟办法中。

(3)停止征粮　当抗战军兴,政府实施田赋征实,征实不足,又行征借。多年以来,人民负担太重,据粮食部估计,每年征粮所得尚不敷军粮所需之半,其余一半以上仍赖发行货币购买,而全国粮官众多,征收储运,弊窦丛生,政府现决自三十八年粮食年度开始时起,停止征借粮食,以苏民困。

(乙)关于稳定财政经济者

在抗战期间,政府支出浩繁,通货逐渐膨胀,至抗战胜利时,原为整理币制之最好机会。当时政府握有大量金银外汇,又接收大宗敌伪物资及国外救济物资,不幸因国内政治问题未能用和平方法解决,以致政府之财力,大部分消耗于内战。现在政府支出仍以军费为最大部分,故稳定财政经济之根本办法在减少军费,增加税收,并促进生产和贸易。现在政府先用治标办法,已于二月二十三日通过"财政金融改革案"并已公布施行,其要点如下:

(1)关于财政者　原案计分八项,其主要意旨在确定军政各费之支出限度,一方面配合军事政治之改革使支出能有所缩减,一方面使军警公教人员待遇有所改善,以安定其生活,提高其工作效率,同时将田赋归还地方,停止征借粮食,并划拨一部分国税归地方征收,以充裕省财政,减轻人民负担。对于国税方面,关税以关元计算,货物税采取一部分征实,以求收入之确实可靠,使财政收支差额渐小,抑止通货之膨胀。

(2)关于金融币制者　原案计分五项,其主要意旨在开放黄金、白银自由买卖,银元自由流通,政府筹划鼓铸银元,增加其流通数量,随时以金银平准市价,以稳定金圆券之价值,一方面对于外国币券为维持国家体制仍禁止流通,而由中央银行以合理价格收换,同时放宽黄金、白银、银元及外国币券输入之限制,以增加金银之储藏,逐渐巩固币制之基础。

(3)关于进出口贸易者　原案计分四项,其主要改进为放宽输入之限制,除烟草、石油等消费品基于经济上之观点,不能不维持限额分配制度外,其余准许进口之货品均可报运进口,不须请领输入许可证,而出口商办理进口亦可不受限制,出口所得外汇及华侨汇款之外汇移转证价格使其与外汇市价接近,以鼓励出口及侨汇,同时并开放自备外汇,输入货品,以增加进口物资之来源。

以上各点仍属治标办法,至于治本之道,必须早日恢复国内的和平,努力建设,增加生产,始能稳定经济,提高人民的生活水准。

(丙)关于保障人民自由者

关于人民自由的保障,宪法上原有明文规定,乃以近年来政治上未得安定,致全国各地妨害人民自由的现象仍甚普遍。政府在李代总统领导之下,抱定最大决心实行保障人权,现在已经实施或正在办理中者,计有下列诸端:

(1)撤销特种刑事法庭 特种刑事法庭在司法制度上为一种例外之组织,实施以来,牵连颇多,现在吾人既已决心恢复国内的和平,自应将各地的特种刑事法庭撤销。

(2)废止或修正有关特种刑事的法规 特种刑事法庭既已撤销,关于特种刑事法庭之组织条例,特种刑事法庭审判条例,以及戡乱时期危害国家紧急治罪条例等,自应早日废止,业经行政院会议决议咨请贵院完成立法程序,至于若干其他特种刑事法规,行政院亦正在研拟修正办法。

(3)释放政治犯 关于释放政治犯问题,本人就任行政院之始,即交司法行政部切实研议,嗣于十二月二十六日提出行政院会议与撤销特种刑事法庭等案同时通过,并经通饬各级政府执行。

(丁)关于提高行政效率者

(1)改善公教人员待遇 近年来因通货膨胀,物价波动,一般公教人员困苦万分,工作情绪低落,贪污舞弊,在所难免,以致行政效率随之降低,故政府对症下药,决定切实改善公教人员待遇,嗣后公教人员薪津须按照各区之物价指数计算,务使各级机关公教人员所得足以养廉,扫除贪污积弊,增加办事效能。

(2)裁撤骈枝机关及冗员 吾人一方面谋改善公教人员之待遇,另一方面便不能不将目前非必要之骈枝机关裁撤,且应将保留的各机关之员额紧缩,务使机构简化,冗员汰除,藉以节省国币,增加行政效率。行政院本身正在研拟裁并部会单位之办法,一俟完成立法程序,便可实行。

(3)实行中央与地方均权制度 中央与地方之权限,宪法上有明文规定。已往因偏重中央集权,地方政府几乎遇事皆向中央请示,公文辗转,旷日费时,以致行政效率低落,现在必须实行宪法上所规定的中央与地方均权制度,凡事属于地方政府职权范围以内者,应由地方政府全权办理。

(4)推进地方自治 为求中央与地方均权制度之实现,必须健全地方自治,以奠定良好之基础。过去地方自治在训政时期既未能完成,现在实施宪政已经一年,仍未着绩效,会后当加强地方基层组织,使地方民意机关普遍设立,地方行政首长由人民自由选举,地方之事由地方选出之人治理,俾可增加行政效率。凡此在省县自治通则草案中,均有规定,现尚在贵院审议中,希望早日完成立法程序,以便早日推行。

以上所述仅为本人就任行政院长两月余以来对于行政措施之荦荦长者,其他规划概见施政方针(另行印送),至于各主管部会行政之详细情形如军事、外交、财政等,另由各机关负责人个别报告。

当兹国事艰巨之日,吾人肩荷重责,无日不在戒慎恐惧之中,必须精诚团结,共图挽救,根据以上报告,当前任务可归纳为三点:第一,必须早日实现和平;第二,必须彻底革新政治;第三,必须切实实行民生主义。凡此诸端。

〔行政院档案〕

4. 立法院有关和平意见之议决案及有关咨文
(1949年3月15日)

立法院咨 宪院议字第72号
中华民国三十八年三月十五日

准本院委员黄宇人等二十一人报称:本院本会期第二次院会议决改开谈话会,交换有关和平之意见,旋经谈话会决定,推定宇人等二十一人整理,并将整理意见提出院会讨论。兹谨将整理意见附录于后,究应如何讨论决定,仍请公决。又,本院各委员对于和平之意见,拟由秘书处随时汇集送交政府参考等由,经于三十八年三月十日先后提出本院第三会期第四次及第五次会议议决,将黄委员等之整理意见修正通过记录在卷,除本院各委员对于和平之意见另由秘书处随时汇集送请参考外,相应抄附议决案全文,咨请查照为荷。此致
行政院
　　附议决案全文一份

　　　　　　　　　　　　　　　院长　童〇〇

议决案全文

　　和平为我中华民族固有之美德,尤为目前举国一致之要求,两月以来,政府倡议和平,中共同声相应,虽见仁见智容有异同,而救国救民初无二致。本院同仁来自全国各地,深知人民之愿望在求永绝战祸,安居乐业,获取基本人权之切实保障,并集中全国力量改革现状,建设统一、进步、独立、自由之新中国。现正式和谈即将开始,允宜代表民意,以至诚之呼吁,作有力之支持,务期懔悟箕豆相煎之教训,根绝战乱相寻之危机,本互让合作之精神,谋和平建设之实现。本院同仁责任所在,愿尽最大努力以促其成,爰决议如左:

　　(一)在本院第二会期休会期间,政府关于促进和平之措施,本院表示赞同,并予支持。

　　(二)关于各项重大问题,应依双方一向共同主张之政治民主化、经济社会化、军队国家化、党派合法化等原则,求得合理之解决。

　　(三)关于今后和谈进行事宜,应由政府根据上述人民对和平之愿望及前项原则妥慎处理。

〔立法院档案〕

5. 立法委员杨不平等四十三人咨请政府速派代表与中共协商和谈提案

(1949年3月22日)

本院委员杨不平等提议拟请院会咨请政府迅派代表并电商中共协定时间、地点开始和谈案(委员杨不平、丘汉平、邵镜人、杨玉清、包华国、江一平整理案)。从速和谈实为全国人民一致之要求，拟请院会咨请政府即派代表速与中共协商举行和谈之时间与地点，俾和谈从速开始，和平早日实现，藉以解除全国人民之痛苦。是否有当，敬请公决。

临时动议：

拟请政府催促中共从速指派代表开始和谈以弭兵祸藉苏民困案

(理由)从速和谈实为全国人民一致之要求，一再迟滞实令人民有如倒悬之苦，用特建议政府催促中共顺从民意，提早和谈。

(办法)请政府克日充实和谈代表，并速电中共指派代表商定地点，俾诚意和谈早日实现。

提议人　杨不平等四十三委员
〔立法院档案〕

6. 留穗立法委员联谊会重申"和谈六项主张"电

(1949年4月13日)

广州立法院童院长、刘副院长转在京各同仁勋鉴：本日晨，留穗同人举行全体谈话会，一致通过重申对于和谈六项主张正告国人声明一件，除已电达李代总统行政院何院长并转政府和谈代表团各代表暨各地立委联谊会转各同仁察照外，兹特照录全文，电请台察，尚希赐教并一致主张，俾真正平等合理之全面和平得以实现，是所盼祷。声明文曰：留穗立法委员同人对于和谈问题曾于寅世电发表六项主张：(1)宪法之尊严必须维护，如需修改，须依法定程序行之；(2)中华民国国体不容变更；(3)有关人民之基本权利与自由生活方式应予以确实保障；(4)自四月一日和谈开始之日起，政府与中共应即停止一切战斗行动；(5)和谈进行情形应随时公开报道，并准许新闻界自由采访；(6)政府代表之和谈结果必须依法定程序核准，并分电李代总统、何院长。旋得何院长卯冬电复，已照转政府和平代表在案。惟自和谈开始以来，真相如何，国人毫无所知，而共方军事行动日益加深。顷读李代总统致毛泽东卯阳电文，措词含义不免惶惑。此次和谈为历史性之重大事件，关系国家民族独立与人民之生存自由至深且巨，同人等不得不重申前次六项和谈主张，正告国人，如共方仍继续其军事行动，或更竟图渡江，即表示其对和谈毫无诚意，破坏和平之责应由共方负之，更盼依宪法产生之政府忠于职守，对于和谈经过情形应随时公布，尚希全国人士共同主张，以期达到平等合理之全面和平，免蹈波兰、捷克之覆辙。留穗立法委员联谊会。卯元。

〔立法院档案〕

7. 立法院检送行政院院长何应钦施政方针函

(1949年4月　日)

敬启者：本年四月一日本院第三会期第十次会议罗委员贡华报告本院全体委员第四次谈话会对于何院长施政方针报告认为有交付各委员会审查之必要，报请院会决定，黄委员宇人提议，全院谈话会并无提案权，何院长施政方针应否交付审查，应由大会决定案，当经决定："交本院各委员会各就主管部门审查"。又，本院委员邹树文等二十一人报告起草政治改革纲要草案案及本院委员唐嗣尧等提议建议组织革新政治研究委员会革新政治案，经议决："将以上两案交各委员会于审查行政院施政方案时并案讨论。"各纪录在卷，除邹委员树文等及唐委员嗣尧等两案已载本院第三会期第

八次会议关系文书不另检送外,相应检附行政院施政方针报告一份,函请查照办理为荷。此致
内政及地方自治委员会
　附行政院施政方针一份

立法院秘书处启
卅八年四月　日

行政院施政方针
（三十八年三月二十九日行政院第五十次会议通过）
一、前　　言

值此国步阽危之际,应钦受命出任行政院院长,才轻任重,深惧弗胜,惟上承代总统之提名,复荷贵院之同意,不得不勉膺重寄,悉力以赴。应钦向治军事,素少过问政治,第默察当前局势,非争取和平,不足以保全国本；非革新政治,不足以起衰救弊；非革新军事,不足以卫国保民；非改良财政,不足以安定民生。

盖胜利以还,烽火未息,国力之耗致殆尽,全民之痛苦益深,故蕲求和平,实为全国人民一致之愿望,诚宜本最大之诚意与容忍谋取和平,以固国本。

近岁以来,风气败坏,其表现于政治者,为敷衍,为腐败,为贪污无能。今欲起衰救弊,挽回风气,诚宜本最大之勇气与果断,革新政治,涤荡旧污,与民更始。

抗战及今,用兵过久,部队之编制扩大,军糈之补给益艰。流弊所至,名额多未尽核实,风纪亦未尽整饬,驯至军誉坠落,士气颓靡。诚宜本最大之决心与努力,核实员额,积极整顿,务期兵精食足,纪律严明,以确尽保国卫民之责任。

时至今日,国家财政金融已万分竭蹶,国民经济亦濒于破产,益以币信低落,物价高涨,多数人民不仅不能勉求温饱,抑且不能维持其最低之生活。诚宜本最大之毅力与信念,锐意改良,务期整

理收支,维持币信,增加生产,使财政、金融、经济三者密切配合,相生相成,进以求民生之安定。

以上所陈,皆属当务之急,其余庶政,仍当分别缓急,逐渐改进。谨将本年度施政方针就其必须办理而能付诸实施者,条举于后。古语云:"为政不在多言",应钦惟有履践笃实,实事求是,勉尽肫诚,渡此艰难。所冀贵院委员诸先生,惠赐指正,时加匡助,本群策群力之义,收和平建国之功,斯不仅应钦一人馨香祷祝已也!

二、方　　针

甲、关于政治者

一、建立国家的和平统一,在公平的合理的原则下,努力与中共进行全面和平商谈。

二、维护联合国组织,与各友邦共同维持及促进世界和平。

三、敦进外交睦谊,不使我国本身地位或国内情况危害国际间之和平与安定。

四、欢迎一切有益于我国民生及社会经济之外援,但以无损于主权为原则。

五、统一刑事制度,保障人民自由,简化司法程序,解除人民讼累。

六、根据均权的原则与宪法的规定,调整中央与地方权限,以避免中央过于集权,使地方自治得切实推行。

七、推进边疆自治,改善边疆人民生活。

八、改进侨务行政,维护侨胞权益。

九、逐渐推行民生主义的土地政策,以求土地问题之解决。

一〇、切实改善征粮制度,以轻民负。

一一、提高公教人员待遇,以安定其生活,从而树立廉能政风。

一二、宽筹教育经费,力谋各级教育安定。简化教育法令,增加教育行政效率。

一三、厉行裁并骈枝机关,紧缩员额,以节省人力物力,提高工作效率。

（一）行政院及各部会所属次要单位，应合理裁并或改隶。

（二）各省政府组织以民、财、教、建四厅及秘书处、主计处为原则，所属各机关分别考核，切实裁并。直辖市政府之组织，参照省政府组织，以四局二处为原则。

（三）国营及公营各事业机构及金融机构，由各该主管机关切实考核实际需要情形，分别裁并紧缩，其员工待遇须力求与其他公务机关一致。

一四、彻底检讨整理现行法令，实行简化。凡全国性之通行法令，应作原则上之规定，力避苛细，俾能因时因地，简化手续，务使政府各级机关，能充分行使职权，切实负责。

一五、严明赏罚，根绝贪污，改良政风，痛除积弊，务期政令贯彻，力矫过去泄沓无能之恶习。

乙、关于军事者

一、前线部队维持原有防线，保持现在态势，以期和谈顺利进行。

二、采用精兵主义，军队员额以适应现势之必要，力求减至最低限度。其一切装备、训练、兵员、组织，力求精新与核实。

三、提高官兵待遇，薪饷必须能维持最低之生活，副食、马干、办公费、旅费、业务费、装备费等，必须能切合实际之需要。

四、实行人事公开，经财公开，意见公开。提高核实精神，厉行上下检讨。信赏必罚，一切不虚伪，不敷衍，不自欺，不矫情，务期上令下行，下情上达。

五、调整国防部组织，紧缩次要单位，裁减浮滥员额，使指挥监督与连〔联〕系，均收灵活之效。又计划业务与执行业务之分层，并须重加厘定，使能融洽而衔接。

六、改善兵役制度，兵役机构应合并于地方行政机构，使责任专而人力省，并充实地方人民自卫组织，以期兵源充裕，并便于征退召集。

丙、关于财政金融者

一、田赋交还地方,并划拨一部分国税归地方征收,除边远贫瘠省区外,中央不再补助。

二、交通及公用事业各项资费,照成本计算,随时调整,以期自给自足,不再完全依赖国库贴补。

三、海关进口税以关元计算,关元与外币规定一定之比率,以金圆券换购缴纳关税,不在市面流通。

四、创立"税元"单位制,以求税收确实,避免延缴损失。一切税捐除关税外,均以税元计算缴纳,每税元一元合市制黄金一分,由纳税人以金圆券换购,专充缴纳税捐之用,不在市面流通。

五、筹办财产税,使有钱者出钱,以顺应全国人民之要求。

六、酌办生产贷款,优先给予民生日用品生产事业,以购买原料及结汇之便利,以增加生产培养税源。

七、黄金白银准许自由买卖,中央银行亦得为金银之买卖,以平准市价,稳定币值。

八、银元准许流通,政府筹购白银,鼓铸银元,以增加其流动数量,逐渐巩固币制。

九、鼓励出口及侨汇,以裕外汇来源。

十、举办生活指数存款或其他保值存款,免使人民受通货贬值之损失。

丁、关于经济交通者

一、增加生产,采取重点主义。增产种类以生活必需品、重要工业原料及出口物资为主。内销者注意国内生活水准,以省工省料为原则;外销者力求标准化,以适合国际市场之需要。

二、奖励人民投资生产事业。

三、发展农村副业及手工业,以补设备及动力之不足。

四、改善输管制度,奖励输出,以裕国民经济。输入范围酌予放宽,惟以不违背节省外汇及维护国内生产为原则。奢侈品及半奢侈品仍应禁止入口。

五、积极整顿水陆空运输业务,增进运输效率,维持正常秩序,便利人民行旅,并促进国内各地物资之交流。

六、积极提倡奖励各种民营交通事业。

〔行政院档案〕

8. 行政院转发蒋介石继续抵抗训令

(1949年5月27日)

行政院训令　卅八穗四字第三八九〇号
　　令司法行政部

奉总统卅八年五月八日令:"频年以来,战祸未弭,锋镝所及,往往掷资源于虚牝,化城市为丘墟,驯至四民失所,饿莩载道,怨毒之声溢于宇内。夫我国人同属黄帝子孙,党派政见容有不同,民族利害应无二致。顾当抗战结束,全国亟待苏息之日,尚复兄弟阋墙,自相残贼,事之痛心,宁逾于此。政府念国步之艰难,悯民生之疾苦,倡导和平,于兹四月,委曲求全,无所不至,方期彼此开诚布公,相让为国,何图中共竟于中途提出所谓国内和平协定八条二十四款,条件苛刻,等于逼迫投降,且复限期签署,不容回旋。政府不忍见甫经奠定民主宪政之基础遽遭摧毁,水深火热之人民重罹浩劫,乃复婉申正谊,冀其作最后之考虑。而中共恃其武力,竟于政府代表尚留平商谈期间,即行强渡长江,申言将彻底击渡政府军队。政府以和谈无法继续进行,畿辅又突遭侵袭,遂不得不于四月二十一日令饬尚在南京之各中央机关迅即全部迁至广州,并责成军事主管妥慎规划,集中力量,缩短防线,续为保障民主自由与国家独立作自卫之抵抗。在此期间,广州即为中华民国政府所在地,除前已由外交部照会各国驻京使节外,特此通令昭告全国。我全国人民须知政府此次为维护法统宪典、民主自由及国家独立而战,衅自彼开,曲不在我,务宜熟权利害,明辨是非,一致兴起,协助政府完成此安邦定乱之重任。我全国忠勇将士并应益加淬厉黾勉图功,所有中央地方各政军人员以及各级民意机关各民众团体,尤盼能同德一心,坚守立场,推诚合作,期早出人民于水火,挽国运于危亡。大任当前,义无反顾,尚其凛遵此旨,救国自救。此令。"等因。除分行外,合行令仰遵照并转行遵照。此令。

中华民国三十八年五月　日

院长　何应钦

〔司法行政院档案〕

(五) 惩治汉奸

1. 国民政府公布"处理汉奸案件条例"令
(1945年11月23日)

国民政府令:

兹制定《处理汉奸案件条例》,公布之。此令。

处理汉奸案件条例

第一条:处理汉奸案件依本条例之规定;本条例无规定者,适用其他法律。

第二条:对于左列汉奸,应厉行检举:

一、曾任伪组织简任职以上公务员,或荐任职之机关首长者。

二、曾任伪组织特任工作者。

三、曾任前两款以外之伪组织文武职公务员,凭藉敌伪势力侵害他人,经告诉或告发者。

四、曾在敌人之军事、政治、特务或其他机关工作者。

五、曾任伪组织所属专科以上学校之校长或重要职务者。

六、曾任伪组织所属金融或实行机关首长或重要职务者。

七、曾在伪组织管辖范围内,任报馆、通讯社、杂志社、书局、出版社社长、编辑、主笔或经理,为敌伪宣传者。

八、曾在伪组织管辖范围内,主持电影、制片厂、广播台、文化团体,为敌伪宣传者。

九、曾在伪党部、新民会、协和会、伪参议会及类似机关,参与重要工作者。

十、敌伪管辖范围内之文化、金融、实业、自由、职业、自治或社会团体人员,凭藉敌伪势力、侵害他人,经告诉或告发者。

第三条：前条汉奸，曾为协助抗战工作，或有利于人民之行为，证据确凿者得减轻其刑。

依前项规定，减处有期徒刑者，仍应褫夺公权。

第四条：汉奸所得之财物，除属于公有者应予追缴外，依其情形分别予以没收，或发还被害人。

前项财物之全部或一部无法追缴，或不能没收时，追征其价额，或以其财产抵偿，但其财产价额不足应追征之价额时，应酌留其家属必需之生活费。

第五条：汉奸案件除被告原属军人复任伪军职，应受军事审判者外，均依《特种刑事案件诉讼条例》之规定，由高等法院或某分院审理之。

第六条：汉奸于民国三十四年八月十日以后自首者不适用自首减免其刑之规定。

第七条：收复区高等法院或其分院开始办公后，政军机关应将有关汉奸之行为、财产及其他调查资料移送检察官侦查。

第八条：高等法院或其分院审理汉奸案件，必要时得派推事赴犯罪地就地审判。

第九条：关于汉奸案件，各级检察官均应行使侦察职权，移送该管检察官办理。

第十条：各地军政机关对于司法机关办理汉奸案件应切实协助。

第十一条：本条例自公布日施行。

〔国民政府档案〕

2. 国民政府公布《惩治汉奸条例》令

（1945年12月6日）

国民政府令：

兹重行制定《惩治汉奸条例》，公布之。此令。

惩治汉奸条例

第一条：惩治汉奸依本条例之规定；本条例无规定者，仍适用《危害民国紧急治罪法》、《中华民国战时军律》、《刑法》及其他法律之规定。

第二条：通谋敌国而有左列行为之一者为汉奸，处死刑或无期徒刑：

一、图谋反抗本国者。

二、图谋扰乱治安者。

三、招募军队或其他军用人工役夫者。

四、供给、贩卖或为购办、运输军用品或制造军械、弹药之原料者。

五、供给、贩卖或为购办、运输谷米麦面、杂粮或其他可充食粮之物品者。

六、供给金钱、资产者。

七、泄露、传递、侦察或盗窃有关军事、政治、经济之消息、文书、图画或物品者。

八、充任向导或其他有关军事之职役者。

九、阻碍公务员执行职务者。

十、扰乱金融者。

十一、破坏交通、通讯或军事上之工事或封锁者。

十二、于饮水、食品中投放毒物者。

十三、煽惑军人、公务员或人民逃叛通敌者。

十四、为前款之人犯所煽惑而从其煽惑者。

犯前项各款之罪、情节轻微者处五年以上有期徒刑。

第三条：曾在伪组织或其所属之机关、团体服务，凭藉敌伪势力，为有利于敌伪，或不利于本国或人民之行为而为前条第二款以下各款所未列举者，概依前条第一款处断。

第四条：前二条之未违犯罚之。

第五条：预备或阴谋犯第二条之罪者处一年以上、七年以下有期徒刑。

第六条：明知为汉奸而藏匿不报，或有包庇，或纵容之行为者，处一年以上、七年以下有期徒刑。

第七条：故意陷害、诬告他人犯本条例之罪者，依《刑法》规定从重处断。

第八条：犯第二条第一项之罪者没收其财产之全部。

前项罪犯未获案前，经国民政府通缉而罪证确实者，得单独宣告没收其财产之全部。

第一项未获案之罪犯，虽未经国民政府通缉而罪证确实者，得由有权侦讯之机关报请行政院核准，先查封其财产之全部或一部；如系军人，报由中央最高军事机关核准之。

前项财产查封后，应即报请国民政府通缉。

第九条：依前条没收或查封财产之全部时，应酌留家属必须之生活费。

第十条：依第八条第三项查封财产得委托该管地方行政机关执行之。

执行查封之机关应即造具财产目录，分别呈报行政院或中央最高军事机关。

第十一条：依本条例没收或查封之财产，应由执行机关公告之。

第十二条：明知为汉奸将没收或查封之财产而隐匿、收买、寄藏或冒名代管者，处五年以下有期徒刑、拘役，或科或并科三千元以下罚金。

第十三条：依本条例判决之案件，被告如系军人，应于宣判后三日内缮具判决正本，并令被告提出声辩书，连同卷证呈送中央最高军事机关核定。但有紧急处置必要者，得叙明犯罪事实适用法条及必须紧急处理由电请核示。

中央最高军事机关对于前项呈核之案件得行提审、派员莅审，或移转管辖。

第十四条：汉奸案件应迅速审判并公开之。

第十五条：曾在伪组织或其所属机关、团体担任职务、未依本条例判罪者，仍应于一定年限内不得为公职候选人，或任用为公务员。其详细办法由考试院会同行政院定之。

第十六条：本条例自公布日施行。

〔国民政府档案〕

3. 司法院有关惩治汉奸法令解释
(1946年2月12日—1947年5月30日)

(1)司法院快邮代电(1946年2月12日)

司法院快邮代电　院解字第三〇八五号
　　　　　　　　三十五年二月二十五日

浙江黄兼保安司令鉴：上年已微华密电悉。兹经本院统一解释法令会议议决，伪组织人员，经核准反正后，其在附敌期内之汉奸罪行，现行法令上既无免受审判之规定，如被人检举，自应分别情形受军法或司法审判。特电复请查照。司法院。径。印。

附原电

重庆军事委员会并转司法院：密。伪组织人员经核准反正后，复有人检举其在附敌期间之汉奸罪行，应否仍使受司法审判，查无明文依据，请鉴核示遵。

(2)司法院指令(1946年3月12日)

司法院指令　院解字第三一〇二号
　　　　　　三十五年三月十二日
　　　令最高法院

三十五年一月十七日呈一件,为办理汉奸案件适用法律疑义,请予解释遵循由。呈悉。业经本院统一解释法令会议议决:(一)犯《惩治汉奸条例》第二条第一项各款之罪,因其情节轻微,适用同条第二项判处轻刑时,仍应依同条例第八条第一项之规定,没收其财产。(二)《惩治汉奸条例》第三条,所谓曾在伪组织或其所属之机关团体服务,凭藉敌伪势力,为有利于敌伪或不利于本国或人民之行为,而为前条第二款以下各款所未列举者,概依前条第一款处断云者,原系就同条例第二条所为之一种立法上解释,盖因此种行为虽不合于第二条第一项第二款以下各款列举之规定,其已直接或间接通谋敌国,而为反抗本国之企图,业已充分表现,仍应成立同条例第二条第一款之罪,其情节轻微者,自亦有同条第二项之适用。仰即知照。此令。

附原呈

查本法院办理汉奸案件,发见法律问题二则,分陈如次:(一)《惩治汉奸条例》第二条第二项规定"犯前项各款之罪,情节较轻者,处五年以上有期徒刑",第八条第一项规定"犯第二条第一项之罪,没收其财产之全部",各等语。究竟犯同条例第一条第一项各款之罪,因情节轻微,适用第二项判处轻刑者,应否没收其财产,适用上不无疑义,约分甲、乙二说。(甲)说谓同条例第八条第一项,规定没收财产,以犯第二条第一项之罪为限,不包括第二条第二项在内,故依第二条第二项处轻刑者,不应没收其财产。(乙)说谓同条例第二条第二项,乃属重刑之规定,虽因其罪情轻微,处以轻刑,而所犯之罪,仍系同条第一项之罪,应在第八条第一项所定没收财产之列。且汉奸罪犯,依第八条第二项,在未获案前,尚得单独宣告没收,假定于没收以后,被捕获到案者,如依甲说之主张,均应处以死刑或无期徒刑,而不得适用同条例第二条第二项,以情轻为理由,处以有期徒刑,否则已宣告没收之财产,应如何处置,均属疑问矣。

二说未知孰是,此应请解释者一。(二)同条例第三条之罪犯,能否适用第二条第二项,处以轻刑,其财产之全部,应否依第八条第一项予以没收,亦有甲乙两说。(甲)说谓同条例第三条之犯行为第二条第一项第二款以下所未列举者,既应概依同条项第一款处断,是与犯该款之罪无异,其情轻者,自应比照援用第二条第二项,处以轻刑,并不得没收其财产,若依第二条第一项处刑,则应适用第八条第一项,没收其财产之全部。(乙)说谓同条例第三条之罪,另有其成立之要件,虽依第二条第一项第一款处断,不过适用其所定之刑,并不认为即系该款之罪,其情节果可悯恕,亦只得酌减其刑,无适用第二条第二项之余地。至第八条之罪既不在规定之列,自不能包括在内。二说未知孰是,此应请解释者二。以上两问,见解既有纷歧,自有统一解释之必要,理合具文呈请钧长发交统一解释法令会议,迅予解释,以便遵循。

(3)司法部公函(1946年3月12日)

司法院公函　　院解字第三〇九八号
　　　　　　　三十五年三月十二日

案准贵部本年一月三十日渝(35)利新字第一一六零号公函,以收复区敌伪时期同业公会负责人是否为汉奸疑义,函请解释等由。准此。兹经本院统一解释法令会议议决,曾在敌伪管辖范围内充任同业公会理事长及理监事一类职务之职,是否汉奸,应视其有无《惩治汉奸条例》所列之犯罪事实决之,不能为概括之断定,相应函复查照。此致
中国国民党中央执行委员会宣传部

附原公函

查自李泽案发生后,上海商界情形颇为不妥,复有检举敌伪时期同业公会负责人事件,兹为明辨忠奸,安定秩序计,相应转请查

照,对收复区曾任敌伪时期同业公会理事长及理监事一类职务者,是否即是汉奸一点,加以明令解释为荷。

(4)司法院训令(1947年4月2日)

司法院训令　院解字第三四一九号
三十六年四月二日
令河南高等法院首席检察官

据河南高等法院第二分院首席检察官黎培元上年酉寝代电,以被告原非军人,而任伪军职或伪职,于光复后投某军事机关充任军职,应如何办理疑义,电请释解示遵等情。据此,业经本院统一解释法令会议议决:被告原非军人,于沦陷期内任伪军职或伪文职,至光复后在某军事机关充任军职时,始发觉该被告为汉奸者,依《陆海空军审判法》第十六条之规定,本应归军法审判,普通法院对之无审判权,检察官自应依《特种刑事案件诉讼条例》第一条第一项、《刑事诉讼法》第二百三十一条第七款为不起诉之处分。合行令仰转饬知照。此令。

附原代电

南京司法院长居钧鉴:查被告原非军人而任伪军职,或被告原非军人而任伪职,亦无军人身份,并有犯罪行为,于光复后投于某军事机关充任军职,如有此类情形,依《陆海空军审判法》第十六条规定,普通法院似无受理之权,如援用《特种刑事案件诉讼条例》第一条第一项规定,认为普通法院无受理权,予以不起诉处分,核与《处理汉奸案件条例》第五条意旨又相违背,现有此种案件,究应如何办理,事关适用法律疑义,理合电请解释示遵。安阳河南高等法院第二分院首席检察官黎培元叩。酉。寝。印。

(5)司法院咨(1947年4月8日)

司法院咨　院解字第三四二九号
　　　　　三十六年四月八日

案准贵院上年十月二十二日节京捌字第一六五九五号咨,以据司法行政部呈,转请解释裁判确定后未执行或执行未完毕之汉奸人犯,因法律变更可否免刑疑义,咨请解释见复等由。准此,兹经本院统一解释法令会议议决:《惩治汉奸条例》第三条并非将旧修正惩治汉奸条例第二条第一款之变更为不处罚其行为者,自无适用刑法第二条第三项免其刑之执行之余地(参照院解字第三一○二号解释)。相应咨复查照饬知。此咨
行政院

附原咨

据司法行政部本年十月十七日(京)呈(参)字第八八○号呈称:据福建省高等法院本年九月十一日会义字第二四六二号呈称:案据福州律师公会常务理事陈鸿铿等本年六月二十六日呈称:窃查《刑法》第二条第三项载处罚之裁判确定后,未执行或执行未完毕而法律有变更不处罚其行为者,免其刑之执行,三十四年十二月六日公布施行之《惩治汉奸条例》第三条载曾在伪组织或其所属机关服务凭藉敌伪势力为有利于敌伪或不利于本国或人民之行为而为前条第二款以下各款所未列举者,概依前条第一款处断。又司法院三十五年三月十二日院解字第三一○一号解释第二点指示,曾在伪组织或其所属机关团体服务之人,依《惩治汉奸条例》第三条规定,以兼有凭藉敌伪势力及为有利敌伪或不利本国或人民之行为而为前条第二款以下各款所未列举者,始依前条第一款处断,至其执行任务,是否即可认为凭藉敌伪势力而为有利或不利本国或人民之行为,应就任务性质执行手段及其他一切情形分别决之,不能遽为概括之断定,依此意旨,则前经司法院对于旧法院字第一九

七八号第二〇一三号、第二〇四二号等解释,均以概括的认定,凡曾在伪组织或其所属机关团体服务,不论其行为如何,均认为通谋敌国反抗本国,应受惩罚,反之在新法如无第三条规定,则不受处罚,当旧法施行,陷区广阔中,有意志薄弱之辈,临难苟免,受生鞭策,在敌伪组织或其所属机关团体服务者,实繁有徒,迹其居心,未必甘于附逆,论其行为尚无荼毒群众,然已由军法审判机关或法院适用旧法裁判确定,未执行或在监尚未执行完毕者,本会同人佥以有建议免予执行之处,案经提交本年六月十五日第一次理监事联席会议决议,依照本会章程第四条第二款以司法事项建议钧院审核法办,并乞转达各有关机关等议,蒭荛之见,是否有当,理合备文录案呈请察鉴法办,实为公便等情。据此,按三十四年十二月六日公布之《惩治汉奸条例》,虽较二十七年八月十五日公布之《修正惩治汉奸条例》增加第三条曾在敌伪组织或其所属之机关团体服务凭藉敌伪势力为有利于敌伪或不利于本国或人民之行为而为前条第一款以下各款所未列举者,概依前条第一款处断之法文,审核该条之法意,仅系解释参加伪组织者,应依第二条第一款处断,并非法律变更不处罚某种犯罪行为,法文甚为明显,至司法院院字第三一〇一号解释,虽与以前院字第一九七八号、第二〇一三号、第二〇四二号解释有异,查此系解释变更,并非法律变更,自非刑法第二条第三项规定之情形,该会以解释变更为理由,呈请将已判决确定之执行犯免予执行,似属误解,惟兹事所关甚大,恐与他省解释抵捂,职等所见容或未周,未敢擅专,用特具文呈请钧长鉴核指示只遵转批知照,实为公便,等情到部。事关法律适用疑义,理合备文呈请钧院鉴核转送司法院解释,俾便饬遵,等情。据此,案关适用法律疑义,相应咨请查照解释见复,以便饬遵为荷。

(6)司法院快邮代电(1947年4月9日)

司法院快邮代电　院解字第三四三五号
三十六年四月九日

安徽高等法院廖院长览：上年卯删代电悉。所请解释一案，业经本院统一解释法令会议议决：处理《汉奸案件条例》第二条第三款、第十款所谓曾任同条第一、二两款以外之伪组织文武职公务员，敌伪管辖范围内之文化、金融、实业、自由职业、自治或社会团体人员，凭藉敌伪势力，侵害他人，经告诉或告发者，系以该条款所列情形均涉有汉奸之重大罪嫌，特定其应厉行检举，并非上项人员之犯罪以经告诉或告发为其诉追条件，故上项人员经检察官检举起诉，法院不得以未经合法之告诉或告发，依《刑事诉讼法》第二百九十五条第三款谕知不受理之判决。合电知照。司法院。卯。佳。印。

附原代电

南京司法院院长居钧鉴：窃查《处理汉奸案件条例》第二条第三款载曾任前两款以外之伪组织文武职公务员，第十款载敌伪管辖范围内之文化、金融、实业、自由职业、自治或社会团体人员等，均以凭藉敌伪势力侵害他人，经告诉或告发者为厉行检举之要件，所谓经告诉或告发者，其立法意旨似与《刑法》上告诉乃论各条之规定相同，假如上项人员虽有凭藉敌伪势力之情形，而无合法告诉或告发者，是否亦应检举，其检举后提诉公诉，是否应依《刑事诉讼法》第二百九十五条第三款之规定办理，现本院接收此种案件甚多，悬案待决，理合电请钧院俯赐鉴核，迅予指示只遵。安徽高等法院院长廖江南叩、文。卯。删。印。

(7)司法院公函(1947年4月21日)

司法院公函　院解字第三四四九号
三十六年四月二十一日

案准贵院上年八月十五日节京壹字第八九七〇号公函,以据内政部呈,转请解释《惩治汉奸条例》第十五条疑义,函请解释见复等由。准此,兹经本院统一解释法令会议议决,曾在伪组织管辖范围内所成立各业同业公会,应认为《惩治汉奸条例》第十五条所称之"所属团体",因之在此项职业团体内担任职务人员,自应受上开条例于一定年限内不得为公职候选人之限制。相应函复查照饬知。此致
行政院

附原函

据内政部呈称:案据上海市商会代字第一五八号代电,转据该市新药业、国药业等五十余同业公会联名函称,窃查曾任伪组织下人民团体职员,能否出任依法组织之人民团体职员一案,前奉社会部解释,略以人民团体职员,系属私法社团人员,并非《惩治汉奸条例》第十五条所称之公职候选人,故曾在伪组织下之人民团体任职者,如无处理汉奸条例第二条第八款、第十款之行为,参加调整后之人民团体组织,自不受前条之限制。遵此解释,凡曾任伪组织下之各业同业公会理监事,如无《惩治汉奸条例》列举之各款罪行者,参加调整后之同业公会组织,自可不受限制。盖因同业公会已历数百载之历史,为同业之公益集团,公会之职员,系由同业自行推选,并非由伪命委派,况当伪政府成立时,有人竟假借各团体联名电贺,各团体阅悉之下,大为震骇,翌日即登报否认,后以环境所趋,被迫登记,此系事实具在,无可隐讳。兹阅报载曾在伪组织统治下任职业团体理监事者,可否参加市参议员竞选一节,本市参议员选举事务所呈请内政部转奉行政院解释,曾在伪市政府统治下任职业团体理监事者,依《惩治汉奸条例》第十五条,于一定年限内,不得为公职候选人,至于所谓一定年限之久暂如何,应俟行政院与考试院会同商定另令饬遵等因,殊深惶惑。查上年十二月十二日国府

重行制定公布《惩治汉奸条例》第十五条原条文为:"曾在伪组织或其所属机关团体担任职务,未依本例判罪者,应于一定年限内不得为公职候选人或任用为公务员,其详细办法由考试院会同行政院定之",夫在伪市政府统治下之职业团体,既非伪组织之所属,复非出于〔伪〕、组织之特令设立,而各该职业团体之理监事,亦非出于伪组织之明令指派,自非汉奸条例所称之汉奸,既非汉奸,当无剥夺其公权之理由。查《惩治汉奸条例》第十五条所规定之不得为公职候选人,其症结要在因其在伪组织或其所属机关团体担任职务之故,同业公会既非该条例所称之所属机关团体,则曾任伪组织下之职业团体理监事,凡未受伪命未附伪逆者,自不受该条例之限制,彰彰明甚。复查司法院解字第三〇九八号解释要旨,曾在敌伪管辖范围内充同业公会理事长及理监事一类职务之人,是否汉奸,应视其有无犯罪事实决之,不能为概括之断定,应以行为犯罪之准绳,准此解释,则同业公会既非敌伪所属,而凡同业公会之理监事,如无犯罪事实,即非《惩治汉奸条例》所称之汉奸,既非汉奸,自不应受该条例第十五条仍应于一定年限内不得为公职候选人之限制,更彰彰明甚。复次循绎原条例第十五条之法意,在于充任伪组织之官吏或在其所属机关团体担任职务者,其行为纵不合于第二条列举十四款中之任何一款,未经按律治罪,但身为国民接受伪命,充任伪职,亦当处以名誉律,在一定年限内不得为公职候选人,藉以维持国家纲纪,则反之在沦陷期中曾任同业公会理监事而别未参加任何伪组织或所属机关团体者,自不适用第十五条之规定,而汉奸罪嫌之构成,亦须视其行为是否有凭藉敌伪势力侵害他人,经告诉或告发以为断,若以与伪组织并无隶属关系之各业同业公会强指为敌伪所属之米统会、商统会等性质相同,而绳之以惩治汉奸重律,则凡系沦陷时期之商厂行号,沦陷时期之各色人民,殆无一不可指为伪组织之所属,而一一视同奸伪,在此人民重见天日瘝伤未复之时,全仗各业具有经验克孚众望之中坚分子,共起肩荷复兴经济之重任,协力生产建设之大业,为此迫切电陈,仰祈贵会迅予转呈行政院鉴赐俯察舆情,对于非敌伪所属之职业团体理监事,不能与敌伪所属机关团体并作一论,并请将曾在伪政府统治下任职业团体理监事者,依《惩治汉奸条例》第十五条于一定年限内不得为公职候选人之原令,准予变更,以示国家出人民于水火,实施宪政之盛治,曷胜迫切待命之至等语到会。查上年十二月十二日公布之《惩治汉奸条例》,其所指汉奸,凡分两类,一为受伪命而有卖国殃民之行为者,应予量罪处刑,其仅止于曾受伪命而无卖国殃民之行为者,则于一定年限内停止其公权,界限本自分明,惟因条例第十五条"所属团体"解释标准之不同,遂致纯粹人民组织与敌伪无关之公益慈善团体,亦有人误认为在"所属"范围之内,据此类推,凡当时沦陷区内之人民,未及离去者,亦可指为"所属",不必问其是否曾受伪命,但在敌伪统治之下,俱当停止其公权。故"所属"二字,如无严正之界限,实际运用时,必随处发生困难,有乖国家立法平恕之平旨,理合据情电呈,仰祈钧部鉴核,对于《惩治汉奸条例》第十五条之"所属团体"字样,补充解释,凡非在其特设之团体任职者,不以所属团体论,不受该条之限制,庶符衡情立法称物平施之本旨等情。复准中国国民党中央执行委员会组织部函同前由,请变更钧院解释曾任敌伪管辖范围内担任同业公会职务而无《惩治汉奸条例》第二条列举各款之行为者,应不为罪,不适用《惩治汉奸条例》第十五条后段之规定,并称经已函转钧院等由。查上海市商会代电所称,司法院解字第三〇九八号解释要旨,"曾在敌伪管辖范围内充任同业公会理事长及理监事一类职务之一,是否汉奸,应视其有无犯罪事实决定,不能为概括之断定,总以行为为犯罪之准绳"一节,与钧院之解释显有差异。细绎《惩治汉奸条例》第十五条立法原意,似注重于"曾在伪组织或其所属机关团体担任职务"一语,如其有此种事实,则虽未依本条例判罪,亦应于一定年限内不得为公职候选人或任用为公务员,此项规定,具有相当硬性,钧院之解释似即本此意旨。若依司法院之解释,"应视其有无犯罪行为为准",所谓犯罪行为,自系指原条例第二条各款及第三条下半段之规定而言,倘已符此规定,依法即应处以罪刑,则所谓"未依本条例判罪"一语,除行为不罚者外,似已无成立之余地,而行为不罚,必经司法程序始可决定,在此未定之时,其涉及公职候选人资格,是否应予限制,乃亦发生疑问,司法院有统一解释法令之权,为慎重起见,可否恳请钧院会同司法院统一解释,以便通行全国,俾成定案藉释群疑,等情。查现行法律所定各种职业团体,其设立俱以行政区域为区域,并在同一区域内不得有两个以上之同一组织,其会员又以特定人为限,而入会退会又系强制性质,自非私法社团可比,且此种团体,并有公法上之权利义务关系,如选举权等,其为公法团更为显明,至此项公法团体,在伪组织下活动者,是否包括在《惩治汉奸条例》第十五条所称团体之内,不无疑义,相应函请查照解释见复为荷。

(8)司法院咨(1947年5月5日)

司法院咨　院解字第三四六七号
三十六年五月五日

案准贵院本年二月五日从捌字第三七零五号咨,以准本年一月三十日院解字第三三三六号咨复原请解释案内关于沦陷区伪保甲长之行为是否视同伪组织或其所属机关团体之行为及其是否适用《惩治汉奸条例》第十五条规定各疑义,仍请解释见复,以凭饬遵等由。准此,兹经本院统一解释法令会议议决:沦陷区伪保甲长强迫人民出卖土地之行为,即系凭藉敌伪势力不利于人民之行为,其未依《惩治汉奸条例》判罪者,仍有同条例第十五条之适用。相应咨复查照饬知。此咨

行政院

附原咨

贵院本年一月三十日院解字第三三三六号咨诵悉。查沦陷区伪保甲长之行为,是否视同伪组织或其所属机关团体之行为,又伪保甲长是否适用《惩治汉奸条例》第十五条之规定,仍请查照迅予解释见复,以凭饬遵为荷。

(9)司法院快邮代电(1947年5月19日)

司法院快邮代电　院解字第三四七六号
　　　　　　　　三十六年五月十九日

山东高等法院刘首席检察官览:上年亥铣代电悉。所请解释一案,业经本院统一解释法令会议议决:未经通缉之汉奸,在未拘捕获案前死亡,而罪证确实者,依修正《惩治汉奸条例》第八条第二项之规定,得声请单独宣言没收其财产之全部。合电知照。司法院。辰。皓。印。

附原代电

南京司法院院长居钧鉴:查凡触犯《惩治汉奸条例》第二条第一项之罪嫌,经移送或起诉,而于裁判前羁押中死亡者,如果罪证确实,虽未经通缉,仍得依该条例第八条第二项规定,单独宣告没收其财产之全部,业经钧院于本年十月十一日以解字第三二五八号著有解释,自当遵循,毫无疑义。惟犯该条例第二条第一项之汉奸罪者,其罪证虽极确凿,亦未经通缉,如在未经拘捕获案前即已死亡,其全部财产能否依该条例第八条第二项规定,单独声请专科没收,施行之际,不无疑义,理合电请钧院迅赐解释,俾有遵循。山东高等法院首席检察官刘世卿叩。亥。铣。印。

(10)司法院快邮代电(1947年5月30日)

司法院快邮代电　　院解字第三四七八号
　　　　　　　　　　三十六年五月三十日

江苏高等法院韩首席检察官览：本年丑哿代电悉。所请解释一案，业经本院统一解释法令会议议决：(一)犯汉奸罪，如果罪证确实，虽未经通缉，又未获案，而已死亡者，依最近修正《惩治汉奸条例》第八条第二三两项规定，其财产仍得由有权侦讯之机关分别报请行政院或中央最高军事机关核准先行查封，其已查封者，并得声请有权裁判之机关单独宣告没收。(二)在逃汉奸起诉后避不到案，其已查封之财产，得依《刑事诉讼法》第一百四十一条办理，如其罪证确实，并得依《惩治汉奸条例》第八条第二项，单独宣告没收。合电知照。司法院。辰。卅。印。

附原电

司法院院长居钧鉴：查汉奸人犯经通缉而罪证确实，在裁判前死亡者，依《惩治汉奸条例》第二项规定，得单独宣告没收其财产，又犯该条例第二条第一项之罪，经移送或起诉之汉奸，在裁判前羁押中死亡者，如果罪证确实，虽未经通缉，其财产亦得单独宣告没收，业经钧院解释有案(院解字三二〇一号及三二五八号)。惟被控汉奸嫌疑，在侦查中经查明罪证确实，但未经通缉有案，而该被告又已死亡，甚至其死亡日期尚在受理该案以前，依《刑事诉讼法》第二百三十一条第六款，该被告自应不予起诉，惟其财产能否查封，如已查封，能否声请刑庭单独宣告没收？又关于在逃汉奸，其财产业经依法查封，但经检察官依《刑事诉讼法》第二百三十条第二项起诉后，被告仍避不到案，不能判决，而已查封之财产，为时过久，难免有散失之虞，能否由检察官声请刑庭单独为没收之宣言？以上两点，均不无疑义，理合电请迅赐解释，指令只遵。江苏高等法院首席检察官韩焘叩。丑。哿。印。

〔司法院档案〕

4. 国民政府公布修正"惩治汉奸条例"第十五条条文令

(1946年3月13日)

国民政府令

兹修正《惩治汉奸条例》第十五条条文,公布之。此令。

修正惩治汉奸条例第十五条条文

第十五条 曾在伪组织或其所属机关团体担任职务,未依本条例判罪者,仍应于一定年限内,不得为公职候选人或任用为公务员,其详细办法,由考试院会同行政院定之。如系律师,并应于一定年限内,禁止其执行职务。

〔国民政府档案〕

5. 国防最高委员会秘书厅抄送监察院对于"处理汉奸案件条例"建议及有关公函

(1946年11月20日—1947年2月7日)

(1)国防最高委员会秘书厅公函(1946年11月20日)

国防最高委员会秘书厅公函　　国纪字第六七二一九号
中华民国三十五年十一月廿日

奉交下监察院三十五年十一月十五日法字第三二一三号呈,以据监察委员王冠吾等十六人建议对于汉奸案件应依照《处理汉奸案件条例》规定程序办理以重法治,抄同建议,请鉴核施行,等情,并奉批:"抄送行政院",相应抄同原建议,函请查照为荷。此致
行政院

计抄送原建议一份。

抄原建议

为建议事:查关于汉奸案件之管辖,依《处理汉奸案件条例》第

五条之规定:"汉奸案件除被告原属军人复任伪军职,应受军法审判者外,均依《特种刑事案件诉讼条例》之规定,由高等法院或其分院审理之",是关于汉奸案件之管辖审理法律具有明文之规定,其他任何机关不能另行有所裁定,越俎代谋。乃行政院上月办理上海市政府秘书长何德奎汉奸嫌疑一案殊异其趣。查何德奎汉奸嫌疑案系由参政员罗蘅之检举,同时并由本院监察委员范争波、张庆桢及江苏监察使程沧波等依法提出纠举,证据尚确,无何可疑。行政院办理此案,应即停其职务,依法送交江苏高等法院从事侦查,乃不知何故竟交司法行政部调查,而调查之后仍不送交法院,又呈送国防最高委员会,行政院如此办理,将置处理汉奸条例于何地?诚恐此例一开,将启影响司法独立精神之渐,社会莫知所向,人民莫知所从,其于法治前途殊堪危惧。兹为防微杜渐起见,拟建议国防最高委员会对于汉奸案件务须依照《处理汉奸案件条例》规定程序办理,其他任何机关不得逾越,以免启干涉司法之端,此不但纠纷可免,而重法治正观听所全更多矣。是否有当,敬请钧裁。谨呈
院长于

     委员 王冠吾 白 瑞 邓春膏

        马耀南 胡伯岳 梅公任

        王平政 李肖庭 朱宗良

        汪辟疆 于树德 何克夫

        谷风翔 万 燦 范争波

        毛绍遂

(2)行政院公函(1947年2月7日)

公函从捌四〇〇四

  准贵厅上年十一月二十日国纪字第六七二一号公函,转送监察院建议对于汉奸案件应依照《处理汉奸案件条例》规定程序办理一案过院。查《处理汉奸案件条例》第五条之审理程序(照服六六〇

七号收文叙至)更与上开条例之审理管辖无涉。准函前由,相应复请查照转陈为荷。此致
国防最高委员会秘书厅

〔行政院档案〕

6. 国民政府修正"惩治汉奸条例"第八条条文令
(1947年4月29日)

国民政府令

兹修正《惩治汉奸条例》第八条条文,公布之。此令。

惩治汉奸条例第八条修正条文

第八条 犯第二条第一项之罪者,没收其财产之全部。

前项罪犯未获案前,经国民政府通缉,而罪证确实者,得单独宣告没收其财产之全部,其未获案或于裁判前死亡,而罪证确实者亦同。

第一项未获案之罪犯,虽未经国民政府通缉,而罪证确实者,得由有权侦讯之机关,报请行政院核准,先查封其财产之全部或一部,如系军人,报由中央最高军事机关核准之。

前项财产查封后,应即报请国民政府通缉。

〔国民政府档案〕

7. 司法机关办理惩治汉奸经过情形
(1947年 月 日)①

(1)汉奸之惩治

抗战八年,沦陷地区达十余省之多,各地不肖分子率皆利令智昏,顿忘实祸,不惜甘心事敌,供其驱使,或组织傀儡政府反抗本

---

① 原件无时间,根据内容推测当在1947年下半年或其后。

国,或凭藉敌伪势力鱼肉良民,国家民族受害之深,损失之大,空前未有。全国民众对于汉奸罪犯无不主张从严惩处,藉以整肃法纪,振奋人心。顾此辈汉奸,在抗战时期多数均在沦陷区域溷迹伪组织中,法权无由行使,致仍逍遥法外,胜利以后,失地相继收复,各处司法机关亦均先后成立,此辈遂无所遁形,惩奸工作乃全面展开,兹将办理经过情形分述于次。

（一）惩治汉奸之法令　民国廿六年七七事变之后,前军事委员会即于同年八月廿三日公布《惩治汉奸条例》五条,同日施行,以资应用。同年十二月十日增加没收财产规定,修正为六条。廿七年八月十五日国民政府将原条例加以修正,公布《修正惩治汉奸条例》十九条。卅四年十一月廿三日,国民政府公布《处理汉奸案件条例》十一条,同日施行。同年十二月六日国民政府公布现行《惩治汉奸条例》十六条,并于卅五年三月十三日修正第十五条条文,卅六年四月廿九日修正第八条条文。在《特种刑事案件诉讼条例》施行前,所有汉奸案件依以前《惩治汉奸条例》规定归军法机关审判,自卅三年十一月十二日《特种刑事案件诉讼条例》施行时起,依该条例规定,除军人为被告者外,均改归司法机关审判。迨《处理汉奸案件条例》施行后,依其规定,又以被告原属军人复任伪军职者,始受军法审判,其余则一律归司法机关审判矣。

（二）汉奸之检举　抗战开始,各地即发见汉奸助敌情事,司法行政部以汉奸案件依当时法令虽归军法审判,但各级法院检察官对于此类罪证仍负有检举职责,经于廿六年九月十四日以训字第五七一号训令,通饬各检察官对于汉奸案件务须随时注意,厉行检举。其后,又于廿七年五月十日以训字第一二一八号训令,十二月十日以训字第四五九二号训令,廿八年一月七日以训字第七二号训令,十八日以训字第三九五号训令,三十二年二月八日以训参字第七一九号训令,十一日以训秘字第七八九号训令,卅四年一月五日以训刑字第五〇号训令,卅六年二月廿日以训刑（二）字第一六四八号训令,先后通令各法院,或系重申前令,或系提示与检举汉奸有关之事项,藉促注意。《处理汉奸案件条例》施行后,因该条例第二条规定对于同条第一款至第十款所列之汉奸应厉行检举,复随时各别指示各法院不在上开厉行检举之列者,亦并非不予检举,以免误会。

(三)人民陈诉汉奸案件之处理　抗战期内人民对于汉奸案件即时有向司法行政部控诉情事,胜利后陷区民众之受汉奸实害者极多,均以重见天日纷纷具呈控告,有径呈司法行政部者,有诉经上级机关或其他军政机关转部核办者。三十五年春,国民政府主席巡视首都及平津沪等处,接收民众控诉汉奸案件交部办理者为数尤多。司法行政部对于以上控诉案件均分别令饬该管法院检察官查明,依法讯办,并于办结后将办理情形连同起诉书或不起诉处分书等关系文件呈部详核,有不合者即予指示,案情重大者并直接派员彻查,以昭慎重。

(四)逃亡汉奸之通缉　关于通缉汉奸事项,以前原由军事委员会办理,《特种刑事案件诉讼条例》施行后,行政院于卅四年五月廿八日以平捌字第二三八九号训令交由司法行政部办理。胜利以后,通缉汉奸案件日多,而依《惩治汉奸条例》规定,汉奸罪犯未获案前,经国民政府通缉而罪证确实者,得单独宣告没收其财产之全部。司法行政部为增强法令之效能及使通缉汉奸之处置适合案情起见,经拟定《处理通缉汉奸案件办法》四项,呈奉国防最高委员会核准备案,即关于此类案件一律责成高等法院首席检察官查核认定:(一)对于原案如经侦查认为罪证确实并应查封其财产者,应依照《惩治汉奸条例》规定程序,于查封财产后详列案情罪证呈由司法行政部报经行政院转呈国民政府明令通缉;(二)原案罪证虽可认为确实,而依案情认为无须先行查封其财产或无产或不知有无财产可以查封者,应依照上开行政院训令开列案情罪证,呈由司法行政部核定转令通缉;(三)原案如仅系依据告诉告发或其他原因,知有汉奸罪犯而不能断定其罪证是否确实,须缉案侦办者,应依《刑事诉讼法》关于通缉被告之普通规定径行通缉；（四）各行政机关或各法团求请通缉案件，视其情形分别依上开三项办法办理。又各法院对于已经起诉之被告认为应行通缉时，亦应比照办理，并制定通缉书表格式，于卅五年六月十一日以京训刑字第二七五五号训令及七月四日以京训刑字第三四八五号训令先后通饬各法院遵照。经通缉之汉奸，并由最高法院检察署送登政府公报，俾为易缉获而免漏网。

（五）汉奸财产之查封　依《刑事诉讼法》规定得没收之物，即得扣押汉奸之已获案者，其财产如未经查封，司法机关可基于扣押权之作用，将其财产查封，未经获案之汉奸，如罪证确实，依《惩治汉奸条例》规定，亦得由有权侦讯之机关报请行政院核准，先行查封其财产之全部或一部。嗣因此项报准查封程序公文往返需时，汉奸每有乘机将财产隐匿情事，经司法行政部呈奉行政院核准，凡司法机关办理汉奸案件，遇有上项情形，得先行查封财产，再报请行政院备案，并经于卅五年四月三日以京训刑字第一三九六号训令通饬各法院遵照。

（六）汉奸财产之没收　依《惩治汉奸条例》规定，犯同条例第二条第一项之罪者，除酌留家属必需生活费外，应没收其财产之全部，已获案之汉奸，其财产之没收自应随主刑同时宣告，其未获案之汉奸，依同条例规定，如经国民政府通缉而罪证确实，亦得单独宣告没收其财产之全部。又未获案之汉奸，无论已未通缉，在侦查或审判中死亡者，依《惩治汉奸条例》最近修正之条文及司法院解释，只须罪证确实，均得单独宣告没收其财产。至关于财产之范围，则不论系汉奸原有之财产或因汉奸所得之财产，均在没收之列。司法行政部以各法院办理汉奸案件对于被告之财产间有忽于调查或漏未宣告者，一经判决确定，即属无法救济，经于卅四年十一月廿九日以训字第七三一〇号训令通饬各法院切实注意。

（七）没收汉奸财产之执行　汉奸案件之科刑判决关于没收财产部分，因汉奸全部财产及家属必需生活费之数额均非短时间所能调查决定,故其主文多仅为概括之宣告,即仅谕知全部财产除酌留家属必需生活费外没收之云云,一经确定执行,问题滋多,经司法行政部拟定执行没收汉奸财产应注意事项十四项,对于会同或嘱托执行之机关实施执行之程序、方法、家属生活费之范围、标准以及发生问题之解决办法等均有详细或原则之规定,呈经行政院转奉国防最高委员会核准备案,于卅六年一月廿八日以京36训刑(二)字第六七七号训令通饬各法院遵办。

(八)密报逆产之奖励　行政院为对于汉奸财产减少隐匿增多没收起见,规定《奖励密报办法》,凡密报逆产经判决没收确定者,准按值给予百分之十之奖金,公务员情报机关或侦缉机关人员密报逆产经判决没收确定者,得给予百分之三之奖金。嗣又规定对于密报敌伪不动产之奖金,应折半发给。先后电令,经司法行政部于卅六年一月十五日及同月廿七日以京36训参字第二六二号及京36训刑(二)字第六三一号训令,通饬各法院知照。

(九)办理汉奸案件之督促　汉奸案件在胜利前虽已移归司法机关办理,但此类案件多在沦陷区内,发生于后方者甚少。胜利以后,受害民众无不争先告诉,汉奸案件遂一时骤然增多,司法行政部对于各法院固时加督促,各法院亦多以办理此类案件为中心工作,竭全力以赴之,无如案关重要,不能草率从事,繁难案件尤难即时终结,外间不明真相,时生误会。卅五年国民参政会第四届第二次大会及中央执行委员会二中全会对于尽速惩治汉奸各有决议案提交政府,均经司法行政部于卅五年八月一日及同年九月廿日先后以京训刑字第四〇三四号及四九八七号训令转饬各法院遵照办理。

(十)人民告发汉奸之截止　复员以后,各地区人民告发汉奸案件经侦查起诉判处罪刑者固然甚多,而因所告不实或缺乏确证经处分不起诉或判决无罪者亦复不少,国民政府为安定人心,减少讼累起见,曾于卅五年十二月十三日颁发训令,人民或团体对于抗战期间汉奸案件之告发,以卅五年十二月卅一日以前为限,逾期之告发，检察官不予置议，但国家之追诉权及被害人之告诉权不因此而受影响，于防止滥诉之中仍需不妨碍惩奸之意，经司法行政部于卅六年一月九日以京36训刑（一）字第一二三号训令通饬遵照。

(十一)汉奸案件之审核 《特种刑事案件诉讼条例》施行后，司法行政部即另订《特种刑事案件报部办法》，汉奸案件即适用此项办法报部。判处死刑案件确定后，专案将全案卷证呈送司法行政部详加审核，必法律事实均无错误，始令准执行；无期徒刑案件于确定执行后，亦专案检同卷证及执行表呈部审核备案；有期徒刑以下案件及宣告缓刑、无罪处分不起诉各项案件，均于确定或执行及按月列表连同判决书、处分书报部逐案查核。对于被告羁押之是否允当，案件进行之是否迅速，并颁有《特种刑事被告羁押一览表》及《特种刑事已结未结表》，饬各法院按月造报，以凭考核。司法行政部对于上开各项案件如发见有违法或不当情事，即分别情形依法纠正或本于监督权之作用予承办人员以相当之处分。

(十二)各地巨奸之伏法 各地法院办理汉奸案件，对于元恶大憝大都科以重刑，不稍宽假，自卅三年十一月至卅六年六月底止，计判处死刑确定后经核准执行者有缪斌、陈公博、褚民谊、梅思平、林柏生、梁鸿志、傅式说、丁默邨等廿五名，判处无期徒刑确定后经核准备案在执行中者有陈璧君、陈则民、钱谦、周贯虹、郭秀峰、温宗尧等五十八名，判处死刑经国民政府明令减为无期徒刑者有周佛海一名(此项系就司法行政部现有资料调查而得，与后之附表由法院查报者取材不同，故数字亦异)。

以上所述，均系司法机关办理经过情形而言，其属于军法机关办理者概未述及。关于执行没收财产多由处理敌伪产业机关主办，无法搜集资料，故亦从略。此外，关于诬告汉奸之防止，司法行政部曾综合各方意见，于卅五年八月一日以京训刑字第四〇三四号训令及同年十二月廿六日以京训刑字第八五九四号训令，通饬各法院参照。关于反奸人员之证明，司法行政部曾呈奉核定有权证明机关,于卅六年一月六日以京 36 训刑(一)字第卅二号训令及同年月廿七日以京 36 训刑(一)字第六三〇号训令通饬各法院知照各在案,以与惩治汉奸有关,故附及之。

附统计表六份。

汉奸案件审判统计表(一)

地区	死刑	无期	有期	拘役	罚金	缓刑	免刑	共计	备考
首都	14	24	265		2	5		310	
上海	10	24	505		6		2	547	
江苏	13	47	1162			9		1231	
浙江	48	118	2446		1	335	12	2960	
安徽	11	37	570			11	2	631	
江西	16	46	487			3	1	553	
湖南	3	20	284			7	2	316	
湖北	32	64	899			63	22	1080	
四川	1	5	9					15	
云南	1	1						2	
贵州		8	1					9	
福建	7	11	98			2		118	
广东	50	188	1021				2	1261	
广西	41	124	51		2	6	3	227	
河南	12	29	886			2	1	930	
河北	9	23	489			2		523	
山东	15	41	501			41	1	599	
山西	23	21	254			12		310	
陕西	17	8	14					39	
绥远	19	7	122			35	2	185	
甘肃		1						1	
台湾			2					2	
总计	342	847	10066		11	531	52	11849	

编者注:原表中所列辽宁、热河、察哈尔、黑龙江、吉林、青海、宁夏、西

康、西藏、新疆、蒙古、辽北、安东、合江、松江、兴安、嫩江等地,因无汉奸案件审判统计,故略。

汉奸案件审判统计表(二)

地区	无罪	免诉	不受理	管辖错误	其他	共计	备考
首都	18		2	2		22	
上海	40	3	9	36		88	
江苏	347	12	35	31		425	
浙江	1069	14	209	31		1323	
安徽	287	7	52	2		348	
江西	184	8	16	4		212	
湖南	125	3	35	6	5	174	
湖北	550	8	86	16		660	
四川	3	2				5	
云南	5		8	5		18	
贵州	7		13			20	
福建	86		13	2		101	
广东	191	3	140	6		340	
广西	876	7	275	38	17	1213	
河南	484	3	119	35	241	882	
河北	36	2	17	2		57	
山东	144	2	21	24		191	
山西	53		9			62	
陕西	18	8	3	1	3	33	
绥远	40		8	1		49	
台湾	1		1			2	
总计	4564	82	1071	242	266	6225	

编者注:原表中所列辽宁、热河、察哈尔、黑龙江、吉林、甘肃、青海、宁夏、西康、西藏、新疆、蒙古、辽北、安东、合江、松江、兴安、嫩江等地因无统计数字,故略。

汉奸人犯执行统计表
自三十三年十一月起至三十六年二月底止

地区	死刑	无期徒刑	有期徒刑	拘役	罚金	共计	备考
首都	2		43			45	
上海	1	7	92		16	116	
江苏	3	8	349			360	
浙江	4	12	666		1	683	
安徽		3	72			75	
江西		8	189			197	
湖南	2	7	131			140	
湖北	1	12	288			301	
四川	1					1	
云南			1			1	
贵州		3	45			48	
福建		1	112			113	
广东	1	11	388			400	
广西		8	164			172	
河南		10	209			219	
河北		2	146			148	
山东			102			102	
山西		1	65			66	
陕西		2	15			17	
辽宁							无
热河							无
察哈尔							无
绥远			67			67	
黑龙江							无
吉林							无
甘肃							无
青海							无
宁夏							无
西康							无

续上表

地区	死刑	无期徒刑	有期徒刑	拘役	罚金	共计	备考
西藏							无
新疆							无
蒙古							无
辽北							无
安东							无
合江							无
松江							无
兴安							无
嫩江							无
台湾							无
总计	15	95	3144		17	3271	

汉奸案件侦查统计表

地区	提起公诉	不起诉 罪嫌不足	不起诉 行为不罚	不起诉 其他理由	其他	共计	备考
首都	517	130	1	7		655	
上海	985	93		96	161	1335	
江苏	3753	1247	10	169		5179	
浙江	5416	3193	264	140	524	9537	
安徽	1418	504	2	91		2015	
江西	938	428	24	65		1455	
湖南	387	754	124	272	1	1538	
湖北	1500	1046	461	291	232	3530	
四川	23	12	1			36	
云南	15	5				20	
贵州	29	19	1	4		53	
福建	294	313		17		624	
广东	1228	1463	7	52		2750	
广西	744	379	12	37	98	1270	

续上表

地区	提起公诉	不起诉			其他	共计	备考
		罪嫌不足	行为不罚	其他理由			
河南	3674	2886	15	1903	25	8503	
河北	1450	694	20	71	58	2293	
山东	1983	427	5	201		2616	
山西	577	120	5	8	14	724	
陕西	67	27	2	3		99	
辽宁	11	9		15		35	
热河							无
察哈尔	1					1	
绥远	242	31			17	290	
黑龙江							无
吉林	3	7				10	
甘肃	1	5				6	
青海							无
宁夏							无
西康							无
西藏							无
新疆							无
蒙古							无
辽北							无
安东							无
合江							无
松江							无
兴安							无
嫩江							无
台湾	8	5			1	14	
总计	25264	13797	954	3442	1131	44588	

汉奸案件再议统计表

地区	驳回再议	发回续查	其他	共计	备考
首都	3			3	
上海	5			5	
江苏			5	5	
浙江	25	9	6	40	
江西	21	2		23	
湖南	61	9		70	另未结一名
湖北	21	16		37	
河南	60	6		66	
河北	43	8		51	
山东	12	1		13	
山西	4		3	7	
广东	121	5	1	127	
广西	7			7	
安徽	18	23	1	42	另未结三名
福建	21	4		25	
共计	422	83	16	521	

(2)汉奸之惩治

注:三十三年十一月十二日《特种刑事案件诉讼条例》施行前汉奸案件同条例施行后军人为被告汉奸案件,三十四年十一月二十三日《处理汉奸案件条例》施行后军人复任伪军职汉奸案件,均由军法机关办理,本文皆未述及。

汉奸无民族自信心,组织傀儡政府,编练伪军,直接供敌人之驱使,影响抗战,而陷区民众受其剥削,供其挥霍,精神无以寄托,生活时感流离,国家民族受害之深,无有逾于此者。司法行政部有见及此,为使大义昭然,人心振奋,对于汉奸之惩治,办理极端慎重,尤以胜利后各省市法院次第规复,汉奸案件激增,司法行政部于繁剧之中,对汉奸案件之处理尤处处求能彻底计,可得而述者:

(一)控案之处置 陷区民众困于汉奸之淫威已久,胜利后人民以重见日天,乃纷纷向政府控告。此等控告案件,或径呈司法行政部,或由其他机关转送司法行政部。观其内容,类皆一字一泪,甚见痛苦已深,所言往往情见乎词,且多认为所呈内容严重,除控诉于法院外,有向层峰陈诉之必要,司法行政部对此等控告案件均随时转发各该管法院,切实查明,依法核办。如有涉及法院本身者,尤必行查询不厌求详,务获真象之所在,如有差池,均分别轻重,予承办人员以处分。再各项汉奸控案内容,如有认为特别严重,公文上之来往仍无补于实际者,则均由司法行政部派遣妥员前往实际彻查,以求真象之毕露,作适当之处理。

(二)主席发交案件之办理 胜利后,主席巡视平京沪各地,接受各地人民陈诉汉奸案件至多,均发交主席行辕秘书处转送司法行政部办理。司法行政部以此等交办汉奸案件尤为重要,办理更应注意,于接获主席行辕秘书处来文后,即转电各该管法院,切实迅予依法核办,并饬先将各案起诉书、不起诉处分书报部备核。核阅后,如认无何问题,则将原送起诉书及不起诉处分书函送主席行辕秘书处转陈主席鉴核。至一案虽已起诉,如认其内容重要有应知其判结之结果必要者,则由司法行政部一面指饬将判结情形报部核转主席行辕秘书处转陈主席鉴核。各交办案中特别重要者,必要时亦由司法行政部派员前往彻查,以示郑重。再主席平日在京接受人民控告之汉奸案件,除发交文官处或行政院转送司法行政部办理外,其具有重要性者,则径以府电发交司法行政部核办,为数亦颇多。司法行政部对此类交办案件亦如对主席行辕秘书处送部案件办理,均特别慎重,并将办理结果随时专案呈报,报请主席鉴核。

(三)法院案卷表判之审核 依照司法行政部所定之《特种刑事案件报部办法》,汉奸死刑案件应附同卷判专案报部备核,俟令准执行后,并须填具执行刑罚一览表报部,执行汉奸无期徒刑案件,应专案填送执行刑罚一览表,并检同全案卷判报部,执行汉奸有期徒刑案件,不分刑名、刑期,按月合并汇报,除填具执行刑罚一览表外,应将各案判决正本随同报部,检察官处分不起诉或驳回再议时,均须将处分书正本报部。其他无罪免诉、缓刑、羁押已结未结,亦均有以表判等报部规定。司法行政部对上开各省市法院所呈报之汉奸案卷表判等审核均极严格,对于事实之认定是否恰当、法令之引用有无违误、刑期之核算是否准确,审核时尤为注意,如有错误,均予纠正。对于办理错误人员,轻则指令嗣后注意,重则予以处分。至死刑之核准,更指定有高级人员专司审核,盖死者不可复生,而元恶大憝如应处以极刑,亦不可使倖逃法网,审核汉奸死刑案件,尤不可不慎重也。

(四)汉奸之检举 查《处理汉奸案件条例》早经国民政府明令公布施行,并由司法行政部通令各法院遵办在案。该条例第二条第一项一至十款均系规定应厉行检举之汉奸,其所指汉奸或系在伪方位居显要,或系伪组织特务人员,或系伪组织文化金融界重要分子,如不厉行检举,殊不可得情法之平,收惩戒之效。司法行政部对于上开所指汉奸除随时令饬各级法院厉行检举外,并奉行政院三十六年一月二十七日从捌字第 2546 号训令,以自《处理汉奸案件条例》施行以来,应厉行检举汉奸,祛鞫者固所在多有,而漏网者亦不乏其人,亟应加紧绳处,以昭国法尊严,各机关对于伪组织相同机构之汉奸合于该条例规定者,应即依法厉行检举,饬即遵照等因。当经司法行政部三十六年二月二十日以京 36 训刑(二)字第 1648 号训令,令饬各省市高等法院遵照办理,并转饬遵照办理有案。再各地对于汉奸案件,亦有误解除《处理汉奸案件条例》第二条所规定应厉行检举之汉奸外,其他即可不加检举者。司法行政部对此均随时予各级法院及人民以指示。再三十五年司法行政部曾奉行政院同年十二月十九日节京捌字第 24282 号训令,转发国民政府同年十二月十三日处京字第 452 号训令,以关于定期结束检举汉奸一案业经国防最高委员会决议"人民或团体对于抗战期间汉奸案件之告发,以三十五年十二月卅一日以前为限,逾期之告发,检察官不予置议,但国家之追诉权及被害人之告诉权不因此而受影响",饬即遵照等因。查原令内容似在安定社会结束汉奸案件之告发,至被害人之告诉权与国家之追诉权并未终止,而国家之追诉权实包括检举汉奸情形在内,是检举汉奸案件并未全部结束(本段所称行政院训令厉行检举汉奸一文为三十六年元旦所发,亦可参证)。外间有误为检举汉奸案件已全部结束者,惟细观原令内容,即可一目了然。司法行政部业将原令于三十六年元月以京36训刑(一)字第123号训令,转令各省市高等法院遵照,并转饬所属遵照在案。

(五)汉奸首领之惩办　汉奸首领罪恶昭彰,举国共弃,如迟迟不作果断之处置,则不但影响全国人民于抗战胜利投入祖国怀抱殷殷望治之心,抑且使仇视政府者资为口实,造谣生非,有口难辩。司法行政部除对《处理汉奸案件条例》第二条中所指之应厉行检举各汉奸首要随时晓谕各法院切实迅速办理外,并曾准行政院秘书处三十五年七月一日礼京(八)字第11073、11074、11075号通知检送国民参政会提案,以大汉奸陈公博、褚民谊、陈璧君、周佛海、林柏生、梅思平之流至今尚未明正典刑,应即公开审判等语,复准该处三十五年七月三十一日节京捌字第7329号公函,检送二中全会决议从速惩办汉奸首领案各等由,均经司法行政部分别令饬首都、上海两高院及通令各省市高等法院遵照(35.8.1京训刑字4034,35.9.23京训刑5072)。事实上各省市高院或分院尚多能体会斯旨,如国民参政会提案所指之大汉奸陈公博辈,均或处死刑或判无期徒刑,其他各地大小汉奸首领亦多能提前判处罪刑,予以执行,分别呈报司法行政部备查,均有案可考。

(六)汉奸逃亡之通缉　汉奸中之狡黠者多有改易名姓或逃入乡间,或逃入北平、天津、上海、香港、澳门乃至台湾者,其每至一地,或度其贵人寓公生活,或投入工商界大发其胜利财,甚且有依然任公务员者,如此何能张国法正人心?司法行政部对于汉奸逃亡案件如有呈报,均随时呈请行政院转请国民政府通缉,于接奉通缉令后均立即转令最高法院检察署通令全国各法院检察官严缉所通缉之汉奸犯归案,并规定逃亡汉奸于就逮后须尽速依法惩处。此外,并由该署将所发通缉令及汉奸逃亡犯年貌表送登国民政府公报,使知之者多,逃亡汉奸犯更易缉获,使不致永久逍遥法外。

(七)汉奸财产之没收 查汉奸之财产除酌留其家属生活费外,全部没收,《惩治汉奸条例》有明文规定。初判法院审理汉奸案件,就被告之财产自应依职权调查明确而为合法之判决,惟各省市高等法院及其分院对于汉奸财产多有忽视此项规定之情形,或不加调查,或不予没收,且依三十五年十月二日院解字第 3243 号解释,汉奸案件经确定判决未为没收财产之宣告者,其曾被查封之财产自应发还之规定。照此解释,设忽于调查或漏为宣判,则汉奸之财产且无一没收之余地,岂非引为无可补救之遗憾?司法行政部前曾准最高法院公函亦有同样感觉,因曾由司法行政部于三十四年十一月二十九日以训刑字第 7310 号训令,通饬各省市高等法院遵照,并转饬遵照。嗣后应切实注意《惩治汉奸条例》没收汉奸财产之规定。再《惩治汉奸条例》第八条第二项规定前项(指犯《惩治汉奸条例》第二条第一项之罪者)罪犯未获案前经国民政府通缉而罪证确实者,得单独宣告没收其财产全部。又司法院院解字第 3201 号解释,在《惩治汉奸条例》施行之日起,犯该条例第二条第一项之罪经通缉而罪证确实者,虽在裁判前死亡,概依该条例第八条第二项规定,得单独宣告没收。又司法院院解字第 3258 号解释,自《惩治汉奸条例》施行之日起,凡触犯该条例第二条第一项之罪嫌,经检察官起诉之汉奸,在裁判前羁押中死亡者,如果罪证确实,虽未经通缉,仍得依该条例第八条第二项规定,得单独宣告没收其财产之全部。以上所列法条及解释,系规定汉奸纵令逃亡或已死亡,如合于某种条件,仍可单独宣告没收其财产,至为重要,办理时不可以不注意。均经司法行政部随时令饬各法院切实注意。

（八）没收汉奸财产之执行　查执行没收汉奸财产往往发生疑问，经司法行政部拟具应注意事项，于三十五年九月九日以刑字第735号呈奉行政院，三十五年十二月二十一日节京捌字第2448号指令，以案经报准国防最高委员会修正核定，奉国民政府十二月十六日处京字第464号训令转行到院，特抄发《执行没收汉奸财产应注意事项》，仰即遵照等因。当经司法行政部将所抄发注意事项于三十六年一月二十八日以京36训刑（二）字第677号训令，通饬各省市高等法院遵照并饬属遵照在案。兹将原注意事项抄录如后：

执行没收汉奸财产应注意事项

一、汉奸案件裁判确定后，其应行没收之财产数量价值较小者，即由该法院检察官会同敌伪产业处理局执行之；其财产不在该法院所在地者，由该法院首席检察官分别命令或嘱托汉奸财产所在地之地方法院检察官或县司法机关办理检察事务之人员会同敌伪产业处理局执行之；其无敌伪产业处理局之地方，则会同当地政府执行之。

二、当地人或利害关系人对于前项执行人员之命令或其执行方法等事项声明异议者，分别依《刑事诉讼法》之执行程序办理。

三、对没收财产主张权利之人所提证据经检察官认为不充分者，得谕令其向地方法院起诉，即以原检察官为被告（参照院字第1886号解释）。

四、没收汉奸之财产不合于第一项所定之情形者，得由该院首席检察官分别嘱托汉奸财产所在地之地方法院或县司法机关之办理民事执行人员会同敌伪产业处理局参照强制执行程序办理之，受嘱托之机关不得拒绝。

五、变卖汉奸之财产除参照强制执行法及其他有关法令外，如估计其价值在五百万元以上时，应遵照审计机关《稽察各机关营缮工程及购置变卖财物办法》第三条，通知审计机关派员监视，但所在地无审计机关者不在此限。

六、执行没收汉奸之不动产尚未变卖或依法呈准拨用者,应依公有土地管理办法移交地方财政机关管理之。

七、执行没收汉奸之财产时,应先查明该汉奸全部财产之价额或数量,就该项价额或数量除去其家属生活必需费之数额部分及应发还被害人之部分外,即为执行没收之部分,遇该汉奸之财产不敷其家属生活必需费时,免予执行。

八、汉奸家属生活必需费,应根据客观需要参照左列标准,于不超过所在地一般平民生活水准范围内酌定,并一次发给之:

甲、汉奸家属之范围,以汉奸依法负扶养义务之亲属及配偶为限;

乙、汉奸家属生活必需费以发给不能维持生活而无谋生能力者为原则,其有谋生能力而在执行时尚未就业者,酌给三个月之生活必需费;

丙、汉奸家属未成年者,其生活必需费给至届满成年时止,其已成年而无谋生能力者,推定其整个生存期间为七十岁给以未来期间内之生活必需费,若执行时年龄已达或超过七十岁或离七十岁不足五年者,其生活必需费均以五年计。

九、前项之生活必需费包括衣食住及医药教育等费,并在法律上不得扣押之财物。

十、汉奸家属生活必需费由执行没收之高等法院或分院检察官酌定之,其命令或嘱托其他检察人员或民事执行人员执行者亦同。

十一、检察官得就汉奸之财产指拨特定部分以为其家属之生活必需费,并就该部分免予执行。

十二、汉奸之家属对检察官酌给生活必需费之数额及其他有关事项有争执而声明异议时,准用《刑事诉讼法》第四百八十八条之规定。

十三、执行没收之机关应依《惩治汉奸条例》第十一条详细公告。

十四、本注意事项于呈奉国防最高委员会核准后施行。在施行前执行未完毕之财产亦适用之。

（九）汉奸财产之查封　关于并非未获案之汉奸财产，法院自可随时径行予以查封，惟未获案汉奸财产依照《惩治汉奸条例》第八条第三项规定，第一项（指犯《惩治汉奸条例》第二条第一项之罪者）未获案之罪犯虽未经国民政府通缉而罪证确实者，得由有权侦讯之机关报请行政院核准先查封财产之全部或一部……是未获案之汉奸财产依本条例第三项之规定只须报经核准即可查封。各法院均曾遵照此项规定办理，并迭由司法行政部转报行政院核准各在案。嗣因汉奸财产多有利用公文往返之需时，将尚未查封之财产乘机隐匿者，因由司法行政部拟议，凡《惩治汉奸条例》第八条第三项得先行查封之财产，如有乘机隐匿情形，可先由法院查封，再呈报备案。经呈奉行政院三十五年三月十八日节京捌字第8233号指令照准，并经司法行政部于三十五年四月三日以京训刑字第1396号训令通饬各省市高等法院遵照办理各在案。

（十）密报逆产之奖励　为鼓励汉奸财产之密报起见，司法行政部曾奉行政院三十五年十一月六日节京捌字第18579号代电，以密报逆产经判决没收确定者，准按值给予百分之十之奖金，惟公务员情报机关或侦缉机关人员密报逆产经判决没收确定者，得给予百分之三之奖金，饬即知照等因。又奉行政院同年十二月二十六日节京拾字第25281号训令，以规定对于密报隐匿敌伪不动产之奖金应折半发给等因。以上二令经司法行政部分别以三十六年一月二十七日京（36）训刑（二）字第631号、同年月十五日京（36）训（参）字第362号训令各省市高等法院知照各在案。

（十一）反奸人员之证明　抗战期中我方派入敌伪组织从事情报、破坏、策反之人员至多，当此严惩汉奸之时，各反奸人员因亦列身敌伪组织,往往遭受株连,而各地真正汉奸亦多有冒称反奸人员希图脱罪者,因之反奸人员之证明显属重要,司法行政部曾接奉行政院三十五年九月七日节京捌字第11453号训令,规定关于释放反奸人员须由各部队或特工人员之最上级长官正式证明事前委派有案方予准许。所谓各部队最上级长官应为各战区司令长官及各行辕主任、各绥靖主任、各绥靖区司令官;特工方面应以前军事委员会调查统计局及中央党部调查统计局为限。复准行政院秘书处先后来函,以反奸证明机关奉谕加入各省省政府及宪兵司令部,至专员公署、县政府如有权证明,不免宽滥,易生流弊,未便照准各等由。业经司法行政部以三十六年一月六日京(36)训刑(一)字第32号、同年月二十七日京(36)训刑(一)字第630号训令通饬各省市高等法院知照并转饬知照各在案。

(十二)诬告汉奸之制止　汉奸之祸国殃民,国人痛恶莫此为甚,断难容其逃于法律制裁之外,但从另一方面言,正惟痛恶汉奸,亦不容有捏造事实故意加人以汉奸之罪名,盖故意置人于汉奸之罪名者,其动机或由于挟嫌诬告,或由于要挟索诈,受害者恒非汉奸而为一般人民,其窒抑孰甚。抗战以后,国军西撤,政府内迁,国土陷于敌手,人民或以生活不能远徙,在陷区居留,或因保全事业基础,在威胁下忍辱含垢,诬告者动辄加此等人以汉奸之罪名,致令名誉事业均受严重打击,尤使陷区善良人民人人自危,相率远避,社会纷扰莫此为甚,司法行政部除将国民政府结束告发汉奸明令转发各法院遵照外,并为制止诬告汉奸起见,曾综合各方面之意见,迭令各省市高等法院参照办理(35.8.1.京训刑4034、同年12.26.京训刑8594)。兹将综合意见中之主要者抄录如后:

一、故意诬告他人犯汉奸之罪者,切实依《刑法》规定从重处断;

二、匿名告发函件(有人名无住址以匿名论)概不置理;

三、有人名并有住址之告发函件,先单独传讯其人,倘无其人,

置之不理,如有其人,应告以诬告之罪;

四、用正式书状告诉告发者,亦先单独传讯告诉人告发人,并告以诬告之罪;

五、应依司法程序行使汉奸之检举。

〔司法行政部档案〕

〔三〕中国国民党第六届历次中央全会概况

（一）中国国民党第六届中央执行委员会第二次全体会议

1. 中国国民党六届二中全会经过

（1946年3月1—17日）

自一中全会迄今为时已逾九月，中央执行委员会常务委员会为适应抗战胜利，建设国家，实施宪政，并改进党务，爰于本年一月二十八日第二十次会议决定于三月一日召开第二次全体会议，并为使全会获得充分准备起见，于全会开幕前，召集在渝中央委员举行谈话会，对于全会应行商讨事项，如改革党务、政治协商会议协议事项等等，先交换意见，全会当于三月一日如期开幕，到中央执监委员、候补执监委员三百三十人，大会会期原定十二天，嗣经延长五天，迄十七日闭幕。除预备会开幕式及闭幕式外，共举行大会十九次，收到提案一七七件，内关于党务者五十件，政治者五十件，政治协商者八件，地方行政者三件，军事复员者四件，外交者三件，财政金融经济者三十件，交通者七件，粮食者五件，善后救济者九件，边疆者八件，均分由各组审查委员会审查，拟具意见，提出大会讨论，对党务、政治、地方参政、善后救济、粮食、交通、财政经济、政治协商、军事复员、军事执行小组及边疆问题等，均分别由各主管详为报告，每项报告之后，即举行检讨，再推定委员组织各项审查委员会分别起草各项决议案，所有会议经过情形择要纪述如后：

三月一日上午九时在军事委员会大礼堂举行开幕典礼，总裁主席并致开幕词，分析当前局势，阐述和平国策，说明过去成果，指示今后努力方针，总裁词毕后，即告礼成。于十时接开预备会议，仍由总裁主席,首由秘书处报告到会委员人数,嗣决定会议程序及提案截止日期,并选举主席团,结果于右任、居正、戴传贤、陈果夫、孙科、陈诚、何应钦、邹鲁、陈立夫、白崇禧、张道藩等十一委员当选为主席团,十一时散会。

三月二日上午九时举行第一次大会,于委员右任主席,首全体肃立,为全国抗战阵亡将士及死难同胞同志默哀致敬。次修改议事规则,及规定会议日期,随即听取党务报告,由吴委员铁城报告,上午十一时五十分散会。下午三时继续开会,戴委员传贤主席,各委员就对于党务报告切实检讨,并推定谷正纲等六十六委员为党务报告审查委员会委员,下午六时散会。

三月三日上午九时举行第二次大会,邹委员鲁主席,首由林委员蔚作军事复员问题报告,各委员就此报告加以详尽之检讨,次并推定程潜等五十一委员为审查委员,又通过组织地方行政委员会及边疆问题委员会,推定有关人员,先行研讨关于地方行政及边疆问题之报告事宜,十二时散会。

三月四日上午八时举行总理纪念周,由总裁主席并致词,指示认识环境与遵循政策的必要。九时举行第三次大会,居委员正主席,听取财政金融问题报告,中午十二时散会。下午三时继续开会,白委员崇禧主席,由翁委员文灏作经济问题报告,嗣各委员对于财政金融及经济问题报告详加检讨,下午六时散会。

三月五日上午九时举行第四次大会,孙委员科主席,继续对于财政金融及经济问题报告之检讨,随即推定俞鸿钧等四十八委员为审查会委员,又通过孙科等十七委员为大会宣言起草委员会委员,十二时散会。

三月五日下午三时举行第五次大会,何委员应钦主席。听取外交报告。后即举行检讨,下午六时散会。

三月六日上午九时举行第六次大会,陈委员果夫主席,继续对于外交问题报告之检讨,并推定王宠惠等五十五委员为审查会委员，十二时十分散会。

三月六日下午三时举行第七次大会，陈委员诚主席，听取善后救济报告，由浦副署长薛凤报告后，经各委员切实检讨后，推定蒋宋美龄等五十四委员为善后救济审查委员会委员，下午六时散会。

三月七日上午九时举行第八次大会，戴委员传贤主席，听取关于政治协商会议报告，由孙委员科报告，各委员对于此项报告之检讨，极为热烈，由梅公任等三十四委员联合提出书面意见，经张厉生、吴铁城、邵力子三委员就所提之质询，即席分别答复。并经主席团决定增加专题报告两项：（一）关于商定停止军事冲突经过报告，由张委员群报告；（二）关于停止军事冲突及恢复交通之视察报告，由张委员治中报告。下午六时散会。晚上八时各组审查委员会分别开会，审查提案。

三月八日上午九时举行第九次大会，居委员正主席，首为继续对于政治协商会议报告之检讨，推定孙科等五十四委员为审查会委员。次为政治报告，由宋委员子文报告。上午十一时五十分散会。

三月八日下午三时举行第十次大会，何委员应钦主席，首由张委员道藩说明关于国民大会代表名额商定之经过后，随即举行对于政治报告之检讨，并提出质询，经宋委员子文即席分别答复，并推定李文范等七十三委员为政治报告审查会委员，后由俞委员飞鹏作交通问题报告，下午六时散会，晚上八时各组审查委员会，分别开会审查提案。

三月九日上午九时举行第十一次大会，白委员崇禧主席，首为交通报告之检讨。经推定张嘉璈等三十二委员为该项报告审查会委员，次则由徐委员堪报告粮食问题。十二时散会。

三月九日下午三时举行第十二次大会，邹委员鲁主席，首由各委员对于粮食报告之检讨，经推定徐堪等四十一委员为审查会委员。随由黄委员绍竑作地方行政报告，下午六时散会。晚上八时各组审查会分别开会审查提案。

三月十日上午公祭叶楚伧、李烈钧、李梦庚三委员。

三月十日下午三时举行第十三次大会,陈委员果夫主席,首由何委员应钦报告受降经过,报告毕,全体起立通过通电,向蒋委员长既全体将士致崇高敬意。嗣由各委员对于地方行政报告作周详之检讨,并推定张继等五十三委员为该项报告审查会委员。下午六时散会。

三月十一日上午八时总理纪念周由总裁主席并致词,九时举行第十四次大会,孙委员科主席,主席团宣布大会会期延长三日至十五日闭幕。所有各审查委员会审查工作,尽于十三日以前完竣。后则听取边疆问题报告,(一)内蒙问题及其解决办法,由白委员云梯报告,(二)藏族现状,由格桑泽仁委员报告,当为各就边疆报告加以检讨,上午十二时散会。下午各组审查委员会分别开会,审查提案。

三月十二日上午九时举行第十五次大会,邹委员鲁主席。首由主席团报告,推定李文范等十五委员为决议案整理委员会委员,次为张委员治中关于新疆问题解决方案之报告,嗣则继续举行对于边疆报告之检讨。上午十二时散会,下午三时继续开会,何委员应钦主席,仍继续举行对于边疆报告检讨,并决议组织边疆报告审查委员会,推定白崇禧等三十九委员为委员。次由张委员群报告关于商定停止军事冲突经过,张委员治中报告关于停止军事冲突及恢复交通之视察情形。报告毕,举行检讨,最后由陈委员仪报告收复台湾情形。下午六时十五分散会。

三月十三日上下午各组审查委员会分别开会,审查提案。

三月十四日上午九时举行第十六次大会,白委员崇禧主席,首由刘委员斐报告东北军事情形,张委员嘉璈报告东北经济接收情形,嗣各委员对于东北问题详加检讨。上午十二时散会。下午三时继续开会,居委员正主席,继续检讨东北问题,并决议组织东北问题报告审查委员会,推定朱霁青等三十委员为审查会委员。旋由鹿委员钟麟报告宣慰华北情形。嗣则讨论常务委员名额及选举方式。并通过对于粮食问题之决议案。下午六时散会。

三月十五日上午九时举行第十七次大会,邹委员鲁主席,讨论各组审查提出之议案多件,其重要者对于军事复员工作,交通问题,及善后救济,政治报告决议案四件。下午三时继续开会,何委员应钦主席,继续讨论各组审查提出之议案,下午六时散会。

三月十六日上午九时举行第十八次大会,蒋总裁主席,通过重要之案为(一)对于政治协商会议报告之决议案,(二)对于外交报告之决议案,上午十二时三十分散会。下午三时继续开会,戴委员传贤主席,首由主席团报告:(一)国民政府委员之产生方法,(二)总裁指示撤销国防最高委员会,恢复成立中央政治委员会案,(三)国民大会本党代表之分配及产生办法。均经大会通过,并决议由大会选举总裁为国民大会本党代表。次则选举常务委员及选举国民大会本党代表,下午六时三十分散会。

三月十七日上午九时举行第十九次大会,蒋总裁主席,首宣布常务委员选举及国民大会本党代表选举结果,随即讨论议案,计通过重要案件,(一)对于东北及华北党务报告之决议案,(二)对于边疆党务之决议案,(三)对于边疆问题报告之决议案,(四)对于地方行政报告之决议案,(五)对于财政金融经济报告之决议案,(六)全体会议宣言。下午一时十五分散会。休息十分钟后,继续举行闭幕典礼。总裁主席并致词,随即礼成,全会至此圆满闭幕。

〔中国国民党中央执行委员会秘书处档案〕

2. 蒋介石在六届二中全会上致开幕词

(1946年3月1日)

各位同志:

今天我们举行本党第六届中央委员第二次全体会议,各位同志在抗战胜利以后,第一次聚首一堂,本席更觉得无上的快慰。

全体会议的任务,是要检讨过去的工作,分析当前的局势,以决定今后努力的方针。而我们这一次全会举行在抗战胜利结束以后,复员尚未完成,建设正待开始之时,又正在我们决定召开国民大会制颁宪法,实施宪政的前夕,所以这一次会议的任务,更见重要。我相信各位在会议期中,一定能对各方面作详尽的检讨,以求得精确的结论,现在我先就个人的感想与希望,扼要的向各位陈述。

这次全会距离我们第六次全国代表大会与一中全会的闭幕,已有九个月了。代表大会赋与本届中央的使命计有五项:(一)争取抗战胜利,(二)促进国际合作,(三)贯彻民族主义,(四)完成民主宪政,(五)提高人民生活,对于这五项使命,中央无时不兢兢业业以求其实现。一中全会闭会以后三个月,日本无条件投降,我国八年余艰苦抗战获得胜利而结束,同时国民政府对于国际安全机构的促成,盟国永久邦交的敦陆〔睦〕与互助合作的增进已尽了很大的努力,对于扶助边疆民族自治以贯彻民族主义,亦根据总理遗教而有具体的决定,可以说前三项使命,均已陆续达成,所留下来的两大任务,就是实施民主宪政与提高人民生活,这两件大事都是本党革命奋斗的终极目标,有赖于政治建设与经济建设的策进。但是经济建设与政治建设又是密切相关的,政治问题得不到切实的解决,经济建设就无法进行,我们在抗战之初,本以抗战建国同时并进为目标,因此在抗战结束以后,我考虑整个国家当前的局势,和全体人民迫切的需要,就决定了和平建国的方针。一方面排除万难,收拾战局,恢复秩序,加速进行复员的工作,使人民能得到休养生息的机会,同时更提出了"军队国家化"、"政治民主化"的两大要求,号召全国一致协力,以促其成功。其具体意见,关于政治民主化者则为国民大会的及早召开,社会贤达与各党领袖分子的参加政府,人民自由的保障,政党合法地位的承认,关于军队国家化者则为全国军队统属于国家,在我国领土之内,不再有私人的军队,亦不再有任何一党的军队,务使全国军队皆受国家的编组,尊重军令与政令的统一,我们这一个决策,我曾详晰说明于去年九月三日胜利日之演词,各位同志想必已经洞察无遗了。

我们以贫弱的国家,进行了八年余长期的抗战,而且在抗战中间还存在着变乱分裂的危机,与扰攘纷争的因素,所以我们要由战时渡到平时,要进行复员建设的工作,所遭遇的困难与阻力特别繁多,这些困难与阻力,我始终认为唯有以最大的忍耐来克服,以大公至诚的精神来消除,也要秉着我们历届决议"政治问题用政治解决"的方针来处理,因为我们国民革命的目的在救国与建国,抗战结束以后,建国的成败为国家存亡之所关,而建设之先决条件为统一与和平,抗战八年余之久,残破牺牲,不可数计,人民流离痛苦,渴望还乡乐业,所以人民最迫切的需求,也在于和平与安定。我们在抗战结束以后种种扰攘纷争的现象,不堪追溯,但是我们实施宪政还政于民的志愿,因种种的疑难阻碍而没有实现,我们和平建设的政策,由于全国未能达到精诚团结与真正统一而无法顺利进行,则是我们认为必须解决的困难,也是革命建国的本党无可旁贷的责任。

由于上述局势的分析,各位同志就可以明瞭我们这九个月中间一贯以政治方法解决纷争,以商谈方式停止军事冲突,以及召集政治协商会议的由来。我们为了要实践召开国民大会及早实施宪政的宏愿,为了爱惜战后国力民力的凋残,为了促成国内进一步的团结,所以我们一方面承认各党派的合法地位,一方面邀集各党派人士与无党派之与会贤达举行了三星期的政治协商会议,对军队国家化及政治民主化问题,与各方面相协议,会议的结果计有五项:(一)扩大政府组织,(二)和平建国纲领,(三)军事问题,(四)国民大会问题,(五)宪法草案的审议,在这些协议之中,最主要的精神就是我们总理的三民主义获得了全体一致的拥护与遵奉,而我们政府在协商会议之时,更是推诚相与,在不违背革命主义,不动摇国家法统之下，不惜变通总理关于建国程序的遗教，以求得和平建国的机会，这是本党为国民的一番苦心，各位同志所必须深切了解的。

上面所述的各项协议，宪法草案正在审议之中，而军队国家化问题，已由军事三人小组商定了"军队整编与统编中共军队为国军的基本方案"，只待如期实施，我们期望各方面都能真诚一致为国为民，使国家走上和平建设统一民主的大道，我觉得只要国内和平统一有了保障，国家能有长治久安的基础，我们都应该以全心全力促其有成。古人有言"精诚所至，金石为开"，我们本党要首先推诚置信，我相信必能以一片精诚感动其他党派而造成坚强的互信，以利建国大业的进行。

我还要向各位同志申述的，抗战建国同时并进本是我们既定的国策，而及早实施宪政还政于民更是我们一贯的夙愿，我尝说"我国实施宪政以后，必须使各政党在民意之前以和平方法作公开的政治竞争，乃为符合于民主的精神"，现在这一个过渡阶段，正是我们与各党派相互观摩，相互砥砺，以开创民主规模的时期。我们就要作实施宪政以后的准备，我们要与各政党处于同等的地位，但是我们本党还负有捍卫主义、保障民国的特殊义务。我们本党的地位较之抗战结束以前已稍有不同，而在宪政实施以前，我们在法理上与事实上还不能诿卸我们对于国家所负的责任。因此这次全会应该就今后本党努力的方向作一番深切的检讨。我以为下列诸点应该特别注重：

第一，要转移我们党员工作的方向，鼓励我们同志各自发挥其个性能力之所长，往文化事业、经济事业、与地方自治工作上去努力。在这些岗位促进国家建设的进步，也正所以锻炼我们自身的进步。

第二，要使每一党员都能认识为民前锋，为民服务，是革命党员最大的天职，不论担任何种职务，都必须随时随地先之劳之，领导民众，从事建设事业，同时要尽量解除民众的痛苦，增进民众的利益，惟有这样，才能教育我们同胞成为建国的基干，才可以加深民众对于本党主义的信仰。

第三，要唤起我们党员爱护本党革命的历史，坚定其贯彻主义的信心。本党五十年革命奋斗的往绩，每一度的成功无不是得力于自我牺牲的决心和日新又新的精神，现在我们面对着伟大的建国时期，更须发杨〔扬〕光大我们先烈的伟业，积极迈进，以竟全功。

第四，要明瞭现在是本党从根本上整理刷新的大好时机，我们一方面要作一个普通的政党，一方面要保持中华革命党时代的精神，来加强本党的组织。因之机构必须紧缩，纪律更须谨严，步骤必须齐一，工作更须振奋。

上面这几点是重要的原则，至于如何改正已往的缺点，如何达成健全本党的目的，如何使本党能适应当前的新环境而尽到我们对国家民族的天职，希望各位同志聚精会神的加以讨论。总之我们临此千载一时的建国良机，必须振奋惕厉，自爱自强，以期不愧为总理的信徒而达到我们保持胜利成果完成国民革命的神圣使命。

〔中国国民党中央执行委员会秘书处档案〕

3. 中国国民党中央常务委员会在六届二中全会上作党务报告

(1946年3月2日)

中央常务委员会报告

综述

六全大会及一中全会闭幕未久，日寇即继德国而无条件投降，本党八年来领导之艰苦抗战卒告胜利完成，然外则国际局势变幻莫测，和平胜利之争取犹待努力，内则复员善后，经纬万端，统一建国之责任尤为艰巨，本会遵照六全大会之决议，秉承总裁之指示，兢业从事，兹谨胪陈工作概况用备检讨。

关于受降及复员善后者　日本突然投降以后，常会凛于时机迫切，环境艰难，对于各项紧急措施，如受降接收，复员善后，以及惩治汉奸，安定秩序诸端，均有切要之决策，并决定全国各地分别减免赋税，实施二五减租，以苏民困，派遣大员分赴收复区域宣慰，以安人心，所有战时法令足以束缚人民之生活者，并饬分别检讨，予以修正或废止，至于一般行政方面除改组行政院外，并经决定设置最高经济委员会，统筹经济建设，关于经济复员，安定金融诸大端尤尽力以赴，凡此虽以情势复杂，困难丛生，绩效未能尽如预期，然有弊必立予纠正，困难必全力克服。惟是战后疮痍满目，经济枯竭，民生困苦，今后如何兴利除弊，以奠立建国之社会基础，自有待于彻底检讨也。

关于外交方面，端在根据独立自主之一贯方针，以策进国际间之和平互助，历次参加国际会议，无不本此原则。自日本宣布接受投降以后，形势急转，当即与美苏英三盟邦协订关于接受日本投降之公告，并迅速签订中苏友好同盟条约，以奠立远东和平之基础，良以和平之环境为建国之前提，中苏毗邻，尤当互尊互信，以求觅取和平互助之途径。至于外蒙，既已具有独立之愿望与事实，爰本诸民族主义之原则，承认其以郑重投票之方式所决定之独立，凡此措施，均属审度情势，权衡利害，以期保障和平建国之基础。

惟是战后世局，情势依然复杂。共信虽立，互信未固，而我国胜利以后，交通阻梗，民困待苏，内外肆应，尤感竭蹶，今后自应增强国内统一，本既定之一贯方针，争取和平之胜利。至收复东北，为我国抗战之最大目的，虽枝节横生，迭遭顿挫，深信在人类和平正义之整个国际关系中，必能获得正当解决之途径，而达成我神圣抗战之目的。

关于准备实施宪政及政治协商会议　实施民主宪政，为本党一贯之政策，六全大会，原已定于去年十一月十二日召开国民大会，以期早日还政于民，经督饬有关机关积极筹备，并限期成立各级正式参议会。嗣以日本投降，国内统一，和平建设，更为重要，国府主席乃电召中共领袖毛泽东来渝，共商国是，由政府及中共派定代表切实商谈，经四十余日之努力，商得初步之决议。决定由政府召集政治协商会议，商谈关于由训政过渡到宪政时期之各项问题，乃毛氏北返以后，中共部队更形猖獗，到处袭击国军，破坏交通，威胁和平，中央不忍战祸重起，增加人民痛苦，仍一再忍让，坚持政治解决之一贯方针。一面改定于今年五月五日召开国民大会，一面催促中共推定代表来渝，迄于去腊，中共围攻绥包之计不逞，而美国亦一再表明对我国统一民主之愿望，并特派马歇尔特使来华，中共代表始行来渝，中央为求速停祸乱并使协商顺利计，决定由马歇尔特使参加组织三人小组，以调处协议停止军事冲突，并于一月十日由国民政府召开政治协商会议，就扩大政府组织，决定施政纲领，审议宪法草案，及召集国民大会，军事问题等项分别商取协议，深维本党革命建国之最后程序。原在实施民主宪政，过去虽以内忧外患，未能切实发挥训政之效果，而主义深入人心，抗战卒告胜利，各党派卒能一致崇奉三民主义为立国之最高原则，承认本党为第一大党，在蒋主席领导之下，和平建国，此为政治协商会之收获。本党负革命建国之历史使命，代表国家与人民之利益，实与国家人民为一体，今后和平建国，民生发展，社会秩序得以安定，国家基础得以巩固，则本党今后领导建国之任务，必更能顺利达成，常会爰特审慎研讨，郑重决议，对于此项协议予以通过，仍提全会讨论，今后本党应如何适应此新的环境以健全本党，以推动政治，俾克保障建国之成功，此则有待本届全会之详细检讨者。

六全大会决议案之督导实施　本会为使决议切实施行起见，特决议组织决议案实施督导委员会，推张继等七委员负责，计先后召开督导委员会议三次，商讨督导办法，并召集各机关主管联席会议二次，切实检讨执行情形，指示执行方法，其属于党务者均送党务委员会审议办法，分交各部执行，属于政治军事者，均送由国防最高委员会分别转行各机关制订详细计划或方案，并转送中央设计局配合卅五年度工作计划及战后五年计划付诸实施。经半年之努力,多已制订方案或付诸实施,其尚未拟定方案或方案尚欠具体者,现正在督促办理。其已在实施中者,为求确知其效果起见,并经由党政工作考核委员会随时严予考核,迄现在止,各机关对于各项决议案均已大体按步执行。惟尚有十六案因关系国家建设大计,或须分年进行,始能完成,或须实地调查方可设计,自非督导委员会所能使之咄嗟立办,且以日本投降后,各机关均忙于复员接收工作,无暇规划,或以情势变迁,须重新通盘筹划,此则有待于今后继续之努力。(详细情形另印附表〔略〕)

党务概况

甲、组织工作

截至本年一月止,国内各党部所属党员已由二百六十四万八千一百六十九人,增至三百十一万四千六百三十八人,另截至去年八月军队党部取销之日止,共有军人党员四百三十二万七千六百二十三人,各党部所属区分部由六万二千〇十六个增至七万八千六百八十一个,区党部由六千六百六十六个增至九千一百八十四个,县级党部亦增加六个,为二千〇六十个。其间已实施选举正式成立者七百一十个,原属后方各党部,对于健全组织,推行社会服务,协助推进地方自治诸端,尚能努力办理,至原属战地各党部,对于复员工作,如清查党籍,建立组织,开展民运,鼓舞民气等工作,亦尚能切实推行。

关于党员训练,各党部所属小组,已由十六万九千二百三十九个增至二十二万三千二百四十三个,福建、浙江、甘肃三省小组训练之成绩较佳,其间尤以福建省为最。各小组既多能按期召开会议,小组竞赛亦能经常举行。各地党员参加通讯训练者共一万〇三百四十五人,参加识字训练者共四万八千一百〇五人。

关于党团活动,全国性人民团体中之党团已由四十七个增至六十六个,地方性人民团体中之党团,由六千个增至六千五百八十五个,各级民意机关中之党团,由二百四十三个增至六百九十九个,各省市举行党政联席会议者凡十五个单位,举行省特别小组会议者二十三个单位,各县市举行特别小组会议者九百八十八单位,党政联系事项,尚能妥为计议。

乙、干部训练

中央训练委员会督导各级训练机关继续推行。中央训练团续办高级班一期,毕业一二九人。各种特班五种,计台湾干部训练班一期一一八人,又该班银行组一期四〇人,译员班四期八二一人,兵役班一期八四人,军法班一期一三八人。西北训练团及所属河西训练班三十四年内至八月底止,共训练党政教各类干部及边疆青年一,〇一四人。战时工作干部训练团三十四年内至八月底止,共招训及续训战时工作干部及战地失学失业青年五,三八三人。中央训练团新疆分团续办四期,训练该省党政教中下级干部五七五人。各省党务干部训练,多附省训练团办理,共训练一,五〇八人。各省地方行政及自治干部,由省训练团、区训练班、县训练所分级训练,计省训练团一二,一〇八人,区训练班八,一八七人,县训练所二六六,二九四人。此外中央各机关主办之各种专业训练班及各省军师管区自行设置之兵役训练班,共训练二,〇四七人。总计中央及地方训练机关续训二九九,三〇六人。累计历年训练人数为二,四八八,六七六人。

该会除各级训练机关工作之督导外,并从事训练书刊之编印。三十四年度已编成七种付印,增编训练教材丛书及专刊七种,均已完成,已出版者三种。此外训练通讯期刊继续编印,三十四年内共发行十六期。

丙、宣传工作

抗战胜利结束,国内外形势,划然殊观;宣传之对象与前大异,方法自必改进。其首要工作,厥为指示收复地区之宣传。举凡抚慰民众,安定人心,维持治安,协助受降,救济难民,惩治汉奸等,无不秉承中央意旨,迅速指示,以赴事机。而纠正过去敌伪宣传之毒素,宣扬中央之政策,尤为经常普遍之工作。其次则为宣传事业之接收及部署。各地敌伪宣传机构,如报纸、通讯社、电影剧院及广播电台等项事业,必须即以接收统筹支配,爰制订办法严定手续,并分区特派人员前往主持,计先后派定之地区有武汉、京沪、平津、港粤、台湾、东北等区。各地敌伪通讯社,即为中央社接收为各地分社。电影事业则分地设立整理委员会或服务处主持,此项工作,极为繁重,处理费时,现除少数地区外,多已处置妥当,开展业务。此外为教育各地日军民起见,于其集中地区,分别派人予以宣传与训练,此项工作即由过去对敌宣传委员会改组而成之对日文化工作委员会主持。各地分设分会或巡回工作团,分别办理,重要地区之直属党报并发行日文版,以便日侨阅读,同时选译主义书刊及总裁言论分送各集中营,收效颇大。

复次,则以新闻检查制度,原属战时措施,抗战结束后,自应予以取消,以树立民主自由之风范,培养健全之舆论。惟收复区域,则以情势复杂,为安定秩序计,自应暂缓开放。经决定原则,规定后方各省市一律取消检查制度,所有有关法规,亦经先后予以废止或修正。实行以来,虽利弊互见,然除少数别有立场之刊物外,其余尚能遵守自由之轨范。

此外六全大会关于宣传之决议案,业经宣传部制定实施办法及进度表,分别施行,其中最重要者为党报及电影事业企业化之准备,去年八月间曾召集国内各直辖报社社长会议,订定"党报企业化纲要"及"各报股份有限公司章程",本年度工作计划中,拟在沈阳、长春、哈尔滨、大连四处各设一报,并择原有南京、重庆、上海、北平、天津、汉口、广州、成都、贵阳、昆明、西安、长沙、桂林、福州、台湾、香港十六报社共计二十个单位,一律照公司法,采用民营股份有限公司方式,由中央拨给一次资金,藉以充实各报流动基金及印刷设备,实行企业化,自给自足。

惟上项计划核定较迟，未能如限实施，为顾及事实上之困难，复经决定本年一至三月间为筹备期间，四月一日起必须一律实施，除东北情形特殊，四报暂缓设置外，已分饬南京、北平等十六报社积极筹备，并分别派定筹备人员，负责办理。现各报正着手调整机构，紧缩编制，草拟公司章程及组织，确定业务计划，造具营业损益预算编造财产目录，估计资本总额，准备招募商股等等，至于资金之如何分配运用，及向美国订购新式印刷机件等等，亦正考虑准备进行中。总之，此项企业计划，本年四月一日必可付诸实施也。

至电影事业企业化一项，宣传部拟扩充中央电影摄影场，普及各地之制片业务，进行改组为中国电影制片股份有限公司，作为将来之制片机构。并拟利用中央电影服务处原有及新近接管之业务，及其关系，组织中国电影企业股份有限公司，统筹各部门业务之均衡发展，确立企业化之基础。

丁、海外党务

各级党部组织，自第六次全国代表大会至现在，计增设直属支部五个，分部三十六个，通讯处十三个，征求新党员三千五百七十八人，并续行派出各总支部书记长七人，各直属支部秘书科长二十一人，视察员五人。

关于收复区党务，在南洋各地沦陷期间，着重指导侨胞同志协助盟军反攻，使党务配合军事推进，同时准备复员之种种设施，迨日寇投降后，即派员分赴各地指导视察，复依实际需要，选派各地党务整理委员，以便从速恢复整理各级党部之组织，驻菲律滨、驻港澳两总支部复员最先，其余马来亚、越南、缅甸、暹罗、荷印等地党部亦经渐次整理就绪，计共恢复单位一百二十七个，近为便利指挥南洋各属党务起见，拟将缅甸、越南两办事处裁撤，改设南洋办事处，计共增设直属支部五个，分部三十六个，通讯处十三个，增加新党员三千五百七十八人，成绩尚佳，南洋一带为华侨众多之地，如复员工作完成，当更有进展，惟党团组织之进展颇见缓慢，至训练工作，小组会议因组长人才缺乏，及党员职业关系，集合不易，致未能顺利推行。为谋加强党部与党员之联系，特推行党员访问办法。

关于宜〔宣〕传工作方面，充实党报联络侨报之方策，仍继续施行，并派出各党报总编辑主笔社长共七人，收复区党报更另拨专款接济，期使迅速复刊，因国内外交通犹甚困难，对海外广播工作，尚在积极展开，平均每月广播一百二十八次强，类别计有十种。

至侨民运动方面，普设社会服务处，致力国民外交活动，劝募捐款献金，皆随时督导各级党部及侨团努力推进，余如侨胞之复员，归国侨胞之招待与救济，侨生就学之介绍与保送，华侨专门技术人才之征聘，侨眷消息之查访，均经分别办理，或予协助，以期增进侨胞对本党之认识与信服。

戊、文化运动

此项工作由文化运动委员会主管。该会原属宣传部，本届一中全会改为中央直属，于去年十月一日改组成立。自抗战胜利后，内乱接踵而至，为领导文化界集中意志及力量打击反动起见，迭经指导各文化团体，及各省省文化运动委员会适应时局要求，从事各项文化活动。并派员分赴各地学校演讲，以安定青年情绪，发动组织国际文化合作协会，及中华全国文艺作家协会，以充实本党文化运动之阵容。

关于出版书刊，经常编印刊物两种：（一）文化先锋旬刊，（二）文艺先锋月刊，均按期发行，现正筹办平津上海版，又预计编印文化丛书，惟因经费支绌，印刷困难，尚有待于积极之筹措。

此外对于书刊及文化团体均分别调查，经常通讯，聘订通讯员担任各地文化通讯工作，按周编辑文化情报汇编，分别密寄各地参考，每月并广播文化消息，编印广播稿，分送各文化机关。在重庆每两周文化讲座举行一次，约请专家学者主讲，各地则随时举行座谈会或晚会。至各省市文化运动委员会在抗战胜利前成立者，计有广东、江西、福建、宁夏、河南、陕西、青海、甘肃、西康、新疆、浙江、湖南、湖北、安徽、云南、绥远、四川、贵州、重庆十九省市。胜利后陆续成立上海、南京、汉口、北平、天津五市，凡关于一般活动或指定一省市或数省市之特殊活动，均随时通函指示办理。日本投降后，于南京、上海、武汉、平津、广州等地，派遣特派员督导各地工作。

己、妇女运动

此项工作系由妇女运动委员会主管，该会原系隶属组织部，本届一中全会决议直隶中央，扩大内部机构，俾便推动工作，惟因中经改组，工作略有间断。其主要工作首为指导各省市成立妇女运动委员会，计新增者有河北、汉口、上海、南京四单位，新增设之县妇女运动委员会，有陕西十八县，浙江十二县，青海十县，山西六县，云南四县，宁夏二县，江西一县，湖北一县，计五十四县。增设识字班三十班，新成立妇女福利社者有万县、泸县两县，策动成立之妇女团体，有中国女青年社、中国妇女服务社、妇女职业互助会、陪都妇女团体联谊会，为推动收复区妇运工作起见，决派委员赴各地督导。至于普设妇女福利社，推广文化运动，扫除文盲，举行时事讨论会、各种研究会、妇女问题广播等，亦积极策进中。

庚、财务

六全大会鉴于今后本党党费必须自给自足，曾通过关于筹措党费之总决议案，对于开源节流各点，指示甚详。一中全会对于该案复详加研讨，认为已甚具体，当经决议：应依照原案，并参酌实际情形逐步实施，务于召开国民大会前分别完成。本届常会当遵照决议，先将中央财务委员会加以改组，俾能遵照六全大会之决议，负责实施。该会去年十一月间改组成立后，于兹三月有余，对于职权之划分，机构之调整，人事之充实，以及各项规章方案之订定，多已略具规模。至于筹措党费、运用基金、创办事业等项工作，亦均遵照原决议积极进行，祇以兹事体大，自非一蹴可就。兹谨就三月来财委会之工作，摘其荦荦大者，分述如次：

党有财产之清理：六全大会关于筹措党费之决议案内，原规定本党现有各项财产统应拨充党费基金，本会当交由财务委员会负责实施，该会经已分下述三项，分别进行：(1)除分函中央各单位，并通饬各级党部限期清厘，切实具报外，并拟即依据中央监察委员会现有之各单位财产目录，分别核实汇案统计。(2)所有中央征存之各项捐款，已限期整理，本息悉数充作基金，并案运用。(3)各级党务机构截至三十四年底止，所有经临各费，如有节余，亦限期清结，并作基金，统筹运用。依照上述数项，则本党基金，当已可略获一部分之基础矣。

党营事业之改组：六全大会曾有运用党费基金创办各种事业以巩固本党经济基础之决议，并经订定五项方针，六项范围，财务委员会本此决议，首先对现有各项党营事业，分别加以整理，其在进行中者计有：(1)各地直辖报社择其历史悠久基础较具或地区冲〔重〕要者约二十家，会同宣传部拟具改组公司充实基金等项办法，使其完全企业化；并指定妥适人员，限期三月，完成一切法定手续。(2)正中书局，文化服务社，及独立出版社三出版机构，亦于分工合作之原则下，充实资金，改善内部；并就各原有董事中指定人员，负责筹办改组公司之一切手续，亦统限三月内全部完成。(3)中央电影摄影场，拟分摄制、放映两部门，改组公司，现正商拟具体方案中。(4)中央广播事业处及中央通讯社因性质特殊，亦在会商妥适办法，分别改组企业公司，短期内当可期其实现。至于新创事业，关系尤巨，现亦就六全大会所定范围谨慎选择，草拟具体方案，俾于基金筹获后，即可分别投资举办。

革命债务之筹偿：关于清理革命债务一案，关系本党信誉甚重，中央历有决议，规定办法。请由政府偿还，祇以抗战关系，迄未实行。兹以战事业已胜利结束，本会爰本六全大会早日清还之旨，依据以往决议，请由政府于本年度国家偿还债务预算内，编列清还革命债务专款，拨交本会分别清还。一面另由财务委员会将前革命债务调查委员会案卷帐册积极清理，并拟具各项债务偿还办法。一俟专款拨到，当即可开始偿还，悬搁已久之革命债务，即可完满清结，关系本党将来筹募工作，实非浅鲜也。

党员特别捐之筹募：另为执行六全大会筹措党费基金之决议，本会拟即发动一次党员特别捐，经已交由中央财务委员会拟具实施方案，积极进行，并经决定捐募目标至少为二百亿元，交由各级党部，发动全国党员，分队劝募，限期完成。所有实施纲要，以及各地党部劝募数目分配表等，均已草拟竣事，一俟正在筹募之救济捐三月底结束后，即付实施。惟此项特别捐既系充作本党党费基金之用，能否迅速完成，关系本党前途至重且巨，所望全党同志，一致奋起，共同努力，早观厥成。

此外如各下级党部财务机构之建立，党员月捐办法，及党员印花费之厘订，本年度全国党务费预算之核定，收复区党务费之调整，以及各项会计制度之推行，或业已付诸实施，或正积极筹议草拟。

辛、人事

六全大会对人事问题有详尽之决议案，如干部政策、考核奖惩、抚恤救济以及纪律等项，均有原则之指示，经分别根据现行法规及实际情形，酌予修订实施。至各级干部及各类人才之调查、选拔、培养及分类等项，并经由组织部制订实施办法，为计划从政党员之管理，经已拟就从政党员管理办法，一俟核定，即可公布施行，并于本年度计划，拟选拔优秀党务工作人员一千六百人，从事各项政治、经济等建设工作，经已订定选拔实施纲要及分月进度，正在按期实施中，日本投降后，本党各事业机关，因须扩大各地事业，需人甚急，计共约二千余人，经向各部会处局征选，以期逐渐缩减中央员额，并以实施宪政在迩，为使党务工作人员便于从政起见，经规定任用审查合格登记办法，凡合格人员一律由铨叙部发给登记合格证书，至于曾任党务工作人员之从政资格甄审，仍继续办理，拟定于本年三月截止。今后实施宪政，本党对于政治社会之运用，端在控制人事，务使各业党员，均能发挥活动力量，方克有济。故今后人事之管理与运用，必须彻底改进，此则希望全会予以指示者。

工作检讨

甲、关于组织工作

一、健全党务及党的组训与活动　自上次全会闭会后，组织部即经遵照六全大会之提示，拟具实施办法，分饬实施，截至本年一月止，各党部实施结果足资陈述者，其一：为新征党员成分比率之进步，统计此半年来农工应征入党者共占申请入党人数百分之四十七强，妇女及青年共占百分之二十强，社会、教育、经济、文化各界优秀分子及工业界专门技术人才共占百分之十九强。边地王公、僧侣、土司、头人及知识青年入党者凡一千五百一十人。其次：为党籍管理之加强，自去年五月上届常会，核准限期办理党员补行报到后，经即分饬各党部遵办，俾使游离党员纳入组织。并严格办理党员移转登记，以清理党籍。其三：为党员训练工作之推进，各地共增编小组五万四千零四个，党员参加通讯训练者增多九千七百七十一人，农工接受训练者增多六千人，"小组竞赛实施办法"及"党员通讯训练实施纲要"，均经斟酌实际需要加以修订，关于农民、工人、妇女、青年及边疆党员手册亦由该部编拟完竣。其四：为党团活动之开展，全国性人民团体中之党团，计增加十九个，地方性人民团体中之党团增加五百八十五个，各级民意机关中之党团增加四百五十六个，其数量虽微，但大部分党团尤其各级民意机关中党团，尚能发生作用。其五：为党员工作之考核，三十三年度办理党员总考核之省、市、路、边疆、学校、工矿等□部共四十六单位，成绩最优之党员四千〇四十五人，成绩最劣之党员一千八百二十四人，业予分别奖惩有差。至三十国〔四〕年度党员总考核亦已于去年底开始举办。其六：为选举之实施，自上次全会后省及铁路特别党部实施选举者，有陕西及川滇、滇越路两单位，县市党部实施选举者共一百六十七单位,均能依法办理,未发生任何纠纷。

二、指导办理复员工作 敌人投降后,组织部随即订定紧急措施办法七项,分饬战地各党部办理,各该党部尚能切实奉行。其间尤以河北、山东、江苏、青岛等省市党部之艰苦奋斗,汉口、北平、天津、南京、上海等市党部之维持秩序,平汉、粤汉等铁路特别党部之协助接收,为较有成绩。又自上述办法订颁后,组织部续经按□实际需要,拟订组织工作复员计划,呈奉核定施行。其较重要者,计有调整机构、清理党籍、整理铁路工会、派员实地视察诸端,关于战地党务机构之调整与充实,先后呈准实行者,计有辽宁、吉林、黑龙江、热河、察哈尔、台湾等省,南京、天津等市,津浦、平绥、陇海、胶济、道清、正太、同蒲、东北等铁路,及晋察冀邻区党部。此外为适应特殊环境,经呈准设置冀、鲁、豫、苏邻区党部,并分饬晋豫两省党部于晋东南晋南及豫东南设置办事处,至原来实行党政军一元化之河北、山东等省,亦经呈准恢复平常建制,关于战地党员党籍之清理,前在抗战期间,即曾订定办法,督饬施行,惟以战区环境特殊,办理匪易,致数年来各党部共仅清理五万四千七百三十六人。各该地区收复后,组织部为明瞭当地党员实况,俾便布置工作起见,经参照前项办法,订定"收复区党员党籍清理要点"十项施行。各铁路未经接收以前,多经由各该路党部指导工人组织工会,秘密活动,及至接收以后,对于此项工会之指导整理权责奚属,难免纷争,组织部为此经与政府各主管机关迭次会商,分别予以解决,现正在进行整〔原文下缺〕。

三、撤销军队党部与学校党部 为执行六全大会促进宪政实现之各种必要措施一案,经决议军队党部于八月一日以前取销,学校党部于国民大会以前取销,其所属党员应参加当地党部之活动。在部队中服役之党员即停止其在部队中及驻在地方党的活动。组织部因订"军队党部撤销后军人党籍处理办法",该部之军队党务处亦于本年一月撤销。至学校党部原定在国民大会开会前撤销,嗣因国大开会延期,故撤销期限稍缓,爰由组织部先行订定问题五则,分发各学校党部征询其意见,嗣经根据各党部之答复,拟订结束办法,该项办法当待撤销日期确定后,再付诸实施。

乙、关于干部训练工作

训练委员会各项工作,尚能遵照历次全会指示,切实推行。而于战事结束前后,对于各地训练机关之应变及复员措施,亦能适切指导,不失机宜。兹更分别检讨如次:

一、关于机构之设置及工作之推进者 中央各训练机关三十四年度施训人数,尚能符合计划,或且超过。中央训练团以党政班为主,先后举办三十一期,调训二万三千余人,遍及于各部门;各种特班,亦能适应当时需要,此后当着重编余军官之转业训练,以配合复员建国。西北战干二团,原为适应战事需要而设置,战后无续办必要,已经结束。新疆分团上年内虽按期开办,惟以该省政局动荡,调训范围,限于省会,未能普及,至地方训练,则以战区扩大,影响独巨。其中各省党务干部训练,颇有延误,施训人员不及往年,尚待督饬补办。各级地方行政干部训练施训人数差符计划,而训练类别,则多迁就环境,不免变更。胜利后各省训练团复员工作,进行尚称迅速,因战事迁徙者,均已迁回省会,预计三四月间,均可继续开训。收复省区训练机构之设置,经订定办法,洽商各该省政府办理,新成立者有河北、辽宁及台湾三省训团,在筹备中者有平津沪三市。

二、关于训练方式及内容之改进者 对于训练之方式与内容,过去已不断改进。最近尤着重于后之各项:(一)择述六全大会决议指导研究实施。(二)协助县各级民意机关代表举行讲习,鄂、黔、陕、赣等省均曾试办,颇收效果。(三)推行边民训练,康、黔、甘、新等省均著成效。(四)加强业务训练,各种学科,更求简要切实,并尽量利用实习作业讨论等方式。(五)训导方面,倡导自动合作之精神,养成民主法治之习性,就考察所及,大抵省级训练机关,多能遵照研求改进,惟县级训练,则以人才设备之缺乏,各项训练尚不免流于形式而乏实际。

三、关于训练书刊之编辑征审者 数年来对于训练书刊之编印,教材与参考资料并重。初着重于省级训练,渐次及于县级训练,近一年来,除补充乡保教材外,并从事于公民训练丛书之编辑,均能适应需要。而每书付印,无不一再审订,尚称谨严。惟以物力及寄递之困难,不能大量印发,各级训练机关,亦以翻印不易,多仅用作参考,于教育效率,影响实巨。至征审工作,虽尚能照常进行,亦以邮递困难,数量较往年为少。

依上所述,训练工作,今后尚待继续推行,并应注意左列各项:

一、从〔重〕新确立工作目标,针对新的政治环境与任务,配合地方自治与建设之需要,为适切之措施。

二、内地各省,继续办理,注意自治人员训练之完成,收复省区,加紧推行,先着重于行政及教育人员之训练。

三、教育要领,着重受训人员实际工作能力之增进,与为民众服务精神之养成,并求于经常工作中实施训练,于服务中获得民众的信仰。

四、充实各级训练机构之人力与设备,并由中央大量印发各项书刊,以增强训练之效能。

丙、关于宣传工作

六全大会后,本党宣传工作,大体尚能适应时机,力图改进。关于宣传方针之指示,各级党部机关多能根据原则加以阐扬,即中立言论机关亦多能响应本党理论,至各地接收复员情形尚称顺利,京沪平津一带接收后之报纸,非直辖党报,即受本党指挥之中立报纸,对于当地言论颇能发挥控制作用。惟年来物价乃继续上涨,预定经费不敷现实开支,故不得不缩小原定计划,编辑书刊因稿费较外间为低,征稿颇感困难。关于政绩宣传,则因多数机关不愿充分供给材料,效果不如所期。至于一般缺点,则以交通困难,指示稍欠迅捷,不能收因时制宜之效。而各地情形复杂,宣传工作未能机动运用,因地制宜,尤为共同缺点。抗战胜利以后,政治情势已进入一转换时期,且出版检查及其他消极限制,既经废止,本党自尤应注重于主义政策的宣传,并发挥积极的主动的斗争性,以与党的组织活动密切配合,同时注重基层宣传,以收普遍深入之效。

丁、关于海外党务

海外党务,过去以南阳一带最为发达,日寇侵入南洋后,党务几陷停顿,战后又以土著之民族解放运动风起云涌,交通亦极困难,用是恢复不易,马来亚及荷印及越缅在沦陷期间,本党同志被日寇杀害者达一百三十余人,死事壮烈,此固由日寇凶残成性,对我党员备极衔恨所致,亦足以反映海外同志之坚贞。关于宣传工作,因党报系由同志集资经营,类多资金不足,因陋就简,海外部虽有新闻事业奖励金之奖助,但为数甚微,求其设备完善,势难达到。现各党派纷向海外活动,急须扩大本党宣传,故联络侨报办法,仍应竭力进行。同时加强广播,建立海外出版社,以供给海外各地宣传资料。关于侨民运动,端在以服务精神感召侨胞,使其接受领导,各地党部于此颇能致力。对于国民外交活动,年来亦渐有进步,兹谨述今后应行改进之点如左:

一、刷新党部内部组织,督促普遍建立党团,以加强党的活动力。

二、发动各级党部普遍建筑党所,以树立各地党务活动中枢,并使党部有产业基础。

三、党部与青年团所派之人员,应有更密切之联系。

四、选择海外重要区域,由中央出资,创办较大规模中心党报,以树立海外宣传据点,并在国内建立对海外广播专用电台。

五、协助各地华侨社团改善其组织,并将各地抗日救国团体改组为建国协进会,并合组当地全体统一性之机构,以集中力量。

六、发动海外各地组织祖国观光团,回国考察国内工商事业,以发展国际贸易。

结论

自六全大会迄今,历时九月,国内外局势变化极为重大,抗战军事虽已结束,胜利果实则犹待争取。建国之基础犹未巩固,和平之环境尚待建立。而战后社会凋敝,民生痛苦,复员善后,百废待举,殷念前途,实堪隐忧。凡此固属过去历史原因与社会条件所构成,而在负有革命建国使命之本党,实亦有无可推诿之责任。用是委曲求全,以求保障建国之基础者,进而完成其历史之使命。举凡对外交涉,复员措施,以及召开政治协商会议诸大端,无不秉此原则,谨慎从事。至于党务为推动政治之根本力量,年来虽迭有改革,进步实嫌迟缓,今后实施宪政,本党虽退处于普通政党之地位,但仍负有维护国家基础,保障实行主义之重大责任,实应精诚团结急起直追,适应新的环境,彻底改革党的组织与活动方式,庶得因应需要,运用灵活,此则希望全会同人切实检讨示以规模者也。

〔中国国民党中央执行委员会秘书处档案〕

4. 中国国民党中央各部会在六届二中全会上作党务报告

(1946年3月2日)

一　组织部

一、征求党员整理党籍

(一)征求党员　自上次全会后,关于征求党员工作,数量方面仍按本部去年度计划办理。惟征求成分,则经遵照六全大会之指示,通饬各党部应侧重于农工妇女青年之吸收,并规定其比率。为农工应占百分之五十,妇女及青年应占百分之二十。各党部于此,尚能注意办理。截至去年十二月,各党部共征得党员四四〇,六四三人。而按照各党部已造送到部之党员成分初步分析资料加以统计,去年度,农工应征入党者合占新征党员总额百分之四七.六七,妇女及青年合占百分之一九,与原订比率,尚大体相符,又边地官吏、僧侣、头人及知识青年入党者计一,五一〇人,亦较从前为进步。

(二)办理党员补行报到　去年五月,本部曾遵照"本党组织与干部之现状剖析与改进意见之处理办法",拟订"党员补行报到办法"呈奉上届二八二次常会备案后,通告各党部一体办理,截至本年一月止,据报办理结果者,有四川等八单位,报到党员名册尚未到部者,有河南省(八〇九人)、黔桂路(五一一人),据报遵办或请展期尚未造送名册者,有合川豫丰纱厂等二十单位。据报并无游离党员者,有沙市纱厂等四单位。根据已报部之名册统计,报到党员人数为八五三人,其间党籍不符者三一二人,业饬复查具报。

(三)清查战区及收复区党籍　前在抗战期间,原曾订有"沦陷区域内党员党籍清理办法",密饬战地各党部办理。各该党部先后共清理五四,七三六人。迨抗战胜利,本部经即参照党务复员计划,订定"收复区党员党籍清理要点"九项,通饬遵行。当此项要点未颁到以前,原属战地各党部,如汉口市、湖南省、河南省、中华海员、上海市、广州市、江淮淮南铁路、京沪沪杭甬铁路等,均曾拟具办法呈核。经指复可俟上项要点颁到后,参照办理,以免分歧。

(四)订定军人党籍处理办法　截至去年七月,军人党员计有四,三二七,六二三人。自八月份起,各军队党部奉决议取销。关于军人党籍之处理,经拟具办法七项呈奉十四次常会备案后,通饬遵照。至移转人数,则尚未据各地方党部统计呈报。

二、增设及调整党务机构

(一)增设党部　自上次全会后,各省市及铁路公路党部未增加。县市及省属特别党部暨边疆党务特派员办事处所属之旗党部,共增加三十一单位,减少十六单位,实增十五单位。连原有之县级党部计算,共为二,〇六九单位。区党部及直属区党部共增加二,七五五单位减少二四单位,实增二,七三一单位。连原有者合计,共为九,三九七单位。区分部增加一七,〇二一个,减少三五六个,实增一六,六六五个。连原有合计,共为七八,六八一个。

(二)调整并充实党务机构　自上次全会后,各省市路党部实施选举,正式成立者,有陕西省及川滇滇越两路党部。连同六全大会前已实施选举之十单位计算,共为十二单位,县市党部实施选举及改选者一六七单位,连同六全大会前已实施选举之五四三单位计算,共为七一〇单位。原在战区之河北、山东、江苏等省曾实行党政军一元化办法者,自抗战结束后,业经先后呈准恢复其平时编制。正太、同蒲、胶济、道清等铁路党部,原在筹备阶段者,现已成立执行委员会。此外省党部之增设者,有台湾省党部,因地方特殊需要增设办事处者,有河南、山西两省党部。

(三)撤销军队党部与学校党部　自六全大会决议撤销军队党部与学校党部,并经本届第三次常会决定撤销军队党部办法四项后,本部遵即通饬原有各军队党部如限结束。并改组本部军队党务处为军队党务结束办事处。办理各军队党部撤销后所属专任工作人员之转业资遣及经费报销之审核等事宜。截至本年一月止,所有有关各军队党部之撤销事宜,均已办理完竣,上述之办事处,亦已随而取销。至学校党部,原定在国民大会开会前撤销,本部于去年八月间,订定问题五项,分发各学校党部征询其意见。经根据各项之答复,拟订结束办法,而实际上自六全大会决议案公布后,学校党务经费发至十二月止,各项活动亦早经停止矣。

三、训练党员

(一)小组训练　自上次全会后迄今,原属后方各党部共增划小组一六,一九六个,其成绩以闽、浙、甘三省为较优,尤以闽省为最,不独小组会议多能按时召开、小组竞赛能经常举行,即训练工作简表或工作报告亦能按期呈送。

(二)党员通讯训练　截至本年一月止,各省市路党部依照训练实施纲要举办个别通讯者,有川桂湘粤闽浙甘宁青晋等省、黔桂路及松理茂、绥远、蒙旗等党部,总计参加党员九,七七一人。

(三)失学党员识字训练　截至本年一月止,据呈报依照失学党员识字训练实施纲要举办训练者,有川桂粤闽湘浙甘宁青晋等省、黔桂路及松理茂、绥远、蒙旗等党部,计参加训练人数四六,八〇九名。

(四)接办中训团毕业学员通讯业务　去年十一月,奉指示接办前中央训练团党政训练班毕业学员通讯处所主管之学员通讯组织督导等事宜,及侍从室第三处所主管之学员工作调整分配暨人事资料之登记等事宜,遵于本部党员训练处下增设一科专责办理。截至本年一月止,计收到通讯二四一八件,核复二三七六件,整编通信小组一〇八组,新设五五组,连原有者计算,共为一〇二三组,登记学员人事卷二三件,整理学员自传考核表等九一七件,办理有关分配学员工作案二二四起。

四、办理党员总考核

(一)完成三十三年度党员总考核　三十三年度党员总考核,原计划办理者,为陕、宁、甘、青、新、浙、滇、川、康、闽、粤、桂、渝十四省市党部、四边疆党部、五铁路公路党部、十七工矿党部、二十八学校党部及二训练班党部,其开始办理日期,奉核定为三十三年十二月二十日,适值各党部奉令举办青年从军运动,及准备六全大会代表选举事宜,故于总考核事项,纷请展期办理,经核属实,爰准展延,截至去年年底止,计省市党部造送成绩名册者,有陕、宁、甘、青、新、黔、浙、滇、川、康、渝十一单位,其名册迄今尚未赍到者,为闽、粤二省,因战事关系免办者,为广西省,边疆党部赍送成绩名册者三单位,逾限始送到者为阿拉善旗区党部,因其格式不合规定,已发还并入三十四年度办理,铁路公路特别党部成绩名册已送达者三单位,黔桂湘桂两路均因战事关系免办,工矿党部造送成绩名册者十单位,学校党部造送者十二单位,此外川、滇、赣、青、豫(三十二年度已办十县,续送三十县并入三十三年度办理)五省三十二年度党员总考核成绩优劣名册送达到部为时过迟,前经指复各该省准将三十二年度成绩名册并入三十三年度办理。以上各省市路工矿学校及边疆党部,共曾考核党员三八二,一八八名,其间成绩最优者计五,二〇四人,经呈奉决定分别予以奖励,成绩最劣者计二,三六七人,亦经列册送请中央监察委员会议处。

(二)举办三十四年度党员总考核 三十四年度党员总考核,系于去年十一月十二日开始举办,经指定办理之单位,为宁、青、康、新、滇、桂、川、黔、陕、甘、粤、闽、湘、鄂、浙、豫、绥、渝十八省市、五边疆党部、五铁路公路党部、十七工矿党部、二十九学校党部,其余原属战区各党部,仍依例免办,截至本年一月止,已办理完竣,造送成绩名册者,有青海、宁夏两省党部,中央政治学校特别党部、及直属松理茂、沙市纱厂、宝源煤矿、西安大华纱厂四区党部。

五、指导办理示范县市党务

三十三年十一月本部审度实际需要,认为后方各省亟应健全基层组织,协助推行地方自治,并应先就党务较有基础之县市全力试行,以为示范,爰拟具"后方党务改进方案要点"呈奉核准施行,并于三十四年度工作计划内订立项目,编列经费,通饬实施,嗣为各省党部便于指导办理起见,复经拟订"示范县党务工作纲要"呈准颁行,惟以此项纲要订颁稍迟,而各省党部指定示范单位,编拟预算亦需相当时日,故此项工作,在上次全会后,去年七月间,始着手推行,截至十二月,据报办理情形者,有青海、甘肃、福建、贵州等省,考其成绩,以青海之乐都县为最优,西宁县及甘肃兰州市庆阳县次之。

六、推行社会服务

(一)省市党部 各省市党部社会服务工作,自上次全会后,经仍按年度计划,督促推进。截至去年十二月止,各党部所设立省市县乡镇社会服务机构,已增至八一三单位。重庆市成立有服务队三十单位。此外宁夏对于合作事业之推行,尤著成绩。计成立有普通合作社二一二所、乡镇合作社三六所、保合作社四一八所。

(二)边疆党部 各边疆党部推行社会福利事业,原已具有规模。自上次全会后,复经督导各该党部积极推进,并于经费及器材方面酌予增加补充。用是最近半年来,各该党部本项业务益形进展。计曾诊疗病人四八,〇〇一人,诊治病畜七,五〇七头,接种预防一〇,七五四人,卫生检查九四四人,候诊教育七一五次。

(三)工矿党部 直属沙市纱厂、甘肃油矿、豫丰纱厂、宝源煤矿等区党部,对于职工补习教育及识字教育俱曾继续举办。接受教育人数凡一,九五六人。连前累计共为八,九〇七人。

七、开展党团之组织与活动

(一)发展人民团体中党团 自上次全会后,至本年一月底止,计由本部派员直接指导成立全国性党团一九个。合原有者共六六个。由各级党部指导成立地方性党团五八五个,合原有者共六五八五个。全国性与地方性人民团体中党团共有六六五一个。

(二)发展民意机关中党团 据报桂、湘、皖、粤、赣、川、黔、鄂、陕、浙、康、滇、宁、绥、新、鲁等十六省参议会,闽、桂、甘、赣、川、豫、黔、鄂、陕、晋、浙、康、宁等省所属三四八县市参议会,及闽、赣、宁三省所属三三五乡镇民代表会内所建党团,共达六九九个。

(三)增进党政联系 举行党政联席会议者,有渝、康、黔、粤、闽、浙、皖、湘、鄂、豫、陕、甘、青、宁、新等十五省市。其因故未能举行此项会议者,尚有赣、晋、绥、川、滇、桂六省。举行省特别小组会议者,有川、康、陕、甘、宁、青、晋、绥、新、豫、皖、浙、闽、赣、湘、鄂、黔、滇、粤、桂、冀、沪、渝等二十三省市。举行县特别小组会议者,有上列各省(冀省除外)所属九八八县市。

八、派员督导复员工作

自抗战胜利后,本部经遵照中央指示拟订复员计划项目,呈准分饬原属战地各党部实施。为期该项计划实施有效起见,经就本部高级职员中遴选十一人分区前往督导。各该员等于去年十一月前已先后出发,惟以任务较繁,需要督导之单位较多,迄今尚未竣事。

二 宣传部

甲、宣传方针

宣传部在八年抗战中,因政府未另设情报部一类之机构,故实际上已担当国家宣传行政之重任,宣传部及其各级机构,除仍如平时一贯宣传主义及本党政纲政策之外,更须以全力推行对友邦宣传国策与作战努力,对国内宣扬政令激励士气,对敌人消除战志瓦解军心,使抗战早获胜利。而其所直接指导管理与策动者,又为全国一般新闻文化机关团体,包括民间事业在内,因其工作对象之不同,有友有敌,有内有外,故其运用之方法与态度,必须分别因时因地乃至因人而施,此就宣传部业务性质而言,实负有党部与政府之两重任务。

由于本党为一执政党,而本党之中央宣传部又直接代替政府办理宣传行政业务,故宣传工作之推行,不仅须符合党的利益,且须与国策互相配合。当本党或政府将决定某项政策以前,应为其造成执行此项政策之有利环境,继之当竭力支持此项政策之顺利实施。又宣传须顾到实际效果,往往一经发动某项宣传,即可见其反应为成功抑为失败,甚或未生作用,英美人士重视宣传,谓为心理作战,与疆场角逐无殊,可见宣传非空洞无物之事,未可全凭主观或图一时之快意为之,此就宣传方针之操持而言。宣传部自上届中央全会以来,根据六全大会之决议,秉承中央及总裁之指导,缜密决定,谨慎将事。惟宣传之运用,既须讲求方法,以期实效,平时有为远在各地之同志未能详悉其底蕴者,今特趁二中全会召集之机会,略述梗概。

宣传部宣传方针之指导,乃基于本党既定之政纲政策与中央之指示,参酌当前国内外情势与人心之向背,决定有利于本党及政府之宣传态度,并详细估计可能获得之反应与效果,决定运用之方法,通过何种形式或何种方面以达成之。譬如以共产党问题之谈判与党派政治协商二事言之,往往在宣传上表示本党及政府之一再让步,反较激烈争辩采取攻势更能获得国内外第三者之同情。吾人之宣传,重在争取第三者心理上之反应,而此种同情心之获得,最好通过第三者为之,则宣传效果尤为显著。宣传部对于国内或国际重大政治问题之宣传战略,当采取侧面进攻之方式,鼓励或促使国内外中立报纸刊物向对方施以抨击,而本身则常示宽大忍让,以争取第三者之拥护。苟反其道而行之,必致中立分子之同情无法获得。故宣传之指导,必须有表里之不同。宣传部对党外之宣传,重在争取同情与拥护,对党内之宣传,则在加强对党员之政治教育。其对各级党部及所属宣传机关之每周宣传通报或临时特殊指示中,均指出国内外局势之重点,时事问题之内幕,或某一事件之背景,或针对异党汉奸所散布之谣言加以澄清,尤其遇有复杂微妙之局势发生时,必颁发指导纲要,为其分析评述,使宣传工作者有南针可循,不致陷入迷惘。此项工作,实最为重要。

溯自去年六月以还,为时半载有余,而世局之演变,已使各种情势完全改观,在此种剧变之中,本党宣传方针,即照上述各项原理办法努力推进,兹摘要分述如下:

(一)六全大会决议案之宣传 去年六全大会闭幕以后,宣传工作之重点,在宣扬六全大会各项决议案,一面督促其实施,一面则唤起党外人士之了解与拥护。其关于本党政纲政策者,则加以阐扬,尤对于改善农工生活及土地政策者,尽量使民众得知本党实代表各阶层之利益,以打击异党之谬论。其关于外交政策者,则宣传本党主张盟邦团结与国际合作,及维护集体安全,以促进世界和平之理想,消除国外舆论界对于本党抱有偏狭民族主义之误解,并争取盟邦对我之援助。关于国民大会与中共问题者,则极力造成有利于本党之政治环境,并使国内外舆论界循此路线对中共施以压力,使其在政治方法解决中共问题之空气下,不敢公开叛变,或反对国民大会。因当时正作对日反攻之军事准备,国内团结之维持实有其必要。

(二)配合反攻之宣传　去年六月以后,中国战场对日反攻之军事已见端倪,在宣传上应尽力造成全国一致准备全面反攻之紧张空气,以振奋士气,加强作战意识,以免军民因等待日本投降而发生懈怠侥幸之心理。又增进对敌宣传之工作,打击日军斗志,用广播传单等工具,与英美盟军合作,进行宣传,以瓦解敌方军心。在敌人投降之前,共党为阻挠盟军来华登陆,不惜造成淳化事件,企图阻止盟邦对我之武器与人力之援助。又在各地煽动反美宣传,以挑拨盟国合作,并利用国际共党在英美散布极不利于我政府之宣传,所幸局势转变,此项困难均一一克服。

(三)敌人降伏以后之宣传　追敌人投降,本党领导抗战获得胜利,尤以我总裁在国际之威望愈高,宣传之环境本已空前良好,共党为嫉妒本党之功绩,并欲破坏抗战之成果,开始对华中华北各城市之争夺,发布所谓延安总部之伪令,公然分庭抗礼,实行背叛。我总裁以宽大之风度,一再电邀毛泽东来渝商谈,获得国内外一致之推崇。双十国共会谈纪要公布后,虽因毛泽东返延安后不顾诺言,大举进犯归绥包头,未能消弭军事冲突,但在宣传上本党已取得有利地位。

(四)收复区争取民心之宣传　收复区各地沦陷已久,一旦重光,同胞欢欣鼓舞,以为从此各种痛苦皆可完全解除,生活情形立可恢复战前旧观,求安定之心过切,不免大感失望。兼以胜利乍临,接收之准备未臻周密,致予异党分子以挑拨离间之机会。宣传部分别各地情形,据示各地特派员及有关报纸,解释此种误会,一面设法纠正各种不良现象,同时将政府为解除收复区人民痛苦之各种政令措施,及抗战胜利之意义,尽量宣俾〔传〕。

(五)赫尔利事件与马歇尔来华　赫尔利辞职事件发生,正值美国舆论界及议会对撤退驻华美军问题议论纷纭之际,美国对华政策既不明朗,且甚动荡,遂予中共在美之同党及左倾分子阴谋煽动之机会。当时美舆论界及议员,显然分为两派,一派认为扶助国民政府之结果,即为助长中国内战,对日战争终止后之美军,不应再留驻中国,卷入中国内战漩涡,如欲防止中国内战,唯有压迫国民政府,接受共党之要求。一派认为强大统一之中国,为远东和平安定力【量】,唯有协助国民政府统一中国,则太平洋之战争乃有意义,后者如《生活》、《时代》、《幸福》三大杂志发行人鲁斯之主张,可为其代表。鲁斯君于战后应邀来华,遍游收复区后,其结论即为如此。宣传部此时对外宣传方针,在使美国舆论界充分认识中国问题之真相,俾免为共党及左翼分子之荒谬宣传所蒙蔽。赫尔利大使对国务院少数同情中〔共〕分子之控诉,虽不免借题发挥,但其结果,促使美政府愈不能不鲜明表示其对华之一贯政策,此为杜鲁门总统声明之由来,及马歇尔元帅衔命使华之原因。美舆论界及议院中关于撤退驻华美军之纷扰局面始告澄清,阴谋破坏国民政府分子误以为美国对华政策为二元化者,遂失其幻想之根据。惟在国内,则因异党利用美总统声明中"国民政府须扩大基础延揽各党派人士参加"之建议,故意渲染,以致谣言丛生,本党若干同志亦不免发生疑虑。宣传部为应付此一局势,分别对党内党外指示宣传方针,分析内幕,使本党同志及有关之报纸刊物对时局有正确之观念。

(六)停止军事冲突与政治协商会议 共军于签订双十会谈纪要后背弃诺言,向晋绥冀鲁豫苏各地国军发动攻击,并破坏铁路交通,此期中宣传部向国内外尽量宣传共党之暴行事实,直至停战协定公布始稍停止,停战协定公布后,共党背信之处,仍予对外宣传,并发动舆论力量,压迫共党遵守停战命令,恢复交通,开始缩编军队。至于召开政治协商会议之动机,原为促进和平统一,及商讨国民大会之有关问题,其代表非经选举而产生,自无法律地位之可言。宣传部首先指出该会之性质,但说明此会若能协助政府解决问题,未始不可视为促进和平统一之良好工具。该会既由政府召集,自可充分表现政府谋取团结促进民主之诚意,政治协商会议之后,本部即发动国内外舆论,以为政府应让步者皆已让步,今后仅待中共将军队交出,则政治民主化军队国家化可以完全实现。并强调共党必须交出武装,军令必须统一,虽今后之演变如何,须视国际大势之趋向为断,惟就宣传作战而言,本党现已积极采取主动矣。

(七)中苏关系与东北问题　在苏联对日参战以前,在宣传上对苏联之态度,为随时造成中苏友好空气,藉以减少此主要邻邦对我之疑惧心理。中苏友好条约订立,系在苏联参加对日作战之后。此条约之精神,我虽有若干重要让步,而其主旨之所在,仍为确保东北领土主权之完整,以及苏联不干涉内政,暨如期撤兵之诺言。为求双方对于条约之信守,尤应培植中苏友谊。

基于上述之宣传方针,故对于东北接收种种阻碍,我自身未多予宣传,但英美记者所获得之消息,则听其寄发海外,此一举世关切之东北问题,宜先由美报之记载与外记者向美国务卿询问苏军撤兵日期而起。近日英美记者纷纷往东北苏军占领区参观,实有助于真相之露布。东北之接收,乃一外交问题,而共军野心勃勃,竟提出(1)政治协商办法解决东北之荒谬主张,要求政府承认"东北自治政权"及卅万"民主联军",反对国军继续开入东北。宣传部以此种荒谬言论阻碍中苏条约之执行,乃指示各报予以驳斥,平日同情共党之报纸相率转变态度,纷纷响应。

上述为自去年六月以来本党宣传方针之大要。惟自抗战结束以后,时局变化至多,纠纷错杂,应付维艰,本部责任重大,才力有限,尚祈予以指正。

乙、重要工作

一、宣传指导

(一)宣传指示　本部宣传指示原分每周之宣传通报及临时之宣传指示两种。自一中全会后,宣传通报之内容已大加改进,每次通报均能明确指示方针,详细分析事实及背景并指出未来可能之途径,故各级党部及宣传机构获得此项指示后,对于宣传工作颇有遵循,一切尚能符合中央之意旨。且自日本投降后,国内外重大政治问题接踵发生,在宣传方面,非有详确之指示,不足以应付微妙之局势,尤以各收复区与中央隔阂较久,尤须赖此项指示,方能在宣传工作上有正确轨道之可循,故本部对于所发之临时指示,亦极慎重周详,俾无遗误。至于各项革命纪念日中有关本党奋斗历史者,更颁发详细资料分送各报馆发表或供其参考。

(二)视导工作 关于宣传工作之视导,本部除于卅四年度曾派员分赴川康闽浙等省视察外,并于日本投降后,由本部副部长许孝炎同志亲赴上海、北平、天津等收复区视察。盖以收复区与中央隔阂较久,对于中央之意旨难于明了,而敌伪及一切反动之宣传,更有肃清之必要。故由本部副部长亲赴各重要都市视察指导,一面宣达中央对于国内外各种重大政治问题之处置方针与措施,并说明各种问题之真相。一面并与当地新闻界文化界人士密切接触联系,俾使其能深切信仰中央。且为预防反动宣传之猖獗起见,对于本党之宣传阵容,亦曾妥为布置。此项工作在上海已获相当效果。在平津方面亦有成绩。惟以人力财力关系,基础尚不雄厚,实有待继续努力以图加强。

(三)大会决议案之实施 六全大会"关于宣传之决议案"实施办法,其中所举"经常举办三民主义之公开演讲,策动并奖励三民主义理论之阐扬及谬误理论之批判,海外宣传之加强,本党文化运动之扩展及出版辅导工作之加强,以及各级党部应分期调训现有宣传干部,授以文字讲演等宣传技术,并养成其言行一致之精神"等项工作,均正由本部逐步施行,且与中央文化运动委员会及海外部经常联系,并于卅五年度宣传工作计划内特别着重实施。关于调训干部办法,上海等地亦已先后报部遵照办理。

二、新闻宣传

(一)废止检查 关于新闻检查逐步放宽尺度,原已由本部呈准中央次第实施,迄至日本投降抗战胜利后,此项战时措施亟应停止,故由本部拟订"废止出版检查制度办法"呈准中央施行,除在军事戒严区(收复区)应由地方政府施行新闻检查外,其余各地之新闻检查一律废止,各报纸之新闻言论,可谓完全自由。惟收复区之新闻检查,因机构之不健全,及人力财力之不充足,以致检查工作有名无实,徒招新闻界之怨尤,而未获若何之效果。

(二)新闻指导 自检查制度废止后,言论纪载日益庞杂,消极防止既不可能,遂不得不从事积极方面之指导。其在党报方面,则用宣传指示随时指示其宣传方针,并以社论委员会决定言论纪载之方针。其在党外报纸,则经常由本部召集负责人谈话,或以私人关系与其密切联系以为宣传上之运用。本部复与组织部合作,加强新闻界党团之组织与活动,俾能争取宣传上之领导地位。检查既经取消,事后审查自应加强。凡发现各报有违反法律之纪载或言论,本部即行通知主管机关或被侵害人依法办理。此外如新闻资料图书照片之供应仍继续办理。

(三)修订法规 现行"出版法",原为训政时期所制定,为时已久,其中条款多有与目前情势不甚适合者,实有修正之必要。本部有鉴于此,爰本出版自由之精神,与宪政时期之需要,与内政部会商修订原则,呈由国防最高委员会转呈核定。又"非常时期新闻纸登记管制办法"原为战时限制新报纸通讯社设立之规定。现在战事既已结束,若再继续施行,实感困难,且于本党宣传亦多不利,故亦已呈准废止。

三、国际宣传

(一)召集国际宣传会议 抗战结束,国际宣传实有检讨过去重订方针必要,本部爰于去年十二月召集驻美、英、印、澳各地代表与各主管单位商讨五日,决定(一)订定卅五年度"国际宣传中心纲要",规定关于中国统一、民主、经济建设与文化各项之宣传方针,以阐明政府之主张而驳斥共党之荒谬宣传,(二)取销印度办事处,改设阿根廷办事处,(三)设置无线电打字机以谋通讯之迅速,(四)其他宣传技术。议决各项或已着手准备或已付诸实施。

(二)加强国外宣传机构工作　本部除指导驻纽约、华盛顿、旧金山、芝加哥、伦敦、雪〔巴〕黎、加尔各答、加拿大、墨西哥办事处推进工作外,并筹设驻巴黎办事处(已于去年四月成立)。各办事处之经常工作为(一)发刊新闻稿,出版刊物及办理各种资料供应,(二)联络外国新闻记者、作家、广播评论家及各界知名人士,(三)办理演讲服务,(四)联络各大广播电台转播我国节目,(五)联络援华团体,(六)办理摄影展览及供应,(七)根据由重庆每日电发之资料推进特种宣传。

(三)编印对外宣传书刊　国际宣传书刊计:(一)《战时中华志》在美出版,(二)出版总理遗教建设大纲英文本,(三)增编总裁言论集在美出版,(四)小册子在美出版八种,在英出版六种,在印出版六种,在澳出版六种。(五)定期刊物通讯稿在国内有三种,在国外有十三种。

(四)增加国内办事处　抗战胜利后,在国内有美军驻在之地点,即派员联络。于去年九月间在上海成立办事处,联络外国记者,检查外国新闻电,并与美军联络。嗣后复陆续派员分赴北平、天津、青岛、锦州等地担任联络工作。

(五)推进国际广播　国际广播电台每日广播时间约七小时,所用外国语言达十种。国际电台在美之声誉日高,目前转播我方节目者在美有十七电台。英、加、印、澳国家电台亦定期或不定期转播我方之节目。

四、艺术宣传

(一)电影制片　电影制片工作,因经费不足,材料来源缺乏,无法大量摄制。每月仅能出新闻片纪录片共三本。自日本投降后,中央电影摄影场依照中央规定在上海接管两制片厂,北平接管一场。故所有编导人员演员及其他人员均陆续分批分赴上海、北平工作,惟以交通困难,所需人员一时尚未能全部齐集,至目前为止,始渐能准备开始拍摄剧情片(新闻片业已开拍),预计本年内可完成剧情片数部。

（二）话剧宣传　自图书杂志法审查撤销后，剧本审查亦已废止，今后只能由地方主管机关作演出之审查。至于优良剧本可资宣传者，虽经数次征求，仍不多靓。至于演出方面，本部所辖中电剧团因胜利后所有人员即已分批前往上海，因交通关系，至最近始到齐。现已着手准备公演。将来在上海、北平两地当积极设法展开工作。

（三）幻灯宣传　幻灯宣传过去系由联合国影闻处主持办理，颇有成绩。嗣该处于去年十月底结束，本部即另设欧洲照片社继续办理幻灯片及照片展览工作。此后出品当可较以前增加。

五、出版工作

（一）编审书刊　自六全大会起至二月止，本部编辑书刊计有卅种审查未采用者廿种。其中有关青年性质者计有十三种，有关农工性质者计有八种。各书内容为适应事实之需要，皆力求浅显而以时事问题为主，并有连环画六种为通俗宣传之用。

（二）印发书刊　自一一中全会后，共印出书刊八十五种，合计五五三，一五〇册，已发出四〇三，七二一册，其详数见附表。

中央宣传部印发书刊统计表〔略〕

（三）结束书刊供应处　前因战事关系交通阻塞，为能广泛印发书刊起见，特于各重要地点如衡阳、西安、永安等地设置书刊供应处，以为印度〔发〕书刊之机构。现以战事业经结束，交通亦将逐渐恢复，故于去年年底将各地书刊供应处一律结束。而将其业务酌量移交当地中央直辖党报兼营。

六、对日文化工作

（一）战事时期工作　本部对敌宣传委员会专司战时对敌宣传工作，在日本未投降以前，为配合反攻起见，本部曾尽人力财力之可能，积极加强对敌宣传工作。其最主要者（一）为对敌广播。由本部商借日俘六人、聘请韩人一人、台湾同志一人，共计广播讲稿约三千余件。(二)为印发宣传品。由对敌会编印日文报及中日文漫画、传单、小册标语、投降证等共计四百万份,均经送航委会派飞机带往日军阵地及沦陷区散发。(三)为新闻宣传。由对敌会经常编辑关于暴露日寇之阴谋及其弱点并驳斥日寇荒谬宣传等不利于敌伪之新闻稿,送交中央社转发各报发表。

(二)胜利以后工作 自日本投降以后,对日宣传之目的,则在再教育日本军民,藉以改变其军国思想及侵略观念。故对敌宣传委员会则改名为对日文化工作委员会,除将原办各项工作之内容及性质加以改变继续办理外,以中国境内之日军日侨为主要对象,其工作地区亦扩展至京沪平津等日军日侨集中地,然后斟酌时机再向日本本土推进,并已于去年十月间派该会委员三人赴沪组织对日文化工作委员会上海分会,着手对该区集中之日本军民作直接之教育与宣传等工作。此外本部在平津之直接党报(《天津民国日报》、《北平华北日报》)并已发行日文版,且为促使日人对我党国之信仰起见,对日会〔曾〕于日本投降后即大量选译总理遗教暨总裁对日重要言论等,以备印发日人阅读。此等工作均在积极推行中,最近并着手组织巡回工作团,内设讲演、出版二组、日语话剧队一队,拟即派赴汉口、平、津、山东、广州、台湾各地工作。

丙、接收与复员

(一)报纸之接收与复员工作

自敌人投降后,宣传部以收复区宣传工作重要,不可一日无报,乃分别派员赶往收复区各地,一面电令原即潜伏各该处地下工作同志迅速会同接收敌伪报纸机器房屋,恢复党报出版,京、沪、平、汉〔津〕、武汉、广州等地,除恢复中央直辖党报外,并拨发机器协助地方党部及本党同志办理外围报纸,加强本党宣传阵容,一面呈请中央常会通过管理收复区报纸、通讯社、杂志、电影、广播等事业办法,规定接收敌伪文化事业之办法,保障因抗战牺牲报纸复员优先在原地复刊,限制新办报纸设立,计在南京出版之本党及政府主办报纸,为《中央日报》、《和平日报》、《青年日报》;由本党同志所办之报纸,则有《中国日报》、《救国日报》、《大刚报》、《民生报》等;上海由本党及政府自办之报纸,有《中央日报》、《和平日报》、英文《自由西报》;由宣传部协助本党同志办理之报纸,有《正言报》、《中美日报》、《国民公报》、《东南日报》等,同时将《申报》、《新闻报》亦准予在宣传部派员监督管理下复刊,阵容至为整齐;平津两地,除恢复北平《华北日报》、天津《国民日报》之外,亦布置外围报纸多家,如北平《世界日报》、北平《新报》、《纪事报》、天津《中华日报》等,均由宣传部协助其出版。此外并恢复北平及天津之英文时事日报,又为宣传日本俘虏及侨民起见,于平津另办有日文报纸,武汉方面,除恢复武汉日报外,同时拨助器材使《和平日报》及市党部所办之《华中日报》出版,并协助本党同志办理之《大刚报》在汉出刊,广州方面恢复直辖党报《中山日报》,并拨助器材恢复市党部之《广州日报》及本党同志主办之《西南日报》出版,湖南《中央日报》于战后迁回长沙,广西《中央日报》则由百色迁桂林发行,杭州方面,恢复《东南日报》、《正报》,此二报皆为本党同志主办、原在该地发行者。青岛、济南二处,亦经分别拨发机器,协助当地党部出版报纸,并以青岛盟军甚多,特创刊英文报纸一种,藉资宣传。又香港方面亦将中央直辖之《国民日报》恢复出版。上述各地敌伪通讯社,如同盟、海通及伪中央社等,均经分别交由中央社接收,以其器材充实,各该地中央通讯社恢复发稿,此外台湾敌伪报纸,由台湾行政长官公署接收,在台北出版《新生报》,宣传部则在台南出版《中华日报》,亦系利用敌伪报纸器材,东北各地尚无法接收,综计收复区各地有复刊之直辖党报八家,新创之直辖党报二家,监督管理之报纸二家,协助本党同志办理之报纸,则各地皆有,经半年来惨淡经营,基础已立,异党报纸因受法令之限制,尚未能获得插足之机会,故收复区之新闻宣传可谓大部在我掌握之中,将来即使撤销登记限制,准许异党办报,但本党报纸之阵容如此强固,彼等亦难与我竞争也。

(二)出版事业之接收

宣传部为加强本党出版事业企业化,准备在宪政实施前打定其基础起见,对于敌伪出版机关之接收,竭力扶持正中书局、中国文化服务社、独立出版社等,党营事业机构分别接管利用,计在京、沪、平、津等地,均接收有敌伪书店及较大之印刷所,并经商定以各该事业在抗战期中损失甚重,应以接收之敌伪产业加以估计,作为赔偿之抵补,藉免党外人士攻击之藉口,在接收之敌伪出版印刷产业中,宣传部自身并未分配何种器材。

(三)电影事业之接收

战前我国电影事业多集中于上海,自太平洋战事发生,敌寇进入旧租界,遂全部遭敌伪之控制,并由敌伪作优势投资。民间制片业及影院多入敌伪掌握,华北方面敌伪办有较大规模之制片厂,平津京汉广州等地电影事业之发行与影院事业,莫不在敌伪统制之下,几无民营自由之可言,且经营此业中人纵非附逆,亦大半与敌伪有关,宣传部根据管理收复区报纸、通讯社、杂志、广播电影等事业之规定,将各地敌伪及附逆之电影事业分别接收,其性质较为复杂者,并由当地党政机关会同组织整理委员会查明,分别处理,对未附逆合法股东之权益自予保障,其查明无敌伪投资者,均已发还,仅上海"中华电影联合公司"及"华北电影公司",规模较大,除由中央电影摄影场接收使用,以巩固电影企业化之基础外,并以其中一部分工场及影院拨交政治部、青年团及地方党部使用,以利宣传,在此次接收整理后发还产权之各影院,多自动与中央电影服务处订立排片合同,委托该处排片,故此后国产片之发行,可望不受片商之操纵,而本党电影事业企业化之准备,从此已在制片、发行及影院经营三方面,获得相当基础矣。

(四)企业化之准备

本年五月五日召开国民大会以后,党内一切经费,势不能再由国库开支,有关宣传之党营事业,必须实行企业化,以求达到以党养党之目的,本部遵照六全大会"实行国内外党报企业化以巩固本党新闻事业之基础"之决议,于卅四年八月,召集国内各直辖党报社社长会议,拟订"党报企业化纲要草案"及"各报股份有限公司章程草案",呈请中央核定,并于卅五年度工作计划中,明定自卅五年起,在沈阳、长春、哈尔滨、大连四处各设一报,并择原有南京、重庆、上海、北平、天津、汉口、广州、成都、贵阳、昆明、西安、长沙、桂林、福州、台湾、香港十六报社,共计二十个单位,一律采用民营股份有限公司方式,由中央一次拨给资金国币廿亿元,美金二百万元,藉以充实各报流动资金及印刷设备,充实企业化自足自给,但上项计划核定较迟,未能如限实施,为顾及事实上之困难,复经决定卅五年一月至三月为筹备期间,四月一日起必须一律实施,除东北情形特殊,四报暂缓设置外,已分饬南京等十六报社积极筹备,并分别派定筹备人员负责办理,现各报正在着手调整机构,紧缩编制,草拟公司章程及组织,确定业务计划,造具营业损益预算,编造财产目标,估计资本总额,准备招募商股等等,至于资金之如何分配运用,及向美订购新式印刷机件等等,亦正在分别筹划准备进行中。总之,此项企业计划,力求其能如期付诸实施也。

至电影事业企业化,本部拟将接收之敌伪电影事业加以整顿,以扩充中央电影摄影场,于各地成立制片机构,并准备将该场改组为中国电影制片股份有限公司,作为将来全国最大影业机构,同时并拟将现已成立之中央电影服务处发展为中国电影企业股份有限公司,统筹全国影片之发行与影院之经营,以确立党营电影事业企业化之基础。

关于出版事业方面,本部各地书刊供应处,因抗战胜利,经中央常会决议撤销,现本部拟将附属之三民印刷所,于还都后迁设南京,酌拨接收敌伪之印刷器材,加以充实,并拟呈请中央核拨专款增加设备,以树立相当规模之印刷机构,一面承印本部宣传书刊,一面接印外件，以求自足自给，本部对于正中书局、中国文化服务社、独立出版社，均尽力协助，其接收各地敌伪出版产业成立分局分社，现该局社等，均接收相当数量之房屋机器，今后并当继续予以支持，助其发展，以奠立党营出版事业企业化之基础。

丁、过去宣传工作之检讨与今后宣传之方法

本党在抗战时期之宣传，着重在增强抗战意识，激励士气，争取外援，兼因党政宣传机构既为一体，故党部之宣传实即政府之喉舌，党报则成为政府之代言人，不仅不能代表人民利益，向政府呼吁主张，且须处处为政府辩护，故逐渐与民众脱节，一般人视宣传品为官文书，视党报为官报。而战时政治经济自难尽如人意，一一为政府解释说明，自不如批评政府之异党宣传与民间报纸易于动听，此为过去宣传上之困难者一。

本党为实现民族主义民权主义，皆应消灭共党之荒谬理论，与军事之双重武装。在宣传上暴露中共之罪行，实为必要，但过去为争取第三者，对本党之同情，必须表示政府宽大忍让态度，尤其在谈判期中，宣传上不得不持重约束，此为过去宣传上之困难者二。

战时物力艰难，举凡宣传需要之各种工具，如印刷纸张电影广播图画照片等，皆为物资之缺乏与经济困难，未能大量制造散播，且受交通运输之限制，制成品无由分发，此为过去宣传上之困难者三。

本部在各省市未能普设机构，而各省市之宣传工作，本部仅居于考核督导之地位，关系并不直接，加以本部未设有单独通信之电台设备，传达消息、指示往往不能把握时机，此为过去宣传上之困难者四。

虽有上述种种困难，但本党对内对外之宣传，亦收有若干相当之效果。虽其主要原因为国外局势之转变，但本党宣传亦尚能与之配合。如国际方面，对我之观感，由一年前极度恶劣，转为好转。又如战时对敌宣传工作及战后对日俘日侨之教工作，亦收效甚宏，盟邦人士每有好评,他如收复区新闻事业之布署,电影企业之准备,已为本党打下基础,又对文化界舆论界之领导,尚能把握言论、动向,凡此种种皆赖我总裁贤明之指示,中央之督导扶持,以及全体同志之努力,乃能有此结果。此后本党对于国家民族之责任,因世局之艰危而益加重。唯有再接再厉,更加努力,以求本党主义及政纲政策之彻底实现。至于今后宣传之方法,拟作如下之改进。

(一)国民大会召开在即,宪政瞬将实施,党与政府之关系应另确立划分,此后本党宣传,自当完全站在党的立场,代表人民说话,不再替政府多多辩护,必要时,更应批评政府监督政府,以取得民众的拥护。

(二)对于中共之宣传,应采积极的主动的态度,予以攻击。固政府之措置,因不妨宽大,但党派斗争则应坚持各守立场。

(三)应使今后本党宣传部成为办文化事业、办党报、供应宣传资料、散布宣传品之积极的事业机构,尽量减少行政机关的性质,其于战时代替政府办理之宣传行政工作,完全交回政府办理,但为布置各级宣传机构,使运用灵活起见,应加强省市党部宣传处的隶属关系,并尽量介绍本党有能力的同志担任各省市政府新闻处工作,以便联系配合工作,并迅速设立专用电台,使呼应灵活。

至于今后宣传方针,已于第一章中陈述,兹不再赘及,仍并请指正。

三　训练委员会

第一节　训练督导

六全大会及一中全会后,训练委员会遵照大会决议及总裁指示,并斟酌各省实际情形,督导所属训练机关继续训练全国各类各级干部,兹将各项工作撮要分述如左:

(一)组织及编制之调整　各级地方行政干部训练机关自依照新颁组织规程及编制标准改组后,仍有一部分编制尚不甚紧凑,亦有因战事迁徙无法照预定计划实施,原有编制无维持必要,经督导各省训练机关,凡训练人数不足编制规定应训数额者,悉令裁减人员缩小编制,如闽、粤、黔、鄂、鲁、青等省训练团均已照办。西北干部训练团及战时工作干部训练团原为适应战时需要而设立,胜利后无继续办理必要,已经结束,陕西省训练团及重庆市训练所则应事实需要分别指导恢复及开办。又各省县市训练所因应事实需要,经分别督导合并停办或恢复。(如闽、浙、豫、皖、赣)至收复区及光复区各省市训练机构之恢复或从〔重〕新设置,亦正在督导进行中。其中已成立省训练团者有河北、辽宁、台湾三省,在筹备中者有平、津、沪三市。

(二)年度计划与预算之编订与执行　各省党务干部训练,三十四年度预计训练一,二〇〇人,经中央核列专款一二,四〇〇,〇〇〇元,由各省党部依照分配经费编造计划预算核定实施。已据报训练实施情形者有川、滇、鄂、闽、浙、皖、鲁、冀、青、宁等十省,共训练一,五〇八人,超出计划。三十五年预计训练一,九二〇人,核列专款四七,六五〇,〇〇〇元,正督导各省编订计划预算积极筹办。各省地方行政干部训练,三十四年度预计训练二七一,〇〇〇人,经行政院核定川康等二十一省训练费八一,五四一,六六三元,并规定县训练所经费列入县预算,由县市分配国税项下补助,实施结果,据报川康等十七省,共训练二九〇,一九〇人,亦超出计划。三十五年度预计训练二二四,〇〇〇人,已制发"三十五年度各省训练工作计划之要点"及各省训练团三十五年训练工作计划及经费概算编造办法等件,督导各省针对新环境与任务,配合全省总预算所列训练费数额,拟订计划概算报核,并一面开始实施。

(三)训练实施之改进　为奉行六全大会决议,于大会及一中全会后编印"本党六全大会的重要决议与今后干部训练工作的重点"及"六全大会后干部训练工作应行注意事项",指导各训练机关研究实施,多已遵行。关于民意机关代表之讲习会,内政部订发"各省县市各级民意机关代表及公职人员举行研讨会注意事项",指导各省县市政府会同省县市党部及各级训练机关协助各级民意机关自动倡导举行。如鄂、黔、陕、赣等省办理均颇著成效。又前为适应战地需要,督导各省训练机关进行应变措施,如闽、粤、浙等省训练机关加授实用英语;赣、湘、桂、粤等省训练团利用迁至边地时机,尽先调训附近各县人员,皆能不失机宜。

此外于六全大会后邀集来渝出席大会之训练工作人员举行训练工作检讨会议,就当前训练工作各项问题,分别详加检讨,以为今后改进之依据。胜利后为适应国内新政治环境,将该会历年订发之基本法规"全国各训练机关训练纲领"、"县各级干部人员训练大纲"等七种重加修订。又继续派员实地视导各级训练机关,三十四年度经派员或委托视导者有浙赣等十六省及陪都附近八县局,并经依据视导报告指示各该训练机关应行注意改进事项。

第二节 训练实施

(一)中央训练机关

一、中央训练团 办理党政高级训练班及其他特班五种,自三十四年一月至十二月共训练一,三三〇人,计党政高级训练班一期一二九人,台湾干部训练班一期一一八人,台湾干部训练班银行组一期四〇人,译员班四期八二一人,兵役班一期八四人,军法班一期一三八人。

二、西北干部训练团 训练西北各省党政军教中下级干部及甘省地方行政干部训练团应训人员,自三十四年一月至八月底该团结束时止,计办三期,连同附设之河西训练班,共训练各类干部及各族青年一,〇一四人。

三、战时工作干部训练团 训练战时工作干部,战地失学失业青年并培植开发边地工作人员,自三十四年一月至八月底该团结束时止,计办十三班队共训练各类干部及就业青年五,三八三人。

四、中央训练团新疆分团 办理四期,训练新省党政军教中下级干部五七五人。

(二)地方训练机关

一、各省党务干部训练机关　除陕、甘、新三省分别由战时工作干部训练团西北干部训练团及中央训练团新疆训练团代训外,据报附各级地方行政干部训练机关设班训练者有川、滇、鄂、闽、浙、皖、鲁等七省,单独设班者有冀、宁、青等三省,共训一,五〇八人。

二、各省地方行政干部训练机关

1. 省训练团　除陕、甘、新三省分别由战时工作干部训练团西北干部训练团及中央训练团新疆分团代训外,设团施训者有川、康、滇、黔、桂、湘、鄂、青、粤、闽、浙、赣、皖、豫、晋、鲁、绥等十七省,共训练一二,一〇八人。

2. 区训练班　据报设班施训者有皖、鲁、绥、陕等四省,计七班,共训练八,一八七人。

3. 县训练所　据报设所施训者有川、康、滇、黔、桂、湘、鄂、陕、甘、闽、浙、皖、晋、鲁等十四省及重庆市,共训练二六六,二九四人。

此外各省军师管区设立之兵役干部训练班共训练一,二六五人,中央各机关主办之专业训练机关共训练二,〇四七人,总计中央及地方各训练机关共训练二九九,三〇六人。

第三节　书刊编审

(一)关于训练书刊之编印,各级教材与参考书刊并重,初注意于省级训练,渐次及于乡保干部之需要,前已编印者有各种教材丛书参考资料共一百零七种。三十四年度除补充乡镇教材外,并从事公民丛书之编纂。原计划编辑上项教材丛书十种,嗣因人力减少,并适应需要,调整为八种。已编成七种,寄京付印。此外于计划外,临时因应需要,增编训练教材丛书专刊七种,内已出版者三种,在付印中者一种。又训练通讯期刊三十四年上半年按期发行,嗣以寄递困难改为不定期刊,全年共发行十六期。

(二)关于训练书刊之征审。书刊审查,历系按年集中办理,每年审查结果,编印总检讨分发,对于各训练机关编辑工作,详予批评指导,以求改进。三十四年内以各地交通困难,送审书刊数量大减,仅予分类登记未能照前例继续办理。书刊征购,以业务上有关者为限,三十四年内尚能照常进行,计征购重要书刊六四四种,一,〇三八册。此外并曾选购具有时间性之重要书刊图表四四种,一,七七六份,寄赠各训练机关参考。

四 海外部

第一节 关于组织工作者

(一)发展党部组织 六全大会后海外部对未被战事波及之区域党务,继续严加督导推进,以求健全发展,查其未臻健全之最大原因,在于海外同志业余办党,多未能全力兼顾,致感人才缺乏,海外部乃续行委派驻美国、驻加拿大、驻印度、驻澳洲、驻檀香山、驻缅甸、驻菲律宾等总支部书记长,以及驻秘鲁,驻巴拿马,驻墨西哥第二、第五等直属支部秘书,以充实其人力,此外并派我国驻外使领馆在党有相当历史之同志为党务指导员,就近协助督导,并订定"海外党务工作纲要"、"海外党部联系办法"通饬遵行,数月以来,计增设直属支部五个,分部三十六个,通讯处十三个,统共增加单位五十四个,成绩尚佳,而党部与使领馆间之联系亦较前密切。

(二)整理收复区党务 当南洋一带地区仍在日寇占领及控制之际。海外部根据原定计划,派遣各属党务视察员及其他人员潜入各地秘密工作,以对越南暹罗自由分子之联络及运用收效为多,迨日寇接受无条件投降,该部即根据六全大会"海外党务,因战事关系,不免散漫,应于收复时,立即派员整理"之决议,积极筹划党务复员工作,当决定缓派中南美、南非洲、模里斯、马达格斯加、大溪地、伦敦等直属支部秘书,将经费移作派员赴南洋各地收复之用,以便集中力量,重建南洋各地党务、计先后委派暹罗曼谷、万磅、驻越南西堤、高棉、海防、驻南洋英属新加坡、柔佛、雪兰莪、霹雳及驻南洋荷属日里等十个直属支部秘书十人,科长二人,并选派可能先返南洋之同志十五人成立马来亚党务整理委员会及加派巴达维亚总领事蒋家栋为荷印党务指导员,分头负责,驻缅甸办事处主任李思辕于滇缅打通之后,即带同工作人员随军入缅,驻越南办事处主任邢森洲亦已遄赴越暹督导党务,慰问侨胞,海外部复以越暹两地有加强党的领导以应付新形势之必要,特另派科长黎立柔赴越暹视察,该地各级党部则一律改派党务整理委员,成立委员会,至菲律宾收复后,共党分子异常猖獗,该同志甫脱暴日压迫,须即从事斗争,因之党务工作倍形艰巨,海外部呈准派王委员泉笙为该地党务视察员,并改组菲律宾总支部,成立总支部党务整理委员会,以利推展,马来亚及荷印各党部、于各整理委员指导到达后多已恢复组织,应付异党工作亦在严密进行。马来亚、荷印、越缅各属在沦陷期间,本党同志所遭日寇拘捕、虐待、酷刑、杀害株连家属等,状至惨烈,破家荡产者尤多,业据报告有案者,计被拘囚同志二百四十余人,死难同志一百三十余人,其中以新加坡林谋盛同志死事为最壮烈,业经中常会予以褒恤,此外有亚包(新几内亚)直属支部常委梁有年,柔佛直属支部委员林彬乡、郑友专、张开川、郑友炳及党员李天赐,马六甲直属支部委员林大典、柳其杰、王德义、及党员郑挺华,霹雳直属支部秘书陈良知等同志连同家属被杀害,一俟查明详情,再行分别议恤。现在南洋各属情形,已非昔年可比,海外部为因应此种新局势,经订定"海外收复区党务整理办法"、"清查海外收复区党员党籍办法"、"海外收复区宪〔党〕务工作纲要",并订颁"海外党务工作人员奖惩办法"通饬各党部切实遵行,力求改进,近复呈奉总裁核准,将驻越南及缅甸两办事处裁撤,改设驻南洋办事处于新加坡,就近指挥马来亚、婆罗洲、缅甸、暹罗、越南、印度等区党务,该处工作人员现正选派中,短期内即可首途,驻港澳总支部在香港沦陷期间,仍继续在粤就近指导所属同志秘密工作,日寇投降后,随即迁返香港,所属各级党部大体已整理就绪,计收复区已恢复之党部单位已达一百二十七个。

兹将增加及恢复之党部单位,分述如下:

增加者:

1. 支部(五个)

辽京、莱州、南邦、哥斯大黎加、萨尔瓦多。

2. 分部(三十六个)

湾奴吉、利马第二、占乍马育、尼京、蓝田果望利、京斯敦、西班牙城、满知果、几非、俾满尼威、不难多利、蒙圣、逢西里、猛乌、乌得、月腮、猛信、南化、永珍、龙坡邦、他曲、素旺、百细、川璜、桑怒、卡领佐治、丹衣顿、伯明罕、莱思探、波士托、孟博、中弄、宦省、萨京、泗丹。

3. 通讯处(十三个)

玉桥、苏利南第一、苏利南第二、苏利南第三、苏利南第四、路德、瓦尔、李汝社、奄马鲁、添马鲁、加伦堡、大吉领、上海留日归国同志通讯处。

恢复者:

1. 支部(二十九个)

曼谷、万磅、色梗港、谅山、海防、河内、高棉、会安、西堤、新加坡、马六甲、槟榔屿、万隆、日里、的鹿、麻里拍板、孟加锡、邦加、三宝垅、巴达维加、马尼剌、北吕宋、南吕宋、怡朗、纳邦、美骨、三宝颜、西吕宋、宿雾。

2. 分部(九十八个)

(一)澳门第一、澳门第二、澳门第三、澳门第四、澳门第五、澳门第六、广州湾第一、广州湾第二、广州湾第三、广州湾第四、广州湾第五、广州湾第六、美京、八募、密支那、竖磅、吉呴、仰光第一、仰光第二、亨宝达、勃生、渺晗、纳不打、瓦溪码、茂礼、毛淡棉遵、摩谷、曼德里、雅使羌、宫漂、恭文倪、曼谷第二、曼谷第三、曼谷第四、曼谷第五、曼谷第六、曼谷第七、曼谷第八、曼谷第九、曼谷第十、曼谷第十一、曼谷第十二、曼谷第十三、曼谷第十四、曼谷第十五、曼谷第十六、瓦堤、万屈清、北革、龙仔厝、春威、万碧、纲銮、叱嗓、色欺、北榄坡、程竹竿、程浪、抱才榄、佛统、烛功、万磅、红塗吾、万洛克、三攀、万长六百讯、万长八百讯、素攀、纲銮〔原文衍〕、高历、哖哺、叻丕拉牛坂、浮路垃里、北黎刹、巴西、岷罗咯、加里务、加帛示、交亚邬、瓦瓦、西昌宋第一、西昌宋第二、西昌宋第三、西昌宋第四、马尼拉第一、马尼拉第二、马尼拉第三、马尼拉第四、马尼拉第五、马尼拉第六、马尼拉第七、马尼拉第八、马尼拉第九、马尼拉第十、马尼拉第十一、马尼拉第十二、马尼拉第十三。

以上共计增加及恢复党部单位一百八十一个。

(三)征求新党员　新党员乃本党之新生命,第六次全国代表大会,关于健全党务之决议案,以大量吸收社会、教育、经济、文化各界优秀分子入党,大量吸收侨胞青年入党,定为今后党务中心工作。海外部遵照决议,在本期当中,对于海外各党部征求新党员,更多方设法,严加督导,除按照各地党务发展情形,及以当地华侨人数为标准,规定各地党部征求人数外,复订定"海外党部征求新党员实施办法"、"海外党部征求新党员工作竞赛办法"、"海外部征求新党员活动方式要点"等,颁发各党员遵照办理,预计征求五千人,因未彼〔被〕战事波及之地区华侨人数不多,总计征求之新党员,经本部核准者有三千五百七十八人,其余经征求而因交通不便,仅呈报数目者为数亦多,概未列入,当海外复员工作未能顺利进行之际,而获此数字,尚具成绩。兹将各地所征求之新党员人数列后:

加拿大	五四	缅甸	五九五
马达格斯加	七九八	海防	一
美国	一	港澳	一五二
伦敦	一二	大溪地	一一六
古巴	六二	墨西哥	三四
千达	三一	新加坡	五

菲律宾	二	秘鲁	二〇六
南非洲	五六	森美兰	一
澳洲	六九	巴拿马	一一
高棉	二	槟榔屿	一
雪兰莪	一	曼谷	一〇六
宏都拉斯	七〇	苏利南	九〇
东京	一	寮国	四〇五
巴达维亚	五	占美加	一五
景栋	一二四	西堤	三三四
尼加拉瓜	七	印度	一九二
委内瑞拉	一六	河内	三

合计三,五七八

说明：查六全大会以前，征求新党员五万二千八百五十二名，再加本期征求新党员三千五百七十八名，共有新党员五万六千四百三十名，连总报到党员三万四千八百八十四名计，海外现有党员共九万一千三百一十四名。

第二节　关于训练工作者

（一）小组训练　小组为党员训练之单位，关于海外党部小组会议之推行，曾经列为中心工作，惟以海外党员从业关系，组长人选不易推出，而党员居处又多分散，不易聚集，是以编划小组甚为困难，海外部乃通饬海外党部，先从训练组长着手，以期加强领导，推行以来，颇有成效，惟自太平洋事变后，南洋党部，尽成战区，美洲党员，亦因军事征调及参加国防工业工作关系，未能经常参加基层党务活动。海外党部小组训练工作，几成停顿状态，爰经遵照六全大会有关组训工作决议实施办法，成立示范小组之指示，妥订办法，悉力推行，以期达到训练之目的。

（二）党员访问　海外党部组织未臻严密，大抵由于党员与党部脱节，党员与党员间缺乏联系，而小组会议又难于集会。为谋补救起见,海外部乃颁布"海外各级党部举行党员访问及奖励办法",指示各党部执监委,及负责同志,利用假期或节日,举行党员访问。并订定访问记录表式,饬由访问党部将该项记录呈报备核。至党员所提问题,亦经分别指示答复,或代为转请有关机关注意办理,并复由原访问党部转知,以期促进党员与党部间之密切联系,并潜寓训练之意。

(三)通讯联络 数年以来,海外同志,经海外部保送或调送中央训练团受训者,计有一百二十四人,由海外部开班训练者,计有受训学员九十六人,另有函授学校学员一千四百三十四名,及海外部自办干部训练班,前后合计受训人数不在少数,海外部为促进海内外受训学员之联系,藉以加强其领导力量起见,经策动在渝受训学员成立"中央海外部各期训练班毕业同学会",并酌量在海外各地成立分会,但为适应海外环境计,该会对外改称为"海光社",今后受训人员,藉通讯之方式,加强联系,于海外党务发展,不无裨益。

第三节 关于宣传工作者

(一)奖助海外党报联络侨报 海外党报,乃由海外同志集资经营,类多资金不足,因陋就简,海外部为求充实其设备,以发挥本党宣传力量起见,拨助新闻事业奖励金者计有:纽约《民气日报》,旧金山《少年中国晨报》,旧金山《国民日报》,芝加哥《三民晨报》,檀香山《中华公报》,古巴《民声日报》,雪梨《澳洲民报》,模里斯《中华日报》,南非《侨声报》,占美加《华侨公报》,秘鲁《民醒日报》,纽约《新报》,加拿大《醒华日报》,加拿大《新民国报》,加尔各答《印度日报》,纽约《美洲日报》,旧金山《中西日报》,檀香山《檀报》,墨西哥《国民周刊》等党报十九家,墨西哥《国民周报》改组为《国民日报》,则将该周报全部奖励金,拨充《国民日报》购买机器铅字之用,纽约《美洲日报》乃新办党报,其奖励金改发纽约《商报》,此外并计划联络加拿大《大汉公报》,纽约《纽约公报》,秘鲁《言报》,澳洲《民国日报》，模里斯《华侨商报》，古巴《华文商报》，加拿大《洪钟时报》，秘鲁《华商日报》等侨报八家，如经审核合格即给予补助费，以资鼓励，惟以战时交通不便接洽需时，尚未如期办到，现仍继续进行。

（二）恢复南洋收复区党报 抗战胜利后，南洋收复区党报，亟须恢复，海外部对收复区之仰光《觉民日报》，曼谷《国柱日报》、《堤岸民报》，新加坡《新民国报》，巴达维巴〔亚〕《天声日报》，棉蓝《日华日报》，香港《国民日报》，海防《侨声报》，槟榔屿《光华日报》，泗水《商报》，孟加撒〔拉〕《华侨日报》等十一家党报，已订定每家拨给充实设备费国币三十万元，专为购买机器铜模铅字之用，务期迅速复刊。又海外部驻缅甸办事处入缅后筹办缅甸《国民日报》，经呈报本年二月出版。

（三）派遣海外党报总编辑或主笔 海外部为充实海外党报人力，并提高其素质，已派出加拿大《新民国报》主笔一人，《印度日报》总编辑一人，芝加哥《三民晨报》主笔一人，《安南民报》编辑二人，旧金山《少年中国晨报》编辑一人，《印度日报》社长一人，计共七人，南洋收复区党报十一家，行将恢复，仍贯彻原定方策，将在派遣总编辑或主笔二十人。

（四）建立海外文化事业 建立海外文化事业，以提高华侨文化水准，启发其政治意识，为今后本党海外文化宣传之要图。海外部已成立海外出版社印度分社，一年来对战时海外文化宣传颇收效果，惟现抗战胜利，南洋重心转移，决将该分社迁往香港，并充实其组织，以利发展。

（五）展开广播工作 战时国内外交通梗阻，海外部与海外各级党部之联系，以及对外宣传，惟籍广播之运用，此为该部中心工作之一，兹将全年事务实施状况，分作量与质两项统计，分列于后：
（甲）量的统计：1.潮州语共播三百一十四次。2.琼州语共播三百一十三次。3.方言演讲（包括国内各种方言）一百二十三次。4.暹罗语共播一百五十八次。5.缅甸语共播一百五十六次。6.马来语共播一百五十六次。7.对美洲密码广播共播五十二次。8.对南洋密码广播一百六十九次。9.对美洲一周通讯共播五十一次。10.对南洋一周通讯共播五十次。(乙)质的统计:1.各战场战局形势之报导及分析共播二百八十三次。2.揭发敌伪阴谋暴行共播九十三次。3.敌情研究共播二百一十六次。4.驳斥敌伪反宣传共播八十八次。5.盟国重要事件之报导共播四百四十四次。6.我国立国精神与各民族之关系共播九十六次。至于广播宣传方针,则按各时期之情势,随时妥订,当战事进行之际着重鼓励侨胞及东方各民族协助盟军驱逐日寇,于战事结束后,则着重唤起同志侨胞加强团结,努力复兴工作,并与当地人士互助合作,同时对各民族阐扬三民主义之精神,并宣导民族互相提携和平共处之真理,一般反应良好,尤以美洲及暹罗较为显著。

(六)编印华侨先锋　海外部编印之《华侨先锋》,月出一期,每期二千本,但物价高涨,邮费增加,原列预算,不敷之数甚远,自第二期起,改为二期合刊一次,第四期起复改为三期合刊一次,第十、十一、十二期合刊已印发,三十五年度经费稍裕,内容可更充实,第八卷第一期已集稿付梓,订印三千册。

(七)编印海外通讯　《海外通讯》每旬编发一次,每次印发百余份,自日寇投降,胜利降临,新闻重要,问题繁多,临时增刊多次,均可达成时效要求。惟海外邮费昂贵,颇感困难,已从利用薄纸、缩小字体方面设法,藉资补救,海外各党报侨报在消息迟钝中获益非浅。

(八)编印海外丛书　原拟编撰海外丛书六种,每种一千本。在实施之初,组设海外丛书编审委员会,拟定题材纲目,并选作者.计编成者:(1)《本党五十年来革命史》,(2)《抗战八年》,(3)《国父孙中山先生》等三稿,经审查完竣,只因预算所列印费二十万元,已挪作编印《华侨先锋》之用未能出版。

第四节　关于侨民运动者

（一）促进社会服务事业　为求海外党务发展，首在以服务精神感召侨胞，期使接受本党领导，况异党分子在海外各地正甚猖獗，此项工作尤须增强，海外党部经先后订定海外各级党部设立社会服务处办法及大纲，通饬各党部迅速遵照筹办，各党部虽因限于人力财力，未能广设机构，而对于代访侨眷消息，查报滞交侨汇，救济贫病侨胞等项工作，则收效良多，均能取得侨胞之信服，日寇投降后，海外部复经多方督促，力使普遍推展。

（二）协助侨胞复员　海外部于盟军在太平洋着着反攻之际，已拟订"遣送归侨计划草案"及"华侨救济计划草案"送请中央设计局汇办，迨日寇投降，对于华侨复员工作，如菲律宾及暹越边境被难侨胞之救济，暹、越、缅、菲、马来亚、荷印等收复区侨胞之复业贷款，归国侨胞返原居留地之川资及交通工具等项，均经分别与各有关机关洽商，以求获致合理之解决。

（三）辅导归侨　留在后方之归国侨胞侨生，因人地生疏，倍感困难，数月以来，关于大量侨胞之失业，数千在学侨生断绝接济等问题，尤见显著，海外部迭经代向各机关洽商救济，此外并办理介绍及保送侨生就学三十三件，证明侨生身份三百零五件，证明归侨身份六十一件，追查及转交侨汇三十三起，保证侨胞乘搭飞机三十四件，查访侨眷消息二十九起，代办出国护照三十五件，介绍华侨技术人才，已由政府任用者十八人。

（四）推动国民外交工作　海外部前经订定海外国民外交工作大纲，通饬施行，但各地党部多因缺乏人力财力，工作未能开展，该部特再订定工作要点通饬办理，指导各地党部，多在各种纪念日之集会，运用各种方式，以发挥国民外交之效能，美洲之宏都拉斯、古巴等处，均藉庆祝同盟胜利之机会，招待友邦朝野人士，感应良好，余如越南、暹罗等地，则在战时及战后对各阶层人士皆有联络，工作之表现尤多。

（五）加强劝募运动　在抗战期间极力策动各项救国捐献及节约储蓄，日寇投降后则发动胜利劳军及献金建筑总裁铜像各项运动，结果已有报告到部者，计国币九，二一二，二八八，〇〇〇元，美金九四，二二一．二四元。英金二四五八〇磅一先令二便士。法币二，六一八，一七七．〇〇法郎。印模币一，五八三，九一六．〇〇卢比。加币一四二三五．九八元。秘鲁币三一七一九．四〇元。菲币九十三磅三先令四便士。澳币九千磅。黄金六十四两。

（六）招待来渝归侨　海外部设华侨招待所于本市林森路，该所规模虽不大，而平均每日住所人数达八十五名，同志侨胞咸称便利，该部又以湘桂战局紧张时，撤迁来渝归侨甚众，复会同在渝归侨组织"战区来渝归侨协助委员会"协助救济战区来渝归侨，先后在龙门浩、黄桷桠设置归侨接待所两所，计接待归侨二百余人，嗣后一部分可自谋生计及由该部介绍获得工作者，先后离所，人数逐渐减少，遂将黄桷桠招待所裁并，数月以来，龙门浩接待所住有归侨九十余人，迨战事胜利结束，该部即分向有关方面洽商遣送归侨还乡办法，关于载送车辆，经商准公路局供给，关于沿途食宿，则请由善后救济总署拨款派员照料，该接待所于二月底结束。

五　中央文化运动委员会

本会各项经常工作，均系依照预定计划及进度办理，遇有特殊情形及临时发生事项，则随时相机活动，以期适应需要与时势相配合，自三十四年八月中抗战胜利情事变迁，一切工作益增繁重，故除原定经常工作之外，更多临时工作，谨分别胪述如次：

第一节　关于变更隶属及编制概况

本会原为中央宣传部附属机构，经第六届第一次中央全会决议，于中央执行委员会组织大纲修正要点内列为中央直属机构，复经第四次常会决议通过本会组织条例，第十次常会派张道藩同志为主任委员，叶溯中、胡一贯两同志为副主任委员，洪兰友、邓家彦、甘乃光、罗家伦〔伦〕、潘公展、吴经熊、柳克述、顾毓琇、杭立武、刘百闵、陶百川、谢仁钧、任觉五、洪瑞钊、李琢仁、张铁君、王冠青、鲁觉吾、刘光炎、杨玉清、谢澄宇、李锡恩、李蒸二十三同志为委员，于三十四年十月一日正式改隶中央，三十五年一月复奉加派陈逸云同志为委员。

本会前隶属中央宣传部时，由部陆续聘任委员二百九十一人，均为无给职，此次改隶中央，即经通知解聘，至新委员仍为无给职，依照组织条例每两星期开会一次，至主任委员及副主任委员之下，工作人员编制原设秘书二人，及指导科、编译科、总务科、人事室、会计室，共计员额四十六名，盖因当日经费太少无法多用人员，然以工作之需要，实有不敷支配之困难，改组后仅得增设主任秘书一人，专门委员四人，并将原设之编译科改为出版科，编译改为编纂，事实上只增工作人员五人，全体总计则为五十一人。

第二节　关于指导各省市文化工作

（一）文化宣传运动　三十四年十月仍照上年成例举办"国防科学运动"，惟因经费支绌，且因陪都有关各机关忙于还都，未能如上届之大规模活动，仅能从事演讲及文字宣传。又十月中响应教育部所发动之"扩大社会教育运动"，在陪都联合重庆市教育局举行，本会担任征求宣传文字并制发各种壁报画报等，以上各次运动均经通过，各省市文化运动委员会同时举办。

（二）特殊文化活动　胜利受降内乱继至，异党辄藉报纸杂志发表荒谬言论，本会特密函各省市文运会机先策动文化界对时局为公正之主张，并于陪都从事以下活动：

1. 策动陪都之中国著作人协会等十六团体发表对时局联合宣言，于十二月四日在各报刊布。

2. 策动陪都妇女共鸣等三十六杂志社联合署名发表对时局主张，于十二月二十七日在各报刊布，并为集中力量便于策动计，特组织"陪都各杂志社联谊会"俾经常取得联系。

3. 策动陪都文化团体分别致书美国马歇尔特使，表示对时局之主张。

4.策动陪都各杂志社联合致书美国生活杂志社鲁斯先生,对其发表之"中国甚么是和平的代价"论文表示赞许。

5.十一月间为时局问题,重庆市党部发起向陪都各学校分别演讲,以期安定青年情绪,而免受人煽动,本会立即响应,由副主席委员胡一贯、专门委员华仲麟、科长丁伯骝、编纂刁汝钧四同志分往担任讲演。

(三)审核已成立之各省市文运会工作计划及报告:自三十年迄本会改组前,各省市陆续成立之文化运动委员会,计有广东、江西、福建、宁夏、河南、陕西、青海、甘肃、西康、新疆、浙江、湖南、湖北、安徽、云南、绥远、四川、贵州、重庆,共十九省市,凡一般工作事项,本会均随时通函或以代电指导办理,三十四年度中各该会按期将工作计划及报告送本会审核者计有江西、福建、绥远、云南、青海、湖北、宁夏、贵州、广东、新疆等十省,审核成绩以江西、福建、广东三省为优,因此较其他省市尚能自筹经费,故对各项工作尚能举办,此外则大部不易筹划经费,甚至毫无经费,且缺乏工作人员,以致无法积极进行,此为各省市大多数之现状,本会既因经费支绌未能予以补助,更因本会过去隶属中央宣传部,对各省市文运会究难加以指挥,现为加强各省市文运工作起见,经于三十五年度预算酌列补助各省市文运会经费、及派员分区视导经费,以资促进。

(四)督促未成立之各省市文运会,克期组织并派特派员分赴重要地区工作:抗战胜利后,经呈奉中央核准设置特派员,分区协助当地省市党部展开文化工作,经已遴派赵友培同志赴南京,张殊君同志赴武汉,虞文同志赴上海,李辰冬同志赴平津,分别工作,以上南京汉口上海北平天津五市文运会,均以特派员之协助,自三十四年十一月至三十五年二月中相继成立,此外各特派员工作,多集中于组织文化外围团体,以期争取中立文化人士,藉与异党斗争,京汉两地目前已有显著之成效。

（五）编订文化工作须知：为指导各省市普遍展开文运，爰根据本会工作经验编订"文化工作须知"颁发实施，正付印际，因抗战胜利，情事变迁，故又再加修订，业于三十五年二月中印发。

第三节　关于文化调查通讯情报广播等工作

（一）调查　凡文化界人士及文化团体均随时调查，制填卡片，分别登记，已经调查者有八百一十二单位，惟以限于人力关系，尚未能达精密程度，现拟增设"出版机构"一类，对于搜集材料，及登记方法，亦拟设法改良，至文化动态之调查，亦制有表格，随时调查登记，分月装册，以备查考，并经函请各省市文运会办理。

（二）通讯　除请各省市文运会按月具报当地文化动态外，并于各重要处所，聘约通讯员，随时报告特殊消息与资料，惟以经费有限，仅聘有十二人，又均系兼任，以致未能充分发挥工作效能，现拟重订聘约，增为二十五人，以期加强力量。

（三）情报　对于异党之秘密文化活动，随时予以注意，每周编辑"文化情势汇编"，按期密寄各省市文运会及本会各特派员参考。

（四）广播　每月于月初向各文化机关社团及杂志社函索有关文化之各项消息，经审查汇编，予以广播，遇有重要消息，则为迅速发布，至本会工作概况亦按月编付广播稿，印送各文化机关社团及杂志社，以达成沟通消息并联系文化机构之目的。

第四节　关于集体活动及文化服务工作

（一）文化讲座　自三十四年五月至三十五年一月共举行二十次，每次听众均在二百人以上，主讲者皆系国内著名学者专家，所选讲题均以切合实际为原则。

（二）科学讲座　第一次于三十四年六月间举行，与中法比瑞同学会合办，延请罗广廷、汪龙、何鲁三先生主讲，"由无生物质自动组成生物的实验经过"、"从统计上看战时营养问题"、"思想与科学进步"三题，分三日讲毕。第二次于十月间举行，与国防科学技术策进会合办，请航空委员会养气厂厂长葛正权先生讲"原子弹之原理与威力"。

（三）举办国语演说竞赛会　三十四年五月及十二月举行两次，参加者均为重庆中等学校，每校选派代表一人，第一次讲题为"我所希望的二十年后的新中国"，录取五名，第二次讲题为"如何迅速完成建国大业"录取五名，两次竞赛均经先向各方征求奖品，当场评判结果后，即分赠各优胜学生，其落选者亦略赠书刊文具，以示鼓励。

（四）座谈会　三十四年六月举行旧剧剧本审查问题座谈会，十一、二月举行陪都各刊物负责人座谈会两次，以国内时局为讨论中心，并决定联合对时局发表宣言，十二月又与重庆市党部及三民主义青年团重庆支团部联合举行陪都各文化团体座谈会，亦以国内时局为中心，并决定联合发表宣言，以上历次会谈结果，尚能达到预期效果。

（五）各种集会　三十四年共举行九次，(1)出版界联谊会，(2)戏剧界联谊会，(3)(4)均为一般文化界联谊会，(5)文化界庆祝胜利聚餐会，(6)宴请文化界发动组织国际文化合作协会及中华全国文艺作家协会，(7)文化界庆祝国庆纪念大会，(8)庆祝国父诞辰纪念大会，(9)文化团体聚餐会，（与重庆市党部合办）。三十五年二月十五日在陪都举行庆祝戏剧节大会，并通函各省市文运会办理，以上各种集会，除一般联系外，均注重某一特殊文化活动及时局问题，会后并发布结果于各报，以资宣传。

（六）暑期文学讲演会　为对于初学文学者指导研习途径起见，特于三十四年八月间，就本会文化会堂举办于晚间演讲，历时三周竣事，听讲人数，每次均有一百余人。

（七）联系作家并为介绍著作出版　凡在渝从事写作之文化界人士，辄予随时访问通讯，并尽量介绍其作品出版，三十四年中，由本会介绍出版者，有李志纯著《印度史纲》，由正中书局出版，刁汝钧译《龟兔竞走》，由商务印书馆出版，申占德著《印度经济地理》，由正中书局出版，季曼瑰著《女画家》，由商务印书馆出版，孙道昇著《灵心电视论》，由商务印书馆出版，李辰冬著《巴尔扎克论》，由国民图书社出版，正在介绍中者，有王锐著《民族戏剧论》，张朋著《养生论集成》及李志纯译《泰戈尔传》，丁十著《沦陷区的文化》等书。

（八）联络出国文化界人士　三十四年五月间，郭任远先生出国，经联合各文化团体举行欢送会，十二月间，美国国务院邀请作家万家宝（曹禺）、舒舍予两君赴美，本会即代为接洽出国事宜，并为之准备文化资料。

（九）联络驻华各使馆文化工作人员并交换资料，随时派员访问接洽，并交换书刊，三十四年十一月间，印度加尔各答大学美术部主任甘歌利教授来渝，本会特与中华全国美术会联合举行欢迎大会，以资联络。

（十）策动组织国际文化合作协会及中华全国文艺作家协会抗战胜利为策应当前需要，特发动组织以上两协会，前者由本党先进及著名国际间文化人士参加，达一百四十三人，订于三十五年二月成立，后者会员有一百五十六人，已于三十五年一月二十六日成立，现正筹办各省市分会中。

（十一）青年写作指导会　为切实指导青年写作起见，经常设立此会，随时接收稿件，予以评阅修改，并介绍其优秀作品于《中国青年》及《文艺先锋》暨各报副刊发表。

第五节　关于出版书刊及评介征集作品工作

（一）编印《文化先锋》　本刊原系旬刊，每月出版三期，办理数年，从无愆延，三十四年初，因湘桂战事，湘桂黔三省书刊纷迁来渝，以致渝市印刷业供不应求，价格陡涨，且不能如期竣工，而本刊因经费支绌，乃从三月份起改为半月刊，月出两期（已呈奉中央第十八次常会核准备案），然阨于以上两原因，至夏间仍不能准时出版，幸得追加一至六月经常费，始勉资挹注，于十月份起，分向数处印刷工厂分别赶印,陆续将所脱各期补齐,计三十四年自四卷十五期起至五卷十五期(每卷二十五期)共二十六期,每期印刷发行五千份,至本刊选稿,素尚精严,多系国内各大学教授及专家投稿,经常取得联系者,有一百二十五人。

(二)编印《文艺先锋》 月出一期,三十四年出足十二期,(每卷六期,自六卷一期起迄七卷六期止)每期现印刷发行四千份。

(三)编印文化运动丛书 原定每两月出版一册,全年六册,因经费及印刷两俱困难,并以竭力维持两刊物出版,故三十四年仅出《自然与人生》及《新人生观与新文艺》两种,即决定变更计划,不再自行印刷,而与正中书局订约,由该局承印发行,已于三十五年一月交印《社会科书与真知》一种。

(四)评介优良书刊 对于优良书刊,或由会中工作同志或约请专家撰文,加以批评及介绍,随时在本会两刊物发表,或付其他书报发表。

(五)悬奖征选《国父传记》 原定选录三名,自三十三年十一月公告征集始,截止三十四年六月底止,各方投稿甚多,虽文字记述均尚可观,然究未获得尽臻美善之佳作,故决定将首选空出,只录取蒋星德之稿为第二名,王与瑞之稿为第三名,以示宁阙无滥,经于十一月间揭晓给奖。

(六)建立书刊发行据点 本会发行两刊及丛书,在三十四年十月以前,先后委托陪都大道出版社及天地出版社为总经售处,十一月中,天地出版社因迁移解约,乃由会中出版科直接发行,除广托本地书店代售外,并亟筹建立外埠发行据点,现经洽定代理发行之文化团体或可以信托之书店,有西安、太原、贵阳、南宁及四川之江津、达县、万县各地。

(七)筹备两刊物平津版 平津收复以来,本党刊物既属寥落,文化宣传刻不容缓,但因交通滞阻,邮递迟缓,本会出版书刊无法大批寄销,现经平津特派员李辰冬筹划发行《文化先锋》及《文艺先锋》平津版,正在刊印中。

第六节　关于慰问及推进收复区文化界工作

抗战胜利后,为亟筹推进收复区重要省市文化工作,经呈奉中央核准设置各区特派员,已如上述,除次第派遣外,复由本会主任委员于三十四年十一月亲往京沪汉三处视察,对各该处忠贞文化界人士,予以宣慰,并策进各项活动,南京文化分子多系重庆前往,曾召集茶会一次,上海文化界情形,则至为复杂,对其著名作家及近于左倾分子,皆经分别访问,上海文化界全体人士特开盛大之欢迎会,其教育、美术、戏剧、电影各团体,亦皆开会欢迎,殊为抗战以来未有之盛事,按上海文化活动情形,自以本党获占优势,惟因中央办理文化事业之机关事权未能集中,尚无指导中心,难免步伐不齐现象,现时异党分子正在涌〔踊〕跃欲试,本党必须争取左倾及自由分子,以减弱其煽动对象,且本党在沪出版杂志甚少,必须亟速筹办,并以广设外围为宜,经与有关机关及本党同志之主办文化事业者商定,由中国文化服务社、独立出版社、大东书局各出一综合性杂志,正中书局出一纯文艺杂志,至汉口市文化运动委员会成立后,正值湖北省文化运动委员会迁回,两会活动地域顿生问题,本会主任委员到汉视察时,特予指导,凡一般活动省市可合并举办,以增力量,并代交涉洽请活动场所,旋于十二月初回渝。

第七节　关于经费开支情形

本会前隶中央宣传部,三十四年度经常费预算为一百九十五万九千八百二十八元,两刊事业费九十六万元,特别事业费二百四十万元,因本年正为物价激涨最高之时,各项开支均属不敷,遂致一切工作皆觉异常困难,嗣经中央于六月中追加每月为三十六万六千零三十八元,计一月至六月份追加总额二百一十九万六千二百二十八元,以之移作两刊印刷费,七月至十二月份追加为二百一十九万六千二百二十八元,始勉将以前各月超支弥补平衡,顾拮据情形尚未减少,三十五年所增仍属有限,故以后如不能获得充裕经费,前途实多困难。

六　妇女运动委员会

本会前身原隶组织部,三十四年经第六届第一次中央执行委员全体会议议决改为直隶中央执行委员会,遵于是年十二月二十八日成立,自成立迄今,不过两月,时间有限,工作成绩当不足道,然以改隶以后,职权提高,责任加重,同人咸感振奋,黾勉从事,不无工作表现,复以成立伊始,各项工作均有待于计划及推进。谨就本会编制两月来工作概况,及本年度工作计划略述于后:

第一节　编制

本会设主任委员一人,副主任委员二人,委员二十五人,专门委员四人,专员二人,主任秘书一人,秘书二人,并设组训、宣传、福利、总务四科。

第二节　工作概况

(一)策动成立各省市妇运会及本市妇女团体。一、增设省市妇运会:计有河北、上海、汉口、南京四单位。二、新成立妇女团体:由本会策动成立之妇女团体计有:陪都妇女团体联谊会、中国女青年社、中国妇女服务社、职业妇女互助会四团体。

(二)督导各省市妇女运动。一、派委〔员〕赴各省市督导妇女运动,并令各收复区党部加速成立省、市、县妇运会,俾积极恢复妇运工作,解决收复区妇女之种种困难,并协助其精神生活,物质生活之向上,已派庄静负责京沪区,张岫岚负责平津区,朱伦负责东北九省,廖温音负责台闽区,傅岩负责甘肃省,并派吕晓道赴京筹备还都事宜,已出发者有吕晓道、庄静、廖温音诸委员,其余各委员正候机出发。二、拟定驻外委员督导工作须知,俾督导工作有所依据,而收步调一致之效。三、指示各省市妇女运动委员会工作:1.拟定本年度组训、宣传、福利各项工作纲要,"三八"妇女节工作纲要,颁发各省市妇运会遵照办理。2.修正省市县妇运会组织大纲。3.通告各省市妇运会筹组或健全省、市、县妇女会,并颁发妇女团体调查表,饬将妇女会工作概况,及理监事名册,会员名册及妇女团体调查结果,具报来会。4.通告各省市妇女会取消战时妇女服务团,成立妇女福利社,并检发成立妇女福利社办法一则。

(三)策动妇女社会活动。一、策动中国妇女服务社会〔会字衍〕等六团体于本年元月七日举行妇女团体新年联谊会,到各团体妇女代表二百余人,并商讨对时局意见发表对时局通电。二、发动妇女四十余人参加本年元月八日陪都各界新年联欢会。三、发动妇女三十余人参加元月十五日于青年馆举行之陪都各界拥护和平统一大会。四、策动妇女团体于本年元月十八日举行妇女宪政研究座谈会。五、策动各妇女团体于二月七日商讨国民大会妇女代表名额问题,咸认为宪法关系全国妇女在法律上之地位,妇女至少应有三百五十名代表参加制宪。六、参加新运妇女指导委员会筹备"三八"国际妇女节,因历年"三八"妇女节向为新运妇女指导委员会所主持,本会不便架床叠屋,单独筹备。

(四)编纂书刊。编辑《妇女月刊》,已出至第四卷第六期,共计十四期,并有十四单位出版定期刊物,已出二册。

(五)筹组妇女识字班:已由本会福利科积极筹备中。

第三节　工作计划

(六)拟定本年度工作计划:组训、宣传、福利各科,另有通盘计划存本会,姑不赘述,兹就本年度工作计划摘要胪陈于下:一、推进各省市妇运会工作:全国各省各特别市须全数在本年内成立妇运会:计已成立者二十单位,本年度须成立者二十单位,并拟派委员十至十五人,负责一至二单位,时期定为半年。二、加强各妇女团体之组织及活动,并注重质量之充实与联系及调查统计工作。1.健全及普偏〔遍〕各地妇女会之组织:过去各地妇女会,多因从事抗战工作,忽略内部组织,本会对于不健全者,应加以指导改进,未设立者,积极筹划设立。2.组织全国妇女会:召开全国妇女代表大会,由各省、市、县妇女会推选代表二至五人出席,组织全国妇女会。3.

训练妇女干部:设妇女干部训练班,至少训练干部一千人。4.推行妇女教育工作:利用乡镇小学,举办贫民学校、补习班、识字班等。5.征求各级妇女党员十万人。6.建立妇运通讯网。三、推进文化工作,建立妇运理论基础:1.组织各种研究会,以改进妇女思想及生活,如设立妇女问题研究会,家政研究会,妇婴卫生研究会,儿童教育研究会,学术研究会,以及各种专门学科研究会等。2.编纂妇女问题丛书、定期刊物等。3.藉《日报》副刊出版《妇女周刊》。4.举行各种座谈会、讲演会、广播等,俾收普及深入之数〔效〕。5.利用奖励办法,如著作奖金、演说。著作竞赛等,以资提倡。四、推进福利工作:一、通告各省市县妇运会普设妇女福利社,其任务概要如左:1.推进妇女读书识字运动。2.推进妇婴卫生。3.倡导成立各种托儿所。4.推广妇女合作事业。5.办理妇女失业调查、统计、训练、救济等。6.聘请妇女法律顾问。7.办理佣工训练。8.设立妇女寄宿舍。

七 中央广播事业指导委员会

第一节 工作述要

(一)关于指导事项。一、指导各地电台引导军航业饬令昆明电台分配播音时间供航委会应用。二、指导充分运用昆明广播电台恢复原有电力,增加广播时间,与美方合作对敌作心理战。三、指导加强国际广播宣传,随时改善对欧对美播音节目。四、指导各地原电台联播及转播中枢重要节目。五、指导编订复员紧急措施及三十五年度广播工作计划分月进度。六、指导派员接收各地广播电台及器材厂,随时分函各有关机关协助(接收情形详中央广播事业管理处工作报告)。七、指导迁建后方各地电台及湖南、福建、江西等台迁回原址,西康广播电台撤销等问题。八、指导继续研究电波工作,酌添设备,注意试验。

(二)关于审核事项。一、审核增订全国广播网计划草案。二、审核原有各电台及接收之各地电台呼号周率。三、审核各地电台节目报审表及新订之节目表。四、审核广播企业化意见。

（三）关于侦察事项。一、侦察伪蒙张家口电台被共军占领，改为晋察冀边区张家二新华电台，呼号改为XCNO，波长仍为31米。二、侦察延安广播电台自三十四年九月十日起开始向各地广播，呼号仍为XNOR，波长分别以425米7048千周及40米7500千周。该台电力不强，时遭干扰，非强力收音机不能收听。三、侦听并抄录敌伪电台所播之新闻及通讯。四、侦察美军在华设立之电台播音及电台组织内容情形：按美军在华设置广播电台，计有成都陆良羊街、云南驿白市驿、昆明沾益泸县等处，以上各台均系小电力，范围仅限于军中播送军纪及娱乐等节目，并无涉及政治之播讲，各该电台业已依照颁行之联合国在华设立临时无线电台办办〔法〕先后核准。五、侦察"国内方面"之中央、国际、昆明、贵州、成都、湖南、福建、西康、甘肃、陕西及第三战区流动等电台所播节目，"敌伪方面"之东京、南京、满洲、蒙疆、北平、济南、开封、上海、广州、台北、香港等电台与"联邦方面"之英国BBC广播公司之电台及美国旧金山之KWID电台、苏联莫斯科之RV96电台、印京新德里之AIR电台、澳洲之NQ4电台所播节目。

（四）关于事务方面。一、审核撰拟计划方案及通常工作。二、缕陈美租借物资案内未蒙美方允准拨供广播急需补充器材，报请总裁核准现款订购。

第二节 工作检讨

自欧战结束，各国广播宣传群重远东，我国广播电台电力最强者，为中央、国际、昆明三台，联络转播，颇获相当效果，尤以昆明电台匀拨时间与美军方合作对敌，于战事结束有甚大之影响，此后广播业务，对内当谋企业化，对外当采竞进化，尤以收音机之设置设〔与〕推广为最急务，使家家享用，人人收听，以完成宣传教育之伟大使命。

八　革命勋绩审查委员会〔略〕

九　中央抚恤委员会〔略〕

十　中央党务委员会

党务委员会自遵照一中全会决议改组后,除将所有经常工作,如设计审议等项,按照规定分别达成任务外,其关于当前问题之研究,及本党党务今后之改进,均经常注意照章举行例会商讨,并由本会专任委员按周举行会议,作缜密之研议,计自三十四年七月至本年二月止,共举行全体会议十八次,通过案件六十二宗,其中六全大会交议者凡二十六宗,兹择要分别略述于后：

第一节　关于设计者

(一)三十五年度党务方针案：本党每年度党务方针,例由本会先行设计研拟,提请常会决定颁行,本年度以抗战任务达成,建国工作开始,本党今后应集中党的力量,统一党的行动,协助政府完成复员工作,办理善后救济,并领导民众促进宪政实施,加速经济建设,以扩大胜利之效果,奠定建国之初基,爰依此原则制订本年度方针,内容规定今年内尽量使各级党部之选举完成,充实县级党部,协助各级民意机关之建立,吸收各阶层及农工、妇女优秀分子入党,积极宣传主义,培养同志经营事业,加强同志对政治理论与工作技术之训练,对文化运动、妇女运动、农工运动之领导,整理海外党务,辅导侨民复业,加强国民外交活动,及选拔优秀党务工作人员,从事各项政治经济等建设工作,列举甚为详尽,此项方针,经呈奉中央第九次常会通过,中央各单位及各级党部均依此为制定年度工作计划之根据。

(二)农民运动实施计划纲十案：总裁去年手令以今后各级党部尤其各区分部之工作,应以吸收知识农民入党,及训练农民为最重要,并须切实发生领导作用,饬拟订办法通令实施,并以此为考核各级党部工作成效之准则,本会奉交拟议,当以兹事关系本党基础之巩固至为重大,爰约集有关机关详加商讨,拟具"农民运动实施计划纲要",其内容着重于普遍成立各级农会,增进农民知能,培养农民干部,推动农运工作,以实行地方自治,贯彻平均地权,发展农村经济,并改善农民生活等项,经本会例会通过后,呈中央第十六次常会核议,适农工运动委员会即将成立,以事有主管,遂决议交该会约集有关机关审议,现仍在详加研究中。

(三)党务改进方案:政治协商会议后,本党党务工作及活动方式,均将大加改革,本会为适应现状提高效率起见,特先加研究,妥拟方案,以便提出常会讨论,迭经本会专任委员会议,悉心研究,草拟"党务改进方案",内容分原则、组织改进、工作对象、活动方式四项,先送全会提案委员会审核后,提供全会采择。

(四)各级地方党部团部协助各级地方政府推行自治、国民教育与新生活运动案:查宪政正待开始,乡村地方自治,国民教育及新生活运动,为巩固宪政基础改良社会风尚之重要工作,地方党部应协助政府切实推行,总裁饬拟订具体办法,通饬遵照,经本会详加商讨,拟具办理要点六项,对于地方党部协助政府配合同级政府,订定关于地方自治之协助实施方案,及发动所属党员参加工作办法,已由中央通饬各级党部一体遵照办理。

第二节 关于审议者

(一)三十五年度党务机关工作计划案:关于中央各部处会局每年度之工作计划草案,例经由党务委员会先行审定,再呈常会核定施行,三十五年度各党务机关工作计划及概算之审核程序,即依照成案,由本会专任委员分别审议,并邀请各有关单位代表列席说明,根据本年度党务方针之指示,斟酌损益,提由例会通过,综查本年度之主要工作计划,以秘书处主管之选拔优秀党务工作人员,从事各项政治经建工作,组织部主管之清理党籍,指导选举,发展党团组织,宣传部主管之党报、电影、出版等事业企业化,及充实各宣传机构之经费设备、海外部主管之充实并整理海外党务,加强宣传,协助归国侨民返回原侨民地或回籍,辅导侨民复业,训练委员会主管之继续督导各级训练机构,文化运动委员会主管之加强特殊文化活动、发展文化通讯网、扩大文化服务工作,妇女运动委员会健全各地妇女组织、改进妇女思想及生活等,最为重要,其他各单位亦分列中心工作,经中央第十七次常会通过施行。

(二)民众运动实施办法案:抗战已胜利结束,建设大业,亟待迈进,各级党部应以适合当前之需要,对广大民众作适宜之领导,使无论各界人民咸能拥戴本党,协同建国,爰遵照六全大会关于民众运动之决议案,并咨询有关部会提供意见,逐项详订实施办法,经提例会通过提请常会核议中。

(三)抗敌殉难同志家属及被难同志救济案:组织部以抗战八年来,参加前线实际工作之同志,与敌伪艰苦奋斗,被敌伪杀害、残废或被捕甫经出狱者,不但其本人生活困难,其家属亦大都流离失所,为表彰公道,影响社会人心起见,爰提出"抗敌殉职同志家属及被难同志救济案",送本会审议,经详加研讨,认为事实切要,决议凡在抗战期间,党员奉命在沦陷区或前线工作因而殉职或被捕不屈者,其家属或其本人除依法救济外,应另分别情形予以一次救济金或抚恤金,本案经呈奉第二十三次常会核定施行。

十一　党史史料编纂委员会〔略〕

〔中国国民党中央执行委员会秘书处档案〕

5. 蒋介石在中国国民党六届二中全会上作《认识环境与遵循政策的必要》演讲

(1946年3月4日)

认识环境与遵循政策的必要

——三十五年三月四日在六届二中全会纪念周上讲——

一、此次全会关系本党的成败与国家的存亡,各位同志应平心静气,认识环境,决定今后行动的方针。

二、目前本党同志两种不正确的心理:

1. 本党领导抗战已获胜利,但现在仍受外国人的支配和操纵。

2.本党革命五十二年,但现在仍要受各党各派的处分。

三、由于革命之进展,本党力量已增强,地位已巩固对党外让步虽多,实无妨碍,现在应与全国人民共同从事建国工作。

四、此次世界大战后,任何国家的政治,皆不能不受国际的影响,我们的让步,是自动的适应国际环境。

五、外来的挫折,如对国家有利,则须抑制感情以接受之,并须痛切反省,忍辱负重,知耻自强。

六、政治协商会议系根据本党的政策与目的而召集,不能视为受人处分,各位应服从政策,以达到预定的目的。

七、三民主义与五权宪法决不能分离,政协会议对宪草的修改虽有错误,但仍有改正挽回的办法。

八、望各位同志开诚布公,尽抒已见,发扬民主精神尊重本党纪律,使全会得到圆满的结果。

各位同志:

本党第六届中央第二次全体会议,开幕迄今,已经三天,就这三天以来会场情绪的表现,知道各位同志对于党国前途和革命成败的关怀,较之任何一次的全体会议,都要深切而热烈。此种爱党爱国的热诚,本席觉得无限的兴奋,同时对于此次会议实有莫大的希望。

各位当然知道:这一次全体会议,不仅关系本党的成败,而且关系国家的存亡。我们在此次全体会议之中,对于今后革命的行动,如果能够决定完善的政策,拟具正确的方案,领导全党同志奋勉努力,彻底力行,那我们一定能排除万难,确保抗战的胜利,促成建国的全功。反之,如果我们对于目前革命的环境和国际的局势没有正确的认识,对于今后革命的方针和途径,不能凭客观的研究来决定,而徒逞感情,执持成见,各行其是,那就要被他人各个击破,而本党五十年来领导牺牲奋斗的功业,就要尽付东流!所以各位同志必须明了本身责任的重大,必须平心静气,来检讨当前的局势,认清环境,把握现实,以客观的态度,来决定我们今后的行动方针。

此次与会的同志,大多数都来自各地,对于去年八月敌人投降以后,到目前为止,半年之中,本党革命环境的变迁,和国际局势的推演,未必十分明了,因之对于本党最近许多的决策,不免有所误会,甚至表示愤慨。今天本席特就此点对各位加以说明。

现在本党一般同志,有两种很普遍的心理,一种心理认为本党领导全国,经过八年的抗战,已经成为四强之一,但到现在还要受外国人的支配和操纵,这无异使国家的地位倒退二十年,另一种心理认为自从总理领导本党革命,已经五十二年了。本党同志前仆后继,牺牲奋斗,为我国取消了不平等条约,获得了抗战最后的胜利,但现在还要受各党各派来处分,这不是本党的失败么?这两种心理之发生,其所受的刺激虽有不同,然其为愤激不平则一。党员对于党的前途和现状,表示热烈的关切,这原是很好的现象。不过由关切而发生愤激,由愤激而对于一切问题不能平心静气,凭客观来判断,以致一切言论行动,都不忍小忿,不顾大局,那就非常危险!

各位要知道:在这次抗战胜利以前,本党革命的成败,系于抗战的胜负,抗战如果胜利,我们革命就可以成功,抗战如果失败,则本党整个革命事业也就随之而失败,过去八年之中,本党之所以不惜冒险犯难,置成败利钝于不顾,和敌人赌着全民族的生命,其原因即在于我们万不能后退一步,如果后退一步,不但本党失败,国家也要灭亡!现在经过八年余艰苦的抗战,日本业已投降,我国已得胜利,我们民族主义的实行,已经有了成就,国家民族的生存,已经有了保障。这就表示了本党主义的成功,本党力量的加强。各位必须知道今天本党的地位与力量,和八年或二十年前的情形完全不同了。从前本党还在奠定基础的时期,我们没有力量对人家让步,一让步就要陷于全盘的失败。在今天,我们党的基础已经确立,党的地位已经稳固,即使让步,而且让步虽大,并不致影响本党的威信,动摇政府的地位,损害国家的根本。何况我们真正要为国家着想,要领导全国同胞,一心一德来建设国家,则我们全体同志,尤其是中央委员,一定要本宽大的心襟,以与人为善的态度,来感召全国民众,共同一致从事建国的工作。切不可着一点虚矫之气,斤斤于目前的利害,动不动和人家作盲目的斗争,否则,就一定要丧失民众的信仰,徒增本党的困难。

至于认为我们中国现在是受外国的利用,我们政府现在受外国人的操纵,这种观察【实】在是极端的错误。我们如果认清了现在国际的趋势,就决不致发生这种错误的心理。在第二次世界大战以后,任何国家都不能单独生存于国际社会之外。这就是说任何国家的政治,都不能脱离国际的影响,他的政策的决定,多少都要受到国际形势的支配。以苏联而论,苏联总算是一个强国,然而苏联为什么要取消第三国际,而且到现在还不能恢复呢?这自然是受了国际的影响,国际上不能赞成其第三国际的存在,他就无法独行其是。美国是现在世界上第一个强国,他的政策是要掌握整个太平洋的安全,然而美国在降伏日本之后,为什么要邀请中英苏三国参加占领日本呢?这当然又是由国际的牵制。所以今后国际社会的组织,如果其力量继续加强,则不【仅】影响到每一个国家的外交,而且可以影响到每一个国家的内政。我们中国在这次抗战以后与国际上关系更见密切,我们既然置身于国际社会之林,自然也要受到国际的影响,如果我们再以十年二十年的脑筋,以为一个国家可以单独生存于世界,而不明环境,不知大势,对于友邦的善意和国际的期望深闭固拒,那就是违反时代,违背潮流,其结果没有不失败的。而且上面说过:这一次本党的让步,完全是出于自动,乃是本党为团结人民,共同建国的大公无私的精神表现,并不受任何方面的影响,这一点更是各位同志应该了解的。

自从敌人投降以后,友邦许多政策的表现,如果以本党革命的精神来衡量,当然在我们国家是受着一种挫折,也可以认为是一种侮辱。不过这种事实，我们还要研究其动机，与对于国家的利害。如果他是出于善意，毫无自私作用，并且他是一片至诚，是来协助我们中国独立富强的，如果这种协助对于我们整个国家的久远前途不但无害而且是有益的，那我们就应该抑制情感，诚意接受的。须知能忍辱才能负重，能知耻才能自强，今天本党的环境如此险恶，本党的责任如此重大，我们同志如果不能忍辱负重，知耻自强，何以完成革命建国的使命呢？我们革命党员最重要的一种精神就是反省，我们要反省今天我们的党德是如何的堕落，精神是如何的散漫，除了总理和先烈给我们遗留的一点基础之外，我们个人对于党和主义，究竟有什么贡献，有什么补益？我们一想到这些问题，就知道今天招致耻辱的原因完全在我们自己的本身。所以我们不能怀疑别人，更不可怨天尤人。只有自立自强，加倍奋勉，加倍努力。

总之，当此党国生死成败之机，我们应付错综复杂的国际局势，必须记取总理两句名言："操之在我则存，操之在人则亡。"本此教训，审慎决择，以确保我国家民族久远之根基，而国家要立于主动的地位，就必须有一贯的政策，在这个政策之下，大家团结一致，通力合作，才能够达成我们的革命使命。

其次，要为各位同志说明这次政治协商会议的经过。有些同志对于这个会议的看法，以为本党从事革命工作。已经五十余年，自**推翻满清**，完成北伐，以至于领导抗战，牺牲了多少先烈同志的生命。于今胜利到来，而为国负责的本党，反而要受到各各党派的处分，实属不能忍受。这种想法，凡是有血性的革命党员，只看这几个月来表面的变迁，当然都应该有这种义愤的。不过我们对"处分"二字要有正确的解释。如果我们没有政策，没有目的，任凭别人摆布，那才可叫做受到别人的处分，如果我们本来有固定的政策，正确的目的，现在是依照这个政策和目的去作。那么无论其所表现的形式如何，都不能算是受人处分了。老实说：我们的党要是今天还要受到别人的处分，那恐怕在民国十五年以前早就消灭了。我可以告诉各位：我们召集政治协商会议，乃是鉴于国家不堪纷扰，人民渴望和平与安定，更为了实践我们召开国民大会实施宪政的夙愿，所以这个措施完全是出于自动的，不是被动的。是根据我们的政策和目的，而不是任人处分的。希望各位明了我们的政策和目的，明了召开政治协商会议是本党对国家人民负责的一番苦心，我们应该为国家整个的利益而促其实施，切不可作片面的观察，感情用事，凭幻想和主观来决定行动，以致破坏整个的政策和终极的目标。

此外有一点我要特别提出来说的，就是政治协商会议对"五五"宪草的修改原则，许多同志认为违背了三民主义。这一看法当然是很有理由，我们革命奋斗五十余年，就是为了要实行三民主义、五权宪法的党纲，政治协商会议所决定的修改宪草原则有若干点实在与五权宪法的精神相违背，这不仅各位已经感觉到，我个人也有同样的感觉。但是这件事情是否即已不能挽回呢？我认为这是不会没有挽救的办法的。宪草正在审议，而且将来要提到国民大会去采纳，国民大会的权限，自不受任何的拘束，所以我们尽有讨论的余地，各党派如有真诚合作的诚意，也不能漠视本党的立场。宪草与革命成败有深切的关系，而且关系于国家的治乱与安危。我们由训政而渡到宪政所提出于国民大会的宪草，自不能离开我们总理重要的遗教。三民主义和五权宪法绝对不能分离。我们总理一说到三民主义时，就常常提到五权宪法。因为主义的实行，须要方法和工具，五权宪法就是实行三民主义的方法和工具，有些人说：只要大家承认了三民主义，对于五权宪法不妨变通一点，只要不违背五权宪法的精神，在形式上和制度上不必拘执，这个说法实在是错误的。谁都知道：总理研究西洋民主制度的利弊，参考中国固有的法制，舍短取长，才创造五权宪法的理论，拿五权制度来救西洋民主制度之穷，拿国民大会来救会议制度之穷，拿考试制度来救选举制度之穷，总理考察中国古代的制度，适应现在的需要，使考试、监察与行政、立法、司法分立而成为五权，并且使权能分开，政权由人民来行使,治权由政府来行使。总理为此而手订五权宪法的条文并一再说明。这是他在政治上的一大发明,后来建国大纲的制作,也是根据五权宪法的规模,我们信奉总理遗教,怎么能放弃五权宪法?要是三民主义离开了五权宪法,三民主义怎么还能具体实现呢?离开了五权宪法而谈三民主义,那就不是真正的三民主义了。但是政治协商会议是本席负责召集的,我们在政治协商会议中关于宪草一点,已经过表决程序而成立了协议,这必须由我负责,而不必责备本党的代表,我希望各位都相信我,我决不会不忠于党,不忠于主义,而且绝不肯违反了总理遗教的。所以我绝对不会抛弃五权宪法而不顾的。全会各同志对此问题,自可根据总理遗教来检讨。我们要把握住重要之点,多方设法来补救,务使宪草内容能够不违背五权宪法和建国大纲的要旨而适合于我们中国的国情。不过我们这一阶段,必须平心静气,体察国内国外的环境,采取适当的政策,来达到一定的目标,决不可意气用事,感情冲动,以致破坏政策,而使革命建国的目的愈形遥远。这是本人今天特别要向全会各位同志叮嘱的。希望各位平心考虑,开诚商讨,无论有什么意见,都可在会内发表发挥民主的精神,遵重大众的意见。我个人一定要服从多数,决不会以个人的意见来勉强大家。我并且相信各位一方面能发扬民主精神,同时也必能尊重本党的纪律,顾及本党整个的利益。深望全会各位同志亲爱精诚,和衷共济,使这次会议能得到圆满的结果,使本党的革命事业能彻底完成。

〔中国国民党中央执行委员会秘书处档案〕

6. 中国国民党六届二中全会通过重要决议案

(1946年3月14—17日)

(1)对于粮食问题报告之决议案(3月14日)〔略〕

(2)对于党务报告之决议案(3月15日)

对于党务报告之决议案

全会听取中央常会党务检讨报告,并审阅有关改进党务各提案,计三十五件,当经详加检讨,佥认为现值抗战胜利,建国伊始,国家已达由训政而渐进于宪政之阶段,本党组训宣传及民运工作,确有革新之必要,今后宪政开始,本党为领导革命建国,仍须保持革命政党之精神,以谋三民主义五权宪法之彻底实现,欲达成此艰巨之任务,必须求健全基层,实行民主,信赖组织,服从纪律,团结意志,集中力量,深入民间,服务大众,庶几可以宏扬主义,争取同情,实现革命政纲,领导和平建国,本此意义,特综合审查各案之要旨,参酌党务报告,及检讨时所指出之弊病,制定今后党务改进要点,交下届中央常会,从速切实执行。

壹、健全党的基础

一、举办党籍总清查,清理全党党员党籍。

二、每一党员必须参加区分部,并应认定或由党部指定担任一项党的工作。

三、县市党部,应就党员中选编工作小组,担任党的各项工作,如宣传、文化、农运、工运、妇运等,参加者,有义务而无权利。

四、各省市党部为团结意志,集中力量起见,遇有重大问题时,宜邀集各该省市有历史之干部同志,举行会谈。

五、征求党员,应积极增加农、工、妇女及教育、文化、卫生工作者成分,并应预定比率,作有计划的吸收。

六、对退伍之军人同志,应设法使其参加党的基层组织。

七、各级党部应提倡党员互助之福利事业,举办职业介绍,及社会保险等,以促进党员对党之密切关系。

八、整肃党纪,循名核实,各级工作人员及党员工作努力成绩卓著者,应予奖励,违反纪律者,应予惩治。

贰、实行民主集权制

一、各级代表大会,均应照章如期举行,所有代表,必须由选举产生，不得指派或圈定。

二、未经选举而成立之党部，均应于本年内尽速依法完成选举，成立正式党部。

三、中央重要决策，应先经中央常会商讨决定后，呈总裁核定。

四、总裁对重大问题之指示，先交中央常会研议实施。

五、各级党部之重要事项，应经各该执行委员会之决议。

六、上级党部在代表大会闭会期间，有重大决策时，应先征询下级党部之意见，遇有紧急措施，未及征词〔询〕时，一经决定，应即通知各级党部，以达全体党员。

七、党员在党内有充分发表意见之自由，但一经决议，应绝对服从。

叁、改进各级机构

一、中央执行委员会常务委员名额，扩充为三十六人（其中应有四分之一专任），由每次全会改选三分之一。

二、中央执行委员会下分设秘书处、组织、宣传、海外、边疆、农民、工人、工商、妇女等部。文化运动委员会及财务、抚恤、革命勋绩审查等委员会，其组织另定之。

三、省（市）及县（市）党部执监委员名额，应依地方需要，酌量扩充，委员中工人、农人及妇女至少应各有一人。

四、已正式成立之省（市）党部主任委员及县（市）党部书记长，由各该执行委员会选举之。

五、省（市）及县（市）党部之内部组织，应按地方情形酌定，不必一致。

六、取消区分部以下之小组。

七、县（市）以上各级党部，设政治委员会，由各该党部就党政干部同志中遴选委员若干人组织之，负政治之设计运用及指挥监督从政党员之责，原有之党政特别小组及党政联系等办法，概行取消。

八、各级党部专任有给工作人员,力求减缩,增设义务工作人员,超过名额之工作同志设法使其转业。

肆、管理从政党员

一、国民政府委员由中央执行委员会选任之。

二、国民政府五院院长、副院长由总裁提经中央执行委员会通过后,送由国民政府任命之。

三、行政院政务委员,由行政院院长提经中央执行委员会通过,呈报总裁核定后,提请政府任命之。

四、各省政府主席及院辖市市长,在未民选前,其由本党党员充任者,如经该省(市)代表大会三分之二以上通过不信任案时,报请中央撤换。

五、县(市)长实行民选时,本党候选人由各该县(市)代表大会选定后发动全体党员协助竞选。

六、各级民意机关代表,由同级党部决定候选人后发动全体党员协助竞选。

七、党员由党推选充任各级公职候选人时,应即在当地党部举行宣誓,奉行本党政纲政策,遵守党的决议,并任用同志。

八、本党同志凡未经党的推选,擅自活动者,应受党纪之处分。

伍、加强民众运动

一、党的政策与行动,应充分代表民众,尤其是农工的利益,反映民众要求,解决民众问题,以增强民众对党的信仰。

二、本党今后对于民众运动,必须由消极的态度改为积极的态度,由命令的方式改为民主的方式,由多元的领导改为一元的领导。

三、各级党部,应指导党员积极发动民众依法成立各种人民团体。

四、各机关团体及各种临时集会或组织中,均应建立党团,从事活动。

五、每一党员至少须参加一个人民团体及一种社会工作,由党作有计划之分配,并注意辅导与训练,以培养其服务或斗争之技术。

六、各级干部,必须从实际工作及民众运动中培养,并选拔之省(市)及县(市)党部委员,尤应尽先由民运干部同志中选出。

七、各级党部除党的组训、宣传等工作外,应特别侧重民运工作,切实为民众之利益而奋斗,尽量筹设社会服务处,并选派工作同志,经常在人民团体中服务。

八、各级党部委员,应有计划的分配参加各种人民团体活动,深入群众,发挥服务精神。

九、对各级党部及其工作人员,与党员之考核,均应以其参加民众运动工作之成绩为主要标准。

十、同一机关团体中之党员团员,应共同组成党团,青年团体中之党团,由团部负责领导,其余由党部领导之。

陆、改善宣传方法

一、一切宣传应根据本党主义及政纲政策,并与现实问题及政治需要为适当之配合,对政府设施,应站在民众立场,作公正之评论。

二、尽量扶植舆论,特别争取中立性之宣传力量。

三、对于妨害国家民族利益之宣传,应随时作积极的驳斥。

四、各级宣传机构,应与当地党部所属之宣传人才,密切联系,以收群策群力之效。

五、关于国家大计之宣传方针,各级党部应遵守中央之指示,关于地方性之事件,各省(市)县(市)党部得因地制宜,因时制宜,执行宣传任务。

六、地方党部之宣传机构,中央应密切联系,并设法充实其人力与设备。

七、国际宣传机构,应在质量两方面设法加强充实,尤须尽其可能争取盟邦舆论之同情。

八、有关宣传之党营事业,如各党报、通讯社、各书局及中央电影摄影场等,应迅速改组为民营公司。

九、各地之中央直辖党报,其言论报导,并应受当地高级党部之指导。

十、宣传工作,除与党的组织密切配合外,并应渗透教育机构、职业团体、自治组织,务使每一党员均以宣传为基本义务,每一社会组织,均为本党宣传力量之所及。

柒、发展海外党务

一、在美洲及南洋,分别暂设办事处,由中央派遣中央委员或高级人员前往主持督导,发展各该区党务。

二、海外各总支部及直属支部,增设评议员,人数不加限制,由中央每年就各该地资望较深之同志,分别聘任,对该地党务之进行,随时提供意见。

三、选择海外各重要地区,增设直辖党报及出版公司,以加强海外宣传力量。

四、各重要侨团内运用党团,并设法协助干练忠实同志参加各侨团担任职务。

五、成立海外、青年、妇女、工商、文化等运动委员会,以开展各种侨运工作。

六、发动海外各地组织,国际联谊团体,如中暹、中越、中马、中荷、中菲、中缅等协会,以联络当地人士及政党,增进睦谊。

(附)中央第二十六次常会关于中央执行委员会各部会处组织之决议案

(注)二中全会前中央各部会首长曾会商拟具党务改进方案及实施办法,呈奉总裁批准照办。其内容与二中全会对于党务报告之决议案大体相同,惟关于中央组织部分略有出入,经中央第二十六次常会决议如左:

(一)中央执行委员会分设左列各处部会：

1. 秘书处
2. 组织部
3. 宣传部
4. 海外部
5. 边疆部　由组织部边疆党务处改组
6. 农民部 ⎫
7. 工人部 ⎬ 由农工运动委员会改组
8. 工商部　增设
9. 妇女部　由妇女运动委员会改组
10. 文化运动委员会
11. 财务委员会
12. 抚恤委员会
13. 革命勋绩审查委员会
14. 甄选委员会　遵照总裁批示案增设

(二)党史史料编纂委员会仍旧存在,原有党史史料陈列馆改称开国历史博物馆。

(三)中央执行委员会各处部会专任工作人员以五百人为最高额。

(四)所有改组及增设之机构暨减缩专任工作人员各节,俟还都后再行办理。

(五)总裁批示党务改进方案实施办法并全会对于党务报告之决议案,分交各部会遵照办理。

(3)对于政治报告之决议案(3月15日)

对于政治报告之决议案

一中全会以后,日本无条件投降,国内外形势发生重大之变化,政府既为胜利与和平而订立中苏条约,复鉴于和平建国之必要,召集政治协商会议。此实本党历史上之一重大时期,本会检讨行政院之全部工作报告及一中全会以来之施政成绩以后认为,行政院工作实未能满足此一重大时期之要求。此其原因固非一端,而政府对于六全大会所定政纲执行不力,尤以财政经济多所贻误,均无可讳言,除外交、政治协商、财政、经济诸端另有决议外,兹综合大会之检讨提案与讨论,对一般行政工作提出检讨及革新之要点于左:

检讨部分

一、多年以来,官僚主义早已构成政治上最大弊害,而以敷衍塞责假公济私为尤甚,结果所至官吏不知知〔知字衍〕责任为何物,对于主义政策不知尊重,此种弊害在胜利以后尤完全暴露,复员时期,各种工作多无准备,而一部分接收人员,败坏法纪,丧失民心,均为平素漠视主义不知尊重国家制度之结果。此大会深表痛心,望政府力求改正者。

二、公教人员及军警待遇不合理,为年来效率低下纪纲废驰之一大原因。六全大会对此已有郑重决定,而政府仍漫不注意,今后必须切实解决。

三、机构之庞大复杂与法令之纷歧抵触,以致权责不清,减低效能,亟应调整分别存废。

四、人事与政策之不相配合,为政治上一畸形现象。政务官与事务官几无区别,政务官不知其应该执行之政策,事务官之进退未能悉按条例,以致责任观念薄弱,陷政府于无能。

五、地方自治为训政中心工作,历次大会均郑重决议,而若干年来,政府未能切实执行,以致今日宪政实施在即之时,地方自治仍无基础。

改进办法

甲、关于政制之革新者

欲谋政治之进步,必须在政制上政策上人事上亟谋故〔改〕革,循民主政治之方针,树立现代国家之常轨。

在制度方面,必须简化机构,分明权责,贯彻分层负责之精神,而树立健全之文官制度,党外人士之参加政府组织,应不碍本党对全国行政机构为合理有效之革新,其要点如左:

(一)国民政府为决定国务之最高机关,过去所有国防最高委员会之设计局、考核委员会及各专门委员会应予裁并。

(二)行政院各部会署,应依其职掌为合理调整与划分,务使名实相符,权责分明,骈枝悉裁,冗员必汰,还拟以后更宜分期缩减中央人员,以充实地方人力,唯编余人员,须另谋任用及转业之道。

(三)军民分治,为现代国家常轨,现役军人不宜兼任民政职务,所有涉及军事供应问题,军事机关应通过民政机关办理。

(四)警察为法治工具,今后必须提高警察素质及待遇,树立健全之警察制度。

(五)修明政治必须树立健全之人事制度,一、政务官必对其政策负责,政策失败或执行不力,必须课以责任。二、事务官必须久于其职,政府必须擢用人才,根绝任用私人之恶习,并宜实行定期异动,以资历练,至于待遇之改善,休假制、年金制、养老金制均须切实规定,为实行健全之人才制度,除涉及国家之预算外,目前考试院及各机关之人事机构,其权责联系,亦须有系统之调查。

乙、关于政策之力行者

本党历届大会之政策,无不正确,政绩之不良,非政策之有误,实由执行不力或执行之时发生曲解而已。六全大会所决定之政纲,仍为今后施政之准绳,至于政治协商会议所决定之和平建国纲领,大体上亦与本党政策相符,自宜领导各党派促其实现。唯鉴于目前内外情势,本大会认为外而保全国权,内而修明吏治,安定民生,尤为当前施政之根本,而确保国家之统一团结,保障人民权利,肃清官僚主义官僚资本,为修明吏治之前提,积极恢复交通与秩序,以谋恢复生产,充裕物资,则又为安定民生之前提,特郑重提示,当前应予立即实施之事项如左：

（一）根据保持领土主权完整之原则及维护国际和平条约之决心，以谋中苏之真正亲善。

（二）调整边疆政府，并尽量引用边胞参加中央及地方之行政，以贯彻本党之边疆政策。

（三）切实实行整军建军方案，并督促共党履行协定，以达军队国家化之目的。

（四）各级政府非经各级民意机关之同意及上级政府之批准，不得擅立单行法令或增加赋税。

（五）各县市政府必须限期民选。

（六）人民因战争所受之损害，政府应从速调查，订定赔偿办法。

（七）收复区内所有接收之工厂、矿场，应限期恢复生产，同时应积极开创新事业，增加就业机会，首先安插复员官兵及抗战有功之公教人员，并发动全国人力，从事地方生产事业，及各种公共工程之建设。

（八）即刻规定耕者有其田之实施步骤及办法，由政府发行土地债券，收购大地主土地，分配于退伍士兵及贫农，并切实扶植自耕农，保护佃农，都市土地应按报价征税，涨价归公及照价收买等办法，迅速推行有效之农贷以安定农村。

（九）清查战时暴利者之财富，课以重税，清查不法接收人员之赃产，并进行征借巨富之资财及外汇，并严格推行适度合理的累进所得税制。

（十）在外交上，保护侨胞之财产，在经济上，扶助侨胞之事业。

（十一）切实提高公教人员及军警之待遇，俾能依薪水保持其健康之生活。

（十二）水利委员会应切实拟定计划，积极进行治河治江事宜，以防止可能之水灾。

(十三)举行全国户籍及财产总登记。

丙、关于人事革新者

有制度有政策,如无健全之人事,政治革新,仍托空言,今日政治之弊端,半在制度,半在人事,兹提出人事革新要点如左:

(一)凡因附逆及贪污而受制裁或逃脱法纲者,均永不得任用。

(二)凡任职无成绩者,应予更换。

(三)统计接收人员贪污案件,将案件有关最多之主管官立即免职。

(四)用人不可偏重历史关系、感情关系,一以才能为标准。

(五)政务官须以对于政策有认识与执行能力者为标准。

(六)切实实行考试制度,并改革考试内容,或举行特别考试,以为登用之标准。

(七)一人一职,非确有必要不得兼职。

以上建议三大项目,均系就目前即须执行者而言,本大会深望政府鉴于国内外危机之严重,深明厥职,黾勉奉公,勿再视为具文,至深企盼。

(4)对于军事复员工作报告之决议案(3月15日)〔略〕

(5)对于交通问题报告之决议案(3月15日)〔略〕

(6)对于善后救济工作报告之决议案(3月15日)
　　对于善后救济工作报告之决议案

(一)救济之性质与范围,虽因属国际组合关系,有所规定,但应斟酌国际被灾情形,善为运用,以宏实效。

(二)救济物资,往往不适合救济者之需要,亟应统筹规划酌情变通,使供应适合需求,人达所望,物尽其用,庶能收宏施广济之效能,而无所偏废。

(三)标卖物资所得款项,应全部用于善后救济事业,不使稍有浪费,并严防经办人员发生情弊。

(四)行总业务虽与联总径洽,但依法组织之机关,及经政府任命之官吏,其会计审计制度等,仍应遵守政府法令。

(五)各分署之业务,须与当地政府密切联系,其有延续性者,尤应事先会商,妥为规划,俾于国际善后救济事业结束后,仍能赓续推进。

(六)中国抗战最久,灾区最广,难民最多,闻联总近拟配给物资,总值仅六亿七千余万美金,不敷分配,应要求联总仍照我国原期目的,增加为九亿四千五百万美金价值之物资,以应需求。

(七)善后救济工作,应尽量发动党员团员参加,党部团部须负协助之责。

(八)各省市县物资之分配,应就地方机关团体参议会及公正人士中遴选人员组织审议委员会,负责妥议,以求适当。

(九)日用必需品类之物资,应尽量发放,如必需配售,其价值应低于一般物价,稳定地方之指数,以免刺激当地之物价,藉收平抑物价之效。

(十)联总救济物资中之米面,多须运入内地,救济贫民,而同时军粮配额,又须由各县乡外运,似此辗转互运,费时费力,殊不经济,应于适当地点予以调拨,藉节运输力量。

(十一)抗战中沦陷最久或受灾特重之地区,其救济物资之配给,应增加数量,并迅予运济,同时为因应急需,再由政府加拨巨款,分别办理急振〔赈〕。

(十二)贵州南部独山、荔波、麻江、都匀等县,曾经沦陷,惨遭破坏,损失甚大,应增列为受灾地区,分配物资,予以救济。

(十三)过去沦陷地区,流徙川、陕、滇、黔等省之难民,以及海外归国之侨胞,与特因滇缅运输回国服务之机工,颠沛荡析,艰苦万状,应迅为有计划之输送,并简化其登记等手续,在尚未遣送还乡以前,亦应予以救济。

(十四)过去沦陷各地农民,及沿海渔民,与因抗战而失学失业之青年,或则以其劳力支持抗战,或则被敌掠夺,遏其生机,或则坚〔艰〕苦向义滞其上进,均应特施救助。

(十五)协助农业复员,为善后救济基本工作之一。应即普办农村急振〔赈〕,增发农民贷款,配给耕牛、农具、种子,俾获增加生产复苏民困。

(十六)察、绥、辽、热各省境内之蒙胞,久受摧残,情况殊惨,其救济工作应积极进行,不容忽懈,且其地方特殊寒苦,交通困难,一切情况迥与内地不同,亟应责任有关分署切实负责,加紧办理。

(十七)抗战期间各地房屋毁坏极多,应利用善后救济物资中建筑材料,并拨发巨款,广建平民住宅,并当指派专员,负责限期完成。

(十八)粮荒严重之地区,应由善后救济总署加速配运米面,予以救济。

(7)对于政治协商会议报告之决议案(3月16日)
对于政治协商会议报告之决议案

本会听取关于政治协商会议之报告,并审查张委员继、杨委员森、郝委员任夫、苗委员培成等所提有关各案,为综合之决议如左:

抗战胜利以后,和平建国,为举国一致之蕲求,尤为本党继承总理遗志,实现三民主义,应完成之历史使命。爰由国民政府召集政治协商会议,冀以政治方式,消除一切纠纷,保障和平统一,完成建国之大业,故在协商进程中,凡属国家民族利益所在,本党均不惜以最大之容忍,为多方之退让,委曲求全,俾底于成,其所协议诸端,本党秉为国为民之夙愿,自当竭诚信守,努力实践。惟是体察当前之情势,与立国永久之大计,关于左列各点,特别致殷切恳挚之愿望:

一、国民政府既须改组,容纳各党派分子参加,各党派均应一本忠诚为国家之和平统一、民主建设而共同努力,尤其属望中国共产党切实依照协议,在其所占区域内,首须停止一切暴行,实行民主,容许人民有身体、思想、宗教信仰、出版、集会、结社、居住、迁徙、通讯之自由,及各党派公开活动,使政治民主化之原则,不致因任何障碍而不能普遍实现。

二、军队国家化及和平建国之先决条件,此次军事小组所订之"军队整编及统编中共部队为国军之基本方案"中国共产党务须切实履行,尤其目前一切停止冲突、恢复交通之成议,必须迅确实现,封锁围城、征兵扩军及军队之调动,必须即刻停止,俾全国秩序得以恢复,人民痛苦得以苏解,"军队国家化"之障碍,得以首先扫除。

三、三民主义为建国最高原则,早为全国所遵奉,已为此次政治协商会议所共认,而五权宪法乃三民主义之具体实行方法,实有不可分离之关系,权能分职,五权分立,尤为五权宪法之基本原则,本党五十年来领导革命,悉为实现此最进步之政治制度,以建立国家而奋斗,绝不容有所违背,所有对于五五宪草之任何修正意见,皆应依照建国大纲与五权宪法基本原则而拟订,提由国民大会讨论决定,庶宪政之良规,得以永久奠定。

总之此次政治协商会议,以和平建国为目的,则于各项协议之实施进程中,凡有足为和平建国之阻碍者,胥必力为排除,乃能措国家于磐石之安,而跻人民于康乐之境,本党矢以贞恒,勉尽职责,并愿各党各派共体时艰,相与开诚协力以赴之。

(8)对于外交报告之决议案(3月16日)〔略,交外交项〕

(9)对于边疆党务之决议案(3月17日)
对于边疆党务之决议案
一、为发展边疆党务,应根据当地人民生活情况,采取各种适当之活动方式,尤应注重经济、文化、卫生及社会事业之发展。

二、由中央宽筹经费,以为边疆党部兴办生产及合作事业之基金,其分配单位如下:

(1)各蒙旗党部

(2)西藏党部

(3)新疆党部

(4)各直属区党部

三、派往边疆党部之工作人员,其待遇应随时按照当地生活标准从优发给,俾专心一志,努力工作。至奖励赴边疆工作同志详细办法,拟交常会参照第七十九号提案妥拟实施。

四、宣传工作,应利用各地语言文字,在各该区域设置各该边疆文字印刷机构,创办报纸,印发宣传品及训练教材。

五、为适应目前需要,中央应即在光复区蒙旗设置训练机构,分期训练蒙旗青年,俾均成为本党斗士,以奠定三民主义之民治基础。

(10)对于有关东北及华北党务之决议案(3月17日)

对于有关东北及华北党务之决议案

东北与华北目前情势特殊,险象环生,今后如何演变,尤难预测,无论如何,以本党在东北与华北之现有组织与力量,从事政治斗争,实感不足,谨综合各案意见,拟订加强东北及华北党务办法如左:

一、东北及华北之党务,必要时得分区设执行部,或其他指导联繫〔系〕机构。

二、东北及华北各级党部之组织编制与活动方式,得参照实际情形酌量订定。

三、东北及华北党务经费,(尤其是活动费)应特别从宽筹拨,灵活运用。

四、东北及华北党务工作,应以民众运动及地方自治为中心工作,并使之与人民自卫力量密切配合,各该地党员之工作艺术训练,尤应特别加强。

五、东北及华北各级党部干部在未选举前,应选拔各该地富于斗争经验与领导能力之同志担任,其过去地下工作及目前流亡之同志,并应由各该地政府予以尽先从业机会。

六、东北及华北各省县之党政关系,应尽量发挥以党统政之精神。

(11)对于地方行政报告之决议案(3月17日)
对于地方行政报告之决议案

我国经八年之抗战,地方备受破坏,人民疾苦,达于极点,大会听取地方行政报告后,于其所陈述各项工作之缺憾,与地方困难之情形,深感危机四伏,险象环生,实有不容忽视者,考其症结,不外数端。第一,由于人事之不健全,行政效能不足,对于地方自治工作未能切实推进。第二,由于各级党政工作未能密切配合,党政力量,未能集中发挥。第三,由于抗战时期遭受军事影响,大多数省市地方,限于环境,政令未能贯彻。第四,由于省政府之组织与权责尚欠周密分明,不免窒碍丛生。第五,由于财政收支系统之变更,地方无充分之财源,各种事业自难推进。第六,由于地方民意机关未能健全发展,民力无由伸长,与监察司法制度未获充分发挥其权能,尤属重要原因,今者抗战虽告结束,而疮痍未复,民困待苏,盱衡现势,非亟谋更张,难期补救,当前地方行政之迫切需要,莫如刷新政治,切实复员,与绥靖地方,根绝匪患,必先谋民生之安定,然后地方自治与文化经济建设诸端,乃能顺利推行也,针对以上需要,大会认为目前改革之道,必须加强地方权责,调整其组织,充实其财力,健全其人事,庶能权力集中,运用敏活,以适应当前非常之局势,爰决议如次:

甲、关于省之权责及机构调整者

(一)省政府之法律地位与其权责,应交国民政府依据建国大纲之原则与环境之需要,明确规定,并将省政府组织法修正颁行。

(二)现行省机构之调整。

1. 省政府设民政、财政、教育、建设四厅,秘书、警保、会计等处。

2. 社会、卫生、地政、统计等业务,视各省财力丰啬及业务繁简设处局,或于各有关之厅处设局科办理之。

3. 合作行政,除合作事业,应特别加强,各省得设置直属省政府之合作事业管理处外,得并入社会处,其未设社会处之省份,由建设厅办理之。

4. 保安司令部及保安处、防空处业务,归并于警保处办理,不另设机构。

5. 省地方行政干部训练团,改属省政府,并改称省训练团。

乙、关于县之权责及机构调整者

(一)遵照第六次全国代表大会决议,根据新县制实施以来之经验,迅将县各级组织纲要,改订为县自治法,其原则如左:

1. 推行四权之行使。

2. 组织应力求合理简化。

3. 遵照建国大纲确立县之财政。

(二)目前县(市)组织,得作如左之调整:

1. 县政府设民政、财政、建设、警保等科,秘书、会计两室及教育局(科)。

2. 社会地政得视地方财力、业务繁简设科局,或归并于有关之科局办理。

3. 警察得设局或所。

4. 乡(镇)"保"机构照县各级组织纲要实行,应由主管院部迅速完成立法程序。

丙、关于充实地方财力者

(一)迅速改变财政收支系统。

1. 财政收支系统改为中央、省(市)、县(市)三级制。

2. 土地税收入,划归省者,占百分之二十,划归县(市)者,百分之五十,划归院辖市,占百分之六十。

3. 营业税全部划归地方,省县各占百分之五十,其余县(市)收入之税目,见附件一,院辖市收入之税目,见附件二。

院辖市拨给中央者,不得少于百分之三十。

4. 以上税收划分后,各省(市)经费不敷之数,由中央拨补之。

(二)在财政收支系统改变未实行前,各省(市)三十五年度预算应请主管院部照各省(市)实际需要,迅予分别作合理之调整。

(三)三十五年度各省之县市预算不敷数目,应迅速调整增拨。

(四)为促进地方之发展,关于地方农田水利、交通、教育、卫生、救济事业之举办,经地方民意机关之决议,得因地制宜,酌量自筹经费。

丁、关于健全地方人事者

(一)调整省(市)、县(市)公教人员及团警生活待遇,由各省(市)、县(市)党政机关及中央指派之代表,根据当地生活指数,按期调整,呈请中央核定。

(二)励行考核制度。

(三)提高地方从政人员及乡镇保甲人员之水准,务使能奉行三民主义,执行国家政策。

(四)选拔党内优秀干部,参加地方各级政府工作,以充实基层政治。

(五)人事会计审计手续上应力求简化。

戊、关于省县本年度急要工作者

(一)刷新政治根绝贪污。

(二)加强善后救济抚辑流亡。

(三)绥靖地方安定民生。

(四)安置荣誉军人优待抗属。

(五)简化农贷手续,增加农业生产。

(六)促成地方自治,奠定宪政基础。

以上仅就当前地方行政重要事项,提供具体办法,如可见诸实施,则其他本报告所述困难各点,自可因以解除,至于奉交合并审查各提案,均已将重要原则分别纳入,不再另作决议。

附件一

县(市)收入税目

(一)土地税(不得少于总收入百分之五十)

(二)契税

(三)遗产税(由中央分给百分之三十)

(四)营业税(由省分给百分之五十)

(五)房捐

(六)屠宰税

(七)营业牌照

(八)使用牌照税

(九)筵席及娱乐税

(十)县(局)市营工业受益费(即特赋)

(十一)罚款及赔偿收入

(十二)信托管理收入

(十三)县(局)市有财产孳息收入

(十四)县(局)市有财产

(十五)县(局)市有营业盈余收入

(十六)县(局)市有事业收入

(十七)造产收入

(十八)补助收入

(十九)特别税课收入(如牲畜牧地捐税等,其征收应经民意机关通过,并经省政府核准,报中央备案,方得为之。)

(二十)收回资本收入

(二十一)捐献及赠与收入

(二十二)赊借收入

(二十三)其他收入

备考:上表所列税目,系根据宋委员子文等第五十五号提案"请修改现行财政收支系统以期中央地方平衡发展"业〔案〕拟定编列。

附件二

院辖市收入税目

(一)土地税(总收入百分之八十)

(二)契税

(三)营业税(拨给中央者不得少于百分之三十)

(四)遗产税(由中央分给百分之十五)

(五)房捐

(六)屠宰捐

(七)营业牌照捐

(八)使用牌照捐

(九)筵席及娱乐捐

(十)营业工程受益费(即特赋)

(十一)罚款及赔偿收入

(十二)规费收入

(十三)信托管理收入

(十四)市有财产孳息收入

(十五)市有财产售价收入

(十六)市有事业盈余收入

(十七)市有营业收入

(十八)造产收入

(十九)中央补助收入
(二十)收回资本收入
(二十一)捐献赠与收入
(二十二)赊借收入
(二十三)其他收入

备考:上表所列税目,系根据宋委员子文等第五十五号提案"请修改现行财政收支系统以期中央地方平衡发展"案拟定编列。

(12)对于边疆问题报告之决议案(3月17日)

对于边疆问题报告之决议案

我蒙藏回三族同胞,俱为构成我大中华民族之一员,而其分布之地方,更为我领土不可分之一部。本党之于各边疆同胞,向本扶助发展之旨,提携并进,期其共臻于富强康乐之境,第以抗战军兴,顾抚容有未周,致使边胞愿望或未能尽如所期,缅怀既往,曷胜眷念,今抗战胜利,建国之责任应由我全国同胞共同负之,本大会爰本斯旨,将有关各案,详加审查,决议,特就各案之精神及报告检讨之要点决定左列数端,期其迅速实施,以达成国内各民族之团结统一,而奠国家长治久安之基。

一、在根据三民主义五权宪法组成统一民主国家之原则下,宪法中应有明白规定,保障边疆民族之自治权利。

二、改组后之国府委员及行政院之政务委员中,均须有蒙藏回三族忠实干练之同志参加。

三、蒙藏回三族贤能人士,须有充分机会参加各院部会实际工作。

四、于新增之国民大会代表名额中,酌增蒙藏回三族代表名额,由中央推选之。

五、改组蒙藏委员会为边政部,使蒙藏回三族干练人士,得参加实际工作,担负实际责任。

六、在边疆民族所在地,各级学校之施教,应注重本族文学,并以国文为必修科,由教育部斟酌施行,各级机关之行文,以国文及本族文字并用为原则。

七、中央对于边疆各地自治制度,须按照各该地实际情形作合理之规定。

甲、关于内蒙古部份,恢复原有之蒙古地方自治政务委员会,并明白划分盟旗政府与省县间之权限。

乙、关于新疆部份,应按照解决新疆省局部事变所定之办法实行。

丙、关于省属藏族部份,应予以确实参加省县政治之机会。

八、关于边疆各地之经济、交通、教育、卫生、救济各项事业,应加拨专款,责成各该主管机关,拟定实施方案,迅予推行。

九、国防军驻屯边疆民族所在各地应集中于数冲要地点,其饷糈由中央供给,不干涉地方行政,所有地方保安队,应以编训本族及本地人民充任为原则。

(13)对于财政金融经济报告之决议案(3月17日)〔略〕
〔中国国民党中央执行委员会秘书处档案〕

7. 中国国民党六届二中全会宣言
(1946年3月17日)

抗战的胜利已经在本党第六次全国代表大会以后得到了,这使我们踏进了和平建国的新阶段。本会议举行于这个重要的时期,要首先指出和平建国是我们全党和全国努力的目标。

在第一次世界大战以后,本是实行总理建国方略的时机,可是在专制遗孽和割据军阀手里错过了。现在当第二次世界大战以后,我们经过了八年的血战,排除了日本侵略的障碍,得到了千载一时的建国良机,我们断不能再行错过。我们为保持胜利的战果,必须把握住这个历史的关键。本会议为求得举国一致的协力,特列举下列各点,以告我全国同胞。

第一,要安定社会,恢复秩序,完成复员计划,以开始和平建国的工作。要建国必须安定,要安定必须和平,这是互相关联的。我们面对着八年抗战后的疮痍满目,经历了半年来复员工作所遭遇的种种障碍和困难,目睹各地同胞,痛苦的待救济,流离的待还乡,失业的待复业,被压迫的待解放,确认我们国内不应该再有扰攘纷争的现象,各地方也不应该再有秩序紊乱的现象。惟有符合我们国家和人民的需要,才不负本党努力奋斗的目的。政府这半年来多方忍让,以求复员工作的进行,本会议认为是正确的措施。政府所以委曲求全在国民大会召集以前邀集国内各党派和社会人士共同协商,也就是为要获得安定和平的环境,以利建国工作的进行。这对于本党所定的建国程序容有变更,但是本党为国为民的精神,当为全国同胞所共知。我们要贯彻这种精神,不辞任何牺牲,以求得复员计划迅速的完成。

第二,要如期召开国民大会,还政于民,以达成我们实施宪政的素愿。本党领导国民革命的目的,在于建立民国实现三民主义。民主政治实在是本党革命奋斗的主要目标。远在五十年前兴中会已经明白宣示。本党的革命历史,就是为中国创造民主的历史。如果没有暴日的侵略,和国内的军事阻碍,宪政早已接着规定实行。本党历次的决议和本党总裁历年来的宣示,无不表示我们早日实施宪政的决心。政府虽在军事紧张的期间,也从未懈忽对于实施宪政的准备,我们迫切的期望在还政于民。而召开国民大会,是还政于民必经的途径。五月五日召开国民大会,政府已明令宣布,我们一定要如期举行。

第三,要说明我们对于贯彻政治协商会议决议的诚意与坚持五权宪法的决心。我们对于政治协商会议的各项协议,经过了详密而郑重的检讨。我们鉴于国内和平安定与精诚团结的必要,以及同胞痛苦的必须解除，国家基础的必须稳定，对于政治协商会议各项协议，都愿以最大的诚意，与各党派及社会人士精诚相与，协力一致，以促其实行。但是我们所必须坚持的，就是宪法草案的修正，必须符合于五权宪法的遗教。这因为三民主义与五权宪法是不可分割的，放弃了五权宪法，则三民主义便不能完全实现。总理在政治制度上这一个伟大精深的发明，是借鉴于欧美的宪法，斟酌我们的国情，为国家立长治久安的根本。今后我们国家政治组织的健全与巩固，需要有一部完善可行的宪法，如果宪法的内容违背了五权宪法，在实际行使的时候，扞格难通，必致陷国家于不利。所以本党对于五权党〔宪〕法必当遵奉保持，终始无间，这实在是为着国家久远的利害。希望各党派和社会人士明瞭我们的立场，了解我们的主张。

第四，要贯彻军队国家化，以立和平统一的基础。军队国家化是政治民主化的主要条件，惟有军队国家化，军令政令能够贯彻，国家获得了名实相符的统一，才可以真正实现民主。武力割据，是反民主的。任何国家都不应该有这种现象。如果军令政令不能统一，地方秩序到处扰乱，人民最基本的安居乐业尚无保障，更何从实施建设。政府所颁布的停止军事冲突恢复交通的命令，以及最近军事三人小组所议定的整军和统编方案，必须全国一律遵守，全部贯彻，才不负我们为国忍让以求和平团结的苦心，才可使饱经痛苦的同胞，获得一个体〔休〕养生息的机会。本会议检讨当前的事实，不能不坚决要求中共部队即速停止继续攻袭和妨碍统一的行动，使和平建国的工作，得以顺利进行，而实行民主才不致徒托空言。

第五，我们要实行六次代表大会着重民生主义的方针，民生主义是三民主义所要达到的终极目的。在现阶段要推进民生主义，本会议认为有治标治本两方面，在治标方面，首先要安定秩序，解除民困，而后可以实行大规模的经济建设。现在先要为在饥饿线上或是半饥饿线上的农工大众、公教人员及捍卫国家的官兵，解除痛苦。他们的生活必须设法改善，这就要先从稳定物价和维持币值着手。政府必须尽一切可能方法，使其实现。当然我们更须恢复生产来增加国内物贸，购运粮食以备灾荒的救济，厉行节约以减少无谓的消费，建立国际经济合作，使国外物资尤其是生产工具，得以大量输入。但是目前最迫切的工作，实莫过于恢复交通。像现在这样四处交通遭受破坏，人民不能自由来往，货物不能畅遂流通，其他一切更无从说起。所以破坏交通，不但妨害民生，而且无异置人民于死地，本会议不能不坦白指出，希望军事调处执行部要切实制止一切妨碍修路工作与破坏交通行政管理的行动。

在治本方面，平均地权、节制资本是本党必须实现的基本原则。救济农村，抑制目前土地兼并之风，以扶植自耕农，同为当前急务。实行战后五年经济建设计划，尤赖国际上经济和技术的援助。本党六全大会所定有关经济建设各纲领，是最正确的方案。九个月来，因为战事和复员的关系，还不能切实施行，实为憾事。今后必须督促政府主管部门加紧执行上面所说的各项措施，使人民得由安居乐业，进而获得生活水准的提高。

第六，要贯彻我们抗战的初志，以保持国家主权而巩固世界和平。我国对外的根本政策，在确保国家领土主权与行政的完整，信守国际条约，以巩固世界永久的和平。我们过去拒绝日本订立防共协定的威胁，以及八年的抗战，最主要的目标也就在此。现在抗战已经结束，为了战后的建设，我们不但需要国内安定，同样也需要国际和平。我们不希望国际间再有任何矛盾或隔阂的存在，使已经战败的侵略主义者，存徼幸再起之心。我们以至诚拥护联合国宪章，我们的代表在国际会议席上，处处苦心设法增进我们各大盟邦的合作，就是我们政策的具体表现。为了建立太平洋永久和平与世界的永久和平，必须根除日本帝国主义再起的机会，这就需要我国与各盟邦间有充分的了解与密切的合作。尤其是和我们边界相接最长的苏联，我们愿以最大的诚意，增进彼此相互的信任和友谊。

我们并且坚信双方严格遵守中苏友好同盟条约，是增进彼此相互信任和友谊的首要条件。同时我们为完成经济建设，在不违背中国法律不抵触与中国所参加之国际协定的范围内，欢迎任何盟邦资本与技术之合作。因为惟有独立自主统一强盛的中国，才能根绝日本帝国主义的再起，才能保持太平洋上乃至世界永久的和平。我们深信现时东北问题，必可本此认识，求得合理合法解决的途径，决不以一时的现象，而丧失我们的信心，息忽我们的努力。

最后要唤起我们全党同志爱□革命历史、确立信心、认识自身的责任。在这训政行将结束革命事业进入建国的时期，本党同志要知道本党为中国最大的革命政党，过去领导革命救国，今后领导革命建国乃是我们数十年如一日的历史任务。我们决不诿卸我们的责任。我们要记得中华民国是我们的总理和本党先烈创造的，扫荡军阀完成统一是本党领导完成的，百年来不平等条约的束缚是本党领导解除的，八年的抗战为国家民族得到了光荣的胜利，又是本党领导成功的。本党既然能完成这四个现代史上伟大的使命，我们更确信本党在总裁领导之下，必能提携全国同胞完成和平建国这一个更伟大的使命。

已往训政时期，在政治和党务上，都有种种的缺陷，其中有许多固然是客观条件使然，但是我们自己也责无旁贷。我们革命的目的，正如总理所说"欲出斯民于水火而登之衽席"，现在国家处境如此困难，人民生活如此痛苦，我们实在非常痛心。我们革命党人要勇于负责，勇于改进，我们必须深刻的不断的自我检讨，本会议认为我们要负起今后艰巨的责任，必须集中意志，自反自强，以革新我们党的工作，必须刻苦努力，为民服务，以贯彻我们革命的初衷。更必须以推诚置信的精神，与全国同胞和各党派人士一致努力，以促建国工作的成功。

在以往本党得到全国同胞的协力，使我们能不断的达成历次伟大的使命，到现在我们就应该把光荣胜利后的中华民国，建设成为富强康乐的现代国家。我们要一致高举三民主义的大旗,进入和平建国的光明大道。

〔中国国民党中央执行委员会秘书处档案〕

8. 中国国民党六届二中全会国防最高委员会工作报告

(1946年3月)

国防最高委员会工作报告

本会自三十四年六月至本年二月决议及处理事项,关系特别重大者及所属中央设计局及党政工作考核委员会重要工作分别报告如次:

甲、本会重要决议及处理事项

(一)决定三十五年度国家施政方针 三十五年度国家施政方针,于上年六月间,饬由中央设计局依据第六届全国代表大会议决之政纲政策及当前需要拟订草案,提本会第一百六十二次常务会议审议,仍交该局召集各有关机关长官会同妥议修正后,呈由本会核定,并交付国民参政会第四届第一次大会审议。旋准国民参政会移送大会决议到会。又值敌人投降,国内外情势在变,原草案所列与实际情形多有不符,复饬由中央设计局依照当前实况并参酌国民参政会之决议重加修正。其内容要旨在集中力量,尽速完成复员及善后救济工作,并联合盟邦共策世界之永久安全,以达成安定民生巩固和平之目的。如政治,则注重战时法令之废止修正,战时机构之撤销调整,各级民意机关之建立与加强,人民应享各种自由之保障,联合国间之密切合作;经济,则注重战时赋税及物资管制之取销或调整,收复区田赋之蠲免,税制税收之整饬,自治财政之规划,钞券之整理,币值之稳定,对外贸易之改善,交通事业之调整;军事,则注重部队之编并,机关之调整,建军基础之树立,军区之划分,编制之厘订,装备之充实,陆军之整备,海军之创建,空军之充实等。经提本会第一百六十八次常务会议修正通过,送国民政府分令遵行。

（二）核定三十五年度国家岁入岁出总预算 三十五年度国家岁入岁出总预算，因上年八月间敌人投降战事结束，各机关关于复员计划均须从新检讨，将其所需经费列入年度概算，故延至上年十二月间始由国民政府主计处汇核整理，陆续送会。当发交财政专门委员会，遵照三十五年度国家施政方针及总预算编审办法，并参酌中央设计局三十五年度国家总预算平衡方案草案及各机关原签意见，衡量当前局势，分别增删编订草案。计岁出岁入各列二万五千二百四十五亿零九百八十五万五千元，其编列增删之标准，一以健全财政，巩固金融，恢复交通，稳定经济，藉求民生之安定为归。故于岁入，则一面开拓税源，于增裕税收之中，仍寓体恤民艰之意，一面运用物资收回法币，稳定物价，藉以消弭经济危机；于岁出，则本樽节之要旨，权衡缓急，妥为分配，而以善后复员为重心，尤注重交通运输之恢复、水利之整理，藉以奠定经济建设之基础。其新兴事业与新设机构，非恢复交通、稳定物价、安定民生所必需者，一律删除，不予编列。经于交付国民参政会审议后，提本会第一百八十次常务会议修正通过，送国民政府先予执行，仍交立法院完成立法程序。

（三）核准与各国签订友好条约 我国自与美英两国取销不平等条约另订平等互惠之新约后，对外关系更为之一变，所有以前与其他各国签订之条约，自当加以调整，另订新约，上年四月五日及八月间，据行政院先后呈送中瑞、中墨、中苏及中荷友好条约到会，经先后提由本会第一百六十次、第一百六十七次及第一百六十八次常务会议通过，送国民政府发交立法院完成批准程序。

（四）议决批准联合国宪章 各同盟国鉴于此次世界大战之惨酷，认为欲维持国际和平，促成国际合作，以防止对于和平之威胁，制止侵略行为或其他和平之破坏，并解决国际间属于经济、社会、文化及人类福利性质之国际问题,亟须采取有效集体办法。爰于美国旧金山市举行国际组织会议,议定联合国宪章凡十九章一百十一条,一千九百四十五年六月二十六日签字。本会第一百六十四次常会,经将该宪章暨联合国国际组织会议各政府所议定之过渡办法并国际法院规约提出讨论,一并通过,交立法院议决批准。

(五)议决批准国际货币基金及国际复兴建设银行两协定　联合国为对于国际货币问题得有咨询互助之机构,提倡国际货币合作,推进国际贸易平衡发展及汇兑之稳定,曾于三十三年七月间,在美国布里敦森林举行联合国货币金融会议,议定国际货币基金协定。同时为促进生产事业之投资,辅助会员境内之复兴建设,提倡私人国外投资,鼓励国际投资起见,并拟成立国际复兴建设银行,议有协定十一条,经本会第一百六十四次常会提出讨论,一并予以通过,交立法院议决批准。

(六)制定涉外事项法令原则　自不平等条约废除之后,关于外人在我国设立分行、经营实业、与我国对外贸易关税以及外人在我国应享之土地权利等涉外事项,均应制定法规以应实际需要。三十三年二月,立法院曾经拟具金融(外商银行)立法原则草案、外人在中国经营实业立法原则草案、对外贸易及关税立法原则草案及关于外国人入境游历居留传教办学出境立法原则草案送会,经交本会王秘书长宠惠召集各专门委员会及有关机关开会审查修改为涉外事项法令原则草案,提由第一百三十九次常会,决议涉外事项法令原则关于外国人入境游历居留出境传教与办理慈善事业部分通过,密交行政院,其余部分均交立法院会同有关机关详加研究后再行呈候核定。至关于外人在我国应享有之土地权利,曾由行政院拟送外人地利管理办法草案,地政署亦拟有外人土地权利管理限制及清理办法草案,经饬经济部、法制、外交三专门委员会并案审议,另拟外国人土地权利立法原则草案,交立法院详细研究厘订为四项,提经本会第一百七十次常会修正通过。

(七)核定收复台湾及东北各省步骤　抗日战争胜利结束,台湾及东北各省自应早谋收复。惟两地情形不同,其进行步骤亟应详加规画。本会决定于台湾先设一行政长官,隶属于行政院,并由行政院拟订台湾省行政长官公署组织大纲,径呈国民政府公布施行,他如该省民刑事件于收复之日尚未终结者,其以后程序应如何办理,亦经第一百七十三次常务会议将收复区及台湾省法院处理民刑诉讼事件条例交立法院迅速审议。至东北各省收复步骤,于本会第一六九次常务会议与中央执行委员会第九次常会联席举行会议,决议将辽宁、吉林、黑龙江三省区域划分为辽宁、安东、辽北、吉林、松江、合江、黑龙江、嫩江、兴安九省,通过收复东北各省处理办法纲要五项,其要旨:(一)国民政府为便于处理东北各省收复事宜,特在长春设立军事委员会委员长东北行营,综理一切。(二)行营设主任一人,其编制另定之。(三)行营内特设政治委员会及经济委员会,分别办理行营区域内政治、经济之收复事务,各设主任委员一人,委员若干人,其组织规程由行政院另定之。(四)行营得就近指挥监督东北九省区内行政机关。(五)在长春设置外交部东北特派员公署,办理行营区域内交涉事宜。

(八)豁免田赋及实行二五减租　上年八月,本会与中央执行委员会举行联席会议,对于沦陷区及后方各省应如何体察实际情形分别减免赋税,曾经责成财政部、粮食部呈由行政院制定抗战胜利豁免田赋实施办法,分电各省遵行。凡三十四年度,应行征收征借之全年粮食,包括带征之县级公粮在内,一律全部豁免。其在后方各省市为配备复员期间军公粮食,三十四年度仍照常征收征借者,则改于三十五年度一律豁免之。至二五减租,夙为本党所揭橥之政策,本会第一百七十五次常务会议经将行政院所订定之二五减租办法予以备案,令各省市政府彻底实施。另由中央党部及行政院分令各省市党部及各省市政府将实施二五减租之情形及补充意见随时具报,以便修订本办法时有所依据,务期达到增进佃农利益之目的。

(九)核定处理汉奸法规　惩治汉奸条例曾于二十六年八月公布施行,至战事胜利结束,本会第一百七十三次常会以对于汉奸案件亟应妥速处理以新视听,因将处置汉奸案件条例草案修正通过,交立法院迅速审议,并命各地党务机关,对于汉奸案件切实协助法院办理,其有关汉奸之调查资料并应随时移送法院。上项修正案,由国民政府于三十四年十一月间公布施行。嗣立法院以敌寇投降情势显有变迁,惩治汉奸条例尚有修正之必要,其修正要旨为:1. 增设犯罪情节轻微者之刑度。2. 藏匿或庇护汉奸者之刑度量为降低。3. 诬告罪改依刑法处断。4. 缩小未遂犯及预备阴谋之处刑范围,并减低其刑度。5. 限制没收范围。6. 隐匿、收买、寄藏或冒名代管汉奸财产之处罚。7. 规定曾任伪组织之职务者不许担任公职。本会核尚允协,经于第一百七十八次常会决议,送国民政府照案公布。

(十)核定勋奖及还都办法　抗战八年,我前后方军民及公务员,类皆深明大义,坚苦奋斗,终始不渝,允宜特颁懋赏,以励有功。本会经于第一百七十三次常会通过颁给胜利勋奖章条例,并先予实施,勋章不分等级,凡中华民国官民对于抗战胜利著有勋劳者,均得由国民政府主席授予。其友邦人员之有贡献于抗战工作者,亦授颁给。

关于政府机关还都事宜,极为繁重,前经行政院拟具中央党政机关还都运输实施办法陈报本会核准备案。惟关于经费部份规定未详,复由行政院修正为中央党政机关还都办法。本会以此项办法非与实际情形相配合,推行难期尽利,当交财政专门委员会审议,提第一百八十三次常会修正通过。其中如还都各机关员工及其眷属之名额、补助费之等差、公物之处理、行李之运输、经费支给之标准,均有明白规定。至武职机关及各学校还都办法,另由主管机关参照拟订,呈请核定施行。

(十一)修正及废止妨害人民自由现行有关法令 本年一月十日,蒋主席在政治协商会议宣布政府决定实施事项,其第一项为人民享有身体、信仰、言论、出版、集会、结社之自由,现行法令应依此原则分别予以废止或修正。本会当交法制专门委员会召集各有关机关拟具实施办法如下:(甲)法令之已经明令废止者,自毋庸再经废止手续。(乙)法令之拟予废止者,可分作两部分办理:(一)由国民政府公布者,仍由国民政府明令废止之。(二)由院部会等机关公布者,令饬各该机关自行废止之。(丙)法令之应予修正者,可送立法机关重行修订。(丁)各省县市及治安机关自行制定或虽呈经上级机关备案而与中央有关人民基本自由之法令发生抵触者,一律予以废止,同时并将已废止及拟废止或修正之法规分别开列清单,提送第一百八十二次常务会议决议核准。

乙、设计事项

(一)编审复员计划 复员计划之编审,为设计局近年来重要工作之一,关于"复员计划纲要"之拟订,在本会对六全大会报告中已有陈述,兹将赓速办理情形分述于后:

1. 审查各部门复员计划 中央各机关依据"复员计划纲要"先后编送各部门复员计划到设计局者,计有内政部等十五个机关及军事委员会所属各单位,除军事委员会各种计划系另案核定外,该局收到各机关复员计划后,即组织各审查小组分别性质从事初步审查,再提出审查会议复审,并请有关机关派高级人员列席说明,经审慎研讨后,分别制成审查意见,于上年九月十五日汇陈本会,并另制"各机关原送复员计划提要"、"中央设计局审订复员计划提要"及"各机关复员计划原定及审订经费表"呈核。嗣以各机关复员工作已在三十五年度国家总预算内分别核列经费,当经该局商定,由各该机关将复员计划归纳于三十五年度工作计划内,一并送核。

2. 审查复员计划中须由地方政府执行或办理之事项　关于复员计划中须由地方政府执行或办理事项,在设计局所订"关于各机关编拟复员计划应行注意事项"第十六项规定,"各部门复员计划有应由各省市政府起草者,由行政院召集各主编机关商定注意事项,转饬各省市政府编拟之。"并经行政院召集各机关会商决议,由各部会署局将各该事项提出编列,呈送行政院核转审查后,饬令各省政府遵照办理。先后经由设计局审查者,计有内政部等十三机关。

3. 拟订"东北复员计划纲要"及"台湾接管计划纲要"　设计局鉴于收复后东北及台湾之接收与复兴工作之重要,于三十三年七月成立东北及台湾两调查委员会,从事两地区之调查设计工作。该两调查委员会经一年余之努力,分别拟定"东北复员计划纲要"与"台湾接管计划纲要",呈经核定,发交各机关作为编拟有关计划之参考,东北调查委员会并依照核定纲要编拟"东北复员计划",送军事委员会委员长东北行营参考。

(二)草拟五年建设计划　草拟五年建设计划为设计局重要任务之一,其进行程序及三十四年五月以前办理情形,已于本会对六全大会工作报告中陈述概要。兹将继续办理情形简述于后:

1. 关于经济建设计划者　关于经济建设五年计划,设计局先就国防与民生两方面之最低需要与最大可能之数字作初步估计,拟订"物资建设计划纲要"数字,最后与各部门配合订成"经济建设计划纲领"(附经建计划表解)。现在"物资建设五年计划草案提要"业已完成,其内容分为交通、动力、矿冶、工业、农业及水利六大部门,每部门复分为不【同】细目。此外关于计划之施行地域与时期、建设区域之划分、经营方式、资本需要、员工需要等项,均列入"总论"之内,草案提要凡十七册,附图三十五幅,经于三十四年十二月四日,交最高经济委员会采择施行。

2. 关于政治建设计划者　政治建设五年计划范围较广,而国家基本政治制度之宪法尚未确定,故研拟政治建设总计划殊感困难。惟为适应战后初期之切迫需要,特先将其中卫生与警政两部门之建设提前规划,经分别拟定"国家五年建设计划卫生部门草案提要"及"五年建警计划草案",并将卫生部门计划提要交最高经济委员会采择施行,其内容计分目标、政策、业务、机构、人员、经费及进度等篇,并附各项统计图表。建警计划内容分为原则、实施项目与办法、需要条件及分年进度等四大部分。

(三)编审三十五年度工作计划

1. 草拟三十五年度国家施政方针　三十五年度国家施政方针,设计局于三十四年四月即拟定草案,嗣为配合六全大会制定之政纲政策,各案曾加修订。继以日本投降,国内外之情势在变,原拟方针草案以争取最后胜利为目标者,势须全部更改,复经缜密研究,另行拟具方案,以安定民生,巩固和平,完成复员及善后救济工作,并本既定国策实施宪政与完成初期建设之准备,为三十五年度施政之首要。体制与内容较前均有改进,于总纲之外,分政治、经济及军事三大类,每类之中按各部门之重要任务分别作简括而具体之规划。

2. 审查各机关三十五年度工作计划　设计局对于各机关三十五年度工作计划,其主要审查标准为:一、与国家施政方针有无抵触;二、计划与预算是否配合;三、各部门计划有关部分是否相互配合。审查时,除现定处理程序及注意事项外,为慎重起见,并邀请有关机关派员参加。中央各机关三十五年度工作计划,业经审竣者,计三十一单位。

3. 审定中央各机关三十五年度中心工作　三十五年度国家施政方针公布较迟,各机关编送工作计划时限迫促,设计局为争取时间,不再另编计划纲领,即就中央各机关编送之工作计划,依照国家施政方针之指示及事实需要,审定其中心工作,送请本会核定。

(四)审议交办重要案件 自上年五月至本年二月十五日止,发交设计局办理案件计二十七件,兹将其中重要者列举如后:

1. 审议"沦陷区重要工矿事业处理办法"。
2. 审议"收复沦陷区蒙旗及战后蒙藏政治设施方案"。
3. 研议战后我国经济事业制度及贸易制度。
4. 审议"革新基层政治提高警察待遇及地位方案草案"及"各机关人员转任警察人员办法"。
5. 审议"建设新中国之步骤"。
6. 研究兴筑天水至桂林等三铁路。
7. 审议"铁道十年建设路线及兵工筑路实施方案"。
8. 审议兵农合一制度。
9. 审议海南岛设省之意见。

(五)草拟调整省区方案 关于重划省区问题,系本会交由设计局研究。该局当时(三十年秋)认为省之地位,自颁布"县各级组织纲要"及改订财政收支系统之后,与前已不相同,现行省区似可暂予维持,不必更张。经由本会常会决议,暂照该局意见办理。惟本案关系国家政制至为重要,仍交该局继续研究,复经搜集有关资料,博采专家意见,并体察当前需要,缜密研讨。现战事胜利结束,政治经济各方面之设施诸待改进,省区重划问题益显重要,该局将此问题重加检讨,刻已拟具方案,送陈本会抉择。

(六)设计工作之检讨及应改进事项 设计制度虽已粗具规模,政治尚未宏其功效,检讨过去,策进将来,有待努力改进之处尚多,兹就最近举行检讨会议所得重要改进意见二点分述于后:

1. 计划与预算应统一编审 过去各机关工作计划与预算,系由两个机关,依据两种编审办法,分途进行,各有所偏重,以致计划与预算未能密切配合。今后应力求改进,使计划与预算由一个机关会同有关机关统一编审,俾计划上有一项工作预算上必有一项计划,预算上每一项经费均确为实现其计划之用。

2.跨年事业计划与继续经费预算之编审 凡大规模事业非一年所能完成者,应于开始举办前拟具全部计划及经费预算,送请核定,分年编入年度计划与预算,此在预算法内本有继续经费预算之规定。抗战以来各机关举办各项事业,类皆仅编送一年度之计划与预算,其结果每致事业不能确实如期完成,或中途变更,或有始无终,今后应力为矫正。凡非一年内所能完成之大规模事业,均应于举办前拟具全部计划及继续经费预算,并估计分年完成之工作进度及预算分配额,送请一次核定。以后各年度即照分年工作进度与分配预算数额,列入年度计划与预算,考核机关即依据所定分年工作进度随时考核督促,俾能如期确实完成。

丙、考核事项

党政工作考核委员会,年来厉行进度考核及促进分级考核,并注重事业考核与政绩考核,其目的着重于行政效率之提高与人事经费之配合。兹将其工作择要报告如次:

(一)党务工作之考核 分年度成绩考核与专案考核两类。

1.年度成绩考核 该会根据历年考核党务机关成绩之经验,于上年提出改进意见,认为"今后党务计划,必须根据方针,制定总计划,明订进度,务使错综复杂之各部门工作互相联系,职责分明,并规定其中心工作,确定其百分比,经费人事均予密切配合,俾于执行时能把握方针,斯督导考核易收相辅相成之效。"经交本会秘书厅抄送中央各主管机关参照办理。关于中央各党务机关三十四年度成绩考核,原定本年四月开始,因还都在即,提前于一月二十八日组织中央党务考察团出发考察,于二月内考察完竣。关于各省市党务机关三十四年度政绩考核,除编有考察纲领外,经另订考察要点,其内容为:"一、须把握中心者。如健全县党部,并充实基层组织,改善战地党务,掌握敌后民众,努力协助地方完成地方自治条件,加强国际宣传及特种宣传等。二、须翔实查核者。如委员长手令饬办事项,历年根据考察意见通令改进事项,宪政实施准备事项,人事经费配合情形,党政联系情形等。三、须专案考核专案报告者。如基层组织小组训练及党员总登记、协助完成地方自治条件及宪政实施准备事项,行政三联制实施成绩,人事制度与会计制度推行效果等。四、青年团及特别党部年度成绩考核。五、驻省中央事业机关之成绩考核。"至考察区域,原定为渝、川、康、鄂、滇、黔、桂、粤、闽、浙、湘、赣、陕、豫、皖、甘、宁、青、新等十九省市,嗣因战事及交通关系,改为渝、川、康、滇、黔、桂、陕、豫、甘、宁、青、湘、鄂等十三省市。渝、川、康、滇各为一区,黔、桂为一区,陕、豫为一区,湘、鄂为一区,甘、宁、青为一区,共计八区,每区一人,于九月一日出发,限四个月完毕,现均已返渝提出报告,正审核汇编中。

2. 专案考核 关于中央及各省市党务之专案考核,多属临时饬办事项,计:一、考察健全基层组织,并开展其业务案。经调取中央组织部三十三年度政绩比较表与该会考核报告核对,所列成绩数字大致相符,已订入三十四年度省市党务考察纲领内,分饬考察专员实地考查,专案报核。二、考察六全大会党务决议各案实施情形案。查此项决议案中,其内容重要,必须从速拟订实施办法切实施行者,有健全组训,筹措党费及民运宣传等六案。仅组织部对健全组训已拟订实施办法,电饬后方各省市党部遵行。宣传部对宣传问题已拟定实施办法,尚未施行。其余四案,有三案在研究中,有一案迄未办理,应由督导委员会切实督导施行。三、提高行政效能会议议决各项实施情形案。关于中央各党务机关,已经该会派员抽查,其成绩不佳之症结所在,为决议各案奉到较迟,且有漏脱,各机关人事工作之支配,未能符合分层负责之精神,而未能切实推行分级考核,尤为各项法令未能贯彻执行之主因。该会曾向中央各机关屡次提供意见,至其推行至各地方之实际情形,已饬派赴各省之考核专员查报。四、人事制度及会计制度推行效果案。查中央各党务机关对于人事制度及会计制度之推行,均各有所进展。惟对于各项法令之执行,仍未能充分贯彻,距预期成效尚远。今后人事方面,须注意干部政策之规划实施；经费方面，须尽量减少经常事务之开支，而宽筹事业及活动费，并加强监察稽核，以控制分配预算及收支报销。

(二)政务工作之考核　政务考核，项目繁多，就中以行政三联制实施情形、地方自治实施情形、经济建设推行情形三项为中心工作，所有中央及各省市政务机关三十四年度工作成绩之考核，该会业经依照计划办理，令饬专案考核事项，亦均经依限查报。兹就年度政绩考核及专案考核两项分述如左：

1. 年度政绩考核　中央二十七个政务机关三十三年工作成绩，经该会于上年八月提出考察报告及改进要点，呈由本会分交主管机关督饬改进。各省市政务机关三十三年工作成绩，经实地考察及书面审核者，各七单位，均经依据该会报告转行参照改进。三十四年中央各政务机关工作成绩，原定于四月一日开始考察，六月二十日以前提出报告，嗣以各政务机关还都在即，提前于一月十六日起开始办理，已于二月十五日前考察完竣，现正汇编报告中。其他关于中央及各地机关年度政绩比较表、某种事业进度表、工作进度报告表及业务学术两会议之报告，均经随时审核抽查，分别指示改进。

2. 专案考核　近九阅月来专案考核者，计有九项：一、考核中央及各省市政务机关行政三联制实施情形。二、考核中央及各省市政务机关人事制度之推行情形及其效果。三、考核中央及各省市政务机关会计法令之推行情形及其效果。四、考核各省市地方自治实施情形。五、考核中央各政务机关三十四年度上期调整机构情形及二十七省市三十三年度办理禁政情形。六、考核中央分驻各省市机关工作成绩。七、考核中央及地方各机关执行提高行政效能会议决议各案情形。八、考核中央各机关首长政绩交代情形。九、考核政纲、政策及中央全会、常会重要决议各案实施情形。以上九项，除三、四、六各项尚在汇编报告中，余均考核完竣，其须分别改进者，已据提供意见，由本会转交参照办理。

（三）国营事业之考核　国营事业之种类包括国营、国家投资及辅导民营，其性质包括金融、交通、水利、电矿、轻重工业，其区域遍及川、滇、黔、湘、桂、陕、甘等省暨重庆附郊，考察要点着重其设备、技术、原料、生产、配销、盈亏等项，计三十三年度考核九十三单位，三十四年度考核三十六单位，均据编具报告并附改进意见呈会，饬交有关机关参照改进。

党办事业及营业机关之业务、经费、人事各项，亦视同国营事业，随时注意考核。重庆附近党营事业，经分别派员考察者，计有中央广播事业管理处、中央通讯社、中央电影摄影场、正中书局、中央日报、中央宣传部、三民印刷所、中央秘书处印刷所、中国文化服务社、独立出版社、中央周刊社等，曾报〔报字衍〕详报考察结果，由会转饬依照改进。昆明中央日报、昆明中央通讯社等，经派赴该地考核专员一并考察，提出具体意见，分交中央主管机关办理。

（四）工作竞赛之推行　关于竞赛业务之推进，除依原定计划办理外，年来更采下列各种补助办法："一、建立竞赛核心，以培倡导之力量。二、建立竞赛制度，以树推行之规模。三、厘定中心工作，以收示范之作用。"三十四年五月以后，各地所报工作竞赛情形有数字可据者，计：一、粮食增产竞赛——袁宗权种两季稻，较土种每亩增产百分之六十以上。二、纺织工业竞赛——三十一年落纱需时三十六秒，本年提高效率至十四秒。三、机器工业竞赛——团体以周恒顺机器厂为最，个人以中央配件厂任振元为最。四、公用事业竞赛——重庆电力公司每度电节约煤料百分之二十三。五、铁路机务竞赛——陇海路宝鸡厂成绩最佳。六、电报报务竞赛——重庆局参与竞赛，成绩远胜于前。七、邮政汽车竞赛——成绩较上年为佳。八、轮船运输竞赛——重庆第十二号轮渡比规定耗煤量省百分之四四.九八。九、合作事业竞赛——渝市优良合作社增加一倍。十、社会福利清洁卫生竞赛——劳工福利以沙市纱厂为最,夏令卫生以昆明商务酒店、同义旅社为最。十一、学校清洁卫生竞赛——兼善、南开两中学最优。十二、地方自治竞赛——川、宁、绥最优。十三、田粮征借竞赛——川、绥、宁最优。十四、公职候选人检核竞赛——陕西第一。十五、机关管理竞赛——水利委员会、铨叙部、农林部、中央调查统计局成绩优良。

(五)考核工作之检讨及应改进事项 考核制度推行数载,各机关对于计划之执行已渐切实,对于令饬办理及中央议决交办之案,亦渐见认真,而机关内部管理之进步,经费之配合,纵横联系之加强,以及中央与地方之加深了解,得力考核制度者实多。惟检讨过去尚嫌效用不宏,有待继续改进。兹述改进意见如左:

1. 加强工作联系 设计、执行、考核三者之间,年来虽采取种种会报以资联系,而于行政三联制之联字仍未能确实办到,如各机关设计时,对于考核结果尚未能深切注意,而执行机关对于考核结果亦多未切实改进,此或由于考核结果之提出,未能与设计、执行为时间上之配合,考核者自应注意改进,而就整个制度之改进论,实有赖于三方面均能彻底了解、相辅相成之效用,随时随事采取密切之联系。

2. 推广实地考察 考核工作之最切实有效者,无过于实地考察。年来因交通困难,经营短绌,对于各省市机关尚多未能派员实地考察,仅凭书面报告审核督导,成效殊鲜,今后应增列考察经费,多派考核专员分赴各省市实地考察,以贯彻综核名实之旨。

3. 加强分级考核 年来对于分级考核之重要,迭经提示,各级机关已渐能注意。惟考其实际成效,远不如所预期。今后应竭力加强分级考核,俾各级主官分负切实考核之任,庶事无隐讳,责有攸归,然后人思自奋,而行政效率自然提高矣。

国防最高委员会常务会议决议(及处理)要案分类报告表

关于立法者

案　由	决议(或处理)	办理经过
中央执行委员会函请修正国民大会组织法第一及第三两条案	交立法院完成立法程序	函由国民政府令饬立法院遵办
国民大会筹备委员会呈拟该会组织条例案	修正通过	函由国民政府令饬立法院审议
国民政府函送修正文官参军两处组织法案	交立法院审议	函由国民政府令饬立法院遵办
行政院呈请修正该院组织法案	交立法院审议	函由国民政府令饬立法院遵办
行政院呈拟修正法院组织法案	交立法院审议	函准国民政府复已饬据立法院议决并由政府明令公布施行
行政院呈拟善后救济总署组织法案	善后救济总署可先行筹备成立,其组织法交立【法】院迅速审议	函准国民政府复已饬据立法院议决并由政府明令公布施行
考试院呈拟考铨处组织条例案	交立法院审议	函由国民政府令饬立法院遵办
监察院呈拟修正审计部组织法案	交立法院审议	函由国民政府令饬立法院遵办
行政院拟订盐政局组织法案	交立法院审议	函由国民政府令饬立法院遵办
立法院呈送修正公司法案	修正公司法第七条及第二九二条"登记"二字下之"营业"二字准予删除。第二六一条改为本法自三十五年三月一日施行,仍交立法院完成立法程序。关于公用及其他特定之事业应由中国人或中国法人经营,交主管机关详拟办法呈核	函由国民政府分别办理

续上表

案　由	决议（或处理）	办理经过
行政院呈送修正户籍法案	交立法院审议	函准国民政府复已饬据立法院议决，并由政府明令公布施行
立法院拟订涉外事项关于外国人土地权利部份法令原则	修正通过	函由国民政府令饬遵照

关于司法者

案　由	决议（或处理）	办理经过
处理汉奸案件条例案	一、修正通过，交立法院迅速审议 二、各地党务机关对于汉奸案件应切实协助法院办理，其有关汉奸之调查资料并应随时移送法院	函由中央执行委员会国民政府令饬遵办
立法院修正惩治汉奸条例案	送国民政府公布	函请国民政府办理
行政院请核示惩治贪污条例战后应否酌予延展施行期间案	交立法院审议	函准国民政府令据立法院制定修正条例并已公布施行
行政院呈拟收复区台湾区法院民刑诉讼条例案	标题改称为收复区及台湾省法院处理民刑诉讼事件条例，交立法院迅速审议	函由国民政府令饬立法院遵办
行政院请修正司法人员训练大纲并改称为办法案	修正通过	函由国民政府令饬遵照

关于内政者

案　由	决议（或处理）	办理经过
中央设计局拟订三十五年度国家施政方针案	修正通过	函由国民政府分令饬遵
召开国民大会日期案	本年十一月十二日由国民政府明令召开国民大会，其日期定为三十五年五月五日	函准国民政府复已明令公布
修正国民参政会议事规则第十七条案	国民参政会参政员提案连署人应改为五人。该会议事规则第十七条照修正	函由国民政府令行知照
颁给胜利勋章条例案	修正通过，先予实施，仍交立法院完成立法程序	函由国民政府令饬遵办
行政院拟订中央党政机关还都办法案	修正通过	函由中央执行委员会国民政府分饬遵照
修正及废止妨害人民现行有关法令案	照法制专门委员会所拟清单修正通过	函准国民政府复已照案分别办理
收复东北各省处理办法纲要案	修正通过	函由国民政府分令遵办
东北三省区域划分为九省案	交立法院迅速完成立法程序	函由国民政府令饬遵办
行政院呈拟裁撤振济委员会，其主管业务分别移归善后救济总署、社会部及卫生署等机关接管案	照办	函由国民政府分令遵办
行政院呈拟收复区土地权利清理办法案	准予备案	函由国民政府令饬遵照

续上表

案　由	决议（或处理）	办理经过
行政院呈请废止非常时期维持治安紧急办法案	准予废止	函由国民政府令饬知照
司法院呈请将抗战期内受免职停止任用处分公务员暂缓执行办法即予废止案	准予照办	函由国民政府令饬知照
党政工作考核委员会拟订国营事业考核办法案	修正通过	函由国民政府令饬遵照
行政院呈拟勘报灾歉条例案	交立法院审议	函准国民政府复已饬据立法院议决并由政府公布施行
行政院呈拟禁烟禁毒治罪条例草案	交立法院审议	函由国民政府令饬立法院遵办
行政考试两院会拟卫生事业人员任用条例草案及原则案	交立法院审议	函由国民政府令饬遵办
监察院呈请将福建台湾合为一监察区原有闽浙监察区内之浙江省划出为浙江监察区案	通过	函由国民政府令饬遵办
邹鲁等七委员提议请将接收之台北帝国大学改名为仓海大学案	在台湾设立丘沧海先生纪念碑交行政院办理	函由国民政府令饬遵办
考试院呈请将缓设之各机关人事机构依法增设案	照准	函由国民政府令饬遵办

续上表

案　由	决议（或处理）	办理经过
行政院呈请将上海市参议会参议员名额增为五十名案	照准	函由国民政府令饬遵办
行政院呈请将天津市参议会参议员名额增为三十一名案	照准	函由国民政府令饬遵照
行政院拟订中央机关公务员生活补助费分区调整数额案	准予照办	函由中央执行委员会国民政府分令饬遵
邹委员鲁对于南京公务员住宅及公务员待遇意见案	交行政院妥筹办理	函由国民政府令饬遵办
行政院呈请将广东省禁赌治罪条例施行期间再予延长一年	姑再准延长一年	函由国民政府令饬知照
行政院呈请将成渝铁路征收土地使用期间拟再延长四年案	准予备案	函由国民政府令饬知照

关于外交者

案　由	决议（或处理）	办理经过
联合国宪章案	通过交立法院	函准国民政府复已饬据立法院议决并由政府批准
国际货币基金协定及国际复兴建设银行协定案	通过交立法院	函准国民政府复已饬据立法院议决并由政府批准

续上表

案　由	决议(或处理)	办理经过
中苏友好同盟条约中国长春铁路大连旅顺口及苏联军队进入中国东三省后苏联总司令与中国行政当局关系等协定案	通过交立法院迅速完成立法程序	函准国民政府复已饬据立法院议决并由政府批准
行政院呈报外交部与瑞典签订条约案	通过交立法院	函准国民政府复已饬据立法院议决并由政府批准
行政院呈报外交部与墨西哥签订友好条约案	通过交立法院	函准国民政府复已饬据立法院议决并由政府批准
行政院呈报外交部与荷兰签订条约案	通过交立法院	函准国民政府复已饬据立法院议决并由政府批准
行政院呈报我国与多明尼加国新订之友好条约附加条款案	交立法院审议	函准国民政府复已饬据立法院议决并由国民政府批准

关于军政者

案　由	决议(或处理)	办理经过
行政院呈请将兵役部仍缩编为兵役署归还军政部建制案	准予备案	函由国民政府令饬遵办
行政院呈拟战后编余官兵安置计划委员会组织规程案	准予备案	函由国民政府令饬遵办
行政院呈拟修正战时国防军需工业及交通技术员工缓征办法案	准予备案	函由国民政府令饬遵照

关于财政者

案　由	决议(或处理)	办理经过
三十五年度国家岁入岁出总预算案	三十五年度国家岁入岁出总预算修正通过,送国民政府先予执行,乃交立法院完成立法程序。财政专门委员会建议事项及本会财政厅会同各主管人员所拟对于国民参政会初步审议之意见均照通过	函准国民政府复已饬据立法院议决通过,并由政府通行遵照
财政专门委员会拟订三十五年度国家总预算编审办法案	通过	函由国民政府分饬遵照
行政院呈送中苏关于苏军进入东三省后财政事项协定案	通过	函由国民政府分饬遵办
行政院拟具征收黄金条例案	原则通过交行政院将原草案修正后以院令公布施行	交由行政院令财政部遵照制定黄金购户存户献金办法公布施行
行政院呈送战时管理银行存放利率条例案	交立法院审议	函由国民政府令饬立法院遵照
行政院呈拟变更江西承办运盐掺杂或过量水分罚锾办法案	准予备案	函由国民政府令饬知照
行政院呈拟第一类营利事业所得税暨非常时期过分利得税简化稽征办法案	准予备案	函由国民政府令饬知照
行政院呈请将非常时期票据承兑贴现办法改称为票据承兑贴现办法案	准予备案	函由国民政府令饬知照

续上表

案　由	决议（或处理）	办理经过
行政院拟订二五减租办法案	(一)准予备案,(二)由行政院申令各省市政府彻底实施,(三)由中央〔央字衍〕党部及行政院分令各省市政府将实施二五减租之情形及补充意见随时具报,以便修订本办法时有所依据,务期达到增进佃农利益之目的	函由中央执行委员会国民政府分饬遵办
行政院呈拟豁免地价税及土地增值税一年案	准予备案	函由国民政府令饬遵办
行政院呈拟收复区直接税各项税收征免办法案	准予备案	函由国民政府令饬遵办
行政院呈请将糖税停止征收实物案	准予备案	函由国民政府令饬遵办

关于经济者

案　由	决议（或处理）	办理经过
设立最高经济委员会案	组织条例修正通过,仍交立法院审议,在立法程序未完成以前,准其先行成立	函由国民政府令饬立法院审议,并令行政院遵办
行政院呈请结束财政部花纱市管制局业务并设经济部纺织事业管理委员会请将组织条例交立法院审议案	准予照办	函由国民政府分饬遵办

续上表

案　　由	决议(或处理)	办理经过
行政院呈为财政部贸易委员会业经令饬裁撤其未了业务移交经济部接收办理案	准予备案	函由国民政府令饬知照

关于交通者

案　　由	决议(或处理)	办理经过
军事委员会订定交通巡察处组织规程及编制案	准予备案	函由国民政府令饬知照
行政院呈请将电信资费照现价增加四倍案	照准交立法院完成立法程序	函准国民政府复已饬立法院议决修正非常时期国内电报价目表，并由政府明令公布施行
行政院呈拟邮资加价案	通过交立法院审议	函准国民政府复已饬立法院议决修正邮政法第四条第三项，并由政府明令公布自十月一日起实行

〔中国国民党中央组织部档案〕

（二）中国国民党第六届中央执行委员会第三次全体会议

1. 中国国民党六届三中全会经过

(1947年3月15—24日)

自二中全会迄今，时已一载。中因复员还都，未能依照规定日期开会。嗣以国民大会制宪已告完成，行宪之期在迩，中央常务委员会鉴于结束训政，促进宪政，有重行研讨决定各种方案必要，经第五十二次常会决议，定本年三月十五日举行第三次全体会议。并决议推定常务委员组织提案委员会，邀集在京委员及党团干部，分别对于党务、政治、经济、宪政四端研拟提案。全会于三月十五日在国民大会堂如期开幕，到中央执监委员，候补中央执监委员共二百五十四人。各省市主任委员及青年团各支团干事长列席者一百余人；会期原定七天，嗣经延长三天至廿四日闭幕。除预备会一次，及开幕式闭幕式外，共举行会议十次。收到提案九十八件，其中关于党务者二十八件，政治者二十六件，经济者三十三件，军事者八件，外交者三件，均分交各组审查委员会审查，拟具意见，提交大会讨论。对党务、政治、经济、外交、军事各项，根据书面及口头报告，详加检讨，再交各组审查委员会起草各项决议案。所有会议经过情形，择要纪述如后：

三月十五日上午九时，在总理陵园举行开幕典礼，总裁主席，并致开幕词，分析当前局势，说明全会任务，指示党务改进方针，词毕礼成。十时半在国民大会堂开预备会议，仍由总裁主席，吴秘书长报告出席委员一百三十七人，列席委员一百十七人，已足法定人数。旋即开会通过议事规则，组织审查委员会，及会期等案，并选举主席团，结果：孙科、于右任、陈果夫、居正、白崇禧、陈诚、戴传贤、邹鲁、陈立夫、朱家骅、丁惟汾十一委员当选为主席团。十一时散会。

十六日上午九时举行第一次会议,到会委员二百三十八人,孙委员科主席,首全体起立为革命先烈及死难军民同志默哀致敬。次推定孙委员科等九人,为宣言起草委员,并由王委员世杰作外交报告。十二时散会。

十七日上午九时在国民大会堂举行总理纪念周,总裁主席,勉同志亲爱精诚,互助合作,注重党德,完成革命建国使命。礼毕休息,接开第二次会议,到委员二百六十七人,居委员正主席,决定各组审查委员会召集人,并由陈委员诚作军事报告。十二时散会。

十八日上午九时,举行第三次会议,到委员二百六十九人,于委员右任主席,进行外交检讨,谷正鼎等十二委员发表意见,并决定致电嘉奖黄河堵口合龙员工。十二时散会。

十九日上午九时举行第四次会议,到委员二百六十二人,邹委员鲁主席,进行军事检讨,赖琏等十二委员发表意见,并由陈委员诚对军事检讨意见分别加以答复。十二时十分散会。

二十日上午九时举行第五次会议,到委员二百六十三人,戴委员传贤主席,首由吴秘书长铁城作党务报告,旋进行党务检讨,肖铮等六委员发表意见,嗣讨论临时动议,通过电慰进驻延安国军,宣慰越南被难侨胞,恢复中韩贸易等案。十二时十五分散会。

二十一日上午九时,举行第六次会议,到委员二百六十五人,朱委员家骅主席,继续检讨党务,崔振华等八委员发表意见后,党务检讨至此完毕。复进行经济检讨,程中行等三委员发表意见。十二时散会。

二十一日下午三时举行第七次会议到委员二百五十七人,总裁主席,并报告一年来政治、军事、经济、外交情形。休息后由陈委员果夫主席,讨论提案,通过展期召开第七次全国代表大会,及中央常务委员改选办法二案。下午六时三刻散会。

二十二日上午九时举行第八次会议,到委员二百八十二人,陈委员诚主席。继续经济检讨,王正廷等七委员发表意见。经济检讨完毕,进行政治检讨。刘文岛等两委员发表意见。十二时休息,下午三时继续开会,孙委员科主席,首由吴委员铁城,雷委员震报告商谈扩大政府基础经过,次由黄宇人等六委员发表意见。旋讨论临时动议,计有改善东北特殊制度,撤查台湾行政长官,延长会期等案。下午六时四十分散会。

二十三日上午九时举行第九次会议,到委员二百七三人,居委员正主席,讨论提案,十二时休息,下午三时继续开会,由朱委员家骅主席。先后通过重要案件:(一)惩治金钞风潮负责大员,及彻查官办商行账目,没收贪官污吏财产案;(二)宪政实施准备案;(三)现阶段党务方针案;(四)农民运动实施纲要;(五)工人运动实施纲要;(六)确定本党经费制度;(七)彻底改革党务案;(八)党团关系案;(九)对于党务报告决议案;(十)对于外交报告决议案。下午五时五十分散会。

二十四日上午九时举行总理纪念周总裁主席,致训词,指示同志必须践履笃实,深入农工群众,重新建立党的基础。十时开第十次会议,到委员二百八十三人,仍由总裁主席,首由主席团报告:(一)国民政府委员人选,请由总裁提常会决定;(二)成立中央政治委员会,委员人选,由总裁提常会决定;(三)褒恤死难同志案交常会核办。均经大会通过。次进行讨论提案,通过重要案件:(一)国民政府增设副主席;(二)中委担任五院院长者为当然常务委员。十二时休息,下午三时继续开会,由于委员右任主席,首为投票改选执行委员会常务委员,并由监察委员会狄秘书长膺报告监察会常务委员改选结果。嗣进行讨论事项,通过要案四件;(一)经济改革方案,(二)政治改革方案,(三)刷新政治风气限制公务员兼职案,(四)全体会议宣言。下午六时散会。休息十分钟继续举行闭幕礼,总裁主席,于委员右任宣读全体会议宣言,总裁致闭幕词,略谓:全会各项决议,与宣言所揭示诸端务必切实实行,以完成三民主义的建设。下午七时礼毕,全会圆满闭幕。

〔中国国民党中央执行委员会秘书处档案〕

2. 蒋介石在中国国民党六届三中全会上致开会词

(1947年3月15日)

各位同志:

今天本党举行第六届中央第三次全体会议,距离二中全会闭会的日子,恰恰是一年了。各位同志齐集首都,检讨过去的成绩,交换工作的经验,分析当前的局势,来确立我们本党今后努力的方针,对于我们革命建国任务的推进,一定有很大的贡献。本席与许多同志阔别一年,重新聚首,尤其感觉快慰。

二中全会所留给我们最大的任务,是要召集国民大会,颁布宪法,实行宪政,以贯彻我们结束训政,还政于民的夙愿。这一个任务,经过了千回百折,由于国内各党派和社会贤达一致协力,以及本党同志的精诚合作,终于完满达成。自去年年底宪法颁布以后,政府正在依照国民大会的决议,着手于实施宪政准备程序的推进,同时依照政治协商会议的成案,扩大我们国民政府的基础。截至现在为止,立法院监察院已经由各党派人士共同参加了。在最短期间国民政府委员会及行政院,也就要改组完成。这样群策群力的来共同努力,推进民主,一定能够贯彻国父的遗教,完成建国的程序,以安慰五十年来的革命先烈和抗战牺牲的军民,这是首先要向大会报告的。

关于和平建设的进行,说起来最足痛心。二中全会宣言曾经痛切指出:"'军队国家化'为和平统一的基础,必须国家有名实相符的统一,才可以真正实现民主,才可以进行经济建设。因之确认我们国内不应该再有武装叛乱的变故,各地方不应该再有秩序紊乱的现象。"二中全会宣言并指出:"安定秩序和解除民困,为当前迫切的需要,而恢复交通,尤其是复兴经济必须做到首要的急务。"所以二中全会宣言"坚决要求中共部队停止继续攻袭和妨碍统一的行动。"国民政府对于国内政治纷争的处理,就是根据这一个要旨而行。政府深深体察全国人民劫后余生的痛苦,以及战后社会疮痍满目的不堪再受摧残,所以对于中共武装割据,妨碍统一残害人民的军事行动,不惜再三忍让,以求用政治方法和调处途径来解决。去年一年之间,政府颁布了三次停止冲突的命令,更在友邦美国的调处下进行了无数次的谈商,但是中共始终迷信武力,背信弃义。政府遵照整军方案实行缩军,而中共不断的扩军;政府每颁发一次停止冲突令,中共部队即乘机继续扩大其侵占。最后又拒绝参加国民大会,否认国民大会所通过的宪法,对于政府派员商谈和平的提议,也已遭其断然拒绝。最近三个月来的演变,证明了政治解决的途径已经绝望,而中共全面叛乱,阻碍统一的军事行动,这一个月来,在东北则两次进攻长春,在山东则不断进攻青岛与济南,最近数日,又在晋西陕北发动凶猛的攻势,如此叛乱形势一天天的扩大。全国同胞要求安定,中共偏不许有一刻的安宁,全国同胞呼吁和平,中共一定要扩大动乱。政府为捍卫国家统一,保障人民安全,当然不能坐视变乱而不加制止。但是国家元气受尽摧残,复员工作,备遭阻碍,人民所受的浩劫,火热水深,经济建设的进行,更见困难。这真是国家最大的不幸!

我要明告我们同志的,中国五十年来国民革命的经过,本来是困难重重的,然而每经一次困难,就多加一次磨练,就更增一次光明。从北洋军阀以至日本帝国主义者,以至今天的中共,都是我们国家复兴期中遭遇的阻力,也是我们所必须克服的困难,我们只要顺应着全国人民的祈向,循着救国建国的常道,集合全国爱国有志之士来共同奋斗,就没有不能成功的道理。所以我们今天最要的急务,还是尽其在我,我们要巩固国家的统一,摧毁妨碍国家建设的阻力;同时我们决不因此而改变我们实行民主实行建设的方针,或松懈我们实施宪政与复兴经济的努力。我们国家今天的要求是"国家统一"与"政治民主",我们在抗战胜利以后最大的任务是民权主义和民生主义的实行,只要我们坚贞奋斗,努力不懈,我敢断言,决没有任何力量能阻止我们建国工作的完成。

我们这一次全会所要讨论的主题当然很多,常会所拟提出的提案,有关于宪政的,有关于一般政治的,有关于经济的,有关于党务的,我个人认为本届全会对于行宪准备时期本党的地位和职责,应该特别有一个详尽的检讨和明确的决议,我们面临实施宪政的前夕,距离行宪的时间不过九个月,我们这一次全会实在是结束训政的一次全会。我们自北伐完成以后,因为国家多故,这二十年的期间,不得以当仁不让的精神,以一党来负起国家的重任,但是我们实在没有一天急忽我们实行宪政的准备。我们在抗战期间,邀集各党派和社会贤达共同参加抗战建国的工作,参政会的成立,已经奠立了民主政治的基础。现在宪法既经颁布,在建国程序上我们就要进入宪政时期,在政治形态上就要有一党负责的时期,过渡到各党派和全民共同负责的时期。今后要将国家的责任,公之于全国各党派和全体人民,所以这一次全会实在是廿年来空前重要的一次集会,我们要从这一次全会起,从新厘定党和政府的关系,改变我们党员在训政时期的意识和观念。在已往,是党的政策,由党透过政府来执行;在今后,我们所有对于国家军事政治经济一切的决议,就要以建议的方式,送达政府,并且协助政府来执行。我们在下届国民大会开会以前,虽然还不能完全解除我们对于国家的责任,可是我们要立即准备自居于普通的政党,要和各党派处于平等的地位,尽同样的义务,享同样的权利。并且要与各政党相互提挈〔携〕,相互勉励,以促进国家建设的成功,这一点意义是已往任何一次全会所没有的,我所以要特别提示于各位同志,希望精心研讨,作成决议,使各级党部和全体同志一致有所遵循。

其次,我们这次全会应该以大部分的时间和精力检讨我们本党的自身。我们的党有悠久的历史，有丰厚的基础，可是这二十年以来为国负责，历尽了丛胜艰难，所遭受的牺牲损失也最大，不少优秀的同志，因冒险犯难而死亡，无数工作同志，得不到进修的机会，今后我们党员的成分和素质应该怎样提高？党部的业务和作风应该怎样改进？党和民众的关系，以及党为民众服务的精神应该怎样加以检讨和改善？党的历史应该怎样发扬？党员的教育和自我批评的风气应该如何切实促进？惟其我们是国内第一大党，也惟其我们是为国负责最长久的党，所以我们党内无容讳言的有不少缺点的存在，更有不少惰性的存在，我们应该怎样改正这些缺点和革除这些惰性？尤其我们在这个国家多故而革命环境险恶的今天，我们应该怎样加强自信和互信？我们在这宪政行将实施的前夕，应该怎样培养我们党员恢宏的气度，和其他党派精诚相处？诸如此类的问题，都需要全会同志虚心静气，加以研讨，集思广益，作成决议。要知道本党为救国建国而存在，惟有改进本党，才能充实本党，才能使本党担负起对于国家的责任。

各位同志，我们总理常说："举国之内，一物不得其所，就是我们革命的责任未尽。"这实在是一段极宝贵的遗训。现在抗战胜利已将二年，但是复员未竣，建设多阻，民生困苦，社会阢隉，经济动荡，人心散漫，我们国家的独立平等，还没有得到确实的保障，这些都是我们全党同志的耻辱，也就是我们对于全国同胞，对于革命先烈，对于抗战牺牲军民应负的责任。希望各位同志体认环境，反省自身，乘这次全会期间，痛切检讨，力求改革。尤其要淬励全党同志，亲爱精诚，负责尽职，无愧为总理的信徒，克尽保持抗战光荣，促进建国成功的时代使命。

〔中国国民党中央执行委员会秘书处档案〕

3. 中国国民党中央常务委员会在六届三中全会上作党务报告

(1947年3月20日)

中央常务委员会党务报告

自上次全体会议迄今,一年以来,国内战乱频仍,和平建设之工作,困难丛生,常务委员会遵照全体之决议,秉承总裁之指示,谨慎从事,未敢稍懈,兹略陈梗概,用备检讨。

一、指导还都及复员工作 上次全会闭幕后,中央以政协会议,已得圆满结果。和平统一,既已有望,而复员善后,全国期望甚殷,允宜早日还都,俾以安定人心,督饬庶政,爰决定中央各机关分期返京,八年播迁,一旦凯旋,追维过去缔造之艰难,深凛全国望治之殷切,举凡政治经济诸大端,一面依照既定政策,积极实施,一面斟酌实际环境,补编〔偏〕救弊,冀以一新视听,慰民殷望,嗣以共军进攻益急,战事扩大,绥靖区域善后工作急不容缓,爰于行政院设立绥靖区政务委员会,特颁行政纲领,以为施政准绳,凡此诸端,虽以时间短促,事实困难,绩效未能尽如预期,然复员建设,确已渐具规模,善后救济亦已尽力实施,即如财政金融虽以环境艰难,亦曾稳定一时,惟至最近,以战乱太久,民生凋敝,经济日趋枯竭,市场突形混乱,爰有经济紧急措施方案之颁行,并由总裁暂行兼理行政院职务,坚决执行,克服困难,今后如何彻底改革,以求治本之道,至盼全会予以切实检讨。

二、召集国民大会 上次全会决议决定去年五月五日召开国民大会,乃以政治商谈迄无结果,中央为求和平统一之实现,不惜委曲求全,毅然决定展期至十一月十二日,不料届期中共仍横生节枝,中央为促成中共参加,早日实施宪政,以奠立建国基础起见,乃复决定一面下令停战,一面于再行展期三日后,宣告开幕,但仍保留未参加党派之名额,以待其参加所有宪法草案并经详细协商,依据政协之原则,重行修改,提出于国民大会,与会代表及各党派人士,无不一致真诚研讨,折衷至当,大会圆满闭幕,和平建国自由民主之根本大法,于以产生,本党五十年革命建国还政于民之大愿,得以达到,今后如何切实实施,并保障其实施,则有待于本届大会之详细讨论者也。

三、促进和平统一　上次全会对于政治协商会议之协议原则,一致表示尽力维护,乃中共反以此为破坏政协决议之藉口,一年以来,不特在政治上兴风作浪,故意造谣生事,在军事上,尤翻云覆雨,不断挑衅进攻,中央坚持政治解决之方针,一再忍让,宣布停战,冀其参加制宪,以奠立国家和平统一之基础,不料中共不特拒绝参加,竟乃发动全面叛乱,大举进攻,近且提出无理条件,公然拒绝和谈,中央为保障国家主权,维护人民安全,不得不尽力予以制止,仍一面先行扩大立法、监察及参政会等机关之组织,尽量延揽赞助和平党派之人士,参加实施宪政之准备工作,一面积极进行改组政府,扩大基础,以为宪法实施前之过渡。在今年底首届国民大会以前,实为国家和平统一之重要关键,本党工作应如何配合运用,以保障国家基础,促进宪政施行,实为当前最重大之任务,尤希望全会同人予以详细讨论者也。

四、上次全会决议案之督导实施　本会以六全大会以及二中全会之决议均属适切时势需要之正确决策,自应切实执行,爰于中央机关还都后,即行决定:所有六全大会之决议案既已分别督导实施,请由监察委员会切实予以考核,至于二中全会之决议案,则依例组织督导实施委员会,分设党务、政治、财政、经济、军事、外交、教育、边疆、交通、粮食九组,邀集在京委员分别参加工作,并与各主管机关密切联系,分别开会,限期订定实施之方案与进度,并与年度计划切实配合,俾便施行。各机关对于各项决议案,大体均能认真施行,其需制订方案或法规者亦均分别制订,按步实施(详细情形,已另列表报告)至于六全大会之决议案实施情形,各有关机关,亦均先后详细报告,送由秘书处汇转监察委员会考核。

甲、组训工作

截至去年十二月止,国内各党部所属党员,已由三百十一万四千六百三十八人,(军队党员四百三十二万七千六百二十三人,未并计在内。)增至三百五十六万三千〇六十三人。各党部所属区分部,由七万八千六百八十一个,增至十一万六千三百三十二个。区党部由九千一百八十四个,增至一万四千四百四十八个,省属县市党部及特别党部增至一千九百九十六单位。另各蒙旗党务特派员办事处,计辖属有等于县党部之旗党部七十六单位。省市党部,因东北省区重新划分,经增设省党部六,特别市党部二,共增加八单位,为四十五单位。又为适应晋、察、冀、鲁、豫、苏、湘、鄂、赣等省毗连地方之特殊情形,经增设有邻区党部三单位。至各铁路公路特别党部,亦经分别调整或增设铁路特别党部十六单位,公路特别党部七单位,共二十三单位。各党部对于清理党籍,开展民运,推行社会服务,协助地方自治等工作,尚能努力办理。

关于各级干部之训练。省县干部经遴调受训者,计一千六百三十二人。区以下之工作人员,参加县市或特别党部训练者二十万人。至党员训练,因总清查尚未办理完竣,工作小组选编办法尚未颁行,故各党部仍就区分部内之小组,实施训练。此项小组,共有二十万二千四百六十九个。其能按月开会一次者,占百分之五十。开会二次者,占百分之十。开会三次以上者,占百分之四。未定期开会者,占百分之三十六。又各党部所办之通讯训练,党员参加者,计一万二千六百八十三人。另失学党员参加各党部所办之识字训练者,计十二万四千〇八十五人。

关于党团活动,全国性人民团体中之党团,计由六十六个增至七十三个。地方性人民团体中之党团,由六千五百八十五个,增至一万〇三百七十七个。各级民意机关中之党团,由六百九十九个,增至一千五百〇三个。以民意机关中党团数量之增加率为最高。而比较其效能,亦以民意机关中党团,为易于发挥作用。

至各项工作之实施状况,兹分述如左:

(一)一般组训工作之加强:自上次全会后,各党部遵照全会对于党务报告之决议案,所推行之组训工作,可资陈述者:

其一:为举办党员总清查。在举办此项工作之前,组织部曾就过去办理党员总登记及总报到之经验,详细研究进行方法;先后拟订"党员总清查实施要点","党员总清查实施要点补充办法","检举党员标准",呈由本会通过颁行。另由本会发布告同志书,通饬地方秩序已臻安宁之区域内各党部,一体举办。同时,组织部并曾指定同志,经常集会,指导此项工作之进行。另派有职员多人,分区督导各党部,妥为办理。截至最近止,已举办此项工作者,计省市党部三十二单位,铁路公路、海员、工矿党部二十二单位,边疆党部五单位。其已呈报办理完竣,正在赶造参加总清查党员名册送核者,计三十九单位。

其二:为改订征求党员成分比率。关于征求党员,应注意增加农工与妇女及青年之成份,六全大会原有决议。因此,组织部于实施三十五年度工作计划时,即曾遵照决议,订定征求农工与妇女及青年之比率,分饬各党部参照比率,拟具征求计划送核。洎上次全会后,该部更依照全会有关征求党员之指示,于审查各党部征求计划时,分别核定其所应征求之对象。截至去年十二月,按照各党部已造送组织部之新征党员名册,加以分析,除妇女人数过少,仅占新征党员总额百分之四,仍须设法增多外,统计农工合占新征党员总额百分之四十二弱,公务人员占百分之二十三强,青年占百分之十七弱。于此足征各党部对于全会之指示,尚能切实奉行。

其三:为普遍实施选举。组织部依照上次全会之指示,指导省市党部二十二单位,铁路公路特别党部三单位,于三十五年度内,实施选举。并饬转各县市党部之应正式成立者,一体实施。惟初以物价波动,选举经费不敷应用,追追加经费,重予分配,各省市路党部选举日期并已订定后,复以国民大会如期召开,各省市路党部主任委员多须来京出席,对于各该党部代表大会之召集,势难兼顾。爰由组织部呈准本会,将原定于去年十一月以后实施选举者,一律延展两个月办理。故在三十五年度召开代表大会,选举执监委员者,仅湖南、广东、青海、江西四省党部。在本年初召开大会者,有宁夏、江苏二省,北平、重庆二市及京沪区铁路党部。其余安徽、湖北、广西、贵州、甘肃、河南、福建、西康、新疆、上海、南京、天津、汉口、广州等省市,及粤汉铁路,第四区公路等党部,亦正积极进行。至县市党部在三十五年度实施选举者,计四百十六单位。边疆党部实施选举者,有阿拉善、额济纳、松理茂等直属区党部三单位。又依照全会之指示,各省市执行委员会如系选举成立者,其主任委员,亦应由选举产生。组织部因拟具"省市执行委员会主任委员选举规则",呈由本会通过施行。已依照此项规则,选出主任委员者,有浙江、陕西、甘肃、湖南四省。其当选人均尚孚众望。

其四:为厘整各党部编制。自上次全会后,组织部经依照全会各有关决议,于恢复东北党务时;于配合交通部铁路公路分区管理制度,调整各铁路公路特别党部组织范围时;分别厘订东北各省市党部及全国各铁路公路特别党部之编制。并于审核各省市党部选举法规,及拟订"各铁路公路特别党部召开代表大会选举执监委员实施要点"时,分别订定各该党部应扩增之委员名额,及农工妇女委员选举之方法。嗣后参酌省市党部所辖属党部及党员数量,党务历史及经济情况等因素,会同各有关部处会,拟具各省市县党部编制。规定省党部支领薪给之委员,以不超过委员名额三分之一为限。党务比较繁剧之省市,其工作人员之有给者,仍不得多于六十人。而地位次要之县党部,其有给之工作人员,并不得少于六人。俾能调剂盈虚,切合宪政时期之需要。上述各项编制,关于东北各党部及各铁路公路特别党部者,早经本会核定施行。至关于各省市县党部者,则以订颁未久,正在督促实施。

其五:为加强民众运动。组织部党团指导委员会委员名额业予增加。而由该部派员于去年一年内,策动组织或改组之全国性人民团体共六单位,策动成立全国性人民团体中之党团共九单位。各党部依该部之指导,策动成立地方性人民团体中之党团,共三千八百九十二个。各级民意机关中之党团员共八百〇四个。各该级机关中之党团,且多能发生领导作用。至各铁路公路党部对于工会组织之策动与领导,各省市党部,尤其边疆各党部,对于社会服务工作之开展,更能斟酌环境,注意进行,尚有成效。

其六:为训练干部及党员。上次全会指示,取消区分部以下之小组,另由县市党部就党员中选编工作小组,担任党的各项工作:如每一党员,必须参加区分部,并应认定或由党部指定担任一项工作;如每一党员,至少须参加一个人民团体及一种社会工作,由党作有计划之分配,并注意辅导训练,以培养其服务或斗争之技术;各级干部必须从实际工作及民众运动中培养选拔;因此,组织部于拟订党员总清查实施要点及其补充办法时,经注意规定,各党部对于参加总清查之党员,凡无腐恶之行为者,应即纳入组织,分配工作。其优秀者,并应编为工作小组。嗣复拟具"县市党部选编工作小组办法",呈请本会核议。同时,并注意督促各党部积极开展活动。俾予各级干部及党员以工作,而于工作中,获得切实之训练。惟是党员总清查甫经办理,工作小组之选编,尚待进行。至各级党部之活动,除各该党部环境特殊,如绥靖区各党部,各边疆党部,各职业党部,其工作对象单纯、其活动自不难为力外,一般省市党部之工作,多不易展开。因此,组织部复曾指导各党部,按照成规,赓续实施各项训练,俾各级干部与党员,不致因工作分配未周,遂无增进其技能之机会。至各该项训练实施结果,已于党务概况内列举,兹不赘陈。

(二)台湾党务之推进:自台湾省光复,本会经即遴选谙习当地情形之同志为该省执行委员,并以李翼中同志为主任委员。该员等相继抵台后,于前年十一月成立省执行委员会,开始工作。以该省沦陷逾五十载,一般环境,乃至人民思想习俗,与内地迥殊。党务方策,自须审度情势,因地制宜。故首先致力于本党主义之宣传,与国语运动之推行。同时,对于地方优秀份子之吸收与训练及沟通政府机关与民众间之意见,亦均注意办理。而于建立下层机构,经决定划分为:(一)组织访问团,(二)成立督导区,(三)设置县市党务指导员办事处,(四)正式成立县市党部等四个阶段,循序进行。截至最近止,计已成立县市党务指导员办事处十七单位。铁路及公路特别党部各一单位。区党部五十二个。区分部五百二十八个。党员人数增至一万九千八百九十九人。各县市党部对于推行社会服务,设置民众夜校及国语讲习班等事项,多能努力办理,著有成效。

(三)东北党务之恢复:三十四年八月,日寇投降,原来潜伏东北各地方工作之同志,积极展开活动,协助接收。比以军事未臻稳定,共党乘机扰乱,本党领导工作之干部被迫害者甚多,工作骤遭顿挫。洎上次全会,鉴于东北与华北险象环生,特成立决议,指示各该地方党务进行方法后,本会遵即决定,从速恢复东北党务,订定"推进东北各省市党务办法"施行。旋经组织部根据全会决议及上述办法,先后拟具"东北党务指导委员会组织规程",及东北九省二市党部之编制,并分别遴派富于斗争经验,领导能力,及在当地担任民政、教育、社会工作与青年团务之同志,为各该党部委员。另推派朱霁青等九同志为指导委员会委员,并指定王星舟同志兼任书记长。各该省市党部自成立后,对于清理党籍,征求与训练党员,发展各级组织及民众运动等工作,均尚能努力办理。截至最近止,辽宁、辽北、安东、吉林四省,共已登记与征求党员四万一千五百二十三人,成立区分部一千八百十七单位,区党部五百五十九单位,县市党部八十四单位。辽宁、辽北、吉林三省已收复之各县市,多已成立参议会。各该省政府之社会处,与省党部之民运处,对于民意机构之设立,职业团体之组织,救济会等服务机构之设置等,类能通力合作,切实推行。至未经收复地区内之各省市县党部,亦能派遣工作小组，分区活动。同乡会之组织，青年之招训等工作，逐见展开。对于今后之协助接收，并已有相当之准备。

(四)边疆党务之开展：各边疆党部之工作，素以推行卫生、社会、文化、经济事业为中心，除以经费困难，对于生产及合作等事业，尚未易着手外，对于卫生、医疗、社会服务及文化宣传等工作，多能努力办理。统计绥远蒙旗党务办事处附设之卫生指导处与畜牧兽医指导处，及阿拉善、额济纳、拉卜楞、松理茂等直属区党部附设之卫生所，于去年一月至十月间，共曾诊疗病人二万〇一百六十二人。防疫注射五千三百〇三人。检查健康一万二千一百三十八人。举行卫生讲演十九次。诊治病畜五千六百三十七头。并另设有社会服务处，分别办理民众夜校、图书室、代笔处、民众俱乐部等业务。此外，绥蒙党部经刊行有绥蒙民众日报，阿、额、拉、松等区党部，亦各编有简报。对于中央政策之宣扬，不无助益。至甫经复员或仍待绥靖地区内之各边疆党部，如辽、黑、热、察等蒙旗党务办事处，其中心工作，则在运用党团，策动组织青年团体。计辽蒙党部策组有东北蒙旗青年互励会，黑蒙党部有蒙旗青年建设协进会，热蒙党部有蒙古青年励志会，察蒙党部有察蒙青年新生社。各该团体对于地方之复员，主义之阐扬，以及训练青年，发动斗争等事项，均极有助益。

乙、宣传工作

自二中全会后，国内局势之演变，错综复杂，宣传方针之运用，至感不易，中央坚持和平统一与政治方针解决中共问题为基本原则，随各阶段局势之变化而妥为运用，在共党藉口二中全会宪草决议案企图破坏政协决议案时，则竭力宣扬政府信守政协决议及其一切设施，以反证共党破坏政协决议之企图，当共党侵犯东北，破坏停战协定，则强调东北主权，应由政府接收，阐明此为一国际事件而非内政问题，以驳斥共党及民盟之所谓政治解决及地方政权之主张，一面并宣传共党撕毁停战协定，袭击国军，破坏交通，惨杀民众之实在情形,嗣后政府屡与共党开和平谈判,而共党则一昧反复狡展,政府迭颁停战命令,而共党仍继续袭击不已,当此时期,一面宣达政府和平统一之决心,促使共党对于整军缩编方案以及政协决议之实行,一面报导共党破坏停战悍然进攻之实在情形,以明责任之所在,至若召集国民大会制定宪法为宪政实施之基本工作,改组政府为政权决议之实行,则继续不断予以宣扬,以斥正共党之诬蔑破坏。其在国际方面,则尽量宣扬解释政府祈求和平团结刷新政治之真诚努力,尤其对于政府与中共谈判之政府立场以及结束训政促进宪政方面,多所阐发,一方面并尽量暴露共党无诚意谈判及扩大战乱之阴谋及其增加人民痛苦之罪行,总之在宣传方针之运用上,于张弛强弱之间,必考虑周详,顾及后果,更配合政府方针妥慎斟酌,而不敢为取快于一时之计,此为一年来宣传方针之大略。

至于一般工作:

关于宣传指导者:除于去年十月建立专用无线电台与各地直辖党报及各地党部直接通报以期指示迅速外,并将指导之内容,力求充实,每周轮流,拍发宣传指示,特种宣传通讯,社会专论,国际参考资料,国内舆论分析等项目,目前南至台湾,北至长春,西至兰州、宁夏等二十余处均已通报。在国际宣传方面,则装置对美无线电收发报打字机电台,将各项资料大量对美输送,以加强对美宣传,业于去年十一月间开始通报。

关于新闻宜〔宣〕传者:除原有南京《中央日报》等十六所直辖党报外,并于去年增设长春《中央日报》、沈阳《中央日报》两处,均于去年七月及八月间次第出版。各报之企业化计划,亦已大致就绪,一俟董监事产生,资金增足,即可正式改组成立公司。又为改进直辖党报业务,确定党报言论方针起见,宣传部曾于去年十月召集直辖党报社长会议,决定"党报业务改进计划""党报言论新闻方针""党报社会活动要点"等项,分别实施。复以出版检查制度业已废除,出版法之修正,刻不容缓,现在与内政部及有关机关,商讨拟订，在未修正以前，惟有对于报社刊物等之登记，与内政部严密注意审查，以谋补救于万一。此外奉令于省市政府内设立新闻处，受宣传部之指导，已设者有沪、平、津、渝等十八省市，但以行政院尚未确定其组织与预算，故工作难于展开，现由宣传部与行政院协商中。新闻党团，亟应展开，现完成此项组织者已有南京、上海等十四都市。

关于艺术宣传者：中央电影摄影场，已进行改组公司，实施企业化，扩展业务，年来曾摄制"天字第一号""忠义之家"等剧情片六部，现在在摄制中者三部，新闻纪录片已完成者六十五本，又为编制幻灯映片及拍摄新闻照片起见，宣传部并设亚洲照片社，担任此项工作。三十五年度总计所编制映片有十九种，共三千八百份，新闻照片平均每月约在三十种，分发各地报纸及画报采用。

关于出版工作者：自去年三月起至本年二月止，已编撰之书刊计有十二种，宣传小册二种，惟因复员辟〔关〕系，所属之三民印刷所于五月起局部停工，故印出之书刊仅三六九〇〇三九册。现已改组为国民印刷所，正在赶印完成。至于东北以光复未久，复遭共党破坏，华北为共党蹂躏最甚之区，宣传工作，尤为重要，宣传部于东北特设有东北特派员办事处，一面办理接收事宜，一面切实推进宣传，各项工作，尚有表现，于华北则设有华北宣传专员办事处，主要工作，在渗入各种组织，并潜入共党区域，从事宣传及其他活动，目前尚属试办性质，人力经费，均极有限。

关于国际宣传者：除加强通讯工具外，并调整充实国外机构，加强联络外国新闻界、出版界、广播界人士，其中为我作有效之协助者不少。此外编译工作，继续进行，尤注重介绍我国国情及艺术教育等之情况，宪法公布后，即大量译印在国外散发。他如引导外国记者视察台湾及曾遭共党惨杀破坏之崇礼、张家口等地均有良好之效果。

又宣传部原有之对日文化工作委员会，已改组为东亚问题研究会,担任对东亚各国之宣传,并先从日、韩两国开始,惟以人力财力,两感缺乏,故目前只能从事研究,与对日广播及编撰各项资料之工作。

以上所述多为遵照二中全会决议案所指定而实施之工作。惟因去年五月开始复员,十月始告完成,继而又实行缩编转业,影响工作之进行甚巨,以观计划中所定之工作,尚有少数未能完成,此又为事实上不得已之情形。

丙、海外党务

二中全会后,海外各级党部组织,续有增加,计增设总支部一个,支部十四个,分部七十九个,直属分部十个,通讯处三十七个,共一百四十一个,至海外收复区党部恢复组织者,计总支部二个,直属支部三十七个,支部十九个,直属分部十三个,分部五百八十八个,通讯处五十九个,共七百一十八个,连同去年已恢复之单位计,则党部复员工作,大部已告完成,至于征求新党员,依计划原定征求新党员二万五千人,现已征得报部者,共有三万七千九百七十七人。菲律宾、曼谷、马六甲、柔佛、九龙等党部均先后举办干部训练班,结业学员人数共有二百六十一人。

关于宣传工作方面,为充实党报,经派出各党报总编辑主笔九人,并在仰光、新加坡设立直辖党报各一家,堤岸、马尼拉、曼谷及巴达维亚四处党报亦正在筹设中,此外并购发海外党部党报书刊,每周剪寄各报重要社论及专著,以供给其宣传资料。至对海外广播工作,南京中央广播电台七.五短波机现已装置完成,平均每月广播计三十次强,类别计有八种。

至侨民运动方面,如改组各地救国团体,设立社会服务处,组织国际联谊团体,皆随时督导各地党部及侨团努力推进,余如归国侨胞及本党同志之招待与救济,侨胞产业纠纷案件之解决,侨眷消息之访查等,均经分别办理,或予协助。

检讨年来工作,在美欧澳非党务尚能正常发展,在南洋各地党部复员工作,亦大部完成。惟南洋以土著民族解放运动,风起云涌,且多染排外色彩,而中共及民盟复多方捣乱,侨社仍未安定,对于党务工作之推进,不无影响,至于党报,多以资金不足,设备简陋,海外部虽有奖励金之奖助,但为数甚微,求其发挥宣传效能,势难达到,必须于海外各重要地区,建立规模较大,设备较充实之直辖党报,方能扩大宣传力量,使异党邪说,无所施其技〔伎〕俩,兹谨将改进之点分述如左:

1. 海外党部组织,应因地制宜,予以调整,并延纳侨社中之优秀份子,使组织健全,富有活力。

2. 党部与青年团所派之人员,应定期举行联合会报,以期密切联系。

3. 本党优秀同志,应尽量选派海外工作。

4. 中央应核拨经费,以建立海外重要地区之宣传据点。

5. 协助筹组各地统一性之侨团,并加强本党外围力量。

6. 组织国际联谊团体,加强与土著民族之联系,以增进睦谊。

丁、农工运动

去年二月一日中央设立农工运动委员会专责办理农工运动工作。本届第三十二次常会复遵上次全会决议改设农工部,于去年十一月二十六日始改组成立。其首要工作,为建立各省(市)农工运动之推行机构,并决定设立全国性农工团体之组织,以资领导。如全国总工会,全国农会联合会,全国铁路工会联合会,及全国公路工会联合会等均已积极筹组,可于短期内成立。

其次,健全干部为推进工作之要着,爰特一面调查各省(市)县农工运动干部,一面并拟于本年内在中央训练农运高级干部二百人,工运高级干部三百人,在各省(市)训练农运中级干部一千五百人,工运中级干部一千二百人,在县乡训练农运基层干部十万人,工运基层干部五万人,其已在中央及地方受训之农工干部,则经常指导其工作与活动。

此外，如建立全国农工通讯网，实施分区督导，调解劳资纠纷等均经积极进行。为谋党政工作之密切配合，农工部经与中央组织部、社会部按月举行民运会报，经常洽商有关重要工作，如各级农工党团之组织与活动等联系事项，实施以来，成效尚著。

农工运动为建立党的社会基础之重要工作。农工部以成立未久，一切工作均待开展，今后政策应如何确定，切望全会同人详加检讨，示以规范。

戊、文化运动

文化运动工作由中央文化运动委员会主管，三十五年度原订工作计划，大部分尚能如期完成，除经常工作外，在此一年中重要工作：（一）为各重要都市文化运动指导机构之建立。计省市文化运动委员会成立者有十四省市，连前共为三十三省市，南京、上海、汉口、北平、天津、广州各重要地区，并特派员协助，随时举办各项活动，南京、上海、汉口三地，均设立文化会堂，以为举行各项活动之据点。（二）各种文化团体之组织运用：其属于全国性者有中华全国美术会，中华全国文艺作家协会，国际文化合作协会，首都全国性文化社团联谊会等。关于电影戏剧音乐全国性之团体亦正在组织中。其属于地方性者有首都刊物杂志社联谊会，及各重要都市之戏剧电影及音乐协会等。（三）各种文化活动之举办，如美术展览、戏剧表演、音乐演奏、边疆歌舞表演、电影放映、文艺写作竞赛、文化界座谈会等，均能逐项举办，颇予社会以深刻之印象。（四）反对派文化活动之防制，积极方面为网罗文化界之自由份子，并举行各项活动。消极方面，则随时密察其活动情形，相机遏止。此外出版刊物，如《文化先锋》半月刊，《文艺先锋》月刊，均按期发行，因印刷经费有限，发行量额不多，但尚能分布全国。

己、妇女运动

妇女运动系由妇女运动委员会主管，其工作情形略述如左。

一、组训方面

1.增设省市级妇运会十六单位,县级妇运会一六○单位,省市级妇女会二十二单位,县级妇女会三二○单位。

2.继续派员分赴广西、上海、甘肃、台湾、福建、青岛、东北九省,及平津一带视导。

3.成立"中国妇女团体联谊会";"第一届国民大会女代表联谊会",藉以充实外围力量,提高控制效能。

4.为加强各妇女团体之联系与活动,除督饬各级妇运会经常派员赴各妇女团体联络调查外,妇运会本期间计参加首都妇女界较具规模之活动十七次,举行盛大茶会及联欢会十五次,叙餐四次,先后分别招待首都各界妇女及新闻记者,女参议员,国大全体女代表,用以协助女参议员之竞选,或研讨时事,暴露共党破坏统一、妨害建国情形,同时并策动中国妇女团体联谊会,举行下列两种活动:

A、于十月中旬举行茶会,招待首都各界妇女及中外新闻记者,表示我妇女界对国际妇女会议之观感,并登报纠正邓颖超、李德全在国内及美国国际妇女会议所发表之荒谬言论,同时请中央社将原稿发送国外,复通令全国各地妇运会,策动各地妇女一致驳斥。

B、于国大召开之前,以十一妇女团体名义,电促毛泽东出席国民大会。

5.制订调查表及通讯办法,分发全国各省市妇运会,经常调查各妇女团体活动外,并建立通讯网,由各省市妇运会推荐通讯员三十七名,担任全国妇女界动态报导及搜集情报任务,除东北极少数省份外,全国通讯组织已大致完成。

6.对征求女党员及训练干部一项,着重下级阶层,本期间共吸收女党员一一四七二人,训练干部八○五人,多为农工妇女,实较往昔偏向知识阶级为进步。

7.至调整各级妇运会人事机构,曾拟具规定各级妇运会专任员额意见,呈准施行。

二、宣传方面

1.编印妇女问题丛书六种,已出版者有《妇女识字课本》、《家事常识教材》二种;已竣而限于经费尚未付印者有:《妇女问题文集》、《中国妇女史话》、《妇女团体组织须知》、《妇女运动参考资料》四种,并主编妇运通讯月刊一种,三十五年九月出版,现共出六期,均按期分送各省市妇运会,各地女同志暨有关机关社团参考。

2.辅导各省市出版月刊十三种,半月刊四种。

3.妇运会陆委员翰【芩】主编之《妇女月刊》,内容充实,理论正确,为全国销路最广,按期出版之妇女刊物,藉以揭发社会黑暗及共党劣行,颇收宣传之效。该刊已出至第五卷四期。

4.关于集体文化活动。

A、由妇运会正副主任委员、委员,于各纪念节日讲演或广播有关妇女问题外,并督饬各省市举办广播二十次,座谈会三十二次。

B、妇运会举办征文竞赛二次;各省市共举办六十次。

三、福利方面

策动各省市妇运会设立妇女识字班二三二班,妇女福利社十八单位,妇婴诊疗所三单位,托儿育幼所十四单位,妇女习艺所及职业介绍所十单位,妇女及征属工厂六单位,生产及消费合作社八单位,服务社二单位。

至慰劳征属、救济孤苦及聘请法律顾问代为解答有关妇女权益问题,妇运会及各地妇运会均经常量力举办。只以福利工作本会原未奉核定事业费预算,惟鉴于目前环境需要,不得不勉为设施,内乱尚未平靖,此项工作不仅须继续举办,且应推广至各经共党割据扰攘之处,藉以安抚流亡,阐扬本党德意,用收组训宣传之效,经费方面实须努力筹措。

庚、财务

一、清理确定党有财产

中央及各级党部所有事业机构部份,已依据办法,分别清理过去帐册,查明现有财产,确定资本,取得股票,由财务委员会保管,其余中央各单位各级党部所有财产,已由财务委员会分别函电,一再严催,限期清理,预计本年六月以前,可办完毕,至各级党部部址,亟须完成产权登记,经已迭电指示办理,各公路铁路特别党部,已与交通部商妥,估价订约让与,确定为本党之产权,此外尚有三事:

甲、接收敌伪产业:胜利后依照政府规定,本党各单位接收敌伪产业,必须依照规定,估价售让,财务委员会为完成合法手续,确定其产权,曾于去年九月间制发"本党各单位接收敌伪产业调查表"及"抗战期间损失报告表"等分别函电查报,其依照规定手续具报者,已由财务委员会会商行政院,按其价值,分别结算转帐,其手续不完备者,财务委员会为清结其应完成之手续,并拟于三十五年度预算结束期内,分别赶办完竣,确定其所有权。

乙、建立未来活动场所:中央财委会为建立各地党务活动中心,特发动各地筹建中山堂,经拟具修建办法及建筑设备标准,提经本届常会通过,分别函令党政机关办理,尚希各级党部,领导创办,俾能建立信仰之中心。

丙、整顿党费月捐:党费月捐,各地收解情形不一,复员还都以后,财务委员会拟定"党费及党员月捐征收分配办法"提请常会修正通过,月捐由党员个人斟酌经济能力,按照党费分等倍数自认缴纳,本年二月,并订定考核奖惩办法一种,务期严加督导,彻底实施。

二、整理充实原有事业

甲、出版印刷事业:本党原有事业,如正中书局,中国文化服务社,独立出版社,已于去年依公司法之规定,分别改组为股份有限公司,由财务委员会,指派党股代表人,召开创立会,订立章程,选举董事监察人,拟定业务计划,完成公司之组织,正中书局以编印各级教科书为主要业务,基础日臻巩固,前途至有希望,在国内具有规模之出版事业中,已属首选,中国文化服务社,以发行编印图书杂志,及产销文化用品为主要业务,兼营印刷业务,独立出版社以著〔着〕重政治、文史、科学、地方自治等类书籍之编印为主要业务,两社因过去基础甚为薄弱,还都后物价步腾,资金短绌,时有捉襟见肘之感,而宣扬本党主义,推销宣传书籍,并不能完全以营利为目的,此后业务之展布,尚待资力之加强,如能渡过目前艰苦阶段,发展必能有望,又中央印务局原属中央秘书处,以印刷本党文件为主,经会商改为企业化组织,原领员工生补各费,自本年起停止发给,发展对外营业,以自给自足为原则,同时承印本党重要文件,企业化组织,最近即可完成。

乙、新闻事业:中央直辖党报十八家,于三十五年六月间,分别增拨基金,充实设备,完成企业化应有手续,如发展业务,加拨资金,及慎重遴选其董事监察人等,现正由财务委员会,会同有关部会详细拟议。

丙、电影广播通讯事业:中央电影摄影场拟改组为中国电影企业股份有限公司,其公司章程、业务计划等已经财务委员会核定,改组公司手续最近即可完成,一年来经随时予以资金之扶持,业务日益发达,前途未可限量,中央广播事业管理处,中央通讯社,以国内经济情况,动荡不定,业务性质特殊,未来发展计划,殊有审慎必要,广播事业管理处,改组为中国广播公司,与政府订立合约,其章程业务计划及预算营业收入等,已由财务委员会会商核定,最近即可完全付诸实施,中央通讯社企业化计划,现尚在详细会商中。

三、扶植本党文化事业

甲、投资加强各级党部所办之报纸:本党过去以国家之利益为利益,既不与民争利,亦未利用党政关系,为本党培植力量,此后实施宪政,还政于民,本党所办文化事业,负有指导民众责任,惟查过去所办报纸刊物等，均感基础薄弱，财务委员会，依据各省市党部之要求，及现有文化机构之分布状况，暨各地民众之需要情形，先后议决投资者，已有十报社。

乙、扶植党员所办报纸及刊物：党员所办报纸及刊物，对国家及本党确有贡献，且发展有望，因资力薄弱，请中央投资或补助者，亦经财务委员会审慎议决，酌予投资或补助，至党员所办报纸，遍于各地，应按何种报纸标准审查核定，亦经财务委员会会商宣传部拟订党员办报请求投资办法，会呈常会核议中。

四、慎重试办经济事业

六全大会曾有运用党费基金创办各种事业，以巩固本党经济基础之决议，中央财委会审察国内外经济情势，及社会民主之需要，经依照一般工商业经营事业之规定，先后成立树华等公司，以服务社会为宗旨，均已完成公司组织与登记手续，正式开始营业，各公司虽创办未久，但步骤稳健，经营得宜，均有盈余，前途尚属有望，此外本会为灵活运用基金，亦正筹设机构中。

五、清理偿还革命债务

关于清【理】偿还以往革命债务，业经请由政府编列清还革命债务专款，拨交财务委员会，并已将历年各项案卷帐册，清理完竣，拟订清还办法，公告国内外，国内部份自三十五年九月起，国外部份自三十五年十月起开始偿还，原预计六个月内可以清还完竣，但因受外汇方面诸多挑剔，迟搁影响，致国外债款，至今尚未能开始汇出，华侨债权人，常来函责难，此关本党信誉甚大，财务委员会对此事极感困难，因前曾登海外各地报纸声明，自三十五年十月起，即行开始还款，所受外汇影响，而致迁延一时无法自明，故现尚正进行催促中。

六、举办党员特别捐

遵照六全大会决议，举办一次党员特别捐，本定去年三月底实施，当以复员还都开始，多感不便，迄九月下旬，确定单位配募数额,十月一日成立中央劝募总队,及各直属队,同月十二日令行总队及海外各级党部颁发特捐实施纲要,限即实施,同月三十日,并订定特别捐劝募竞赛办法,及如期完成办法要点,通饬遵办,虽因发动之始,适值国民大会开会,各地党部负责同志多数来京,不无影响,但至本年一月底止,计国内九十六单位中来文报告已在积极推动者七十七单位,全部工作办毕成果甚佳收数超过原配额七倍以上者一单位,国外八十五单位中,来文报告奉办情形者,十八单位,关于实收数目,来文报告者已有二亿四千一百四十六万元,捐款实解到队者,已有九千九百七十一万元,预计本年三月底,国内劝募工作,大致可望完成,国外只因通讯及汇兑诸多困难,结束自比较迟,惟预计二百亿元之配募数额,当可无甚问题。

七、建立地方财务机构

六全大会关于筹措党费决议,原规定各省市党部应设主办财务之机构,县以下各级党部,应推定专人负责财务事宜,中央财委会遵照决议,拟具省财务委员会组织规程,及县财务委员设置规程,提经本届常会通过,复制定人选标准,期集合党政工商金融界之有为同志,为建立广大之经济基础,截至三十六年二月十日止,通过财务委员会人选者,计有省市三十六,其他同于省市级之单位十三,并已先后开始工作,至县财务委员已经设置者计有河北、广西等省,其余省市,正在陆续设置中。

八、审核预算筹列资金

财务委员会,依据六全大会决议,应统管本党财务收支,一年以来,审核各项预算经费,务求紧缩行政支出,设法拨存基金,并宽筹事业资金,以培财源,计三十五年度列有党报企业资金、电影制片流动资金、电影企业投资、广播器材厂基金及正中书局文化服务社独立出版社资金。三十六年度预算之审定,亦将本此原则,积极办理。

综上所述,年来财务工作,当能依照计划,按步实施。惟实施宪

政,为期甚迩,党费自筹,已属刻不容缓之图,财委会具有建立本党经济事业之使命,责任綦重,时机迫促,似应注意左列各项:

一、与组织部密切联系:以组织力量,发展党的事业,以事业成败观念,加强党的组织,执行党的任务,各级财务机构,应予督导积极展开工作,各级党部,并应以本年经济事业创办之范围,为考核奖惩之标准。

二、职权与责任必须互相连带:财委会应自充分利用职权,善尽责任,中央各单位,应以同一步骤,协同努力,随时配合推进,以观速效。

三、党政配合不密,即使工作效率减低:今各级党部努力于经济事业之始,有赖政府助力极多,如购产、转账、登记、备案等,为使合法,必须透过政府,财委会必于短期之间,协同政府有关部门,妥商办法,联系进行,期臻便捷。

四、求得资金、运用资金二者,均为本党财务当前重要工作,建设事业必需之资金,财委会应有计划预算,呈请拨付,并须罗致经济界有识同志,切实设计,积极加以运用,但管制方法,务期严密,而免疏漏。

五、党费自给自足,必有充分准备,县市以下,财力人力均较薄弱,如何鼓励提倡,奖助推动,使各地同志奋起努力于经济事业之创办,财委会应早定方针,切实指示。

六、党员特别捐一年以前,悬的二百亿,今以物价波动,币值降低,所收之数,未及十分之一,赖此以为事业基金,尚待时日,是有赖于本党全体同志,同心协力一气呵成者。

辛、人事

自二中全会以后,关于人事问题之决议,即着手为具体之实施,以期适应实施宪政后之局面,中间虽因还都关系,稍有延迟,然自去年五月份起,即以此项为中心工作,悉力以赴,其可举者:

(一)为缩编与转业之进行,均系根据党务改革方案及二中全会决议,计先后办理中央及地方党部之缩编,其属于中央部分者,为中央通讯社等七个党营事业机关,责令实行企业化,训练委员会等六单位,遵令限期予以裁并,此外中央机构,仅保存十二个单位,编制员额共计六百八十人,经于去年九月份缩编竣事,所有超额人员,除在渝资遣及还都后陆续自行转业及离职者外,实际转业人数为八百三十五人,截至目前为止,已就业者五百八十人,未就业者二百五十五人,此二百五十五人中,计有一〇六人,或报告参加合作班受训,而实未参加受训,或已参加受训,而因成绩稍差,不予结业,无法取得工作机会,另有二十一人,经介往东北工作,而迄未前往,其余一百二十八人,大部分或已还都,或另他适,与各单位人事机构,失却联络,至省及特别市党部缩编,计有三十六个单位,共保留二〇四八人,缩编二四二五人,其江苏等八省党部之编余人员,以须充实县级党部,责令将编余人员,调派县级党部工作,实际省级党部需要缩编之人数,为一八八八人,又县市党部,以中央有充实基层工作之决议,人事编制,多未裁缩,且各地区组织渐次恢复,需员较多,综计全国各县市,经调整之后,只须缩减二九一二人,两共编余为四八〇〇人,中央为使从事党部工作多年之同志,得由向外发展之机会,除按资发给转业补助外,仍由各地党政机构,辅导其转业,以期从事各项政治经济及社会诸部门之建设工作,顷据各地党部报告,当可于二月底办理完竣。

(二)办理县长遴选及分发工作,系奉总裁指示办理,当由中央遴定一百一十一名,经短期训练后,交由内政部分发各省任用,计实到各省候派者八十九名,经发表者六十二名,其余或因环境特殊,或因县市尚未收复,现仍由内政部继续督饬发表中。

(三)党务工作人员从政资格之甄审,系赓续办理之工作,计至去年八月底甄审会裁撤时止,共续审查合格者为八千二百三十八员。

(四)党务工作人员任用审查,系以补助党务工作人员从政资格甄审之不足,并为使现任工作人员均可获得从政之资格,举办迄今,计三十五年度审查合格人员为五千九百二十八员,均送铨叙部换发登记给证,至于今后实施宪政,本党对于政治社会之运用,端在控制人事,并以培植选拔本部干部,使转从事于广大社会各部门中,发挥伟大力量,方克有济,爰于去年十二月成立甄选委员会,从事本党干部之调查考核及选拔等工作,以期对于从政从业之党员,收得管理之实效,惟以兹事体大,今后应如何改进制度,发挥效能,仍希望全会予以明确之指示。

壬、三民主义青年团

二中全会以还,青年团中央干事会即致力还都复员,迨三十五年七月始在京恢复正常办公秩序,一面筹办庐山、南京、北平三处青年夏令营,一面筹开青年团第二次全国代表大会,迄九月一日大会如期在牯岭开幕,计会期十二日,大会十四次,提案六八三件,团长数度莅临训话,对于团之今后趋向,应侧重积极建设,与加强团的革命性、政治性、战斗性,及党团干部与工作应明确划分等,多所指示;大会各项提案,除经审查会分别归并制为若干总提案提大会讨论决定,分别处理外,其中以"本团改进方案案"、"制定本团团纲团的工作方向、团的基本职责及团员服务项目案"、"领导青年参加建国工作案",及"加强绥靖区团务工作案"等各案,关于〔系〕团之前途甚大,允为大会提案中之特别重要者,经第二届中央常务干事会组织小组,详加研讨,分别制定具体办法,业经呈奉团长核定,并已分别付诸实施,此为本届大会之重要收获,亦今后推进团务之主要方针也;至调整中央干事会机构,以灵活组织之运用,制定本会最近三个月中心工作计划,为经常工作实施之准则,皆与大会之主要决议精神相配合,不待烦言,兹将各项工作实施情形,略述如左:

甲、组织部分 (一)组织工作:三十五年度增建团部六〇七个。增收团员一八八,三九四人,截至三十五年底,计有支团四十一个,区团三十七个,分团一八五四个,共有团部一九三二个,团员一,二六七,五〇〇人。主要工作为:(1)遵照本团二全大会决议,制定"团员总甄核办法"及有关法规四种,推定中央主要干部分赴全国各地区(共十四区)督导总甄核之实施,预计本年四月底前,可完成复核工作,一新革命阵容。(2)制颁"中央直属学校分团改隶地方支团实施办法",务使逐步改隶,以加强支团组织,灵活学运指导。(3)加强国大代表本团同志之联系,以发挥党团作用,此外迅速建立收复区团队,加强绥靖区团务,缩减各级编制,增加事业费等,皆为适应当前环境需要,及行宪后之必要准备。

(二)训练工作:(1)干部训练,于三十五年度夏季举办庐山、南京、北平等地夏令营,寒假期间,复在各重要都市南京、北平等八处,举办冬令讲习班八班,计训练干部八百人;至团员训练,则利用外围组织,予青年以机会训练,吸收入团,以代替团员入团训练,三十五年度,计达八万零六百零三人。

乙、宣传部分　着重宣扬主义国策,与指示青年有关问题,三十五年度:(一)关于宣传指导者,按周发布宣传要点,统一发布本团新闻,联合中央机关扩大各种纪念会之影响,为遵奉大会决议,刻计划充实南京支团所属青年电台,并增设各支区团收音机,俾完成本团广播网初步之设施;又为增进国际青年友谊起见,特举办国际传播通讯,及一九四七年(第五届)世界青年周,并会同教育部、外交部选派我国青年代表参加一九四七年之世界青年节,藉以增进国际青年之联系。(二)关于文化工作者,则经常举办文化讲座与广播讲演招待文化界,推行通俗文艺运动,加强各级青年剧社之辅导,发动捐募,筹设中正图书馆等。(三)关于出版事业者,调整本会刊物,归并青年印刷所青年书店为中央青年出版社,紧缩人员,充实资金,各级团办刊物,特别注意指导与考核,计各级团部出版书刊三六一种,报纸九十九种,另由本会翻印青年丛书三十六种,(各印三千至五千册)普通〔遍〕寄发有关单位及收复区应用,以宏宣传效果。

丙、服务及青年辅导部分　（一）关于社会服务者,（1）为领导全国青年参加建国工作起见,经遵照团长指示,制定"甄拔青年参加地方自治工作实施办法",现在积极办理中。（2）配合新运总会,由各级团部协助组成二十四省市新运分会,并会同发动全国性节食一日救灾运动,集款达五一三,四三七,四八八.三〇元。（3）会同中央党部订定慰劳国军办法,令颁实施,计办理此项工作之团部十二个,慰劳国军伤病兵八七,五六〇人,发放慰劳金四六七,九〇〇,〇〇〇元,其他实物,为数亦夥。

（二）关于青年福利者,以青年馆为推行中心,现全国青年馆计达三十八所,正充实设备,提高其服务性与社会性,并促办合作事业,使渐能自给自足,三十五年三月在重庆陪都青年馆成立青年互助会,本年度拟在各专科以上学校各分团成立分会三十个,以增进青年之福利。（三）关于青年升学就业辅导者,计（1）办理团员人才登记一三,三六八人。（2）受暑期升学辅导之青年二,五一八名,受失学失业救济青年一二,三九四人,由会介绍受训者四七名,各级团部办补习学校者四六单位,支团部办理团员农艺训练班受训者六七人,协助青年入中训团东北班受训者一三〇〇人,拨费救济江、浙、豫各绥靖区青年一六〇〇人。（四）关于乡村文化服务者,三十五年度各分团举办识字班合计有九三九班,受教民众三五,六〇一人,共发补助费一千三百余万元。（五）关于经济辅导者,由于团营经济事业之政策尚未确立,致一般具体计划,迄未能实现,但各级团部依照创办团营经济事业纲要创办之生产事业,则已有青年工厂四五所,青年农场二三所,青年林场六五所,而以福建支团成绩较佳。

丁、人事行政与视导调查　（一）人事行政:（1）调整中央干事会机构为一室五处,并修订有关法规,使人与事配合,灵活机构运用,期能渐臻合理化。（2）任免各级干部,由于各级代表大会之召开,各级团部人事有重行改组之必要,分别由筹备处改为干事会,或由第一届干事会改为第二届干事会,计改组支团四一,直属区团二〇,地方区团一七,中央直属分团九〇,地方分团一七六四,所有干部之任免更调,悉按规定程序办理。(二)视导调查:三十五年上半年配合复员工作,举行收复区普遍视导一次,同年十一月间,何常务干事浩若赴湘鄂宣导团务,辛视导仙椿赴江苏视导团务,皆有详细报告与具体建议,至调通迅则因筹办伊始,正与有关机关联系,作积极之准备。

结论

综上所述,一年以来之党务,组织分布及党员数量,确已日有进展,活动方式,亦多所改进,但实际工作,则仍未克切实推进,推原其故,环境困难,固属一因,而党员意志未能一致,党内民主生活未能养成,党的社会基础未能确立,实为其最大原因。今后实施宪政,本党虽退处于普通政党之地位,而本其革命建国之历史使命,实仍负有维护国家基础保障实行主义之重大责任,自应适应环境,彻底改进,至希全会同人切实检讨示以规范。

〔中国国民党中央执行委员会秘书处档案〕

4. 中国国民党中央各部会在六届三中全会上作党务报告

(1947年3月20日)

一、组织部

(一)征求党员整理党籍

一、征求党员 二中全会后,关于征求党员工作,数量方面,仍按本部去年度计划办理,以征足二十万人为目的,至征求成分,则经遵照全会之指示,通饬各党部,侧重于农工妇女及教育文化卫生工作者之吸收;并参酌各党部实际情形,分别核定其应征数量及成份比率。截至去年十二月止,各党部共征得党员四十二万零八百五十六人。连同上次全会时原有党员计算,共为三百五十六万三千零六十三人。至新征党员成分,以农工为最多,合占总额百分之四十二弱。公务人员次之,占总额百分之二十三强。其次为教育界,占百分之十七弱。妇女人数较少,仅占百分之四强。

二、举办党员总清查 自二中全会决议:"举办党籍总清查,清理全党党员党籍。"并奉中央常会决定,此项工作,应由本部与海外部制订办法呈核施行后,本部遵即根据过去办理党员总登记及党员总报到之经验,先后拟具"党员总清查实施要点","党员总清查实施要点补充办法",明定党员总清查之主要目标,与办理总清查之程序,呈由常会通过施行。嗣为激励党员接受清查,并便利各地方党部办理起见,经呈请常会发表告同志书,并订颁"检举党员腐恶标准"七项。又为负责督促此项工作之进行起见,经指定部内外同志十七人,成立总清查工作委员会;另派由本部职员十四人,分区前往各地督导办理。截至最近止,各省市党部已举办此项工作者,计三十二单位。铁路公路海员工矿党部举办此项工作者,二十二单位。边疆各党部举办者五单位。其他因情形特殊未及举办之各单位,拟分饬其于本年内补办完竣。

(二)增设及调整党务机构

一、增设党部

甲、省级党部 自上次全会后,中央决定恢复东北党务。遵即按照行政区分,呈准设置辽宁、辽北、安东、吉林、松江、合江、黑龙江、嫩江、兴安九省党部,及哈尔滨、大连两市党部。此外,为适应若干省区毗连地方特殊情况起见,经先后呈准设置有湘鄂赣,苏鲁豫,晋冀察三邻区党部。

乙、县级党部 截至三十五年十二月止,据各省党部呈报,共计增设县(市)党部十七单位。其中江苏、四川各二单位。安徽、湖北、广西、贵州各一单位。广东三单位,西康六单位,又东北各省县级党部确已设置者计一百四十三单位,故截至去年十二月县级党部数量共为一千九百九十六单位,此外各蒙旗党务特派员办事处共设有等于县之旗党部七十六单位。

丙、区党部区分部　截至三十五年十二月止,各省市路海员工矿及边疆各党部所属区党部,共增加五千零五十一个。连同上次全会时原有区党部数合计,共为一万四千四百四十八个。区分部增加三万七千六百五十一个。连原有者合计,共为十一万六千三百三十二个。

二、调整组织及编制

甲、增加省市县党部委员名额　经遵照二中全会"省市县市执监委员名额,应依地方需要酌量扩充"之指示,根据各省市党部所属党员人数、所辖单位数、党务历史、文化、经济及特殊情形等因素,拟定各省市党部委员名额,计分为三级。第一级执委十七人,监委九人。第二级执委十五人,监委七人。第三级执委十一人,监委五人。(按省执委名额原规定为五一十一人,监委三一五人。)并规定支薪执监委员连同主任委员,以不超过总额三分之一为限。经陈奉中央常会通过颁行遵照。至各县市执行委员名额,亦经核议扩增为五人至九人。(原规定为三人至五人。)

乙、厘定省市县党部员额编制　经根据二中全会决议原则,参照各省市所属单位数,党员人数,历史,经济情况各要素,分别拟订各省市党部新编制员额,计分三级。第一级四五—六〇人,第二级三〇—四五人,第三级二〇—三〇人,省市党部执行委员会之下,分设总务、组训、宣传、三组,不设科。陈经中央常会修正通过。嗣复由中央秘书处召集本部与各部会,商订编制员额明细表颁行。至县党部编制表,亦经由部拟具,会同中央各部会商订,提奉中央常会修正通过。计分三级。第一级十一人,第二级八人,第三级六人。通饬各省斟酌情形分列等级报部核转备案,并规定各级县党部之比例数。

丙、取消区党务督导员　各省分区党务督导员制度,在抗战期间,因交通困难,实施未见成效。二中全会后,本部曾约集各省负责同志检讨此种制度,有无继续推行之必要。经决定,凡正式选举成立省党部之省份,区党务督导员应即取消。各区党务,由省党部委员出发督导。其尚未选举之省份,则应视交通恢复实情,逐渐取消,或先取消一部分。经陈中央常会备案,并分饬各单位遵照办理。

丁、订定东北各省市党部之内部组织及员额编制 东北九省二市党部之组织,因适应当地特殊环境,暨遵照二中全会简化机构之决议,规定各该党部执行委员会应设置执行委员九人。(主任委员及书记长在内。)省执行委员会之下,设秘书、组训、民运、宣传四处。内部人员编制,暂定有给人员,大省市不超过三十人,小省市不超过二十五人。各县市党部定为一二级者委员七人。(书记长及兼任委员二人在内。)三级者委员五人。(书记长在内。)工作人员,一级者(沈阳、长春二市)十七人,二级者七人,三级者二人。

戊、调整铁公路党部组织 经配合交通部现行铁路公路分区管理制度,于上年六月间,将原有关内配合分线管理制度之铁路党部十六个单位,编并为十个单位。另于东北增设六个铁路特别党部。(原仅一个)公路方面,除原有西南,西北两公路特别党部,改组为第四第七公路特别党部外,另增设五个公路特别党部。并于调整组织之同时,确定各铁路公路特别党部编制及预算,使有一定轨道可循。

己、调整工矿党部组织 经重订工矿党部隶属中央者之标准。以员工在一万人以上,其生产于国防交通或民生,有重大关系,或员工不足万人,但为共党活动最烈之区,设置直属中央之工矿特别党部。其他员工人数甚少,复不十分重要之矿厂,均改隶地方党部管辖。依照上述原则,原来属中央之工矿区党部改隶地方党部者计十三单位。仍隶中央改为特别党部者计四单位。

庚、加强海员特别党部组织 海员党部现有二万六千余人,散布全国及海外。原仅设全国性海员特别党部一个,其组织等于铁公路特别党部,自感难以适应。爰决于中华海员特别党部下,设华南、华北两支部。支部之组织等于乙丙级铁公路特别党部之组织。

(三)训练干部及党员

一、县以下党务干部训练　三十五年度,原计划训练一,九二〇人。计山东、河北各一四〇人。江苏一三〇人。湖北、台湾各七〇人。河南、山东、热河各六〇人。湖南、新疆、广东、福建、浙江、江西、安徽、察哈尔、绥远、辽宁、辽北、安东、吉林、松江、合江、嫩江、黑龙江各五〇人。四川、云南、贵州、广西、陕西、甘肃、兴安各四〇人。西康、宁夏、青海各二〇人。实施结果,截至本年一月底止,据报训练结业人数,计江苏三五〇人,山东一五〇人,福建六二人,江西一〇〇人,安徽五一人,西康三〇人,新疆五〇人,河南八〇人,甘肃四〇人,山西一六人,宁夏六九人,辽宁五六人,安东一〇五人,台湾八〇人,另北平市二一八人,上海市一三八人,湘鄂赣邻区特区党部二七人,合计一,六三二人。达成原计划数字百分之八十五。其他各省,除广东、广西因事实困难,呈准缓办外,余已分别电催迅将办理情形具报。(按本项工作原由前中央训练委员会主管,二中全会后,中训会取消,奉决议改归本部接管。)

二、基层党务干部训练　此项训练,系以区党(分)部委员及小组组长为对象。自二中全会后迄今,据各党部呈报,共已训练二〇〇,〇〇〇人。至各党部办理成绩,以福建省为最优,浙江次之。

三、党员通讯训练　三十五年度计划各省应参加党员通讯人数为二五,〇〇〇人。通讯方式分:(一)团体通讯,(二)个别通讯,(三)编发通讯刊物,三种。实施结果,截至本年一月底止,据报已参加个别通讯党员数为一二,六八三人。编发通讯刊物之党部,有西康、江苏、台湾、安徽、河北等五省党部,及粤汉铁路、锦州铁路及第八区公路等三特别党部。

四、小组训练　自二十七年起,为实施党员训练,在区分部内划编之小组,原经二中全会决议取消。但因同次全会决议各县市应选编工作小组,其办法,尚未奉常会核定,故三十五年度,各地党员仍照往例,参加小组训练。截至本年一月底止,据报共成立小组二〇二,四六九个。各小组开会次数,计每月开会一次者,占百分之五十。开会二次者,占百分之十。开会三次以上者,占百分之四。未开会者,占百分之三十六。

五、办理中央训练团党政班通讯业务　本部于三十四年十一月,奉令接办中训团学员通讯业务。截至本年一月止,中训团党政班由一期至三十一期,计共学员二四,二九三人。(高级班三期结业学员四二七人,均由党政班学员调训,故未另计。)除因死亡,开除学籍,及其他特殊原因,未经编组者外,其余共编成通讯小组九四三个。(其中海外学员通讯小组共十六个。)为指导督促各小组通讯业务,现共聘定指导员八十四人,督导委员二十人。

(四)指导实施选举

一、各省市县党部　本部三十五年度计划,原定指导湖南、广东、江西、青海、宁夏、福建、湖北、江苏、安徽、河南、甘肃、广西、西康、贵州、新疆等省,北平、天津、重庆、广州、上海、汉口、南京等市党部,计二十二个单位,实施选举。截至三十五年底,如限办理选举完竣者,为湖南、广东、江西、青海四省。因国民大会开会,或其他原因,延至本年一月办理选举完竣者,为宁夏省,及北平、重庆两市。经核准延至本年二月办理者,为福建、湖北、江苏、西康、河南、新疆、广西、贵州八省,上海、汉口、广州、天津四市。其办理日期尚未确定者,为安徽、甘肃两省及南京市。至三十五年度县市党部实施选举或改选者,计四百十六单位。又除上述各省市县党部执监委员之选举,经予督促办理外,本部并会遵照二中全会决议,拟订"省执行委员会主任委员选举规则",呈奉中央常会通过施行。截至最近止,依照此项规则进行选举者,有浙江、湖南、陕西、甘肃四省。

二、各边疆党部　边疆党部方面,于三十五年度实施选举者,为阿拉善、额济纳、松理茂等三直属区党部。拟于本年上半年内实施选举者,为阿拉卜楞直属区党部及绥远蒙旗党部。

三、各铁路公路党部　关于各铁路公路特别党部之选举,经拟订分期举行计划,呈奉常会通过饬遵;第一期限三十五年底办毕,第二期于本年三月底前办毕,第三期于本年六月底前办毕。但第一期应办各单位,因国民大会开会关系,奉准延至本年二月底前举行。现已定期在二月内举行者,有粤汉区、京沪区铁路党部,第四区公路党部。其余各单位,亦正在准备办理中。又铁公路党部原无专用之选举法规,过去多系参照省县党部选举法规办理,自不尽适合。本部特制订"铁公路党部召开代表大会选举执监委员实施要点"一种,提奉常会通令施行。该要点中最大特点,即规定选举执监委员时,工人同志应占之名额,约为总额四分之一至三分之一。(视党部编制大小而不同)

(五)开展活动

一、策动全国性团体之成立与改组 三十五年度经派员策动组织成立之全国性人民团体。计有全国商会联合会,中华海员工会,及全国会计师公会。至原已成立之团体,未臻健全,经予策动改组者,有中国工业协会,及中国劳动协会。此外,在策动筹备组织中者,有全国律师公会。以上各种全国性团体内,均已建立党团,开展活动。

二、发展党团组织 截至三十五年十二月止,全国性人民团体中之党团增加九个,连原有者合计,共七十五个。地方性人民团体中之党团增加三千八百九十二个,连原有者合计,共一万零四百七十七个。各级民意机关中之党团,增加八百零四个。连原有者合计,共一千五百零三个。

三、协助成立铁路公路及海员工会 各铁路公路特别党部已正式成立工会者,计有京沪、陇海、晋冀、同蒲、粤汉、昆明等铁路党部及第二、第三、第五、第七等区公路党部,中华海员党部等十一个单位。其他各单位,除东北尚有五个铁路党部未筹设工会外,其余均有工会整委会或筹委会之组织。

四、推进社会服务 关于各省市县乡镇社会服务工作,经常督饬办理。截至三十五年十二月底止,根据各单位报告,共成立省县乡镇社会服务处二百五十九处。计福建五十三处,台湾四处,贵州五十处,云南十五处,湖南五十三处,广西一处,江西六十八处,四川十三处,西康一处,热河一处。以江西、福建两省办理成绩较佳。此外,边疆各党部对于该项工作,亦能推行尽利。如绥蒙党部于去年八月,在包头成立社会服务处,并呈准社会部补助。所属各旗党部各设有服务站,对民众夜校,书报阅览,代写书信等工作,逐渐推展。并自春季起,继续推广绿化蒙旗运动,发动党员,倡导植树,颇收实效。松理茂党部所属之社会服务处,设有边民招待所,免费寄宿,并设有石印所,承印各种文件,取费低微。所属之图书阅览室,更可予边胞以阅读之便利。拉卜楞党部所属之社会服务处,办有民众夜校,民众俱乐部,民众图书馆,及民众代笔问事处。对该部党务之推进,协助良多。

五、订颁绥靖区党务工作方案　本部为谋绥靖区党务之开展,经拟订绥靖区党务工作方案一种,以增强党的斗争精神,发展组织与宣传力量,消灭反动势力,实行三民主义为目标,工作原则,在力求与政军之配合,并使普遍深入,注重农村及农工分子,并具体规定收复区及未收复区工作项目,颁发各省市党部切实遵行。

六、组织蒙旗青年团体　蒙旗青年,除少数因环境关系,走入歧途,亟须积极争取外,大都志愿效力党国。故自胜利后,各蒙旗党部均能运用党团,组织青年团体。其由辽蒙党部领导者,有东北蒙旗青年互励会。由黑蒙党部领导者,有蒙旗青年建设协进会。由热蒙党部领导者,有蒙古青年励志会。由察蒙党部领导者,有察蒙青年新生社。由绥蒙党部领导者,有蒙古青年励志社。各该会社对于蒙旗复员、青年训练及斗争等工作,均著有成绩。

(附一)近四个月来各省市同志被捕殉难人数统计

省市别	被捕人数	殉难人数	小计
山　西	88	23	111

陕　西	12	1	13
察哈尔	22	1	23
热　河	3	4	7
绥　远	11	1	12
山　东	486	111	597
晋察冀邻区	31	42	73
辽　宁	2	15	17
安　东		1	1
哈尔滨	6		6
总　计	661	199	860

(附二)各边疆党部工作人员及眷属被捕殉难人数统计

职　别	被捕人数	殉难人数	小计
特派员	2	4	6
书记长	3		3
科　长	1		1
干　事	2	1	3
助　干	3	1	4
交通联络员	4	4	8
担任汇款人员	2		2
职工眷属	3		3
总　计	20	10	30

二、宣传部

(一)宣传方针

溯自去年三月二中全会举行之后,瞬将一载,国内局势演变甚多,其情形综错复杂,实较抗战期间宣传尤不易应付,宣传部根据二中全会之决议,秉承中央及总裁之指导,对于宣传方针,谨慎操持,多方运用,虽未能尽如理想,然国内外宣传环境则已较前大加

改善。兹谨将一年来宣传方针之决策,就其荦荦大者,略陈梗概如下:

(甲)关于政治方面之宣传 抗战胜利以还,国人渴望和平统一,俾能安居乐业,此为战争结束后必然之心理。政治协商会议五项协议案,固不能悉满人意,然因该协议可反映全国各党派之意见,故党内外人士,无不切望其实行。乃因共党包藏祸心,不愿交出军队,实现民主,故多方破坏,尤其对于与政协同时产生之停战协定,更无意遵守,到处袭击国军。查政协协议原经本党二中全会追认,不图共党竟藉口二中全会对政协宪草原则提有对案,疯狂叫嚣指本党动摇政协议案,本部乃根据二中全会对政协协议全部之追认案,普遍宣传,以示本党对于政治负责之态度,藉减除国内外各方之疑虑,在和谈持续期间,政府一面表示愿望和平实现,遵守停战协定之诚意,一面暴露共党撕毁停战协定,袭击国军,破坏交通,惨杀民众之情形,俾知内乱责任之所在。

至关于东北之接收,我宣传方针,始终认定应自苏军手中收复主权,东北问题在本质上为一国际事件,绝无内政问题之可言,以辟斥共党及民主同盟主张政治解决,及要求承认所谓地方政权之要求。本党复对张莘夫被害事件,扩大宣传,激起全国学生之爱国热情,发展为全国一致的要求维护东北主权,打击共党勾结外人残害同胞卖国行为之示威运动,结果使共党遭受重大打击,其活动大受限制,极为懊丧。直至现在为止,一般人民对于国军在东北驱逐共军类多寄予同情,即为此种宣传之影响。

原定去年五月五日召集之国大,再度延期以待共党之觉悟,及其他各党派之参加,藉便于和平之调处,免使局势趋于绝裂。政府在此过程中,对共党多方迁就,不断让步,但最后共党竟拒绝参加国大,甚至拒绝恢复和谈,此中经过,充分表示政府委曲求全宽大容忍之态度。而本党此时对内对外宣传,自当与政府之和平方针互相配合,尽量容忍,力示宽大,使国内外人士对于我和平统一失败之功罪,有一明确之认识,正当之判断。迨国大制宪告成,马歇尔元帅宣布调处失败,国内外舆论,皆能了解我政府谋取和平实现民主之诚意,佥认共党为我统一建国之障碍。举例言之:如美国舆论之转变,绝大多数报纸,均强烈主张支持国民政府,不待共党之参加,即予我政府以积极援助;如国内主要党派同意参加政府;如剿共军事得以顺利推行,不受舆论之反对;如国内第三者及中间份子之转变,共党附庸分子之没落等,皆为显著之事实。倘非一年来本党抱定委曲忍让,力主政治解决之宣传方针,因而取得国内外广大人士之同情,则今日之政府恐仍陷于孤立之境地。又关于国大制宪以后,宪政问题之宣传,使国际方面对我国宪法之民主自由精神,及我政府结束训政还政于民之决意,已有充分了解;因而使我政策之基础更形巩固,此尤值得注意者也。

(乙)关于军事方面之宣传 一年来关于军事情形之宣传,始终配合政治之要求,俾步骤能趋一致。在去年四月以前,着重于国军遵守停战协定,及共军破坏协定之宣传,并尽量发表国军遵照整军方案,复员缩编情形。六月以前,宣传共党依赖外援,阴谋割据东北,觊觎华北之野心,使一般人了解共党实为国际第五纵队,如共党阴谋得逞,无异日本侵略之再演。六月以后,因共党毫无和平诚意,四处发动攻势,国军不得不加以还击,开始局部反攻,本党新闻机构,对于作战情形,乃酌量发布有利之材料,指出共党防御之力薄弱,俾国人获得印象,即政府万一不得已施用武力,驱除共军绥靖地方时,不难于一定时间内戡平叛乱。惟因和谈与调处尚在持续中,六月中有东北休战二十三日之命令,十一月十一日又有前线全面停战令之颁发。尤其在国大召开期间,战讯之报导,常摘重要者发表,力避夸大或渲染,亦不炫耀国军之战果。非不知此种自我遏制之结果,对于前线将士努力牺牲之精神不免淹没,甚或以影响前方之士气,惟权衡利害,此种沉毅之态度,在宣传上实足以获致更佳之效果。本年一月以后,战事转趋激烈,国军逐步进展,战局日益有利,且和谈中断,调人束手,共党应负破坏和平之责任,已为世所公认,乃改变宣传方法,对于和谈恢复之谣言,随时指出其为无稽,一面加强战讯之报导,驳斥共党虚妄之宣传,一面发动各地报纸,阐明除暴安良之意义,慰勉国军,激励士气,使军事方面之宣传与作战努力,今后得以平行发展,打开过去停滞之局面。

(丙)关于经济方面之宣传　一年来国内经济情形及物价之波动,不仅使宣传上不易应付,且影响所及使其他方面之宣传,亦遭受困难。盖物价上涨,人人均受其害,论者每归罪于政府政策之失当,甚至迁怒于政府一切措施,尤其归咎于国内战事之延续。昔在抗战期间,物价固亦不断上涨,但因大敌当前,一般人尚能忍耐,罕有怨言。胜利以后,因海运恢复,外货源源而来,以致工厂停闭,生产萎缩,工业界不无啧啧。兼因物价上升,刺激人民生活,多对现状表示不满。共党及其外围遂藉此宣传,谓物价上涨乃由于内战之结果,为针对此种谬说,特指示各级宣传机构,列举各种事实及统计数字,阐明国内经济之不安状况,乃由于共党封锁农村,及破坏交通工矿之结果,指出今日物价问题之症结,乃由于运输阻滞,故货物供求不能调节。同时不断指示各地报纸,在消极方面,尽量避免登载足以刺激物价上涨之新闻或言论,不报导黑市行情,以杜投机份子之利用;积极方面,宣传中国经济之特质,仍未脱离农业社会之形态,只要农产收成良好,全国即可丰衣足食,根本上没有经济崩溃的危险。一年来,政府各项经济措施,在宣传上无不力求与政令配合,以求宏效。最近政府宣布经济紧急措施方案,关系重大,有赖于言论界之合作者至巨,正督促所属宣传机构,竭力赞助,配合进行推动中。

(丁)关于外交方面之宣传　二中全会对外交报告决议要点,为加强与盟国密切合作,并强调我为联合国五常任理事国之一,所负责任重大,应加强联合国组织,以求国际各项问题之解决。此为本党以集体安全保障世界和平之一贯主张。去年四月,总裁在国民参政会报告政府半年来外交上重要措施,在争取国际和平,故有联合国宪草之签订,与中苏友好条约之订立,并于结论中指出政府的决心,对外遵守国际公法,崇尚条约信义。一年来,根据二中全会决议,秉承总裁之指示,对于外交问题之宣传,在促进与各盟国之友好关系,尤其五大强国之相互团结,对中美友谊固当力求密切合作,防范共党挑拨离间之伎俩,即对于苏联为我近邻,应维持友好关系,信守中苏条约,以处理两国间一切悬案,如交涉东北撤军等,无不以坚定而友好之态度,发为宣传藉作外交之后盾。他如对英法两国,亦处处顾到战时并肩作战,及此后长久合作之盟谊,未尝因较小之地方事件,发生误会或争执,而引起全国性敌视之宣传运动,如香港《国民日报》被勒令停刊,及小贩被殴毙事件,及西沙群岛问题,皆因我政府既循外交途径据理力争,交涉解决,在宣传上自宜保守一定之限度。因今日我既为五大列强之一,外交上发言已有充分力量,如舆论操之过急,转足示弱于人,且妨碍盟国友好合作之关系。至对东方各民族解放运动,亦多遥寄同情,颇能博得好感。

以上为一年来宣传方针决策之经过。至于运用方法,则随时参酌当前国内外情势决定有利于本党及政府之宣传态度,并详细估计可能获得之反应与效果,决定运用之方法。吾人之宣传着重取得第三者之同情,故宣传每藉侧面方式透过第三者为之,尤其对国外之宣传为然。因此宣传部驻英美办事处,往往运用若干重要而有力量之报纸杂志,发表对我有利或评击中共之文字,年来国外舆论,虽仍一部份对我持反对态度,但大多数仍采用支持国民政府之立场,故宣传运用之妙,有时尚不在于自身主办报纸杂志之多寡,而在于争取同情与拥护。

宣传之指导,亦有表里之不同。宣传部对外发言,实有代表本党及政府双重责任,故态度上必须力求公正,树立信仰,而对党内之宣传指导工作,则在加强各级党部同志对于当前党的任务及对政治之认识，以充实其宣传斗争之力量，并指示其斗争之方法，故每周有宣传通报，特种通讯，及各种临时指示颁发，指出国内外局势之重点，时事问题之内幕，或某一事件之背景，或针对异党之谣言攻势，加以辟斥，使宣传工作者得有所本。

惟宣传方针之运用，亦有若干困难，譬如培养舆论之工作，欲使某一目标得以达成，必须逐渐推进，以底于成。尤其重要者，则为与政治配合。当政府进行和谈之时，必须造成和谈可能之宁静环境，遂不得不捐弃一部份足以增长对共党仇恨心理之材料；而在政府用兵之际，尤须说服国内外舆论界，不得不使用武力戡乱之理由。若干同志，有谓本党宣传不够泼辣刺激者，上述理由当可释明此中原委也。

(二)宣传工作

一、宣传指导

(1)充实指示内容　为加强宣传指导起见，宣传指示之内容，必须充实。自本部专用无线电台成立以后，每周之宣传指示，计有宣传通报一次(遇有临时指示则随时加发)，特种宣传通讯(对付共党宣传)二次，国际参考资料二次，社论二篇，专论一篇，国内舆论分析一次，均分别定期拍发，凡有收报设备之各直辖党报各省市党部，均已将呼号、时间、密码通知，令其抄收。由此不仅可以加强宣传指导，而与各地之联系，亦可因此而密切。

(2)建立专用电台　本部为使宣传指示能迅速传达起见，特于去年还都后即开始筹备设专用无线电台，除原有之一百瓦特发报机及直流收报机一部外，在沪订购五百瓦特机一部。因运输及购件等关系，至十月五日始正式开始工作，用五百瓦及一百瓦两机以两个波长同时拍发。自发报以来，据各地来电所称，抄收情形，均称良好。现计有上海、重庆、北京、天津、汉口、广州、成都、西安、贵阳、昆明、桂林、福州、长沙、香港、台南、长春、沈阳、杭州、兰州、太原、开封、南昌、西宁、宁夏、青岛、济南、梅县、厦门、汕头二十余处按时抄收,其发通报所余时间,即利用与各重要都市电台直接联络,计上海、北平、天津、汉口、昆明、福州、长沙、台南、台北、沈阳、太原、南昌、西安等十四处。自发报以来,所发通报之次数如附表一。

中央宣传部专用电台各月份播发宣传指示等统计表　附表一

类别	十月份	十一月份	十二月份	一月份	二月份	备注
宣传指示	九次	八次	七次	十次	四次	一、本表自十月五日起 二、二月份系二日至十五日之统计数字
特种通讯		四次	四次	二次	一次	
国际参考资料		九次	九次	八次	三次	
社　　论	四次	七次	八次	六次	九次	
专　　论	二次	五次	八次	六次	一次	
舆论分析		二次	五次	三次	二次	
总　　计	一五	三五	四一	三五	二〇	一四六

(3)加强社论委员会　本部党报社论委员会自还都以来,人数不齐,故特增聘党内知名学者专家为委员,经常来本部研究各项问题资料撰著论说,以谋与宣传方针之配合运用,每周发社论二篇专论一篇,由本部电台拍发各党报刊载。

二、新闻宣传

(1)党报企业化　中央直辖党报除原有者外,去年复按照既定计划,增设长春中央日报及沈阳中央日报两处,均已于七月及八月间先后出版。至于各报企业化之准备情形,业于二中全会报告中略陈梗概,原定于三十五年四月一日起一律完成。但以所清资金延迟核拨,而物价又继续飞涨,各报分配有限,事实上不能灵活运用,兼以补充各报印刷设备之外汇虽经核准迄未照拨,业务无由发展,企业基础无由奠定,以致均未能如限实施。惟各报于此期内,尚能在万分艰困之中,力谋撑持,积极进行企业化之准备,较之以往纯赖中央补助已属大有进步。目前各项准备手续,大致就绪,一俟党股代表人及董监事人选决定后,即可分别正式成立公司。

此外在北平创立一英文《北平时事日报》,因成立不久,一切尚待加强,但销数已在七千以上。各直辖党报自还都以后,发行数量,除重庆、成都、昆明、贵阳等地因还都关系,读者减少销路略有减少外,其余各报发行份数均日有增加。其发行数字,发行区域,见附表二。

中央直辖党报一览表　附表二

报社名称	地址	负责人	篇幅	出版张数	每日平均发行份数	主要发行区域
中央日报社	南京	马新野	对开	二张	八一,九二七	京沪苏浙皖赣
中央日报社	重庆	刘觉民	对开	一张	一二,九五四	渝川黔康
中央日报社	上海	冯有真	对开	二张	五二,一一八	沪京苏浙台青岛
华北日报社	北平	张明炜	对开	一张半	三一,六八五	平津冀鲁热察晋
国民日报社	天津	卜青茂	对开	二张	九三,六一四	津平冀察热绥晋辽吉
武汉日报社	汉口	宋漱石	对开	二张	四六,七二九	鄂豫陕湘
中山日报社	广州	林伯雅	对开	二张	一三,五〇八	粤港湘桂闽南洋
中兴日报社	成都	瞿冰森	对开	一张	一二,六七三	蓉川陕康甘
中央日报社	贵阳	王亚明	对开	一张	一二,〇〇七	黔桂滇川
中央日报社	昆明	钱沧硕	对开	一张半	一二,八九二	滇黔川康
西京日报社	西安	胡天册	对开	一张	一一,五七六	陕甘宁青晋豫
中央日报社	桂林	徐咏平	对开	一张	九,〇九一	桂湘粤
中央日报社	福州	陈远略	对开	二张	一五,九二八	闽台粤厦门
中央日报社	长沙	段梦晖	对开	一张半	一六,一一四	湘赣桂鄂
国民日报社	香港	潘公弼	对开	一张	八,七七一	港粤闽南洋
中华日报社	台南	卢冠群	对开	二张	一四,四三六	台闽粤
中央日报社	长春	刘博崑	对开	一张	二一,九四七	吉林辽北辽宁
中央日报社	沈阳	赵漠野	对开	一张半	一九,八七二	吉林 辽宁 辽北 东安
英文北平时事日报	北平	王云槐	对开	一张	七,八一五	平津 辽 青岛
总计直辖党报十九家				每日平均发行总数		四九五,六五七

(2)召集直辖党报社长会议　中央直辖党报单位因复员而增多,各该报社之业务亦随时势之要求而繁重,本部为检讨各党报过

去工作,并策划今后业务起见,爰于三十五年十月二十五日召集直辖党报社长会议,所有十八单位社长全体出席,经五日之会议,除敦请有关都会首长列会致训外,并由各社长作坦白之批评及检讨,对于今后业务之改进,讨论甚详。其重要之决议,计有(1)党报业务改进计划。(2)党报言论新闻方针。(3)党报社会活动要点。(4)党报联合采访计划。(5)党报员工服务规程等,均经通饬遵照分别实施。

(3)运用新闻党团 本部为加强本党在各地新闻界领导地位起见,曾制定各重要都市新闻党团组织及其活动办法一种,指定各直辖党报社长负责领导,凡当地外围报纸负责人及本党有关同志均须邀约参加活动,遇有重大事件,务须遵照中央意旨,透过党团妥为运用。现完成此项组织之重要都市计有南京、上海、北平、天津、西安、青岛、重庆、成都、武汉、昆明、贵阳、广州、长春、沈阳等省市。其组织虽已完成,但尚未能达到普通〔遍〕有效运用。

(4)设立各省市新闻处 前奉总裁手令饬会同行政院在各省市政府内设立新闻处,承办政令宣传发布新闻及对地方建设文物作有系统之介绍并受宣传部之指导。当经拟定各省市设置新闻处实施办法一种,由行政院会议通过转饬各省市遵照办理,截至目前为止,各省市已设立者,计有沪、平、津、渝、苏、浙、皖、桂、粤、滇、黔、晋、鄂及青岛第十五单位,惟原定之实施办法,对于人事经费均未有具体规定,以致既无正式组织规程,复无确定预算,以致已成立者,难于展开工作,未成立者,迟疑不敢成立,刻正与行政院切实协商,以谋妥善之解决。

三、国际宣传

(1)编撰工作 本部国际宣传处为求国内外消息交流,每周编译国内政情报告,航寄国外各办事处参考运用,同时将国外办事处每日发来之国外舆论电讯译送关系当局参考。此外在国内编印者,有(一)英文每日刊南京版、上海版、北平版;(二)摘译每日重要新闻电达英国;(三)摘译每日重要社论;(四)迻译总裁文告;(五)译印中华民政宪法;(六)编译英文年鉴等。至在国外编印者,每一办事处各编印定期刊物一种或二种,英美两办事处编印各种宣传书册,介绍我国内之艺术、教育等,俄文部分之编辑工作,为编印俄文每日刊一种。此外并摄制各种宣传照片及新闻影片,寄送国外展览及放映。

(2)联络外籍记者 联络外国记者工作,举其大者,如(一)三十五年八月应台湾行政长官公署之请,招待中外记者飞赴台湾考察,历时一周,结果在宣传上愿有收获;(二)十一月招待外记者赴张垣视察战绩;(三)十二月招待外记者赴崇礼视察崇礼惨案;(四)国民大会开会期间,担任联络工作,除每日举行记者招待会时,担任翻译工作。其他联络工作则经常办理。

(3)增强国内外办事工作 国内部分,上海办事处于抗战胜利后成立,因沪地外记者人数众多,故工作特殊繁重,华北办事处于三十五年三月成立,与北平军事调处执行部取得联系,推进在华北之对外宣传,其宣传区域包括东北在内,工作范围注重编撰与联络两项,编撰方面为发刊英文每日刊,联络方面则为协助外记者采访及供给宣传资料。国外部份,在美以纽约办事处为总处,其下设华盛顿、旧金山、芝加哥各分办事处及洛杉矶收音站,此外尚有加拿大、墨西哥两办事处归纽约办事处指导。在南美洲有驻阿根廷办事处,在英有驻伦敦办事处,在法有巴黎办事处,在澳洲有驻雪黎办事处。纽约办事处为推进国外宣传之总枢纽,于对美无线电打字机电台成立后,该处工作,将益臻重要。如何广泛运用凭该台输送之大量宣传资料,将为工作之中心。至各办事处之经常工作,为(一)编撰定期刊物通讯及书册。(二)联络新闻界出版界广播界人士及各种团体,供给资料并解答各项问题。(三)讲演及联络各处广播电台转播我国节目。(四)举行摄影展览。又为便利各办事处业务推进计,于三十五年七月商得外交部同意,拟订各驻外使馆附设新闻处办法,呈经行政院通过,国防最高委员会备案。

(4)装置对美无线电收发报打字机电台　为加强对美宣传,将各项宣传资料,大量对美输送,以供广泛运用计、特在京装置对美无线电收发报打字机电台,在还都时即开始筹备,首向美国订构机件,起运来华,并由驻洛杉矶收音站主任美人史庭华来华指导装置,预计在今年三四月间,可以全部竣工,以后可经常对美播送宣传材料,此项业务之推进,将取得交通部之充分合作,在去年国民大会开会期间,对美宣传至为重要,鉴于当时需要,商得交通部同意,先装置五〇〇瓦特电台一座,以为该台之试验电台,已于十一月间开始通报。

(5)应付外国左翼作家记者　此须〔项〕工作,经常由驻沪驻平办事处及驻美英办事处切实注意办理,并与美国反共民间集团取得联络,供以资料,助其工作之推进,颇收成效。来华外国记者中不乏有左倾色彩者,均随时注意其所发电讯,并供给以正确资料,以事纠正,美国记者怀特著有《中国之雷鸣》一书,内容荒诞不经,现正约集有关机关搜集基本资料,扩大宣传,藉以打消该书所发生之影响。

四、艺术宣传

(1)电影企业化　本部遵照第六届二中全会决议,指示中央电影摄影场改组为企业公司。该场乃一面复员、接收、整理、展开工作,一面积极从事改组为企业公司,当即拟具筹组"中国电影企业股份有限公司"之计划及章程等,已于三十五年七月间由中央财务委员会修正通过,关于资产部分,除原有生财外,并将已接收之产权,经核准转帐者列入,另编造财产目录,送请中央核示,一俟公司股权代表及董监事诸问题决定后,即可进行登记,正式成立公司。

(2)电影制片　中央电影摄影场在上海设有第一、第二两场,北平设第三场,均已积极展开工作,第一场过去专摄新闻纪录片,现正补充设备,筹设剧情片,第二场专摄剧情片,第三场则新闻剧情等片兼行拍摄,总计三场之出品,新闻纪录片已完成者六十五本,剧情片已完成者有《忠义之家》,《莺飞人间》,《遥远的爱》,《圣城记》,《天字第一号》,及《从黑夜到天明》等六部,即可完成者两部,正筹备开拍者三部,已出各片在各地放映时,颇受观众欢迎。

(3)幻灯宣传　本部所设之亚洲照片社,系继续办理前联合国影闻宣传处业务,担任编制幻灯映片及拍摄新闻照片工作,三十五年度总计所编制之映片有十九种,共三千八百份,同时并分印说明书,寄发各放映站应用。至于拍摄照片工作,原系编制幻灯映片过程中必要之步骤,该社在不增加拍摄费用条件下,而使材料多一利用,以发挥宣传之效能,至所发行之新闻照片,国内各地党报及商办报纸与画报等采用者颇多,平均每月约在三十种以上。去年国民大会期间,该社与中央通讯社合作,负责拍摄国民大会制定宪法全部过程纪录照片,以供大会永留纪念,同时并分发国内外各出版机关,以广宣传。

五、出版工作

(1)编审工作　自三十五年三月起至本年二月份止,本部编撰书刊计有十二种,宣传小册二种,自动来部请求审查之书刊有关党义及政治经济者计十一种。

(2)印发书刊　自二中全会后,因复员关系,本部三民印刷所于五月起即开始局部先后停工,计自全会后仅三个月时间,共印书刊三六九,〇三九册,共发出书刊四一六〇二九册。

六、宣传专员办事处

(1)东北特派员办事处　东北各省光复未久复遭共党之破坏,宣传工作,自应特别注重。复奉令拟具东北宣传方案依照实施,爰成立东北特派员办事处,复由本部李副部长前往视察督导。该办事处一面办理接收事宜一面推进各种宣传工作,其接收事宜,因东北情形特殊,尚待继续办理。关于宣传部份,随时遵照本部指示,参酌当地情形,颁有宣传指示,发布消息,审查书刊报纸,编印通俗歌曲图画,举行广播宣传外,尤注重反共宣传,各项工作尚有具体表现。

(2)华北宣传专员办事处　华北为共产党蹂躏最甚之区,反共宣传之策动,尤为重要。故本部特设华北宣传专员办事处,就近策动反共宣传,其工作任务,在渗入各种组织,争取主动,潜入共党区域活动刺探实情,该处于华北各重镇及铁路线要点,均设有宣传站,彼此联络,每月均有情报送部。惟此项工作,目前尚属试办性质,故其人员与经费,为数极少。

(3)香港专员办事处　香港地方重要,本部曾奉令设立办事处,惟以适当主持人选一时未易罗致,故去年尚未设立,今年拟设法成立,以应需要。

七、亚东问题研究会

亚东问题研究会,为由本部原有之对日文化工作委员会,于去年改组而成。其任务为对于亚东各国之宣传先从日韩两国着手,此项工作,极为重要。该会为经费所限,仅用少数人员及雇用少数日侨日俘,从事工作,除每日在上海举行对日广播外,并与我国驻日代表团取得联系,搜集资料,从事日本各方面之研究,此外对于留华之日侨日俘,不断接触,并参加其各种集会。此项工作目前实未能展开,不过略建一基础,以备将来扩充而已。

八、广播宣传

(一)重要工作

子、策划国际广播　复员时以国际台战时对外播音根据北美南洋报告,成绩显著,不宜中断,遂决定暂留重庆。

丑、加强国内广播　统盘支配,按各台之对象与电力,规定其播音时间与种类,尤以京、沪、台、平各台适应环境之需要,分别调播二、三、四次不等。

寅、修整接收或迁移之各台机件　所有接收或复员迁移之电台,陆续就其已有之范围,补充线料,先后修整播音。

卯、加强广播器材之修造　应复员接收之需要,分别筹设沪、平、渝修造器材机构,以备维护及供应本处各台之设备,并大量配制收音机,以期普遍供给听众。

辰、继续无线电波之研究 计有游离层研究、电子研究、短波研究,并于渝、沪、平分设观测台。

巳、增购百瓦大发射机 拟装首都,已陆续运到,正积极验装,并逐步筹备建筑工程,其原定装置之五十瓩中波机则改拟添装上海。

午、陆续清理提取战时购运机件材料 战时订购器材,因运输时间地点不一滞留途中者甚多,现均改运上海进口,经派员依行政院物资局随时所颁章则,分别提取清理转运。

未、继续筹划收音网 统筹分配接收敌伪收音机,并订购美式新颖货品,照例供应各方。

(二)复员及接收工作

子、迁复各台 中央台由渝迁京,将南京台合并在内,福建、湖南、陕西、江西四台分别迁回省垣。

丑、继续接收各台 除前接十九台外,计续接济南、开封、太原运城、归绥、包头及长春、吉林、沈阳、抚顺、锦州、鞍山、安东、本溪、营口、承德十六台。

寅、展开播音工作 迄今接收及修迁完竣正常播音者计中央、上海、江苏、徐州、浙江、北平、天津、河北、唐山、石门、山东、青岛、河南、长春、沈阳、吉林、锦州、台湾、台南、台中、台东、嘉义、花莲、广州、福建、厦门、汉口、湖南、江西、国际、昆明、贵州、甘肃、陕西、山西、张家口、归绥、包头共三十八台,总计每日播音时间为四百九十五小时五十分。

(三)企业化之准备 节经草拟章则,与关系各方往返商酌,并由国防最高委员会一八四次会决定改组公司,行政院七七一次会决定采普通民营方式,与政府签订合约担任播音,由政府酌予补助,现正重订规章,进行应办手续。

本报告书中所述各项工作多为二中全会决议案之所指定。故对于二中全会决议案之实施情形，除已于平时报告外，兹不另述。

再本部自去年五月开始复员，至十月始告完成，继而又因实行缩编转业，人力工具，均行分散，影响工作之进行甚巨。故三十五年度中尚有少数工作未能完成者，职是之故。

三、海外部

(一)关于组织工作者

一、发展党部组织　二中全会后，本部对非战区之党务继续督导推进，为充实各地党部起见，续行委派驻各地总支部直属支部书记长秘书，而对重建南洋各地党务，尤其重视，除派选干练同志担任各地党部书记长及秘书外，并指派高级人员分赴荷印、马来亚、安南、暹罗、缅甸、日本等地，分区督导，就近处理一切问题，更以南洋方面，侨胞较多，各党派在南洋各地，颇为活跃，复遵照二中全会决议，在新加坡设立南洋办事处，就近负责指导各该地党务，并派本部戴副部长愧生兼任该处主任。一年以来，计在美洲方面，增设秘鲁总支部一个，(原系直属支部)哥伦比亚直属支部一个，秘京、秘南、秘北支部三个，分部二十七个，通讯处四个，在欧澳非洲方面，增设飞枝、留尼汪直属支部二个，分部六个，通讯处二个，南洋方面，除依照"海外收复区党务整理办法"整理恢复原有单位外，增设茫街、苏梅、彭亨、丁加楼、吉灵丹、廖内洲等直属支部六个，菲律宾中吕宋支部一个，至暹罗、荷印、安南各地同志在战后，一面忙于恢复本身事业，一面参加恢复整理党务工作，同时展开救济祖国粮荒与救济由于当地民族独立运动而遭受灾害之侨胞工作，此外，复因中共在南洋之种种非法活动，捏造事实，污蔑本党政府，各该地同志展开剧烈斗争，不断予以打击，暹罗、马来亚、与菲律宾均有同志因此殉难，但中共阴谋暴行，不独未足动摇本党海外基碍〔础〕，且益促使本党海外同志愈加奋发，现中共与民盟在南洋各地虽仍活动，但不若以前之猖獗矣。谨将二中全会后，海外各地恢复及增设单位简列于后：

（甲）增加者：

1. 总支部（一个）

秘鲁（原系直属支部）

2. 支部（十四个）

哥伦比亚、苏梅、彭亨、丁加楼、吉灵丹、留尼汪、廖内洲、飞枝、秘京、秘南、秘北、中吕宋、春碑、塔坝。

3. 分部七十九个。

4. 直属分部十个。

5. 通讯处三十七个。

（乙）恢复者：

1. 总支部（二个）

缅甸、法国

2. 直属支部（三十七个）

柔佛、森美蓝、雪蓝莪、霹雳、吉打、美荻、槟榔、芹苴、永隆、东川、滀臻、薄寮、归仁、金瓯、青迈、令艾、华富里、万苍、柯叻、通扣、纲帕、北柳、陶公、博文浪、坤甸、万里洞、井里汶、山口羊、泗水、喃吧哇、长崎、东京、巴东、打板努里、帝文、北婆罗洲、德国等。

3. 直属分部（十三个）

马德望、乌隆、西素贡、蒙坤武里、那磅、纲引、洛坤拍农、坤敬、什田、那山、黎府、仙彭、景栋。

4. 港澳、菲律宾、缅甸等总支部所属支部共十九个。

5. 分部共五百八十八个。

6. 通讯处共五十九个。

以上增加及恢复党部单位共八百五十九个。

二、派员督导并健全海外各级党部

1. 三十四年派出，现仍续在之海外各地党内指导员十人，总支部书记长七人，秘书十三人，共三十人。

2.新派暹罗、缅甸党务指导员二人,日本党务联络员一人,南非洲、槟榔屿、河内、东川、泗水、万隆、孟加锡、北婆罗洲、马六甲等直属支部及美东支部秘书十人,秘鲁总支部书记长一人,共十四人。

3.派出暹罗、安南、马来亚、荷印、日本等地党务视导专员五人,又派本部戴副部长任南洋办事处主任,合共派出六人。

三、征求新党员　查自二十八年举行海外党员总报到后,海外党员参加报到人数只有三万四千七百六十三人,经本部多方策动鼓励征求,至三十四年底止,海外党员人数已增至九万一千三百十四人,胜利后,本部仍参酌各地情形订定"清查海外收复区党员党籍办法"以资清查,并饬各地党部扩大征求新党员,吸收优秀新进,三十五年度原计划征求新党员二万五千人,现据各地党部已征得报部者,共有三万七千九百七十七人,超过预定计划数字,连同旧有党员,现共有海外党员十二万九千二百九十一人。兹将二中全会后,各地征求新党员人数,概列于左:

美　国	六八六人
加拿大	一三〇一人
古　巴	五〇九人
菲律宾	二四五二人
澳　洲	六六人
缅　甸	八二八人
印　度	七五五人
港　澳	三三二三人
欧　洲	三四人
南美洲	二七九五人
南菲洲	六四人
大溪地	二五二人
马来亚	一二,六五八人
荷　印	七九一人

越南	五二五一人
暹罗	六一七三人
日本	三八人

以上合计新征党员三万七千九百七十七人。

四、筹建党所　海外党部筹建党所,乃属急要之举,因海外党部能有固定党所,一切党的活动,方有策进之中心地点,本部为奠定海外党务永久基础计,特发动海外各级党部自行筹建党所,并制定"海外党部筹建党所奖励办法"以鼓励其迅速完成,计原有党所之党部为美国、加拿大、秘鲁、缅甸、印度、澳洲等总支部、哥伦比亚、大溪地第一、南非洲、马达格斯加、苏利南、海防、高棉、西堤、新加坡、曼谷、巴达维亚、坤甸、万隆等直属支部,点问顿、兰敦、顷市顿、柯京、古壁、卡枝利、列必珠、满地可、温尼群、把利佛、温哥华、沙市加寸、乃架伙、当近、乃磨、砵亚本地、锦碌、企舞拿、雷振打、混比厘、稳梳、坎可顿、域多利、夏利福、波士顿、横佳玉等分部,共四十五个单位。现已建筑及正在筹建中者,有菲律宾、港澳、古巴等总支部,万磅、雪兰莪、模里斯、占美加、大溪地第二等直属支部,美东、美京、波地磨、罗衫矶、多朗多等分部,共十三个单位。

(二)关于训练工作者

一、干部训练　本部原定在三十五年训练党务干部人员六十人。嗣因经费不敷,仍改饬由各总支部及直属支部就地分别办理党务人员训练班,由本部酌拨补助经费,现已举办之单位及结业人数列左:

菲律宾总支部	四十八人
曼谷直属支部	七十八人
马六甲直属支部	四十五人
柔佛直属支部	六十人
九龙支部	三十人

印度总支部之训练班,正中筹办之中。

二、业余训练　海外党员,大部从事工商业,对于小组训练,甚难推行,本部鉴于训练之重要,前经制定党员访问办法,通饬各地党部举行,用补训练之不足。海外同志,除少数人外,知识水准,皆不甚高,党部负责同志,又皆业余办党,对于党员之训练,虽知其切要,而限于人力财力,未能达到理想,本部乃分饬派外人员,经常举办国语研究班,业余补习学校等,在夜间上课,以实施业余训练,并容纳党外青年,以加强本党对侨社之影响,查西堤、高棉、曼谷、檀香山、秘鲁、新加坡、菲律宾、巴达维亚等地,推行此项工作,均甚努力。

(三)关于宣传工作者

一、建立海外宣传据点　本部为加强海外宣传,经择定仰光、新加坡、巴达维亚、堤岸、马尼拉、曼谷等重要地区,每区设立直辖党报一家,以确立宣传据点,前经在仰光设立直辖党报《国民日报》,本年度已投资美金四万元与马来亚各地同志合资接办星洲《中南日报》(已于一月一日出版暂用旧名)并着手改组堤岸《自然日报》为直辖党报,经已选派董事,主持改组及充实事宜,至巴达维亚、曼谷、马尼拉三处,现正由当地同志与本部商洽合资筹办。

二、恢复南洋收复区党报　大战期间,南洋各地大部沦陷,所有党报,备受蹂躏,抗战胜利后,首要工作,为恢复南洋收复区党报,使南洋数百万侨胞,对祖国新生情况,获得翔实之报导,迄今南洋收复区党报恢复者,计有仰光《国民日报》(直辖党报),槟榔屿《光华日报》,怡保《霹华日报》、《建国日报》,马尼拉《公理报》,巴达维亚《天声日报》,棉兰《新中华日报》等七家。此外鼓励同志创办,经核准列为党报者,有槟榔〔榔〕屿《新生报》,吉隆坡《中国报》,海防《刚峰日报》,曼谷《正言报》,中暹通信社,堤岸《自然日报》(现正改组为直辖党报)、马尼剌《大华报》等七家。

三、充实海外党报联络侨报　海外党报,多由海外同志集资经营,资金不足,人才缺乏,本部除选择重要地区党报,派遣主笔或总编辑外,并按月每家发给新闻事业奖励金,以资补助。计三十五年度,经核发党报新闻事业奖励金者,有纽约《美洲日报》、《民众日报》,加尔各答《印度日报》,旧金山《少年中国晨报》、《国民日报》,加拿大《醒华日报》,槟榔屿《光华日报》,仰光《国民日报》,芝加哥《三民晨报》,古巴《民声报》,怡保《霹华日报》,模里斯《中华日报》,海防《刚峰日报》,巴达维亚《天声日报》,曼谷《正言报》,中暹通信社,檀香山《中华公报》,堤岸《自然日报》,南非《侨声报》,尖美加《华侨公报》,加拿大《新民国报》,棉兰《中华日报》,马尼拉《大华报》、《公理报》,秘鲁《民醒报》,千里达《侨声报》,吉隆坡《中国报》等二十七家。侨报方面,经审查给予补助者,计有旧金山《中西日报》,加拿大《华侨评论》,雪梨《澳洲民报》,菲律宾《重庆报》、《前锋报》、《中正日报》,怡保《建国日报》,曼谷《中国人报》(现已停刊)、《中原报》、《光华报》、《群众周刊》、《生活周刊》,堤岸《朝报》、《正道报》(现已停刊),利物浦《中华周刊》等十八家。本年度拟予补助者,尚有侨报四十家,业已列入预算,俟各报按期寄部审核,再行核发。

四、指导海外党报侨报宣传方针 每周撰发对南洋宣传指示二次,对美洲一次,原用密码播发,行之数年,对本党海外宣传,颇收宏效,自还都以后,中央广播电台七、五短波机尚未迁京,本部对党部党报宣传指示,乃暂改用航空机密代电,每周寄发一次,时效上感不逮,现中央广播电台七.五短波机,已装妥播送,现正重编密码,准备恢复密码广播。

五、供给海外宣传资料及书刊 本部为加强本党政纲政策及政府法令宣传,使海外侨胞获得正确之报导起见,供给资料,实属切要,另以南洋各处,共党宣传书刊,充斥市面,有关本党主义宣传,书刊则无法购得,为恢复本党主义宣传起见,寄发书刊亦属需要,惟以经费关系,未能尽量供应,故关于资料,仅每周搜集国内重要报纸社论专著政府法令等,航空寄发海外党报党部一次,关于书刊亦仅寄发一批,本年拟陆续搜集寄发,同时鼓励海外殷实同志醵资翻印三民主义总裁言论等重要著作,以资宏扬。

六、加强海外文化宣传　战时本部建立海外文化宣传,曾择加尔各答设立海外出版社印度分社,胜利后,南洋情势转移,加尔各答地位,已不如战时之重要,乃将海外出版社印度分社迁港,改为香港分社,以策南洋各属之文化宣传,现正在港筹备复业。

七、刊行《华侨先锋》　《华侨先锋》月刊,为本部对海外文化宣传唯一之宣传刊物,上年以印刷费昂贵,无法按期出版,仅刊八卷一二期合刊及还都特刊。

八、展开广播工作　广播无远弗届,实为宣传利器,本部与海外各级党部各地党报,以及对外宣传,藉助于广播者,至为重大,此为本部中心工作之一,兹将全年业务实施状况,分作量与质两项统计,分列于后:

甲、量的统计:1.广州语共播九十六次,2.琼州语共播四十一次,3.潮州语共播四十一次,4.厦门语共播八十九次,5.马来语共播二十次,6.暹罗语共播二十次,7.缅甸语共播二十次,8.对美洲密码广播共播七次,9.对南洋密码广播共播二十次,10.对美洲一周通讯共播九次,11.对南洋一周通讯共播七次。

乙、质的统计:1.国内时事报告共播九十七次,2.东北问题共播十八次,3.阐述政府和议并驳斥中共谬论五十四次,4.报告召开国大并政府行宪之准备共播三十次,5.华侨问题并华侨家乡新闻共播六十六次,6.国际问题共播五十三次,7.南洋问题共播二十五次,8.密码共播二十七次。

至于广播宣传方针,则适应时势,妥为拟订,当去年岁首东北问题发生之时,则着重解释国家主权之重要,嗣后政府召开和谈,则反复阐明和平统一之需要与夫美国参与调处之苦心,并力斥中共所发荒谬言论,及国大召开,则宣扬本党还政于民之决心,并阐述宪政为今后建国之坦途,至于国际问题,南洋问题,则一本本党立场,力主互助合作,共谋世界和平,其他国内时事评述及华侨问题之探讨,则旨在沟通国内情势,使海外侨胞认清国事,一年以来,一般感应颇为良好,尤以各地侨胞拥护中央和平统一决策,至为显著,自去岁四月十八日起,中枢还都,广播工作暂行停顿,而中央广播电台七.五瓩短波机,未由渝运京,无法继续办理,不得已乃于去岁十二月二日委托上海中央广播电台,每日播送闽语粤语节目各一种,现南京中央广播电台七.五瓩短波机,已装置完成,于三月一日起,将广播节目,改在南京播送矣。

(四)关于侨民运动者

一、改组救国侨团 抗战期间,华侨纷起救国,组织团体名目繁多,在当地均具有相当活动力量,发动侨胞捐款汇回祖国,贡献甚大,胜利后,若任其解散,殊属可惜,本部爰经分饬海外党部协商当地使领馆,赞助各地华侨救国团体改组为"祖国建设协进会"以为集中侨胞力量,赞助祖国建设之机构,因各救国会等正在清理过去捐款帐目,未能即行改组,现尚在催促进行中。

二、社会服务 原为本党深入民间之基本工作,海外同志对婚丧庆吊之互助,早著良好〔好〕风气,本部即利用此种美德,发动海外各地党部组织社会服务处,本"人生以服务为目的"之教训,为侨胞服务,以增进侨胞对本党之向心力,惜此项经费,中央未予核准,而海外党部经费亦感支绌,故未能普遍设立,然海外同志本此精神为侨社服务者,所在多有,驻西堤直属支部所设之社会服务处,代领馆核发华侨登记证,以及驻曼谷霹雳直属支部等联合青年团组织之社会服务队,指导及招待新由国内前往之侨胞,皆深得侨众之赞许。

三、组织国际联谊团体 我海外侨胞客居异地,必须与当地土著民族,和平相处,其事业始有保障,乃能发展,因此,加强国民外交,以增进彼此情感,至为重要,战后南洋各地独立运动,不断发生,华侨处境甚为困难,且易为当地政府与土著民族所误解,同时当地政府之政策,在使侨胞与土著对立,暗使土著排华,以转移土著民族独立之动向,本部鉴于国民外交工作,关系侨胞事业,至重且大,曾通饬海外各级党部组织国际联谊团体与土著多与往返,使情感交流,以消除一切误解,已设立者计有中缅、中菲、中暹等协会,此外并请各地党部与侨领,利用各种集会,及私人应酬与当地人士,保持接触,增进情感。

四、辅助与招待归侨　战争时期,海外侨胞,多与祖国隔绝,胜利后,多有与家属断绝消息或产业被占等纠纷,本部均经常函请有关机关及广东福建省府广州厦门两市,随时予以协助,至胜利后本部曾发动侨胞组织回国观光团,但因共党破坏交通旅行不便,故通饬暂缓组织回国,但若干侨胞,仍相率返国探视,并至胜利后之首都观光,一年以来,由本部予以招待者,约三百人。

四、农工部

农工部系根据第六届二中全会第三十二次常务委员会决议案组设,爰于三十五年十一月二十六日就前中央农工运动委员会正式改组成立。自改组迄今,历时未及四月,在此期间,编制经费,甫经核定,时日短促,人力物力均属有限,惟为积极展开各项工作起见,除一部份业务系赓续前农工运动委员会计划推进者外,关于设计工作与实际活动,均已粗具端倪,谨就现况略述如次。

(一)发展组织

一、建立各省(市)农工运动推行机构　本部为求加强各省(市)县农工运动,及铁路公路工人运动计,先从机构之建立着手,妥经决定分别设立各级农工运动委员会,拟订各省(市)农工运动委员会,铁路公路工人运动委员会组织通则草案,呈候中央常会核定。惟各省市为推行工作便利计,已暂行成立省农工运动委员会者,有福建省已暂订组织规程,行将成立者有山西省,正在筹设者有浙江、江西等省。

二、策动全国性农工团体之组织　此种团体之筹组工作,有关党团作用,故不详述。

(1)筹组全国总工会,及全国农会联合会,现已积极进行,于短期内即可成立。

(2)策动成立全国铁路工会联合会,及全国公路工会联合会等,具有全国性之各种联合会。

三、策动地方性农工团体之组织

(1)筹组尚未成立之省农会。

(2)筹组尚未成立之省总工会。

四、指导并协助学术性与福利性之劳工团体,中国劳工问题研究会,中国劳工福利协会,中国劳动协会,协助推行劳工运动。

(二)干部调查与训练

一、调查各省(市)县(市)农工运动人员　前中央农工运动委员会曾印制调查表二万份,分发各省(市)县(市)填报,本部为加强管理起见,经订定检查办法,经常办理登记工作,凡已报部者,均经加以整理,截至二月十日止,计有青海台湾等三十二单位,工人干部七百五十五人。

二、训练农工运动干部人员　本部鉴于新的事业必须有健全的干部,爰拟于本年度在中央训练农运高级干部二百人,工运高级干部三百人。在各省(市)训练农运中级干部一千五百人,中级工运干部一千二百人。在县乡训练农运基层干部十万人,工运基层干部五万人。除订为本年度中心工作之一,并列入工作计划,呈候核示外,现正着手拟订实施计划,及编拟农运干部训练工作人员手册,工运干部训练人员手册,农运干部训练学员手册,工运干部训练学员手册,及农运工作人员手册,工运工作人员手册,工人识字读本等七种书刊,三月底以前可完成初稿,此外为配合经济部技工训练,已商定由本部协同施训,并会拟办法中。

三、指导受训农工干部工作与活动　本党中央于三十一年至三十三年办理工训一百二十七期,矿训三十二期,计一六,九八九人。三十三年及三十四年经中央辅导各级党部训练之工人干部约共二万余人。三十五年铁路党部自行办理训练者有粤汉及昆明两处,共训练工人干部五百二十人。三十二年至三十四年本党中央办理农训三十二期,受训农民五,六〇九人。辅导各省训练二,六二六人。总计前后共训八,二三五人。本部成立后,即经常指导各期受训农工干部之工作与活动。

(三)开展活动

一、建立全国农工通讯网　本部为谋明瞭各地农工真实情况,以便展开工作,与深入起见,拟予各乡(区)农会及生产职业工人满五十人之组合单位设置通讯员五百人,于绥靖区及各工业都市设置特别通讯员六十人,通讯网组织及通讯办法已妥为拟订,并先就重庆等重要都市派陈秀山等为特别通讯员。

二、实施分区督导　农工团体之督导,采分区督导制,由本部及地方负责之同志分别充任,区域之划分,以地域及重要点线为单位。

三、加强工作联系　本部经常与中央组织部、社会部、经济部、交通部等有关机关保持密切联系,并商得中央组织部暨社会部同意,每月举行民运会报一次,业于一月十六日按时举行,由三部部长暨科长以上人员出席,当经决定三部有关工作之划分等重要问题。现第二次会报即将举行,本部经拟订三部工作联系办法,规定有关之重要工作,对下级指示之联系,及各级农工党团之组织与活动等联系事项。此外关于农运部分者,经派员参加社会部,农林部等机关组织之中央农会工作会报,以谋党政工作之密切配合与联系。实施以来,成效甚著,关于工运部分者,经对于工会法提出具体修正意见,阐明本党立法精神,建议政府机关,请予采纳,并广征立法委员之意见。

四、调解劳资纠纷

(1)积极防止纠纷,于旧历年前,电各省市党部指示年终奖金办法,俾消弭共党煽动之年关斗争。

(2)消极解决纠纷,邀集社会部,组织部,交通部,研完〔究〕晋冀区铁路工会石门分会之纠纷,并决定处理方法及步骤。

五、辅助工人干部之活动

(1)本党工人代表刘松山出席国际劳工会议,于二月初返国,在京时,由本部策动各工人团体举行盛大欢迎会,并阐述本党工人运动,同时请刘代表介绍世界劳工概况,用作今后全国农工团结之准备。

(2)资助天津工业联合会主办之《工商日报》,宣扬本党工运主张,并从事联系津市工人干部。

六、指导下级党部工作　在本部三十六年度工作计划,未获核定前,为争取时间计,经订定三十六年度中心工作要点,分行各省市党部积极展开活动。

(四)六全大会及一中全会决议案有关农工部工作实施概况

一、关于民众运动决议案中第三项(甲)目"修改有关民众团体之现行法规,除特殊情形者外,得有全国性之组织"一案,办理情形如左:

1. 关于修改有关民众团体之现行法规部份,会商社会部拟具筹组中华民国农会联合会实施步骤四项:"(一)迅行修订农会法规定,设立全国农会联合会之组织条件;(二)于本年春召集各省市农会联合会议时,由各省市农会代表发起组织中华农会联合会筹备机构;(三)由社会、农工、组织、农林各部会商,拟订中华民国农会联合会章程草案;(四)由社会部会商有关机关,协助并指导筹备工作之进行",当依据所拟定之步骤分别进行。

2. 由本部提出具体意见十七项,商请社会部修改工会法,(附建议修正工会法补充意见)。修改之工会法,已由行政院送请提出立法院审议。

3. 推动全国总工会筹组工作,业于一月二十四日会同社会、交通、经济、组织等部,及资源委员会,正式成立全国总工会策进委员会,而为成立全国总工会之准备。

二、关于同决议案同项(乙)目"民众团体干部之选拔,除于农村工矿学校等党务干部训练中或就其团体生活活动中就地取材外,并应侧重于地方自治组织活动中选拔优秀分子充任之"一案办理情形如左:

1. 本项工作,除关于就干部训练中或团体生活活动中就地取材部分,前中央农工运动委员会,曾会同社会部通令各地社政机关,规定各级农会负责人,必须以遴选在业农工为原则,并废除非常时期人民团体书记派遣办法,复商请组织部规定各省市党部委员选举时必须有在业农工干部一人当选委员,并得单独计算选票外,本部正着手督导各级党部指导农工党员,及发动农工准备参加竞选国民大会代表,立法委员,监察委员,省(市)县(市)议员,区乡保民代表,省(市)县(市)长,及区乡保甲长,并指导农工党员先行从事公职候选人之检核。

2. 前农工运动委员会曾会同社会部通令各地社政机关各级工会负责人必须于在业之工人中遴选,非在业工人不得为该工会理监事,并废除由社教机关派遣工会书记之办法,另会同组织部积极推行省市路农工党员当选执监委员之扶植办法。

三、同决议案第四项(甲)目"编纂三民主义之工商青年妇女等大众化读本,分别施训,俾与农工等大众之工作与生活合而为一,作为民众组训会员之基本训练材料"一案,办理情形如左:

1. 本部成立以来,曾就组织部所编印之我们的主义和党,我们的国父和总裁,党部和党员的任务,我们的国家和政府等通俗教材十四种,指定人员分别修订,赓续印行外,并正着手编辑农工通俗读物及丛书。

2. 分别编撰工运工作干部人员手册,农运工作干部人员手册;并修订中央组织工训工作人员手册,工训学员手册。

四、关于同决议案同项(丙)目"各级训练机构,应分别调训民

众团体中本党党员之会员,或其领导分子及其与农工等有直接关系之管理指导人员"一案办理情形如左:

1.本项工作,前中央农工运动委员会原计划商同中央训练委员会就中央训练团调训高级干部一千人,并由各省市党部会同训练机关训练基层干部二万五千人,嗣奉中常会指示,俟本部成立后再议,本部成立后,亦以农工干部之训练实为急要之图,乃会商社会部订定本年度关于农工训练配合办法,并提经组织农工社会三部民运决定通过,现正计划实施中。

2.本部已会商社会、组织、经济等部,计划训练工作之配合实施。

五、关于同决议案第五项(甲)目"扩大党义通俗宣传,使农工青年妇女等对主义有正确之认识与坚定之信仰,以为吸收党员之准备"一案,办理情形如左:

1.前中央农工运动委员会曾遵照本项原则,拟创办《农工日报》,并拟于重庆、广州、汉口、天津设分版,预定于三十五年六月刊行,惟此项计划,未奉核定,未能付之实施,本部成立后,鉴于党费之支绌,除先行拟具创办《农工日报》之具体方案,再行设法实施外,拟另行创办《农工与职工通讯》半月刊,发行农工导报季刊各一种,同时并决定扶植农工团体及下级党部已举办之农工报刊,计已扶植者,有《劳工日报》及天津之《工商日报》两种。

六、关于同案同项(戊)目"创办或辅助农工青年妇女等公法团体教育文化医药卫生合作农场工矿学校国内外之交换实习等福利工作,以谋改善其生活增进其知识与技能"一案,办理情形如左:

1.关于推进各地劳工教育,已与教育部会商办法,即可付诸实施,以增进工人之知识与技能。

2.本部拟即会同合作事业管理处、经济部资源委员会及有关金融机关举办合作工厂矿场一二处。

3.指导各级党部协助劳工团体举办保险、医药、图书、托儿等福利事业。

4.指导并培植劳工干部,前中央农工运动委员会及组织部会商社会部,于三十五年九月派刘松山及周学湘参加国际劳工会议,藉以沟通中外劳工关系。

5.前中央农工运动委员会曾准中央秘书处函,以准朱委员霁青提请于边疆推行集团农村,于内地倡导合作农村,以建立本党农民基础,进而谋取农村问题之解决案,经陈奉常会核嘱研议,当经拟具研究意见,并将创设集团农村与合作农村之理论与办法分别列成一简表,及拟具合作农场组织通则草案,会同组织部函送中央秘书处转陈核议外,其他如协助学术性及福利性之农工社团,发展其组织,充实其业务,指导农工团体倡导工作竞赛与劳动服务,辅导农工团体普建社会服务机构,辅导农工运动干部参加生产事业,指导农工团体会同所在地教育文化机关举办补习教育及协助全国性农工团体举办职业介绍所等,均经一一列入本年度工作计划内呈候核示中。

七、关于同决议案同项(己)目"保障佃农,扶植自耕农,严格执行工厂检查制,社会保险工厂会议制,并妥善安置失业失学青年等,以谋社会秩序之安定"一案。除关于指导并协助举办农工保险一项已如前述,至于保障佃农、扶植自耕农之工作,本部正依据本届代表大会决定之农民政策纲领及土地政策纲领,并参照绥靖区政务委员会有关法规,研拟"会商有关机关订定农运实施办法方案",内容包括健全农会组织,加强农会与农贷关系,调整农会与合作组织关系,农会与地政配合及绥靖区农会之任务等项,其中对保障佃农及扶植自耕农之工作,多所规划。

八、关于农民政策纲领:本部已根据上项纲领拟具农民运动实施纲领草案,拟提请三中全会核议颁布实施,此外本部根据本届代表大会通过劳工政策纲领,拟定劳工运动实施纲领乙种,一俟呈奉核准,即行付诸实施。

附件：建议"修正工会法"之补充意见〔略〕

五、文化运动委员会

自三十五年三月中央举行第二次全会后，本会即筹备还都事宜，四月中由主任委员率领一部分工作同志飞京，即以奉准接收之伪中日文化协会旧址为本会会址，于五月一日开始在京工作，至留渝之一部份工作同志，将在渝经办工作结束后，即分乘车船于六、七两月内先后到京。旋于九月遵照通案紧缩编制，原有工作人员五十一名减为三十名，惟人员虽减，而业务则更较在渝增加，除原定工作计划，尚能大部完成外，尚有配合时势需要之工作，为原定工作计划所未列，而于临时办理者，兹撮要分述如次：

一、关于指导各省市文运工作

全国各省市文化运动委员会，在三十五年度以前成立者，有广东、江西、福建、宁夏、河南、陕西、青海、甘肃、西康、新疆、浙江、湖南、湖北、安徽、云南、绥远、四川、贵州、重庆十九省市。三十五年度内继续策动各省市组织，除东北九省因接收未竟尚难督促成立外，计已成立者有上海、汉口、南京、北平、天津、察哈尔、河北、青岛、广州、江苏、山西、台湾、广西、热河等十四省市。

抗战胜利后，经呈奉中央核准设置各重要省市特派员，协助各该地文运工作，业经派遣者，南京赵友培同志，武汉张铁君同志，上海虞文同志，平津李辰冬同志，广州陈逸云同志。各特派员对各地文化团体均能协助组织，以争取中立文化人士，并随时发动各种集会，使各种文化运动均能逐渐展开。汉口及上海均设立文化会堂为活动场所。以上各特派员因经费有限，统于三十五年十二月底以前先后结束。

为加强各重要地区文运工作，本会主任委员除常赴上海视导虞特派员及上海市文运会工作外，并于三十五年五六两月间历赴沈阳、北平、天津、济南、青岛五市视察，促进当地文运工作。

二、关于领导文化界工作

本会原定工作计划列有加强特殊文化活动一目,嗣因复员关系,特将此项工作重心分置于设有特派员之各重要都市办理。收复区文化界忠贞人士之慰问,自由分子之争取,与文化界人士之联系,并协助地方从事文化汉奸之调查,以及奸党文化活动之防范,至奸党文化活动,其潜谋密计,至为狭险,本会虽努力予以阻遏,相机打击,但以经费拮据,一时究难达到压倒优势。

自还都后,对于各地文运团体之组织,积极进行屡经督促各省市文化运动委员会一致办理。其已组成之重要团体,(一)中华全国文艺作家协会有北平、汉口、天津、文州四分会之成立。(二)中华全国美术会,有北平、天津、上海、汉口、重庆五分会之成立。(三)上海、天津、北平、重庆、汉口、南京四地方均成立戏剧电影协会。(四)南京市成立音乐界协会。其他各地均在发动组织中。

前在重庆曾约同国内名流多人,筹备国际文化合作协会,以期国际文化得由交流而合作,经一年间之积极进行,已于三十五年十二月内成立。

前在重庆曾发动组织刊物杂志联谊会,还都后复经发动首都各刊物杂志社于三十五年八月组织首都刊物联谊会,每月举行月会一次,上年十月及本年二月先后曾策动发表对时局宣言二次。编载各报。

首都全国性之文化社团甚多,本会还都后即经设法联络于三十五年九月成立全国性文化社团联谊会,每月开会一次,上年十月曾策动其联合发表对国是宣言。

三、关于文化资料工作

凡文化人士及文化团体之调查,暨文化情报之编辑,与每星期之文化广播,均赓续办理。惟对于文化通讯,在上年工作范围,仅为重庆、成都、西安、昆明数地,三十五年度内则力求普遍建立通讯网,扩增通讯员名额至五十名,已经聘约者,有天津、浙江、青海、云南、汉口、广西、陕西、湖南、宁夏、江西、福建、西康、青岛等省市。但以经费有限,未能从丰致酬,重以各地生活高昂,邮费增加,此项通讯工作,维持甚为困难。

四、关于扩大集体活动及文化服务工作

(1)三十五年二月十五日戏剧节,在重庆、平、津、汉口、上海、广州等处,均同时发动扩大庆祝本年戏剧节,在首都、上海均经举行盛大集会,并由戏剧界编印专刊,发表宣言,较上年尤见盛况,期前并经通函各省市文运会一致发动。

(2)三十五年五月在首都发动建国文艺运动周,由本会协助南京市文化遵〔运〕动委员会办理,(并经通知各省市文运会参酌举办)分为诗歌朗诵,文艺、理论演讲、临场创作四种竞赛,及原稿展览,文艺广播等活动。

(3)三十五年七月与中央宣传部合办音乐大会二次,假国民大会堂及励志社举行。复鉴于首都沦陷数年,音乐衰靡,为鼓励音乐界努力创作雅乐起见,于十月间召集音乐界座谈会一次,及电影与播音工作者座谈会一次,商讨矫正黄色音乐、影片、唱片之传播。

(4)首都话剧活动,至为不振,为提倡起见,经于国庆节在本会约请上演《喜相逢》,并于十月二十三日召集本京戏剧界举行座谈会一次,复于总裁诞辰在本会上演《蜜月旅行》,在国民大会期中,上演《师表群伦》等剧。

(5)总裁六秩诞辰,本会于诞期前征集全国文化界知名人士,联名晋献寿颂一篇,复由上海美术界各献百寿图,上海文运会亦撰献祝寿歌词,并请北平画家齐璜、溥儒两先生合作祝寿画幅,特在本会举行祝寿美展三日,上海美术界名家均有作品参加展览,三十一日并在本会举行首都文化界庆祝主席六十诞辰大会。

(6)国民大会开会期间,为希望各地代表注意各项文化活动起见,经与国大秘书处商洽举行盛大之音乐演奏会一次,招待参观,有名家郎毓秀斯义桂及董氏天才儿童四人,国府乐队,广播电台国乐组,中华交响乐团等参加,为首都空前完备之音乐大会。复次第招待表演戏剧《师表群伦》一次，放映电影《不屈服的中国》一次，边疆歌唱舞蹈会二次，尤以边疆舞唱颇能引起边疆各代表兴趣及一般人士对于边疆文化之注意。

（7）为便利文化活动得有适宜场所起见，曾通函各省市一律筹设文化会堂，上海、汉口已经建立。又为便于联系文化界，特通饬各特派员协助当地文运会举办文化沙龙，北平、天津、汉口均已成立。上海则组织文艺小憩一所，对于各地文化人士联络接洽，颇见成效。

（8）原定每月举行文化讲座两次，因还都关系，四至七月不遑举行，且为慎重主讲人选，不欲使此事成为一种例行故事，故改为不定期举行。

五、关于实行本党文艺政策

本会三十五年度工作计划，列有办理三民主义文艺奖助工作一项，前准中央宣传部将经办三民主义文艺奖金案移交本会，特经奖助办法酌加修正，呈奉中央核准办案，旋因还都关系，并以奖金数额有限，故决定将三十五六两年度征集作品合并举行，以期征集时间展长，奖金数额稍增，庶可遴选优良作品，业经登报公布征稿办法，定于本年六月底截止。

六、关于出版书刊

本会出版《文化先锋》半月刊，《文艺先锋》月刊，前在重庆发行数年，虽以物质条件种种限制，但始终维持出版，对于编辑内容，亦随时改进，为抗战以来最久之刊物。还都以后，因纸源较裕，即改用白报纸印刷。同时各处投稿更络绎而至，故选稿水准亦益加严慎，并于本年一月起将稿费提高为每千字万元。现《文化先锋》已出至六卷十八期，《文艺先锋》已出至十卷二期，（均无脱期）因预算印刷经费狭隘，又因于报纸价格昂贵，以致不得不缩减印刷分量。现《文化先锋》每期印三千五百份，《文艺先锋》每期印四千份，为普遍发行起见，不集中于一地方，而在努力分布于全国，使两刊所到之处，即文化运动宣传所达到之区。故目前各省市县大都均有代售书店或直接订户,并远至台湾、香港、菲律宾等地。本年一月后报纸市价锐涨数倍,嗣后维持刊物出版实有至艰,此不独本会刊物如此,即全国文化事业均感觉极大之困难,惟盼政府紧急经济措施办法能能[能字衍]奏绩效,使物价纸值均能恢复至去年标准,则文化事业之生机,庶不致为物价潮流所覆没耳。

原拟每月出版文化运动丛书一则,因印工纸价不断腾贵,维持两刊犹觉拮据,更无余力再从事丛书出版,故三十五年度内仅印两种而止,尚有一种在印刷中,此后只继续征选关于文化著作,编为丛书,交由正中书局负责印刷发行。

六、妇女运动委员会

本会自六届第一次中央全会改组于兹,仅壹年零壹个月,中并间以还都缩编事宜,实际用以推进业务之时间极为有限,然此过程中适值抗战胜利之初,局势多变,任务益繁,除经常工作均须切实配合环境需要依照预定步骤实施外,对于一般偶发事项,尤不能不把握时间空间,全力以赴,争取主动,为时虽短,项目特多,谨就六届二中全会以后,较为重大者分别略陈于次:

一、增设各级妇运机构:

1.各省市成立妇运会者计有下列十六单位:

广西省妇运会

山东省妇运会

吉林省妇运会

辽宁省妇运会

热河省妇运会

合江省妇运会

嫩江省妇运会

辽北省妇运会

察哈尔省妇运会

台湾省妇运会

广州市妇运会

北平市妇运会

兰州市妇运会

西宁市妇运会

青岛市妇运会

察哈尔蒙旗办事处妇运会

连同原已成立之二十五单位,共计四十一单位,除东北极少数省市外,全国均已普遍设立。

2. 县级妇运会本期间成立者计有下列一六〇单位:

河北省	三九县
河南省	三二县
广西省	二七县
甘肃省	一五县
青海省	一三县
湖北省	一二县
山西省	七县
热河省	五县
江西省	四县
广东省	三县
云南省	二县
贵州省	一县

二、健全基层组织加强地方工作:

1. 规定员额编制——各级妇运会向未规定专任人员负责,以致工作之推行,诸多窒碍,因于中央各部会会商各级党部员额编制时,提出规定各级妇运会专任员额意见,呈准施行。

2. 注意领导人选——函请组织部于各省市党部改选委员时须实施六届二中全会之决定产生女委员,并推荐各省市优秀女同志充任委员。

3.派委员分赴下列各地视导：

督导委员姓名	督导范围
楼亦文	广西
费　侠	上海
冯云仙	青海
傅　岩	甘肃
廖温意	台湾、福建
刘巨全	青岛
朱　纶	东北各省并视察平津妇运

三、筹组各种妇女团体：

1.策动各省市妇运会，普遍设立各级妇女会，以作基本外围组织，本期间计成立：

A、省市妇女会共下列二十二单位：

江西、广西、贵州、安徽、云南、湖北、青海、广东、河南、西康、江苏、台湾、绥远、山东、河北、浙江、汉口、西安、上海、南京、北平、广州

B、县级妇女会共下列二六七单位：

广西	七〇县
江西	五三县
河南	二四县
安徽	二〇县
云南	四七县
甘肃	二四县
河北	一九县
青海	八县
山西	二县

2.为加强各妇女团体之联系，特组合妇女生活社、女青年社、

妇女工业社等妇女团体,于三十五年六月二十八日成立"中国妇女团体联谊会"于首都,藉以加强控制功能,发挥领导作用,参加者计二十一团体。

3.配合环境需要,于国大开会期间,策动成立"第一届国民大会女代表联谊会",以增进女代表之联系,谋取言行一致之效果。

4.鉴于妇女服务于教育界者甚众,而启发思想阐扬本党主义有赖于教育者亦至巨,为发展教育界人士之关系,加强女性教职员之联系,特制订调查表,分函各级学校调查,积极筹组"首都教育界妇女联谊会",现共整理是项调查表,最近期内即可正式成立。

四、展开社团活动

为加强各地妇女团体之联系与活动,除策动各省市妇运会经常派员分赴各社团联络外,本期间本会参加首都妇女界较具规模之活动共计十七次;并举行下列各种集会:

1.为联络感情交换意见,曾依时地需要,于三十五年上半年度举行招待妇女界茶会五次,历次所到人数均在三百以上。

2.八月中旬策动南京市妇运会举行首都各界妇女联欢会一次。

3.协助京市女同志竞选参议员,于十月八日、十四日先后举行茶会两次,招待本市各界妇女,新闻记者暨各区区长,并发表告市民书,以资宣传。

4.策动中国妇女团体联谊会,于十月中旬假中国职业妇女互助会举行茶会,招待中外记者,表示我国妇女界对国际妇女会议之观感,并登报纠正邓颖超、李德全在国内及美国国际妇女会议中所发表之谬论,绝非国人之意见,同时请中央社将原稿发送国外,复通令各省市妇运会,策动各该地妇女界一致驳斥。

5.策动中国女青年社等十一妇女团体,于国大召开前夕,举行联席会议,商讨时事问题,并联名电促毛泽东出席国民大会。

6.三十五年十一月中旬举行盛大茶会,招待京市各界妇女及参议员,藉以研讨时事,暴露共党破坏统一妨害建国情形。

7.三十五年十一月下旬至十二月,举行茶会五次,聚餐三次,招待国大女代表中党团同志,对出席国民大会应采取一致主张,交换意见,并于十一月十九日于励志社欢宴国大全体女代表一次。

8.三十六年一月十二日假本部大礼堂举行首都妇女界新年联欢大会一次。

五、加强调查统计工作

为明了全国各妇女团体之内幕及负责人之言行背景起见,特制订调查表,分发各省市妇运会随时注意查报;本京方面则经常派遣人员分赴各妇女团体秘密进行调查,所获资料甚多,刻正从事统计分析工作。

六、建立妇运通讯网

拟订妇运通讯办法,分饬各省市妇运会,物色优秀女同志,担任通讯员任务,藉以加深对各地妇女动态之认识,能公开者择刊本会妇运通讯或妇女月刊,以便各省市妇运情形,得以相互了解,秘密性情报则详予研究,妥拟对策处置,现全国除东北极少数省份尚未建立通讯据点,其他省市共已建立通讯员三十七名,通讯网组织已大致完成。

七、征求党员训练干部

本期间据各省市妇运会呈报,共征求女党员一一四七二人;共训练干部八〇五人,吸收对象多为女工,实较往昔偏重于知识阶级【为】进步。兹将各省市征求党员人数与训练干部人数列后:

1.各省市征求女党员人数统计:

省市别　　　　党员人数
山　东　　　　九八九人
广　东　　　　一〇〇六人
广　西　　　　八〇人
自贡市　　　　四一一人

湖　南	七六七八人
西　康	二六人
江　西	一八人
青　海	四一四人
安　徽	二八人
山　西	二二三人
福　建	五七五人
云　南	四人
湖　北	二〇人

2.各省市训练妇女干部统计：

省市别	干部人数
山　西	九四
陕　西	四二
福　建	一二
青　海	九
山　东	五〇〇
广　东	一〇九
河　北	三〇
青　岛	九

八、编印书刊

1.编纂妇女问题丛书暨妇运小册共六种：(A)妇女识字课本，(B)家事常识教材，(C)妇女问题论文选集，(D)中国妇女史话，(E)妇女团体组织须知，(F)妇女运动参考资料，(1)(2)两种已出版，余均已编竣，只以原有事业费不敷应用，尚未付印。

2.出版定期刊物：

A、本会主编妇运通讯月刊一种，三十五年九月出版，现共出六期，按期分送各省市县妇运会及各地女同志与有关机关团体参考，以资联络增互相了解，互相鼓励之效。

B、策动各省市县出版者计有下列月刊十三种,半月刊四种。

甲:〔月刊〕

出版省市	名称
福建	福建妇女
江西	妇讯
安徽	妇运月刊
西康	西康妇女
广州市	广州妇女
泸县	泸县妇女
山东	山东妇女
贵州	贵州妇女
山西	妇运月刊
广东	妇声月刊
台湾	台湾妇女
汕头市	汕头妇女
湖北	湖北妇女

乙:〔半月刊〕

出版省市	名称
河北	妇声
甘肃	甘肃妇女
湖南	湖南妇女
广西	妇女园地

以上各刊均为各当地妇女生活实情报导,主编者多为对妇运工作有相当经验同志,所出各刊颇受当地妇女之欢迎,经费固皆甚支绌,但以读者至感需要,主持人无不竭力支持,多能按期出版,本会限于经费,对以上各刊每年仅各补助十二万元,与此时物价相较,实无济于事,略示鼓励而已,今后经费如仍不能有所调整,此项工作恐不易展进也。

3.协助妇女月刊社出版《妇女月刊》:《妇女月刊》为本会委员陆翰芹主编,原在重庆出版,三十五年秋迁京,十月份编印"复刊号",计自五卷一期起,至今已出版四期,内容克〔充〕实,理论正确,以写实及文艺体裁,暴露社会黑暗,阐扬本党主张,行销全国,亟〔极〕收宣传之效,本会自三十五年度起,年发补助费二百四十万元。

九、促进文化运动

1.举办征文竞赛:a、本会于四月四日,七月十五日,先后举行征文竞赛二次,参加竞赛者为全国各中等以上学校女生,两次共收稿二百余份,共录取优胜者十四名,除将当选作品分载《妇运通讯》、《妇女月刊》及《中央日报》副刊外,并按评判等级分别发给奖金奖品。

b、各省市妇运会亦均遵照本会指示,各举办一次或二次,本会已按呈报取录名额分别补助奖金二至四万元。

2.举行广播及学术讲座:为加强妇运宣传,曾由本会正副主任委员于各种纪念节日举行各种演讲或出席广播电台,讲演妇女问题,并督促各省市妇运会,因时因地进行此项工作,据报福建、青海、广东、湖南、河北、江西、江苏、广西、贵州、甘肃、西康、河南、山西等省共举办广播及讲演共二十次、各种座谈会三十二次。

3.推行民众教育:为建立下层基础,培植工农妇女干部,策动各省市县普遍设立妇女识字班,本期间共计办有下列二三二班:

江西	十八班
甘肃	五班
安徽	十五班
福建	三十二班
广东	十三班
西康	一班
山西	四班

山东	十二班
河南	一班
河北	十九班
广西	二班
云南	四班
青海	八班
湖南	二班
湖北	二〇班
浙江	七六班

十、设置妇婴福利机构

此项工作原未奉核定事业费预算,惟鉴于目前环境需要,仍通饬全国各地妇运会量力举办,慰劳抗属,救济孤苦,乃聘请法律专家,义务解答有关妇女权益问题,以扶助被压迫之妇女外,并尽力设法辅导各级妇运会举办妇婴福利事业,本期间所设妇婴福利机构类别约有下列七种,兹就各单位所设数量列表统计于后:

各省市妇运会设立妇婴福利机构数量统计表

三十五年三月至三十六年一月

类　　别	总数	各单位设立之数量
妇女福利社	十八	湖南一、江西五、绥远一、贵州一、陕西一、广东一、河南一、安徽一、福建一、西康一、重庆一、山东一、四川二
妇婴诊疗所	三	江西一、广西一、山东一
托儿育幼所	十四	河南三、宁夏一、江西四、广东一、山东二、广西一、甘肃一、安徽一
妇女习艺职业介绍所	十	江西二、福建一、湖北二、河南一、山东一、安徽一、广西一、甘肃一
妇女征属工厂	六	江西一、福建三、河南二
生产消费合作社	八	青海一、江西三、山西一、广西一、山东一、浙江一
服务社	二	山东一、青海一

七、财务委员会〔略〕

八、党史史料编纂委员会〔略〕

九、甄选委员会〔略〕

十、抚恤委员会〔略〕

十一、革命勋绩审查委员会〔略〕

〔中国国民党中央执行委员会秘书处档案〕

5. 中国国民党六届三中全会通过重要决议案

(1947年3月23—24日)

(1)现阶段的党务方针(3月23日)

一 过去的检讨

党在军政时期,对于建国大纲所规定的"政府一面用兵力以扫除国内之障碍,一面宣传主义以开化全国之人心而促进国家之统一"的革命工作,未能彻底完成,以致训政时期战争不息。加以共党割据,日寇侵略,形成一内忧外患纷至沓来的动荡不安局面,于是应在训政时期实现的地方自治和民生主义,很少成就。虽于北伐统一、抗战及废除不平等条约诸大业,功在国家,亦不足以满党员之意而厌国人之望。

推原其故,乃忽视革命理论使然。党对于主义和政纲政策,缺乏系统的深刻的阐扬,以致发生重现实而轻理想的态度,日以应付现实办事。党走上妥协道路而不自知。在此妥协道路中,官僚政客投机取巧之徒,相率混入党来。而指导党中用人行政的思想,则又非三民主义的法治观念,而偏重感情与关系。因此赏罚不分,是非不明,以绥靖政策为务。工作则日因于"防御"、"应付"与"补救"之中,一切事务化。没有积极的政治领导和思想领导,结果流于形式化与衙门化,而鲜有实际效果。

因为忽视革命理论,对于三民主义与占全国人口百分之八十以上之农工群众的关系,没有深切的了解,以致征收党员,在六全大会以前，偏于知识分子。此等分子，看重个人自由，使党的组织训练纪律，感到困难。同时他们在生产不发达及其他各种事业未开展的情形下，均往机关方面走。党不能深入民众了，且根本不看重民众运动。而执政以来，党员入党以做官找事为目的者，颇不乏人，其达到者，多与党疏远，甚或转而利用党，压迫党，未达到者，亦多忙于做官找事，甚或由失望而怨望，发生反党行为。党不仅与人民亦不发生好多关系，且与党员亦不发生好多关系。一切孤立，一切空虚，党派成了有名无实。

因为忽视革命理论，对于"以党治国"之遗教，没有深刻的了解与正确的应用，以致训政时期的党政关系，犯了莫大的错误。党不能管理从政党员，更未根据政纲政策与以指导。因此党失掉了实际政治中心的作用，使党员不看重他。而从政党员未执行党的政策，党亦无如之何。反之，对于他的贪污舞弊，不能批评，且须为之隐蔽，而人民对政的不满，则归因于党。这时党除为从政党员分谤外，不能有任何作用。党受从政党员的不良影响异常之大。

因为忽视革命理论，党员对于遗教和主义的了解不一致，对于政纲和政策的认识不一致，对于国内和国外种种大问题的看法不一致，而各有见解，各有一套。"共信不立，互信不生；互信不生，团结不固"，对于组织涣散，纪律废弛，工作松懈，一切都不紧张了。同时，实行主义亦无从说起。全党之内，不仅意志不集中，力量亦不集中，"各自为战"，无由发挥组织的效用。同时，亦不应用组织。这如何能使主义实现？

二　当前的任务

党的缺点虽然很多，但是当前的任务，却异常重大。现在的结束训政，不是训政成功而自然结束。乃训政失败，而不得不结束。正因为训政失败，才应迅谋补救。党对于主义，是负有责任的，尤应负责任到底。同时训政结束，非党对国家对人民所应尽之义务，从此结束之谓。这是不能结束的。因此党对于训政时期未完成的工作，必须继续努力；对于应尽之义务，必须继续完尽。

结束训政之后，要实施宪政，这是党的目的，现在国民大会已召开，宪法已制定，并且颁布了，急需依照"宪法实施之准备程序"完成行宪工作，但在实际上，宪政所需要的地方自治、法治精神、民主习惯，则在在均须培育。党必须尽其最善之努力，使宪法能如期施行和圆满施行。这是当前的一件大事。

本党革命几十年，是为了建国，为了建设三民主义的新中国，这个工作没有成功，不仅革命没有达到目的，国家亦无从富强，人民亦无从安居乐业，足食丰衣。而建国障碍，则层出不穷。中国是多灾多难的国家，本党革命建国，必竟全功，绝不能半途而废。扫除建国障碍，完成建国工作，实为当前的迫切任务。

总理明告我们："三民主义，吾党所宗；以建民国，以进大同"。建设三民主义的新中国，仅为"以建民国"之工作，接着而来的，是"以进大同"。三民主义是救国主义，同是〔时〕也是救世主义。第二次世界大战后的进步现象，如民族运动之发展，民主政治之普遍，国营实业之盛行，在在证明三民主义为世界所需要。必解决民族民权民生三大问题，而后和平可保大同可期。所以未来的大同世界，是一个三民主义的新世界。促进其到来，实为党之最终的与最大的任务。

党的任务之重而且远，有如此者。但是党在宪政时期的地位与训政时期不同。训政时期，本党以革命方式组织政府。宪政时期，还政于民，地位与普通政党相同。其在朝在野，视选举之结果而定。但不论在朝在野，实行三民主义以建民国与以进大同的任务，则并无二致。必须负起责任，达成任务。民国未建，大同未进，即党之革命未告成功，历史使命未告完尽。

三　改革的途径

党的任务非常重大，而党的地位又非常普通。若不改正缺点，必无胜任之可能，党不能完尽其任务，主义的实现和国家的前途，乃至世界的出路，均将感到困难。单以国家而言，今日党派虽多，舍本党而外，实更无任何一党担负得起建设三民主义新中国的责任。还可以说：中国盛衰兴亡的关键，不操于任何一党之手，而实操于本党之手，但本党如欲对中国之命运负责，必先反求诸己，必先求使本党对于此重大而艰巨的工作胜任愉快。

要改正缺点，应知党的病状，确已陷于积重难返之势，非一人一事一时一地之改革所能为力。必须从根本上着眼，为全面之更张，大刀阔斧，由外及内，总检讨，大革新，不必囿于现实，尤须要有理想。各人对于党的一切看法，一切想法，一切做法，均须有彻底的改变。总理领导本党，即以不断的大革新，使党不断的返老还童。因此，本党能有数十年之长寿，作数十年之革命，胜过一切党派，勇往直前，多所建树。

但必须全党下大决心，勇于检讨错误，勇于承认错误，勇于改正错误。"君子之过也，如日月之食焉。过也，人皆见之；及其更也，人皆仰之"。全体应有此种认识，彻底检讨，为彻底革新之基础，共同检讨，【为】共同革新之源泉，由于检讨运动而展开革新运动。此种作法，内足以恢复党员对党之信心，外足以恢复国人对党之信心。恢复信心，决非空言所能奏效，必使信心有所寄托，而后可。党应以力行勉己，以事实示人。

革新之根本目的，在于恢复党的革命精神。吾人应知党的主义，为革命主义；党的任务，为革命任务。以三民主义建民国与进大同，为划时代的革命事业。党的革命精神不恢复，即无力胜任，因此，党不能以宪政时期而丧失其革命性质。英美式之政党与苏联式之政党，各有其所适合的社会背景，中国是中国，不是英美与苏联，故应保持总理创党以来的优秀传统，发挥其一定不移的独立性质。切忌徘徊动摇，丧失其固有之特征。

恢复党的革命精神，必从实行革命主义以完成革命任务开始。这是根本的一着。离开实行革命主义，而侈谈恢复革命精神，决无补益。是以全党对于三民主义,应摒弃向来视若具文的态度,不可徒重形式而忽视实践实效。革除应付现实的心理,视为一定不移之原则,持以择善固执之精神,处践以履实之态度,举凡言论行动研究思考用人行政,均须根据主义,每个党员应以"主义第一"为座右铭,实践总理"夙夜匪懈主义是从"以的示。

四　改革的工作

要实行主义,必须研究主义和宣传主义。故应展开思想运动,以革新思想领导思想。其内容如次:

一、根据遗教,顺应潮流,参考科学,以阐发三民主义的革命性,创造性,时代性及政治性,不作违反时代精神的解释。

二、发扬三民主义的理论体系,阐明三民主义的民主政治,以加强三民主义与民主政治之正确认识。反对用空洞的民主口号,降低三民主义的企图。

三、批判各种主义及各种制度,并从比较研究中指出三民主义与五权宪法之博大精深,切合需要,以坚定党员与国人的信仰。

四、反对个人利己主义,抨击升官发财观念,纠正思想上的投机倾向,消灭思想上的动摇现象,以保证党的意志之集中统一与纯洁正确。

五、批评资本主义与共产主义之思想,特别宣传民生主义之理论,检讨并研究民生主义之经济政策及财政政策,纠正经济及财政中的资本主义倾向,尤须反对官僚资本。

六、造成研究三民主义的风气,应用三民主义观察问题,根据三民主义分析时势,决定政策,并理论化之,使成一套,依照三民主义完成建设,反对敷衍应付妥协。

七、建立三民主义的社会科学,开展三民主义的文学运动,扩大三民主义的艺术宣传,以建设三民主义的文化,反对生吞活剥的抄袭模仿,完成学术思想上的独立自主,以消灭文化上的买办主义和洋奴思想。

实行主义，须有强固的组织。欲强固必须革新，而组织革新当从团结革命同志起。此事不能成功，任何组织革新，均不可能。办法如次：

一、全党同志尤其各级干部，厅〔应〕深刻认识党在组织上的危机，只有各凭亲爱精诚昨死今生之勇气，与提高党性，共策安全之热诚，方能克服。

二、化除个人成见，反对派系观念，打破小组织思想，痛下决心，速谋团结，尤须从根本上消灭小组织发生与存在之因素，以确保党的统一。分裂是自杀，只有统一，才能自救救党。

三、以民主的方法透过合法的组织，造成党的意志，以集中党员的意志。建立共信团结精神，加强互信。

四、凡对党忠实或入党悠久或能力很强或贡献甚多，而对党设施有异议有距离之党员，党须重视其意见与之接近，各级党部，应根据第六届二中全会"对于党务报告之决议"，随时举行干部同志之会议，使其有增进谅解贡献意见参加党务之机会。

五、厉行选举制度，人才主义，工作竞赛，考绩规定。不徇情私，公平赏罚，用事实打破界限。

六、随时淘汰投机分子、动摇分子、腐化分子及恶化分子，以确保党员成分之纯一。

七、严格管理从政党员，并切实改进党与团之关系。

八、加强党的监察权，严格执行纪律。

九、切实征收党员党费月捐，并募集特别捐，以裕党务经费之来源。

十、为推行民生主义，本党在中央及重要省县，均应有部分同志专门研究经济，表达人民意见，协助政府政策之实行。

党的组织成分，过去偏重知识分子，六全大会以后，扩大社会基础，征收党员，注重生产群众与职业群众以农工店员及工商业者为对象，特别注重农工分子并简化入党手续，限期增加百分比，对于党的代表会与委员会以及民意机关之选举，均依照党员成分比例，以增加农工党员及民运干部之当选名额，这是很对的，今后须彻底实行，以竟全功。

把党建立在农工基础之上，是宪政时期的要求，是民生主义的要求，由于农工占全国人口的大多数之故，即民权主义与民族主义亦须注重农工群众。三民主义必得农工的支持与奉行，才能圆满实现。党的民众运动，根本应以农工运动为主。

党的工作方式，无论在组织、训练、宣传、民运等方面，必须肃清官僚主义，发扬革命作风，厉行民主作风，从来重集权而轻民主，重人治而轻法治，重党部而轻党员之畸形风气，应彻底改正，一切重大决策，必须通过会议，一切重大用人，应该信任制度。注意党内舆论，积极团结党员。凡未经会议通过者，不能视为党的主张，任何工作，要以理想改造现实，勿以现实牺牲理想，要争取主动，积极领导，勿只照例办公，一味应付。要注意机关外之工作，运用机关外各种力量以工作，勿只注意机关内之工作，运用机关以工作，党部不应徒靠命令决议权威及用上而下的方式，应注意将党的政策透过群众，展开运动之由下而上的方式，造成自观自动的蓬勃气象，同时应减少文字工作，纸上空谈，简化手续及程序，力求切合实际情形，从事实际活动，注意实际效果。

党必须加强政治领导，管理从政党员，各级党部开委员会以讨论政务性事项为主，对于当前形势与问题以及政策政纲之执行，经常注意，不应仅以事务化为事。尤应着眼于其政治方面，为理论的阐明，从思想上领导党员及民众，造成运动。党员之作政务官及民意机关代表者，如系选举产生，应先从党取得候选人之地位，如系派充，应由党推定。政务官之重大用人，必须取得党的同意，不遵从者，党应予以适当之惩处，如公开批评等，并得通过民意机关，与以监督要求改正，党对于民意机关，尤须通过党团，将党的政策化为民意机关的决议，交由政府施行。凡选举产生之政务官及民意机关代表，不能依其职务执行本党政策或发表与主义政策相反之言论时，党应予以纪律应〔应字衍〕上的制裁。情节重大者，发起罢免运动，不应姑息。至于从事社会事业的党员，党亦有加以管理的必要。对于纪律，尤须彻底实行。

党的纪律，关系重要，今后应加紧监察工作，严格执行。各级党部之委员会与负责人员，不能有违反主义及决议之行为，且须领导有方，措置咸宜，以引起党员之尊重。至于执行纪律，尤须大公无私，不论党员有无政治地位与私人关系，一律平等。盖纪律为全党所遵守，其基本作用在于保障主义之实行，今后全党同志，应一致遵守，毋稍玩忽。

党的机构，向来即抱头大脚小之弊，有如倒立的金字塔。因而人力、财力的分配，均欠合理，宪政时期，地方自治，依照国父遗教"地方自治团体不止为一政治组织，亦并为一经济组织"。地方自治以县为单位，观于"建国大纲"之八至十二条，县乃实行民权主义、民生主义之基本场所，加以宪政时期甚为重要，而且次数繁多的竞选，皆在县内举行，党要获得政权，实行主义，必须竞选获胜，此为宪政时期的大事，故党应充实县党部的人力物力，俾成为健全之战斗体，中央以指导监督为主，省（市）重在传达，均须切实裁减有给人员，扩大参加工作的无给人员之名额，而区党分部之健全，亦有赖于县党部之健全，故党应以县党部为组织上的重点，切实革新，俾能担负新时代之任务。

第六届二中全会"对于党务报告之决议"，切中时弊，非常扼要，其未实施者，应彻底实施，其已实施者，有继续必要时，应继续实施，对于宣传，除彻底实施和继续实施外，还有补充的必要，即党须随时确定宣传政策、新闻政策、文化政策，采取领导方式，造成舆论运动，在内容方面，应鼓吹建设，报导建设，反对破坏与分裂，展开统一建国运动，代表农工利益，为民喉舌。宪政时期宣传重要，党须抛弃从来的忽视态度，随时注意切实改进。对于主持宣传的各级人员,应从宣传工作中选拔,以对主义有研究,对政治有认识,对宣传有经验者为合格,这是改进宣传的一个基本条件。

革新党务之方法,其大要具如前述。全党同志尤其各级党部应注意者,即方法不在多,而在切实扼要,贯彻到底。并且方法不在玩弄新奇,多翻花样,而在从日常的基本工作——组织、训练、宣传、民运上着眼与努力。方法不切实扼要,就完全美善,亦没有用,基本工作不做好,一切花样,皆属徒劳无益,希望各级党部和全体同志对于本决议与前述二中全会决议,切实奉行,中央常务委员会尤须以示范作则之精神,尽其领导责任,发动全党,以完成党的革新。

(2)对于党务报告之决议(3月23日)

全会审阅中央常会及各部会之工作报告,及有关党务革新之各项提案及建议意见,当经详加审议,除已由大会分别作成决议案交下届中央常会切实执行外,大会同人意见,金认为今当训政结束,准备实行宪政之时,本党对于实行三民主义之责任愈益艰重,中央常务委员会为平时领导全党之最高机构,尤有整顿之必要。前届之中央常会于确立人事甄选制度及研讨议案之精神,较之往年虽不无进步,惟于信守主义之精神已因应付时局艰难而表现委曲妥协,引起同志之惶惑。至对于组织、训练、宣传各项工作,亦未能尽善于确实领导本党之任务。故今后中央常会之组织与其处理事务之方法,必当迅谋有所改善。过去中央常委应有四分之一为专任之规定,应切实履行,俾能以全力贯注党的各项重要问题,随时献替,使常会能达到切实执行决议,辅助总裁刷新党政之任务。

(3)关于训练党务经费及党政关系之综合决议案(3月23日)

一、关于训练者

甲、中央应斟酌地区需要,(如华北、东北),设立党务干部人员训练所,训练县市党部干部同志。其训练内容,应注重奋斗精神及工作实习。

乙、市及县党部应经常举办讲习会，力避机械形式，训练区党分部工作同志，注重工作检讨，俾其知识不断增加，能力不断进步。

丙、举办新党员党义讲习会，分配新党员工作，并规定其向区分部以书面或口头报告，其工作如左：

子、党义研究。

丑、调查工作。

寅、宣传工作。

丁、中央应就中央委员及干部同志组织巡回讲演团，至各省市讲演，达成训练目的。

戊、各训练团及县训练所负责干部人员，应由省市党部在党政小组内提出决定后，交同志任主席市长县长者发表任用。

二、关于党务经费者

(1)关于党费及党员月捐者

一、党费部分，将党费及党员月捐征收分配办法第三条修改为党员每人月缴党费一千元，与党员月捐同时征收。

二、党员月捐部分，将党费及党员月捐征收分配办法第四条修改为："党员月捐按照党员经济力量，分下列九种，由党员自由认定，惟必要时得由区党分部会议决定之。"

甲、按所缴党费一百倍缴纳。

乙、按所缴党费八十倍缴纳。

丙、按所缴党费六十倍缴纳。

丁、按所缴党费四十倍缴纳。

戊、按所缴党费二十倍缴纳。

己、按所缴党费十倍缴纳。

庚、按所缴党费五倍缴纳。

辛、按所缴党费二倍缴纳。

壬、按所缴党费数缴纳。

(2)关于党员特别捐者

党员特别捐,由中央对有资产之党员加以调查,经中央常会决定适当数目后,令其照额捐助。

三、关于党政关系者

(一)加强政治领导,确定从政党员管理办法,严格施行。

(二)迅速成立省县政治委员会,并加强其组织,以指导监督省县行政,并严格管理从政党员。

(三)从政党员如违反本党主义政纲政策,或奉行不力者,党应予以适当之惩处,并于省县政治委员会组织规程中增加一项如左:

对于同级政府从政党员之违反本党主义政纲政策及党的决议,或奉行不力者,得提请上级党部予以适当之惩处。

(四)甄审从政党员之品德、能力、历史、生活以为保障、淘汰、奖拔之标准。

(五)加强各级民意机关之党团领导,尤须通过党团,使党的政策化为民意机关的决议。

(4)农民运动实施纲要(3月23日)〔略〕

(5)工人运动实施纲要(3月23日)〔略〕

(6)宪政实施准备案(3月23日)

一、自中华民国宪法公布之后,至依据宪法召集国民大会之日为止,本党之政治设施,应以从速扩大政府基础,准备实施宪法为中心。

二、国民政府扩大基础后,在三民主义原则指导下,依据宪法基本精神,所为之各项设施,本党应予以全面之支持。

三、本党与国内其他和平合法之政党,应切实合作,共同完成宪法实施之准备程序。

四、国家法令，有与宪法保障人民自由之规定相抵触者，应由政府迅速分别予以修正或废止。

五、国民政府应迅速依据宪法实施之准备程序，制颁各种有关法规，如期施行。

六、依宪法实行各种选举时，本党应与其他和平合法之政党互相提挈〔携〕，尽量协助确能代表人民利益之人士参加竞选，并力矫因选举而发生之弊端，以树立民主政治之基础。

七、依宪法之规定，对于中央与地方权限，应作重新划分之准备，并逐步予以实施。

八、依宪法之规定，分别拟订省县自治通则，加速推行地方自治，并于秩序安定之省区选定县份，实行县长民选。

九、训政时期，各项应行完成之地方自治工作，其有尚未完成者，应加紧办理，尤应注重清查户口，办理户籍登记，以便实行选举。

(7)对于外交之决议案(3月23日)〔略〕

(8)对于军事报告之决议案(3月23日)〔略〕

(9)政治改革案(3月24日)

一、建立健全之文官制度，以公正之考试与铨叙，为国家选贤任能；并保障一般事务官，使其不随政务官之进退为去留；而各级主官，必须明定任期。

二、各级政府本年所拟之施政计划，必须逐期严行考核，一经发现虚浮或违失，即须纠正或免主管人员之职，以培养负责之风气，务求综核名实，以政绩之成果，为奖惩黜陟之标准。

三、力求人事刷新，凡任职已久而无成绩或具有劣迹，不洽舆情，应分别予以惩处。

四、国营事业机关主管人员之选拔,应以品德器识与学术技能为标准,并严格考核其计划之进度,业务之损益,为进退之原则。

五、裁并骈枝机关,简化各种法令。

六、省政府主席,应尽量任用文职人员。

七、以合理的标准,维持公教人员之生活。

八、军队在其驻扎地区,不得干涉地方行政或勒派供应。

九、国内各民族一律平等,为本党一贯之主张,国民大会复明定于宪法,本党必竭诚拥护,促其实施。

十、边疆地区民生之实际痛苦,本党当依宪法基本国策章第一百六十八条、第一百六十九条之规定,努力迅予解决。

十一、盟旗与省县之关系,应请政府斟酌实地情况及现行法令,妥订调整办法,予以实施。

十二、注重边疆教育,培植各族青年,以增进其公共事业服务之能力与机会。其卫生机构及社会福利事业,应予恢复及充实。

十三、彻底改革及充实中央边政机构,并尽量引用边疆地区干练人士参加实际工作,而负实际责任。

〔中国国民党中央执行委员会秘书处档案〕

6. 中国国民党六届三中全会宣言

(1947年3月24日)

本党此次全体会议,为胜利还都后第一次集会,距上次全会,为时适满一年,此一年间中国政治上最大之成就,厥为国民大会之召集与中华民国宪法之颁行。国父倡导革命建立民国之目的,与本党北伐成功以来一贯努力之主张,经过千回百折而终于实现。本会议举行于颁宪已届三月之时,一方面欣幸于宪政实施之有期,建国素愿之克遂。同时省察吾国当前之现状,战后之疮痍未苏,复兴之进行多阻,和平统一备受破坏,胜利成果无由发扬,民生困苦,社会瓪陉,经济动荡,人心散漫,则又深慨国运之多艰,益感革命责任之重大,窃以国父所昭示吾人奋斗之准则,为救国救人,救世之大仁,为明是非别利害识时势知彼己之大智,为有主义有目的有智识之大勇。故天下为公为本党之襟怀,为民服务为本党之天职,与时俱进为本党之特性,而义之所在贯彻始终,更为本党所由突破艰危善尽责任之根本。吾人在抗战剧烈之时期,已早作归政全民之准备,过去此一年间,为使爱国有志之人士同负促成宪政之职责,更复迭次表示愿与举国贤达相互提挈〔携〕,宏济艰难,今者扩大政府基础之成议已在实施,国民政府改组完成之日,即为训政开始结束之时,由兹以至行宪之过渡期间,中国之政治已不复为一党负责之政治,本党所处之地位及其对于政府之关系,自不同于往时。然而本党救国救民之精诚,实行主义保卫民国之责任,则义应积极继承而决不有丝毫之诿卸。本会议此次集会,对于如何刷新本党充实本党,俾能适应新时代之责任,已作详尽之计议,兹愿就检讨国内外形势之结果,因应当前国家民族重大迫切之需要,列举今后所应努力之要务,攄其忠悃,简要陈述于国人之前。

其一、完成宪政准备确立建国规模。 本党五十年来一贯奋斗之目的,即在扫除民治之障碍,造成实行三民主义之中华民国,自国民政府定都南京迄今二十年,建国工作虽叠遭重大之障碍,而经过八年之神圣抗战,国父之三民主义,卒为全国共同接受,奉为立国之最高指导原则,以建民有民治民享之国家。鹄的既归一致,国是于焉确定,此实为国家民族之大幸。兹距国民大会决议实施宪法之时期,仅有九月,一切准备程序,亟待与各党派及社会贤达,推诚矢信,共促完成。当此行宪在迩之时,对于行宪法规之制订,人民自由权利之确保,旧有法规之检讨与修正,中央地方制度之确立,以及各级选举之顺利推行,均为树立宪政规模之根本。本会议对于宪政实施之准备,另有专案决议。远鉴民国初年肇始不慎之覆辙,深念国家长治久安之重要,更认为地方自治基层工作之推进,全体选民对于国家责任观念之养成,以及地方发展与国家统一相辅相成至理之确认,尤为我改组完成后之政府所宜特别注意之要计。本党同志,一方面必当与各政党开诚合作,相互提携,同时更应深入民间,负起宣传宪政与唤起民众之责任,务期我全体同胞能真正发挥其民权,以奠立宪政开始良好之规模。

其二、消除统一障碍,巩固国家基础。抗战胜利以还,其最为国家统一政治民主、与经济建设之障碍者,无过于共产党之武力扰乱。国民政府政治解决之方针,实本于国父大仁大勇之精神,期以一贯精诚相感格,冀达和平统一之目的,稍纾劫后人民之痛苦,顾去年一年之间,政府三次颁布停止冲突之命令,更复不断进行军事调处与谈商,而共产党迷信武力,背弃信义,于政府屡次忍让之际,在其割据区域内,竟实行全体总动员,最后又拒绝政府所下现地停战之命令,拒绝参加国民大会,要求取消国民大会所通过之宪法,更乘国军遵令停战之时,发动全面军事攻势,致使政府政治解决之方针无法实现,共产党武力侵占之所及,人民非被迫流亡,即惨遭劫杀,受祸之酷,非言语之所可形容。而国家统一,社会秩序,备受破坏,经济之建设与复兴,亦因其彻底破坏交通而遭受无穷之阻碍,本会议集会之日,正共产党军队揭开全面叛乱之时,深以国家不能统一,即一切政治经济各种建设,无由进行,而国家民族之独立自由,亦失其保障。为维护国家民族之生存,为拯救水深火热中之人民,本会议认为国民政府对此武装暴力集团之军事叛乱,自不能不采取坚决迅速之措置而予以遏止。今后政府改组,本党仍当本一贯之革命精神与各党派共同协助政府消弭此国家统一,政治民主,经济建设之最大障碍。吾人认为和平统一之方针,应予拥护,而国家基础与人民安全,亦必须有坚强之保障,久经征战之将士,为救国救民而牺牲奋斗,其劳苦实为吾人所钦崇,其目的惟在促起共产党之觉悟。但使共产党觉悟于祖国之不可背叛,人民之不可欺骗,武力之不可终恃,翻然变计,诚意悔祸,放弃武力迷梦,停止破坏工作,由非法的武装集团变为合法的普通政党,从事合法的政治活动，则吾人深信，当共产党以事实表示使国家的统一、民主与建设获得确实有效保障之日，即为全国人民与共产党和平共处之时。

其三、实行民生主义，稳定经济秩序。 今日国家生存国民生计又一严重之障碍，厥为经济之失调，我国本为农业生产自给自足之国家，近百年来夷于经济上次殖民地之地位。国民政府奠都南京，锐意建设，未及三年，天灾人祸，相并而来，九一八变起以后，共军之暴力割据与日本之压迫侵略，相为呼应，政府喘息不遑，不能致其全力于经济建设。二十六年抗战军兴，竭前方后方之人力物力，悉用于御侮卫国之战争，八载牺牲，仅有之经济基础悉遭破坏，战后一切财政经济之艰危与国民生计之困苦，乃为不可避免之事实。胜利以后，我国之经济建设，既未能迅速获得国际资本技术之充分合作，而经济政策之执行，亦不免将经济措施迁就财政需要，财政方针，又只能顾及目前之收益，演变至今，物价波荡，生产停滞，经济秩序，失其正常，失业者日见增加，有业者生活不给，本会议认为补救之道，惟有实行民生主义之经济政策。国父创制民生主义之涵义，一曰平均地权，一曰节制资本，而更手订实业建设之方略，发展国家资本，促全国国民努力于生产之重建。民生主义之目标，为提高大多数人民之生活标准，使全国人民享有均足之生活。故政府一切经济政策，必须以大多数人民为对象，而财政政策与制度，亦必须与此二原则根本相配合。以财政配合于经济，而经济着重于生产，我国总人口百分之八十以上为农民，根据民生主义之经济政策，必须针对农民实际生活之需要，又必须根据农民所能产生之经济力量而扶助其充分之发挥。今后尤宜依照过去所决定农业工业平均发展之方针，使经济复兴与建设不偏重于都市而普及于乡村，而工业之建立，应植基于农业，但使全国人力物力财力咸集中于农工生产之一途，金融政策与生产政策配合运用，土地改革与农业改进得为有效之推行，则各种日用必须〔需〕品与工业原料及出口物资之产量必能日见增加，但使工业增产与发展现有农产及农村工业同时并进,则吾国特有之经济优点亦得为有效之发挥,此不惟立自给自足之基础,亦所以提高购买力量,促使国外贸易达于正常之状态。更辅之以金融之合理管理,民营工业之奖助,生产资金贷放办法之改善,合作组织之普遍建立,同时全国一致诚意行遵经济紧急措施之法令,则国家发行之通货,不致造成充斥之游资,而少数游资亦不致造成物价高涨之恶果,庶几预算克期平衡,币制得以稳固。本会议对于经济改革,具体办法另有决议,而其主要之点,在改变过去一般之观念,以谋民生主义之实现。诚以今日经济,必先恢复常态而后可以进言建设,必须把握根本而后可以解决困难,又必政府确立信用,凡有关经济财政措施之办法,事前宜博访周咨,审慎决定,一经颁布,绝不中途变更,而后可期国民以共同信守。深愿政府与全国同胞共同龟勉,以促其实行。

其四、维护国际正义致力国际和平。 吾国之外交政策,一贯以求得国家独立平等与促进世界正义和平,为最高之鹄的。国父平日所垂示,国民政府二十年来所继承而执行,其要旨均不外乎此。诚以我国立国宇宙之间凡五千年,其所以立者盖一本古训"天下为公"与"亲仁善邻"之基本原则,而吾人所以自处处人者,为"不侮鳏寡不畏强御"之传统精神,正惟有不侮鳏寡之德性,而后乃有不畏强御之决心。惟仁惟勇,理实一贯,曩者暴日恃强侵略,吾人为保障生存,维护正义,即集中全力与之作八年艰苦之抗战,及其战败投降,则吾人又宣告不念旧恶之方针,遣送日俘日侨,咸使安全归返于国境。吾国此种精神,实孕育于五千年来之民族德性,吾国从无称霸于世界之野心,亦决不因国际演变之纷纭而依违俯仰以自丧其所守。吾人之所重者,为领土主权之完整必予维护,国际平等之地位必当确保,正义公理之立场必予以尊重。本党本于革命救国之经验,深信独立自主强盛之中国,为确保世界和平不可缺少之条件,而世界和平一日未得确实之保障,即中国建设必不能顺利进行以达于完成。是以吾人之崇尚正义为基于天性,吾人对于世界和平之建立，又视为切身利害之所关。今日世界局势犹在杌陧不安状态之中，然人类积此次大战惨痛牺牲而得之智慧，应为确奠国际和平安全之主要力量。吾人所竭诚希望者，联合国之组织，能迅速健长滋壮，一切国际纠纷，皆能根据联合国之宪章，在联合国组织范围内，基于正义与条约获得圆满之解决，吾中国以共同抗战之一员，当一贯为友邦之互信互助而努力。更希望联合国各友邦，深明今后世界安危关系人类命运之巨大，以其高瞻远瞩之眼光，事事设身处地，推己及人，通力合作，无分彼此，以奠定人类和平之业，开创万世太平之基。

其五、充实教育内容培养建国元气。 本会议于检讨国内政治、社会、经济各事项之时，所痛切感觉而认为中国建国工作中最大之缺憾者，莫过于教育设施之未尽充实，与教育风气之日趋空疏。我抗战八年，学校学生之数量虽有增加，而所受教育上之牺牲破坏亦最大。诸如设备之简陋，经费之拮据，教育界人员生活之清苦，学生之转辗流徙，以及衣食卫生条件之缺乏，此种有形之损失，已足影响次代国民身心之健康，而事之尤足痛心者，则为精神上无形之损失。自抗战转入后期，由于社会经济之变态，贫富相去之悬殊，实际生活之煎迫，道德标准之丧失，一般社会风习颓靡，惟利是尚，笃实被视为迂腐，自爱被讥为落伍。驯至我高尚清洁之学府，亦不胜现实主义之侵袭，甚或为投机主义所浸染，其机发于至微，其患乃为至烈。专心教育之人师，感孤掌难鸣之痛苦，血气未定之学子，不能获得笃实之修养。教者与学者之间，甚至如路人之相值，由是推演所至，于是短视者只逐逐于低级物质欲望之追求，而比较优秀之青年，又往往成为政治斗争者争取之对象。时代正飞跃进步，而我建国命脉所寄之青年，乃敢精耗力于空疏无当之政治活动。建国需要高深之学术基础，而今日青年中乃不免忽视基本学术之进修，建国须有专精之各种技术，而今日青年乃仍不能安心接受实际之能技〔技能〕培养。长此以往，将令一般青年不认识时代，不认识自身,不认识建国需要,而自误其极可宝贵之人生。本会议兴念及此,不能不为来日之中国发生无限之隐忧。甚愿我教育界关切国家前途之人士,对此现象,积极补救,我政府亦必须重视教育,充实其经费,充实其设备,充实其教学之内容,使学生咸感求学之可乐,学问之可贵,而不致趋于空疏以自误。更愿本党同志之从事教育文化事业者,注意此一现象,而艰苦卓绝为国家培养建国之元气。

上述诸端,均为当前国家人民切身利害之所关,亦为建国事业成败之所系,特为标揭,加以阐明,其他事项,具见决议,本会议集会十日,深感我中国建国事业前途之光明,和平统一民主建设方针之必能达成。此时诚有不少之困难阻碍,横在吾人之前路,然古语有之:"精诚所至,金石为开",过去八年抗战,强寇终摧,战后二年,忧患丛集,亦正次第廓清,吾人诚能精诚团结,纯公无私,不分界域,不分党派,愈困愈厉,奋勇向前,必能克服一切困难,突破一切障碍,竟国父之遗志,完建国之全功。本党许身革命,只问责任,不私权利,苟利国家,生死以之,自今以后,我全党同志,惟当坚定信心,恪尽天职,改正缺点,戮力自强,服务人民,效忠国家,以追随于我全国志士仁人之后,而求无负于国父与先烈,无负于抗战忠烈与战后流离颠沛含辛茹苦之同胞。此日之坚贞奋斗,即所以成就来日之灿烂庄严。谨此宣言。

〔中国国民党中央执行委员会秘书处档案〕

7. 中国国民党六届三中全会行政院工作报告

(1947年3月)

中国国民党第六届中央执行委员会
第三次全体会议行政院工作报告
三十五年二月至三十六年一月

壹　内政

一　改进吏治

内政部整饬吏治,革新内政,依据改进吏治办法,暨县长送审呈荐及依法保障办法,督促各省切实办理,使地方行政人员之任免考核奖惩,均依法令施行。一面举办行政人员之审查登记,储备人才,随时选用,训练县各级干部,增进修养,挥发工作效能,其办理经过略如左述:

(一)地方行政人员之任用　各省行政督察专员、县长及佐治人员,凡有呈请任用者,均经依法审定资格,提请任用。现任人员之未经任用程序者,亦经督促补办手续,以符规定。自三十五年二月至本年一月,各省行政督察专员经奉令简派者,有苏、浙、闽、赣、皖、豫、湘、鄂、冀、晋、陕、鲁、粤、桂、川、黔、甘、新、滇等十九省,共三十五人,专员公署秘书、科长、视察依法审定呈荐者,共二百五十三人,县长审定呈荐者,有苏、浙、皖、赣、鲁、川、滇、黔、豫、湘、鄂、粤、桂、陕、晋、甘、青、宁、新、绥、康、辽、安等二十二省,共六百一十二人,县政府荐任秘书审定呈荐者,共六十三人。

(二)地方行政人员之指导考核奖惩　内政部为考核地方行政人员,曾派政务次长彭昭贤及高级职员分赴江苏、浙江、安徽、江西、福建、河南各省,实地考察至平时考核,则依据各省市年度政绩比较表,行政督察专员办事成绩考核标准,县长成绩工作成绩百分比总标准,县长工作考核表,县长操行考核表,县长考绩表,及公务员考绩条例,切实考核。计至本年一月止,根据考核结果,依法奖励者,县长三人,县政府科长五人,经征主任二人,乡长一人。依法惩戒者,县长二十四人,县政府秘书一人,科长八人,县警察局长一人,省政府科员一人。抗战有功奉令嘉奖者,专员二人,县长四人,专员公署秘书一人,科长三人,视察一人,县政府秘书一人,科长一人。抗战殉职奉令褒恤者,县长九人。抚恤积劳病故者,县长一人。

(三)地方行政人员之储备　敌人投降后,为适应收复区之需要,由内政部会同各有关机关,就现在服务中央党务人员中挑选合于县长资格,经训练结业者,一百一十一人,分发各省以县长优先任用。又内政部准各省政府省党部保荐储备专员县长三百零四人，所有审查合格县长，送由铨叙部登记后，即行分发各省候用。至审查合格专员，亦经分别调查其曾任县长政绩，俟查明再行决定。

（四）训练县各级干部　自二中全会决议，各级地方行政干部训练事宜，改归内政部专管，该部仍依照各省训练工作计划要点之规定，督促各省配合复员计划，加紧训练各级地方行政及自治干部，以应需要。三十五年度内，除复员军官佐转业训练不计外，各省已训干部人员经报部有案者共计三十一万一千七百五十九人。

二　推进地方行政

（一）调整各省市战时行政机构　内政部为明瞭各省市所设战时各级行政机构之名称、职掌、成立年月暨调整情形，曾于三十五年二月，通行各省市政府迅予查报。截至本年一月止，已报者计有苏、浙、闽、赣、豫、湘、鄂、皖、冀、晋、陕、粤、桂、川、康、滇、黔、甘、青、宁、新、热、察、渝等三十四省市。其中除少数省份因情形特殊尚未彻底裁撤外，大多数省份均已遵照本院规定原则，分别调整竣事。

（二）健全市政机构　三十五年度核定之各市政府组织规程，均将市府所属各机关之组织员额，一并列入，不另订单行法规，以期划一。依此原则经内政部督促调整者，计有南京、上海、天津、北平、青岛、武昌、汉口、连云、成都、自贡、湛江、汕头、福州、南宁、柳州、梧州、广州、兰州、蚌埠、济南、杭州、长沙、衡阳、厦门、徐州、昆明、太原、芜湖、西宁等二十九市，经此简化，内部组织较前健全。

（三）刷新县各级组织　抗战胜利后，各省县各级组织，为适应事实需要，亦经有所调整，浙、闽、赣、豫、湘、川、黔、桂、台及东北九省，业由本院及内政部分别核定实施。其他各省，正由内政部督促调整中，已调整省份，其各级自治机构，均较前紧凑，经费亦较前撙节。

（四）督促收复区各省恢复建制　内政部为督促收复区各县市

迅予恢复建制，以便办理各项复员工作，除通电有关各省政府应严饬县行政人员随军前进，迅速恢复各级行政机构外，复经拟订"绥靖区各县行政实施办法"，"加强中共侵占区周围各县行政实施办法"，"绥靖区政工主管人员对收复区各县乡（镇）地方行政协助办法"，及"收复区各省市严密保甲要点"等法规，分送绥靖区各省市政府，切实办理。

三　推行地方自治

（一）拟订自治法规　六全大会决议，请政府迅予订颁县（市）自治法，当经饬据内政部拟就县自治法、市自治法、地方自治监督法、地方自治事项与权责划分办法四草案，该部以兹事体大，研讨不厌其详，经分送有关各部会署及各省市政府签注意见，俾臻完善。惟宪法公布后，依照规定，中央制颁省县自治通则、县自治法，须由各省自行拟订，现正由本院统筹规划中。

（二）推行地方自治事业　加强推行地方自治，前由本院通行收复区各省市政府，凡以前因故尚未开始实施新县制之县市，应即拟具实施计划积极推行，年来呈送此项计划经核定实施者，计有苏、赣、皖、豫、粤及北平等省市。台湾暨东北九省，因环境特殊，尚未开始，拟俟情况较好，即督促推行。至后方各省市，则依照全国行政会议议订之"地方自治条件二年内应完成之最低标准"督促办理。其尚未完成者，由内政部切实考核。其已完成者，分别转请依照地方自治实施方案继续促进，俾收更大之效果。三十五年九月，奉国府主席代电，为县政建设，应即切实改进，业已通令各省市政府订定实施方案，饬即注意督策。当经抄发原件，令饬有关各部会署注意遵办。现据呈送此项实施方案者，计有苏、浙、闽、赣、皖、湘、鄂、粤、桂、陕、绥、青、宁、川、康、滇、黔、沪等十八省市，本年度内，将根据呈报方案，加紧督促各该省市地方自治之推进，其尚未拟具此项方案者，正由内政部催报，以期早日完成。

（三）建立民意机关　成立各级民意机关，浙、闽、赣、皖、豫、鄂、湘、粤、桂、绥、陕、甘、宁、青、新、川、康、滇、黔十九省，已于三十四年年终依限办理完成，经内政部督促按期开会，遵章议事，监督各该级政府推行政务。至各该省中呈准展期至三十五年度内成立民意机关之县份，并经督促依限成立报核。其余各省市，亦已先后成立，截至本年一月止，成立各级民意机关由十九省增至二十六省及四院辖市，县市参议会，由七百九十二增至一千四百一十二，乡镇区民代表会，由二万零一百四十六增至二万七千八百一十八，保民大会，由二十四万六千七百三十五增至三十六万一千八百一十九，至省参议会，现已成立者，计有二十四省，其余各省市，由内政部随时督办，加紧筹设。

（四）训练人民行使四权 内政部为加紧人民行使四权，以期地方自治推行尽利，于三十五年度内，继续督导各省市举办公民宣誓登记，并与考选委员会切取连〔联〕系，办理公职候选人检核，严饬各级行政机关，积极辅导人民参加各种选举，遇有选举纠纷案件，无不秉公处理。该部复与社会、教育两部，利用团体学校及各种集会，训练人民行使四权，使各级民意机关渐臻健全。

（五）督促各省举办乡镇长副选举 浙、闽、赣、皖、豫、鄂、湘、粤、桂、绥、陕、甘、宁、青、新、川、康、滇、黔十九省，业经依限于三十四年内成立乡镇民代表会，当经内政部督促实施普遍民选乡镇长副，除少数因环境特殊，呈准暂缓选举外，其余均于三十五年内选举完毕。至收复区各县份，亦多已举办，或正在筹办中。

（六）增筹自治经费 各省市前经办理之公共造产，仍由内政部督促切实改进，收复区各省市，亦经逐步实施，截自目前止，续有江苏、辽宁、辽北、吉林等省，及上海、青岛、天津、北平、重庆五市，开始举办。该部并与财政部会订"县市创办公营事业办法草案"，呈经本院转送立法院审议。至整理自治财政，经该部与财政部通行各省市依据现行法令，认真办理。三十五年度内，计有浙、闽、赣、豫、粤、滇、康等七省，及青岛、天津二市，造报整理计划，或整理成果，均经切实核复。其尚未依限办竣或虽办竣而未造报告结果者,并经分别催办,以裕自治财源。边远贫瘠县市,经费困难,已在国家预算内,核列县市建设费,斟酌各县市实际需要,予以补助。使地方自治事业,得以平衡发展。关于地方必要之临时支出,内政部与财政部会订"乡镇临时事业费设置及动支办法",呈准本院公布施行,同时严禁地方非法摊派,俾苏民困。

四 推行户政

(一)调整户政法规 民国二十年公布之户籍法,查记系统凌乱,手续又甚繁琐,为彻底推进户政起见,对于基本法规,特为改订,以臻尽善。现行户籍法及其施行细则,系于三十五年先后修正公布施行,其改进要点,为统一查记机构及查记法规,简化办理手续,容纳常住人口与现住人口,并另订各省市户口查记实施办法,举凡办理程序,概算编列,及设备标准等,均有详细规定,以利推行。

(二)推进查记业务 户政在中国,尚属新兴事业,积极推进,始于民国三十一年七月内政部成立户政司以后,省以下之户籍行政,经数年之督促,次第展开,规模粗具,兹将推行状况分述如下:1.充实户政机构:后方省市各级户政机构,均已设立,三十五年度系以充实内容为目的,省级增设观察、科员、督导员者,有闽、豫、青等省。县级充实户政股员额者,有浙、粤、豫、赣、川、陕等省。乡镇增设户籍事务员或助理干事者,有赣、粤、桂、川、青等省。保设专任户籍干事者,有陕、滇、宁等省,四川、台湾则设义务干事。收复区户政机构,已照规定设置齐全者,有台湾、上海二省市,江苏已设四十一县市,热河七县一市,山东一县一市,绥远、河北、辽宁等省均就已收复县市先行设立,南京、北平、天津、青岛各市,暂于警察局内设置户政机构,已由内政部函商依法改隶民政系统。2.训练户政干部:三十五年度苏、浙、鄂、赣、闽、粤、滇、黔、甘、川、豫、湘、青、察、热、冀、吉、台、京、沪、平、青等二十二省市,共训县级户政人员二千五百一十人,乡镇二万一千零八十人,保级五万零一百四十五人,并由内政部统编户训教材,颁行"户政人员通讯辅导办法",及在中央大学等国立十七院校,增设户政课程,选修科目,藉以砥砺进修,培养专材,提高训练效率。3.确定户政经费:为求各省市、户政经费切合实际需要,经制订"各省市户政经费概算编列原则",通行遵照。三十五年各省市户政预算,省级五亿零五百七十八万八千九百六十八元,县级四十三亿三千四百余万元,较上年省级增加二十二倍,县级增加五十倍,其有贫瘠省市,仍准增拨县市国税弥补,但不得移作他用。4.办理户籍登记实施户口清查:三十五年度浙、赣、皖、豫、川、康、滇、黔、陕、甘、宁、青、湘、鄂、桂、粤、台、京、沪等二十省市中,已有九百一十五县市完成户籍登记,并依新户籍法整理改进,其余各省市,已核定三十六年分期举办,于办理登记以后,赓续制发国民身份证,亦限于三十六年度内普遍完成。至收复区之户口清查,已办理完竣者,有浙、闽、赣、桂、台、京、沪、平、津、青十省市,完成一半以上者,有苏、鄂、湘、豫、粤、吉、绥七省,完成一部分者,有皖、晋、辽宁三省,其未具报现正催办者,多为共军盘据之省市,内政部为加强实施,曾于三十五年先后派员分往浙、闽、赣、皖、湘、豫、鄂、冀、粤、桂、平、津等省市督导,依照方案,切实执行,颇著成效。

(三)规划户口普查　户口普查工作,自三十五年一月划归内政部主管,并预定三十九年举行全国户口普查,其原有之普查条例已不适用,经拟订"户口普查法草案"呈由本院核转立法院审议。至全国户口普查实施方案,亦正着手草拟,其中机构、训练及统计部分,大致完成。

(四)人口调节　调节人口,内政部正积极规划,实施"编余官兵移殖东北计划",分别与有关各部门会商筹备运输、管理、保卫、教育、卫生等事项,拟具"省市县人口调节资料调查表",博采详研,完成规划人口政策之初步工作,并参照拟具"人口政策草案",

以备实行。

五 整饬警政

(一)健全警察组织 抗战胜利结束,内政部迭奉国府主席手令,饬即依照五年建警计划,加强警政,并令成立警察总署,当于三十五年八月十五日正式成立警察总署,掌管全国警察事务,负责推进建警工作。至各省警保机构,向极纷歧,已遵照二中全会决议,拟订省警保处组织条例,俟完成立法程序,即规定省份,分区分期实施。

(二)树立警察制度 我国警察行政,向无完整统一之体制,致业务推行动多窒碍,内政部现已拟就警察法初稿,正分向警察及法学专家征询意见,提高警察素质,实施警员制计划大纲,亦已拟订呈核。至警察人事法规及勤务制度,均在妥慎研拟中。

(三)整理保安团队 各省保安团队,依"各省保安部队整理实施办法"之规定,应整编为保安总队,全国各省分两期实行,列入第一期整理省份:苏、浙、赣、闽、皖、豫、粤、桂、川、滇、黔、青等省,均已次第整理完成,仅宁夏一省奉准缓办。列入第二期整理各省,因顾及目前环境,尚未实施。又各县市地方治安武力,应依照"整理各省县市地方治安武力原则"改编为保安警察队,隶属县警察局,经内政部督促改编具报者,有浙、粤、桂、鄂、晋、鲁等省、赣、湘、川、陕、黔则已早经改编,其余正分别催办。

(四)推进外事警察 我国外事业务,战后悉由警察办理,职责加重,即以上海一地而论,外侨达六万余人,上海市警察局现有之外事课不足肆应,拟即扩充为外事室,至外事警官,拟先训练五十名,外事警员则由该部第一警察总队统筹训练。

(五)办理复员军官转业警官之训练与分发:复员军官转业警官第一期训练五千六百一十一人,现毕业高级班者四十一人,毕业警政班者三百九十四人,均已分发工作。至甲级乙级两班,尚在训练,分发事宜,正商请有关机关分别办理。

六　整顿疆域

（一）设置方域司：我国国界绵长，海岛罗列，陆地国界，诸待厘定，界务问题，日趋严重。至于各省市县行政区域，应作合理之调整，亦不容或缓，抗战期间未暇顾及，值兹建国伊始，勘定国界，收回主权，调整行政区划，厥为当务之急，经内政部呈准于三十五年十月一日设置方域司，以专责成。

（二）修正东北九省区划：东北九省划分之初，因敌伪侵驻有年，不便多事纷更，仅就原有区域酌予划并，以便接收。近由内政部根据前军令部之建议，依国防、经济、交通、人口、面积等观点，对东北新省区方案详加研讨，拟订"建议修正东北新省区草案"，附具图式，请将各该省所属各县酌予调整修正，俾臻妥善。

（三）调整台湾行政区划：台湾于光复后，情形特殊，市县区域，暂袭旧制，有待调整，该省长官公署电准内政部派员前往实地勘察，指示具体调整要点，再由该省长官公署绘制图说，报请核办。

（四）协助接收海南诸岛：南沙西沙群岛，自日本撤退后，延未接收，至三十五年十月由内政部将各该岛地理位置及所属各岛名称绘制详图，并派员会同国防部派遣军舰四艘，协助广东省政府前往接收，计到太平永兴各岛，经勘测立碑，并将各该岛地质地形气候物产等自然状况，详加调查，用备参考。

（五）重划领海：我国领海范围，过去系照世界各国一般制度定为三海里，但未以外交方式正式通告世界各国，兹已不合时宜，业经内政部邀集外交、财政、农林、国防、交通及海军总司令部、水利委员会会商，另拟方案呈核。

七　办理禁烟

（一）肃清各地烟毒：肃清烟毒，限期迫促，惟因收复地区遭受日本毒化最深，后方地带亦仍有潜滋，经于三十五年秋冬之间，先后成立江苏兼上海等九禁烟督导区，每区置特派员一人，专员三人，分赴苏、皖、冀、鲁、浙、闸〔闽〕、粤、豫、晋、鄂、赣十一省，及上海、北平、天津、青岛四市,协助禁烟工作,均已开展。今后仍当继续加强推进,一面普遍查禁种制运售吸,期绝根株,由该部通行各省市依照查禁种烟规则,及举发种烟给奖办法,切实禁止,并于秋末冬初呈奉国府主席颁行特令,加紧严禁,据报浙、赣、闽、豫、湘、粤、桂、鲁、绥、陕、甘、川、康、滇、黔等十五省,一百四十县局,一旗,共铲烟苗六十五万二千一百三十七亩,又二千五百余万株,又二十驼,其中以西康、广东、四川、陕西四省铲烟最多。关于查缉制运售吸方面,自实施断禁以来,后方各地违禁制运售吸,仍所在多有,经内政部依照肃清烟毒善后办法、收复地区肃清烟毒办法,督促各省市办理,计苏、浙、闽、赣、皖、豫、鄂、川、康、滇、黔、陕、甘、宁、辽、热等十六省,暨南京、北平、青岛、上海、天津五市,查获人犯,包括击毙烟匪共一万七千五百余人,烟毒三万三千一百余两,烟具一万九千五百九十五件,人犯以北平市为最多,贵州、陕西两省查获烟土,多至一万一千余两。

(二)推进边区禁政:川、康、滇、黔、甘,地属边区,山险道阻,夷汉杂处,法令推行,阻碍孔多,该部依照规定,并针对边区实情,拟定推行边区禁政原则十项,督促地方政府按照实际情形筹划办理。禁种为边区施禁重心,年来迭经督导川康等省悉力以赴,尚著成效。

(三)修订法规加强收复区禁政:肃清烟毒善后办法,收复地区肃清烟毒办法,查缉毒品给奖及处理办法,禁烟禁毒治罪条例,均为贯彻断禁政策之主要法规,业经修订呈请颁行。对于收复各省市,普设戒烟及调验院所,拟订收复地区戒烟院所设置办法,及各省市县设置肃清烟毒调验所办法,公布施行。同时制发戒烟药剂,印发戒烟戒【毒】有效药方,鼓励烟民自戒,并经该部拟具"收复区制发戒烟药剂变通办法",呈准实施。

(四)厉行国际禁烟公约肃清华侨烟毒:三十五年十月,联合国通知国际禁烟委员会,第一届会议定于是年十一月十八日在美国纽约举行，请我国派遣代表出席，经该部呈准指派代表三人，在美参加。关于三十五年度禁烟年报，业经编就，译送国际禁烟机构之报告，共计十种，各项法规十一种，对于现阶段中国禁政，与建议缔结禁烟新公约，叙述甚详，极为国际重视。而所建议缔结"管制麻醉毒品公约"，出自我国主动，尤足以一新各国视听。至国境边界禁烟问题处理办法，业已确定，惟滇省腾冲等县局，因受缅甸种烟影响，施禁困难。越境莅街等地，运售鸦片，妨碍粤省防城等县之禁政，均经该部函商外交部分别照会当地政府，切实查禁。又华侨烟毒，原订肃清华侨烟毒办法仅有五款，不敷应用，经修订后补充为十九条，举凡有关治标治本事项，均予明确规定，而其中心原则，则在一面充分发挥侨领侨团之自动精神，一面求取国际间之合作。

八　褒恤抗战忠烈官民

（一）褒扬奖恤　抗战胜利，褒扬忠烈，益见重要，均经内政部依照褒扬抗战忠烈条例褒扬条例予以褒崇，其因守土伤亡之人民，则依法核恤，截至三十五年年底，综计由国民政府明令褒扬嘉奖及题颁匾额者一千零五十三人，由本院特令褒扬嘉奖题颁匾额及给予荣誉奖状者四百五十六人，由内政部部令褒扬嘉奖者八百三十三人，建立纪念坊碑者六十人，事迹宣付史馆者四十二人，刊入省县志者七人，由军事机关奖励者四十五人，由省政府嘉奖者十一人，颁给勋章者四人，记功者七人，晋级者四人，以县长区长乡镇长存记者各三人，发给奖金者五人，由教育部核奖者三人，由省政府抚恤者二万九千二百一十七人，呈请特给恤金者一百二十八人，由铨叙部依法抚恤者四十四人，由军事机关核恤者七千五百零四人，依照战地守土奖励条例从优给恤者一十九人。

（二）表彰忠烈　内政部督促全国普设忠烈祠，核准烈士入祠奉祀，历年均已办理，惟因收复区各省市地方秩序未能恢复，情形特殊，致各级忠烈祠之筹建，未能限期完成，截至目前为止，计有苏、浙、闽、赣、皖、豫、湘、鄂、粤、桂、陕、甘、青、川、康、滇、黔等十七省,及北平一市,共有忠烈祠九百四十三所,核准入祠烈士一万二千八百六十四人,经该部择其事迹昭著者,拟编忠烈专册,以广流传。

九 开展营建业务

(一)督导收复城镇重建 制定收复区城镇营建规则,及城镇重建规则公布施行,一年以来,遵办具报者,有六院辖市及二十省五十四县市,又修建各城市破坏房屋,修筑急要道路,订立永久都市计划,内政部曾派营建司长率同外籍专家,前往上海、北平、长沙等七大都市,详加指导,并派高级技术人员,分赴徐州、芜湖、合肥等六次要城市,实地考查协助,截至三十五年年底止,京沪等七市都市计划,三百余市县依照规则拟订之计划,均经该部核定付诸实施,上海、汉口等十市,均已办有成绩,余亦遵循正轨,积极推进。此外并会同善后救济总署,订立利用救济物资建设示范城市办法,择定南昌、长沙、衡阳等市为示范区域,派遣技术人员,随时协助设计督导,施工进展甚速。

(二)加强公共工程管理 督促设市地方,一律成立工务局,未设市而有工程机构者,划一其名称及组织,集中工程人员,促进城市复员。先后成立工务局者,有福州等十四市,设立市政工程局者,有南宁等十三处,组织都市计划委员会者,有天津等七处,设置公共工程委员会者,有汉口等四处,组织公共工程队者,有湖南等五省。武汉区则设有区域计划委员会。呈送县乡镇营建计划者,有璧山等二百二十四县。调整技术人员报部者,有上海、济南等三十一市。又首都明故宫,奉国府主席划定为新政治区,亦经该部测勘完竣,着手规划。

(三)厉行营造业建筑师及自来水登记 督导各省市县遵照营造业管理规则、建筑师管理规则及自来水管理规则,分别加紧管理,以谋人民居室之安全,及饮料之合理供应。一年之中,营造业由五百一十一家增至一千七百一十五家,建筑师由八十四人增至二百三十三人。自来水之已办登记及已送登记更正手续者,计一百六十一家。统计营造业建筑师,较三十四年增加二倍,自来水厂增加十倍。

贰　外交

一、议订条约及参加国际会议事项

(一)关于订约事项

(甲)废除不平等条约订立平等新约　自二中全会闭幕,截至现在为止,废除不平等条约工作,可告大致完成,中法新约于卅五年二月廿八日在重庆签字,六月八日在南京互换批准文件,并于是日起生效,中丹新约于同年五月廿日在南京签字,自是日起暂行生效,又与瑞士于去年三月十三日,在瑞京对撤销其在华特权问题举行换文,以作正式结束,现仅余葡萄牙一国,对于取消特权事尚未完全解决,葡虽曾于卅四年十月十日声明决定放弃其在华特权,并愿与我订约以调整放弃特权后之两国关系,但因牵涉澳门问题,我曾要求对此一问题保留日后谈判之权,磋商未获结果,兹为打开僵局起见,已商定亦采换文方式,业由外交部将草案送达葡驻华公使馆,惟因葡政府改组复致搁延,近正在南京里斯本两地积极进行,大体上已议妥,预计最短时期内可以解决。

(乙)友好条约　为加强与各国之友好关系起见,与世界各国签订友好条约之工作,曾继续推进,计于卅五年一月廿三日在曼谷签订中暹友好条约,以建立两国邦交,并维护数百万侨民之利益,该约于同年二月廿八日在重庆互换批准文件,并于是日起生效,卅四年六月八日在金山签订规定入境最惠国待遇之中多(明尼加)友好条约,附加条款,则于卅五年三月二日在多京互换批准文件,并是日起生效,卅五年一月六日并曾与厄(瓜多)国在该国京城签订中厄友好条约,于同年四月廿七日经国民政府批准,并经将批准文件寄交驻秘鲁大使馆约期互换,中沙(地阿剌伯)友好条约,亦已于卅五年十一月十六日在吉达签字,对于我赴麦加顶礼之同胞,在沙国关于身体财产之安全以及遗产之处理，嗣后可获得保障，最近复于本年二月十日，在阿根廷京城签订中阿友好条约，对于彼此人民出入境后旅行居住商等事项，均规定互给最惠国待遇，此外我国侨民众多之菲律宾共和国，业已获得独立，我于遣使祝贺该国独立时，即曾拟定约稿与之开始谈判，几经磋商，大致业已获致同意，奈菲方反复无常，拟将业已同意条文推翻重议，故谈判能否成就未可预卜，其他与纽西兰、乌拉圭、委内瑞拉、哥伦比亚、巴拿马等国之订约谈判，则均在不断进行中。

（丙）专约 我与法国，订立对中越关系二项专约，一为中法关于中越关系之协定及换文（卅五年二月廿八日在重庆签订），对于我在越南侨胞之居留条件，我国对于假道越南国际通运之特殊待遇，滇越铁路国内段之让与我国，以及我驻越北军队由法军接防各问题，均作详尽而与我有利之规定，一为中法关于中越航空线临时办法换文（去年十二月十四日在南京举行），规定中法越南空中通航问题，与外国所订空运协定除上述者外，尚有与美国所订之中美空中运输协定（卅五年十二月廿日订于南京），近又正与英国对此问题进行谈判中，又中巴（西）文化专约，已于卅五年三月廿七日在巴京签字，该约规定教授学生技术人员图书等项之交换问题，此为我国与外国所订关于此项性质之第一专约，以后当视事实需要，随时与他国议订。

（丁）商约 于卅五年九月廿六日，与加拿大订立中加通商暂行办法换文，所应中加商约签订前，两国间贸易上之需要，中美友好通商航海条约，于同年十一月四日在南京议妥后正式签字，该约为我国取消不平等条约后之第一商约，对于中美两国国民入境居留通商航海诸项均有详细广泛之规定，一切悉以平等互惠及通常承认之国际法原则为基础，该约签字后，我即开始磋议中英商约，先将英方草案加以研究，另拟我方对案，送交英方研究中，不日即可开始谈判，此外对暹、印、智（利）、阿（根廷）各国之商约问题，亦正积极准备中。

(二)参加国际会议

(甲)巴黎和会　关于对义、罗、保、匈、芬五国和约,早在卅四年九月之伦敦五外长会议中,予以讨论,旋经莫斯科英美苏三外长之准备,及卅五年四月与六月美英苏法四外长之两次集议始,于卅五年七月廿九日在巴黎正式举行和会,经十一周之集议,结果通过五国和约,此次会议其对我国之意义,该部王部长曾加阐明,"此次会议虽不涉及关于德日之问题,然其组织与秩序,可能构成会后对德日和约之前例,此项会议在和约中对领土、军事或经济事项所作任何规定,无疑对于今后对德和约之内容具有重要影响",此外对义和约中,第十八、十九、廿诸条,并规定义大利放弃一九〇一年九月七日北京条约中所有在华利益与特权,以及天津、厦门租界及上海公共租界之权利。五国和约,业于本年二月十日在巴黎签字,我国除签字对义和约外,因对罗、保、匈、芬四国并未宣战,故不参加对该四国和约之签字。

(乙)联合国大会　联合国第一次大会,系分两阶段举行。第一阶段会议,系于卅五年一月十日在伦敦举行,其主要任务,为成立联合国组织及其附属各重要机构,大会结果,各重要附属机构,如安全理事会、秘书处、经济暨社会理事会以及国际法院法官之选举,均已先后完成。至第二阶段会议,原定卅五年九月三日举行,嗣因巴黎和会关系,乃一再延至十月廿三日在纽约举行,大会经八周之集议,于十二月十五日闭幕,结果颇为圆满,其重要之成就,除对联合国本身行政方面诸问题,如预算及会址获有协议外,其他如托管事会之成立,及大会通过普遍裁军案,均为重要之收获。

二、处置敌国事项

(一)对日要求赔偿案最近发展

我国要求日本赔偿事,最近可能获得部份解决,一年多以来,因苏联多方阻难,日本赔偿会议无法召开,整个赔偿工作,亦无从进行,外交部叠次电饬顾大使洽询美方从速拆迁专供赔偿之日本工厂设备,美方对我立场甚表同情,但碍于苏联之僵持,未能采取行动,后我方建议美国用临时指令办法,先准拆迁一部份赔偿工厂,此点业经美方采纳,如最近苏联对日本赔偿事,仍不愿与盟国合作,则美方将训令盟军总部,先就供赔偿之工厂中,指定百分之十五至廿分配各国,我国并表示宜提高至之百分之卅,其中中国应优先获得其半数。

现在盟军总部管制下专供赔偿之工厂,达一千所,其中包括兵工厂、飞机制造厂、造船厂、钢铁厂等十三部门,为数颇为可观,我国除派定五人接收委员会前往筹措外,国内方面诸如运输分配安设各项,亦由本院赔偿委员会会同有关部会准备中。

苏联坚持不愿参加赔偿会议,关键在苏联从东北所搬运之物资,此项物资价值计廿亿美金,苏联唯恐一旦赔偿会议召开讨论此事时,于彼不利,并从而影响彼从日本国内取得赔偿物资之数额,苏联坚持须在下述两条件下,方始参加赔偿会议,(1)赔偿会议不得讨论苏联自东北搬运之物资及在千岛群岛及南库页岛苏联所接收之日本资产,(2)苏联从东北所搬运之物资,不影响其另从日本国内取得赔偿,针对此条件,美方主张,(1)赔偿会议应讨论自东北被搬运之物资事,但不讨论千岛群岛、南库页岛之日本资产一节,可予善意考虑,(2)苏联在日本国内可以另得一部份物资。

将来日本经济必须回复九一八事变前之标准,业经盟国一致决定,凡超过此标准所需要之日本工业,将一概移充赔偿,以削减今后日本之备战潜力,此一部分非日本和平经济所需要之工业,连同其国内一部份存金,及日本在国外被接收之资产统须列入公额,分配各盟国,我国希望能获得公额中百分之五十,此外并要求日本以今后经常生产品等赔偿我国,此节除当与美方取得谅解外,在该部起草之对日和约中,亦予强调。

(二)审判日本主要战犯情形

日本主要战犯东条英机等廿八名，前经中美英苏等十一国检察官，于卅五年四月廿九日，共同向远东国际军事法庭诉请审讯，嗣据该庭中国检官察〔察官〕向哲浚先后呈报，大川周明因病停止出庭，松冈洋右、永野修身相继身故，现计出庭受审者，尚有东条英机等廿五名，兹复据该检察官呈，以此项审讯大约在一月十五日左右可将人证物证提完，嗣后被告方面，将竭美国日本律师数十人全力，及日本朝野之协助，大举辩护，其所采步骤，有关我国者为：

（甲）派美籍辩护律师数员前来我国调查并搜集证据。

（乙）请求法庭传下列人员赴日出庭作证：(1)九一八事变及七七事变前后，我国曾与日方折冲谈判之人员，(2)作战期间经日方请求或第三国斡旋，参加中日关系商谈之我方人员，(3)曾赴日出庭作证之我方人员，(4)现仍留华之日本文武人员，(5)向我国政府机关及团体调取有关文件。

此外我正准备对日和约草案，以为日后商订和约之用，至于对德和约中我方所持立场亦已草就，专待国际会议之决定，对义和约，已详于前，不复赘。

三、我国与主要盟邦之关系

（一）美国

我与美国素称友好，自日本投降以来，美国除协助我受降接收及遣俘外，并于金融、经济、物资、技术各方面，对我多予供应，为发展两国商务起见，中美通商航海设领条约，已于去年十一月十四日在南京签字，外交部刻正研究发展对美商务方案，一俟完成，当与经济、财政等部会商统筹办理。此外美国自一九四三年废除一九二四年之移民律后，即宣布我国赴美移民，可享限额权利，该部已与有关部会拟具移民赴美申请程序及审查规则，一俟呈院核定，即可施行。

（二）英国

一年来之中英邦交，颇为友好，在"联合国"会议上，或在历次

"外长会议"中，中英两国均能切实合作，英方以战后欲早日复恢〔恢复〕中英贸易，曾于上年十月派商务代表团来华，调查研究，先后访问京、沪、平、津、青岛、沈阳、成渝、昆明、汉口、台北、汕头、广州等十四处，经于十二月初返英。关于中英商约，该部于上年初照会英方，按照中英新约之规定，拟与商订，英方旋即提出商约草案，该部经与有关各部会商讨后，提出对案，现正在谈判中。

(三)苏联

战后我与苏联之国系，完全建立于二十四年八月十四日之《中苏友好同盟条约》，我除依该约于三十五年一月正式承认外蒙古独立，并准备与之换使外，一面即进行接收东北行政之工作，嗣因苏军之撤退，一再延改，致我接收工作发生种种困难，待苏军于三十五年五月三日撤退完毕，大连一带即为非法武装实力所盘据，本年一月六日美国曾以同样照会，吁请中苏两国履行关于大连及中长铁路之协定，经于二月一日略覆美方，表示中国政府已努力实施该两项协定，但由于若干事实上障碍之存在，未能有效，并声明愿继续努力，予以实施，同时并向苏方口头声明：中国政府因有事实上诸种障碍之存在，迄未接收大连，倘前年我政府军队在大连登陆未遇阻碍，则现在接收大连之障碍，自不致存在，实际上苏联于撤退苏军完毕时，同时并将所派中长铁路方面之理监事，亦撤回苏联，并将员工二〇二人，于去年十二月接运返苏，我方人员遂亦退驻沈阳，该路现经我接管者，仅六百余公里。

此外苏联对于日本在东北企业以系曾供吴东军使用为藉口，声明应认为苏军战利品，我国因受日本侵略，损失特重，故于日本投降后，即公布"收复区敌伪产业处理办法"，决定没收日本在华（东北九省包括在内）一切公私财产以之充作日本对华赔偿之一部份，关于此项立场，外交部曾通知美苏两国政府，并于五外长在伦敦会议时，由王部长分别向美国国务卿及苏联外交人民委员会委员长提出，美方答复表示同意，苏方则以为此项问题，应提由远东委员会商讨。

盖我国对于苏方所提战利品之要求,因其远超过国际公法及国际惯例所公认之战利品范围,且与我国所采取上述立场不相符合,故不能予以同意。

美国与我立场一致,对苏联所持"战利品"之见解,未予同意,英国亦声明对于苏联擅自运走日本在东北之财产,不能同意,并认处置日本财产,乃所有对日要求赔偿之同盟国应予商讨之问题,现日本赔偿问题,仍在远东委员会设法解决中。

(四)法国

中法两方曾于去年二月二十八日在重庆签订"中法关于中越关系之协定",对于华侨在越应享之特权、中国国际通运之特定区域及越南铁路滇段归属中国独营以补偿我国因战时该路停运及海防封锁所受之损失各项均有详细规定,同年九月法国政府并派遣莫氏 Maux 为经济代表团团长来华与我商谈上述协定之实施问题,刻双方已于大体上获得协议,即可逐步付诸实行。

此外中法间对于西沙群岛主权所持之异见,尚未获得解决,本年一月七日外交部发言人曾向记者说明:"中国政府已自日本占领中收回西沙群岛,该群岛主权本属中国,故无须经过向任何方面要求收回之手续",法大使馆乃于一月十三日声明保留对我行使占领权之后果,不数日法舰"东京人"号事先并无任何通知,竟游弋武德岛附近,企图武装登陆,我即向法方提严重抗议,该舰遂即他去,惟事后我方据报法舰又驶至白托岛 Pattle kland 登陆,并留驻二十人,据钱大使转陈法外部亚洲司长谈话予以证实,并谓西沙群岛主权问题,既未解决,双方自可各择岛屿与驻军,以待商谈解决之方式,可为共管,或请仲裁,一月二十五日外交部乃再度抗议,要求法军立即自白托岛撤退,否则其可能招致之一切后果,均应由法方负责,并郑重声明在上述法军未撤退前,中国实难考虑法方所提任何有关西沙岛之建议,但我预料法方对此恐终须让步。

四、我与其他国家之关系

(一)英属各自治领

(甲)中加关系　卅五年二月我方根据加拿大输出信用保险法案,在奥大瓦与加政府签订贷款协定,由加贷我六千万加元,俾我国政府得于一九四六年至一九四七年间,向加购买所需物资,此外我并与加订立通商暂行办法,以谋中加贸易之发展。

(乙)中澳关系　战后澳洲地位逐渐重要,与我国政治及贸易关系愈见密切,中澳使馆升格事,经于上年在原则上确定,惟以此事与其他国家有关,致实施上略有稽延,不久当可实现,此外澳方厂商迭向我领馆查询我国出口业及羊毛贸易情形,并经介绍可靠厂商并有组织商务访华团之意,中澳贸易可有发展征兆。

(丙)中纽关系　我在纽西兰首府惠灵顿,原只设有总领事馆,因纽西兰政治地位愈见重要,中纽换使事,现已原则上商定,一俟纽西兰派使前来,中纽即可互换使节。

(丁)中菲关系　南非洲联邦近常向我驻约翰尼斯堡总领事馆,访问我厂商及出口业情形,希望能与我发展贸易关系。

(二)亚洲各国

印度为增近〔进〕与我之贸易关系,于上年二月中,曾派商务代表团来华访问京沪津渝等地,于四月中回印,同年十月我同意与印交换大使,以增强关系,朝鲜自经解放后,我已派定总领事驻扎汉城,以资联络,菲律宾自独立以来不顾我侨过去对于该国所作之贡献,先后提出劳工菲化,零售商菲化,以及菜市菲化三案,排斥我侨作业,影响我侨权益颇巨,外交部当已一再严予抗议,前两法案卒未成立,后一法案业已延缓实施,现我正设法防阻前两法案在本届菲国会中再度提出,暹罗与我自于去年一月缔结友好条约以来,关系已日渐好转,现正在开辟航线促进商务关系之中。

(三)欧洲各国

我除已于卅四年七月,承认波兰新政府,复于上年九月派遣使节外,并于去年三月间与瑞士换文,其中瑞士同意放弃在华特权,五月间中丹(麦)新约成立,丹麦已撤废其特权,建立彼此之关系于新基础之上,又奥地利自于一九三八年被德国吞并后,即已变成德国之一部分,战后奥国政府成立,我国为顾全中奥邦交,改善旅奥侨民待遇,乃于卅五年七月七日,承认奥国临时政府。

(四)美洲各国

我与中南美各国之友谊,日在增强中,阿根廷与我除于本年二月签订友好条约外,并亟盼与我增进商务关系,现正由驻阿大使洽购阿产米麦、羊毛、牛皮等,并正进行磋商信用贷款,厄瓜多早于去年即与我再签订友好条约,他如玻利维亚、巴拿马均在与我商订友好条约之中,最近我并决定在玻、厄两国派驻兼使,在哥伦比亚设置专使,至巴西与秘鲁与我向称友善,均愿与我发生贸易关系,我已令饬驻使注意各该国之商务情形,并调查我在各该国市场可能畅销之货品。

五、保护侨民工作

在战争期中,我国在外侨民流连播徙,艰苦备尝,我于战争结束之后,即竭力协助我侨民返回原居留地,同时并向各地政府或国际机关,要求享受同等之救济,并经制定侨民人口伤亡及财产损失表格两种,通令驻外各使馆迅速查明汇报,以便提出赔偿要求,现我已决定将旅菲华侨在战时所受损失,预备在对日和会中,专案提出赔偿要求,旅日台籍华侨,因在过去受日本帝国主义之压迫达五十年之久,一旦解放,仇视日人特甚,致与日人不相融洽,故我乃一面遣送志愿归国之台侨返省,一面向盟军总部声明台侨自去年十月廿五日起,恢复中国国籍,以防阻类似涩谷事件之再起。

在过去一年之中,不幸先有上年九月之苔眼亚比事件,我侨民遭受印尼人空前之惨杀,后有本年一月之巨港事变,印荷两军混战时,我居住市区之侨民,横遭轰炸,印尼人并乘机抢杀绑掳与奸淫,致华侨之生命财产损失甚巨,我当即提出严重抗议,现荷印双方均已同意拨款救济,我为宣慰侨胞起见,并于上年十月初派遣专使前往慰问,宣达中央之德意,同时并向荷印双方提议,在华侨密集区域划定华侨安全区,以免再度遭受无辜之杀害,现此事已在与对方会商施实〔实施〕办法中。

越北华侨于法越冲突之中,亦遭受重大损失,我已就各方调查所得之数字,略达法方要求赔偿,法方对此已大体表同意,刻正商议合组混合委员会,以便审核法方业已垫拨之紧急救济费越币贰千万元。

此外中南美各国,在昔对我侨民预多歧视条例,迭经我方交涉,业已相继取消,惟古巴政府于去年七月起,即着手制定新劳工法草案,对于外侨工作权利与移民入境两项,有严格之限制,影响我侨之权利,我已根据条约加以力争,并联络驻古有关使节及外交团体共策进行。

六、增强外交行政

外交业务之推进与机构之运用及人才之配合,有密切不可分之关系,外交部于最近一年以来继续调整机构配备人才,兹简述如次:

(一)办理复员

(甲)起复旧员　抗战军兴后,自驻日各馆撤退听候调遣人员,前驻沪办事处,驻香港货单签证处人员,及政府西迁该部疏散人员为数甚多,胜利后即分别予以查核,根据其服务能力,及在沦陷区中坚真自矢,不为敌用者,均经分别起用,派在该部及各附属机构服务,用昭激励。

(乙)恢复外馆　驻外各馆,因战事停闭或迁徙他处者甚多,近一年来均经陆续恢复,计有驻波兰大使馆、驻意大利大使馆、驻挪威大使馆、驻荷兰大使馆、驻捷克大使馆、驻阿姆斯得达姆领事馆、驻昂维斯领事馆、驻巴黎总领事馆、驻马赛领事馆、驻西贡总领事馆、驻河内总领事馆、驻马尼剌总领事馆、驻汉城总领事馆、驻新嘉坡总领事馆、驻山打根领事馆、驻吉隆坡领事馆、驻槟榔屿领事馆、驻仰光总领事馆、驻巴达维亚总领事馆、驻巨港领事馆、驻望加锡领事馆、驻泗水领事馆、驻棉兰领事馆。

(二)增设或升格驻外机构以加强外交业务：

(甲)增设者,计有驻暹罗大使馆、驻阿根廷大使馆、驻菲律宾公使馆、驻坤甸领事馆、驻曼谷总领事馆、驻清迈总领事馆、驻宋卡总领事馆、驻百揽坡领事馆、驻柯叻领事馆、驻海防领事馆、驻墨尔本领事馆、驻伊斯坦堡领事馆、驻德军事代表团、驻日代表团远东委员会中国代表团、驻联合国代表办事处。

(乙)升格者,计有驻智利大使馆、驻印度大使馆、驻罗安琪总领事领〔馆〕、驻阿庇亚领事馆。

(三)延揽专才并补充干部

胜利后外交业务日趋繁复,使领馆之增设,需才尤多,人员补充为当前急务,除将高考外交官类及格人员全部任用外,并以甄试方式,尽量延纳各大学外交、政治、经济各系毕业生,以资储备。

(四)训练新进

恢复语言研究班,并举办使领业务讲习班,国际问题座谈会,国际会议演习演讲辩论等,并鼓励部中职员作专题之研究,俾利器而善事。

叁 国防〔略〕

肆 财政〔略〕

伍 经济〔略〕

陆 教育〔略〕

柒 交通〔略〕

捌 农林〔略〕

玖 社会

一、社政法规之修订

为准备宪政实施,社会部主管法规,应行废止及应行修改增订者，均经详加研究分别整理，至三十五年度终了时止，已完成废止手续者，计有五十四件，已经修改增订者，计有十八件，其已拟定修改增订原则，在呈核中最重要者，有人民团体组织法、工会法、工业会法等，正在拟议中者，有社会保险法、工厂法、工矿检查法、商会同业公会法、妇女会法、合作社法等。

二、人民团体组织之发展

（甲）农民团体　新组织者，计省（市）农会六个，县市农会一八七个，乡区农会四二三六个，基层会员二，三一六，三八〇人，调整健全者（包括改选、改组、整理等），计省（市）农会三个，县市农会一一〇个，乡区农会八五七个，基层会员七二九，五九一人，截至三十五年底，累计农民团体一二，八八九个，基层会员五，七四二，〇三六人。

（乙）渔民团体　新组织者，计县市渔会五〇个，县市渔会分会一四个，会员总数二二，七五八人，调整健全者，计县市渔会一二个，县市渔会分会一个，会员五，八六一人，截至卅五年底，累计渔民团体一六八个，会员总数五七，四九九人。

（丙）工人团体　新组织者，计县市总工会一二七个，产业工会一五四个，会员一三三，八九六个，职业工会一，五八六个，会员三一八，三〇六人，各业工人联合会六三个，会员八，六七四人，调整健全者，计改组一一九个，改选五二〇个，整理一七九个，此外公营事业及重要产业工会方面，经直接派员督导调整及筹组成立者，计有京、沪、粤、汉、晋、冀、昆明等区，及同蒲铁路工会五个，第二、三、四、五等区公路工会四个，大冶、井陉、阳泉、西山等矿区工会四个，尚在筹组中者，计有平津、平汉、津浦、湘桂黔区，及淮南铁路工会，第一、第八等区公路工会，暨淄博、枣庄、开滦、泰兴、宁、淮南、华东等矿区工会，盐业工会方面，经将全国各地盐业工会筹备委员会撤销，另指导分区组织川康、川北、福建、长芦等四区盐业工会，海员方面，所有镇江、青岛、天津、广州、福州、温州、九江、汉口、长沙、宜昌、南宁、梧州、厦门、重庆及香港等港埠海员分会,暨伦敦、孟买、利勿浦、加尔各答、埃及、荷兰等地分会,均已指导成立,并于本年一月一日,正式成立全国海员总工会,截至卅五年底累计工人团体六,三五三个,基层会员二,○五二,八三六人。

(丁)工商业团体　新组织者,计县市区镇商会二六二个,工商业同业公会三,一九○个,省商联会四个,各业同业公会联合会三个,各重要工矿输出业同业工会三个,调整健全者,计改选县市商会一四五个,同业公会一,一四二个,省商联会六个,改组县市商会二五个,同业公会一五二个,省商联会一个,整理县市商会四三个,同业公会二○三个,并于三十五年十一月一日成立全国商会联合会,截至卅五年底,累计工商业团体一五,一六二个,基层会员(公司行号)六一四,九○一家。

(戊)自由职业团体　新组织者,计中医师公会一二四个,医师公会四六个,律师公会一六个,新闻记者公会二四个,会计师公会六个,助产士公会四个,牙医师公会一个,药剂师公会四个,护士公会一个,教育会二三四九个,总计各种自由职业团体,共发展二五七五个,连前累计,共有五,九四二个,会员二七一,五三九人,对于技师公会,及轮机员公会组织,亦正拟订组织须知,通饬施行。

(己)普通团体　直辖社会文化学术宗教公益团体计发展新组织者四个,连前已有组织共三二四个,地方团体(包括分支会)一,○五八个,连前已有组织共五一七四个,总计发展普通社会团体一,○六二个,连前累计五,四九三个,会员一,六七九,二七二人。

三、职业团体干部及会员训练之实施

(甲)干部训练　社会部曾将过去干部训练办法,重行厘订,为县市农工团体理监事及书记讲习办法,暨重要地区工运干部训练实施办法,通饬各省市切实办理,并酌予补助经费,计一年来参加受训之干部,计农会二,六五九人,工会一,四九八人,商会二,九九二人,其他团体一,二八六人,共计八,四三五人。

(乙)会员训练 以四权行使之演习为训练中心,经颁发讲习要点,通饬各地施行,计一年来参加是项训练之会员,计农会一九六,一六五人,工会三一,九七〇人,商会三〇,二五四人,其他团体五八,三一三人,共计三一六,七〇二人。

四、地方职业团体参加参议员选举之指导

指导各省市职业团体,依法办理县市职业团体会员公职候选人之检核,参加竞选,并力矫过去非该业从业人员参加各该业选【举】之弊,举〔举字衍〕务期所产生代表,确能代表各该业真正利益。据陕西等二十三省市报告,均能按照比例参加,获选各员并均为团体中之优秀干部,计农会代表一,三九一人,工会代表七二一人,商会代表一,二八九人,自由职业代表一,二七五人,其他妇女渔会代表一三九人。

五、二五减租之推行

社会部自二五减租命令颁行后,即分别派员督导豁免田赋省份,实行二五减租工作,截至三十五年九月,除因复员未竣及情形特殊,请准延期之东北四省,及康、新、察、绥、鄂、皖等省外,江苏、湖南、广东、广西、河北、青岛、甘肃、河南、浙江、四川、山西、陕西、福建、宁夏、天津、贵州、山东、北平等省市,均能遵照中央指示,参酌地方实际情形,自行制订补充办法,分别推行,尤以江苏、陕西两省,因得力于农会之协助,推行较为顺利,该部为明了二五减租实况,并加重农会推行责任,期宏实效起见,并拟订健全农会组织,彻底推行二五减租办法六项,并制发调查表格,通令各省切实办理翔实填报,现已据报者有安徽、江西、云南、广西、陕西、江苏等省六十四县市,其余正由该部催报中。

六、工潮之处理

为求生产事业之安定与发展,对于工潮之处理,力求迅速公允,并预为部署防制,于各重要地点,分派得力人员妥为布置,并由谷部长随时亲往视察指导,一年以来,虽奸党力肆蛊惑,迄未得逞其阴谋,其在法规者,则订颁复员期间劳资纠纷评断办法,规定工矿、交通、公用事业发达地区,得设置劳资评断委员会,以利重要劳资纠纷事件之紧急处理,各重要城市,如上海、重庆、汉口、武昌、青岛、北平、天津等市,劳资评断委员会均先后依法组织成立,对于工人正当要求及合法利益,在不妨碍生产事业发展原则下,依法予以保障,同时为加强工人运动之领导,经订颁领导工人运动办法令饬遵行,复以每届年关,工人每因要求发给年终奖金,引起工潮,经订颁处理年终奖金办法,上年年关各地工厂工人要求年终奖金事件,均依据上项办法处理,尚未酿成重大纠纷,兹就各地已报资料,将卅五年内劳资纠纷事件统计如下:

地点	处理争议件数	关系工人数
南京	四二	二三,一九五
上海	八五六	七七七,二〇五
天津	二〇〇	四八,九九九
北平	二	三,六八九
青岛	三一	二,八一二
重庆	二八〇	九一,〇九九

七、救济工作之展开

(甲)冬令救济　卅四年度冬令救济工作,系自三十四年十月起至三十五年三月止,由院拨发后方各省市冬令救济奖助费一亿元,收复区各省,则由行总及各分署就地拨助款物,已将办理结果具报者,共二十九省市,计受救济者七,四二三,四〇四人,配发救济物资总值三六八,一二一,二一六元,每人平均得九九二元,三十五年度,拨东北各省市冬令救济经费五亿元,交由东北行辕社会处配发,其余各省市奖助费拾亿元,依据各地实际需要,分别配发,一面积极展开劝募运动,并由各地善后救济分署配发物资,配合办理。

(乙)绥靖区难民急振〔赈〕　此项急振〔赈〕事宜,经饬由社会部主办,于上年十一月成立急振〔赈〕总队部,并设苏北、鲁东、鲁西南、豫北、冀东中、晋南、晋北、热河、绥远、察哈尔等十个大队,及皖东、冀南二直属中队，再视辖区广狭成立中队分队及各县急振〔赈〕委员会，第一期急振〔赈〕范围为一百二十县，每县平均分配振〔赈〕款五千万元，面粉八千袋，并按各区实际需要，酌发棉衣食盐，共计配发振〔赈〕款六十亿元，面粉两万吨，棉衣五万包，食盐五十万斤，最近各区增列收复四十六县，又加拨振〔赈〕款二十三亿元，热察绥三省蒙旗救济费十亿元，分配热省四亿，察绥两省各三亿，专案办理急振〔赈〕，又鲁西南各县流亡难民麕集徐州，经饬苏鲁大队，会同两省分署在徐州另设救济机构办理急振〔赈〕，并拨款五亿元面粉五百吨，食米五百二十吨，截至本年元月底止，经由急振〔赈〕总队部汇发振〔赈〕款共计九十八亿元，至各区急振〔赈〕，俱已配合面粉等救济物资，次第发放，近又加拨一百一十亿元，充继续收复各县急振〔赈〕之用。

（丙）救济苏北难民　苏北受共党扰乱，难民众多，情势严重，经饬由社会部主持救济，该部即会同苏省府及当地有关机关，组织苏北难民救济会议，负综合联系督导实施之责，于南京、上海、徐州、扬州、泰县、东海、南通、淮阴、镇江等地分设办事处，办理难民调查，款物发放，及各项救济设施，于三十五年六月十四日开始工作，至十一月廿日结束，计经收振〔赈〕款，由院拨发者十亿元，自上海等处劝募二十二亿余元，救济面粉由行总拨交配发者共八千吨，由行总苏宁分署自行配发者，约三千吨，医药器械计一百五十吨，由卫生机关按各地需要量分别配拨，统计共发振〔赈〕款二十九亿四千九百七十七万二千三百六十元，面粉四十九万八千八百七十八袋（合一万零八百吨强），共救济难民六十二万四千零五十三人（大半难民除受振〔赈〕外，并受领三次振〔赈〕粉）。

（丁）疏遣下关难民　皖东北灾区难民，麕集下关，待救迫切，经饬社会部督促南京市处理难民委员会负责救济，截至上年十二月底止，先后受救济者二七，〇八二人，嗣因陆续来京之难民日有增加,复饬由该部负责主持决定遣送难民回籍,加强就地救济,计难民总数为三〇,二四〇人,现已扫数分别编组派员护送回籍,或赴工振〔赈〕地点。

(戊)督饬各省市救济灾区难民 三十五年度,拨发各省振〔赈〕款,计山东、山西、河北、河南、热河、察哈尔、绥远等省各十五亿元,安徽十三亿元(该省另由院核定拨面粉六万吨,运费十八亿元,农贷七亿元,贷放种子五万担,农贷二十四亿元),新疆十亿元,湖北五亿元,南京四亿元,湖南三亿元,宁夏三亿元,四川一亿元,经随时督饬各省市依照收复区各省市救济难民办法,及匪区归来人民收抚安置办法,与地方实际情形切实办理,除予以款物救济外,并注意实施工振〔赈〕,辅导就业,及举办贷款等,以扶植难民之生活。

(己)救济失业工人 抗战胜利后,后方区工厂纷纷迁回原地,而收复区敌伪所营厂矿,则均停业,以待政府接收,因之各地产业工人失业者为数甚巨,当经积极规划,办理紧急救济,及辅导就业转业,兹将办理情形分述如次:

(1)后方区 复员期间后方区减工停工之厂矿,达一二一家,失业工人共六五,九一〇名,其中渝区人数最多,占三三,五九六人,为集中力量增进救济效率起见,该部于重庆成立"重庆区民营工厂被裁工人处理委员会",专司其事,对失业工人发给教〔救〕济金,有业可转者,辅导其转业,志愿回籍者,则以木船或汽车护送回乡,计共救济二八,八九四人,遣送回乡工人共二一,四〇〇人,发放救济金五四,〇〇〇,〇〇〇元,棉视〔衣〕九二件,棉被五〇件,辅导转业就业者一,一四四人。

(2)收复区 为适应紧急需要,该部特订定"收复区失业工人临时救济办法纲要",分行各有关社政主管机关,参酌施行,并于上海、天津、青岛、武汉、北平等失业工人众多地区,指导成立失业工人临时救济委员会,统筹办理,除发给救济金、棉衣、棉被及面粉等实物外,以辅道〔导〕转业就业为主。计共救济四一一,七九六人,发给救济金二,三八四,八四九,五三九元,辅导就业人数二七六,五一三人,棉衣被一五六,九五〇件,面粉六〇,〇一二包,又六七五,〇七〇斤米,粮三九,一四三包,又一二,二四五,〇二九斤。

(3)归国侨工战时回国服务之南洋华侨司机约千余人,抗战胜利后,即告失业,困处筑昆一带,经该部会同侨务委员会、外交部等机关,拟订救济办法,令饬云南、贵州两省社会处负责处理,贵州方面,失业侨工一九二名暨眷属二四四名,侨工每名拨给救济金五〇,〇〇〇元,眷属每名九,〇〇〇元,昆明方面失业人数众多,特成立招待委员会负责办理,前后拨发补助经费八,〇〇〇,〇〇〇元,除被招待之侨工一部分仍愿留国内而予以辅导转业就业外,其余回原侨居地者,由善后救济总署负责运送赴港回国,总计一,一五四名,此外荷印加岛被遣回国矿工一,〇〇七名,澳洲返国工人由港来穗者五三四名,由日归国工人及战俘,经先后在上海、天津、青岛、厦门、广州等地登陆者,计三四,一八五名,生活困难,均经会同各有关机关分别予以救济安置,兹将各地区失业工人数、重要地区、失业救济、及复工转业人数、归国华工已遣散未遣散人数、招待归国华工情形,分别列表于后。

附表四　各地区失业工人人数

民国三十五年十二月

地　区　别	失　业　人　数
总　计	778,345
重庆区	33,592
四川区	5,462
贵阳区	14,593
昆明区	3,985
西安区	4,787
兰州区	3,491
上海市	136,714

续上表

地区别	失业人数
天津市	92,471
青岛市	70,187
江西区	3,307
武汉区	56,979
广琼区	33,109
淄博矿区	75,000
太原区	25,000
安徽区	30,926
江苏区	130,000
浙江区	12,470
北平市	38,740
河北区	541
枣庄区	6,750
南京市	241

资料来源：根据本部各特派员办事处与各地社政机关本局各调查站查报资料编制。

附表五　重要地区失业救济及复工转业人数
民国三十五年十二月底止

地区别	救济人数	救济事项				复工及转业人数
		金额（元）	实物			
			名称	单位	数量	
总计	440,690	2,438,849,539				277,657
重庆区	25,694	54,000,000	棉衣	件	92	578
			棉被	条	50	
贵阳区	3,200					143
昆明区						173
西安区						250
上海市	120,000	1,000,000,000	面粉	包	59,691	52,896

续上表

地区别	救济人数	救济事项				复工及转业人数
		金额（元）	实物			
			名称	单位	数量	
天津市	99,729	571,975,000	面粉	斤	675,070	127,077
青岛市	22,822	11,306,496	衣物	件	11,670	
			粮	斤	10,204,064	
			粮	包	11,923	
武汉区	32,000	67,367,000				35,782
广琼区	13,264	121,256,643	粮	斤	1,618,125	6,369
			寒衣	件	136,070	
			奎宁	粒	19,870	
淄博矿区	75,000	500,000,000				43,238
浙江区	1,597		面粉	包	300	405
北平市	39,801	7,944,400	平粜粮	斤	422,840	
			平粜盐	斤	76,880	
河北区	541		粮	斤	27,220	
江苏区						746
江西区	250					
枣庄区	6,750	105,000,000				
南京市	42		面粉	袋	21	

附表六　归国华工已遣散及末〔未〕遣散人数

三十五年十一月止

到达地点	共计	已遣送	未遣送者安置办法						尚未安置
			小计	拨补国军	编警察	送救济院	住院	死亡	
总计	34,185	25,345	8,840	2,966	95	100	118	10	5,551
天津	22,814	19,673	3,141	2,954	95	66	26	—	—
青岛	2,004	1,948	56	12	—	34	—	10	—
上海	2,875	—	2,875	—	—	—	—	—	2,875

续上表

到达地点	共计	已遣送	未遣送者安置办法						
			小计	拨补国军	编警察	送救济院	住院	死亡	尚未安置
厦门	927	849	78	—	—	—	—	—	78
广州	5,565	2,875	2,690	—	—	—	92	—	2,598

资料来源：根据社会部各特派员办事处及各地社政机关本局调查站所报资料编制。

附表七 归国华工招待情形

民国三十五年十二月

到达地点	返国人数	招待事项		
		金额（元）	实物	
			名称	单位	数量
总计	34,185	143,431,658			
天津	22,814	67,622,158	面粉	袋	4,388
			高粱	袋	74
			棉衣	套	17,230
			香烟	小盒	92,940
			火柴	小盒	18,020
青岛	2,004	3,846,000	面粉	袋	6,000
			制服	份	4,500
			香烟	份	4,500
			饼干	份	4,500
			药品	份	4,500
			焦煤粉	吨	30
上海	2,875	—			—
厦门	927	—			—
广州	5,565	71,963,500	粮食	斤	24,680
			棉毯	张	1,625
			棉衣	套	1,980
			棉被	件	355

说明：到达上海、厦门之华工系由行总负责招待，详节尚未查报，无法列入。

八、儿童福利事业之扩增

社会部对于儿童福利事业，一面指导改进各省市育婴育幼设施，一面直接分区办理儿童福利机构，以资实验示范，关于各省市育婴育幼设施，在量的方面，截至目前止，已增至一九九七单位，较卅四年底增加九二二单位，收容人数已增至三二九，六五〇人，较卅四年底，增加七四，六五〇人，在质的方面，并经督饬调整组织，健全人事，改善救养方法，增筹救济物资，充实救养设备，并随时派员考查，择优奖助，计经奖助者，达八十三单位。关于该部直属各儿童福利实验示范机关，原有廿五单位，分布于川、渝、桂、粤、赣、皖、豫、陕、甘各省市，自复员以后，经将后方各地之育幼院裁并，移至鲁、苏、湘、冀、晋、辽等省筹办，经此调整，各育幼院在区域分布上，已渐趋合理，至改进儿童营养，改善儿童教养标准，辅导毕业儿童升学就业，均经详订办法分别实施，在卅五年度内，共计辅导升学及就业者一一一七人，现以京市儿童福利设施需要迫切，正筹设南京儿童福利实验区，儿童福利站及儿童营养站。

九、工人福利设施之推广

为安定收复区工人生活，增进劳动效率起见，该部经通饬收复区各省市社政机关，举办职工福利设施，截至目前，收复区公私厂矿及企业组织，已成立职工福利社及职工福利委员会者，共达二九八单位，工会成立之工人福利社及工人福利委员会者，共七十四单位，至原后方区各省市公私厂矿及企业组织，成立职工福利社及委员会者，达一〇二四单位，较之卅四年度，增加八三三单位，工会成立者共达一五九单位，较之卅四年度，增加九七单位，该部复鉴于收复区工人福利设施亟待示范倡导，已筹设南京工人福利社。

十、荣军就业辅导之筹办

抗战结束后，荣军之就业复业，形成严重之社会问题，经由社会部与国防部会商筹办荣军职业辅导工作,制颁"荣誉军人职业保障办法",以为推进工作之根据,并以荣军就业辅导业务,在我国尚属初创,有选区试办之必要,复订定"试办荣军就业辅导计划大纲",约请专家学者组设荣军就业辅导委员会,决定先在南京、重庆、西安三地试办。

十一、复员服务之举办

为协助复员工作顺利进行,社会部有还都返乡复员服务之举办,针对需要,作为各种适当之设施,以解决交通食宿上之困难,计自开办以迄年底结束,重庆、汉口、南京等三社会服务处,宜昌、九江、广元、长沙等四复员服务所,合计服务二,五八七,一九一人,内交通服务八四六,七三三人,食宿服务五一四,四五〇人,医药服务一四七,七二二人,人事服务一,〇五八,二八六人,又代运行李六六九,八九一件。

十二、合作组织之扩展

全国合作组织,经积极推进,已达一六二,三三七社,社员总数为一九,七五三,六七〇人,股金总数为七,五一〇,六四七,六〇六元,其中以乡镇保合作社及特种业务专营社为最重要。兹分述于左:

(甲)乡镇保社 乡镇保合作社之组织,经一年来之督促,其进展情形如下:

	乡 镇 社			保 合 作 社			县 联 社		
	社数	社员数	股金数	社数	社员数	股金数	社数	社员数	股金数
三十五年二月底	2,427	4,916,972	479,423,729	62,674	6,183,301	331,208,006	470	11,211	208,337,840
三十六年一月底	13,734	6,384,831	3,176,717,341	64,205	7,010,132	1,372,597,822	611	13,412	618,795,077

(乙)各种专营社 专营社之推行,经一年来之督导,计运销合作社增加二,〇二九社,消费社增加四,九八二社,保险合作社增加

一,一九〇社,供给合作社增加三,二五五社,至于普通农业生产社,现共六三,五五一社,普通工业生产社,现共一九,八〇七社。

(丙)整理收复区合作社 收复区光复区合作事业之整理,前经该部订颁单行办法,分电各省市积极施行,现已整理完竣据报有案者,计山西、台湾等四省市,共整理及新组合作社一,一八〇社,东北方面于行辕下设立主管机构,在安定区域,亦经积极整理恢复,并创设农村合作事业局,以利业务之进行。

十三、各项合作业务之充实

(甲)各项业务百分比之进展 年来以积极增加农工生产为中心,故各项业务发展亦循此趋向,其各项数字如后：

	各项业务百分比							
	农业生产	工业生产	供给	运销	消费	公用	信用	保险
三十五年二月底	18.4	5.3	9.8	10.1	14.1	2.8	37.7	1.8
三十六年一月底	19.2	6.1	10.1	11.2	14.9	2.7	33.5	2.3

(乙)充实供销业务 为发展合作供销业务,前已成立全国合作社、物品供销处,三十五年自渝迁京后,即以平价供应各合作社所需之食米燃料,及其他日用品为主要业务,截自三十五年十二月底止,该处进货总额计二五六,九六五,一一三元,销货总额计二三一,五九三,八二一元,为扩展供销范围适应需要起见,上年已由京迁沪,复于重庆、广州、上海、天津、汉口、沈阳、南京、北平及台湾等处设立分机构,以辅导各合作业务之发展。

十四、绥靖区合作事业之设施

绥靖区于久经抗战之后,复遭奸匪之残毒破坏,经济凋敝,民生痛苦,远甚于剿匪时代之收复区,故其善后工作繁复迫切,亦远甚于当日,惟其实施,非有详密计划妥适办法与执行彻底,难收速效,经拟订绥靖区合作事业实施办法,于本年一月通饬实施,现各省县多于收复之后,按地方负担能力,先行恢复合作指导机构,树立策进中心,一面就前有合作组织整理恢复,一面按地方秩序情形,发动筹组新社。

十五、党团员服务合作事业之发动

社会部遵奉第六届中常会第四十三次会议通过,党团员服务合作事业促进合作运动办法,曾分电各省市合作主管机关,切实遵照,与各该地各党团部切取联系,共策合作事业之发展,又为强化绥靖区合作事业之党性,商由国立政治大学设立合作指导研究班,招收转业党员团员壹百余人,分甲乙两组,予以合作训练,计受训期满考核及格者一二二人,均转介绥靖区合作机关工作,并选拔四十人,连同该部合作事业管理局调用职员共七十四人,组设绥靖区合作辅导团,计第一团二二人,派赴苏北区工作,第二团二三人,派赴皖东北及徐州区工作,第三团一八人,派赴宁济区工作,第四团一一人,赴河北区工作,均于本年一月底陆续出发。

十六、合作金融机构之建立

(甲)督促成立中央合作金库及其分支库　该库于三十五年二月成立筹备处,积极进行筹备工作,于十一月一日在京开业,先后拨到基金四十亿元,为配合绥靖区合作事业推行起见,经订定办理绥靖区业务分期分区计划及概算,一面派员于绥靖重要地点筹设分支机关,一面将领到基金配发各分支机构,分别转发,计现已派员筹设,并已拨配专款即行开业者,有东北、山东、河南、河北、徐州、淮阴、蚌埠、泰州、北平、青岛等分支库,此外以上海为全国经济中心,为灵活资金调拨,及采购实物便利运往绥靖区贷放起见,特设立信托部及分库。

(乙)督促整理省市合作金库　各省市已设之合作金库,依照金库条例规定,省库应改组为中央金库分库,县库则应由地方有关机关及合作组织认股组设,该部正督促进行中,此外并督促中央金库,简化贷款手续,改善金融设施,增加合作资金效能,辅导合作业务发展。

十七、产业员工之调查登记

为明瞭三十五年度全国技术员工分布情形,经举办全国在业工人人数调查,厂矿概况调查,抗战期间动员技术员工暨伤亡人数调查,兹将调查统计分别列表于后:

附表一 全国在业工人数

民国三十五年九月

业别	工人数	附注
总计	3,538,212	
工矿	2,495,846	本局各站及有关机关查报数字
兵工	83,215	兵工署数字
盐业	459,832	盐政局数字
铁路	139,267	交通部及后勤总部数字
公路	234,484	同上
航政	165,568	交通部及后勤总部数字,又民营工人包括在内
航空	61,841	交通部及空军司令部数字
邮电	48,659	交通部及后勤总部数字

附表二 已调查全国各重要地区厂场概况

民国三十五年十二月底

业 别	厂 数	工 人 数		
		合 计	技 工	普 工
总 计	5,405	486,023	222,887	263,136
农 业	65	3,875	615	3,260
矿 业	332	47,196	13,235	33,961
综合工业	19	4,408	857	3,551
水电及动力业	92	13,255	6,752	6,503
冶炼工业	199	14,307	4,992	9,315
金属品制造业	121	3,787	2,085	1,702

续上表

业　别	厂　数	工　人　数		
		合　计	技　工	普　工
机械制造业	671	25,709	15,678	10,031
电工器材制造业	66	3,463	1,524	1,939
交通用具制造业	245	15,475	10,678	4,797
国防用具制造业	10	2,102	742	1,360
木竹草籐器材制造业	78	2,322	896	1,426
土石品制造业	198	9,329	4,299	5,030
化学工业	750	51,307	17,964	33,343
纺织工业	1,253	178,618	102,892	75,726
服用品制造业	236	30,756	11,235	19,521
皮革毛骨及橡皮制造业	167	10,228	4,271	15,957
饮食品制造业	488	30,099	9,779	20,320
印刷出版业	326	15,532	9,116	6,416
饰物文具仪器制造业	45	1,915	1,081	834
杂项工业	21	281	164	117
建筑工程业	10	417	144	273
盐　业	7	20,092	3,241	16,851
交通运输业	6	1,550	647	903

资料来源：根据厂场概况调查表编制

说明：本表包括地区：上海、平、津、苏、皖、川、康、豫、鄂、滇、黔、青、济、陕、甘、闽、粤、湘、桂、江西、台湾等区。

十八、工资之调整

本年度为配合经济复员紧急措施，制颁"复员时期民营企业工资调整办法"，规定依基期工资（底资）参照当地工人生活费指数调整，惟基期工资不得变更，同时为顾及各业负担能力，并规定以廿六年以前为基期之工资在五十元以上者，除五十元仍照工人生活费指数比例发给外，其超过之数，得减成发给，又各企业在依本办法调整工资时，或调整后，如确因生产及营业情况不佳，无力照工

附表三　抗战期间动员技术员工暨伤亡人数统计

民国三十六年元月编

年别	动员人数	共计				技 员					技 术 工				
		共计	伤残	死亡	失踪	动员人数	小计	伤残	死亡	失踪	动员人数	小计	伤残	死亡	失踪
总计	—	14,384	4,414	5,603	4,367	—	3,665	715	2,421	529	—	10,719	3,699	3,182	3,838
二十六年	707,092	507	294	207	6	65,399	127	55	68	4	641,693	380	239	139	2
二十七年	731,829	844	270	566	8	71,148	314	72	236	6	660,681	530	198	330	2
二十八年	809,269	768	220	533	15	88,921	277	59	206	12	720,348	491	161	327	3
二十九年	825,021	1,546	369	554	623	87,425	318	76	184	58	737,596	1,228	293	370	563
三十年	877,890	1,580	327	612	641	102,706	413	65	260	88	775,184	1,167	262	352	553
三十一年	1,045,672	1,566	413	719	434	124,151	499	81	368	50	921,521	1,067	332	351	384
三十二年	1,133,722	1,402	237	640	525	140,643	493	93	342	58	993,079	909	144	298	467
三十三年	1,34□,330	2,883	418	843	1,622	222,879	699	124	389	186	1,119,451	2,184	294	454	1,436
三十四年	1,324,460	3,288	1,866	929	493	176,504	525	90	368	67	1,147,956	2,763	1,776	561	424

资料来源：根据资源委员会、交通部、电讯总局、邮政总局、教育部联勤总部、军医署联勤总部、运输署、卫生署、经济部等机关所报数字编制。

说明：(1)交通部所动员人数中受伤1,657人,死亡422人,因未注明年期,统列于三十四年伤亡人数内。

(2)本表系就各有关机关已送到本局之资料编制,嗣后继续获得资料时再行补列。

人生活费指数比例发给工资时,得由劳资协商,或由劳资纠纷评断委员会评断减成发给,本年各重要城市,如重庆,共调整五次,四月份照三十四年八月份工资增加百分之七二强,六月份递增百分之二九,十月份产业工人增加百分之九,职业工人增加百分之一八,十一月份产业工人增百分之九,职业工人增百分之九．二,十二月份增百分之一三,上海市仍按月公布工人生活费指数,由各厂根据各类工人工资及指数增加倍数,逐月调整,至工人生活费指数一月份为一○六．二四五,四月份为二六九．四五○,八月份为四五三．六七四,十二月份为六四七．○三二,针织业因营业不振,曾经评定自五月份起,照调整额八五折发给工资,青岛市一月份为一七五．○五九,四月份为二八一．○九五,八月份为五二三．六四○,十二月份为八八五．八七七,广州市各业工资调整,参照工人生活费指数办理,天津市工资调整,系由社会局参照工人生活费指数,邀集各厂矿代表协商办理,各业工资若已达于指数增加倍数者,不再增加,不及者比例提高,其他如四川、湖南、江苏、浙江、陕西、甘肃、宁夏、广东、广西等省,亦经依据法令办理。

十九、义务劳动之推行

发挥国民义务劳力,自开始推行以来,至三十五年止,共动员人数达六○,二七四,九九○人,工作日数达三七九,三二四,○八四日,完成筑路工程一七八,五九九公里(内包括县乡镇道路及修补公铁路),水利工程一三六,四一一,三一七立方公尺(包括挖塘开渠筑坝),凿井二七,二五七口,地方造产事项,如垦荒一,七二四,○二七市亩,植树二○八,四一七,七八八株,自卫事项筑碉堡三四,一六七座,其【他】地方公共福利事项,如建筑学校、平民住宅、卫生所等四,九七九处,此外如宝天铁路之筑成,兰州市之市政建设,遂宁四联水坝之完成,及贯通成渝路之资威公路等等,皆系人民之义务劳力为之。

拾　粮食〔略〕

拾壹　司法行政

一、司法机关之恢复及设置

恢复及设置收复区光复区一、二两审司法机关之情形如下：首都设置高等法院一所，恢复地方法院一所。上海设置高等法院一所，恢复地方法院一所。江苏恢复高等分院三所，地方法院九所，县司法处十七所。浙江恢复地方法院十二所，县司法处九所。安徽恢复地方法院六所，县司法处十五所。江西恢复地方法院二所，县司法处九所。湖北恢复高等分院一所，地方法院十所，县司法处十二所。福建恢复地方法院一所，县司法处一所。广东恢复高等分院一所，地方法院十八所。河北恢复高等分院四所，地方法院八所。山东恢复高等分院六所，地方法院十九所，县司法处三十一所。山西恢复高等分院三所，地方法院六所，县司法处五十六所。河南恢复〔复高〕等分院二所，地方法院六所，县司法处三十七所。绥远恢复地方法院二所，县司法处三所。热河恢复高等法院一所，地方法院十所。辽宁恢复高等法院一所，地方法院二十所，地方法院分院一所。安东设置地方法院七所。辽北设置高等法院一所，地方法院十所，县司法处一所。吉林恢复高等法院一所，地方法院九所。台湾设置高等法院一所，地方法院八所。又各省为逐渐普设法院，新增设之一、二两审司法机关为，江苏设置高等分院一所，地方法院六所，安徽设置高等分院一所，地方法院一所，湖北设置地方法院一所，福建设置地方法院一所，广东设置地方法院十一所，四川设置地方法院五所，西康设置地方法院二所，甘肃设置地方法院十一所，以上计恢复或设置高等法院七所，高等分院二十二所，地方法院二〇三所，地方法院分院一所，县司法处一九一所。至收复区应迁回原址之法院已全数迁回。此外，因废止兼理司法制度而改设之县司法处，计安徽十一处，西康二十二处，云南五十六处，陕西十三处，河南三十二处，共一三四处。

二、监狱看守所之恢复及设置

恢复及设置收复区光复区监狱看守所之情形如下：首都新监一所，高等法院看守所一所，地方法院看守所一所。上海新监一所，分监二所，地方法院看守所一所。江苏新监五所，高等法院看守所一所，地方法院看守所九所，县司法处看守所十七所。浙江新监二所，地方法院看守所十二所，县司法处看守所九所。安徽新监三所，地方法院看守所六所，县司法处看守所十五所。江西地方法院看守所二所，县司法处看守所九所。湖北地方法院看守所十所，县司法处看守所十二所。福建新监二所，地方法院看守所一所，县司法处看守所一所。广东新监二所，地方法院看守所十八所。河北新监五所，地方法院看守所八所。山东新监四所，分监一所，地方法院看守所十九所，县司法处看守所三十一所。山西新监五所，地方法院看守所六所，县司法处看守所五十六所。河南新监一所，地方法院看守所六所，县司法处看守所三十七所。绥远地方法院看守所二所，县司法处看守所三所。热河地方法院看守所十所。辽宁新监六所，地方法院看守所二十所。安东地方法院看守所七所。辽北地方法院看守所十所，县司法处看守所一所。吉林新监二所，地方法院看守所九所。台湾新监四所，分监四所，地方法院看守所八所。又各省因新增地方法院而同时改设之看守所，计江苏地方法院看守所六所，安徽地方法院看守所一所，湖北地方法院看守所一所，福建地方法院看守所一所，广东地方法院看守所十一所，四川地方法院看守所五所，西康地方法院看守所二所，甘肃地方法院看守所十一所，以上共计恢复或设置新监四十三所，分监六所，高等法院看守所二所，地方法院看守所二○三所，县司法处看守所一九一所。至收复区应迁回原址之监所已全数迁回。

三、台湾司法制度之整理

台湾光复后，一切司法制度，自应适用内地法令办理，惟光复伊始，或为维持过渡期间之原状起见，或为顾虑当地环境起见，有不能不暂准酌予变通办理者：（一）日本统治时代于各地设出张所，为办理登记之机关,分设普遍,收效甚宏。我国接收后,地政机关尚未开办土地登记,此外如法人登记亦未容中辍,故台湾高院呈请维持原有机构,以便赓续办理,现正由司法行政部与地政署会商中。(二)依日本法令取得辩护士资格者,除日本人应令停业外,其余原属台籍人民,如遽令一律停业,不仅生活发生问题,即于法院办理案件亦多不便,已由司法行政部呈经本院核准,暂许继续执行业务,一面商由考选委员会于该省举行律师考试一次,宽定应考资格,以谋补教〔救〕。(三)台湾尚有一种司法书士,于法院之外代当事人撰拟书状并办理登记事务,成效亦著,为维持彼等生活起见,经司法行政部暂准易称司法书记,继续执业,一面并令台湾高院将办理成绩呈报,以便核办。

四、汉奸之处置

各法院处理汉奸案件,司法行政部为慎重计,对于报部判决书类,均详加审核,即检察官起诉书或不起诉处分书亦饬经报备核。至拘传不到之案犯,则颁通缉书表,分别通缉归案。

自三十三年十一月十二日起,至上年十二月底止,据各省市法院已报汉奸案件数目:检察方面计办结一六九二七案,内起诉者一一〇〇七案,不起诉者四〇三九案,其他一八八一案。审判方面计办结七〇八七案,内科刑者四四五四案,宣告无罪者一四五六案,其他一一七七案。

又各法院对于处理汉奸案件条例及惩治汉奸条例适用上发生之疑义,例如:(一)检举汉奸之范围,两条例规定不同,应以何者为准。(二)汉奸没收财产,是否以因犯汉奸罪所得者为限,抑包括其原有财产。(三)犯汉奸罪情节轻微者,是否没收其财产。(四)酌留家属生活必需费之标准如何。(五)汉奸财产如何执行没收。(六)汉奸已死,其财产是否可单独没收等。均经司法行政部指示或转司法院解释,并经该部订定执行没收汉奸财产应注意事项十四项呈准施行。

五、敌人罪刑之调查与审编

司法行政部对于敌人罪行之调查与审编工作，仍继续办理。自三十四年七月起至本年一月底止，共收受案数一八四九〇九案，已办结一五八六一八案，内译转远东分会者四〇五二九案，送战争罪犯处理委员会及先提名单补作审查表者一一八〇八九案，被害人可计算者二〇七一四四人，成立犯罪之被告三八七一人。关于审判战犯之各处军事法庭均已成立，应由司法机关遴选之庭长、审判官、检察官亦均派定，并拟改为专任，以利进行。

六、人民身体自由之保障

关于人民身体自由之保障，原系依照保障人民身体自由办法办理。司法行政部据各司法机关呈报此类案件，共计五一五案，均经分别指示。上年三月，提审法施行。人民得依该法声请提审，对于违法拘捕，并有科刑罚之规定。司法行政部除通令所属切实遵办外，又将该法所定提审票及通知书格式，一一制定，通令遵行。本年一月，宪法公布，其第二章第八条关于人民身体自由之保障，规定更为周密。

七、处理民刑事件之督导

各省司法机关处理民刑事案件，司法行政部除就经常呈送之判词书表严加审核外，并通令注意事项重要者如下：(一)民事案件毋得故意拖延，各级长官尤应随时考察，严加督促。(二)对于【出】征人家属之田产、婚姻等案件应限期解决。(三)办理民事执行案件应依强制执行法第四十二条第一项前段之规定迅速终结。(四)自本年一月一日起于二年内分批成立提存所。(五)对于选举诉讼及选举犯罪应迅速办理，认真检举。(六)处理通缉汉奸案件办理四项。(七)汉奸、贪污、烟毒等案件应从严惩办。(八)厉行保释制度。

三十五年度各省司法机关民刑结案数目如下：民事第一审四二四一七九件，第二审七七三六一件。刑事第一审三五二二四八件，第二审七一一六一件。详附表。

各省法院监所及县司法机关设置数目表(三十五年度)〔略〕

三十五年度审判机关民刑案件终结件数〔略〕

犯罪人数(三十五【年】度)〔略〕

各省监所人犯疏通一览表(三十五年度)〔略〕

八、法院监所之修建改良及充实设备

三十五年度经司法行政部拨疑〔拟〕修建改良及充实设备之法院监所如下：

(一)法院：江苏四十三处,浙江二十六处,安徽二十四处,广西二十三处,广东十三处,湖南六处,湖北二十七处,江西三十八处,福建十九处,首都二处,上海一处,四川二十九处,西康四处,云南十二处,贵州四处,甘肃二十三处,绥远一处,河北二十六处,河南六处,青海四处,山东七处,陕西二十四处,山西四处,宁夏十三处,察哈尔三处,共计三八一处。

(二)县司法处：浙江七处,广西二处,湖南二处,湖北四处,江西五十一处,福建五十九处,四川十七处,西康一处,绥远十三处,河南二处,山东二处,山西一处,察哈尔十七处,共计一七八处。

(三)监狱：江苏五处,四川一处,甘肃四处,安徽四处,绥远一处,宁夏一处,首都一处,上海二处,共计六十四处。

(四)法院看守所：江苏十五处,广西十八处,江西十七处,湖北十处,福建十处,河北三处,陕西二处,山东七处,河南九处,贵州八处,浙江三十七处,湖南二十五处,广东三十三处,四川十九处,甘肃十处,安徽七处,云南七处,绥远一处,青海一处,西康四处,首都一处,上海一处。共计二四五处。

(五)县司法处监所：江苏七处,广西九处,江西四十一处,湖北三十三处,福建二十五处,河北六处,陕西三处,山东六处,河南十处,浙江三十一处,四川二十三处,甘肃三十四处,安徽一处。共计二二九处。

九、监犯生活之改善

三十五年度司法囚粮,废止拨发实物办法,改由监所自行采购,因物价波动不已,原列经费不敷甚巨,几经追加预算,并迭以紧急命令,饬库拨款济急,副食费亦因物价影响,原定每犯月支一千元,不敷甚巨,经自九月份起,每犯每月改支三千元,又囚人衣被大多缺乏,除将溢支囚人用费追加数配拨各省专制囚棉衣被外,并由联合勤务总司令部拨助旧棉军服十万套,以补不足。

十、监所作业之扩充

三十五年度各省新旧监所扩充工场基金核定为二亿元,由司法行政部分配河南第一、二两监,浙江省第一监狱等三十监所,安徽第一监狱等二十六监所,湖南第一监狱等八监所,河北省第一、二、三等监狱,广东省第一监狱等八十六监所,云南省昆明等四十六监所,江苏省第三监狱等十一监所,江西省第一监狱等四十监所,广西省第一、二、三等监狱,山东省第一、五两监狱,甘肃省第一监狱等二十监所,福建省第一监狱等十三监所,四川省宜宾等十二监所,贵州省第一监狱等三十五监所,陕西省第一监狱等二十三所,湖北省第一监狱等三十三监所,司法行政部直辖上海、首都两监狱,及首都地院看守所,共计三百九十六监所。并按实际需要,以流动基金修建房屋购置器具三项分配用途。其未拨款之各省监所,则令饬斟酌地方情形,办理简单手工业,以增生产,总计各省开办作业之监所,共九百四十五单位,作业人数二万九千八百五十人。作业成绩最优者为上海监狱,全年盈余八一,七八五,五一二.〇〇元,其次为湖北第一监狱六,三六二,四二〇.〇〇元,及四川外役监六,六九〇,三四五.五〇元,其他各监所作业盈余亦较上年度激增数十倍。

十一、监犯移垦之推进

四川平武外役监工作成绩,历年均有进展。就三十四及三十五两年度比较,农作产品增加三分之一,割漆产品增加三分之二,菜蔬等类增加三分之二,畜牧产品增加一倍以上。

上年十二月，司法行政部奉主席手令利用囚犯劳力从事垦荒等工作，该部遵即拟具计划：（一）扩大四川平武外役监移垦人犯区域，以增生产。（二）将贵州第一监狱附设之平坝农场扩大为外役监，预定容额二千人。（三）在陕西狮子河流域庙坪荒地筹建陕西外役监，预定容额二千人，三年完成。（四）续饬甘肃、云南、福建、广东、广西等省高等法院会同省政府划定荒地，预备各设外役监一所。（五）其他各省再斟酌情形普遍推行。以上各项原则已奉核定，现正拟订实施办法，编列预算，积极进行中。

十二、监犯之疏通

各省监所人犯拥挤，司法行政部于上年五月特令饬切实疏通。三十五年度全年，据各省呈报疏通情形，保外服役一五四四名，调服劳役一〇三九名，假释一七八名，总计二七六一名。

本年一月，罪犯赦免减刑令公布后，关于赦免部分，司法行政部已规定罪犯核准开释程序，务期迅速办理，并严禁需索或其他舞弊情事，并饬将赦免出狱人犯由当地出狱人保护会设法妥为安置。

十三、司法人员之储备

关于司法人员之储备情形，就训练、考试、登记三项分述如次：

（一）训练：（子）司法官：司法行政部拟订之司法官训练办法，业经本院核定。中央政治学校第三期法官训练班，已由该部函商该校即定开班日期。（丑）监狱官：中央警官学校监狱官专修班，于上年一月开学，学生一三〇人，至本年年底毕业。（寅）检验员：四川高等法院委托国立中央大学医学院开办之高级检验员训练班，已经毕业，及格者一七人，陕西高等法院调集现任检验员施以短期训练，计一三人。（卯）监所看守：上海及江苏、湖北、湖南、河北、河南六处新监，共开办训练班六班，照预定计划训练完毕。

（二）考试：三十五年度举行司法人员考试两次。第一次录取高考司法官一六四名，普考法院书记官四四名，监狱官一八名，会计人员六七名，统计人员一六名，特考县司法处审判官九四名。第二次尚未放榜。本年度仍定举行司法人员考试两次,并拟尽量扩充试区,以便广罗人才。此外国立中央、中山、湖南、四川、武汉、广西六大学及朝阳学院三十五年度司法组毕业生,经铨定司法官资格考试及格者,共计一三二名。又司法行政部已商得教育部同意,在国立甘肃学院及私立东吴大学,自上年秋季起增设司法组各一班。

（三）登记：司法行政部为适应复员需要,举办司法人员登记,曾公布登记办法。于上年九月间奉令改为司法机关人员甄用办法继续办理司法人员之甄用。三十五年度,计审查合格,以司法官登记者二〇〇人,以审判官登记者一〇六人,至书记官、监狱官均系委任人员,依法由各省高等法院办理。此外会计人员登记合格者一八五人,统计人员登记合格者八二人。

十四、司法人员之任用

司法人员之任用,其可述者有下列三事：（一）台湾及东北九省司法官适用边远省份公务员任用资格条例予以任用。因东北九省幅员广阔,在伪满时代已普设法院,所需司法人员为数甚多,台湾则因甫经光复,情形特殊,司法人员罗致不易,爰均适用上述条例以资补救。（二）凡在专科以上学校修习法律学科三年以上毕业,并在广东大元帅府及西南政务委员会时期任推检二年以上者,虽未经部派或铨叙,准补送办案成绩审查,及格后视为具有法院组织法第三十三条第三款之资格,以广罗致。（三）关于司法官之回避本籍,在二十一年原定有司法官任用回避办法,司法行政部为严格执行起见,现又拟定实施办法通饬遵照。

十五、司法人员待遇之改善

（一）司法人员官等官俸表之修正。自法院组织法于上年一月修正后,一部份司法官之原为荐任者得改为简任,书记官通译之原为委任者得改为荐任,因之现行司法人员官等官俸表已不尽适用,即其余未升等之人员亦有提高级俸之必要,已由司法行政部拟具修正草案,正咨商铨叙部中。又司法行政部以上年一月间修正之法院组织法尚未臻完密,应再加修正,将司法官、书记官升等之范围予以扩充,亦据拟订修正条文呈由本院转送立法院审议。

(二)特别办公费之调整。依修正法院组织法应予升等之人员,其特别办公费亦应调整,业据司法行政部参照各员原支数额及上年四月份中央调整数额拟订标准,呈经本院核定,自上年十一月起施行。

(三)补助俸之增加。各省司法人员于本俸之外,给有补助俸,施行多年。上年四月间,经核定司法官月支补助俸二万五千元,其余司法人员仍分荐任、委〔简〕任及委任待遇三项,不论年资,各支原补助俸之最高额。上海、新疆两地加倍支给,嗣以物价继涨,自上年十月份起再行核定,各省司法官补助俸增加一倍,其余司法人员各照原补助俸最高额增加十倍,上海、新疆两地仍加倍支给。

十六、曾任伪职或出庭伪法院律师之取缔

抗战期间曾在伪法院出庭之律师,前由司法行政部通令暂停其执行职务,嗣经本院核定,自三十四年九月三日胜利之日起停止执行律务一年,期满准予复业。至律师之曾在伪组织任公务员者,纵未判处罪刑,究与仅出庭执务者不同,另由司法行政部呈拟参加伪组织任职人员限制任用候选办法,自上年八月九日该办法公布之日起,停止执行律务二年,以示区别,亦经本院核准。又伪组织所发律师证书一律认为无效,复业之后准予补领新证书,亦经该部制定处理伪证办法,公告施行。

十七、司法法规之修订

本期内关于修正旧法规者,有司法行政部所属各机关公务员交代条例施行细则,法人登记规则,非讼事件征收费用暂行规则,提存法施行细则,律师法施行细则,高等以下各级法院缮状处规则等。关于增订新法规者,有没收汉奸财产酌拨司法补助费办法,司法行政部司法补助费管理委员会组织规程等。

十八、公设辩护人制度之推广

公设辩护人条例施行区域,司法行政部前已指定重庆等二十九处,嗣又指定青岛、济南、安庆、太原等四处为施行区域。

十九、公证制度之推行

三十五年度各省地方法院成立公证处已据报者,计江苏七处,浙江七处,安徽五处,福建一处,广东十九处,湖南一处,湖北三处,四川七处,云南三处,贵州一处,山东七处,山西三处,河南二处,甘肃十处,西康四处,新疆一处,河北三处,台湾七处,辽宁十九处,辽北二处,共计一一二处。又因公证事务发达而酌设专任公证人员之地方法院,共计四四处。

拾贰 蒙藏

一、蒙事部分

(一)督导收复区盟旗政府复员

日寇败降后,蒙藏委员会即派遣蒙旗宣辅团,及蒙古宣导团,前往各盟旗督导复员,东北方面,并经东北行辕设置蒙旗复员委员会主持办理。截至三十五年年底止,各盟旗之业已恢复组织,呈报中央有案者,及正在进行复员者,列表如左。至目前尚未收复之盟旗地区,亦已分别派员联系,一俟国军进驻,即可迅速复员。为资助收复区各盟旗政府迅速复员起见,曾经本院核拨绥境各盟旗每单位一次补助费五百万元至七百万元,热境各盟旗每单位一次补助东北流通券四十万元,已拨交该会收领转发。

(一)收复区内已复员盟旗政府一览表

盟 旗 别	盟旗长官姓名	所属省区
卓索图盟	盟长达克丹彭苏克	热河省
土默特左旗	扎萨克云丹桑布	热河省
土默特中旗	扎萨克沁布多尔济	热河省
土默特右旗	扎萨克宝音乌勒吉	热河省
喀喇沁左旗	扎萨克墨尔根额	热河省

续上表

盟旗别	盟旗长官姓名	所属省区
喀喇沁中旗	扎萨克金紫绶	热河省
喀喇沁右旗	扎萨克笃多博	热河省
锡埒图库伦旗	扎萨克宝颜德勒格尔	热河省
昭乌达盟	代盟长苏那木达尔济	热河省
奈曼旗	扎萨克苏达那木达尔济	热河省
科尔沁左翼前旗	扎萨克乌宝	辽北省
科尔沁左翼中旗	兼代扎萨克贺喜业勒图墨尔报	辽北省
科尔沁左翼后旗	扎萨克和希格	辽北省
科尔沁右翼中旗	兼代扎萨克曹剑潭	辽北省
郭尔罗斯前旗	扎萨克达木林多尔济	吉林省
四子部落旗	扎萨克索诺穆绰克珠尔	绥远省
喀尔喀右翼旗	扎萨克悬缺正选补中	绥远省

(二)收复区内正在复员之蒙旗一览表

旗别	所属省区	备注
翁牛特左旗	热河省	
翁牛特右旗	热河省	
敖汗旗	热河省	
扎鲁特旗	热河省	

(二)护送来归各盟旗官民回旗

抗战期间,蒙古各盟旗长官,先后由陷区率部来归者,计有归化土默特旗总管荣祥、乌拉特前旗护理扎萨克寄俊峰、乌拉特后旗护理扎萨克贡噶色楞、察哈尔右翼正黄旗代理总管胡凤山、察哈尔右翼镶蓝旗总管阿凌阿茂、明安旗护理扎萨克额仁沁达、赖乌兰察布盟盟长巴宝多尔济、乌拉特中旗扎萨克林庆僧格等及所属官民约七百人,日本败降后,蒙藏委员会以各该盟旗陷区蒙民亟需安抚,曾经分饬各该蒙旗长官,迅即回旗主政,并发给每单位返旗旅费国币三十万元至五十万元。

(三)调协省县与盟旗间之纠纷

蒙古地方因省县与盟旗并存,事权不清,常滋纷扰,尤以收复区各盟旗政府恢复组织办理复员时,各边省所属县局间因不明盟旗组织沿革,致生扞格。如绥远归化土默特旗,因颁发国民身份证,与征收矿租与绥远省政府发生纠纷,经该会拟具办法呈由本院转电绥蒙指导长官进行调处,又热河平泉县与卓盟喀喇沁中旗,因税收问题发生争执,亦经该会与内政财政两部会呈本院,转饬热河省政府,会同卓索图盟盟政府,商拟适宜办法呈送核定施行,该会为免继续发生此类纠纷,曾通函蒙边各省政府饬属对蒙古各盟旗政府恢复组织办理复员时,予以维护协助,并由本院通令蒙边各省政府对于蒙旗人民自由及其固有权益,特加保护,至省蒙关系之根本调整,牵涉省县盟旗之权界问题,须俟边疆各盟旗地方自治方案核定公布,划清省县与盟旗权界后,方能为彻底之解决。

(四)救济蒙旗人士及其灾害

日寇败降后,内蒙各旗人士,流落平津绥包,及东北等地者为数甚多,大都衣食无着,嗷嗷待哺,蒙藏委员会为救济其生活起见,曾于三十五年春,呈请主席张委员继、鹿委员钟麟,就近宣慰,并拨内蒙慰劳品金一千万元,由张、鹿两委员发放,嗣复拨东北及热察等省流落绥包蒙胞救济费二千万元,由该会转交绥境蒙政会,与绥蒙党部办理救济,并拨东北蒙胞流落平津救济费一千二百万元,由该会驻平办事处与察蒙、热蒙两党部,会同发放,本年一月复奉主席饬拨蒙旗流亡平津长沈绥包等地青年救济费两亿元,由该会转交中央组织部陈部长统筹发放。至蒙旗灾害之救济,如青海左翼盟所属和硕特北左、北右末、西右中各旗,因迭遭哈萨劫掠,损失惨重,业经拨发振款六百万元,交由该管盟长购置羊种,分发被害蒙民,以资繁息,又热察绥等省蒙旗灾情严重,亦经拨热蒙四亿元,察蒙一亿元,绥蒙两亿元,交该会会同各该省政府配放中。

(五)筹办蒙旗青年收容训练

蒙藏委员会已会同有关部会拟具蒙旗青年训练委员会组织规程草案,蒙旗青年训练班组织办法草案,及所需经费概算呈院,现正审核中。

(六)派员整理北平喇嘛寺庙

蒙藏委员会,为管理平热两地喇嘛寺庙,曾沿袭旧制,于北平设置喇嘛寺庙整理委员会,七七事变,工作停顿。日本投降后,经呈准恢复组织,仍责成原任该会主任委员章嘉呼图克图负责主持,并由该会会同章嘉所派代表将北平喇嘛寺庙整理委员会人事,及各庙任职喇嘛予以调整充实,并将所属各庙庙产予以调查整理。

(七)继续派遣协赞专员协赞盟旗任务

蒙藏委员会为协助蒙古各蒙旗长官,推进政务,并加强各盟旗与中央之联系起见,曾慎选合格训练人员十二人,分驻乌伊两盟各旗及宁夏阿额两旗、青海左翼盟与青海右翼霍硕特前首旗等盟旗,各员到任以来,均能协和地方完成任务,比以沦陷各盟旗日渐收复,前项协赞专员有派遣前往辅导之必要,经该会呈准于收复区各盟旗,择要酌派。

二、藏事部分

(一)西藏选派代表出席国民大会并致敬元首庆祝抗战胜利

西藏出席国民大会代表僧官图、丹桑批、俗官索朗汪堆等一行三十余人,于三十五年四月取道印度加尔各答飞京,由蒙藏委员会予以招待。以大会开幕日期未定,乃由该会派员陪同赴沪杭及普陀一带参观游历,旋赴北平避暑,各代表等对内地文物之盛极为欣慕,秋凉后,遄返首都参加大会开幕,该代表等并以我国抗战胜利,全藏僧俗官民大会一致兴奋,曾托由该代表等致送礼品及函件上呈主席、暨中央各首长,藉申庆祝致敬之意,在大会期间各代表对大会组织及制宪工作,时有未能明了之处,均经该会派员详为解释,又旅居内地西藏人民代表计字结滇坚赞纪云等六名,亦经于会前,由青海飞京出席大会,并表示真诚拥护宪政之意。

(二)关于西藏政教问题之商讨

西藏距离中枢窎远,政教情形特殊,加以边界邻近英印,外交关系复杂,故地方政权常与中央呈脱节状态,尤以康藏界务未定,为以往纠纷之主因,班禅转世事宜未能完成,为康藏人民之所悬念,凡此均系亟待解决之问题,此次西藏代表离藏前,曾由西藏政教当局,将各项问题提付三大寺及僧俗官员大众全体大会讨论,并由大会名义上主席及中央各院部会长官呈文一件,交由代表呈递前来。原呈所陈有关西藏政教制度、国防、外交及康藏界务等项,牵涉范围颇广,奉主席电令,交由蒙藏委员会派员与该代表等切实商讨,据该代表等表示,此来任务单纯,对西康官民大会呈文中所请事项无权商讨,希望中央对原呈所请各项,分别予以明白批示,以便回藏复命,当经该会详加研议后,拟具批示意见呈复主席核准,并已电达该代表等知照。

(三)班禅转世案近情

班禅转世灵童,原经西藏宗教当局,择定青海境内官保慈丹及恪君扎西二名,西康境内拉玛一名,共三名为班禅佛身心意化身,嗣据班禅堪布会议厅呈报,恪君扎西生年在班禅圆寂之前,拉玛已经夭折,现惟有官保慈丹一名最为灵异,蒙青康藏僧俗一致信仰拥戴,请中央准予明令宣布官堡〔保〕慈丹为第十辈班禅之呼毕勒罕,并护送入藏坐床等情,蒙藏委员会以班禅转世事,与西藏政教前途关系甚巨,不可不慎重办理,经电嘱西藏当局查复,旋准复电,谓恪君扎西生年无误,拉玛亦仍健在,请中央将三灵童送往西藏掣签决定,业经该会复电嘱将掣签日期决定,呈报中央,以便派员入藏依照旧例办理,现尚未准西藏当局复电。

(四)召致藏族青年就学内地

西藏地方偏僻,青年前来内地求学至为不便,尤以世家贵族子弟不愿远离乡土,曾无就学内地者,此次西藏选派国民代表大会来京时,该会经劝导西藏贵族青年前来内地就学,当有达赖佛克〔兄〕

嘉乐顿珠及其姊丈黄国桢二人，随代表等由藏来京，晋谒主席后请求入学，当由该会商同中央政治学校特许该生二人入学，施以个别教育。又拉卜楞保安司令黄正清之子恭宝朗吉及其婿杨世杰，现已请准与索嘉顿珠等一同受教，恭宝朗吉为青海河南亲王之婿，杨世杰系甘肃阳务旗土官，均为将来负边疆地方实际责任之青年。

(五)保护康藏地方外国传教士

康藏地方，外国教士前往传教者，颇不乏人，以基督教与喇嘛教信仰不同，每致发生纠纷，西康盐井属叶迦罗地方，早设有法国天主堂，去年春，因当地朔和寺喇嘛以教堂地产事，将传教士等驱逐出境，经法国大使馆转请我外交部予以制止，外【交】部以该区现归藏军占领，转函蒙藏委员会电西藏政府迅予制止，旋准藏政府复电，谓已令昌都萨汪禹妥迅饬该地人民，将天主堂地产发还，并保护教士回至该地传教。

三、编译刊物

(一)出版定期刊物

(甲)蒙藏月报　将中央文告、政令、政情与国内外大事，以时日之顺序，事项之类别，汇编译印为国蒙本、国回本、国藏本三种，按月发行。自民国十七年创刊迄今，已发行十八卷二百一十六期，为国内唯一历史悠久之国文边文合璧之刊物，现第十九卷第一、二两期正在编印中。

(乙)边疆通讯月刊　本刊以介绍边疆社会文化之实况，并沟通联系国内各边疆文化团体之工作与消息，藉以相互探讨边疆各种建设之实际问题为目的。自创刊以来，亦已数年，一度以复员关系，各方联系及报导间断，致未能按期发行。兹第四卷第二期业经出版，第三期亦在排印中。

(二)编印建设丛刊

在抗战期间，蒙藏委员会为团结边胞，共赴国难，曾以国文边文合刊抗战丛刊多种，兹抗战胜利，建国开始，亟宜鼓舞边胞一致致力于伟大艰巨之建国事业,该会拟将主席及党国名人有关建设言论,政府建设计划及国内重要设施,编为建设丛刊,仍以国文边文合刊,广为印行。本年度已编译完成《伟大的蒋主席》、《五五还都》及《首都南京》数种。

(三)译印边文宪法

中华民国宪法,已于本年元旦,明令公布,该会为期边胞于宪法实施有所遵循起见,乃将宪法译印为蒙、藏、回三种文字。并由该会邀请教育部、中央组织部及各族留京精通边文人士开会审查,均已先后译审完竣,即将大量印行。

四、边情调查

(一)德至黑沿线地带

德格、玉树、黑河,位于西康、青海及西藏之极边,为汉藏交通之孔道,居民皆为藏人,地方政权多操于土司头人之手,民国以来,数次之汉藏冲突皆发生于此区域,故环境复杂,纠纷特多,蒙藏委员会为彻底了解该区情况起见,特于三十五年度,令饬派驻喀木调查组负责人员,自德格出发,循经玉树黑河沿线往复调查普遍探访,除已将应兴应革事项,随时分别提供有关机关参考外,并将全部材料整编,为有系统之调查报告中,现正改编中。

(二)康滇缅边区

康滇两省为我国西南之屏藩,居民种族复杂,民风骠悍,南与缅甸交界,国界向未划清,年前英人即进入察隅潜移界碑(挑拨民族感情,以逞其蚕食之政策),该会为明瞭该地实情,并为来日勘界之准备起见,于三十五年度中,饬令派驻滇西调查组派员,前往门工、察隅一带调查,已完成一部份工作,三十六年度仍将继续进行,一俟调查完竣,仍拟编印调查报告书。

(三)蒙古各盟旗

该会以前派员在内蒙西部伊克昭盟等地调查工作,业已印有调查报告书多册,分送各有关机关参考,胜利以后,即饬绥蒙调查组派员随军前往绥包,继迁至归绥,途经各地,已将复员情形接收状况,暨军政措施,与夫民生疾苦随时报告。

拾叁　侨务

一、侨务管理

(一)遣送归侨出国复员

(甲)普通归侨复员　自日本投降后,所有海外因受战事影响,避难归国侨民,应予复员,侨委会一面分区登记出国人数,与行总联总商定遣送办法,一面请外交部分向各居留地政府商洽入境手续。关于登记出国人数,截至三十五年十二月止,统计各地归侨有海外证件可以复员者,七二,七七二人,证件遗失者,七,八二三人,前者则造册请行总联总遣送,后者则造册请外交部交涉。现出国人数,计由政府遣送从云南返缅甸者,六,七四二人,从广州返缅甸者,一,九〇八人,从云南自费返缅甸者,八,三二〇人,从广州自费返马来亚者,七一〇人,从汕头自费赴暹罗者,八,二四三人,从厦门自费返南洋各地者,二,三〇〇人,由政府遣送从香港返马来亚者,一,四四六人,连返越南、菲律宾未详报之人数计算,已超出三万人以上,现仍加紧遣送中。至复员补助费,在去年三月核准,返缅归侨每人补助缅币五百元,返马来亚者每人补助美金贰百元,人数以三千为原则。其中补助返缅者,占二,七四六人,共缅币一,三七三,〇〇〇元,折合国币八三六,一五七,〇〇〇元,补助返马来亚者,占二五四人,共美金五〇,八〇〇元,折合国币一〇二,六一六,〇〇〇元,共计国币九三八,七七三,〇〇〇元,均由侨委会分配于渝昆筑三地归侨,派员发放完竣。

(乙)回国服务华侨机工复员　抗战期中,马来亚华侨机工应南侨筹赈总会之号召,于二十八年回国服务者,凡九批,共三,九一三人,其间为国牺牲,或中途散失者,约过半数,战争结束,自应予复员。去年开始调查,其由云南华侨互助会,及滇粤侨务处,与侨委会分别登记者,计第一批一,一五四人,第二批二五一人,第三批一二五人,第四批二一八人,共为一七四八人,由侨委会与行总联总商定遣送办法,外交部交涉入境手续,并由有关机关商定名誉奖励反〔及〕核给奖金,计每人美金贰百元,折合国币六十七万元,共计国币一一七,一一六,〇〇〇元,经由侨委会先后派员在渝昆筑分发,现虽尚未全部结束,然各批机工领到奖金、奖状及证明书,办完出国手续,已经放洋者,已达九百四十人,其余仍在加紧遣送中。

(二)华侨复业贷款

太平洋战事发生后,南洋华侨事业,大受摧残,战后必须助其恢复,以裕资源。案经侨委会与财政部拟具"华侨复业贷款办法",呈经院会通过,计贷款总额为美金五千万元,由财政部商请中央银行担任百分之七十五,其余中国、交通两行担任百分之二十五,饬由中国交通两行在海外举办。分为五区:(一)菲律宾区,(二)马来亚区,(三)东印度区,(四)缅甸区,(五)暹罗区,每区所需之款额,另行酌定。贷款方式,分为二种:(一)抵押贷款,须有相当担保,每户以美金壹万元为限,(二)信用贷款,得以商号或侨商担保,每户以美金壹千元为限。利息减至极轻,期限最多年半,凡华侨前办农工商矿业亟须贷款恢复者,经当地领事馆之证明,得向当地经办银行商请贷借,此举对侨民复业裨益甚大。

(三)保护侨民

保侨分积极、消极两种:前者为增进其权益,后者为解除其痛苦,属于前者为:(1)改善澳洲移民,(2)与美国定额移民,(3)越南土生华侨国籍问题,(4)派员赴越南视察侨情,(5)派员参加赴暹代表团慰问华侨,(6)派员分赴南北美洲视察侨务,(7)提供改善中比商约,及提供越南华人过去所得之特权,以作订约参考等。属于后者为:(1)法越荷印战争,华侨备受摧残,向双方分别抗议,并由各有关机关商订保护及救济办法,(2)萨尔瓦多之限制出入国苛例,交涉取消,(3)南非洲联邦之亚洲人法案,积极交涉改善,(4)景栋征收华侨进口税,交涉改善,(5)菲律宾莱市商国营案,提请缓办,

(6)暹罗实施人口苛例,正在折冲,(7)印尼市颁布存款条例,已在交涉,(8)台民在暹罗被拘四百余人,经商洽释放,(9)战后华侨重返巴拿马问题,请予延长入境期限等。

(四)救济侨民

救济侨民,分国内国外两项。关于前者为:(1)海澄饥荒侨眷缺乏粮食,由行总迅运国际粮食前往救济,(2)厦穗待遣出国侨民四五千人,生活困难,由行总转饬闽粤分署办理救济,(3)由侨委会拨发被迫返沪美侨救济费五十万元。关于后者为:(1)拨发荷属文登难侨五千人救济费国币五千万元,巴达维亚难侨七四人回国旅费美金二六七七五三元,仰光难侨救济费缅币壹万盾,留印哈萨克人生活费七万四千五百六十八盾,留义归侨旅费美金三万元,留比侨民四十五人回国旅费英金二千磅,拨交驻巴达维亚总领馆救济荷印难侨英金壹万磅,(2)此次法越战争,我侨损害惨重,除经提出抗议,并拨救济费越币贰百万元,又法币五千万元,及派员赴越办理救济,此外旅外难侨已遣送回国者,有由槟城返厦汕一百人,由日本回粤一三四人,由德义回港转粤六百余人,由婆罗洲回港五九四人,由荷印返国矿工一千七百人,由德国回国学生及难侨一八四人,由马尼剌回国六五八八人。尚有在海外流落候遣回国者,计南洋、日本、印度、欧美、苏联等三十处,共有一五,九一七人,在继续办理中。

(五)指导海外侨民团体

该会为指导海外侨民组织团体,以集中力量推行国策,于抗战胜利后,通令海外各救国团体,改组为华侨建国协进会,以协助政府完成建国大业。前暹罗政府对华侨持不友谊态度,容纳其他分子在各侨团活动,分化华侨力量,经订就指导暹罗侨团要点,着侨委会委员谢作民于协同访问暹罗时,注意指导。又海外侨民团体,确定由该会主管,前此侨团备案规程,已不适用,经另订海外侨民团体备案规程。又为整理侨团督促备案,以期切取联系,经检发指导侨团备案通告及法规表件,分令各领馆办理。又南洋沦陷期间,已备案侨团,经敌伪之摧残,变动甚多,经制调查表,分饬查报。为使海外商业团体,与国内商业团体,发生关系,于三十五年全国商会联合会成立大会时,电令海外中华商会,推派代表来京参加。此外如指导荷印侨民组织中华总会馆,越南河内组织中华会馆,各办事处以统一指挥,应付纷乱局势,及与驻港粤总支部,及其他党部,设法阻遏不良份子潜入各团体运动,均著成效。一年以来,侨民团体,呈请备案经审查适合准予备案者,有河内中华会馆等六十单位,指示备案及布告选举职员者,有委内瑞拉中华总会馆等七十七单位,督促备案者,有旅比华商协会等二十余单位。

(六)发展侨民经济

侨民经济与国家经济有密切之关系,经该会制就侨民经济调查大纲,调查办法及表格等,分令驻外领事馆详细查报,以为研究拟具发展侨民经济计划之依据。三十五年十一月间,全国商会联合会成立大会及国民大会,先后在京举行,海外各地出席代表,在华侨社会均孚声望,且对侨民经济事业亦有研究与经验,爰于十一月九日,举行华侨经济座谈会,除由出席代表报告各地经济状况及提供意见外,并由侨委会暨经济部提出议题五项,交付讨论,经一致通过,由主管机关研究详密方案付之实施,此外如侨民李迪贤,呈拟组织兴中贸易股份有限公司,郑煦呈拟设立马来亚华侨海南岛垦殖有限公司十余案,亦经分别指示,并分函有关机关协助,以鼓励华侨回国投资兴发实业。

二、侨民教育

(一)侨教职权划分

中央第六次全国代表大会,通过侨务行政决议案内,关于统一事权一项,曾经决议海外侨民教育文化,归由侨务委员会主席,而国内侨民教育文化,归由教育部主管,经本院于三十五年二月十九日,第七三四次院会决议遵照实施,并颁发"华侨教育职权划分主管办法",至是侨教事权划一,责任分明。

(二)南洋侨教复员

太平洋战前侨民学校,共有三二三一所,其中百分之九十四,均在南洋,战时损失重大,如何复兴重建,确为严重问题,该会对于侨校之投置,经费之筹划,学籍之厘定,教员之检核,教科书之供应,损失之查报,忠贞之奖恤,侨教自由之争取,以及侨教团体之组织等,均曾有所规划。同时以战后侨胞景况不佳,对于侨民教育,势难自力更生,拟请拨款补助,无如国家财政困难,外汇更形缺乏,乃将原定计划择其与经费无关事项,演绎为较详细之条文,分令各地办理。又以各地教材奇缺,经购买大批中小学教科书籍,寄赠立案侨校,中学每校三套,小学每校六套,约需补助国币壹亿二千万元。

(三)恢复函授学校

该会于民国三十年,设有侨民教育函授学校,招收学员一千二百名,太平洋战起,交通断绝,该校亦即停办。胜利还都后,经筹备恢复,于三十五年十一月底正式复校,重行招生。

(四)改组华侨教育总会

华侨教员总会之筹备,原为辅导海外各地教育团体,协助政府,推行政令而设,战时人事变迁,工作停顿,胜利后,经核准在总会未正式成立时,暂由该总会筹备委员会替代总会执行职务,现该总会已于三十五年十一月改组成立,至海外各地支分会,亦正由该会健全其组织中,已据报支分会改组成立者,计有香港、澳门、缅甸、加拿大之温哥华,及南美乔治等单位。

(五)简化侨校立案手续

海外侨校,战前调查共有三二三一所,计战前已立案之侨校四九三所,战时陆续立案者一二三所,三十五年立案者四十七所,现共有立案侨校六六三所,内计中学一〇九所,小学五三八所,职业七所,师范一所,补习学校六所,民众学校二所。现在并将侨校立案手续予以简化,将旧用立案用表十余种,归纳为三种,并免缴学校章程及校董事章程等项,但对于立案标准则并未降低。

(六)办理国内外宣传

(甲)印发华侨通讯:每半月分别将国外侨胞之生活状况及当地社会之动态,编发国内各地报馆采录,同时将国内复员建设及侨务工作报导海外各侨报登载。

(乙)播音宣传:每周将有关侨务事项,及国内时事与鼓励宣慰侨胞之事情,派员往中央播音台讲播,或摘要撰稿随时托该台代为转播。

(丙)出版华侨青年刊物三期,每期约三千份,分发国内外侨团阅览,以广宣传。

(七)辅导国内外侨民文化团体

侨民在国内外所创办之文化团体,侨务委员会曾健全其机构,经制发侨民文化团体文化事业调查表格五种,分令回国侨民所创办之文化团体及各驻外领事馆详查填报,截至目前止,计收到此项报告有十二处。三十五年七月,该会又训令各驻外领事馆转知辖内原有之侨民文化团体,重行声请登记,其系新创设者,应呈请备案。现侨报呈请登记者,有汕头《华侨日报》,暹罗《新中国日报》,越南《妇女日报》等五家。

(八)推行侨民社会教育

查旅外侨民,乃数千万,多属工商分子,大都年少失学,为启迪其知识,提高其技能起见,经印发海外及各地侨团侨校"办理华侨民众学校办法"二千份,供其参照实施。并通令海外各地尤其南洋一带之侨团侨校,督促设法恢复战前各地之侨民阅书报社,及酌量增设图书馆,及赠发华侨阅书报社书籍,俾供众览。

三、侨务问题之研究

侨务委员会为研究侨务问题,于三十一年设立侨务问题研究室,专责研讨有关侨务事项,历年完成专题研究报告五十册,编纂专书十四册,编译专书三册,三十五年度继续办理,针对需要,广搜有关资料,完成专题研究报告计有:《国际托管制度之研究》、《各国殖民政策之研究》、《侨民在侨居地待遇及改善之研究》、《华侨国籍之研究》、《南洋椰干及椰油》、《南洋锡矿》、《南洋烟草》、《南洋蔗糖》、《南洋铁矿》、《南洋煤矿》、《南洋树胶》、《南洋概览》、《旅泰华侨帮派组织》、《英帝国对缅白皮书》、《最近缅甸经济概况》、《缅甸论》等十六册,经五年研究之结果,已将各国移民律例爬梳出一个系统,各重要侨居地情形及各国之移民政策草成报告,以供今后施政之参考。

拾肆　水利〔略〕

拾伍　资源〔略〕

拾陆　卫生〔略〕

拾柒　地政〔略〕

拾捌　善后救济

一、工作概况

该署工作区域分布极广,各分署一部分数字尚未到齐,故本报告中有关分署资料,仍有一部分数字,计至去年年底。

(一)急振

去年春,战灾区域,甫经收复,该署首先办理各地紧急救济,由分署组织急振工作队,深入灾区,会同当地自治机关及慈善团体,发放振衣,振量。嗣以湖南及两广饥馑严重,专案配拨面粉,抢救饥民。及去年秋冬两季,皖北苏北及豫东氾区,因去年水旱蝗灾,兼起并作,人民生活,痛苦万状,复与有关机关配合办理急振工作。总计去岁一年之内,各分署先后成立之急振工作队为二六九队,免费发放之振粮三十余万吨,旧衣及其他衣着物资一万五千余吨,其中专为老弱残废孕妇病人救济者,占上述物资百分之十一强,总计受惠人数达四千八百余万,在本年一月底各地现存之食粥厂尚有一百二十余处,并在主要城市设有营养站。

(二)工振

工振办法,约分大型与小型两种,大型工振由总署或分署会同有关机关配合办理,原则上为该署负供应物资监理发放之责,其他机关则担任召集工人办理技术方面工作。小型工振则由县工振会拟具计划,送分署申请物资,由分署派员查核后,酌予配发。其发放监督概由县工振会办理,但须向分署报核分署所配发之物资。截至本年一月底为止,小型工振举办者,计一百二十余项,其中水利方面为多,如修堤、浚河海、筑坝等是。次为筑路,再次为卫生工程,如清除垃圾,疏通下水道等项。此外尚有缝纫与纺织等项,惟为数甚少。大型工振目的在多用非技术工人,故推行范围皆以水利工程为限。其中重要者计二十余项。总计在推行工振方面供应之面粉,截至去年年底,已达十六万余吨。参加工振之灾民,已达一百五十余万。工程完毕后,受惠田亩约可在五千万亩以上。

对于参加工振工人之待遇,原应以一般工资率为标准。惟工振面粉经联总限制,每人每日不能超过二市斤,其余工资应由我方自筹。我因财政困难,未在面粉之外,另筹工资。

(三)遣送难民工作

遣送难民还乡,为该署最先着手举办之业务。胜利之初,即在渝、昆、筑三地设立难民疏送站,专司遣送工作。此后各分署先后成立,分于辖区内,自行设立遣送及招待所,共达百余所。截至去年十二月底,共遣送难民一,○一五,七四九人。其中华侨占二四,七七一人,外籍侨民占三四,五九六人。余系本国难民,遣送费用共达二五○亿元。

(四)共区救济

联总第一届大会,曾确立决议案,规定物资救济之对象,不得因种族宗教及政治信仰之不同,而有所歧视。该项决议案为联总基本政策之一,对该署当有拘束力,因之该署于去年年底,即与中共代表周恩来商订关于共区救济之合约,规定救济以曾受战灾之人民与地方为对象。救济物资之发放不经军政机关,而由人民团体协助办理等项。本年二月初,即开始共区救济工作,每次放振均有联总代表协同办理,务使物资直达人民手中为目的。

(五)卫生

(甲)协助卫生事业复员:1.向联总申请医药物资,无价配发全国各公私医药卫生机关。计所申请之医药物资,总额计三万吨,其中包括五万具以上病床之设备。截至本年一月底,该项器材接收之总量为一五,四八七吨。配发各地应用者计一〇,九七二吨。2.协助医务机关修复房屋,凡战争期间遭受破坏损毁之医药机关,其房舍建筑修复,皆援以工代振之原则,优先补助工振面粉,并由本院在善后救济基金项下,拨发八十三亿八千五百万元,专以协助各医药机关修复及训练人员之用。迄至去岁年底止,受补助之机构,共达一,六三七单位。3.向联总请派医药人员协助医药工作,及训练我国医药人员。截至本会一月底止,派往各地者共达一百四十人,其中包括资历甚高之各项专家。

(乙)医疗防疫工作:该署规定凡接受该署医药器材补助之机关,其诊治病人至少应有五分之一为免费。其有病床设备者,至少必设免费病床五分之一,优先供给战灾及贫寒病人之治疗。该署供应药品,须全部免费,不得转卖。故全国一千六百余所接受本署补助之诊疗处所,皆为代理该署从事医疗及防疫工作之机构。此外,该署复与卫生署合组医疗防疫大队共十队。每大队下设十余小队。由该署供给医药器材,卫生署派用医药人员。各队经常流动各区内,从事医疗及防疫工作。另有卫生工程大队一队,下设巡回小队六队,担任环境卫生工作。以上各医防队疗治之病人约二百五十余万。预防接种之注射达千万人。卫生工程队在贵阳、广州、东莞、汉口、宜昌、长沙、南京、福州、西安、天津各城市,所完成之清除下水道饮水消毒工程二十余起,除蚊灭虫工程二百余起。又去岁沪、渝、汉、闽、浙、赣及东北各地,先后发生霍乱、鼠疫、黑热病、天花等严重病疫,均经该署各队与分署卫生组会同当地卫生机关协力扑救。

(六)工矿与交通

对于工矿业之恢复,原定之范围甚大。后以联总将预算核减,不得已缩小其范围,限定于公用事业方面。截至本年一月底为止,将收到之工矿器材共六万七千余吨,业已配交各方面应用者六万六千余吨。其中水利器材约二万吨,已配交水利工程方面应用。出售者至去年年底为二万三千六百余吨。其余为发电、自来水、矿厂与房屋修理器材。

发电设备方面,至目前为止,已配发各地之发电机大小合计达四百余部。在本年七月以前,仍有价值七十万美元之发电设备及六百瓩至二千瓩之发电机约及百部,可以到达。发电设备原则上为折价出售,其优先售给之对象为战争期内破坏之电厂,及矿厂与医院之发电所,全部发电设备,供应本国之后,将超过我国战前之发电量。

自来水厂之设备,预算为五百万美元,现已运到我国者达五千余吨,当在本年九月以前全部运到,将悉数配售各地自来水厂,即可全部恢复战前状态。

向联总申请之矿厂器材,预算为六百九十万美元。现已运到我国者为三千一百吨,其中有钢缆煤车等项,优先配售战争期间被破坏之矿厂。

交通器材,截至本年一月底,收到总额为二六五,六八六吨。其中铁路器材为十三万吨弱,悉数无价交由交通部分配。其余有公路应用之卡车拖车及修路设备,计为五七,二七五吨。水上运输之驳船、趸船、登艇等陆项计六七,七六六吨。电讯器材五,六一五吨。另有五千余吨尚未分类。公路之卡车作价出售者占三分之一,余为分署及公路运输队等留用。水上器材已装配完竣者,为三万七千余吨,出售者两万二千吨,余交该署水运大队应用。电讯器材一律无价交由交通部分配应用。

(七)农业与渔业

在农业渔业方面之工作方针为:(1)恢复过去之农村耕作能力。(2)防止水旱虫灾作物与牲畜病疫。(3)协助建立新式渔业。

在恢复耕作能力方面,因战时人力畜力损失皆重。故该署计划输入耕牛二万五千头。农业机械包括拽引机、抽水机及凿井设备等两万吨。小型农具一万五千吨。农具装造设备六千吨。化学肥料二十二万吨。改良作物种子六千吨。此外有杀虫剂一万二千吨,兽医药材五十吨,另有机器渔轮二百三十艘。截至本年一月底为止,联总供应之农业渔业物资达一三五,五九四吨,另有军驴七九二头,乳牛七百三十头。其中以肥料为最多,计八五,五七四吨。除去三千余吨分配湖南、湖北、河南、安徽、浙江各地外,余悉分配台湾。盖台湾人民习于应用化学肥料,据熟习当地农情者言,每吨肥料之施用,约可增加两吨粮食之生产。

为训练机器耕种人材,曾在河南、湖南先后设立拽引机训练班,一面代耕战后荒地,一面训练当地农民,使用机器。

农业机械包括耕种机、抽水机,及凿井机,农具制造设备及小型农具,共计已运抵我国三七,四八○吨。其中农具制造设备,悉数拨交该署与农林部及四行合组之农具制造公司应用,将从事大规模农具制造,廉价出售于各地农民,不以营利为目的。拽引机、耕种机、抽水机、凿井机等,将以低价出售或出租于农民团体及合作社。至于联总供给之小型农具数百吨,则将悉数无价分配农民,其分配办法将由该署与农林部会同商订。

联总同意供给我国之机器渔轮为二百三十艘,现已收到为四十八艘。该署与农林部合设渔业善后物资管理处于上海复兴岛,使用该项渔轮训练捕鱼人员。现在使用者二十三艘,另有十一艘经试用结果,不适于沿海捕鱼,在改装中。余十四艘最近到达尚未试用,是项渔轮之所有权,目前尚为联总所保留,俟训练计划完成后,将出租或出让于合法组织之渔业公司及合作社。经济部正式立案之渔业公司皆有申请承租或承购之权。

二、今后工作中心

根据联总协定,联总在每一战灾国家之工作,不得超过两年,故联总原定在我国之工作计划为至本年六月止。惟最近在美举行之第六届联总大会,决议联总接济中国之物资,最后装船之时期可以延至本年九月底。综计联总同意供给我国之物资,约为二百七十万吨。而截至去年年底到达者为一百三十八万吨。约占全额之半数,故本年以内其余一半物资,将全部运抵中国。在今后运来之物资中,用于救济部门者,不及二十万吨,余皆为善后性质。是以本年内该署工作中心,将为加强善后而同时紧缩救济方面之工作。

在紧缩救济工作方面,计有三项原则。其一,为凡该署办理之救济事业可以移交其他机关接办者,尽量移交其他机关办理。其二,已开始办理而未完成又无机关可以移交者,尽量提早完成,以免前功尽弃。其三,无力不再办单纯之救济工作。

在加强善后工作方面,其目的为协助办理复员工作及解决失业问题,举其要点如左。

(一)泛区复兴:黄河泛区浸没豫东、皖北、苏北之耕地达一千四百余万亩,造成灾民五百万以上。虽曾先后叠次举办工振与急赈工作,然究非根本解决之道。本年内花园口之堵口工程,势须完成。为谋复兴全部泛区计,经配合有关机关,成立"豫皖苏氾区复兴委员会"。联总专家多人,及今后之各项有关物资,将集中供应该项工作之应用。预计工作完成时,将救济该区五百万灾民,并解决一千五百万民众失业问题。

(二)协助浙赣与湘桂铁路修复:铁路交通,关系经济恢复至为重要。而铁路器材有限,经该署与交通部商定,集中是项器材专修浙赣、湘桂、南浔三线,计长为一千二百公里,需要钢轨及附件十三万吨,枕木二百一十万根,所需工人约计六百六十六万工,技工二十六万工。其中器材由该署担任供给一半,而所需工人则须雇用该署所选送之难民。

(三)协助修建工〔公〕路：该署亦与有关机关商定，供给修复郁林至广州湾之公路，及福厦公路及安合公路之设备及器材。此外正计划将运来修路设备及器材，配成筑路队十五队，分布全国工作。所需工人，亦将采用工赈方式。工作展开后，所用工人将较修复铁道者为多。

(四)协助工厂矿厂重建：工矿器材，皆以作价出售为原则，而曾受战灾损害者，则有优先承购之权。惟目前厂商承战灾之后，购买力甚为薄弱。该署特邀同金融界，设立"生产事业财务委员会"代理该署物资财务收支工作，俾厂商有分期付款及租用物资之便利。本年内工厂器材将有十五万吨，其中包括发电、给水、煤矿、建筑、锯木等项设备。将一律作价出售或出租，由生产财务委员会经理收支。全部物资到达后，直接将恢复过去之生产能力，间接亦可解决一部分失业问题。

(五)建立新式渔业：联总供给我国之机器渔轮，本年度内仍将有一百八十余艘到达，将分别出租或出售于合法之渔业公司，及渔民之合作团体，此外另拟修建木质渔船万艘，以助一般渔民恢复其生产能力。农具制造公司，在本年内亦可陆续出货。该署小型农具亦将全部到达，足助农民恢复生产能力。此外去年度内该署曾在邵阳、曲江等地办理乡村工业示范工作，从事农产加工事业，本年内将尽量推广此项事业，并将积极发动农民，用合作方式从事农产加工事业。

三、物资之分配储运及出售

(一)分配

(甲)分配机构：根据基本协定，我方之分配联总物资，有遵照联总政策之义务，故该署之分配机构，可分决定政策及执行机构二种。决定政策之机构，由联总派员会同办理，计有食物、衣着、福利、交通、医药、农渔、工业、水利及房屋九种技术小组委员会。将各方向署申请物资事宜,初步审核后送该署及联总之联合申请及分配委员会,作最后决定。至执行分配之机构,则由分配厅总其成。由卫生、工矿、农业三委员会分别担任有关器材之初步分配,会同分配厅作最后决定。

(乙)分配原则

联总运华物资清单抵达后,由该署会同联总驻华办事处人员,按照左列原则分配于各地区。

(1)受灾之轻重。

(2)难民之多寡。

(3)农作之丰歉。

(4)交通之通塞。

(5)业务之缓急。

(丙)分配程序:救济物资及善后物资,因使用价值及分配之对象不同,故在发配程序方面,亦有出入,为求其分配迅速,及切实达到急需救济者之手,故在物资尚未运到以前,即根据联总装船通知,斟酌各地灾情及运输能力预为分配。俾物资一经运到,即可迅速转运灾区。惟国外装货,往往有临时变动,故通知单与实收数常有不符,须予以改配。物资运达分配署后,其发放之对象,须经调查审核等步骤,分署须会同地方自治及慈善团体所组织之协会或委员会办理之。至善后物资,则旨在求其符合联总之规定,即为遭受战灾损失者有优先承购、承租或承领之权。

(二)储运

(甲)物资之接收及运发

联总同意供应我国之物资,总值五亿三千五百万美元,合重二百七十万吨。惟截至去年年底联总物资运达我国口岸者,仅一百九十万吨,正式接收之物资只一百三十七万余吨而已。兹将各口接收之吨数表列于后。

进口口岸	接收吨数
上海	一,〇六三,七二七
九龙	三一九,五一三
汉口	六,四二七
天津	三一,〇五二
葫芦岛	四,一四五
青岛	三七,七三二
厦门	七七六
基隆	一四,五三三
合计	一,四七七,九〇五

上项物资,经各储运局接收后,即分发各机关及各分署,俾作善后及救济之用。截至去年年底为止,各局计运出物资一,一九九,三九二吨,其中八〇八,八八八吨,系运往各分署,三九〇,五〇五吨,系配发各机关暨各单位。

(乙)物资运发之困难及其解决经过

(1)联总物资整理装配需时

(A)机具 联总运华物资,出于军余者甚多,因之整理装配需时,尤以农工交通之重机具为然。该署为应付此种需要,先后在上海、九龙、天津、青岛各设汽车装修厂一所,复在上海真茹设机具装配工场一所,专司汽车及重机具之装配。至于驳船则交江南、海军、平安等五厂代为装配,截至去年底止,共装成汽车五千辆,驳船一二〇只,惟滞留上海待整理及装配之重机具仍多,据去年十一月底之统计,在上海库存之九二,六五四吨物资中,待整理及装配之重机具即达四七,〇〇〇吨之多,如再加分析,则此四七,〇〇〇吨物资中,工矿器材及驳船又各居其半,为加紧善后工作起见,乃又于十二月设立工矿器材库及驳船装配所,前者负责一切工矿器材之送厂装配及分送事宜,后者则负责驳船装配之管理事务。

(B)小麦 联总物资,除重机具之须装配者外,小麦、棉花、羊毛等原料欲求合于救济用途,亦非加工不可。关于小麦之磨粉,原意不仅在于求合食用,亦在救济工厂,平抑物价,故先后在上海青岛等地交磨小麦。去年十二月以后,以美麦来源渐少,停止磨粉,兹将磨粉情形表列于左:

		上海(吨)	青岛(吨)
交磨小麦		三〇四,一八五	七,六九七
磨出	麦粉	二五八,七一四	六,五四四
	麦皮	四三,三八六	一,〇〇一

磨粉成色,在上海初为百分之八十一,继因世界普遍粮荒,去年六月起提高为百分之八十五,八月以后又改为百分之九十。

(C)棉毛 棉花羊毛之加工,系采取配售办法,对承购各厂之产品,按七折市价有收购其十分之一之优先权利,兹将出售棉毛及收购棉布棉纱之情形表列于下:

	配售棉花(包)	配售羊毛(件)	收购棉花(匹)	收购棉纱(件)
中纺	一九一,二八五	四,四四八(九〇三吨)	一九一,七五四	
民营	六一,八七一	三,四四七(七三八吨)	二一,六一三	三,八二八
合计	二五三,一五六	七,八九五(一六四一吨)	二一三,三五七	三,八二八

(注:棉花每包重五百磅,布每匹四十六码,纱每件二十支四百磅)

(2)国内交通破坏物资运输困难

该署开展工作之初,即遭遇运输上之困难,是时国内交通承战事之后,破坏极剧,以最低廉之水运言,其吨位犹不及战前三分之一,铁路公路尤甚,在此等情况之下,该署除竭力向交通界接洽车船吨位外,并于去年一月间与英轮订约,运输物资,同时成立公路运输队,四月间成立水运大队行驶沿海内河,七月间便因紧急救济之需要接洽组织空运大队。

(A)水运 租借英轮之契约,系自去年一月十五日起,有效期间六个月,期满后不再继续。

水运大队 系利用联总租借之军余船只组成,专载善救物资,行驶内河沿海,去年十一月以后,因该队船只只能装载该署物资,回程放空,亏蚀过大,乃应上海市轮船业公会之请,将该队船只转租该会,但该署仍有优先载货及五折纳费之权。

(B)陆运 该署公路运输队,为一自给性机构,在全国各地分八区营运,去年十月以后,改为与交通部合办,仍尽先承运该署物资,七折收费,每月损益由该署与交【通】部均摊。

(C)空运 空运大队系因下列三种需要而组织:

1.防疫紧急药品之输送。

2.交通阻塞地区食物之输送。

3.该署业务人员之输送。

去年七月间与陈纳德将军签订草约,十月二十五日正式签约,该队因系陈纳德将军私人投资而为该署设立之机构,故其性质与前述公路运输队水运大队皆有不同,所有损益,悉由陈纳德自行负责。

(三)出售

联总运华之物资,皆为实物,而无现款。惟基本协定中曾规定可出售一部分物资,垫付联总在华之法币开支及该署之业务费用。该署根据协定在三十五年度之预算中,决定将联总物资五分之一变价,约可得美金一〇五,〇〇〇,〇〇〇元,截至三十五年年度底为止,总共出售物资之收益为国币一八六,六三九,三三七,〇〇〇元,拨付之业务费用为八一,四〇四,六〇二,〇〇〇元,拨付各储运局站及其他附属机构者一三〇,四六九,九二七,〇〇〇元,其不敷之数,大部分皆为银行方面之透支。至该署经费开支方面,凡系政府拨付之款项,均遵照政府会计制度报请核销。至出售联总物资之收益及其他分配,亦遵照与联总协议之制度审核。

出售物资之种类及数量,均经该署与联总之联席分配会议议决办理。截至去年年底,共计出售之物资为二三〇,八四一吨,占去年年底收到总量百分之十六.六一。至该署出售之政策,则仍以联总政策为归依。工矿器材等则优先售给曾受战灾损害者，卡车等项则优先售给公共机关及慈善团体。去年春曾一度出售面粉，期能平抑当时粮价，但以收效颇微，即行中止。至旧衣旧鞋等项虽以出售为宜，但以该项衣物，是友邦人民捐助，不在联总署金之内，故不能以纯捐赠品出售。

拾玖　赔偿调查

抗战期间，全国人口伤亡及公私财产损失，早在民国二十八年即已由院制订查报办法及须知，通令中央及地方机关转饬所属及人民依照查报，三十二年政府鉴于战区扩大，各地损失日益惨重，乃于院内成立抗战损失调查委员会，专责办理。迩时战事正在进行，人民流离失所，对于损失查报，多不暇顾，迨三十四年该会改隶内政部后，不久抗战即告结束，各地查报损失，虽骤形增加，然以国内情形未靖，致未能全面展开，同时日本赔偿问题，亦渐趋重要，为适应事实需求，又改组为赔偿调查委员会，复隶本院，未几又改组为赔偿委员会，继续办理。兹将办理情形，概述如次：

一、公私损害之调查统计

胜利前后，各地查报损失，多系零星报送主管机关，随时审查登记，按期统计，先后共有八次，还都后，各省市均设立专管机构办理，截至现在止，除东北、河北、山东等省及在外华侨，因情形特殊，一时尚难查报外，其余省市，均已先后汇报到会。惟以各地损失惨重，所送表报，数达千万以上，兼之报价参差，或遗漏重复，往返核正，需费时日，虽经加紧赶办，现仅完成初步审查工作，至分类统计，预计本年四月底始克汇编完竣。

该会成立之初，适值远东委员会准备召开日本赔偿会议，驻美顾大使电请检寄各项损失统计，以备提会，当经该会根据前抗战损失调查委员会第八次累积统计数字，并参照战前我国国民富力，及各种资产状况，与夫国际间一般情势，邀集有关部会及专家，研讨我国可能提出之损失数字，制成各种统计表，呈经本院核定转饬备用。兹将各项损失总数字，分别胪列于后：

（一）全国公私财产直接损失统计（自二十六年七月七日至三十四年九月三日单位美元）

(A)金银币金银条　一亿二千零五十六万六千元。

(B)船舶（包括海船渔船）　一亿三千八百八十一万二千元。

(C)工商矿业及动力　四十亿五千三百六十四万七千元。

(D)交通（包括港口）　六亿五千三百三十七万一千元。

(E)道路　二亿一千五百零六万二千元。

(F)农林水利　三十九亿七千六百一十二万七千元。

(G)公共机关（包括教育文化事业）　一十一亿五千七百二十九万元。

(H)住户房屋家具及私产（包括珠宝及珍贵品）　二百一十亿零三千三百二十六万一千元。

总计直接损失　三百一十一亿三千零一十三万六千元。

（二）全国公私财产其他（间接）损失统计（时间同前单位美元）

(A)对日作战国库之经常及非常支出　六十三亿五千六百二十七万一千元。

(B)沦陷区内政府及人民之赔偿要求　四十四亿六千四百二十一万一千元。

(C)资源减损　六十四亿八千五百七十四万一千元。

(D)其他　三十一亿三千八百五十一万八千元。

总计其他（间接）损失　二百零四亿四千四百七十四万一千元。

（三）战费损失统计（时间同前单位美元）

(A)陆军　三十亿零一千六百一十八万五千元。

(B)海军　四亿七千二百七十一万元。

(C)空军　六亿八千零零七万二千元。

总计战费损失　四十一亿六千八百九十六万七千元。

(四)全国人口伤亡统计(时间同前)

(A)军人作战伤亡　三百二十二万七千九百二十六人。

1.死亡　一百三十二万二千五百零一人。

2.负伤　一百七十六万九千二百九十九人。

3.失迹〔踪〕　十三万零一百二十六人。

(B)军人因病死亡　四十二万二千四百七十九人。

(C)平民伤亡　九百一十三万四千五百六十九人。

1.死亡　四百三十九万七千五百零四人。

2.负伤　四百七十三万七千零六十五人。

总计人口伤亡　一千二百七十八万四千九百七十四人。

以上各项损失数字,系以东北各省市及台湾以外之中国领土为限,共军占据区域,亦未计列在内。

二、专案调查事项

(一)南洋各地华侨损失,经根据战前华侨财产状况,及战时破坏情形,估计为美金二十二亿三千一百九十三万元。现除菲律宾一地,业已实际查报,正审核登记外,余均正陆续查报中。至欧洲战区华侨损失,将另案办理。现在英法意苏等国华侨损失,已大部查报,一俟全部报齐,即行整理统计。

(二)人民因直接、间接参加战争而不能从事生产,或因战争流亡异地而脱离生产,或被迫参加伪军作战及服役,或被迫吸食毒品等所受之劳力损失,该会曾作专案调查,除吸食毒品人数及所受之劳力损失尚未能作正确统计外,计:(1)征服兵役一千四百零四万九千零二十四人。(2)民众自卫抗敌人员一百九十万八百五十一人。(3)防空服务人员四十四万一千九百七十八人。(4)征工及征夫四百五十万人。(5)被敌强迫服役二百一十三万六千零二十人。(6)被迫参加伪军八十七万二千三百九十九人。(7)平民流亡九千五百四十四万八千七百七十一人。总计一亿二千三百六十六万三千一百五十七人。所有劳力损失之计算,国际间当无一致之标准,拟保留至远东委员会有所决定后再凭办理。

（三）日本劫掠我国财物，经已调查者，有古物、文献、金银钢镍币永利硷厂、广东省造纸厂、机器设备及各种船舶等，因类名繁多，不及备录。现正由驻日代表团交涉发还中。

（四）苏联搬移东北日产，估计约在二十亿美元以上，其种类与数量，已由资源委员会调编成册。该会复为切实调查，特派员遄赴东北北平等地视察，并实地研究编制报告，以为将来交涉张本。

（五）台北银行对日债权，包括钞票债券，日政府欠款，及在日资产存金等，总计日金三十八亿七千四百零一万二千一百六十三元。

（六）台湾各金融机构对日各种企业所投资金，包括发行准备、公债、储蓄券、保险准备、欠款等，总计日金五十一亿二千四百八十八万一千六百九十七元。

（七）日人在华资产，经已接收据报者，计自由资产即战前正当经营之事业一亿二千七百七十八万五千三百零七元美金，侵略资产即在侵略我国期间及战时非法之经营二亿六千二百一十三万六千六百五十八元美金，共计美金三亿八千九百九十二万一千九百六十五元。

三、赔偿问题之处理

（一）赔偿政策之厘订及其实施

日本赔偿问题，亦如其他国际问题，微妙复杂，而症结所在，厥为日本赔偿资产之分配，其国外资产，尤为问题之核心。英苏对此持相反态度，英国主张除非日本外部资产之处置获得解决，如能谈及分配，各国须检送关于保留各种日本财产之清单，此项保留品，将来即在日本赔偿额内扣抵，英国之理论，一面对我而发，一面乃对苏联，显然希望以往日本在我国所有资产甚巨，藉以减少我国所得赔偿数额。苏联不同意讨论外部资产，盖彼在我东北及朝鲜所取得之财产，因此必须加以清算也。美国之立场与英国较为接近，提议日本在前占领国之资产,及苏联搬移之"战利品"不予区别,均须列入报告内,而在各该要求国之赔偿额内,予以记帐。我国同意美国之立场,并予以支持,各国意见既已纷歧,至今不能协调,致赔偿会议,亦迟迟莫由举行。

日本赔偿盟国战时损失,将以现有物资为主要对象,各国殆已同意。惟分配比率问题,美政府曾建议中美各占百分之三十,除法国外,其余英、加、苏、纽、澳、菲、印、荷等八国,各占百分之五。但我方以抗战时间最久,损失最大,在日本赔偿总额中,当占优越地位,至少应得百分之四十,然如美政府能以所得之大部转让我国,则我方可不坚持上项主张,而同意美之建议,美政府虽已同情我方之要求,然尚须获得远东委员会之通过。就国际现情观察,包括英苏在内,对此尚无反对,惟赔偿会议召开无期,刻尚未作最后决定。

我国对于日本赔偿所持之政策,该会曾拟有"责令日本政府赔偿说帖",提请外交部转电顾大使备用。说帖内容,系根据下列原则,而主要目的,在彻底摧毁日本军需工业,防止其黩武主义之复活,同时并主张日本平时工业生产量,应以"一九一四"年为标准,以杜其经济侵略之再起,而永奠远东之和平。

说帖原则

(1)中国认为左例〔列〕日本资产,应构成日本对盟国赔偿之总额。

A、日本在其本国境内之存金现款,工业设备,以及现在及将来可供赔偿用之物资。

B、日本在中立国、轴心国及未被日本军占领之各盟国内之存金现款及资金。

(2)中国抗战所受之损害,最为惨重,自一九三七年七月起,至战争结束之日止,中国公私物资损失,已达四百至五百亿美元,此数尚不包括一九三一年九月至一九三七年七月间中国因日本侵略所受之损失在内。现在日本赔偿能力,中国尚无法精确估计,关于盟国之赔偿总额,中国不拟单独提出绝对数字,但中国在赔偿总额内,至少应得百分之四十,前项公额内之现金,至少应得百分之五十。

(3)中国对于赔偿公额内之物资与现金,在其应得之比率内,有优先取得权。

(4)左列各项应归中国政府所有,亦得视为日本对华赔偿之部分,但不计入赔偿总额内。

A、日本在中国境内,包括东北各省之公私产业物资存金现款等。

B、台湾及澎湖群岛之日本现有产业物资存金及现款等。

C、日本所经营之经济事业,其总所或总公司设有分所或分公司于日本者,其存于日本分所或分公司之产业物资存金及现款等。

(5)关于日本境内,指定为对华赔偿之工业设备,中国对其拆迁时期利用方法及技术人员等,得设定必要之条件。

(6)日本在东北之工业设备,及其他非战利品之物资,经苏联迁移者,应有公平合理之措置,使中国得此应得之赔偿不致无着。

(7)左列资产,应由日本政府负责归还中国政府,视为退还物资,不作为赔偿部分。

A、日本在中国境内,以强力或威胁方法劫取之古物、美术品或其他物资,现存于日本者。

B、中国伪组织、台湾政府、台湾银行所存于日本之一切产业物资存金暨现款等。

(8)工业设备之拨归中国者,应经中国政府指定运往中国最后目的地,所需费用,概由日本政府负担。

(9)赔偿工厂,得在日本境内利用日本人力开工生产,所有出品,由中国政府出资运往中国分销,其期限以不超过最后赔偿会议之日起五年为度,五年后,该项设备仍由日本出资运往中国。

(10)日本在占领中国期间所搜集研究有关自然资源工业计划

等之技术上及经济上资料,应包括于赔偿计划之内。

上项说帖所表示之主张,就中国立场言,殊为正当,然各盟国利害观点不同,主张各异,以现在情势观之,下列两点,尚待折冲。

(1)赔偿物资,由日本负责运往我国指定之目的地一节,盟国间不能同意。

(2)日本平时工业生产水准,我方拟采取一九一四年之生产量,而远东委员会之主张,则以一九三〇年之生产量为标准,根据此项标准,日本主要工业,应保留之年产量如下:

A、工具机　七千五百具

B、钢胚　二百万吨

C、生铁　八十万吨

D、火力发电　一百万瓩

E、硷　二十万七千吨

F、氯　二万八千吨

G、烧硷　八十万吨

H、硫酸　三百万吨

上项年产量,我国主张钢胚年产量,应减为一百万吨至一百五十万吨,火力发电应减至五十万瓩。

至归还劫物部分,可能如我方之要求,只须确实证明文件,即可原物返还。伪组织在日存款,亦可查明发还,惟下列三项,美方尚未同意,刻尚折冲中。

(1)日人在台湾或东北所办事业,其在日本境内之分公司所有资产存金及现款之接收。

(2)满洲重工业公司在日本各厂矿事业投资之接收。

(3)订购货物工程,除已付清货价者外,其未完合同继续履行问题。

(二)赔偿物资之拆迁

日本赔偿特〔物〕资之总量,迄今尚未确定,去年八月二十四日,盟军总部曾公布一临时拆迁计划清单,准备先就清单而列实行拆迁,以救助遭受侵略国家战后经济之复兴,惟此项清单,时有增减,截至目前止,日本可供赔偿之机器工厂数目如下:

(1)陆海军兵工厂　五万三千三百七十五部(九二厂)。

(2)飞机工业　约十九万部(三二六厂)。

(3)民间兵器厂　八万五千五百四十九部(二三三厂)。

以上系以件计。

(4)工具机制造厂　八十九厂(二二,四二七部)。

(5)钢珠轴承厂　二十九厂(一〇,七六〇部)。

(6)火力发电　二十厂。

(7)钢铁制练厂　二十二厂(压延厂尚未指定)。

(8)造船　商十九厂、海军五厂(九,一九八部、五,〇四九部)。

(9)硫酸　二十三厂。

(10)硷　纯一厂、烧十八厂。

(11)人造橡胶　八厂。

(12)人造石油　九厂。

以上系以厂计。

(13)研究所　四十二所(仪器数量不明)。

(14)轻金属　(尚未发表)。

临时计划清单发表后,因盟国间意见参商,迄未执行。迨去年十二月间美政府鉴于赔偿会议召开无期,乃援用远东委员会特别条款,以颁发临时指令办法,先行拆迁日本赔偿物资总额百分之十五至二十,分配于中、英、菲、荷四国,以济急需。我方当即表示先期拆迁数额,应扩大至百分之三十,中国在此预支额中获取百分之五十(即总额百分之十五),此项建议,已为美方所接收,苏联以先期拆迁物资并不涉及国外资产问题,亦未表示反对。

日本可供赔偿之工业设备,估计重量约为九百万吨,按照百分之十五计算,我国可得一百三十五万吨,该会根据此项估计,参照我国战后五年物资建设计划,同时对于我国目前之急需及财政运输上负担之能力,详加研究,经拟就先期拆迁计划方案,第一批拆迁物资,力求数量减少,而合于国内当前实际之需要,俾可迅速运建而有效的加以利用,兹将原方案择要胪列如下:

(甲)拆迁物资之种类吨位及费用

(A)机器工具　一万四千七百四十四部计五万四千一百九十六吨。

(B)造船　二厂计八吨。

(C)钢铁　六厂计二十二万一千五百吨。

(D)化工　十一厂计一万一千七百五十吨。

(E)电力　八厂计三万零五百吨。

(F)轻金属　十厂计五千一百七十吨。

上列各项,计总重量为四十万三千一百一十六吨,共需海运费(日本横滨至中国口岸)六百八十五亿三千八百万元,建厂费国币七千二百六十八亿七千万元,美金四千八百五十八万元,总计国币七千九百五十四亿零四百万元,美金四千八百五十八万元。

(乙)运输计划

第一批拆迁物资之运输,以利用国内轮船为原则,不足时,以海军船舰补充,其优先运输程序,依据下列准则:

(A)工业生产物资,先运电力设备,次运机械钢铁及化工设备,其分量特多之工厂,如钢铁厂,得留俟下次起运,暂在日本开工。

(B)交通运输物资,先运港口起卸及疏浚设备,次运路航及电讯,又次运各种补充及修理设备。

(C)国防设备,由国防机关拟订。

(D)其他如教育文化用品吨位较低,由主管机关拟订洽运。

关于船只调配,由交通部负责办理,现已洽定国内可供抽调之船只计:

(A)民营航商船只十一艘,载重八万六千吨。

(B)招商局船只六艘,载重四万二千吨。

按照上项船只载重量,五个月内可能全部运完。至运达海口,以所配海轮,吃水多在二十尺以上,计可运到上海、青岛、塘沽、葫芦岛、秦皇岛、九龙、厦门等处卸载。至内运部份,以各接收单位自理为原则,所需运输工具,除能自备外,可洽请交通部协助办理。

第一批拆迁物资,以补充旧有工厂为原则,获得补充之工厂厂名,机器部数,设置地址,建厂计划,及预定开工时间等,均经按照五年计划,第一年需要情形,详细规划,予以厘定,兹将各分配单位所得之综合吨位计列如下:

(A)资源委员会三十三万零五百吨。

(B)经济部二万三千七百七十吨(全部配售民营)。

(C)教育部五百吨。

(D)国防部一万二千八百四十六吨。

(E)交通部三万五千五百吨。

至第二批拆迁物资,将以新建工厂为主要,其拆迁方案,正缜密研拟中。

(丙)拆迁物资之执行

执行拆迁物资事宜,盟军总部已设置专营机构,由关系国各派代表五人协同执行。我国参加代表,业经呈奉派定,并已组成五人接收小组,即将赴日参加工作。嗣后有关参观工厂,挑选机器,监理包装,督导运交,概由该小组负责执行。

四、赔偿人民损失及民营厂矿分配赔偿物资问题

该会对于人民损失之赔偿,自始即颇注意。惟以日本赔偿问题,盟国间迄未作具体决定,国内损失调查,亦未全部完竣,兼系首次办理,分配执行,诸费考虑,为求周祥审慎起见,一面搜集主要盟国办理赔偿人民损失资料,一面征询各方意见详细研讨,现经该会决议,指定经济、交通、外交三部及资源委员会等协同拟订具体办

法，提会商决。

至民营厂矿分配赔偿物资问题，在上项办法未确定前，自不便单独予以决定，惟可供民营事业之设备，由经济部负责审查，送由该会核定后，可以价配使用。

除上述各端外，该会现进行草拟：

(A)今后五年内日本以生产品抵补赔偿我国之计划。

(B)对日本经济政策。

上列两项，均极重要，尤以对日经济政策，关系赔偿问题至巨，现正详细调查日本国内经济状况，社会组织，及一般有关设施，俾克拟成一正确而合理之政策，提出将来之远东和平会议，期使日本今后经济之发展，不致成为中国及远东之威胁，而永奠世界之和平。

〔中国国民党中央执行委员会秘书处档案〕

（三）中国国民党第六届中央执行委员会第四次全体会议及中央党团联席会议

1. 中国国民党六届四中全会及党团联席会议经过
（1947年9月9—13日）

三中全会开幕以后，因国内外形势之演变，益觉本党革命力量有统一加强之必要，六月三十日总裁指示党团应即统一组织，常会旋指定委员研究统一方案，并经第七十六次常会决议，定九月九日召开第六届中央执行委员会第四次全体会议，及党团联席会议，以便决定此一重大之改革。

四中全会于九月九日在南京林森路国民大会堂如期开幕，到中央执监委员，中央团部干事监察，中央及地方党部、团部同志共五百七十九人，全会会期三日，党团联席会议会期二日，共为五日，于十三日闭幕，党团联席会议开会凡四次，对党团统一组织与今后党的新建设问题，广泛交换意见。四中全会除预备会议及开幕、闭幕礼外，共举行会议三次，其关于报告者，有党团统一组织报告、政治报告、军事报告、新疆问题报告、中共问题报告等五项。其关于讨论者，则集中于本党当前组织纲领案，至一般议案，均交常会处理。兹将会议经过，略述如次：

九月九日上午九时，在国民大会堂举行开幕礼，总裁主席，并致开幕词，说明四中全会任务，在改造本党，充实内容，并勉励同志，应打破个人权利地位观念，恢复革命精神。词毕礼成。十时三十分开预备会议，到中央执监委员二百三十二人，中央团部干事监察一百人，中央及地方党部团部同志二百五十七人，仍由总裁主席，通过四中全会及党团联席会议议事程序，并推选于右任、居正、孙科、戴传贤、邹鲁、陈果夫、丁惟汾、贺衷寒、刘健群、陈雪屏、袁守谦十一委员为主席团,十时五十分散会。

九日下午三时举行四中全会第一次会议,到中央执监委员二百零八人,中央团部干事监察九十九人,中央及地方党部团部同志二百五十二人。总裁主席,首由主席领导全体起立为戡乱死难同志默念致敬,继进行报告:吴秘书长铁城作党团统一组织报告,张委员群作政治报告,白委员崇禧作军事报告,下午六时三十分散会。

十日上午九时举行党团联席会议第一次会议,到中央执监委员二百四十一人,中央团部干事监察一百零一人,中央及地方党部团部同志二百七十五人,总裁主席,讨论党的新建设纲领,发表意见者,有邓文仪、李金章、周增森、汤如炎、罗才荣、镇天锡等六同志,十二时休息。下午三时继续开会讨论,复有王志远、冯云仙、臧建心、陈雪屏、林永年、谢仁钊、韩文溥、李曼瑰、李曜林、邓飞黄、胡秋原、郭紫峻、雷殷、任卓宣、童怀政、崔垂言、孟时范、潘公展、李经世、范锡品等二十同志发表意见。并决定(一)推张厉生等三十三委员为提案整理委员会委员,由梁寒操、黄少谷、李蒸三委员召集。(二)推孙科等十七委员为宣言起草委员会委员,由孙科、戴传贤两委员召集。下午七时散会。

十一日上午九时,举行党团联席会议第二次会议,到中央执监委员二百六十人,中央团部干事监察九十四人,中央及地方党部团部同志二百八十三人。孙委员科主席,首由张委员治中报告新疆问题,谷委员正鼎报告中共问题,继复讨论党的新建设纲领,有眭光禄、钟天心、苏金孟三同志发表意见,中午十二时散会。

十一日下午三时,举行党团联席会议第三次会议,到中央执监委员二百三十六人,中央团部干事监察八十八人,中央及地方党部团部同志二百五十六人。总裁主席,讨论本党改造纲领草案。下午七时散会。

十二日上午九时,举行党团联席会议第四次会议,到中央执监委员二百六十九人,中央团部干事监察九十五人,中央及地方党部团部同志二百八十六人。总裁主席,继续讨论本党改造纲领,及统一中央党部团部组织案,均经修正通过。中午十二时散会。

十二日下午三时,举行四中全会第二次会议,出席中央执行委员一百十八人,列席中央监察委员、候补中央执监委员、中央团部干事监察、中央及地方党部团部同志共四百另五人。邹委员鲁主席,修正通过本党当前组织纲领及统一中央党部团部组织两案,并决定民国三十七年五月五日召开第七次全国代表大会。下午六时散会。

十三日下午三时,举行四中全会第三次会议,出席中央执行委员一百四十一人,列席中央监察委员、候补中央执监委员、中央团部干事监察,中央及地方党部团部同志共五百另四人。总裁主席,通过中央执监委员会常务委员人选及大会宣言。讨论毕,休息半小时。下午六时半举行闭幕礼,总裁主席,并致闭幕词,首述此次全会之伟大成就,继勉同志必须自力更生,完成建国大业,并指示改革党务途经〔径〕,希望大家和衷共济,切实履行。次由洪委员兰友宣读大会宣言,下午七时半礼毕大会圆满闭幕。

〔中国国民党中央执行委员会秘书处档案〕

2. 蒋介石在中国国民党六届四中全会及党团联席会议上致开幕词

(1947年9月9日)

四中全会暨党团联席会议开幕词

一、这次全会的任务在改造本党,充实内容,俾能完成历史的使命。

二、中央委员应打破个人权利地位的观念,恢复革命精神,为党牺牲,为党负责。

三、要消灭共产党,必须认清共产党的长处,改进本党的缺点。

四、这次大会所要解决的问题:

(1)完或〔成〕党团统一，集中力量，消灭共产党。
(2)召开国民大会，实行宪政，以示本党还政于民的决心。

各位同志：

今天是我们总理领导革命第一次起义的纪念日，在这光荣的纪念日里，本党召开本届第四次中央全体会议和党团联席会议，我们不幸回想五十年来本党先烈在总理领导之下，抛头颅，洒热血，遭遇了多少牺牲，耗费了多少精神，经历险阻，排除万难，才造成了今天的中国国民党。所以各位同志，无论党员团员，应如何宝贵党的光荣历史和基业，使他发扬光大，而决不能任其破坏毁灭，致使先烈所遗留下来的重大使命，到了我们的手里无法保全，而革命的事业，终于功亏一篑，以致使得总理和先烈永远不能瞑目于地下。这是今天纪念总理第一次起义时我们每个人应有的反省。而如何使我们党的历史发扬光大，则是此次大会开会的重要的使命。所以此次大会所要讨论的第一个问题，就是如何改造本党，充实内容，以期完成我们历史的使命。大家都知道，自从抗战胜利以后，两年以来，本党的革命工作已进入了一个新的阶段，也就是最后成功的阶段。抗战虽然已经胜利，但革命工作的困难和党的危机，却比两年以前更为严重，甚至比过去任何时代都要艰巨。自从总理领导革命以来，决没有经过这样危险的时代，也从来没有遭遇这样的耻辱，今后我们的耻辱应如何洗雪，困难应如何解决，危险应如何打破，这正是大会诸同志应该集思广益彻底研讨的。

我们根据本党过去的历史，革命的过程以及对于国家民族的贡献，无论就那一方面来说，我们绝对不应该有今天的耻辱和困难，因为大家都知道，本党的主义博大精深，早已为全国人民所信仰，本党的历史到今天已经非常悠久，较之任何国家的任何政党皆有过之而无不及，并且我们有这样大的国土，这样多的人民，这样丰富的资源和物产，基础不为不厚，凭藉不为不深，有此优越条件，则抗战胜利以后应该能够积极建设，很快的恢复国家的元气，提高国家的地位，但是事实却完全相反，胜利以来，不但国家元气未复，建设未成，反而人民失去信心，以为本党对一切都无办法。就是明明很有把握的工作，也现〔显〕得徬徨无主。臂〔譬〕如经济问题，我们有这么多的土地和资源，姑且不计，即就现在已在政府掌握中的剩余物资来估计，至少可值美金四亿元以上，以〔此〕外，政府所有敌伪产业，也值美金三亿元以上，单就这两项而言，已共有美金七亿元以上的数目，其他原有外汇和物资还不计算在内。我们有如此雄厚的基础，然而大家却束手无策，时时忧虑着经济就要崩溃，甚且使社会恐慌，人心不安，大有岌岌不可终日之势。如果我们经济情形真正毫无办法，已到了所想像的那样危险，大家束手无策，犹有可说，但是真正的情形完全不是如此，那就怪我们自己能力不够了。这次大会各同志应该切实检讨，我们为什么会弄到这种地步，为什么会弄到人人束手无策，人人失去自信心。经济问题不过是各种问题中的一种，其他如军事、政治各方面，没有一样不是如此，本来处在很好的环境，具有很好的条件，一到我们的手里，就毫无办法，这真是最耻辱最可痛的问题。各位在中央或地方服务的同志，必须趁着这次开会的机会，反省检讨，研究改进的办法，看今后能否改革进步，把握起死回生的时机。我们今后奋斗的目标，在于如何打破困难，如何消灭敌人，如何完成建立三民主义新中国的使命，如果不向这个方向去做，而仍如过去一样，因循苟且，腐败堕落，甘于暴弃，那即使没有敌人，我们也将遭遇天然的淘汰，无法生存于这个世界。这是我们每个党员人人应该检讨研究的问题。大家都是中央党团负责同志，要反省我们平时对党的工作和精神，是否尽了我们的责任，是否为党工作朝乾夕惕，加强本党革命实力，努力于消灭敌人的工作，大家对于这一点究竟做到了几分，还是根本没有想到？是否专为自己打算，把党放在脑后，甚至不知道有什么敌人，我们究竟有没有这种心理？现在革命的环境遭遇了最大的危险，革命的历史遭遇了最大的考验，这种危机和考验，并不在于经济和政治方面，而是我们的精神太不振作，不能担负革命责任，领导民众来为戡乱建国而努力奋斗，现在大家一切言论行动都是随随便便，没有一点责任观念，甚至根本不知道自己党员是什么，根本谈不到为党服务，为党工作，更说不上有精密的计划和负责的考核，就是得过且过，敷衍塞责，这种作风是什么？我无以名之，名之曰不革命。这种工作亦可名之曰不科学，亦就是反科学，这样如何不失败？今天我在总理遗像面前，要特别指出各位同志的这种毛病。在这次大会期间，希望各位同志彻底检讨，彻底反省，彻底觉悟，彻底改正，如果再不觉悟，再不改正，致使本党不幸而失败灭亡，那末，个人的权利地位还能存在么？所以我要向各位同志再三说明，大家务须在心理上、精神上打破个人权利地位的观念，一切精神和力量都集中于党的改造，使党能真正起死回生，恢复革命的精神，则建国的工作，必然容易完成。这一点希望大家切实的明了。

其次，要讲到我们唯一的敌人共产党。大家对于共产党的看法不知究竟如何，如果只认他完全是虚伪骗人，买空卖空，毫无力量，而不去调查他实在的情形，不去研究他真正的内容，那是绝对不可以的。固然共产党真是欺骗空虚，而且他每次叛乱都已被我们所克服，如民国十六年我们清党之后，把他们打倒，中间经过江西围剿，使他们没有立足之地，到二十六年正式向本党投降，足见每次都是我们获胜。但是我们就这二十余年整个的情形来看，共产党每次虽然被我们打倒，而到现在他们整个的力量却已增加了好几倍，他们斗争的方法和技术也有长足的进步，反观我们自己，无论组织、训练、宣传或调查，则不但没有进步，反而有了退步。共产党的失败，完全是因为他们出卖祖国，违反民族的文化、民族的道德、民族的伦理和民族的精神，而且他绝对没有国家观念，如果单就他们的斗争方法和技术而论，他们实在已经成功，他们的力量实足以消灭本党。所以我们如果单研究他们这二十年来技术进步的情形，那真是可怕极了。因此我们今天如果还是蒙着眼睛,不看他真实的内容,而武断的说他们没有力量,并不可怕,以为打倒他们是很容易的事,实在是最大的错误。我现在要唤醒各位同志,如果我们再不力求改革,力求进步,就要断送我们整个的党和各位同志的历史和生命!大家要明了,共产党究竟是一种什么组织?它乃是用原始时代最野蛮的精神,而配合着现代最进步的科学方法的组织和纪律,来向我们进攻。而我们则不然,我们的精神是不革命的,消极的,毫无斗争性的,所用的方法,又是不科学的,无效率的,散漫松懈,无以复加,这样,我们当然不能和他们斗争,以后我们要和共产党斗争,要实现主义,完成革命,唯有痛切反省,革除这种消极的不革命和不科学的病根,恢复革命精神,研究科学方法,用新的作风来产生新的力量,完成新的事业。

最后要谈到这次大会所要解决的几个问题:第一,这次大会要完成党团的统一,团结意志,加强党的力量,来消灭共匪,完成革命,除了这个方法以外,实在没有第二个方法可以达成这种任务。第二,这次大会要对今年十二月即将召开的国民大会要〔要字衍〕作必要的准备。对于选举国大代表的具体办法,应该赶快决定,迅速举办,使别人明了本党有真正实现民主、还政于民的决心,以打破共产党对我们的毁谤,和社会上对我们的怀疑。惟其我们一方面要还政于民,同时更要担负起戡乱救国的使命,所以愈觉得责任的重大。在这短短的三个月当中,我们既要打倒共产党,又要召集国民大会,如果各位同志没有彻底的觉悟和最大的决心,统一意志,集中力量,则必定难以成功。今后各位同志,不论青年、壮年或老年,都应该认识我们同船一命的关系,发挥我们同舟共济的精神,前进的同志应该扶导青年的同志,青年的同志应该尊重前进的同志,精诚团结,互相提携,共生死,同患难,消灭我们敌人,实现我们主义,拥护党的决策,服从党的命令,同心一德,来完成戡乱建国的使命。 〔中国国民党中央执行委员会秘书处档案〕

3. 行政院院长张群在中国国民党
六届四中全会及党团联席会议上作政治报告

(1947年9月9日)

主席、各位同志：

在本年四月间，本席经党的推荐、总裁提名，受任行政院长，到现在恰好四个半月了。回想在那个时候，本党为实践历年的诺言，开始结束训政，扩大政府基础，联合民青两友党和社会贤达改组政府，一方面要完成宪政准备工作，一方面更急于要恢复国家的安定和统一，并解决目前严重的财政经济问题，行政院长的责任至为艰巨。受命之际，本已万分惕惧，更不幸当其时正值金潮余波再起，物价动荡益甚，共匪复因拒绝参加政府的改组，自知已见绝于国人，乃不惜用种种阴谋在各地发动大规模的破坏攻势激动人心，扰乱秩序，企图直接给扩大基础后的政府以致命打击，间接打倒本党，致使政府改组后初期的努力，几全部消耗于应付紧急事态之中。今日在总裁和各位同志之前，自行检讨此四个半月间的工作成就，尤不胜其惭悚。

今天的报告，打算分为两段：（一）先就现制下行政院的立场略为说明；（二）然后再将此四个半月中本院所标橥的理想及几项比较重大措施撮要向大会报告。

壹、现制下行政院的立场及其责任

政府改组的经过以及本党与其他党派、社会贤达所签署的施政方针，乃各位同志所共知的事实，在这里不待再为繁陈。现在所欲说明的，只是现制下的行政院之立场及其责任。

依照改组后政府施政方针第五条之规定："行政院应依国府委员会之决策，负执行之全责……"详言之，在现阶段，国府委员会已代替了过去本党的国防最高委员会，而成为国家最高决策机关，因此，本党的一切决策，必须要透过国民政府方能使其法令化，行政院的责任只是执行国务会议的决策，更因为在本院的政务委员中以至各部长中有数位非本党的同志，所以自从政府改组后，本党的决策在执行以前，均必须先行在府委和政委间加以运用，借以保持党派间的协调，换句话说，本党的决策必须贯彻，至如何运用，俾获得各党派的支持，而使其经过规定的程序法令化，这就是我们执行党的决策第一步所应有的努力。大体上讲，此次参加政府的各党派，均能共体时艰，推诚相与，即使政见或执行技术方面偶尔有出入之处，经过熟商之后，亦均能获得一致的决议，这是值得特别说明的。

现在既是由训政到宪政的过渡时期，宪法虽经公布，然尚未实施，所以现阶段的国家机关原不能尽合于宪法的规定，因为宪政时期的国家机关之设置，须等到宪法实施后才能开始，因此，我们不能将现在的国民政府委员会、国民参政会、国民代表大会、立法院和行政院相互间权责关系强为比附说明，而施政方针第五条所谓"试行行政院负责制"，自然也与宪政时期的"责任内阁"性质不同。至于本人以党员的立场被推选主持行政院，其对党的责任，便是如何在总裁与各位同志监督指导之下，忠实执行经过法令化的本党决策。

还有一点要在这说明的，就是我们执行政策过程中所持的态度、政策的执行，以忠实有效为第一要义。固不敢规避困难，更不敢轻于举措。良以当前的局势真是百孔千疮，内忧外患纷至沓来，譬如积弱之躯，药石最忌杂投，而况国力不充，国信未立，与其求速而不达，勿宁审慎以将事，但戒慎并非无为，若干实际问题发生后，无论其如何困难，我们从未敢稍形规避，即如这次文武职公务员一致待遇问题，原为政府多年踌躇未加决定的问题，但为振作士气整肃政治风纪起见，我们毅然予以实施，即其一例。

贰、几件重大措施

本席于四月廿三日就职广播词中，曾就今后的施政提出四个重点：

(一)国家的安定和统一,(二)经济财政危机的救治,(三)政治的振衰救敝,(四)国家主权的维护。

以下便打算就四个半月当中与这四点有关的几件比较重大的措施撮要报告大会,不过以下所报告的只以我们措施的出发点和其动向为限。至其具体的内容,各主管同志尚另有报告。

(一)国家的安定与统一

目前我国政治上最大的问题,自然是如何求得安定和统一。不幸因为共匪的包藏祸心,使我们在获得安定和统一的工作上遭遇到极大的障碍,从而影响到战后经济的建设与国民生活的改善。为了恢复秩序,保障统一,使水深火热的人民及早获得自由生活的幸福,政府不得不采取更有效的措施,所以国府于七月四日通过了"厉行全国总动员以贯彻和平建国方针案",训令本院执行,这实是当前国家的需要,亦是人民一致的要求。

本院于奉令后特别组织一检讨时局小组会,对于实施总动员时期应采取的加强军事计划、革新政治、田粮政策以及其他有关的事项均分别详加检讨,拟定了一般的原则,同时并将卅一年所颁的国家总动员法与现在的新方案以及各种有关的法规配合研究,由政务会议决议制定一"动员戡乱完成宪政实施纲要"。这纲要业已经国务会议核定,于七月十九日公布施行。

这个纲要是以勘乱与建设齐头并进,谋取国家的安定和统一为其主要内容,但这件事情既以动员全国的力量来实行,便非全国上下文武官民一致奋发兴起,不能得到完满的结果。本席为策励全国人民与各级官吏将士,加强对于这次总动员的认识和努力,曾于七月五日发表过一篇谈话唤起全民的警觉,并由本院剀切晓谕所属各机关,仰体政府以戡乱求统一、以苦干谋复兴的决心,对人民建立信用,对部属严加督率,一致努力排难以赴。

不过,"动员戡乱完成宪政实施纲要"的制定,只算是完成实施总动员的初步纲领,如何使这纲领贯彻实行,更详尽的办法尚待各主管部会陆续拟定,再由本院核定公布施行。我们知道,这次总动员的意义,是要集中全国的意志与力量,从事于国家的安定和统一,不止是消极的戡乱,而尤其是积极的建设。当此建设力量与破坏力量,民主势力与反民主势力相争持的时期,本院担负了这样重大的责任,执行这样艰巨的工作,惟有朝乾夕惕,黾勉从事,今后本院的一切措施,亦自当本此大前提和目标做去,务期不负各位同志寄托之殷,以贯彻政府追求和平的决心,达到国家安定统一的愿望。

(二)经济财政危机的救治

经过了八年的苦战及战后一年有余的共匪恣扰与破坏,国家财政和社会经济的危机一天一天的深刻化,现在已到了极严重的关头,这是一个摆在眼前的事实,而且因为财政的困难和经济的杌陧,不但社会已感到极度的不安,即国家一切建设亦无法作有系统的推进,这实在是使政府极感棘手的问题,所以政府改组以来,除加强执行本年二月间所早颁布之"经济紧急措施方案"外,并将三中全会所决议的"经济改革方案"予以法令化。但以我国幅员的广大,战事损失的严重,以及共匪破坏的剧烈,经济情况本身既很复杂,也随时而有变动,既定方案之执行方法如何,是否能随时因应得宜也十分重要,因此便在行政院之下组织了一个全国经济委员会,延集社会中经济事业者及专家及政府中各有关主管人员负每一经济政策之技术上的讨论、决定、修改等问题,前项方案和全国经委会的组织,先后已在报端披露,当已蒙各位同志鉴及,毋庸在此更为详述。

在这里应该特别提出报告的是关于外汇及国际贸易办法改订的问题。大家都知道我们政府外汇改革向以安定外汇市场为主旨,希望藉外汇之安定以保持一般经济的安定。可是,历来有关外汇政策的决定,只能收到暂时之效,很快便丧失了预期的作用,反而发生种种弊害。政府自二月间外汇率调整后,数月以来,因国内物价之继涨、投机之猖獗,官定汇率早失效力,结果在黑市的笼罩下,侨汇锐减,走私炽盛,出口被抑制,进口不正常,其影响所及致使国内金融紊乱,商业凋敝,生产窒息,影响国际收支和国计民生至重且大。经过长时期的考虑,并听取各方面的意见之后,遂于八月十五日提经国务会议通过改定外汇管理办法,并于同月十七日将《修正管理外汇办法》及《修正进出口贸易办法》同时公布,其要点是:一方面采取差别汇率制,另一方面采用进出口贸易间接连锁制。详细点说,即在外汇方面,凡民生日用必需品,其价格可以由政府统制者,如棉花、米麦、面粉、煤及煤焦等,仍由中央银行供给官价外汇,其余核准之输入品及财务上之支付,概由指定银行依市价结售,输出及侨汇所得外汇,亦按市价售与指定银行;在对外贸易方面,则局部的开放出口贸易,而严格的管理入口贸易,并设置外汇平衡基金委员会与输出入管理委员会,以控制进出口贸易,调节外汇供需之平衡。这种新办法的特点是,将外汇政策与贸易政策配合实施,并由呆滞性进而为机动性。据我们估计,除官价结汇日用必需品外,其余输出输入之收支金额几可相抵,故新办法实行后,外汇市场可望渐臻安定,进而繁荣国际商业,刺激国内生产,逐渐导致国民经济的安定。

新办法颁行以来,为时尚短,虽一般的舆论与市场反应均颇不恶,至其最终成效如何,当然尚有待于全民之合作,至关于防害政策推行的种种弊端,如黑市之重起,投机之炽然以及少数不良分子之非法取巧等行为,我们仍在竭尽其力注意防范。

与这外汇改革办法差不多同时制定的,尚有一《厉行消费节约办法》。这办法是根据动员实施纲要而制定的,但在消极方面,也是挽救我国财政经济危机的重要手段之一,愿意在这附带声明。

总之,当前财政经济情形的严重,其原因虽多,要以财政收支的不平衡为其症结所在。而在现阶段匪乱未平、交通破碎、生产萎缩的状态下,欲求财政收支的平衡,实在非常的困难。目前政府对财政的办法,只有一方面尽量增加收入,一方面尽量节省支出,力求减少预算中收支不敷的差额。这一点行政院并未敢忽视。

(三)政治的振衰救敝

近年我国政治风气的不良和行政效率的低落,以及军纪士气的不振,本早已引起党内同志和社会人士普遍而深刻的批评。不过,这些问题,内容极宽泛而复杂,究其原因,有的由于教育关系,有的由于经济关系,有的由于制度关系,非单靠法令或方案所能奏效,更非一纸文告所能改变,本席自受职以来,无日不在从多方面谋所以肃清和改进之道。

就贪污案件的处理而言,凡有受理的控告各级公务员违法渎职的案件,无不严密交由各主管机关秉公彻查,限期核办。其有呈复稍迟的,并随时令催,不敢蹈"一经行查,便尔了事"的陋习。至经由公务员惩戒委员会决议惩戒的人员,一经行知到院,亦无不立予分别令饬有关机关照案执行。这都是可以为各位同志告的。本席时常在想关于贪污风气的肃清,除一经查实立予依法严办外,尚有两点应当注意:其一,如何从多方面、各阶层去发现具体贪污的事实,藉使贪污分子无所逃于法纲;其二,则为如何防止挟嫌诬告,藉免以一、二人的私愤而淆惑整个社会的观听。所以最近尚打算拟定一奖励告密并防止诬告的办法,用期彻底办到无枉无纵。

就公务员待遇而言,这实在是近年影响政治风气的重大原因。我国由于累年的灾乱,财政贫乏,开支庞大,公务员待遇至为菲薄,公务人员情绪颓丧,素质逐渐低落,行政效率因之递减。除此以外,更有一种缺憾,就是文武人员待遇的不平等,而国营事业人员复优于一般公务员,同为国家服务,而竟有如此差别待遇,其不公平孰甚。为弥补此种缺憾,政府不顾种种困难,卒于本年八月起,将文武职待遇归于一致,并将国营事业人员之待遇减至优待范围以内,谋取全国文武人员待遇之平等。这次调整待遇方案,系在顾念文武职公务员生活之艰辛及考虑国库负担之严重双方面下,经长期间之研讨而成,国家因此增加之薪津饷项甚巨。然本席总觉得政府必须在可能范围内,竭尽其能力与责任,然后始能在政治风气及行政效率上求进一步的改良。

就各级机构的散乱重沓而言,这亦是我们行政效率不良重大原因之一。本人前曾提到我们动员的意义不止是消极的戡乱,而尤其是积极的建设,所以为求扫除我们政治的积弊,完成建国的大业计,调整各级机构以增进行政效率,实系当务之急,尤其在即将行宪之前夕,如何根据宪法关于划分中央与地方权限的规定,将各有关的法令和组织预为调整,这亦是实施宪政准备工作中应有之义。关于此项问题法令方面的研讨,行政院已决定组织一"行政法规整理委员会"经常负责。至于机构方面,上月间曾就各省主席为参加卅六年度粮食会议齐集首都之便,召集四次行政座谈会,尽量使各省主席提供省县地方的意见,以供将来改善省级机构的参考,同时并遵照总裁手令,就中央与省之行政机构系统,省政府主席与各厅处间之权责关系,省政府所属各级机关之组织人事以及各省单行法规之审核整理等问题,召集各有关部会通盘加以研讨,并拟制定一种省政之改革与简化方案,以备实施。不过,兹事体大,不能不审慎周详,故尚未能达到决定阶段。至于县级机构之调整,本院已通令各省,由省政府负责执行,并对县级机构之合理紧缩、县长职责之必须专一以及县级员吏之选拔考核各点,均有确切之指示。

自然除此三点之外,政治上其他尚待改革者尚多,例如整饬吏治、崇尚法纪、保障人民等,本院亦随时郑重注意。尤以我国是在实施宪政的准备时期,如何使当前的政治在法治与自由相辅相成的原则下进入宪政的常轨,更为本院所不敢忽视。

(四)国家主权的维护

除了戡乱军事和财政经济而外,当前外交问题想为各位同志所特别关心,尤其近两三个月报端上常常披露若干使人不愉快的国际问题，如北塔山事件、旅大的接收、对日的和约和侨胞的到处遭受压迫或虐待等等，各位同志一定会感到十分愤懑，关于这些问题的具体的处理，自有各主管部会的负责同志来报告。本席现在只想就我们外交的立场和应付的原则，亦即关于外交政策方面，提出向各位报告。

我们政府自抗战以来，本有其一贯的外交立场，政府改组时所公布的施政方针第三条亦有很清楚的说明。坦白的说，在地理上，中国很自然的成为美苏二强的中介区域，我们很可成功为美苏合作的桥梁，从而促进世界的和平；相反的，倘若不幸，也很可能把我们国境沦为两强冲突的爆发点。因此，我们必须明了环境的特殊和责任的重大，必须格外审慎，努力自任为和平桥梁。不过本席必须说明，所谓审慎，并不是在国际的折冲上毫无措施的意思，良以国际间不易解决的悬案，任何时代、任何关系密切的国与国之间，都不能免为保护自己的正当权益起见，立场自然要十分坚定，但在步骤上，则不能不有某种限度的容忍，具体的说，我们对苏联的基本要求为严格履行《中苏友好条约》，这个要求我们并未能满足，这是事实，我们的问题，不是应否如此要求，而是在联合国"否决权"被一、二国所滥用之形势之下，国内建设工作尚未完成以前，如何去实现我们的要求。至于美国，可以说是现阶段唯一有力量帮助我们的国家。但是，中美国情风度和制度中间具有极大的差异，她对我们的观察，去事实总不免有若干距离，而其中更有许多事态因果复杂，难于期望外邦人士的彻底认识和谅解，在这种情况之下，我们对美方的援助，自不应作过高过急的期待。

谈到这一点，使我们又不能不回忆到安定和统一的重要，更不能不痛恨共匪颠覆祖国的阴谋。我们谁都知道，国家力量以统一为前提，而国际折冲又以国家力量为后盾，换句话说，倘我们能立力更生、国内政治有办法，不但外人投资可以无所顾忌，即外交上的主张亦必被人重视了。总之，我们现在动员戡乱完成宪政的过程中如何求得安定和统一，实为一切措施的大前提。今日之外交关键，并不在外交的本身，这个理由是毋庸说明的。

以上是政府改组后比较值得向各位同志提出报告的几件事，本席并无意思说这是政府改组后的成就，相反的，我今天只能提出这几件事是十二分抱愧的，从政府改组到现在恰恰四个半月，四个半月的期间固然不能算长，但亦不能说短，假如环境许可的话，所成就的本不应止于此寥寥数事。本席在前边已经提到，在政府改组后最初两个月里，一切的力量，几无不消耗于应付共匪种种阴谋和它所煽起的恶劣局势之中，一直等到共匪再度拒绝国民参政会的和平建议，国人这才了然共匪绝无悔过之诚意，政府方面已仁至义尽，为求最后的和平，不能不付以更大的代价，于是政府毅然决定实施动员戡乱，这才澄清了社会一般误认剿匪为内战的荒谬观念。我们可以说，共匪淆惑观听、颠覆政府的阴谋，终因在总裁明毅的决策和指挥下，由本党在政府内外同志一致的努力，而被粉碎。可是，我们建国的工作，无疑的无论在时间上或效绩上，都受了很大的影响。

本席拜命之初，曾就全国整个局势彻底加以考虑，据个人的看法，欲求我们国家复兴康乐，最基本的工作，要在如何打破国内政治与国际关系各因素相互间的恶性循环。这种恶性循环，实在是当前主要症结所在。吾人谁都承认建国最大障碍是共匪包藏祸心，企图颠覆祖国。可是，倘如国内交通无阻、生产繁兴、政治修明、财政有办法，共匪亦并不〔必〕定平。所不幸的是，在长期抗战疲敝之余，共匪一旦不平，不但交通和生产现状不易改善，且因物价激涨，生活不安，即政治修明亦不易；期而同时，在军费浩繁、生产萎缩、社会秩序未能稳定的局势下，财政政策亦不易收预期之效，这是一个很显然很严重的恶性循环，不但整个局势如此，即各个具体的措施亦复如此，不但国内政治受这种循环的影响，国际关系与国内政治之间亦复受这种循环的影响，大有牵一动万、动辄得咎之势。例如，因通货膨胀而影响公教人员的待遇,但改善公教人员待遇又无异促进通货膨胀。又如,建立良好国际关系,固大有助于经济建设,而在今日社会不安的现状下,良好的国际关系亦殊不易建立。类此事例,俯拾皆是。国内政治与国际关系间各种因素都是倾向于恶性的发展,而且循环不已,犹如在风雨飘摇中的一艘古旧帆船,偏东就向东,偏西就向西,倒进则荡晃不定,止则摇摇欲坠,到了这时,张帆摇橹都得小心翼翼,不然便会以极正常的举动,而招致加速覆沈〔沉〕的危险,掌舵的人在此地位,自然愈形重要,但其工作之艰辛是不难想象的。

近三、四个月政府最大的企图,可以说无日不在想法打破这个环子,可是因为种种原因,实不能说有何显著的成就。当然,我们不能因为这个最高企图未能实现,便规避现实,不求当前问题的解决。但我们亦不愿只求局部问题的解决,而忽视了最高企图未能实现的责任。再明白些说,前面所报告的几件措施,只是面对现实,于当前最迫切问题求得暂时的解答,而彻底的改革,实尚有待。本席未能将此种种不利环境打开,亦未能利用最短时机争得有利的条件,今天在总裁和各位同志之前,实不胜其沉重的责任感。

在这,我尚想进一步提请各位同志的注意,我们建国前途尚极弯远,本党责任尚极艰巨,在这种严重关头,行政院长一职的人选关系殊大,希望重加考虑。

过去四个半月中间各位同志的支持和鼓励,本席深深的感激。在这四个半月中间,政府的成就殊鲜,本席尤其万分抱愧,尚希望各位同志不吝指教。

〔行政院档案〕

4. 中国国民党六届四中全会及党团联席会议通过重要决议案

(1947年9月12日)

中国国民党当前组织纲领

兹值党团统一组织,集中革命力量,以执行后期革命任务之际,应对本党组织彻底检讨,改进缺点,力求充实与进步,适应时代要求,以强固新中国之动力,特订定本党当前组织纲领如次:

一、原则

(一)加强团结,集中力量,整饬纪律,淘汰腐恶份子,严肃革命阵容,促进党的新生。

(二)吸收党员,应特别注重优秀农民、工人、青年及知识分子为革命之主力。

(三)建立宪政时期党的作风,改善组织运用,各级党部当注重服务民众切实为民众生活之改善,痛苦之解除及智识水准之增高而努力。

(四)依据本党民主集权制之原则,各级领导干部应依民主之方式选举产生,多数尊重少数,少数服从多数,总裁领导全党,下级服从上级,各级机构应经常向党员提出工作报告,党员应切实检讨工作,互相坦白批评。

(五)加强学习精神,造成研究风气,提高党员对理论之认识,以促进思想行动、组织宣传之革新。

二、党员

(一)党员、团员应一律重新登记,确定党籍。

(二)重订党员标准如下:

子、具备左列各条件者,方得为本党党员:

1. 确实信仰本党主义,愿为实现本党主义及政纲政策而奋斗牺牲者。

2. 愿力行新生活以改变社会风气者。

3. 反内乱反贪污"官僚主义"者。

五、凡有左列情形之一者,不得为本党党员:

1. 有反党言论或行为者。

2. 跨党者。

3. 在党内造成或参加小组织,以破坏本党之统一者。

4. 有贪污行为者。

5. 拒绝登记财产者。

(三)登记合格之党员应重新宣誓。

(四)党员财产应依规定登记,并特别注重于党的各级干部及从政党员与服务于公营事业及金融机关之党员,其办法另定之。

三、各级组织

(一)依据工作需要,重行调整各级组织机构,对农工青年之组织尤应加强,其办法另定之。

(二)党员重新登记宣誓后,应即编组,并依据民主原则,限期重新完成各级组织。

(三)根据党内一切小组织,确保党的纯洁与统一。

四、干部

(一)确定新的干部政策,对各级干部采信任制责成制。

(二)从党员中选拔干部,从工作中培植干部,从组织中运用干部。

(三)根绝派系观念,注重人才主义。

(四)切实调整中央各部会及各级党部人选,经常选拔新的干部,发挥新陈代谢作用,并防止以办党为职业之现象。

五、纪律

(一)加强各级监察机构之职权,健全监察纲之组织,切实执行党的纪律。

(二)尽量鼓励党员,发挥自我检讨,相互批评之精神,培养规过劝善之美德。

（三）以民主方式透过各级党部，使纪律成为多数党员自动自觉共信共守之纪律。

（四）党员在纪律之前人人平等。

（五）对于从政党员之管理，绳以左列之纪律：

子、党员出任各级政府之重要职务或参加各项重要职位之竞选，须经党的同意，并受党指导，其办法另定之。

丑、任何从政党员，均应参加基层组织活动，违者予以党纪之处分。

寅、凡从政无成绩之党员，应令其辞职，其有劣迹者，视其情节轻重，予以适当之处分，其贪污有据者开除党籍。

卯、不执行党之政纲政策决议与命令者，予以处分，情节重大者，开除党籍。

（六）在党内造成或参加小组织者开除党籍。

（七）跨党者开除党籍。

（八）登记财产不忠实者，予以处分，拒绝登记财产者，开除党籍。

统一中央党部团部组织案

为集中革命力量，统一革命领导，以适应当前环境之需要，经由中央党部、中央团部决定统一其组织，除省市县各级统一组织原则及其实施办法，业经中央常会通过颁行外，关于中央党部团部组织之统一与机构之充实，订定办法如左：

一、三民主义青年团本届中央干事，均改为本党本届中央执行委员，候补干事，均改为候补中央执行委员，中央监察均改为本届中央监察委员，候补监察均改为候补中央监察委员，全会通过后，提请第七次全国大会追认。

二、中央执行委员会常务委员名额，扩增为四十五人至五十五人,中央监察委员会常务委员名额,扩增为十五人至十九人,其人选由总裁提请全会决定之。

三、中央执行委员会,除原有各部会外,增设青年部为本党领导及组训青年之机构,其组织另定之。

四、中央执行委员会各部各设委员会为决策及检讨机构,各该部部长为当然委员,并为委员会开会时之主席,其办法另定之。

五、中央执行委员会设理论研究委员会,负对主义及政纲政策之理论研究责任,其组织另定之。

六、党团统一组织以后,为适应宪政时期之需要,本党组织之改进,由常会指定若干人成立研究委员会,负责研究具体方案,提出第七次全国代表大会讨论。

〔中国国民党中央执行委员会秘书处档案〕

5. 中国国民党六届四中全会及党团联席会议宣言
(1947年9月13日)

本党自总理领导国民革命以来,所担负的是中国历史的使命,每逢国家民族有重大历史使命付给本党的时候,本党必有一次新的检讨,新的团结,形成新的阵容,以担负这新的使命。

总理在民国纪元前,将兴中会改组为同盟会,结果是中华民国的诞生;民国三年,改组国民党为中华革命党,结果是推翻袁世凯帝制,重建共和;十三年改组中国国民党,结果是扫荡军阀完成北伐统一的大业;二十七年本党的临时全国代表大会的各项重大决策和三民主义青年团的产生,更光荣的达到八年艰苦抗战的胜利。现在历史又将第二次世界大战后戡乱建国的重大责任付与本党,于是本党有此次党团统一组织的决定,这种措施是秉承总理过去改进革命组织的经验,团结同志,集中力量,统一指挥,巩固革命的基础,加强党的思想领导,发扬党的革命精神,以共赴此非常艰巨的事功,而达成后期革命的任务。

过去五十年的历史,昭示我们本党推翻专制,谛造民国,扫除军阀,取消不平等条约,完成抗战胜利等项重大史实,对于民族、民权两主义是显然的重大成就,历年来建立各级民意机关与最近颁布宪法结束训政,更足以表示本党一贯努力,不断前进,以完成民主政治的决心和诚意,而戡乱与总动员,乃是为了维护国家领土主权的统一和完整,这正是民族生存与世界和平的关键,至于民生主义的实现,原为本党革命的主要目的,解除民众生活的痛苦,是目前迫切的需要,以前关于民生的建设,本来成就较小,而八年的抗战与战后的匪乱和破坏,更觉残损无余,所以民生主义的经济建设,实应重新开始,而且刻不容缓,一切建设事业尤应首先尽其在我,本党愿以此为当前努力奋斗的目标。

我们认识目前革命环境的困难,但是我们同时也要认识我们革命的力量,实在比以前任何革命阶段为雄厚,以前我们薄弱的革命势力,尚能克服每一阶段的困难,此后只要我们自重而不自大,自反而不自馁,自信而不自满,定能由历史的成例,来保证我们达到预期的目的。

我们要了解不能自强不息的不是革命政党,经不起诬蔑,忍不住煎熬的,更不是革命党员,我们愿以党的团结和奋斗促进党的新生,以党的新生创造革命的动力,以革命的动力达成政治经济的全面改革。

我们体会二千年前中国"为政不在多言,顾力行何如耳"的古训,此后我们愿意拿事实来答覆期望,拿行动来证明决心。

我们要不惜为保障民族生存而牺牲,为实行民主宪政而奋斗,为改善人民生活而努力。

国家已向宪政时期迈进,但是保障中华民国,维护中华民族的责任,是本党和本党同志义不容辞的,我们愿以此自勉互勉,更愿全国同胞本着我们共同的国家观念,民族意识,一齐和我们提携,共同建设三民主义的新中国。

〔中国国民党中央执行委员会秘书处档案〕

6. 蒋介石在中国国民党六届四中全会及党团联席会议上致闭幕词

(1947年9月13日)

此次全会之成就与本党今后应有之努力
三十六年九月十三日四中全会闭幕词

一、此次全会之伟大成就。

二、本党同志对于戡乱剿匪应有之努力：

（一）有力出力，有钱出钱；（二）健全本党组织，征收党费，整顿党营事业；（三）养成研究法令，尊重法令的习惯。

三、要完成建国大业，本党同志必须立定自力更生的决心，目前具体要务如下：

（一）澄清吏治，根绝贪污；（二）安定经济，建立经济基础；（三）建设收复区，解除人民痛苦；（四）召开国民大会，实行宪政。

四、改革党务之途径：

（一）精神之改造：（甲）务实克己；（乙）节用爱人；（丙）重廉知耻；（丁）讲信修睦。（二）行动之改造：（甲）注重干部教育；（乙）确立干部政策；（丙）群众运动的方式：（子）以服务代命令；（丑）以工作代宣传；（寅）以自反代报复；（卯）以说服代斗争。

五、本党应增设之机构，及其任务：

（一）理论研究委员会；（二）抚恤委员会；（三）党员互助救济委员会；（四）党费筹集与公债劝募委员会。

六、目前的具体工作：

（一）举行党员总登记，淘汰贪污腐败分子；（二）召集各地干部，实施训练；（三）扶助干部转业；（四）成立学运指导委员会，防止学潮。

七、希望大家发扬和衷共济的精神,养成科学办事的习惯,脚踏实地,实事求是,来完成我们革命建国的使命。

今天四中全会闭幕。此次全会完成了党团统一组织的任务,可以说是本党革命历史上又一次伟大的成就,也就是我们今后戡乱建国成功的保证。本人觉得十分欣慰。这五天以来,各位同志在会场上的表现,都能识大体,顾大局,亲爱精诚,和衷共济,为本党和革命的前途,不惜牺牲自己的地位意见。这种大公无私的精神,尤使本人感动。我深信我们这一次伟大的成功,不仅可以一洗本党历年的耻辱,而且足以为本党革命大业开辟一条光明大道,使本党实现三民主义的历史使命,早日完成。

我在上次全会开幕的时候说过,本党目前最迫切的工作,是如何来消灭我们唯一的敌人——共产党,也就是如何达成我们戡乱建国的使命。共产党是本党生死成败的敌人,也就是我们整个国家安危存亡的公敌!共产党叛国的武力如果一天不被我们消灭,不仅本党革命事业一天不能完成,就是整个国家民族也一天不得安全。现在政府已经颁布了总动员令,但是我们如果要全国民众真正奉行,就必须我们一般党员能作人民的表率,在精神行动上有具体的表现,使社会民众有所效法。尤其是我们中央同志和各级党部负责人,定要把全副精力集中于戡乱的工作。一言一行,都要以剿灭共匪为目标。如此才能提高一般民众的警觉,认识剿匪是国民人人应有的责任。

我们一般党员要怎样努力,才能达到我们戡乱的目的呢?我认为第一,我们党员必须审察自己的性能,在剿匪各种工作中认定一项工作,努力从事,以期有助于剿匪军事。我们在抗战的时候有两句口号,就是"有力出力"、"有钱出钱"。今天我们剿匪,我们党员同志首先实行这两句口号。有力的要拿出自己的力量来,贡献于党,有子弟要遣送从军,有聪明才智要为党而用,为消灭共匪而用,有财产的尤其要捐献财产,以表示我们为党为国不惜毁家纾难的精神。今天有一件事可以附带报告的,就是宋子文同志已决定捐献其建设银公司全部股产,作为救恤抗战剿匪死难同志家属之用。宋子文同志在前次卸任财政部长之后,经营经济事业,颇多成就,而社会上多诬为官僚资本。现在宋同志慨然将其财产捐献于党,足见其并非为私人利益经营事业,而是为党为国发挥服务精神。他这种公尔〔而〕忘私,国尔〔而〕忘家的精神,实在值得我们感佩,值得全党同志效法。我们相信我们同志凡是有财产——尤其是在国外有存款的同志,必能闻风兴起,踊跃捐输,来达成我们戡乱建国的目的。

第二,我们要消灭共匪,一方面要知道共匪的内容,同时更要检讨我们本身的缺点。我常常说,现在我们党的一切组织宣传之所以不能发生力量,就是由于我们一般党员丧失了以往革命精神,尤其是一般负责干部,对于工作不能负责任,办事不求彻底,以致一切问题迁延耽搁得不到解决。以后我们要达成戡乱的目的,首先要求我们本身的健全,全党同志人人都要奋发革命的精神,提高工作的热诚,从上级到基层,要成为一个整个的战斗体,每一个党员都要成为一个战斗员,而且要以战斗员自居。如此,才能担负戡乱的任务。今天我要提出两点具体的意见,要求大家实行。(一)是党员必须缴纳党费。党员缴纳党费是应有的义务,亦是我们革命精神和纪律的表现。但本党自从执政以后,依赖政府已成习惯,对于党员向不缴收党费。这可以说是世界任何政党所没有的现象。现在政府不再担负党费,以后本党经费须谋自给自足,因此各级党部必须负起责任,认真征收。这是每个党员对党最低的义务,也是我们党员对党最实际的联系。(二)是整顿党营事业。现在本党经营的事业很多,而没有一件足以令人满意,今后财务委员会必须负责整顿。而中央监察委员会尤须以督促财务委员会清理本党财产,提高党营事业的率效〔效率〕为其最大的责任。

第三,为要贯彻动员法令,各级党部办事人员必须养成研究法令尊重法令的习惯。现在我们一般党务人员,不仅不研究政府的法令,即对于党务法规,中央的宣言决议也是束之高阁,既未研究,更未实行。这是我们各级党部内容空虚业务废弛的主要原因。共产党就完全与此相反,他们下级党部奉到上级的命令,一定要遵照执行,尤其对于他们中央的宣言决议、政纲政策,基层党部接到之后,一定要召集所有的党员举行小组会议,切实研讨,并分配任务,分工合作,共同完成。所以每一个共产党党员的言论行动,莫不受其党的指挥和领导,而与其政策相符合。共产党之所以能成为一个整个的战斗体,原因就是在此。我们现在要消灭共匪而不为共匪所消灭,则我们一般党员必须养成研究法令、遵守法令的习惯,要以贯彻党的命令、执行党的决议为党员的天职,才能增强党的力量,达成革命的任务。

以上三者,是本党要达成戡乱任务目前最迫切的工作。其次要讲到本党今后对于建国所负的使命,自从抗战胜利以后,共匪公开叛乱,两年以来,我们国家的地位日益低落,从前和我们并肩作战的友邦,对我们都怀着一种轻视的心理,以为我们是一个没有前途的国家,不值得他们的合作。本党是中国建国唯一的领导力量,在这种悲惨恶劣的国际形势之下,要完成我们历史的使命,就唯有立定自力更生的决心,要凭我们自己的基业,凭我们自己的力量,凭我们自己的汗与血,来感召我们全国同胞,共同一致,从艰难困苦之中,将我们中国真正建设起来,使之能与世界强国并驾齐驱。我们同志必须人人有此志气,才不愧为革命党员,不失为总理之信徒!这虽是一个艰巨的任务,但以我们中国立国条件之优越,本党革命基础之深厚,只要全党同志一致觉悟,埋头努力,则不出五年,一定可以使我们中国走上现代国家道路,一洗今天的耻辱。

为要达成自力更生建设国家的目的,我们今天还要提出几点具体的意见,希望各位同志一致努力实行。第一要澄清吏治,根绝贪污。现在我们中国政治最为外人所诟病的,就是我们政府的贪污与无能。这当然是部分的现象,然而我们政府里面如有一个贪污的官吏,就是我们全体的耻辱。而本党是中国的执政党,当然要负责任,所以今后本党从政的同志,一定要互相约束,互相挟持,更要严行纠举,务使贪官污吏在政府中无法立足。必须禁绝贪污,而吏治乃能澄清,行政效率乃可提高。

　　第二,要安定经济,建立经济基础。这件事能否成功,最足以表现我们自力更生的决心和能力。我在前次宣读的一篇讲词中,曾告诉大家说:"我们广大的经济基础在全国的农村,不在少数的都市,我们农业国家经济的基础是健全的,若仅仅是现在通货膨胀的程度,我相信整个国家的经济基础决不会因此崩溃的。"现在之所以发生种种经济不安的现象,乃是因为都市经济畸形变态的缘故。今年春季政府所颁布的经济紧急措施方案,原足以纠正这种现象,但因为各地政府,尤其是本党同志不能彻底奉行,以致功效不著,殊为可耻。现在这个方案虽有一部分已失时效,但为解决都市经济的困难,其中大部分规定仍然是可以采用的。我们党员必须立下决心,彻底执行,来做一般人民的模范。尤其是都市实行配给实物,一定要作到。这件事看起来好象很麻烦,但只要我们有严密的调查,有精确的统计,就没有行不通的道理。如能贯彻实行,对于社会人心的转移与本党信誉的提高,就有很大的功效,希望大家切实努力。

　　第三,建设收复之匪区,解除人民痛苦。各地收复区经共匪长期占领之后,一切政治经济社会的制度和系统,都被共匪破坏无遗。现经国军收复,百废待兴,正是我们实行三民主义的大好机会。而且当地人民经共匪长期压迫,生活水深火热,痛苦不堪。我们革命党员,原以实行主义服务人民为天职,更应该牺牲我们个人的安乐,发挥我们救人救世的精神,到收复区去为当地人民解除痛苦,增进福利。我们党员如果能作到这一点,就一定可以为本党奠定坚固的革命基础。

第四,如期召开国民大会,实行宪政。召开国民大会,实行宪政是本党一贯奋斗的目标,各位同志自愿为实现此一目标而努力,现在不必细说。今天所要提到的是国民大会代表选举的问题。我觉得我们这次选举代表,必须信守下列三个方针:即(一)党员参加竞选,必须由党提名,绝对禁止自由竞选。任何党员如不听命令,自由竞选,党部即开除其党籍。(二)必须选贤与能。凡本党所提之候选人,必须其人格道德和能力学识,均足以为人民的代表,且为众望所归的人物,青年同志最好不要参加竞选。党部尤不可以选举迎合青年心理的手段,使他们放弃本身基本的工作,而走上政客的道路。(三)选举必先推社会贤达与友党提名的人士,而后及于本党党员。这一点特别重要。凡同一地区有道德、学问能力、声望相等之二人,一为党员,一为社会贤达或友党人士,则本党提名时宁提社会贤达而不提党员。这并不是牺牲我们自己的同志,而是因为今天本党在中国乃是处于主人的地位,作主人的克巳〔己〕谦让,乃能获得民众的爱戴和信仰。而且我们要建立真正的民主政治,亦必须尽量设法使社会贤达多有参加政治的机会,使他们与本党共同担负建国的责任。我常想,这次国民代表选举的结果,如果本党同志只占半数,则可以说是我们的成功,若是超过半数甚远,甚至占百分之八十或九十,则是本党的失败,而非建国的成功。

以上四点,是本党同志在自力更生的原则之下,应该努力奋斗的具体目标。而要达到这个目标,归根究底,还是要从改革本党、充实本党作起。关于党的改革,可以分成精神和行动两方面来说明。

第一,关于精神的改造。由于这次大会的表现,我确信本党前途是十分光明的。这次大会之中,一般同志识大体,顾大局,先团结而后个人,先义务而后权利,有了这种大公无私的精神,作为我们为党服务的基础,则其他一切的缺点,自然易于改正了。现在我要为我们同志提出几个精神修养的项目,希望大家一致实行。

(甲)务实克己。现在我们一般党员尤其是党务人员最大的毛病,即在于骄傲、虚浮、对人不谦和、作事不实在。因为对人骄傲而不谦和,所以容易引起人家的反感,甚至遭到不必要的反对。因为作事虚浮而不实在,所以一切问题得不到解决,而一切工作也不能发生效果,我们要改革这个缺点,惟有务实克己,就对人而言,一切横逆之来,惟有自反自责,就对事而言,我们必须少说话多作事,一定要脚踏实地,实事求是。

(乙)节用爱人。"节用爱人"是我们中国古人从政的要诀,要作到这一点,就必须养成勤俭和爱的习惯。惟有勤俭才能节用,惟有节用才能保持廉洁的操守,亦才能减轻人民的担负,解除人民的痛苦;惟有爱人助人,才能为众人所爱戴,所赞助,这就是领导革命的道理,这种优良的习尚与风度,不仅要在党内养成,而且要推及于政府。

(丙)重廉知耻。我在此次大会开幕的时候曾经说过:本党今天所受的耻辱,是五十年来所未有。外国人诋毁我们贪污无能,腐败堕落,一切罪恶的名词,都加到本党的身上。我们必须认清这种耻辱,奋发图强。但我们今天所应努力的是知耻自强,而不是怨天尤人。在这个原则之下,我们对外的态度是"不依赖,不排外"。惟有自反自责,知耻忍辱,埋头努力,达到我们自力更生的目的。

(丁)讲信修睦。本党今天在此内忧外患的环境之下,要完成革命的使命,就必须号召社会人士共同戮力。而要取得社会人士的合作,就一定要讲信修睦。总要"不排异,不殖私",处处表现本党大公无私的精神,使他们信仰本党真是为国为民,而愿意和我们共同努力,为建设三民主义新中国而奋斗。

第二,关于行动工作的改进,也有几点要提出来和大家说明。

(甲)干部教育之重要。此次党团统一组织以后,我们各级干部的作风、方法和技术,都应该有一番彻底的改革,因此干部的教育和训练关系非常重要。我想此次大会以后,我们必须举行一次大规模的训练,来改造我们一般干部同志的精神和行动,以期能适应今后的环境。

（乙）干部政策之确立。我们对于干部同志如何选拔，如何考核，以及下级干部与上级干部之间，究竟保持如何的关系，必须确立一个政策。我认为我们必须为工作来选拔干部，从工作中来考核干部。如此，才能识拔其真正的人才。这一点希望各位中央同志切实研究。

（丙）社会运动与青年运动方式之改进。由于党务工作在精神上应有上述的革新，所以今后我们对于社会及青年运动的方式，亦必须有配合的改进。大家要明了本党今天的处境。本党是个革命的政党，原是要以革命的手段，肃清一切反革命的力量，来实行我们三民主义的。但是我们今天为了应付环境，为了适应潮流，不能不在我们肃清的工作完成以前，提早实行民主政治。在这种盾矛〔矛盾〕的情况之下，我们以普通政党的地位，要完成革命政党的使命，这是一个十分艰巨的任务。为了解决这个矛盾，我们在工作的态度上和作风上必须有一番彻底的改革，我们必须放弃过去一切偏激的、狭隘的、不容忍的作风，而代以宗教家宽大的、博爱的、说服他人的态度。换言之，就是我们每一个党员都应该以宗教家的态度，来遂行革命的任务，而不应凭藉权力，压制他人。在这个前提之下，我今天提出四点作为大家今后行动的方针：（一）以服务代命令。要以服务的精神，来争取人家的信仰，不可用命令的方式，强迫人家来服务。（二）以功效代宣传，少说话多作事。要注重工作成绩的表现，切不可从事空洞的宣传。（三）以自反代报复。孔子说："不念旧恶，怨是用希。"政治家应以"化敌为友"为对人对事的最高的原则。我们现在要争取群众的合作，必先捐除成见，克己自反，以与人为善的态度，来取得民众的信赖。（四）以说服代斗争。对于一切反对本党的人士，应注重思想启发的工作，使之归于三民主义的领导之下，而不可冒然施以斗争的行动，以引起其恶感。

总之，今天我们从事群众动运〔运动〕，必须避免一切高高在上、颐指气使的作风,而应该虚怀若谷,克己下人。古人说:"唾面自干",今天我们要在群众中重建本党的信誉,就必须有这种忍辱含垢的耐力:反动派打我们,我们不还手,骂我们,我们不还口,对于一切外来的横逆,惟有反求诸己,始终以宽大的精神笃实的行动,来贯彻我们一贯的目的,如此久而久之,任何人都要被我们感化,就是敌人也可以变成我们的朋友。希望一般领导群众运动的干部,切实力行。

此外,为加强今后党务工作,在中央执行委员会之下,必须增设或加强以下几个机构:

(一)设立理论研究委员会,负党的理论研究的责任。

(二)加强抚恤委员会,认真抚恤本党死难同志的遗族,及救济因公伤病的同志。

(三)设立党员互助救济委员会,帮助党员解决其工作及生活等问题,并指导党员间之互助合作,以加强其党性。

(四)设立党费筹集与公债劝募委员会——或即充实现在财务委员会之组织,加强其业务,俾能筹集党费,以确定本党经济基础,同时并在党内发起募购公债,以为人民的表率。

最后还有几点具体的工作,要趁今天闭会的时候,提示各位同志。

第一,此次党团统一组织之后,第一步工作,即为举办党员总登记。此次登记,务须将各地贪污腐败份子,开除党籍,不使其再混在本党里面。这件事各地党部一定要严格执行,然后才能刷新本党的阵容,一新人民的耳目。

第二,在最短期内,召集各地党团干部重新训练,以澄清过去笼统迷糊的心理和观念,并改善其生活和工作的方法和技术。

第三,党团合并之后,各地党务工作人员,以不超过现有人数为原则,其编余同志,不得随便遣散,应先集中训练,而后分别转业。

第四,现在共产党正拟在各地发动第二次学潮,本党为预先防范起见,在各地团部结束以前,应成立学生运动指导委员会,负责领导学生运动。我相信这个委员会如果能发挥力量,运动适当,则现在共匪军事节节失败之际,必不能鼓动风潮,扰乱社会。

以上是本人对于此次全会的观感,以及个人所想到的几点具体的意见,希望大家在会议以后,一本此次会场中和衷共济的精神,亲爱精诚,团结一致,改进过去的缺点,养成科学办事的习惯,脚踏实地实事求是。如此,我相信本党在最短期内一定可以达成戡乱的任务,一定可以完成我们革命建国的使命。

〔中国国民党中央执行委员会秘书处档案〕

(四)中国国民党第六届中央执行委员会临时全体会议

1. 中国国民党六届中央临时全会第一次会议概况

(1948年4月4日)①

中央社南京四日电:

国民党中央执行委员会临时全体会议四日晨十时在中央党部举行,讨论总统、副总统候选人问题。蒋总裁亲临主持大会,并致训词。出席中委于右任、居正、孙科、戴传贤、张群、邹鲁、陈立夫、陈布雷等三百余人。秘书长吴铁城,副秘书长王启江、郑彦棻。十时总裁偕夫人莅会,会议开始。总裁即席简略致词,提出总统、副总统候选人由政党提名仰自由竞选问题,请全会讨论。邹鲁、雷殷、王世杰、甘乃光、于右任、居正、方觉慧、田昆山、刘文岛、何浩若、潘公展、黄宇人、刘维炽、余拯、张道藩、曹浩森、谷正纲等委员相继发表意见。吴敬恒委员最后提请总裁决定。总裁继起致词,表示不愿出任总统候选人。会议至下午一时暂停,三时半继续讨论。彭学沛、吴敬恒、李文斋、王宠惠、罗家伦、刘文岛、雷殷、邹鲁、焦易堂、谷正纲、黄季陆、张道藩、唐式遵、钟天心、罗文谟相继发言,并一致推请总裁为总统候选人。最后总裁提议交中央常委再加讨论,提出大会。

〔上海《中央日报》1948年4月5日〕

本报南京四日电:

国民党第六届中央执行委员会临时全体大会,四日晨十时揭

---

① 国民党六届中央临时全会原定于3月28日召开,因时间仓促,才改在国大开幕后举行。

幕,蒋总裁亲临主持,出席执委三百廿二人,讨论主题为总统、副总统候选人之提名与人选问题,经竟日研商,未获最后结论,定六日开第二次会议继续讨论决定。本日会中获致初步同意之原则,为(一)总统候选人是否由党提名及其人选为谁,交五日下午三时临时中常会研究,再提全会讨论。(二)副总统候选人不由党提名,实行自由竞选。(三)鉴于此次总统、副总统候选人之提名竞选,因时间匆促,未能预为妥筹,下届决采政党提名办法,于国大开幕三个月前,召开本党全国代表大会,听取党内全体同志对人选之决定。蒋总裁于讨论前致训,首先说明渠对竞选总统事未于事先表示参加与否之原因,乃因本人为一党员,应尊重党的决策,接受党的命令,在党未决定以前,渠个人不能有所表示。其次则申说渠个人业已决定不参加总统之竞选,同时表示渠今后不任总统,仍可贯彻党的政策,继续与共党斗争,渠个人认为,未来之总统必须具备以次数项条件,即(一)具有民主风度,(二)对中国之历史、文化有深切之了解,(三)对于宪法能全力拥护,并忠心实行,(四)对国际问题、国际大势有深切了解及研究,(五)忠于国家,富有民族思想,总裁并表示,必须非国民党员。总裁训示后,邹鲁首先起立,表示按照当前局势,总裁一职仍非总裁出任不可,委员潘公展、甘乃光、于右任等先后发言,一致拥护总裁出任首任总统。午后会议中,总裁曾再度提出渠之意见,盼会中能详予研究,与会各委员以总裁态度诚恳,且此事关系重大,未便草率决定,决交五日临时中常会根据总裁指示详细研究,再报大会讨论。

〔《申报》1948年4月5日〕

2. 中国国民党六届中常会临时会议概况

(1948年4月5日)

本报南京五日电:

蒋主席表示不愿参加总统竞选事,国民党中常会五日下午三时开临时会,根据临全会之决议提出讨论。临时中常会由孙科主席,各委员对总裁之谦让,就各方面加以研究,特别重视各方反应,张群当即席报告青年党领袖所作拥戴总裁之表示,各委员以值兹国步多艰,盱衡现局,总统一职,仍非总裁出任不足以领导全国渡此危难,为表示全党一致拥戴起见,特再郑重决议,拥护总裁竞选首任总统,建议六日临全会采纳,并推定邵力子等即晋谒总裁,说明此项意见,临时中常会开会达四小时半之久,各要员均热烈发言,至下午五时半始散。

〔《申报》1948年4月6日〕

3. 中国国民党六届中央临时全会第二次会议概况

(1948年4月6日)

本报南京六日专电:

国民党临时中全会六日下午四时举行第二次大会,蒋总裁未出席,由孙科主持。开会后,吴秘书长铁城报告五日中常会研讨结果,仍请蒋总裁为第一届总统的候选人。报告毕,孙科征求大会意见,是否接受中常会决议,全场一致起立,表示接受,拥护蒋总裁为第一届总统的候选人。决定之后,蒋总裁送一书面提示:"本党应否决定总统、副总统候选人案"到会场来,内容包括三点:(一)本届总统、副总统之选举,本党不决定候选人,本党在国民大会中,得依法联署提名,参加竞选。(二)下届总统、副总统之选举,本党应于选举前三个月召开本党全国代表大会,决定本党总统候选人,并由总统候选人推荐副总统候选人,通告全党同志,一致遵照。(三)下届选举时,凡本党党员非经本党决定为总统或副总统候选人者,不得自由竞选。提出后,第一个发言的是方治,他说他是今天才从上海到南京,以前的会未及参加,不过觉得这一个问题非常重大,必须详细讨论,当不能马虎过去,跟着就有人提出对于总统、副总统提名问题重付讨论,后来陈布雷说明这三条意见是蒋总裁交给吴秘书长的书面指示，只可表示蒋总裁对于此事的决心，并不足以引起争辩。张群发表意见，则认为五日中常会既已有了决定，而今天蒋总裁又有这样的指示，大家不可不注意。戴传贤则从法律、哲学等各方面来说明蒋总裁的伟大与出任总统的义不容辞，他的话说了半小时以上。他说完后，主席宣布休息十分钟。在休息时候，孙科、陈立夫、张群、朱家骅等若干重要中委作数分钟的商谈。继续开会时，朱经农先发言，说明才决定的拥护蒋总裁为总统候选人，那是我们党内的事情，现在讨论蒋总裁三点指示，那是本党对国大的说明，所以这两案并不冲突。接着李曼瑰、赖琏、张道藩等相继发表意见，大致都赞同朱经农的看法，认为这两案非但没有冲突，而且有相辅相成的作用。最后孙科作结论，以两案综合成为三点，经大会通过，就作为这一次临时中全会的决议案。这三点的内容是：（一）接受中常会研究的结果报告，一致拥护蒋总裁为第一届总统候选人。（二）遵照蒋总裁指示本届总统、副总统之选举，本党不决定候选人，本党同志在国民大会中得依法联署提名，参加竞选。（三）下届总统、副总统竞选，本党竞选的都要由党提名，本党应在下届国大开会前三个月召开本党全国代表大会，决定候选人。

〔《大公报》1948年4月7日〕

中央社南京六日电

国民党第六届中常〔执〕委会临时全体会议六日举行第二次大会，通过接受常委研究报告，遵照总裁指示，本届总统、副总统之选举，本党不决定候选人等案。本次临全会议至此宣告闭幕。今日第二次大会，系于下午四时由孙委员科主持，在中央党部举行。秘书处报告后，主席宣告讨论关于总统候选人问题应如何决定案。首由王启江副秘书长说明，该案经第一次大会决定先交常务委员研究，报告大会决定，兹经常务委员集会研究，拟具报告提出核议。王氏继宣读研究结果报告全文（附后），吴铁城秘书长并补充报告昨日中常会集会讨论该案经过。主席当以此项报告宣付表决，经全场一致起立鼓掌接受。陈布雷、方治、刘公武、李中襄、陈立夫、戴传贤、张群、朱经农、罗文谟、周文化、李曼魂、赖琏、孙镜亚、张道藩、彭学沛等委员，相继就总裁本日对于该案之指示发表意见。最后主席综合各委员意见，归纳三点，请大家决定。当经全场无异议通过。兹志决议全文如下：①接受常务委员研究报告。②遵照总裁昨日指示，本届总统、副总统之选举，本党不决定候选人，本党同志在国民大会中，得依法联署提名参加竞选。③下届总统、副总统之选举，本党应在三个月以前召开全代大会，决定本党候选人，并通告全党同志一致遵照。大会至七时结束，吴秘书长旋宣布本次临全会议闭幕。

"研究结果报告"

中央常务委员研究结果报告如下：奉交研讨本党应否决定总统候选人问题，经集会审慎研究，同人等对于昨日总裁在大会指示，发扬总理天下为公精神，为行宪伊始，立选贤与能之良好规范，以及对戡乱建国积极负责，不觭名位，为国家作实际有效之服务诸点，凡此伟大指示，全体同人无不深切感动。惟鉴于当前国事之艰巨与党内外期望之殷切，在事实上非总裁躬膺重任，不足以奠立宪政之基础。再四筹维，敬向大会建议：依照昨日全体一致之表示，仍请总裁为第一届总统候选人；并望我全党同志恪遵总裁之指示，拥护总裁之决策，同德同心，真诚努力，不论在政治上、社会上，均不惜牺牲个人，以贯彻本党救国之精诚，完成戡乱建国之大业。敬祈大会采纳此意，作成决议，俾全党同志一致遵式。是否有当，仍祈公决。

〔上海《中央日报》1948年4月7日〕

（五）中国国民党非常委员会会议

1. 中国国民党非常委员会[①] 会议简况
（1949年7—10月）

本报广州十五日专电：

蒋总裁与李代总统、阎院长于今（十五）十二时秘密商谈，据悉，系就保卫华南工作之计划交换意见。蒋总裁表示下最大决心保卫此一革命策源地。其次关于非常委员会组织内容及人选之问题，亦详加交换意见。前因关系方面提请增加委员名额，以集合较多之意见，副主席一席可能增多一人，除内定李代总统外，将由孙科出任。秘书长一职可能由洪兰友负责。并拟增副秘书长，可能由程思远出任。以上各项问题，即于明后日决定，后日（十七）可能正式召开该会第一次会议。阎院长向记者透露亦有如此可能。

〔重庆《中央日报》1949年7月16日〕

本报广州十七日专电：

改革党务，刻为非常委员会之重要课题，而总裁此次来穗，曾携有在台湾草拟完竣之改革内部草案，并召集高级干部商讨后，将其交由非常委员会，再加详细讨论，俟修正后，即付诸实施。其内容包括整肃游离分子，加强组织等。

〔重庆《中央日报》1949年7月18日〕

本报广州十九日专电：

据可靠方面消息，本党将在台湾设总裁办公厅。该厅设军事、

---

① 该会于1949年7月16日正式成立。

外交、党政、财政、秘书等组。传人选内定为外交王世杰,财政俞鸿钧,军事陈诚,党政谷正纲,秘书张其昀,以加强党员考核,办理党员登记,健全组织。至于军队党务,即恢复北伐时之党代表制。至改造筹委会,将在各省设分会,分会成立后,省党部将暂停活动。

本报广州十九日专电：

党内人士透露,蒋总裁之来穗,对团结工作收效甚大,以清过去之空气。昨中常会曾通过改造党务方案,其主要内容如下：①订改造纲要。②组织改造筹备委员会,设员三十一人,人选未定。③整理宣言文告发表,以正国际视听。④党内委员自动改造,为党员准则。⑤淘汰腐化党员,吸收新党员。⑥严加管制督导从政党员。

〔重庆《中央日报》1949年7月20日〕

中央社广州二十一日电：

政府发言人鲍静安二十一日在中外记者招待会席上宣称：蒋总裁已于二十一日晨八时半离穗。鲍氏继答复记者询问称：蒋先生为国民党总裁,中央党部既在广州,总裁自有随时重来广州之可能。至国民党非常委员会会期,闻系每二周开会一次,主席缺席时,则由副主席主持会议。非常委员会视事实之需要,可能设置分会,但其名称、地点与人选,迄今未闻有所决定。外传台湾将设国民党总裁办公厅,内分设若干组,组织庞大一说,与事实不符。闻蒋总裁以其事务较繁,将设一办公室,仅以极少数人员协助处理一般事务。

〔重庆《中央日报》1949年7月22日〕

中央社台北二十八日电：

顷在台北之黄少谷氏,今就总裁办公室及非常委员会两机构之性质发表谈话如下：第一,关于总裁办公室者,总裁因不能常驻中央党部所在地,事实上须有少数必需人员随同办事,故成立一小规模办事机构,称"总裁办公室"。内分数组,或从事党务、政治、经济及国防等问题之研究,或办理事务性工作。每组工作人员最多约五人。另设秘书主任、总务主任各一人,从事各组间之联系,并无所谓秘书长。此一办公室之性质等于总裁之私人秘书机构。第二,关于非常委员会者,非常委员会系代行中央政治委员会职权,故除中政会原有之职权外,非常委员会并无任何新的职权,且纯系党的机构,而非政府机构。非常委员会之决议,须透过从政党员依法定程序请政府采择实施,此□政党□治运□之常轨;非常委员会在法律上与政府无直接联系。至于分会系属事实需要,在其工作区域内代表中央非常委员会行使职权。分会之决议,须透过该区域内之从政党员依法定程序请有关政府机构采择实施。分会或将设秘书机构,但其性质与总裁办公室系属截然两事。(记者按:总裁办公室目前尚未正式成立,非常委员会筹设分会事,闻亦尚未作最后决定。)

〔重庆《中央日报》1949年7月29日〕

本报广州一日专电:

本党非常委员会今下午四时于梅花村三十二号举行会议,留穗委员李宗仁、阎锡山、于右任、吴铁城、邹鲁、朱家骅等七人均出席。由李宗仁主持。首由渠报告出巡及会晤蒋总裁之经过,阎院长报告军事,继讨论各要案。阎院长所拟之保卫华南计划,亦提出讨论,各委员咸认保卫华南为扭转局势之第一步骤。关于本党改造、改造筹委会人选及若干党务案件,亦曾提出讨论。迄自七时许散会。

〔重庆《中央日报》1949年8月2日〕

本报广州二日专电:

保卫大广东经军政要员多次商洽,并于日昨中常会、非常会各委员一致通过，以最大力量保卫此一革命策源地之广州。

〔重庆《中央日报》1949年8月3日〕

本报广州三日专电：

非委会今晨九时续开会，李宗仁主持。出席陈立夫等七人，徐堪列席。讨论阎锡山之反共救国方案。该案对政治、军事、财政、教育及外交有详细改革计划。军事争主动，扩兵种及员兵，严赏罚，整饬风纪，提高待遇，改善生活。改革政治，力谋配合战略，提高地方政府职权，严惩贪污，选贤用能，肃清失败主义思想。在外交方面，争取反侵略国家之同情，以维获〔护〕联合国宪章促世界和平。财政求收支平衡，节省开支。此案讨论三日今通过。保卫华南案亦然。至午一时闭会。

本报广州三日专电：

此间梅花村三十二号连续举行三日，已于今午一时闭会之会议，仍由李宗仁主持。出席委员阎锡山、于右任、吴铁城、陈立夫、何应钦、朱家骅等七人，财政部长徐堪列席。讨论阎锡山提反共救国方案。该案首述反共之目的，在求将国家民族之生存及保障人民生活之自由。继列举中共祸国殃民及受国际共党主义操纵之事实，中共之野心在统治中国，攫夺政权，后则与共产国际并肩征服全球。末段详述反共之步骤，及各项切合实际之具体办法。该方案对于反共救国在军事、政治、外交、财政、教育全部之改革，均有详细计划：(一)在军事方面，改变过去战略，争取主动。(二)扩充各兵种所需之战斗员兵。(三)部队赏罚严明，整饬军风纪。(四)提高官兵待遇，改善官兵生活。在外交方面，联合世界上爱好自由国家及早防范赤祸。

〔重庆《中央日报》1949年8月4日〕

本报广州七日专电：

非常委员会午一时开谈话会，李宗仁主持。出席阎锡山、于右任、何应钦、朱家骅、陈立夫、吴铁城等七人。阎院长报告程潜、陈明仁叛变经过及处理经过。继讨论目前局势，对美国之白皮书亦讨论。闻最近将开三次讨论国内外情势之对策。

〔重庆《中央日报》1949年8月8日〕

中央社广州十日电：

国民党非常委员会今十日上午举行了成立以来的第三次会议，会中主要议题为美国公布白皮书以后我国的态度问题，委员会可能通过从政的党员向政府提出重要的建议。此外，非常委员会在第一次会议中通过设置之第一、第二两分会，其第二分会的人选，十日的会中也已通过。

〔重庆《中央日报》1949年8月12日〕

本报广州十六日专电：

本党非常委员会今十时假梅花村陈济棠官邸召开第五次会议，由朱家骅主持。出席者有李宗仁、于右任、何应钦、陈立夫等。此次会议主要为讨论对"白皮书"之答复。首由洪兰友报告蒋总裁对"白皮书"复文之意见。传总裁强调抗共决心，虽无外援，亦号召全国人士坚持到底。此项复文已提交本日八十三次政院临时会议通过公布。

本报广州十六日专电：

政府对美国白皮书之态度，已由外交部于今日发表声明。该项声明系由于行政院在今下午四时至六时召开之政务会议而决议者，该会议由朱副院长主持。声明原文如次：

美国国务院所公布之中美关系白皮书，中国政府业经阅悉。中国政府历年来所坚持之两个基本认识，美国政府已往尝抱不同之见解，今已获得相同之结论。其一为中国共产党乃彻底之马克思主义者，且为莫斯科之工具。其二为苏联确已破坏一九四五年中苏条约之条文与精神。此则中国政府所引以为慰者也。同时中国政府必须郑重声明，吾人对于白皮书内容所涉及之其他很多重要问题，在意见方面或论据方面，实有不能不持严重异议之处。吾人在不愿使两国政府间关于过去问题之争论而影响两国传统之友谊，以及民主国家所拥护之共同目标，故中国政府为其本身之立场与责任，对于此繁复错综之长篇白皮书，不能不于适当时期将所持观点及有关事实，对中美两国人民作详细之声明，以使两国人民能因此而更增加相互之了解。

〔重庆《中央日报》1949年8月17日〕

本报广州二十六日专电：

本党非常委员会今午前九【点】钟在此间梅花村三十二号举行会议。出席委员李宗仁、阎锡山、于右任、陈立夫、吴铁城、朱家骅。由李宗仁主席。会中吴铁城报告访日经过及其观感。继讨论当前外交、军事、政治三大问题，闻已有具体决定。至午前十一【点】钟半散会，下周将继续举行会议。

〔重庆《中央日报》1949年8月27日〕

本报广州十一日专电：

本党非常委员会于昨举行第八次会，会场内外警戒森严，会议结果没有公布。记者通过极巧妙之探询，始获悉其决定为：①云南问题，讨论报告决议解散滇省参会外，将授权滇省主席全权办理，整肃内部，肃清煽动分子，并决令余程万所部第二十六军与卢汉密切联络。②华西方面人事，际此时局□〔动〕荡中，人事不予更动。③我国将向联大控诉苏联之决议，经决定提请将程序及技术问题详加研订。④为加强中美传统友谊,避免不必要之误解,我政府对美白皮书之声明,暂予搁置。其他有关财政及发行救国公债问题,亦曾热烈讨论。

〔重庆《中央日报》1949年9月12日〕

中央社讯:

中国国民党非常委员会昨日下午三时三十分举行第十一次会议,亦即政府迁渝后之首次会议。出席李宗仁、居正、阎锡山、吴忠信、张群、朱家骅、陈立夫等七委员。列席洪秘书长兰友及顾祝同、关吉玉、叶公超、郑彦棻、邱昌渭等多人。由李副主席宗仁主持,各委员于听取军事、财政、外交报告后,即检讨当前军政大计。历时三小时始散会。

〔重庆《中央日报》1949年10月28日〕

2. 中国国民党非常委员会会议通过的重要决议案
(1949年7月18日)

中央社广州十八日电:

自国父组党革命以后,本党曾经多次之改革,第一次为兴中会扩大为同盟会,采取革命行动,而育辛亥之成功。辛亥以后,国民党以普通政党性质从事议会活动,当时有革命军起革命党销之论,致使党员革命精神丧失,而国民党复为袁世凯所摧毁,遂告失败。国父乃于民国三年以严密之组织,坚强之纪律,成立中华革命党,而讨袁等诸役胥由其策动。民七以后,革命迭遭挫折,总理初则于民国八年恢复国民党名,继则于民国十年称中国国民党,其彻底改组之工作至民国十三年召开第一次全国代表大会乃告成功。总理逝世以来,中国国民党之组织系统迄今无较大之改革,但民国十六年之清党,对于北伐统一及江西剿匪有巨大之贡献。抗战初期,三民主义青年团之成立具有改革之意义,在抗战支持上亦曾收实际之效果。抗战结束后,蒋总裁鉴于党的组织涣散,意见纷歧,屡有改造之意图,惟以国政百端待理,未能注其全力于此重大之决策。去秋之党团合并与党员登记,均未能达到预期之目的。今年一月蒋总裁引退在野,经长期之考虑,决心对党作彻底之改造。此次莅穗提出中国国民党改造案交中央常会,先后约集中央常务委员、中央政治委员及在穗之中央执行委员与中央党部各部会负责同志,迭次举行谈话会,坦率真诚,交换意见,有数次谈话会直至午夜始行散会,其讨论之热烈可以想见。十八日午后四时中常会开会,蒋总裁交议案始正式列为主要议程。

记者获悉此一具有划时代的重要意义之方案之若干细节,尚须继续研讨,仍未到公开发表之阶段,兹先披露本次会议接受总裁交议案之决议,已足表达蒋总裁暨中央对于党纪改造具有坚强之决心,与国父民国三年及民国十三年两次历史性之改革相辉映。

半年来局势之险恶,人心之沉闷,非言语所能声述。而蒋总裁重莅国民革命策源地之广州,发表访菲经过,促成远东国家反共联盟之组织,成立非常委员会以加强党对政治领导,并提出党的改造案,以奠定革命复兴之基础,此三件大事,使国家前途显露光明无比之希望。

中常会决议文

中常会接受蒋总裁建议案① 之决议文如下:总裁秉承总理之遗志,适应当前革命之需要,体察全党同志之要求,勉示决心,改造本党,特提出改造纲要,对党纪组织形态、领导方式、党纪作风,加以严正之改造,确立基本之方针。更觅定实施程序,以为改造之步骤,揭橥现阶段政治主张,以表达奋斗之目标,期使本党同志改正过去错误,创造新的生命,奋发革命之精神,建立坚强之组织,以为

---

① 即中国国民党改造案。

改革政治、整饬军事之枢纽及救国家争自由之动力。团结爱国志士，唤起广大民众，争取反共战争之胜利，完成革命建国之大业。唯今日困难严重，时机迫切，未克召集全国代表大会，开中央全体会议共同商讨，乃经由本会先后邀集中央常务委员、政治委员及在穗中央执行委员暨中央各部会负责诸同志迭次交换意见，然后举行常务委员会议郑重研讨。当此共匪暴力侵凌，国际铁幕伸张之时，国家存亡、人民祸福胥系于本党革命之成败。本党为保持国家独立，维护民主政治，拯救我爱好和平自由之同胞，使其免于恐怖斗争与残酷屠杀，惟有知耻奋发，力图自强，领悟失败之教训，纠正过去之缺失，以坚定之决心，从事于党纪改造，使其以健全之革命民主政党在三民主义最高指挥原则之下，继续国民革命之历史，贯彻反国际侵略及反极权主义之民族与民主革命，即厉行民生主义，消除贫富悬殊之现象，建设平等自由之社会，使共匪丧失其足以鼓励斗争之因素，而中华民族复兴之基础即在于此。爰特定如下：

（一）关于本党改造纲要规定之各节，除必须经全国代表大会决定始可实施者外，应予通过，并责成本党改造准备委员会详细研议，拟订各项具体办法，切实实施。在实施时如发现与本案所揭橥之原则有不相允洽或阻碍难行之处，得由该会提请本会予以修正或补充。

（二）关于本党改造纲要实施程序及本党改造筹备委员会组织规程，予以通过，付诸实施。对于本党改造筹备委员会，应慎重遴选，俾该会迅即成立，本于改造扼要之新精神新作风，负起责任，推进改造之工作。

〔重庆《中央日报》1949年7月19日〕

3. 中国国民党非常委员会成立后发表的社论
(1949年7月25日)

本党同志今后的认识

本党非常委员会已经成立了,我们提出三点告于同志,借以增强今后的认识与信念。

第一,全体同志从今天起,应诚心诚意为实现三民主义而奋斗,不容再蹈背弃主义各行其是的覆辙。过去党中若干有力同志为了避免改造政治社会的麻烦,也为了自己的利益,便丢开主义而各行其是。在上海、汉口、平、津及广州的同志,都在有意无意之间和买办流氓妥协;在其他各省市的同志,亦均与土豪劣绅结不解的政治缘。买办流氓、土豪劣绅本都是时代的渣滓,应在肃清之列,但由于一些有力同志的畏难苟安,不去肃清他们,结果他们的势力就反而壮大起来,变成了各地的实际统治者。别的且不说,上海为什么变成最容易发炎的盲肠?岂不是因为它早成为"闻人"的天下?这闻人者也就是流氓头的代名。那些流氓头是由吾党同志一手提拔起来的,但在它的羽翼丰满之后,就几乎变成了上海的皇帝。我们只要看上海参议会议长一席,竟□闻人杜月笙辞而不就的位置,以及去年上海的限价政策之突然受到闻人的逆袭而崩溃,□可以想见那些"闻人"之已取得上海实际统治权,与夫我们少数同志养虎贻患的不智。现在我们不能再妥协下去了,也不容再苟安下去了,对于一切横在主义前途的障碍都必须予以清除。共匪不消说了,就是买办、流氓、土豪、劣绅乃至于若干军阀的残余势力,也应该加以扫荡。因为共匪固是我们的敌人,而买办、流氓、土豪、劣绅以及军阀余孽也是三民主义前途的障碍,不肃清这些障碍,我们就永远没有方法可以推行以实现三民主义为目标之政治的经济的措施。

第二,本党应将戡乱建国任务的一大部份交给青年去执行。过去本党的高级干部,犯了过于老成持重的错误,以为青年们的幼稚病和天不怕地不怕的大胆，都不配做本党推行主义政策的执行人。因此，对于已入党团的青年，是把他当做尚待保抱提携的童稚，从来不把推行主义的工作交给他们，对于一般青年，也只希望他们好好的读书，并不期待他们的翊赞革命。其实，所有能写下可歌可泣历史的人，多半是青年，或是善于领导青年的人。如果居于指导地【位】的老成持重者，对青年能予以适宜的指导，利用青年蓬勃的朝气来奠定革命建国的基础，那老成人和青年就可以相得而益彰。反之，老成持重者倘关了青年翊赞革命的门，塞了青年发挥力量的路，那这得不到青年翊赞的老成持重者纵令是有满腹的经纶，也会变成无用的人物。现在本党所面对的局势既如此险恶，而所负的责任又重大空前，老成持重者忧深虑远的决策固属可贵，但也贵有朝气蓬勃不辞冒险犯难的青年来执行，才有杀出一条血路的希望。所以，我们希望中枢开划出一部分戡乱建国的工作交给青年，一方让多数正苦没有出路的青年得到工作，一方让青年翊赞革命的热诚转化为戡乱建国的行动，务使本党能从此进入更活跃的青年期。也只有本党能进入更活跃的青年期，然后戡乱的最后胜利才会属于本党。

第三，全体同志从此应信任总裁，服从总裁，在总裁正确的领导下，为争取戡乱的最后胜利而奋斗。自从总理逝世以来，本党的革命是由总裁领导的，由于总裁的远见卓识，本党完成了安内的北伐和攘外的抗战；胜利以后的戡乱，固然也是出于总裁的领导，但其领导方针也没有丝毫的错误，其所以遇到重大挫折，是由于各级干部欠缺一心一德的团结力，也是由于一部分同志不信任总裁，不服从总裁，不受总裁领导的结果。别的且不说，过去就有所谓主和派，不以总裁的坚持戡乱为然，这就使戡乱的人心士气受到不利的影响，也种下戡乱军事顿挫的恶因。现在虽受到惨痛的事实教训，已知前此主和之非，并深服总裁之有卓识，但已铸成一次失败的大错了。虽□，如果惨痛的失败能够发生教育的意义，那这失败将是成功之母。所以我们敢吁请同志从此信任总裁,服从总裁,在总裁正确的领导下,去争取反共战争的最后胜利。

总之,本党非常委员会的成立,是表示本党历史已翻过崭新的一页,也是表示本党同志在总裁重申其继续领导革命的决心之后,已以痛定思痛的心情,决计一心一德翊赞总裁,为争取反共战争的胜利而奋斗。因此,我们特提出上述的三点意见,供本党同志的参考,并且希望其中一二两点,能够在最近期内见诸事实。

〔重庆《中央日报》1949年7月25日〕